최신

# 파이썬 완전정복

## 기초에서 심화까지

강환수, 조진형, 김유두 지음

도서출판 홍릉

# 최신
# 파이썬 완전정복
## 기초에서 심화까지

**인쇄** : 2025년 1월 3일
**발행** : 2025년 1월 12일

**지은이** : 강환수, 조진형, 김유두

**발행인** : 송준
**발행처** : 도서출판 홍릉

**주 소** : 서울시 강북구 인수봉로 50길 10
**전 화** : 02-999-2274~5 **팩 스** : 02-905-6729
**e-mail** : hongpub@hongpub.co.kr
**홈페이지** : www.hongpub.co.kr


**ISBN** : 979-11-5600-235-2(93000)
**정 가** : 34,000원

파본이나 잘못된 책은 교환하여 드립니다.

PREFACE

# 머리말

파이썬 언어의 매력에 빠져든 저는 파이썬의 지혜를 탐구하고자 하는 모든 이들을 위한 완벽한 학습서가 되도록 노력했습니다. 이 책은 파이썬의 기초부터 심화까지를 폭넓게 다루고 있으며, 초보자, 전문가 모두에게 필요한 내용을 담고 있습니다. 각 단원은 체계적으로 구성되어 있어 이해하기 쉽고, 다양한 예제와 실습으로 실전 감각을 키울 수 있습니다. 이 책을 통해 파이썬의 뛰어난 특성과 무한한 가능성을 경험해 보세요. 파이썬의 매력에 빠져들 준비가 되셨다면 함께 떠나 보시죠.

### 파이썬 기초부터 심화까지

이 책은 파이썬을 처음 접하는 분, 이미 어느 정도 익숙한 분 모두를 위한 안내서입니다. 기초 문법과 기본적인 사용법에서부터 실생활에서의 다양한 활용법을 차근차근 설명해 드릴 예정입니다. 초보자도 쉽게 따라올 수 있도록 기초 개념을 탄탄히 다지고, 점차 실전 예제를 통해 이해를 도울 것입니다.

### 심도 있는 파이썬 스타일의 코딩 기술 학습

파이썬의 매력은 간결함과 강력함에 있습니다. 이를 극대화하는 기술 중 하나가 바로 컴프리헨션입니다. 리스트 컴프리헨션, 딕셔너리 컴프리헨션 등을 통해 코드의 가독성과 효율성을 높이는 방법을 배우게 될 것입니다.

### 파이썬 2·6의 새로운 기능 학습

패턴 매칭과 자료 타입 힌트는 여러분의 코드를 더욱 견고하고 직관적으로 만들어 줄 것입니다. 먼저, 패턴 매칭을 통해 코드의 복잡성을 줄이고, 조건문이나 반복문을 더욱 간결하게 표현할 수 있습니다. 또한, 타입 힌트는 파이썬 코드의 가독성을 높여 주고 유지·보수에 도움을 주는 중요한 도구입니다. 파이썬은 동적 타이핑 언어로서 자료형을 명시적으로 지정하지 않아도 되지만, 큰 프로젝트에서는 타입 힌트를 사용하여 코드를 더욱 명확하게 표현할 수 있습니다.

### 정규 표현식과 생성성 AI의 활용

마지막으로, 생성성 AI와 관련된 파이썬의 강력한 도구인 정규 표현식에 대해 배웁니다. 정규 표현식은 텍스트 데이터를 다룰 때 매우 유용한 도구이며, 생성성 AI의 다양한 분야에서 중요한 역할을 합니다.

이 책은 단순히 문법과 이론을 나열하는 데 그치지 않습니다. 실제로 파이썬을 사용하면서 마주할 수 있는 다양한 문제를 해결할 수 있는 실질적인 팁과 예제를 제공하여 여러분이 자신감을 갖고 파이썬을 사용하는 데 도움을 줄 것입니다. 파이썬이라는 멋진 도구를 통해 여러분이 더 많은 가능성을 발견하고, 더 나아가 창의적인 프로젝트를 만들어 가기를 바랍니다. 감사합니다.

2025년 1월 저자일동

## 단원 01

### 파이썬 언어의 개요와 개발 환경 설치

이 단원은 파이썬 프로그래밍 언어에 대한 첫걸음을 내딛는 단계로, 파이썬의 기본 개념과 역사 그리고 개발 환경을 설치하는 방법에 대해 배웁니다.

파이썬이 무엇인지, 왜 배우는 것이 유용한지에 대해 심도 있는 이해를 제공합니다. 이를 통해 독자는 파이썬의 강력한 기능과 간결한 문법이 다양한 분야에서 어떻게 활용되는지 알게 됩니다. 또한, 파이썬을 실행하는 데 필요한 소프트웨어와 툴을 설치하는 과정을 단계별로 안내합니다. 파이썬 인터프리터와 다양한 IDE(통합 개발 환경) 설치를 다루며, 각 환경의 장단점을 비교해 설명합니다.

PyCharm, VSCode, Jupyter Notebook 등을 소개하고 독자가 자신에게 맞는 개발 환경을 선택할 수 있도록 도와줍니다. 이를 통해 초보자도 쉽게 파이썬을 시작할 수 있도록 하고, 앞으로의 학습을 위한 탄탄한 기초를 마련합니다.

## 단원 02

### 자료형과 변수

이 단원에서는 파이썬의 기본 자료형과 변수에 대해 깊이 있게 배웁니다. 숫자형(정수, 부동소수점), 문자열, 리스트, 튜플, 딕셔너리, 집합 등의 다양한 자료형의 특성과 사용 방법을 설명합니다.

변수의 선언과 초기화 방법, 변수 네이밍 규칙에 대해 자세히 배웁니다. 자료형 간의 변환과 관련된 내장 함수들을 통해 데이터를 적절히 변환하고 조작하는 방법을 익힐 수 있습니다. 또한, 불변형과 가변형 자료형의 차이점을 설명하고, 이를 활용하여 효율적인 데이터 관리를 할 수 있도록 돕습니다.

예제와 실습을 통해 변수를 활용한 다양한 프로그래밍 기법을 익히고, 복잡한 데이터 구조를 다루는 능력을 키웁니다.

## 단원 03

### 함수 기초와 제어문

이 단원에서는 파이썬 프로그래밍의 핵심 요소인 함수와 제어문에 대해 학습합니다. 함수의 정의, 호출 방법, 매개변수와 반환값에 대한 기본 개념을 다루고, 다양한 예제를 통해 이해를 돕습니다.

함수의 중요성과 재사용성을 강조하며, 실제 응용 사례를 통해 실습합니다. 또한, 조건문(if, elif, else)과 반복문(for, while)의 사용 방법을 상세히 설명합니다. 이를 통해 프로그램의 흐름을 제어하고 논리적인 문제 해결 능력을 배양합니다. 조건문과 반복문을 결합하여 복잡한 조건을 처리하고, 효율적인 알고리즘을 구현하는 방법을 익힙니다.

실습 문제를 통해 배운 내용을 적용하고, 단계별로 난이도를 높여가며 실력을 향상시킬 수 있습니다. 이를 통해 파이썬 프로그래밍의 기초를 탄탄히 다질 수 있습니다.

## 단원 04

### 문자열과 리스트

파이썬의 문자열과 리스트 자료형을 깊이 있게 배웁니다. 문자열의 생성, 인덱싱, 슬라이싱, 포맷팅, 다양한 문자열 메서드를 활용하여 텍스트 데이터를 처리하는 방법을 배웁니다.

리스트의 생성, 요소 접근, 수정, 삭제, 리스트 메서드를 이용한 다양한 리스트 조작 방법을 상세히 설명합니다. 문자열과 리스트의 공통점과 차이점을 이해하고, 이를 활용한 실습을 통해 데이터 처리 능력을 향상시킵니다.

다양한 예제를 통해 문자열과 리스트를 자유롭게 조작하는 능력을 키우고, 실생활의 다양한 문제를 해결하는 데 활용할 수 있습니다.

## 단원 05

### 딕셔너리와 집합

딕셔너리와 집합 자료형을 배웁니다. 딕셔너리는 키-값 쌍으로 이뤄진 자료형으로, 키를 사용하여 데이터를 효율적으로 관리할 수 있는 방법을 배웁니다.

딕셔너리의 생성, 접근, 수정, 삭제, 메서드 활용 등을 통해 다양한 데이터 관리 기법을 배웁니다. 집합은 중복되지 않는 요소들로 구성된 자료형으로, 집합의 생성, 요소 추가 및 삭제, 집합 연산(합집합, 교집합, 차집합 등)을 통해 데이터를 관리하는 방법을 설명합니다.

집합의 특징과 활용 사례를 통해 데이터의 중복을 제거하고 효율적인 집합 연산을 수행하는 능력을 배양합니다. 다양한 예제와 실습을 통해 딕셔너리와 집합을 활용한 문제 해결 능력을 키우고, 데이터를 체계적으로 관리하는 방법을 익힙니다.

## 단원 06

### 사용자 정의 함수

사용자 정의 함수에 대해 심도 있게 배웁니다. 함수의 정의, 호출, 매개변수의 종류(위치 인자, 키워드 인자, 기본값 인자, 가변 인자 등)를 상세히 설명합니다.

함수 내부와 외부에서의 변수 사용 범위, 반환 값의 처리 방법, 함수의 재귀 호출, 람다 함수 등의 고급 개념도 배웁니다. 이를 통해 복잡한 문제를 함수로 분할하여 해결하고, 코드의 재사용성을 높이는 방법을 익힐 수 있습니다.

다양한 예제와 실습을 통해 사용자 정의 함수를 작성하고 활용하는 능력을 배양합니다. 또한, 함수형 프로그래밍 기법을 통해 함수의 고차 함수(함수를 인자로 받거나 반환하는 함수) 활용 방법을 배우고, 더 나아가 파이썬의 강력한 기능을 효율적으로 사용하는 방법을 익힙니다.

REPORT

## 단원 07

### 모듈과 패키지

파이썬의 모듈과 패키지 시스템을 배웁니다. 모듈을 사용하여 코드를 분리하고 재사용성을 높이는 방법을 설명하고, 표준 라이브러리와 외부 패키지를 활용하는 방법을 배웁니다.

모듈의 임포트(import) 방법, 사용자 정의 모듈의 작성 방법, 패키지의 구조와 설치 방법을 통해 파이썬 생태계에서 유용한 도구들을 활용할 수 있는 능력을 키웁니다.

다양한 예제를 통해 모듈과 패키지를 효과적으로 관리하고 사용하는 방법을 익힙니다. 또한, 가상 환경(virtual environment)을 설정하고 관리하는 방법을 통해, 프로젝트별로 독립된 환경을 유지하여 패키지 간 충돌을 방지하고 일관된 개발 환경을 유지하는 방법을 배웁니다. 이를 통해 대규모 프로젝트에서도 효율적으로 코드를 관리하고 유지·보수할 수 있는 능력을 배양합니다.

## 단원 08

### 컴프리헨션과 매핑

리스트 컴프리헨션, 딕셔너리 컴프리헨션, 셋 컴프리헨션과 같은 컴프리헨션 기법을 배웁니다.

컴프리헨션을 통해 코드의 간결함과 가독성을 높이는 방법을 설명하고, 다양한 예제를 통해 실습합니다. 또한, map( ), filter( )와 같은 함수형 프로그래밍 도구들을 소개하고, 이를 활용하여 데이터를 효율적으로 처리하고 변환하는 방법을 배웁니다.

리스트, 딕셔너리, 집합 컴프리헨션을 사용하여 데이터를 생성하고 변형하는 다양한 방법을 익힙니다. 이터레이터와 제너레이터를 사용하여 메모리 효율적인 코드를 작성하는 방법도 배웁니다. 이를 통해 코드의 효율성을 극대화하고, 유지·보수가 용이한 프로그램을 작성할 수 있습니다.

## 단원 09

### 패키지 활용과 새로운 기능: 패턴 매칭과 타입 힌트

파이썬의 다양한 패키지 활용과 패턴 매칭, 타입 힌트를 배웁니다.

모듈 오퍼레이터의 산술, 비교, 논리, 비트 연산자와 collections 패키지의 defaultdict 클래스 활용법을 배웁니다. 또한, 내장 모듈 random과 외부 패키지 numpy의 random 모듈을 활용해 난수를 생성하는 다양한 함수(rand( ), random( ), randint( ), choice( ), randn( ), uniform( ))를 소개합니다.

패키지를 이용한 모듈화된 프로그래밍으로 코드의 유지·보수성과 확장성을 높이는 방법을 배우고, 패턴 매칭을 통해 복잡한 조건 분기를 간결하게 표현하는 방법도 익힙니다.

타입 힌트를 사용해 함수의 인자와 반환 값에 대한 타입 정보를 명확히 하고, 코드의 오류를 사전에 방지하며 디버깅 시간을 줄이는 방법도 배웁니다. 최신 파이썬 기능을 활용해 더 나은 품질의 코드를 작성하는 능력을 배양합니다.

## 단원 10

### 예외 처리와 파일 입출력

파이썬의 예외 처리와 파일 입출력 방법을 배웁니다. try, except, finally를 이용한 예외 처리 방법과 다양한 예외 클래스를 소개하고, 이를 통해 프로그램의 오류를 효과적으로 처리하는 방법을 배웁니다.

예외 처리를 통해 프로그램의 안정성을 높이고, 예상치 못한 상황에서도 프로그램이 중단되지 않도록 하는 방법을 배웁니다. 또한, 파일의 읽기, 쓰기, 수정 등 파일 입출력 작업을 수행하는 방법을 상세히 배웁니다.

텍스트 파일과 바이너리 파일의 차이점과 처리 방법을 배우고, 파일 입출력 시 발생할 수 있는 예외 상황을 예측하고 처리하는 방법을 배웁니다. 다양한 예제와 실습을 통해 파일 입출력 작업을 효율적으로 수행하는 능력을 배양하고, 데이터를 안전하게 저장하고 불러오는 방법을 배웁니다.

## 단원 11

### 객체지향 프로그래밍

파이썬의 객체지향 프로그래밍(OOP) 개념을 배웁니다. 클래스와 객체의 정의, 생성자와 소멸자, 메서드와 속성, 상속과 다형성 등의 OOP 원칙을 배웁니다. 또한, 추상 클래스와 인터페이스, 메서드 오버라이딩과 오버로딩 등을 통해 더 복잡한 프로그램을 구조적으로 설계하고 구현하는 방법을 배웁니다.

다양한 예제와 실습을 통해 객체지향 프로그래밍의 기본 개념을 확립하고, 이를 실제 프로젝트에 적용하는 능력을 배양합니다. 실습 과제를 통해 이론을 실제 코드로 구현하며, 문제 해결 능력을 기르고 객체지향 프로그래밍의 장점을 체감할 수 있도록 합니다.

이를 통해 복잡한 소프트웨어 개발 프로젝트에서도 효율적으로 작업할 수 있는 기초를 마련합니다.

## 단원 12

### 문자열 암호화와 정규 표현식

간단한 문자열 암호화와 정규 표현식에 대해 배웁니다. 모듈 this에 소개된 시저 문자열 암호화 기법을 통해 간단한 암호화 방법을 소개하고 딕셔너리와 문자열의 활용 방법을 배웁니다. 또한, 정규 표현식을 사용해 문자열을 효율적으로 검색, 매칭, 변환하는 방법을 배웁니다.

정규 표현식의 기본 개념, 패턴 매칭, 그룹핑, 역참조 등을 학습하고, 이를 활용해 복잡한 문자열 처리 작업을 수행하는 능력을 키웁니다.

다양한 예제와 실습을 통해 정규 표현식을 자유롭게 활용하는 방법을 익히고, 실생활의 다양한 문제를 해결하는 데 적용할 수 있습니다. 이를 통해 데이터의 유효성을 검증하고, 강력한 텍스트 처리 능력을 배양합니다.

## ◆ Chapter와 학습 목표, Chapter 차례와 코딩 목록

Chapter

03

함수 기초와 제어문

CONTENTS



Chapter 차례는 Section과 하부 절로 구성되며, 파이썬 프로그래밍 연습에 활용될 코딩 목록을 표기하고 있다.

Chapter를 학습하고 학습자가 알 수 있는 지식과 할 수 있는 내용을 기술하고 있다.

## ◆ Section과 파이썬 IDLE 셸의 대화형 모드 코딩

SECTION 02 PYTHON

위치 인자와 키워드 인자

Chapter는 3~4개의 section으로 구성된다.

### 2.1 함수의 인자 사용 방식

**위치 인자 사용**

함수 호출 시 인자를 전달하는 방법에는 위치 '인자(positional argument)'와 '키워드 인자(keyword argument)'가 있다.

함수 호출 시 인자를 전달하는 간단한 방법은 '위치 인자 방식'이다. 위치 인자는 인자의 순서대로 매개변수에 대응하는 방식이다. 함수 호출 시 괄호 안에 콤마로 구분된 인자 순서가 함수 정의 매개변수 순서와 일치해야 한다.

다음 코드에서 매개변수 순서대로 위치 인자 item에는 'banana', 키워드 인자 price에는 '1000'이 전달되어 결과가 표시된다.

```
>>> def compute(item, price):
...     print(f'품목: {item}, 단가: {price}원')
...
>>> compute('banana', 1000)
품목: banana, 단가: 1000원
```

인터프리터 언어인 파이썬의 특성을 살려 파이썬 IDLE 셸에서 대화형 모드의 코드로 설명하는 부분이다.

## ◆ 파이썬 소스 파일과 코딩 연습

**3-7 코딩** 03-07-minmax.py | **표준 입력 두 수 비교** 난이도 ★

```
# 사용자로부터 두 개의 숫자 입력받기
num1 = float(input("첫 번째 숫자를 입력하세요: "))
num2 = float(input("두 번째 숫자를 입력하세요: "))

# 큰 수를 판별하여 출력
result = num1 if num1 > num2 else num2
print(f"두 숫자 중 큰 수는 {result}입니다.")

# 작은 수를 판별하여 출력
if num1 > num2: result = num2
else: result = num1
print(f"두 숫자 중 작은 수는 {result}입니다.")
```

**결과**

```
첫 번째 숫자를 입력하세요: 13.4
두 번째 숫자를 입력하세요: 22.8
두 숫자 중 큰 수는 22.8입니다.
두 숫자 중 작은 수는 13.4입니다.
```

하나의 Chapter에는 연습해 볼 수 있는 15개 내외의 코딩으로 구성되며, 소스 파일 이름, 주제, 난이도를 알려 주고 소스와 결과가 표시된다.

## ◆ 잠시 쉬면서, 좀 더 알아봅시다., 심화학습

**잠/시/쉬/면/서** **귀도 반 로섬과 파이썬**

파이썬의 창시자인 귀도(gvanrossum.github.io)는 1989년 12월 크리스마스가 있는 주에 무료함을 달래려고 취미 활동으로 시작한 프로젝트가 파이썬이었다고 한다. 귀도는 네덜란드 국립 연구소에서 이미 1980년대에 우리에겐 알려지지 않은 ABC라는 프로그래밍 언어 개발에 참여했으며, 여기서 영감을 얻어 ABC 언어를 뛰어넘는 여러 기능을 파이썬에 담았다고 한다. 사전적인 의미가 '비단뱀'인 파이썬은 그리스 신화에서 유래했으며, 파이썬 로고도 두 마리의 비단뱀을 형상화한 모습이다. 그런데 실제로는 개발자인 귀도가 애청하던 영국의 코미디 프로그램 'Monty Python's Flying Circus'의 주인공인 6인조 코미디 그룹 이름 'Monty Python'에서 유래했다고도 한다. 귀도는 파이썬이 뱀과 연관이 없다고 하지만, 사전적 의미가 비단뱀인 'Python'은 그리스 신화에서 그리스 중부의 파르나소스 산 남쪽 기슭에 있는 델포이의 신탁소를 지배하였던 용의 형상을 한 뱀인 파이썬(Python, 이 그리스 신화의 뱀을 우리나라에서는 '피톤'이라고 발음하였으며, 책자에도 피톤으로 쓰임)'에서 유래했다. 파이썬은 대지의 모신인 가이아가 남성 없이 낳은 자식으로, 후에 제우스의 아들인 태양의 신 아폴론이 쏜 화살에 맞아 죽는다.

배운 내용을 정리하거나 잠시 쉬면서 볼 수 있는 있는 내용으로 구성된다.

TIP **좀 더 알아봅시다!**

**파이썬의 종류**

다음은 파이썬의 종류이다.

- **아이파이썬(IPython: ipython.org)**: 파이썬 기능에서 대화형인 REPL의 기능을 확장한 파이썬이다. 기존 콘솔 환경에서 웹(web)을 기반으로 하는 주피터 노트북(jupyter notebook) 등의 클라이언트를 분리하기 위해 개발된 파이썬으로, 다음과 같은 특징이 있다.
  - ✓ 강력한 대화형 셀
  - ✓ 주피터의 커널
  - ✓ 대화형 데이터 시각화 및 GUI(Graphical User Interface) 툴킷(toolkits) 사용을 지원
  - ✓ 유연하고 삽입 가능한 인터프리터 사용
  - ✓ 병렬 컴퓨팅에 사용하기 쉽고 고성능의 도구

한 번 더 생각하고 내용을 알아볼 수 있는 것으로 구성되며, 다소 어렵다고 느끼면 무시하고 건너뛰어도 좋다.

**심·화·학·습**

형식 유형 e와 E는 실수를 x.nnnnnne+dd와 x.nnnnnE+dd의 지수 형태로 출력한다. 형식 유형 g와 G는 실수 값으로, 소수점과 지수 형식 중 하나를 선정하여 출력한다.

```
x = 3.141592
print('1234567890abcdef' * 2)
print(f'{x:16e}{x:16E}')
print(f'{x*100:16e}{x*100:16E}')
print(f'{x*10**3:16g}{x*10**21:16g}')
print(f'{x*10**3:16G}{x*10**21:16G}')
```

```
1234567890abcdef1234567890abcdef
    3.141592e+00    3.141592E+00
    3.141592e+02    3.141592E+02
         3141.59     3.14159e+21
         3141.59     3.14159E+21
```

학습 내용을 더 깊이 있고 자세하게 이해하고 응용할 수 있도록 하는 학습 단계로서 다소 어렵다고 느끼면 건너뛰어도 좋다.

## ◆ 학습 내용 점검

학습 내용 점검

01 : 다음 함수 정의에서 오류를 찾아 수정하시오.

①
```
def greet():
    print(f'안녕, {name}!')
```

②
```
def greet(name)
    print(f'안녕, {name}!')
```

③
```
f_to_celsius(fahrenheit):
    celsius = (fahrenheit - 32) * 5/9
    return celsius
```

④
```
def c_to_fahrenheit[celsius]:
    fahrenheit = (celsius * 9/5) + 32
    return fahrenheit
```

02 : 다음 함수 정의와 호출의 결과를 쓰시오.

①
```
def compute1(a, b):
    return a + b*2

print(compute1(3, 4))
```

매 Chapter마다 구성되는 학습 내용 점검은 학습자가 Chapter에서 학습한 내용을 점검할 수 있도록 소스 코드 중심의 문제를 제시한다.

※ 해답은 제공하지 않습니다.

## ◆ 도전! 프로그래밍

도전! 프로그래밍

01 : 다음 조건을 참고하여 표준 입력으로 받은 정수 이하까지의 피보나치 수열을 출력하는 프로그램을 작성하시오.
기본

- 피보나츠 수는 0, 1에서 시작해 이전 두 수의 합이 다음 수가 되는 수
- 0, 1, 1, 2, 3, 5, 8, ….

```
피보나치 수열을 어디까지 출력할까요? 90
피보나치 수열(0부터 90 이하까지):
 [0, 1, 1, 2, 3, 5, 8, 13, 21, 34, 55, 89]
```

02 : 다음 조건을 참고하여 표준 입력으로 받은 여러 연도의 윤년(leap year) 여부를 출력하는 프로그램을 작성하시오.
기본

- 4로 나누어지고 100으로 나누어지지 않는 연도 또는 400으로 나누어지는 연도

```
윤년을 검사할 연도 공백 구분으로 여러 개 입력 >> 2000 2021 2022 2024
2000: 윤년
2021: 윤년 아님
2022: 윤년 아님
2024: 윤년
```

03 : 다음 조건을 참고하여 표준 입력으로 각도(degree)를 입력받아 라디안(radians)으로 변환하는 람다 함수(lambda function)를 만들어 프로그램을 작성하시오.
기본

매 Chapter마다 구성되는 도전 프로그래밍은 학습자가 Chapter에서 학습한 내용을 점검할 수 있도록 난이도별 프로그래밍 문제를 제시한다.

※ 해답은 제공하지 않습니다.

### ◆ 한 학기 15주로 보는 학습 로드맵

이 책은 대학이나 교육 센터에서 다음 과정을 위한 파이썬 프로그래밍 교재로서 널리 활용될 수 있도록 개발됐으며, 이 책을 대학에서 교재로 이용할 경우에 대비해 한 학기용으로 구성했다. 다음 표를 참고해 한 학기를 운영하면 만족할 만한 성과를 거둘 수 있으리라 믿는다.

<table>
<tr><th>일정</th><th>컴퓨팅 사고력 증진을 위한<br>초보자 · 문과 학생 과정</th><th>코딩에 관심에 많은<br>프로그래밍 입문자 과정</th><th>데이터과학 및 컴퓨터공학<br>관련 분야의 전공자 과정</th></tr>
<tr><td>1주</td><td>단원 01: 파이썬 언어의 개요와<br>개발 환경 설치</td><td>단원 01: 파이썬 언어의 개요와<br>개발 환경 설치</td><td>단원 01: 파이썬 언어의 개요와<br>개발 환경 설치</td></tr>
<tr><td>2주</td><td>단원 02: 자료형과 변수</td><td>단원 02: 자료형과 변수</td><td>단원 02: 자료형과 변수</td></tr>
<tr><td>3주</td><td>단원 03: 함수 기초와 제어문</td><td>단원 03: 함수 기초와 제어문</td><td>단원 03: 함수 기초와 제어문</td></tr>
<tr><td>4주</td><td>단원 04: 문자열과 리스트</td><td>단원 04: 문자열과 리스트</td><td>단원 04: 문자열과 리스트</td></tr>
<tr><td>5주</td><td>단원 05: 딕셔너리와 집합</td><td>단원 05: 딕셔너리와 집합</td><td>단원 05: 딕셔너리와 집합</td></tr>
<tr><td>6주</td><td>단원 06: 사용자 정의 함수</td><td>단원 06: 사용자 정의 함수</td><td>단원 06: 사용자 정의 함수</td></tr>
<tr><td>7주</td><td>단원 07: 모듈과 패키지</td><td>단원 07: 모듈과 패키지</td><td>단원 07: 모듈과 패키지</td></tr>
<tr><td>8주</td><td colspan="3">중간고사</td></tr>
<tr><td>9주</td><td>단원 07: 모듈과 패키지</td><td>단원 07: 모듈과 패키지</td><td>단원 08: 컴프리헨션과 매핑</td></tr>
<tr><td>10주</td><td>단원 08: 컴프리헨션과 매핑</td><td>단원 08: 컴프리헨션과 매핑</td><td>단원 09: 패키지 활용과<br>새로운 기능: 패턴 매칭과<br>타입 힌트</td></tr>
<tr><td>11주</td><td>단원 09: 패키지 활용과<br>새로운 기능: 패턴 매칭과<br>타입 힌트</td><td>단원 09: 패키지 활용과<br>새로운 기능: 패턴 매칭과<br>타입 힌트</td><td>단원 10: 예외 처리와<br>파일 입출력</td></tr>
<tr><td>12주</td><td>단원 09: 패키지 활용과<br>새로운 기능: 패턴 매칭과<br>타입 힌트</td><td>단원 09: 패키지 활용과<br>새로운 기능: 패턴 매칭과<br>타입 힌트</td><td>단원 11: 객체지향 프로그래밍</td></tr>
<tr><td>13주</td><td rowspan="2">단원 10: 예외 처리와 파일 입출력</td><td>단원 10: 예외 처리와<br>파일 입출력</td><td rowspan="2">단원 12: 문자열 암호화와<br>정규 표현식</td></tr>
<tr><td>14주</td><td>단원 11: 객체지향 프로그래밍</td></tr>
<tr><td>15주</td><td colspan="3">기말고사</td></tr>
</table>

CONTENTS

Chapter 03 함수의 기초와 제어문

Chapter
# 04 문자열과 리스트

Chapter 05

## 딕셔너리와 집합



Chapter 06

## 사용자 정의 함수

CONTENTS



Chapter 07 모듈과 패키지

Chapter

# 09 패키지 활용과 새로운 기능: 패턴 매칭과 타입 힌트

Chapter
# 10
# 예외 처리와 파일 입출력



Chapter
# 11
# 객체지향 프로그래밍

CONTENTS



Chapter

# 12 문자열 암호화와 정규 표현식

Chapter

# 01 파이썬 언어의 개요와 개발 환경 설치

**학습 목표**

- 파이썬 언어의 특징은 무엇이고 어떤 분야에서 활용되는지를 설명할 수 있다.
- 표준 파이썬 개발 도구와 비주얼 스튜디오 코드를 설치할 수 있다.
- 파이썬의 출력 함수 print()를 사용해 문자열과 수의 연산, 자료형을 출력할 수 있다.

CONTENTS

SECTION

# 01 파이썬의 개요

PYTHON

## 1.1 파이썬 언어의 개요

### 파이썬은 배우기 쉽고 강력한 코딩이 가능한 프로그래밍 언어

파이썬은 1991년 네덜란드의 귀도 반 로섬(Guido van Rossum)이 개발한, 배우기 쉽고 강력한(powerful) 코딩이 가능한 프로그래밍 언어(programming language)이다. 표준 파이썬은 비영리 단체인 파이썬 소프트웨어 재단(PSF: Python Software Foundation)이 관리하는 무료이자 오픈 소스(open source) 소프트웨어로, 깃허브 사이트(www.github.com/python/cpython)에 모든 소스가 공개되어 있다.

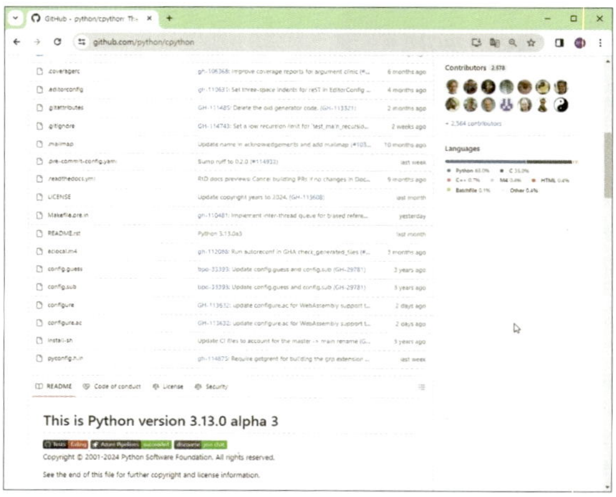


▲ 그림 1 오픈 소스 파이썬

### 현재, 파이썬은 가장 인기 있는 프로그래밍 언어

새로운 언어를 배우고 싶을 때 어떤 언어를 선택해야 할지 혼란스러울 수 있다. 이제는 그럴 필요가 없다. 파이썬은 배우기 쉽고 확장이 편리한 프로그래밍 언어로, 인기가 가장 높다. 빅데이터 처리는 물론 인공지능의 머신 러닝(machine learning)과 딥 러닝(deep learning) 분야에서도 활용도가 높은 언어이기도 하다. 또한 전 세계적으로 대학에서 가장 많이 가르치는 프로그래밍 언어 중 하나이다. 특히 비전공자의 컴퓨팅 사고력(computational thinking)[1]을 키우기 위한 프로그래밍 언어로도 많이 활용되고 있다.

1 컴퓨팅의 기본 개념과 원리를 기반으로 문제를 효율적으로 해결하는 사고 능력으로, 누구나 갖춰야 할 기본 역량이다.

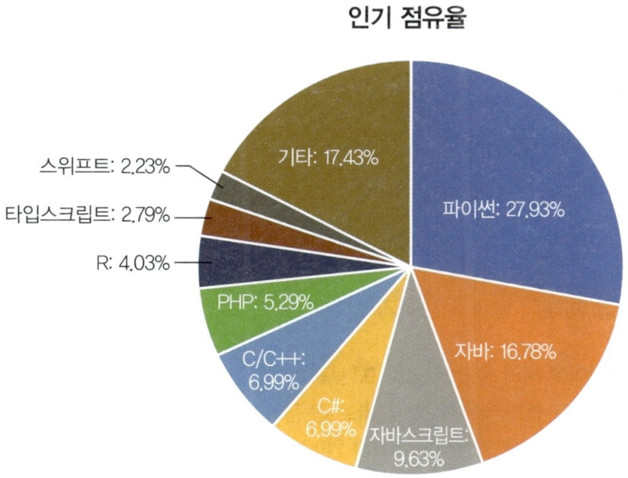


▲ **그림 2** 최근 파이썬의 인기(출처: pypl.github.io/PYPL.html)

**잠/시/쉬/면/서** **귀도 반 로섬과 파이썬**

파이썬의 창시자인 귀도 반 로섬은 파이썬을 1989년 12월 크리스마스가 있는 주에 무료함을 달래려고 취미 활동으로 시작했다고 한다(gvanrossum.github.io). 귀도는 네덜란드 국립 연구소에서 이미 1980년대에 'ABC'라는 프로그래밍 언어 개발에 참여했으며, 여기서 영감을 얻어 ABC 언어를 뛰어넘는 여러 기능을 파이썬에 담았다고 한다. 파이썬의 사전적인 의미는 '비단뱀'으로, 그리스 신화에서 유래했다. 파이썬 로고도 두 마리의 비단뱀을 형상화한 모습이다. 개발자인 귀도가 애청하던 영국의 코미디 프로그램 'Monty Python's Flying Circus'의 주인공인 6인조 코미디 그룹 이름 'Monty Python'에서 유래했다는 설도 있다. 귀도는 파이썬이 뱀과 연관이 없다고 말하지만, 사전적 의미가 비단뱀인 'Python'은 그리스 신화에서 그리스 중부의 파르나소스 산 남쪽 기슭에 있는 델포이의 신탁소를 지배하였던 용의 형상을 한 뱀인 파이썬(Python, 이 그리스 신화의 뱀을 우리나라에서는 '피톤'이라고 발음하였으며, 책자에도 피톤으로 쓰임)'에서 유래했다. 파이썬은 대지의 모신인 가이아가 남성 없이 낳은 자식으로, 후에 제우스의 아들인 태양의 신 아폴론이 쏜 화살에 맞아 죽는다.

▲ **그림 3** 파이썬의 창시자, 귀도 반 로섬

▲ **그림 4** 파이썬(Python, 피톤)을 죽인 아폴론(에트로 프란카빌라, 1591년 작)

## 1.2 쉽고 강력한 언어

### 누구나 배우기 쉬운 언어

파이썬의 특징은 다음과 같다. 첫째, 간결하고 배우기 쉽다는 것이다. 둘째, 무료이고 생산성이 높다는 것이다. 셋째, 강력한 라이브러리를 제공한다는 것이다. 넷째, 다양한 프로그램에 잘 붙는 풀 언어(glue language)라는 것이다.

- 간결하고 인간의 사고 체계와 닮아 사용하기 쉽다.

> 파이썬은 C나 자바 언어에 비해 문법이 쉽고, 표현 구조가 인간의 사고 체계와 닮아 있어서 사용하기 쉬우며, 간결하기 때문에 초보자도 쉽게 배울 수 있다. 바로 이 점이 파이썬이 교육에 많이 활용되는 이유이다. 간결한 문법 덕분에 파이썬 코드의 양은 일반적으로 자바 언어보다 3배에서 5배 정도 적다고 한다.

- 무료이고 다양한 자료 구조의 제공으로 생산성이 매우 높다.

> 파이썬은 무료이며, 리스트(list), 튜플(tuple), 사전(dictionary) 등과 같은 자료 구조를 제공한다. 이러한 자료형의 제공 덕분에 코드의 양이 줄고 소스의 개발과 테스트도 빨라 실제 프로젝트 수행에서 파이썬의 생산성이 매우 높다. 파이썬의 높은 생산성을 의미하는 문장으로는 "인생은 짧으니, 당신은 파이썬이 필요하다(Life is short, you need Python)."라는 말이 있다.

- 라이브러리가 강력하고 데이터 과학과 머신 러닝 등 다양한 분야에 활용할 수 있다.

> 파이썬은 '건전지 포함(Battery Included)'[2]이라는 기본 철학이 있기 때문에 다양한 라이브러리를 쉽게 사용할 수 있도록 표준 라이브러리(standard library)[3]를 제공한다. 표준 라이브러리 외에도 다양한 파이썬의 라이브러리 저장소인 파이썬 패키지 색인(PyPI, pypi.org)을 제공하기 때문에 파이썬 커뮤니티에서 공유하는 강력한 라이브러리를 활용할 수 있다.

- 다른 모듈을 연결하여 사용할 수 있는 풀 언어로도 자주 활용된다.

> 파이썬은 순수한 자체 언어로 프로그램을 개발하는 분야뿐 아니라 다른 언어로 개발하거나 이미 개발되어 쓰이고 있는 모듈들을 연결하는 '풀 언어'로도 자주 활용된다. 즉, 파이썬은 서로 다른 프로그래밍 언어와 플랫폼을 사용하여 작성된 프로그램과 구성 요소의 상호 연결, 지원 및 통합을 가능하게 한다. 실제로 파이썬은 많은 상용·응용 프로그램에서 스크립트 언어(script language)[4]로 채택되고 있다.

2 파이썬 향상 제안(PEP: Python Enhancement Proposals) PEP 206, Python Advanced Library(www.python.org/dev/peps/pep-0206)에 기술되어 있는 내용이다.

3 파이썬을 설치할 때 함께 설치되는 라이브러리로, 프로그램에서 쉽게 사용할 수 있다.

4 기존에 이미 존재하는 소프트웨어(응용 프로그램)를 제어하기 위한 용도로 쓰이는 언어이다. 바로 풀 언어의 특징을 갖는 언어가 스크립트 언어로, 자바스크립트(javascript)와 HTML이 대표적인 스크립트 언어이다. 스크립트 언어는 대부분 인터프리터 방식으로 실행된다. 스크립트 언어와 인터프리터 언어를 동일하게 기술하고 있는 서적이 많은 이유는 바로 이 때문이다.

## 1.3 빅데이터 처리와 인공지능 등 다양한 분야에 적합한 언어

### 교육과 학술, 실무 등 다양한 분야에 사용

현재 파이썬은 일반 응용 프로그램의 개발뿐 아니라 제4차 산업혁명의 기술 요소인 인공지능, 빅데이터 처리에 적합한 언어로 인정받았으며 교육 및 학술 연구 분야는 물론 데이터 과학(data science)과 인공지능(artificial intelligence) 등 자연어 처리, 음성 인식, 영상 처리, 사물 인터넷(IoT), 웹 개발 등의 분야에서 선호하는 언어로 엄청난 인기를 끌고 있다. 외부에 풍부한 라이브러리가 있어 다양한 용도로 확장하기 좋기 때문이다. 대학 프로그래밍 교양 수업부터 스타트업, 대형 글로벌 기업에 이르기까지 다양한 분야에 활용되고 있다.

### 인공지능 구현과 빅데이터 분석 처리 분야에 사용

파이썬은 제4차 산업혁명 시대의 핵심 기술인 인공지능의 구현과 빅데이터(big data) 분석 처리 등 컴퓨팅 과학 실무 분야에 적합하기 때문에 각광을 받고 있다. 파이썬이 인공지능의 머신 러닝과 딥 러닝 빅데이터 처리를 위한 통계 및 분석 방법의 라이브러리를 풍부하게 제공한다.

- 넘파이(NumPy), 싸이파이(SciPy), 심파이(SymPy) 등을 이용하면 수식을 빠르게 연산할 수 있기 때문에 과학, 공학 분야에도 많이 이용되고 있다.
- 판다스(Pandas), 맷플롯리브(Matplotlib), 씨본(Seaborn), 보케(Bokeh) 등을 이용하면 데이터를 처리할 수 있고 통계용 시각화 기능을 이용해 고급 통계 차트를 그릴 수 있다.
- 싸이킷런(Scikit-Learn), 텐서플로(TensorFlow), 케라스(Keras)는 머신 러닝에서 신경망 모형 등의 딥 러닝 모형을 위한 파이썬 패키지이다.

## 1.4 다양한 종류의 파이썬과 개발 환경

### 다양한 종류의 파이썬

인터프리터 방식 언어인 파이썬은 다양한 버전으로 발전했으며, 파이썬 재단이 발표하는 C 언어로 구현된 C 파이썬[5]이 사실상의 표준으로, 우리가 주로 사용할 파이썬 환경이다. 파이썬은 무료이고 공개 소스이므로 종류가 무척 다양하다.

우리가 사용하는 파이썬 이외에도 다양한 파이썬을 활용할 수 있다. 하나의 예로 데이터 시각화 및 빅데이터 처리 등 데이터 과학 분야에서는 데이터 처리 라이브러리인 넘파이(NumPy), 판다스(Pandas), 다스크(Dask), 맷플롯리브 등 다양한 외부 라이브러리를 함께 설치해 주는 아이파이썬(iPython)을 많이 활용하며, 아나콘다 플랫폼(anaconda.com)을 설치해 사용할 수도 있다.

5 일반적으로 그냥 '파이썬'이라고 할때는 C 파이썬(CPython)을 말한다.

TIP

**좀 더 알아봅시다!**

**파이썬의 종류**

다음은 파이썬의 종류이다.

- **아이파이썬(IPython: ipython.org)**: 파이썬 기능에서 대화형인 REPL의 기능을 확장한 파이썬이다. 기존 콘솔 환경에서 웹(web)을 기반으로 하는 주피터 노트북(jupyter notebook) 등의 클라이언트를 분리하기 위해 개발된 파이썬으로, 다음과 같은 특징이 있다.
  - ✓ 강력한 대화형 셀
  - ✓ 주피터의 커널
  - ✓ 대화형 데이터 시각화 및 GUI(Graphical User Interface) 툴킷(toolkit) 사용을 지원
  - ✓ 유연하고 삽입 가능한 인터프리터 사용
  - ✓ 병렬 컴퓨팅에 사용하기 쉽고 고성능의 도구
- **자이썬(jython.org)**: 과거에는 '제이파이썬(JPython)'이라고 불렸다. 자바로 구현되어 자바 가상 머신에서 실행되는 파이썬이다.
- **아이언파이썬(IronPython: ironpython.net)**: C# 언어로 작성된 닷넷(.NET) 플랫폼을 위한 파이썬이다.
- **파이파이(PyPy: pypy.org)**: 파이썬으로 작성된 파이썬으로, JIT 컴파일러(Just-In-Time compiler) 기술을 도입하여 C 파이썬보다 빠르다.

파이썬은 배우기 쉽고 간결하며, 개발 속도가 빠르고 강력하다. 파이썬은 풍부한 라이브러리(library)[6] 그리고 다양한 개발 환경(development environment)을 제공하고 있으므로 개발자가 쉽고 빠르게 소프트웨어를 개발할 수 있다. 파이썬은 프로그래밍 교육 분야뿐 아니라 실무에서도 사용이 급증하고 있다.

## 다양한 종류의 개발 환경

파이썬 개발 환경을 제공하는 개발 도구는 매우 많은데, 이를 세 가지로 분류해 요약해 보았다. 종류가 매우 다양해서 골라 먹는 재미도 있지만, 뭘 선택해야 할지 고민이 되는 것이 사실이다.

- 기본 IDE에 추가: 비주얼 스튜디오용 파이썬 도구, PyDev 설치 이클립스

  이전에 비주얼 스튜디오나 이클립스를 사용하는 분이라면 기본적으로 사용하는 IDE에 추가적으로 비주얼 스튜디어용 파이썬 도구(Python Tools for Visual Studio)를 설치하고, 이클립스용 PyDev를 설치(Eclipse with PyDev)하여 비주얼 스튜디오나 이클립스에서 파이썬을 개발할 수 있다.

- 파이썬 전용 IDE: PyCharm, Spyder, Jupyter Notebook, Jupyter Lab, Comodo, Wing python IDE, PyScripter, Thonny 등

  파이썬 전용 통합 개발 환경(IDE)으로는 '파이참(PyCharm)'이 유명하다. 아나콘다에서 제공하는 Spyder, Jupyter Notebook, Jupyter Lab도 매우 활용도가 높은 통합 개발 환경이다. 우리에게 생소한 에스토니아의 타투 대학에서 개발한 쏘니(Thonny)는 초보자가 사용하기 쉽도록 GUI가 매우 간결하며, 시각적인 디버깅에 특징이 있는 통합 개발 환경이다.

6 도서관에서 책을 대여하듯이 프로그램 작성 시 자주 사용하는 부분을 가져다 쓸 수 있는 부분 프로그램인 모듈(module)을 말한다. 라이브러리는 대개 함수(function)나 클래스(class)의 모임이다.

- 편집기 전문 개발 환경: Sublime Text, Visual Studio Code, Notepad++, Atom, Vim 등

> 파이썬을 비롯하여 자바와 C등 다양한 소스를 편집하고 개발할 수 있는 편집기 중심의 개발 환경으로, 초보자보다 개발에 익숙한 프로그래머에게 인기가 있는 개발 환경이다. 우리가 종종 사용하는 '노트패드'의 고급 버전인 '노트패드++'도 종종 사용된다. 또한 마이크로소프트 사가 무료로 제공하는 편집기인 '비주얼 스튜디오 코드'도 인기가 있다.

## 1.5 인터프리트 방식의 언어, 파이썬

### 인터프리터와 컴파일러가 뭔가요?

파이썬은 베이직(basic) 언어처럼 인터프리터(해석기) 위에서 실행되는 인터프리트(interpreted) 방식의 언어이고 자바와 C는 컴파일(compiled) 방식의 언어이다.

> 프로그램(program)은 컴퓨터에게 특정한 작업을 지시하는 명령어의 모임으로, 이를 개발하는 전문가를 프로그래머(programmer)라고 한다.

컴퓨터가 이해하고 실행하는 언어는 유일하게 '기계어(machine language)'이다. 기계어는 이진수인 0과 1로만 구성된 언어로, 사람은 이해하기 어렵다. 따라서 프로그래머는 파이썬, 자바와 같이 쉬운 일상 용어로 만들어진 고급 언어(high level language)를 이용해 프로그램을 작성한다. 프로그램이 기계어만 인식하는 컴퓨터에서는 바로 실행되지 못하며, 실행하려면 기계어로의 번역이 필요하다. 이 프로그램을 기계어로 번역하는 방법에는 '인터프리터 방식'과 '컴파일 방식'이 있다. 인터프리터 방식은 마치 동시 통역처럼 파이썬 문장을 한 줄 한 줄 즉시 번역하여 실행하는 방식이고 컴파일 방식은 책을 번역할 때처럼 여러 문장의 소스 단위로 번역하여 기계어 파일의 실행 파일을 만든 후에 실행하는 방식이다.

- 인터프리터(interpreter)는 한 줄 단위의 해석을 맡으며, 컴파일러(compiler)는 컴파일(compile)을 담당하는 개발 도구 소프트웨어이다.

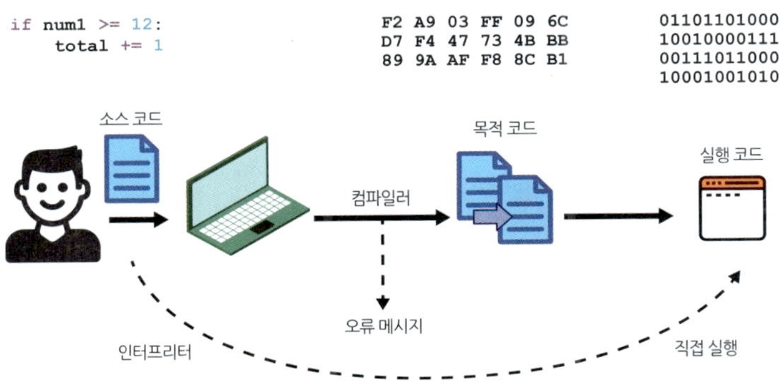


▲ **그림 5** 인터프리터와 컴파일러의 차이

# SECTION 02 표준 파이썬과 비주얼 스튜디오 코드 설치

## 2.1 표준 파이썬 설치와 IDLE 셸 실행

### 자신의 운영체제에 적합한 표준 파이썬 개발 환경 설치

표준 파이썬 홈페이지(www.python.org)에 접속해 자신의 운영체제에 맞는 표준 파이썬 개발 환경을 다운로드해 설치하자. 표준 파이썬 홈페이지에서 [download]를 누르면 나타나는 메뉴에서 [Download Python 3.00.0]을 클릭하면 설치 파일을 다운로드할 수 있다. 다음 화면과 같이 최신 버전뿐 아니라 이전의 특정 버전도 다운로드할 수 있다.

- 설치 파일: python-3.00.0-amd64.exe

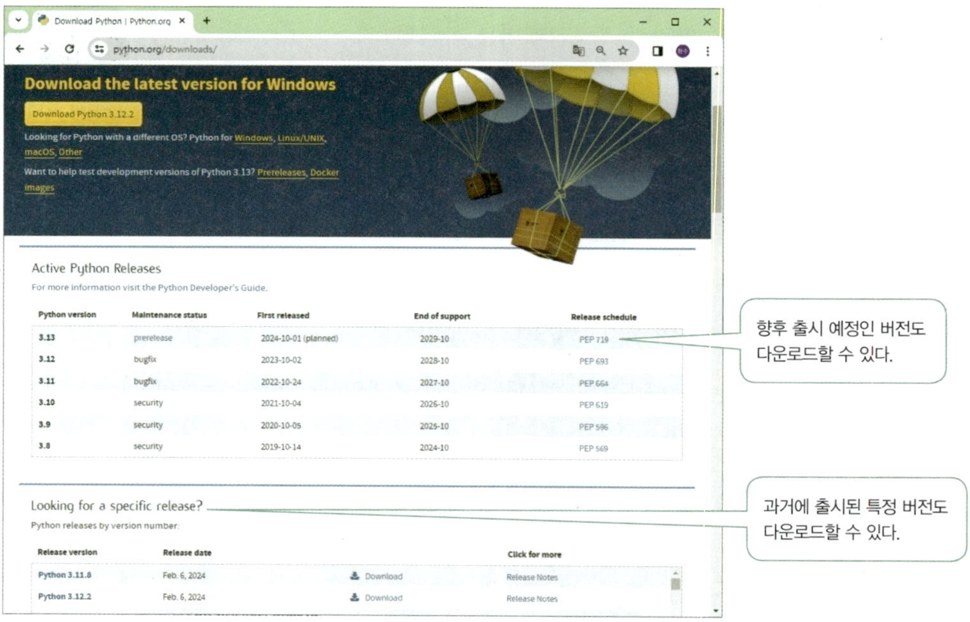


▲ 그림 6 표준 파이썬 다운로드 페이지

다운로드한 파일을 실행한 파이썬 설치 첫 화면에서 [Install Now]를 선택하면 간단하게 설치할 수 있다. 자동 path 설정으로 쉽게 사용하기 위해 하단에 위치한 두 개의 체크 박스를 모두 선택한 후 지정된 폴더에 설치하는 [Install Now]를 선택한다. 표준 파이썬 개발 도구가 설치되는 폴더는 윈도의 사용자 계정 하부라는 것을 기억해 두자.

- 기본 파이썬 설치 폴더: C:\Users\kanghs\AppData\Local\Programs\Python\Python37-32

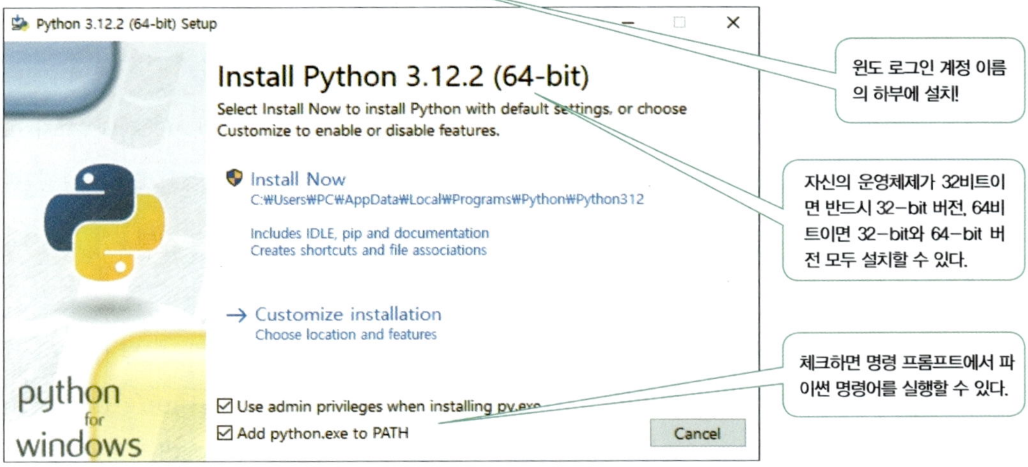


▲ **그림 7** 파이썬 설치 시작 화면

[Install Now]를 이용해 설치(docs.python.org/3/using/windows.html)할 때는 다음에 유의해야 한다.

- 표준 라이브러리와 파이썬 셸인 IDLE 및 pip, 매뉴얼 문서(documentation) 등이 설치됨.
- 체크 박스 「Add Python.exe to PATH」 옵션을 선택하면 파이썬 설치 폴더가 PATH에 설정됨.

설치가 정상적으로 끝나면 대화상자에 'Setup was successful'이 표시된다. [Close]로 설치를 종료한다.

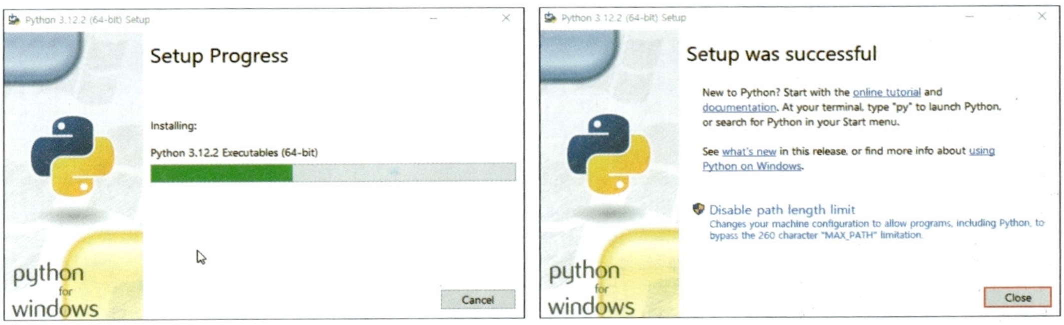


▲ **그림 8** 파이썬 설치 과정과 종료 화면

### 표준 파이썬 개발 환경 실행과 종료

표준 파이썬 개발 환경의 이름은 'IDLE 셸'이다. 일반적으로 편집기와 디버거, 인터프리터 등이 결합된 통합 개발 환경을 IDE('아이디이'라고 읽음)라고 한다. IDLE은 'Integrated Development Learning Environment'의 약자로, 간단히 '아이들'이라고 읽는다. 또한 원래 '셸(shell)'이라는 용어는 운영체제의 중심 모듈인 커널(kernel)과 사용자 사이를 이어 주는 역할을 하는 프로그램을 말한다. 즉, 표준 파이썬 개발 환경인 IDLE 셸은 파이썬 프로그램을 실행시켜 주는 인터프리터와 개발자 사이를 이어 주는 '통합 개발 학습 환경'이다. 이 책에서는 간단하게 'IDLE' 또는 '셸'이라고 표현한다.

설치된 표준 파이썬 메뉴를 찾아 셸을 실행해 보자. 다음 두 가지 방법으로 표시된 시스템의 [설치 프로그램] 메뉴에서 [Python 3.○] 하부의 메뉴 [IDLE (Python 3.○○ - bit)]를 눌러 IDLE을 실행한다.

- 윈도 화면의 하단에 위치한 작업 표시줄의 가장 왼쪽에 있는 윈도 시작 버튼⊞을 선택
- 키보드의 [Windows 로고 키 ⊞]를 선택

IDLE이 정상적으로 실행되면 오른쪽에 [Python 3.○.○ Shell] 창이 표시된다. 메뉴 [Help] 하부의 [About IDLE]을 선택하면 IDLE이 파이썬의 통합 개발 및 학습 환경(Python's Integrated Development and Learning Environment)의 의미라는 것을 알 수 있도록 여러 정보가 표시되는 창이 나타난다. 실행된 『Python Shell IDLE』는 메뉴 [File]의 하부 [Exit] 메뉴 또는 Ctrl+Q로 종료할 수 있다.

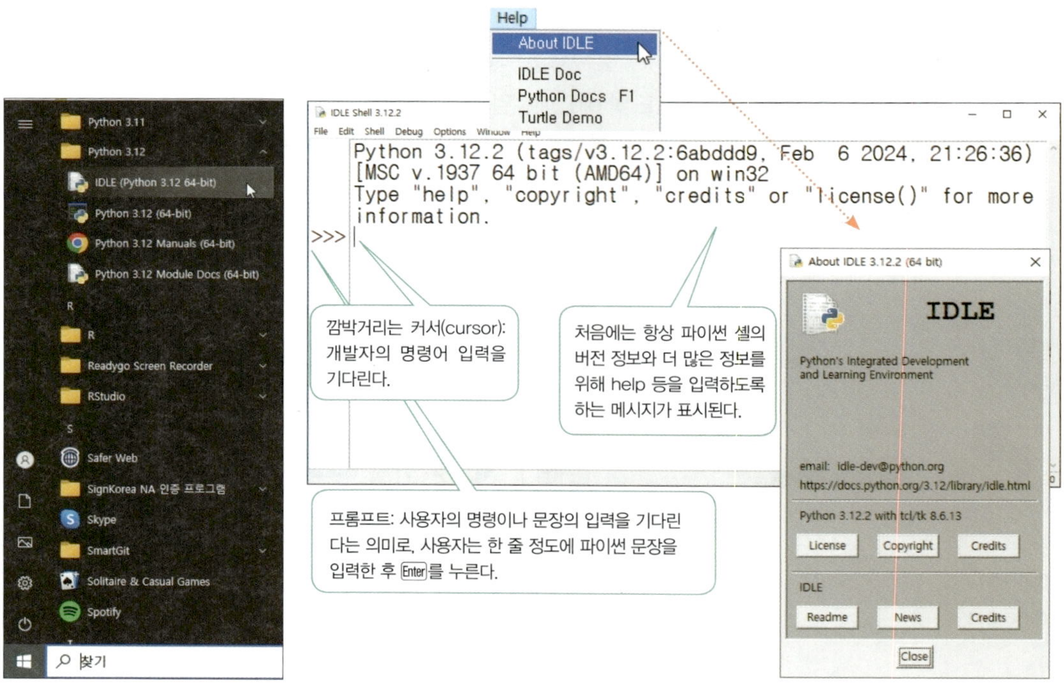


▲ **그림 9** Python IDLE 셸 실행과 화면

IDLE 셸의 가장 상단에는 버전 정보와 help, copyright 등을 이용할 수 있다는 두 서너 줄의 메시지가 표시된다. 메시지 이후 첫 칸에 '프롬프트(prompt)'라고 하는 세 개의 부호 (>>>)가 표시되며, 키보드 입력을 기다리는 커서가 깜박인다. 프롬프트는 개발자로부터 셸의 명령이나 파이썬 문장을 기다린다는 의미의 기호이다.

TIP

**좀 더 알아봅시다!**

### 셸과 대화형 창 그리고 REPL

원래 셸(shell)이란, 운영체제의 중심 모듈인 커널(kernel)과 사용자 사이를 이어 주는 역할을 하는 프로그램을 말한다. 하드웨어인 컴퓨터를 작동시키는 운영체제에서 핵심이 되는 중심 프로그램을 '커널'이라고 한다면, 셸은 사용자의 명령어를 해석하고 운영체제가 알아들을 수 있게 지시해 주고, 다시 명령의 결과를 사용자에게 알려 주는 가교 역할을 수행한다. 예를 들어 TV에서 리모컨을 셸이라고 생각할 수 있다. 셸은 '유닉스(Unix)'라는 운영체제에서 '텍스트 기반의 대화형(또는 대화형 모드) 창(interactive window)'의 모습으로 사용하기 시작했으며, 현재 윈도에서의 셸의 모습은 명령어 cmd로 실행하는 명령 프롬프트로 남아 있다. '대화형 창'이란, 〉 또는 〉〉〉와 같은 프롬프트 표시 이후에 명령어를 입력한 후 Enter를 누르면 바로 다음 줄에 결과를 표시하고 다시 프롬프트가 표시되어 그다음 명령어 입력을 기다리는 형태를 반복하는 모습의 창을 말한다.

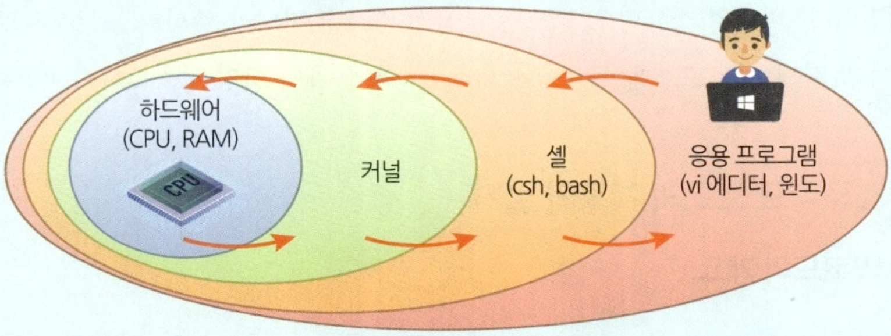


▲ **그림 10** 셸의 전통적인 의미

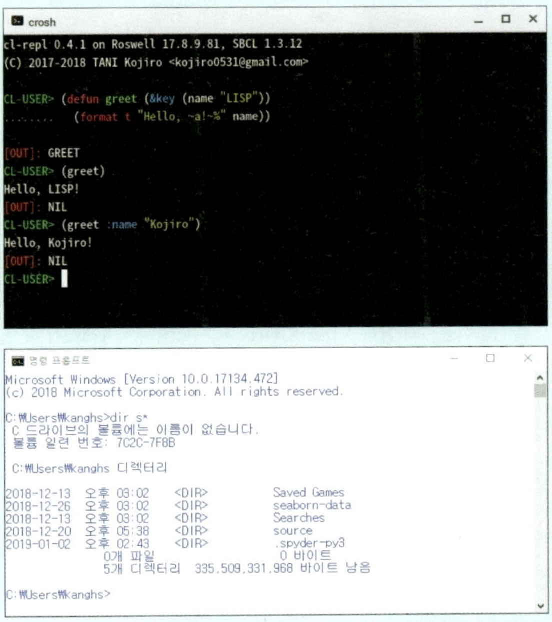


▲ **그림 11** 언어 리스프(LISP) 셸과 윈도 명령 프롬프트

파이썬 셸도 파이썬의 주요 개발 도구인 인터프리터(interpreter), 디버거(debugger) 등과 사용자인 개발자 사이를 이어 주는 대화형(또는 상호작용(interactive)) 프로그램으로, 바로 '대화형 창'의 모습을 갖는다. 대표적인 인터프리터(interpreter) 언어인 리스프는 이러한 '대화형 창' 유형의 컴퓨터 프로그래밍 환경을 가지며, 이러한 프로그래밍 환경을 특히 'REPL'이라고 한다. 읽기–평가–출력–반복의 REPL(read - eval - print loop)은 단어 그대로 개발자가 입력을 한 줄의 명령어를 읽고(read), 평가(evaluate)하여 그 결과를 출력(print)하는 과정을 반복(loop)한다는 의미이다. REPL 환경은 개별적으로 문장 단위로 입력하여 실행된다는 특징이 있다. 바로 파이썬 셸도 대화형 창으로 초보자에게 쉬운 REPL 환경이다.

일반적으로 표준 파이썬 설치만으로 파이썬 프로그램을 개발하기에는 부족하다. 앞 절에서 살펴보았듯이 파이썬을 위한 다양한 통합 개발 환경이 활용되는데, 우리는 비주얼 스튜디오 코드를 주 개발 환경으로 사용할 예정이다. 비주얼 스튜디오 코드는 파이썬 소스뿐 아니라 주피터 노트북으로도 활용할 수 있고 클라우드 개발 환경인 '코드스페이스(codespace)'의 주 개발 환경이기도 하기 때문이다.

## 2.2 비주얼 스튜디오 코드의 개요와 설치

### 비주얼 스튜디오 코드의 개요

비주얼 스튜디오 코드(Visual Studio Code)는 마이크로소프트 사가 개발한 오픈 소스(open source) 코드 편집기(code editor)이다. 비주얼 스튜디오 코드는 간단히 'Vs code'라고도 하며 소스가 공개되어 있는 일렉트론(Electron)[7]으로 만든 전문 편집기이다. 2016년에 출시된 비주얼 스튜디오 코드는 가볍지만 강력해서 아톰(atom)과 서블라임 텍스트(sublime text)를 제치고 현재 세계적으로 가장 인기 있는 소스 코드 편집기가 되었다. 비주얼 스튜디오 코드는 윈도(Windows), 맥 운영체제(macOS), 리눅스(Linux)에서 사용할 수 있으며 기본적으로 자바스크립트(JavaScript), 타입스트립트(TypeScript), 노드(Node.js)를 지원한다. 비주얼 스튜디오 코드는 다양한 코드를 개발할 수 있는 코드 편집기로, C++, C#, Java, Python, PHP, Go 등 다양한 언어를 코딩해 실행할 수 있다. 비주얼 스튜디오 코드 기능을 넓히는 확장(extensions)은 대부분 무료이며 쉽게 설치해서 기능을 보다 풍부하게 강화할 수 있다. 또한 마이크로소프트 사의 클라우드 개발 환경인 '코드스페이스'의 주 개발 환경 인터페이스로도 사용된다.

7 JavaScript, HTML 및 CSS를 사용하여 데스크톱 응용 프로그램을 구축하기 위한 프레임워크이다.

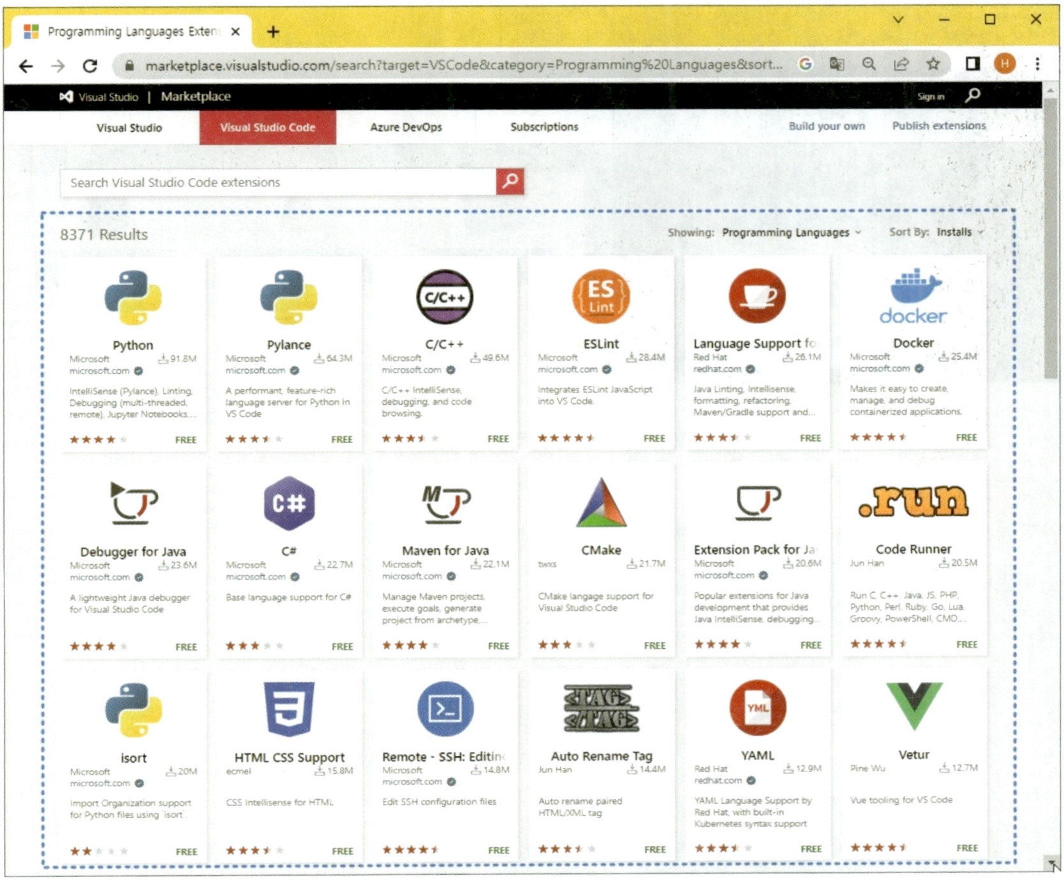


▲ **그림 12** 다양한 비주얼 스튜디오 코드 확장

## 비주얼 스튜디오 코드 설치 파일 다운로드하기

Vs code 홈페이지에서 설치 파일을 다운로드하자. Vs code의 윈도 버전에는 사용자(user) 버전과 시스템(system) 버전이 있다. 윈도는 다중 사용자 운영체제이다. 사용자 버전은 현재 로그인 사용자만 사용할 수 있는 버전이고 시스템 버전은 해당 윈도의 모든 사용자가 사용할 수 있는 버전이다. 어느 계정으로 로그인하더라도 사용할 수 있는 시스템 버전 설치를 권장한다. 다음 그림처럼 이동해 System installer x64나 x86 중에서 골라 다운로드한다. x64는 64비트용, x86은 32비트용이다. 시스템 64비트 설치 파일은 다음과 같다.

- VSCodeSetup-x64-1.00.0.exe

다음은 사용자 64비트 설치 파일의 이름이다.

- VSCodeUserSetup-x64-1.00.0.exe

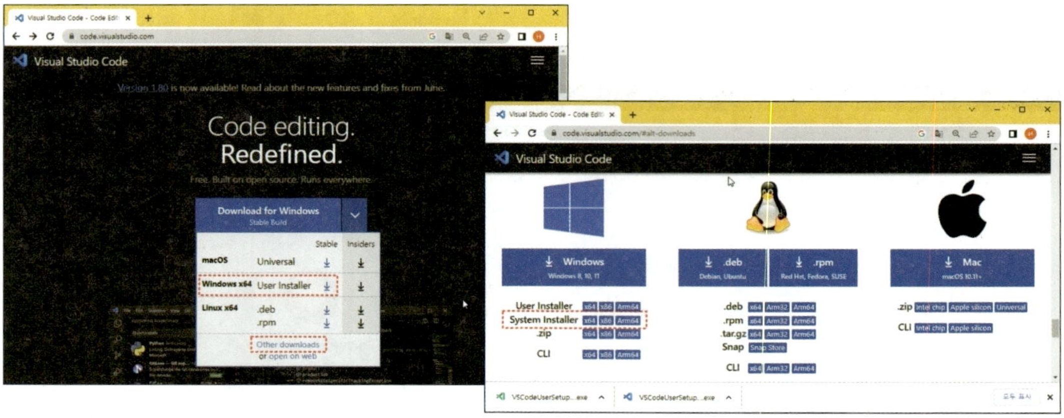


▲ **그림 13** Vs code 설치 파일 다운로드하기

윈도에서 ⊞+PAUSE BREAK를 눌러 표시된 정보의 [장치 사양]에서 시스템 종류를 보면 현재 윈도가 32비트인지 64비트인지 확인할 수 있다.

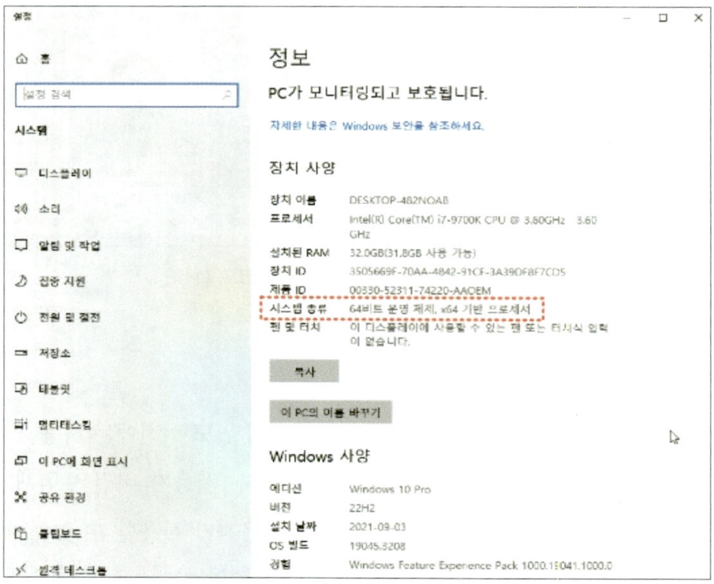


▲ **그림 14** 윈도 시스템 종류 확인 화면과 단축 키 ⊞+PAUSE BREAK

## 비주얼 스튜디오 코드 설치 실행

다운로드한 Vs code 설치 파일을 이용해 설치를 시작한다. 소프트웨어 라이선스에 동의하고 설치 폴더를 확인하자. 시스템 버전의 기본 설치 폴더는 다음과 같다.

- C:\Program Files\Microsoft VS code

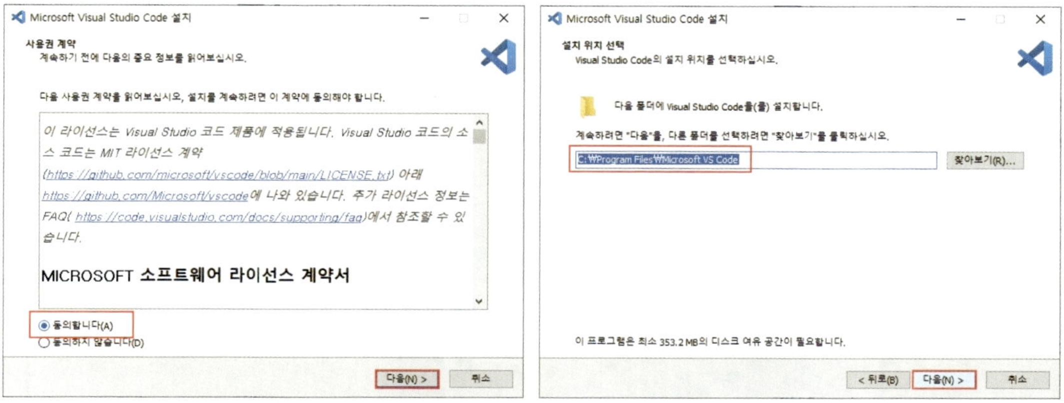


▲ **그림 15** 설치 화면 라이선스와 설치 폴더

다음 화면에서 시작 메뉴 폴더의 이름을 지정한다.

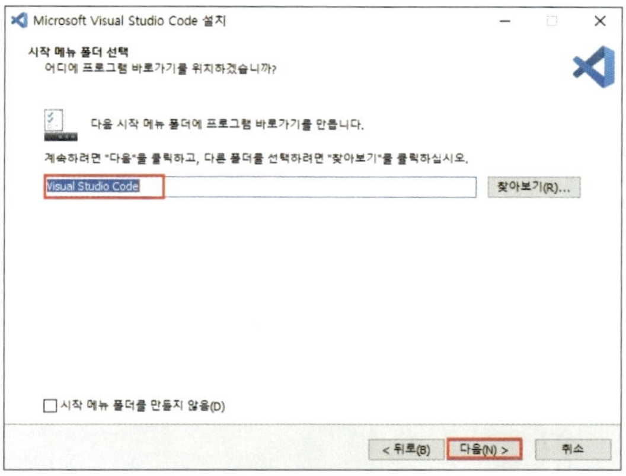


▲ **그림 16** 시작 메뉴 폴더 선택

추가 작업 선택에서 기본으로 체크되지 않은 위 3개의 체크 박스를 선택한다. 탐색기의 파일 또는 디렉터리에서 바로 [Code(으)로 열기] 메뉴를 사용할 수 있어서 편리하다.

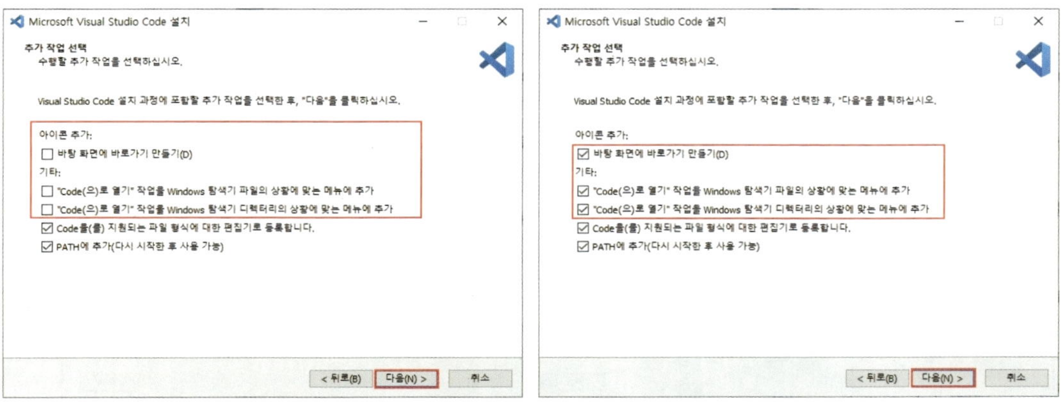


▲ **그림 17** 추가 작업 선택, 모두 선택 추천

위 설치 옵션을 추가하면 탐색기에서 파일 또는 디렉터리의 오른쪽 팝업 메뉴에서 바로 [Code(으)로 열기] 메뉴를 사용할 수 있다.

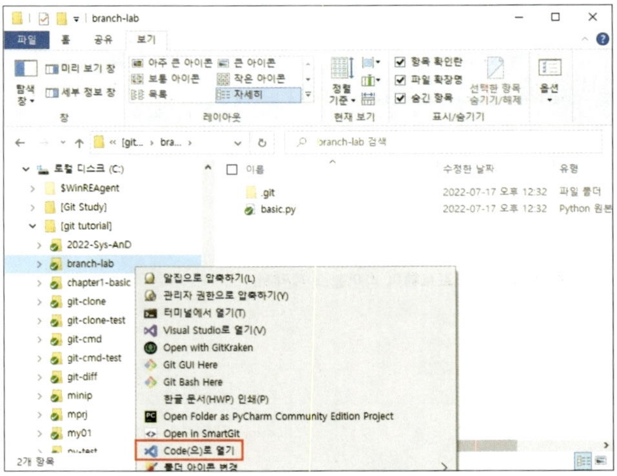

▲ **그림 18** 파일 또는 폴더의 우측 메뉴에서 [Code(으)로 열기] 선택

설치 준비 완료에서 설치 설정을 확인한 후 [설치(I)] 버튼을 클릭해 시작하자.

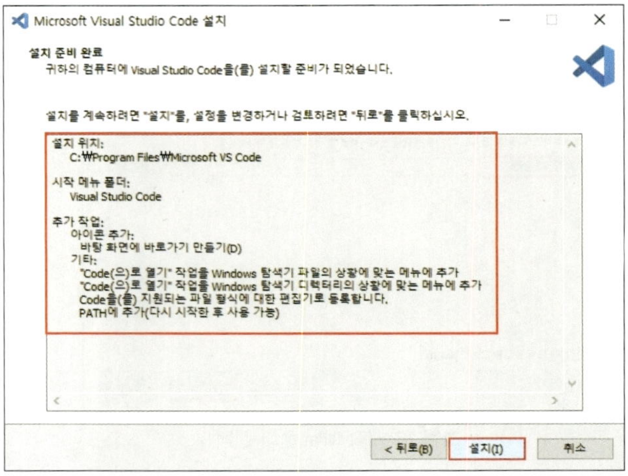

▲ **그림 19** 설치 준비 완료

설치가 완료되면 [Visual Studio Code 실행]의 체크를 확인하고 종료한다. 곧바로 Vs code가 실행된다.

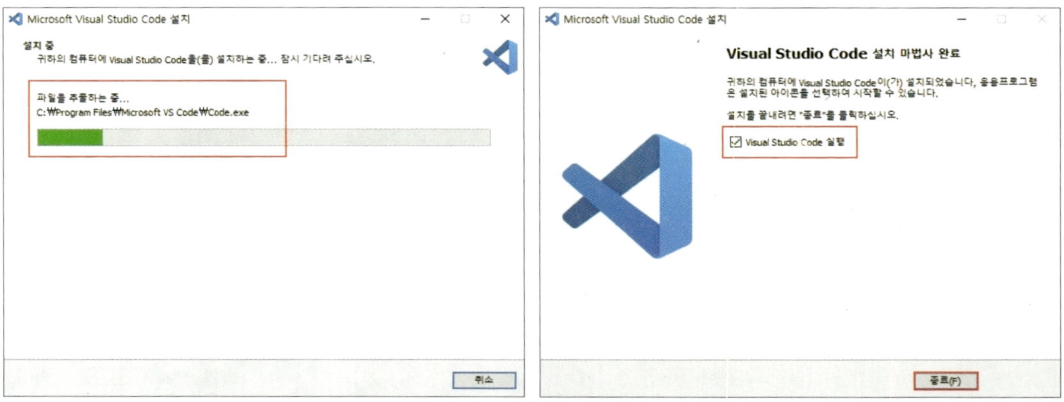

▲ **그림 20** 설치 과정과 종료

## 2.3 비주얼 스튜디오 코드의 실행과 화면 인터페이스

### 비주얼 스튜디오 코드 실행

만일 Vs code가 실행되지 않거나 다시 윈도를 실행했다면, 메뉴에서 [Visual Studio Code]를 클릭한다.

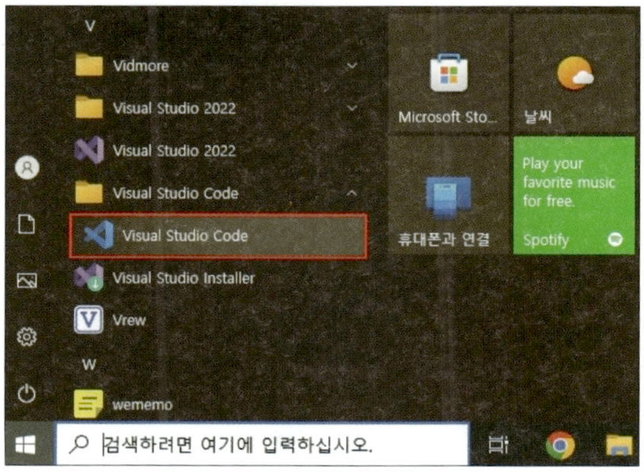


▲ **그림 21** 메뉴 Visual Studio Code 실행

다음은 실행된 Vs code의 화면이다. 바탕 화면의 색상이나 첫 화면은 다를 수 있다.

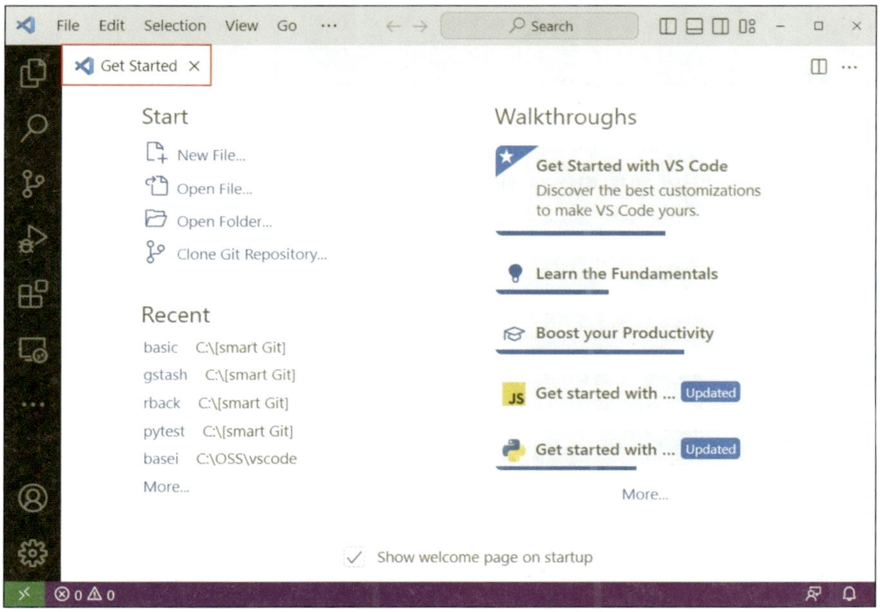


▲ **그림 22** Vs code 실행 화면

다음은 비주얼 스튜디오를 실행하는 주요 세 가지 방법이다. 윈도 메뉴 선택은 이미 전에 알아보았다.

- 윈도 메뉴 선택
- 윈도 검색 창에 'code'라고 입력해 실행
- 탐색기에서 원하는 폴더의 오른쪽 팝업 메뉴에서 [code(으)로 열기] 선택

윈도 검색 창에 'code'를 입력하면 나타나는 [Visual Studio Code]를 선택해 실행한다.

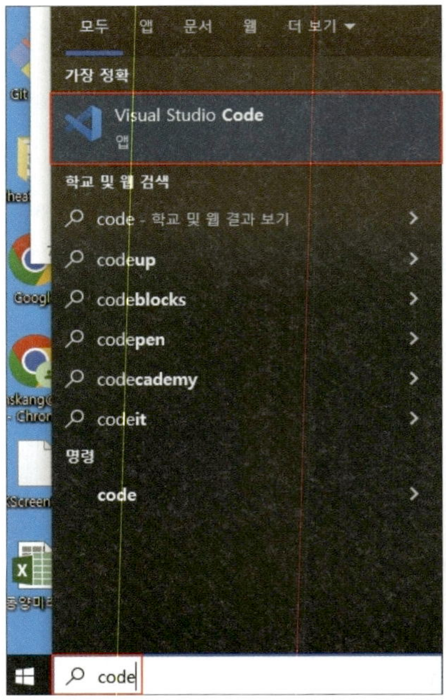


▲ **그림 23** 윈도 검색 창, code 입력 실행

탐색기의 원하는 폴더에서 오른쪽 마우스 버튼을 누르면 나타나는 팝업 메뉴에서 [Code(으)로 열기]를 선택한다. 탐색기에서의 실행은 원하는 폴더를 Vs code로 직접 열어 작업할 수 있다는 장점이 있다. 설치 시 [Code(으)로 열기]의 체크 박스를 선택해야 메뉴가 표시된다.

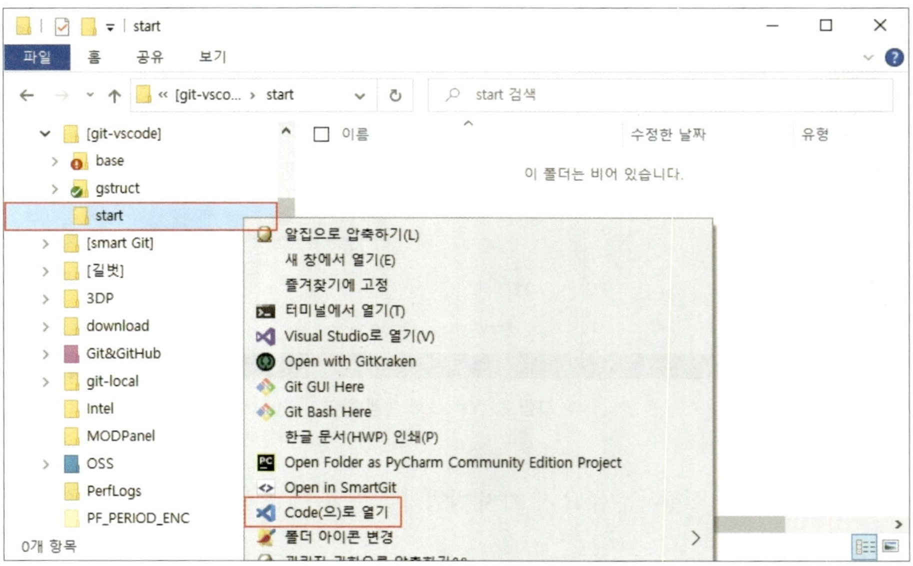


▲ **그림 24** 탐색기의 원하는 폴더에서 팝업 메뉴인 [code]로 직접 실행

### 비주얼 스튜디오 실행 화면 인터페이스 구성

비주얼 스튜디오를 실행한 기본 화면의 인터페이스 구성을 살펴보자.

- 가장 상단의 좌측부터 메뉴(menu), 명령 편집기(command Palette), 레이아웃(layout) 메뉴
- 가장 좌측은 활동바(activity bar), 그 우측은 사이드바(side bar)
- 중앙은 편집기(editor)로 여러 개로 분할될 수 있으며, 하단에 결과 출력, 에러 및 경고 표시나 디버그 정보, 터미널 등이 표시될 수 있는 패널(panel)로 분할
- 가장 하단 상태바(status bar)는 좌측과 우측에 현재 정보 표시

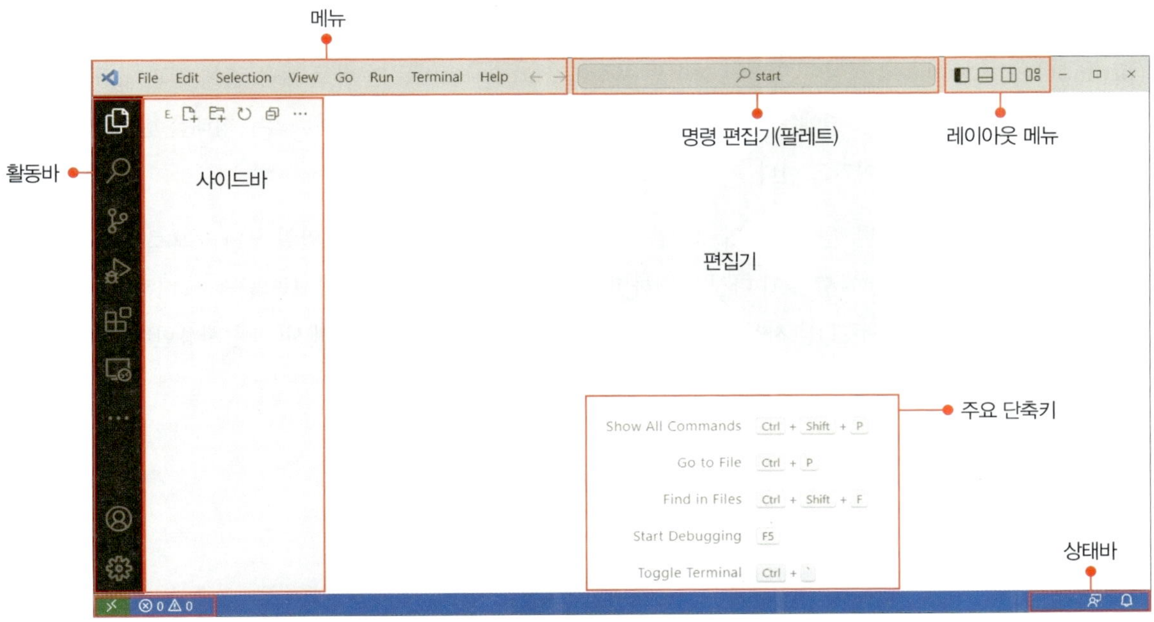


▲ **그림 25** Vs code의 구성 요소

# SECTION 03 첫 파이썬 프로그래밍

## 3.1 파이썬 셸에서 첫 대화형 코딩과 실행

### 첫 대화형 코딩: 정수와 실수의 간단한 연산 수행

IDLE 모습의 창을 '대화형 창' 또는 'REPL(read – eval – print loop) 창'이라고도 한다. 프롬프트(prompt) >>> 이후에 적절한 명령인 파이썬 문장을 쓰고 Enter를 누르면 바로 다음 줄에 결과가 표시된다. 그리고 다시 그 다음 줄에 프롬프트가 표시되어 그다음 명령어 입력을 기다리는 형태를 반복한다. 이러한 과정을 'REPL'이라고 한다.

이제 IDLE에서 다음처럼 한 줄에 하나의 수식을 넣어 사칙연산을 수행해 보자. 만일 오타 등으로 오류가 발생하면 오류가 발생한 이후 줄에 다시 입력하면 된다. 정수와 실수를 사용하고 연산자 +(더하기), –(빼기), *(곱하기), /(나누기)를 사용해 보자. 곱하기는 별표(*), 나누기는 슬래시(/)를 사용한다.

```
>>> 3 + 4
7
>>> 7 - 2
5
>>> 3 * 7
21
>>> 8 / 3
2.6666666666666665
```

일상생활에서 사용하지 않는 연산자인 나누기의 몫과 나머지 연산도 제공한다. 연산자 //은 나눗셈에서 몫인 정수 형태가 결과이고, %은 나눗셈에서 나머지가 결과이다. 또한 별표 **는 지수승 연산자로, 연산 x ** y는 지수승 연산 $x^y$의 결과이다. 나누기의 몫과 나머지뿐 아니라 지수승 연산에 실수도 사용할 수 있다.

```
>>> 8 // 3
2
>>> 8 % 3
2
>>> 9.3 // 2.0
4.0
>>> 9.3 % 2.0
```

9.3 = 2.0 * 4.0 + 1.3

```
1.3000000000000007
>>> 2 ** 3
8
>>> 4 ** 1.5
8.0
>>> 2.1 ** 3
9.261000000000001
>>> 2.1 ** 3.1
9.97423999265871
```

9.3 = 2.0 * 4.0 + 1.3…… 1.3이 1.300…7이 표현된다! 이런 것이 실수를 표현하는 컴퓨터의 한계이다.

연산 $a^{n/m}$은 결과는 $\sqrt[m]{a^n}$이다.

## 글자 Hello World!를 출력하는 대화형 코딩

일상생활에서 가장 많이 사용하는 데이터의 종류는 수와 문자열이다. 문자열(string)은 연속된 문자의 모임을 말한다.

- 문자열: 연속된 문자의 모임으로, 'Hello World!', '파이썬은 매우 쉽네요!' 등
  - '글자'와 같이 문자열의 앞뒤에 작은따옴표(또는 홑따옴표)를 붙여 표현

문자열 Hello World!를 셸에 출력해 보자. 파이썬 셸에서 'Hello World!'와 같이 글자의 앞뒤를 작은따옴표(또는 홑따옴표)를 붙여 입력한 후 Enter를 누르면 바로 다음 줄에 문자열 'Hello World!'가 표시된다. 또한 IDLE에서 표준 출력 기능을 담당하는 함수 print()를 호출하면서 괄호(()) 사이에 ('HelloWorld!')처럼 문자열을 넣어도 출력된다. 다만, 함수 print()로 문자열을 출력하면 둘러싸는 작은따옴표 없이 글자가 표시된다.

```
>>> 'Hello World!'
'Hello World!'
>>> print('Hello world!)

SyntaxError: unterminated string literal (detected at line 1)
>>> print('Hello World!')
Hello World!
```

문제가 없으면 바로 다음 줄에 Hello World!가 표시된다. 오류가 발생해 빨간색 메시지 'Syntax Error: unterminated string literal' 등이 표시된다면 다시 프롬프트 이후에 print('Hello World!')를 입력하자.

### 파이썬 셸의 명령어는 첫 칸부터 입력

모든 명령어는 첫 칸부터 입력해야 한다. 첫 칸뿐 아니라 그 이상을 공간(space)을 두고 입력하면 무조건 'SyntaxError: unexpected indent'가 표시된다. 일반 문장은 무조건 첫 칸부터 입력해야 한다.

- SyntaxError: unexpected indent
  - 구문 오류: 예상치 못한 들여쓰기

반드시 프롬프트 이후 첫 칸부터 입력해야 하고, 명령어를 모두 입력하면 반드시 Enter를 눌러야 파이썬 셸이 반응한다!

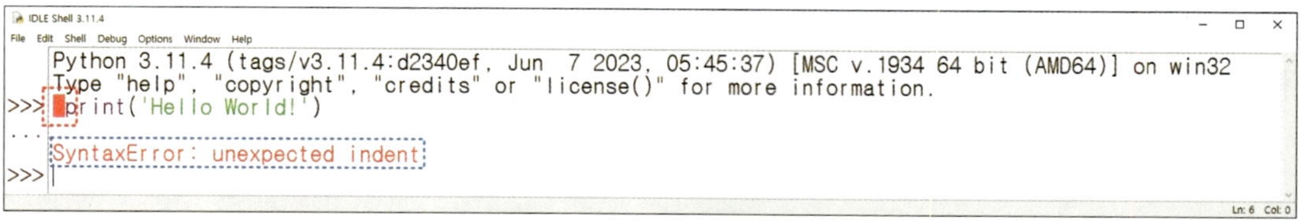


▲ **그림 26** 맨 앞에 공백이 있으면 무조건 오류, 첫 칸부터 명령어 입력

TIP

**좀 더 알아봅시다!**

#### 오류와 디버깅 과정

처음부터 문제 없이 파란색의 결과만 표시되지 않을 수 있다. 아니 그게 당연하다. 여러 가지 이유로 잘못 입력해 파이썬 셸이 인식할 수 없는 명령어가 전달되면 다음과 같이 한 줄에서 네 줄 정도 빨간색의 결과 메시지가 표시된다. 파이썬 셸이 개발자에게 오류를 알리는 메시지이다. 이러한 오류 메시지는 개발자에게 오류를 알려 수정할 수 있도록 해 주는 하나의 방법이다. 오류 메시지에는 소스 파일 이름, 추정되는 오류가 있는 줄 번호, 추정 오류 문장, 오류 이름: 에러 메시지 등이 표시된다. 바로 마지막 줄의 'SyntaxError: unterminated string literal'에서 'SyntaxError'가 오류 이름이며, 'unterminated string literal'은 오류 메시지이다. 오류 중 'SyntaxError'는 앞으로 자주 표시될 오류로, 구문 오류라고 부르며, 주로 한 줄로 표시된다.

■ 특히 오류 메시지의 마지막 줄, 콜론(:) 이후 오류 원인이 표시되는 오류 메시지를 읽어 보면 무엇이 문제인지 어느 정도 이해할 수 있다. 아직은 몰라도 상관없으니 무조건 읽어 보도록 하자.

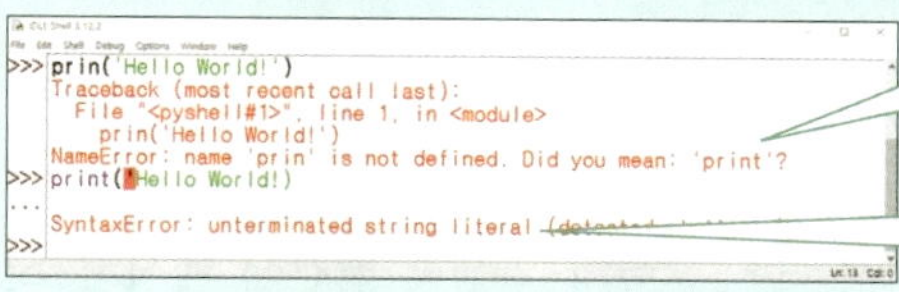


▲ **그림 27** 그림 오류 등 오류 메시지의 두 가지 예

오류 메시지를 통해 잘못된 입력을 아는 것이 중요하다. 프로그램의 잘못을 수정하는 과정을 '디버깅(debugging)'이라고 한다. 디버깅 과정에서 오류 메시지는 잘못을 찾는 중요한 단서를 제공한다.

■ 오류 또는 에러(error)는 프로그램의 여러 잘못된 문제를 말한다.
■ 많은 문제가 철자나 기호 문자를 잘못 입력해서 발생하는 문제이다.
■ 빨간색의 오류 메시지는 항상 읽어 보는 습관을 기르도록 권장한다.
■ 오류 메시지를 통해 오류를 쉽게 수정할 수 있다.

## 3.2 Vs code에서 첫 파이썬 파일 코딩과 실행

### Vs code 실행

이제 전문 편집기인 비주얼 스튜디오 코드를 이용해 소스 파일을 저장한 후 실행해 보자. 앞으로 계속 소스 파일을 저장할 폴더를 하나 정해서 Vs code를 다음과 같이 실행하자. 탐색기의 원하는 폴더에서 오른쪽 마우스 버튼을 누르면 나타나는 팝업 메뉴에서 [Code(으)로 열기]를 직접 실행한다. 다만 설치 시에 [Code(으)로 열기]의 체크 박스를 선택해야 메뉴가 표시되므로 [Code(으)로 열기] 메뉴가 없다면 전체 메뉴에서 Vs code를 실행해 해당 폴더를 열기(open)한다.

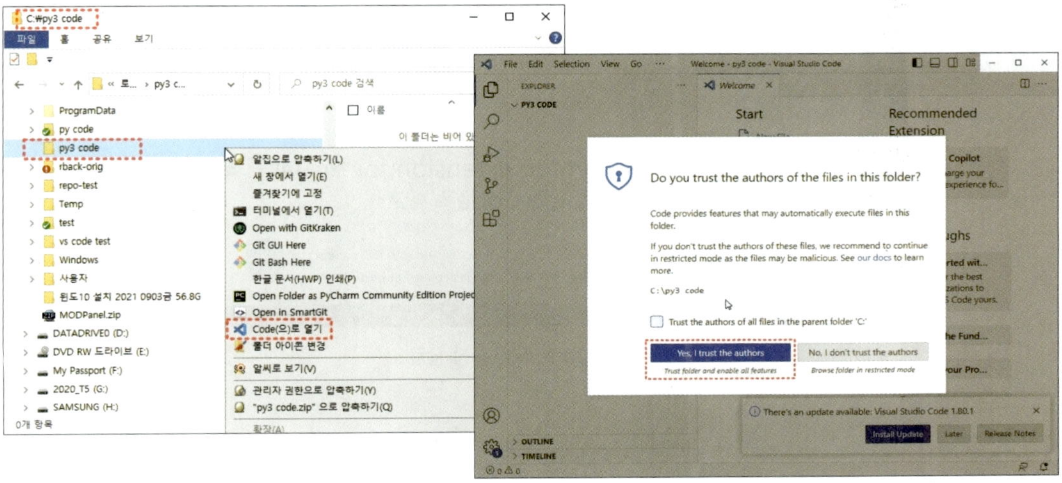


▲ **그림 28** 탐색기의 원하는 폴더에서 팝업 메뉴 code로 직접 실행

다음은 폴더를 지정해 실행된 Vs code 화면이다.

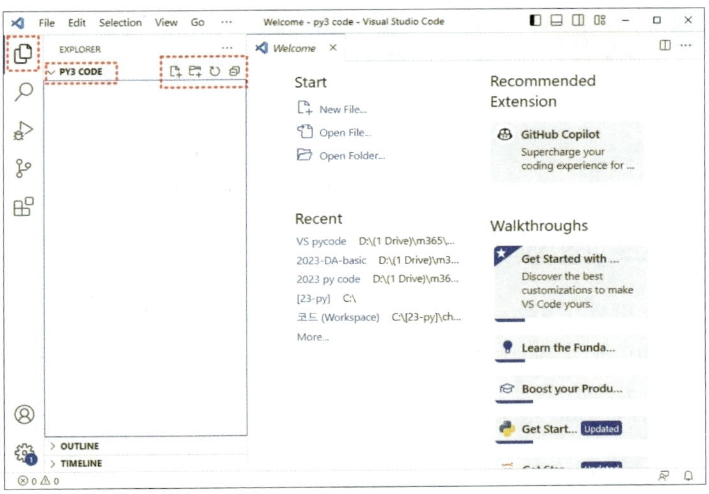


▲ **그림 29** 폴더 'py3 code'가 지정된 Vs code 화면

### 파이썬을 위한 파이썬 확장 설치

확장(extensions) 파이썬은 파이썬 개발에서 가장 많이 사용하는 확장 중의 하나로, 파이썬을 개발하는 데 필요하다. Ctrl + Shift + X 나 활동바의 [Extensions] 아이콘을 눌러 사이드바에서 'python'을 검색한다. 검색된 확장에서 [install]을 클릭해 설치한다.

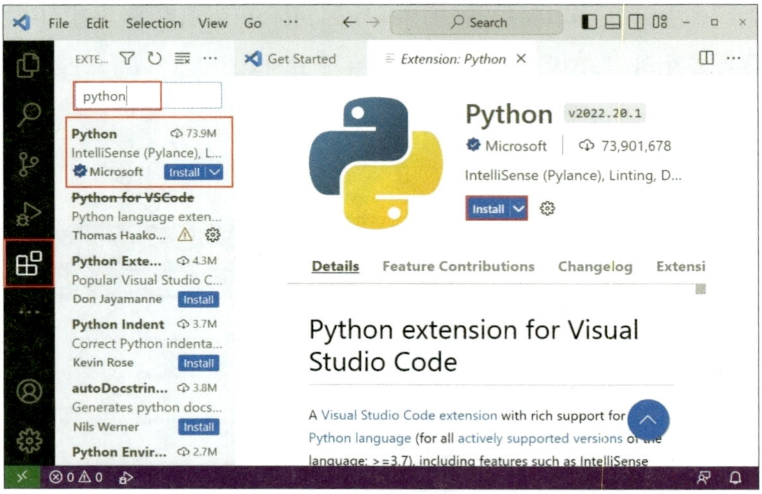


▲ **그림 30** Python 확장 설치

확장이 설치된 이후에는 다음처럼 [Disable]을 클릭해 기능을 중단시킬 수 있으며, [Uninstall]을 클릭하면 설치를 제거할 수 있다.

▲ **그림 31** 설치 이후 확장 파이썬 메뉴

### 파이썬 코드를 위한 소스 파일 생성과 코딩

Vs code의 왼쪽 활동바 탐색기를 누르면 오른쪽 사이드바 상단 왼쪽부터 현재의 폴더 이름이 표시되고 아이콘 메뉴 [파일 열기], [폴더 생성], [다시 표시], [폴더 접기] 그리고 추가 메뉴가 보인다. 다음처럼 첫 메뉴를 눌러 파일 이름인 'hello.py'를 입력한다.

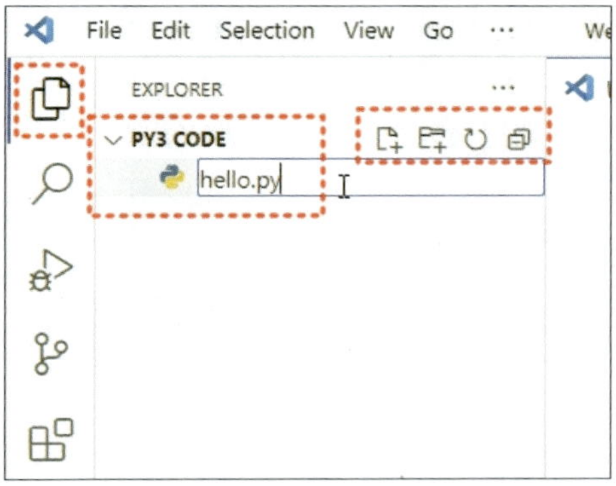


▲ **그림 32** 활동바 탐색기의 사이드바 메뉴와 파일 생성

다음 예제는 수의 연산 결과와 파이썬의 자료형을 출력하는 코드이다. 함수 print()로는 다양한 종류의 데이터를 한 줄에 출력한다. 코드 print( 12 // 5, 12 % 5 )처럼 콤마(,)로 여러 개를 나열하면 하나를 출력한 후 빈 공백을 뒤에 삽입해 한 줄에 여러 개를 출력할 수 있다. 소스에서 코드 이해에 필요하다면 중간에 공백을 삽입하거나 4줄처럼 공백 줄을 삽입할 수 있다. 함수 type()은 괄호 ('py') 안의 자료인 'py'의 종류인 str을 알려 준다. 파이썬의 자료형은 모두 class로, 정확히 ⟨class 'str'⟩이다. 파이썬의 자료형으로는 int, float, str, bool 등이 있다.

**1-1 코딩** 01-01-hello.py **수의 연산 결과와 파이썬의 자료형을 출력**

```
1    print( 3 * 4 + 5 )
2    print( 4 ** 2)
3    print( 12 // 5, 12 % 5 )
4
5    print('Hello Python!')
6    print(type(3), type(3.1))
7    print(type('py'), type(True))
```

**결과**

```
17
16
2 2
Hello Python!
<class 'int'> <class 'float'>
<class 'str'> <class 'bool'>
```

위 내용을 Vs code의 파일 hello.py에 코딩해 Ctrl+S로 저장한다. 다음 화면처럼 상태바의 우측 하단에서 현재 프로그래밍 언어인 파이썬과 설정된 인터프리터인 3.00.0 64-bit를 확인할 수 있다. 설정된 인터프리터가 없다면 마우스를 클릭해 표시된 인터프리터에서 선택한다.

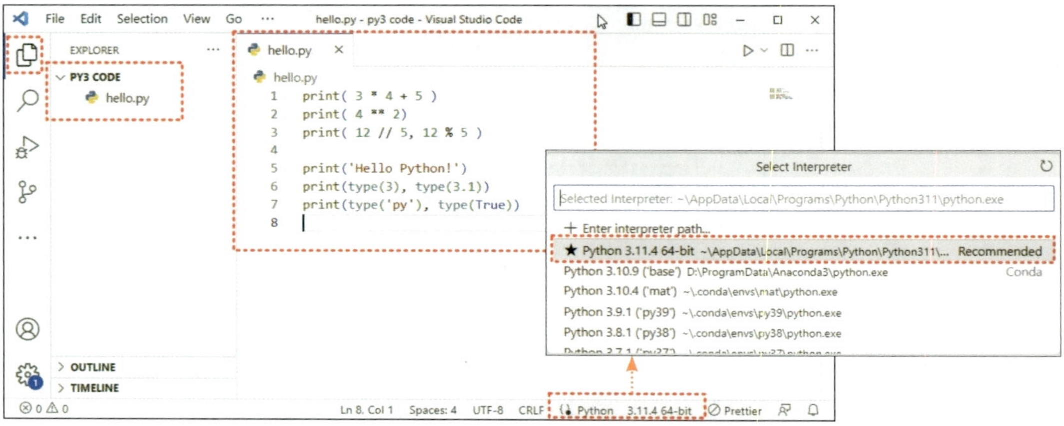


▲ 그림 33 파이썬 파일 hello.py 코딩과 파이썬 인터프리터 선택

## 파이썬 코드 hello.py 실행

저장된 파이썬 소스 파일의 실행은 쉽게 우측 상단 삼각형이나 하부 메뉴에서 Run Python File을 선택하면 쉽게 실행할 수 있다. 오류 없이 실행되면 편집기의 하단 패널에 터미널(Terminal)이 실행되고 결과가 표시된다.

작성된 명령이나 프로그램을 컴퓨터에게 작동시키는 과정을 '실행(run, execute)한다'라고 한다.

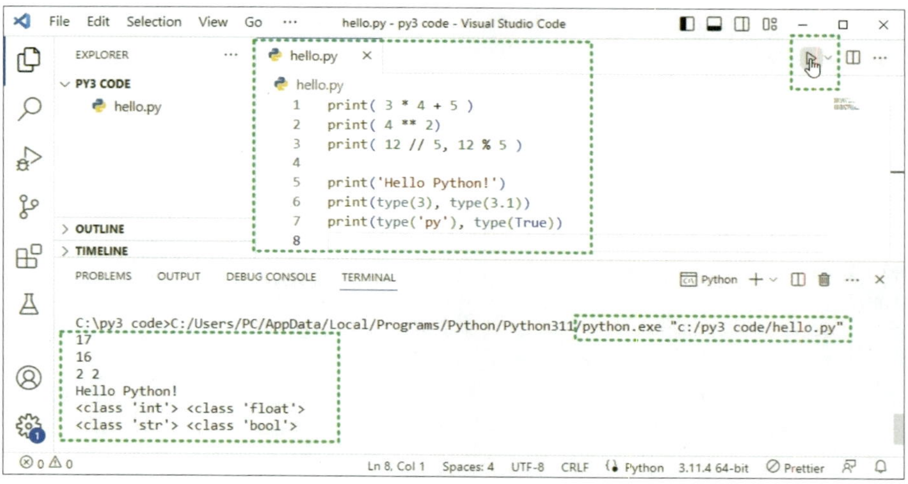


▲ 그림 34 파이썬 소스 파일 실행: 우측 상단 삼각형이나 하부 메뉴에서 [Run Python File]을 선택

소스 파일의 오른쪽 팝업 메뉴에서 Run Python > 하부 Run Python File in Terminal을 선택해도 실행할 수 있다.

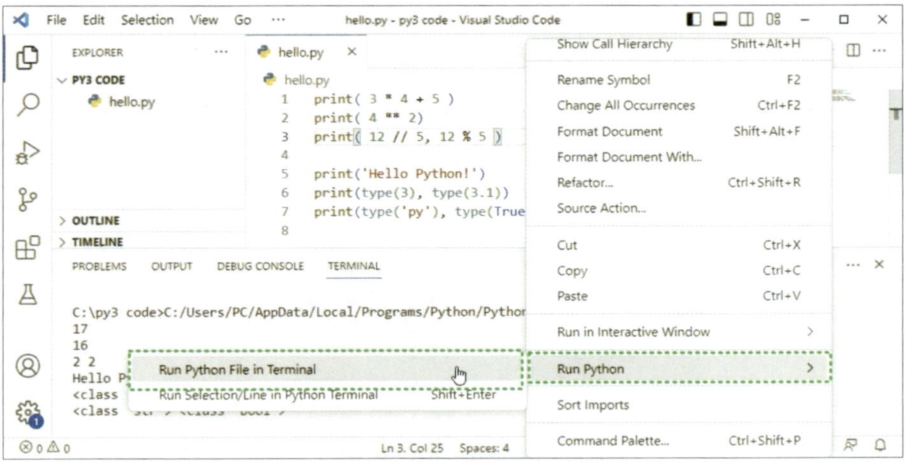


▲ **그림 35** 파이썬 소스 파일 실행 방법 2: 메뉴 Run Python 〉 하부 Run Python File in Terminal

## 주요 설정과 단축키

주요 설정은 활동바 설정의 하부 메뉴인 [Settings]에서 수행한다. 단축키 Ctrl+,로도 설정 화면을 표시할 수 있다. 바로 보이는 'Editor: Font Size'에서 편집기 폰트의 크기를 조정할 수 있다. 입력 부분의 [Search settings]에 'theme' 등으로 검색해 표시되는 설정 기능을 사용하면 편리하다.

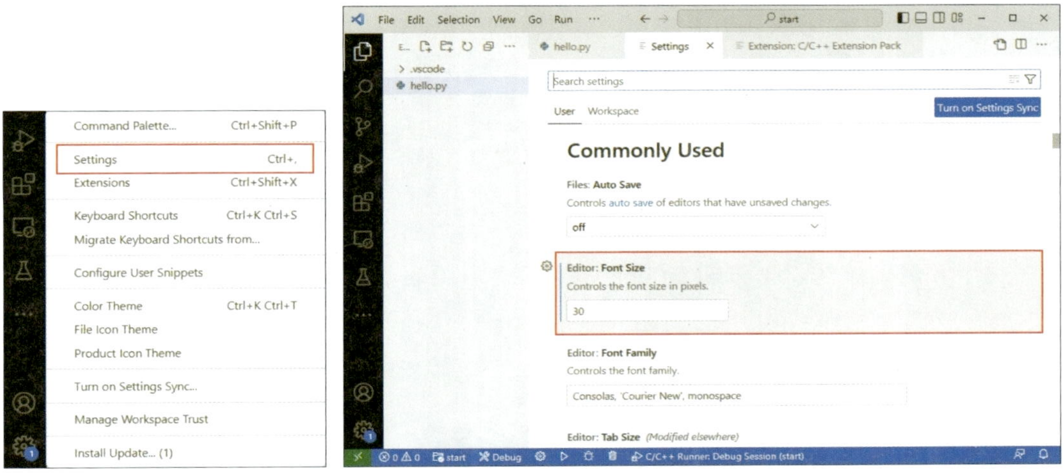


▲ **그림 36** 설정 화면

Vs code 화면에 표시되는 글자와 메뉴 글자의 크기를 조정(또는 줌인 줌아웃 기능)하고자 할 때 다음 단축키를 활용하면 편리하다.

- Ctrl+[+]: 확대, Ctrl+[-]: 축소

다음은 주요 단축키와 설명이다.

▼ **표 1** Vs code의 주요 단축키

| 단축키 | 설명 |
|---|---|
| Ctrl+Shift+E | 활동바 Explorer 메뉴를 선택하며 S, G, D, X 사용 가능 |
| Ctrl+Shift+N | 새로운 Vs code 윈도 생성 |
| Ctrl+N | 현재 창에서 새로운 파일 편집기 생성 |
| Ctrl+, | 설정 표시 |
| Ctrl+`(backtick) | 터미널 표시 |
| Ctrl+K+S | 단축키 설정 표시 |
| Ctrl+\ | 활성 편집기를 하나 추가해 분할하며 n개로 분할하려면 Ctrl+N |
| Ctrl+F4 또는 Ctrl+W | 현재 문서 닫기 |
| F11 | 모니터를 최대 화면으로 토글 |

## 잠/시/쉬/면/서 파이썬 셸의 숨어 있는 비밀: 파이썬 철학(The Zen of Python)

파이썬 셸에는 숨어 있는 비밀인 '이스터 에그'가 하나 있다. 영화, 책, 소프트웨어, 비디오 게임 등에 숨어 있는 메시지나 기능을 '부활절 달걀' 또는 '이스터 에그(Easter egg)'라고 한다. 최초의 이스터 에그는 1978년에 발매된 비디오 게임 〈어드벤처(Adventure)〉에서 유래한 것으로 알려져 있는데, 부활절에 달걀을 미리 집안이나 정원에 숨겨 두고 아이들에게 토끼가 숨겨놓은 달걀을 찾도록 하는 부활절 달걀 찾기 풍습에서 유래했다고 한다.
파이썬 셸의 이스터 에그는 모듈 this로, import this를 입력하면 볼 수 있다. 이것은 파이썬이 추구하는 파이썬의 철학(The Zen of Python)을 표현하고 있다. 파이썬 개발자 팀 피터스(Tim Peters)가 파이썬 디자인에 관해 언급한 문구이다. 한 번 읽어 보면 파이썬 등의 프로그래밍 언어 사용뿐만 아니라 일상생활에서도 귀 담아 둘 만한 문구들이다.

```
IDLE Shell 3.11.4
File  Edit  Shell  Debug  Options  Window  Help
    Python 3.11.4 (tags/v3.11.4:d2340ef, Jun  7 2023, 05:45:37) [MSC v.1934 64 bit (
    AMD64)] on win32
    Type "help", "copyright", "credits" or "license()" for more information.
>>> import this
    The Zen of Python, by Tim Peters

    Beautiful is better than ugly.
    Explicit is better than implicit.
    Simple is better than complex.
    Complex is better than complicated.
    Flat is better than nested.
    Sparse is better than dense.
    Readability counts.
    Special cases aren't special enough to break the rules.
    Although practicality beats purity.
    Errors should never pass silently.
    Unless explicitly silenced.
    In the face of ambiguity, refuse the temptation to guess.
    There should be one-- and preferably only one --obvious way to do it.
    Although that way may not be obvious at first unless you're Dutch.
    Now is better than never.
    Although never is often better than *right* now.
    If the implementation is hard to explain, it's a bad idea.
    If the implementation is easy to explain, it may be a good idea.
    Namespaces are one honking great idea -- let's do more of those!
>>> import this
>>> from importlib import reload
>>> reload(this)
    The Zen of Python, by Tim Peters

    Beautiful is better than ugly.
    Explicit is better than implicit.
    Simple is better than complex.
    Complex is better than complicated.
    Flat is better than nested.
    Sparse is better than dense.
    Readability counts.
    Special cases aren't special enough to break th
    Although practicality beats purity.
    Errors should never pass silently.
```

아름다움이 추한 것보다 낫다.
명시적인 것이 암묵적인 것보다 낫다.
단순한 것이 복잡한 것보다 낫다.
복잡함이 꼬인 것보다 낫다.
평평한 것이 중첩된 것보다 낫다.
여유로운 것이 밀집된 것보다 낫다.
가독성은 중요하다.
특별한 경우라는 것은 규칙을 어길 만큼 특별한 것이 아니다.
비록 실용성이 순수성을 능가하지만, 실수는 절대로 조용히 지나가서는 안 된다.
일부러 오류를 감추려는 의도가 아니라면, 모호한데도 불구하고, 이를 추측하겠다는 유혹을 버려라.
어떤 일에든 명확한 – 바람직하며 유일한 – 방법이 존재한다.
비록 그대가 우둔하여 그 방법이 처음에는 명확해 보이지 않을지라도 지금 하는 게 아예 안 하는 것보다 낫다.
아예 안 하는 것이 지금 *당장*보다 나을 때도 있지만, 구현 결과를 설명하기 어렵다면, 그 아이디어는 나쁘다.
구현 결과를 설명하기 쉽다면, 그 아이디어는 좋은 아이디어일 수 있다.
네임스페이스는 훌륭한 아이디어이다. – 자주 활용하라!

▲ **그림 37** 파이썬 철학 출력

한 번 임포트(import)한 이후에는 파이썬 철학 문구를 볼 일이 없다. 다시 보려면 위처럼 두 구문을 더 코딩해야 한다. 나중에 이러한 내용을 모두 학습할 예정이다.

## 학습 내용 점검

**01** 표준 파이썬과 비주얼 스튜디오 코드 홈페이지를 방문하여 현재 각각 최신의 버전을 다운로드해 설치하시오.

**02** 다음 파이썬의 특징에 대한 설명으로 잘못된 것은?

① 무료이며, 간단한 문법과 다양한 자료 구조를 제공하므로 생산성이 매우 높다.
② 데이터 과학, 인공지능 등 다양한 분야에 활용되고 있다.
③ 간결하고 인간의 사고 체계와 닮아 있어 사용하기 쉽다.
④ 실행 속도가 매우 빠르다.

**03** 다음 비주얼 스튜디오 코드에 대한 설명으로 잘못된 것은?

① 마이크로소프트 사가 개발한 오픈 소스 코드 편집기
② 소스가 공개되어 있는 일렉트론(Electron)으로 만든 전문 편집기
③ 마이크로소프트 사의 클라우드 개발 환경인 '코드스페이스'의 주 개발 환경
④ 파이썬 전용 코드 개발용 코드 편집기

**04** 다음 중 성격이 다른 하나는?

① PyCharm
② Spyder
③ Numpy
④ Visual studio code

**05** 다음 파이썬 코드에서 오류가 발생하는 것은?

① `print(3 + 4)`
② `print(4 ** 3)`
③ `print(2 // 3 **)`
④ `print(3 * 4 / 2)`

**06** 다음 파이썬 코드에서 오류가 발생하는 것은?

① `print('World!)`
② `print('Hello')`
③ `print(32, 'Hello')`
④ `print('Hello', 'World!')`

**07** 다음 파이썬 코드에서 오류가 발생하는 것은?

① `print(type('Hello'))`
② `print(type('Hello'), type(3))`
③ `print(type('Hello'), type(10 // 4))`
④ `print(type('Hello') + type(3))`

## 도전! 프로그래밍

**01** : 자신을 소개하는 문장을 출력하는 프로그램을 작성하시오.

기본

**02** : 다음 연산의 결과를 출력하는 프로그램을 작성하시오.

기본

- `3 * 4 / 4`
- `3 ** 4 // 5`
- `3 * 6 % 5`

**03** : 다음 문자열을 출력하는 프로그램을 작성하시오.

기본

- `Hello, Python!`
- `Java 1995 C# 2000`
- `100 Kg, 20 cm`

**04** : 다음 자료형을 출력하는 프로그램을 작성하시오.

기본

- `int float`
- `str bool`

Chapter

# 02 자료형과 변수

### 학습 목표

- 파이썬의 주요 자료형과 리터럴을 사용할 수 있다.
- 모임 자료형과 변수를 생성해 활용할 수 있다.
- 표준 입력과 표준 출력을 사용할 수 있으며 str.format()과 f-문자열을 활용할 수 있다.

CONTENTS

SECTION

# 01 파이썬 자료형과 리터럴

PYTHON

## 1.1 자료형 개요

### 자료의 큰 범주인 자료형

프로그래밍 언어에서 자료형(data types)은 자료 종류의 범주이다. 파이썬의 주요 자료형으로는 int, float, str, bool, list, tuple, dict, set 등이 있다. 숫자형으로는 정수형 int, 실수형 float, 복소수형 complex, 논리형으로는 bool, 시퀀스(sequences)형으로는 str, list, tuple, 매핑(mapping)형으로는 dict, 집합형으로는 set, frozenset 등이 있다.

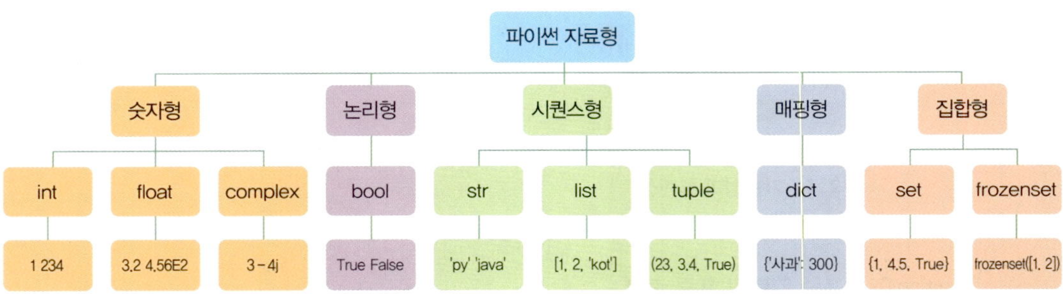


▲ **그림 1** 파이썬 주요 자료형

### 숫자형 자료형(numeric data types) int, float, complex

정수 20, 16, -7 등이 int형이며 부동 소수점(floating point) 수인 실수 1.28, -3.67 등이 float형이다. 실수 뒤에 표시하는 e나 E는 지수승을 의미한다.

▲ **그림 2** 함수 기능

함수(functions)는 함수 이름(인자)처럼 함수 이름 뒤 괄호 사이의 인자로 입력 값을 전달해 특정한 기능을 수행하는 일을 처리하는 프로그램 단위이다.

파이썬의 내장 함수(built-in functions)는 특정한 기능을 수행하기 위해 바로 사용할 수 있는 함수이다. 여기서 내장(built-in)이란, 표준 파이썬을 설치한 후 바로 사용할 수 있다는 의미이다.

- 내장 함수
  - 누구나 쉽게 특정한 기능을 쉽게 수행할 수 있도록 위해 미리 만들어 놓은 함수로, 바로 함수 이름을 호출해 사용 가능

내장 함수인 type(data)는 괄호 사이의 자료 data의 자료형을 알려 준다. 내장 함수인 print(exp1, exp2, exp3, …)은 하나의 exp1 또는 여러 개의 값 exp2, exp3 등을 하나의 공백 문자로 구분하여 콘솔에 출력한다.

- 함수 print(exp1[, exp2, exp3, …])
  - 콘솔의 한 줄에 여러 인자인 exp1, exp2, exp3을 하나의 공백 문자로 구분하여 출력, 각각의 exp는 상수이거나 변수 또는 이들의 연산식(expression)

여러 값의 출력 내용은 빈 공백으로 그 사이가 구분된다.

```
>>> print(20, type(-7))
20 <class 'int'>
>>> print(-3.67, type(-3.18))
-3.67 <class 'float'>
>>>
>>> print(0.34e1, 0.34E2)
3.4 34.0
>>> print(64.6784e-1, 123.34E-2)
6.46784 1.2334
```

출력문 print()에서 여러 자료를 콤마로 구분해 나열하면 공백 문자 하나로 구분하여 각각의 값을 한 줄에 순서대로 출력한다.

3.1 + 4.5j와 같은 복소수는 complex형이다.

```
>>> print(3 + 4j, type(5 - 4.3j))
(3+4j) <class 'complex'>
```

### 문자열 자료형(string data types) str

여러 문자의 나열인 문자열(string) 자료형은 str이다. 문자열은 작은따옴표(single quote)나 큰따옴표(double quote)로 문자열의 앞뒤에 같은 따옴표를 둘러싸서 표현한다. 파이썬에서는 문자 하나도 문자열로 취급한다.

```
>>> print('Python is powerful.')
Python is powerful.
>>> print("파이썬은 쉬워요.")
파이썬은 쉬워요.
```

다음처럼 앞뒤가 다른 따옴표를 사용하면 오류가 발생한다. 문자열의 종료를 알 수 없기 때문이다.

```
>>> print('파이썬은 강력해요.")
  File "<stdin>", line 1
    print('파이썬은 강력해요.")
          ^
SyntaxError: unterminated string literal (detected at line 1)
>>> print("파이썬은 확장성이 좋아요.')
  File "<stdin>", line 1
    print("파이썬은 확장성이 좋아요.')
          ^
SyntaxError: unterminated string literal (detected at line 1)
```

여러 줄의 문자열은 작은따옴표나 큰따옴표를 연속해서 세 개를 동일하게 앞뒤에 둘러싸서 표현한다.

```
>>> print('''Beautiful is better than ugly.
... Explicit is better than implicit.''')
Beautiful is better than ugly.
Explicit is better than implicit.
```

다음처럼 문자열 내부에 큰따옴표를 포함시키려면 앞뒤를 작은따옴표로 표시해야 한다. 이와 마찬가지로 문자열 내부에 작은따옴표가 포함된다면 앞뒤를 큰따옴표로 표시해야 한다.

```
>>> print('"python"')
"python"
>>> print("'java'")
'java'
```

문자열 str은 대표적인 시퀀스 자료형으로, 각각의 문자가 순서를 가지며 나열되어 있다. 시퀀스 자료형은 'py'[0]처럼 정수인 첨자(index)를 대괄호([ ]) 내부에 사용해 각각의 문자를 참조할 수 있다. 첨자는 0부터 시작하며 순서대로 1씩 증가한다.

```
>>> print('py'[0], 'py'[1])
p y
```

첨자는 순서대로 0부터 시작하므로 'py'[0]은 p, 'py'[1]은 y이다.

### 논리 자료형(boolean data type) bool

참과 거짓을 표현하는 논리 자료형이 bool이다. 다음처럼 수의 대소 비교의 결과를 bool의 자료인 True 또는 False로 표현한다. 연산 기호인 <, > 등은 '관계 연산자'라고 한다.

```
>>> print(3 > 4, type(3 < 4))
False <class 'bool'>
```

내장 함수 bool()은 괄호 사이의 자료 논리 값을 알려 준다. 아무것도 없는 수인 0이나 0.0, 빈 문자열은 ''은 모두 False이며 그렇지 않으면 True이다.

```
>>> print(bool(0), bool(0.0), bool(''))
False False False
>>> print(bool(1), bool(0.1), bool('b'))
True True True
```

다음 예제는 파이썬의 다양한 자료형 예시와 type(obj)으로 객체 obj의 자료형 이름을 알아보는 코드이다. 아직 배우지 않은 list, tuple, set, dict 등의 모임형 자료도 알아보자.

**2-1 코딩** 02-01-datatypes.py | **파이썬의 다양한 자료형** 난이도 기본

```
# 기본 자료형
print(10, type(10))
print(32.5234E2, type(3.14))
print(3-4j, type(4.5 + 8.5j))
print('python', type('456'))
print(True, type(False))

# 모임 또는 컨테이너 자료형
print([3, 4, 5], type(['str', True]))
print((2, 3, 4), type(([1, 2], 4.5)))
print({'MON':'월', 'TUE':'화'}, type({'AUG': 8, 'SEP': 9}))
print({1, 2, 3}, type({3.4, True}))
```

**결과**

```
10 <class 'int'>
3252.34 <class 'float'>
(3-4j) <class 'complex'>
python <class 'str'>
True <class 'bool'>
[3, 4, 5] <class 'list'>
(2, 3, 4) <class 'tuple'>
{'MON': '월', 'TUE': '화'} <class 'dict'>
{1, 2, 3} <class 'set'>
```

## 1.2 상수와 주석

### 리터럴

일상생활에서 사용하는 다음 자료 값을 '리터럴(literals)' 또는 '상수(constant values)'라고 한다. 이러한 상수는 파이썬을 비롯한 대부분의 프로그래밍 언어에서 사용할 수 있다.

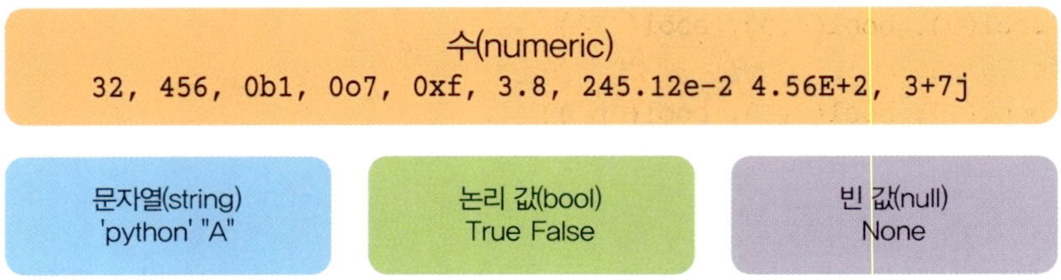


▲ **그림 3** 다양한 리터럴

다만, 위 문자열에서 알아보았듯이 일반 글자는 파이썬에서 처음과 마지막에 작은따옴표나 큰따옴표를 붙여야 한다. 또한 논리 값인 참과 거짓은 True와 False로 표현하며 수의 표기에서 3,000처럼 수에 콤마를 사용할 수 없다. 그 대신 밑줄(_)을 사용할 수 있다.

```
>>> print(True, False)
True False
>>>
>>> # 3000으로 인식하지 못하며 출력문의 내부에서 출력 자료의 구분자 콤마로 인식
>>> print(3,000) # 출력 자료 3과 0으로 인식
3 0
```

### 다양한 진수 표현, 리터럴

다음처럼 수 앞에 0b 또는 0B를 선행하면 2진수 리터럴이다. 맨 앞은 숫자 0이다.

```
>>> print(10, 0b10, 0B11) # 0b 0B 2진수
10 2 3
```

이와 마찬가지로, 수 앞에 0o(소문자 o) 또는 0O(대문자 O)를 선행하면 8진수, 리터럴 0x 또는 0X를 선행하면 16진수 리터럴이다.

```
>>> print(11, 0o11, 0O12) # 0o 8진수
11 9 10
>>> print(12, 0x12, 0X13) # 0x 0X 16진수
12 18 19
```

또한 수에서 중간 밑줄(underscore) _은 수의 자릿수 콤마처럼 사용할 수 있다.

```
>>> print(1_000, 1_000_000, 1_00) # 수에서 _
1000 1000000 100
```

## 주석

다음처럼 한 줄에서 # 이후 그 줄 끝까지는 '주석(comments)'을 의미한다. 주석에는 프로그래밍 언어의 문법과 상관없이 코드의 이해를 돕는 문장을 삽입할 수 있다.

| **# 주석** comments |
|---|
| 프로그램 실행 도중 인터프리터가 무시하는 부분으로, 코드의 가독성을 높이고 코드를 이해할 수 있도록 도와주는 문장으로 구성 |

```
>>> # 이후 줄 종료까지 주석
>>> print('comments') # 이후 줄 종료까지 주석
comments
```

여러 줄 문자열에 사용하는 삼중 따옴표도 여러 줄 주석에 활용될 수 있다. 삼중 따옴표의 문자열을 일반 인터프리터에 실행하면 아무 결과도 표시되지 않아 주석으로 사용한다.

```
>>> ''' 여러 줄 주석에 활용
...     수: int float complex
...     문자열: str
...     시퀀스형: list tuple
...     매핑형: dict
...     집합형: set frozenset
... '''
' 여러 줄 주석에 활용\n     수: int float complex\n     문자열: str\n     시퀀스형: list tuple\n     매핑형: dict\n     집합형: set frozenset\n'
>>>
```

더하기 연산자 +는 문자열의 연결 연산으로도 사용된다. 다음 예제는 리터럴과 다양한 진수 표현 리터럴을 표시한 코드이다.

**2-2 코딩** 02-02-literals.py | **다양한 리터럴과 진수 표현** 난이도 기본

```python
# 리터럴
print('삼천', 3000, 3_000)
print('실수', 3.14, 314.1589e-2)

# 문자열 + 문자열 = 문자열 연결
# 숫자 0이 선행하는 다양한 진수 표현
print('2진수 ' + '1010은 10진수', 0b1010)
print('8진수 ' + '11은 10진수', 0o11)
print('16진수 ' + 'ff는 10진수', 0xff)
```

**결과**

```
삼천 30003000
실수 3.143.141589
2진수 1010은 10진수 10
8진수 11은 10진수 9
16진수 ff는 10진수 255
```

SECTION 02 PYTHON

# 변수와 모임 자료형

## 2.1 변수와 키워드

### 변수의 필요성과 이해

다음처럼 하나의 문장을 출력하는 예를 들어 보자.

```
>>> print('파이썬은 1990년에 개발되었다.')
파이썬은 1990년에 개발되었다.
```

자바에 대해서도 같은 구조의 문장을 출력해 보자.

```
>>> print('자바는 1995년에 개발되었다.')
자바는 1995년에 개발되었다.
```

위 두 문장에서 변하는 부분이 프로그래밍 언어의 이름과 개발 연도이다. 다음처럼 계속 변화하는 부분을 메모리 공간에 저장해 처리하면 효율적이다. 물론 처음에는 코드의 양이 늘어날 수도 있지만, 더 많은 문장이 필요할 때 효율적이다.

```
>>> prog_lang = '파이썬은'
>>> devp_year = 1990
>>> print(prog_lang, devp_year, '년에 개발되었다.')
파이썬은 1990 년에 개발되었다.
>>>
>>> prog_lang = '자바는'
>>> devp_year = 1995
>>> print(prog_lang, devp_year, '년에 개발되었다.')
자바는 1995 년에 개발되었다.
```

변수 리터럴

위 코드에서 prog_lang이나 devp_year 등을 '변수(variables)'라고 한다. 파이썬에서 변수에 값을 저장하는 경우, 자료형은 명시적으로 지정하지 않는다. 대입되는 값을 보면 자료형이라는 알 수 있다.

변수는 프로그래밍 언어에서 자료 값을 임시로 저장하는 공간으로, 변수 이름(name)과 변숫값(value), 자료형(data types)으로 구성된다.

**변수** variables

프로그램이 실행되면서 변화될 수 있는 다양한 자료 값이 저장되는 공간으로, 변수에는 저장 값(value)과 이 값을 쉽게 이해할 수 있는 이름(name), 자료형(data types)으로 구성

변수 이름에 값을 저장하려면 =의 대입 연산자(assignment operator)가 필요하다. 대입 연산자 =는 오른쪽의 값을 왼쪽의 변수에 저장하는 역할을 수행하는 연산자이다.

**= 대입 연산자** assignment operator

수학에서 동등하다는 표시인 =을 사용하지만, 그 의미와는 다르며 오른쪽의 값을 왼쪽의 변수에 저장하는 역할을 수행하는 연산자

반지름이 5cm이고 높이가 4.5cm인 원통(cylinder)의 체적(volumes)을 구한다고 가정해 보자. 다음은 직관적인 코드이다. 연산자 *은 곱하기 연산을 수행한다.

```
>>> print(5 * 5 * 3.14 * 4.5)
353.25
```

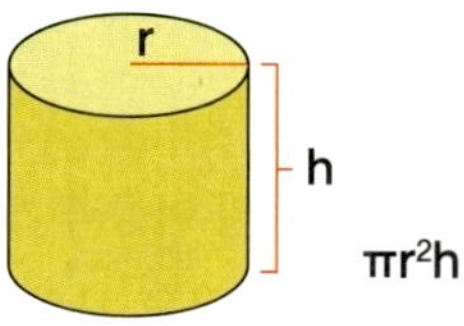


수식에서 계속 사용하는 원주율 등은 변수 pi 등에 저장해 사용하면 편리하다.

```
>>> pi = 3.14
```

다음처럼 대입 연산 하나로 여러 변수에 각각의 값을 저장할 수 있다. 대입 연산자 왼쪽의 변수 숫자와 오른쪽 항목의 수가 일치해야 한다.

```
var1, var2, var3 = value1, value2, valu3
```

변수 var1에는 value1, var2에는 value2, var3에는 value3이 각각 저장되는 대입 문장

다음처럼 값의 의미를 표현하는 이름의 변수 radius, height에 저장하면 계산 연산식을 이해하기 쉽다.

```
>>> radius, height = 5, 4.5
>>> print(radius * radius * pi * height)
353.25
```

대입 연산자 하나와 콤마를 사용하면 여러 변수에 각각의 값을 대입할 수 있다.

반지름과 높이가 다른 원통도 쉽게 이해하거나 계산할 수 있다. 다음처럼 반지름과 높이를 다시 대입해 체적 값을 출력한다. 위에서 이미 저장한 원주율 pi는 다시 저장하지 않아도 된다. 연산자 **은 지수승 연산을 수행한다.

```
>>> radius, height = 2.3, 5.7
>>> print(pi * radius**2 * height)
94.68042
```

### 변수 이름 규칙

변수 이름은 일반 문자와 숫자 그리고 밑줄(underscore)인 _로 구성할 수 있으며 가장 앞에 숫자가 위치할 수 없다. 변수 이름은 저장된 값을 이해하고 목적이 분명하도록 짓는 것이 중요하며 변수의 길이는 코딩에 적절하게 만든다. 파이썬은 전 세계의 언어의 문자로 구성된 유니코드를 지원하므로 한글로도 변수 이름을 만들 수 있다. 다음은 변수 이름을 구성하는 규칙이다.

- 영어 대문자와 소문자(A~Z, a~z), 한글도 가능
- 숫자 0에서 9와 밑줄 문자 _
- 숫자는 맨 앞에 올 수 없음.
- 한 프로그램에서 변수는 유일해야 함.
- 이미 정해진 키워드는 사용할 수 없음.

다음은 변수 사용 코드이다.

```
>>> name = '홍길동'
>>> 직업 = '학생'
>>> print(name, 직업)
홍길동 학생
```

다음 첫 코드는 변수 이름이 숫자로 시작할 수 없기 때문에 오류가 발생한다. 변수를 worldcup_2026이나 worldcup2026으로 사용할 수 있다.

```
>>> 2026_worldcup = '미국 캐나다 멕시코'
  File "<stdin>", line 1
    2026_worldcup = '미국 캐나다 멕시코'
        ^
SyntaxError: invalid decimal literal
>>>
>>> worldcup_2026 = '미국 캐나다 멕시코'
>>> print('2026년 월드컵 개최국:', worldcup_2026)
2026년 월드컵 개최국: 미국 캐나다 멕시코
```

다음처럼 특수 문자 @, $, & 등은 변수에 사용될 수 없다.

```
>>> total@money = 300000
  File "<stdin>", line 1
    total@money = 300000
    ^^^^^^^^^^^
SyntaxError: cannot assign to expression here. Maybe you meant '==' instead of '='?
>>> name&person = 'tom'
  File "<stdin>", line 1
    name&person = 'tom'
    ^^^^^^^^^^^
SyntaxError: cannot assign to expression here. Maybe you meant '==' instead of '='?
```

### 키워드

프로그래밍 언어에서 키워드는 특정 용도로 사용하기 위해 미리 정의된 단어이다. 키워드는 '예약어(reserved words)'라고도 부른다. 파이썬은 다음 키워드를 지정해 사용한다. 어떤 식별자(identifiers)도 다음 예약어와 같은 이름을 가질 수 없다. 식별자란 변수, 함수 등의 이름을 말한다.

```
False       class       from        or
None        continue    global      pass
True        def         if          raise
and         del         import      return
as          elif        in          try
assert      else        is          while
async       except      lambda      with
break       for         not
```

▲ **그림 4** 파이썬 키워드

### 내장 함수

help()는 내장 함수, 모듈 등과 같은 다양한 정보를 출력해 준다. 파이썬 셸에서 도움말 help('keywords')로 키워드 35개를 확인할 수 있다. 키워드는 파이썬의 버전에 따라 다를 수 있다. 첫 글자가 대문자인 False, None, True를 제외하고 키워드는 모두 소문자이다.

```
>>> help('keywords')

Here is a list of the Python keywords.  Enter any keyword to get more help.

False       class       from        or
None        continue    global      pass
True        def         if          raise
and         del         import      return
as          elif        in          try
assert      else        is          while
async       except      lambda      with
await       finally     nonlocal    yield
break       for         not
```

모듈 keyword를 불러와 keyword.kwlist를 출력해도 키워드가 담긴 리스트를 볼 수 있다. 모듈은 프로그램에서 활용할 수 있도록 이미 만들어 놓은 파이썬 소스라고 이해하자. 모듈을 사용하려면 import문으로 사용할 모듈을 먼저 불러와야 한다.

```
>>> import keyword
>>> print(keyword.kwlist)
['False', 'None', 'True', 'and', 'as', 'assert', 'async', 'await', 'break',
'class', 'continue', 'def', 'del', 'elif', 'else', 'except', 'finally', 'for',
'from', 'global', 'if', 'import', 'in', 'is', 'lambda', 'nonlocal', 'not', 'or',
'pass', 'raise', 'return', 'try', 'while', 'with', 'yield']
```

계속된 여러 단어로 식별자에 이름을 붙이는 방법으로는 '뱀 문자(snake case) 방식'과 '낙타 문자(camel case) 방식'이 주로 사용된다. 다음 예제에서 변수 ratio_of_circumference_to_diameter처럼 모든 문자는 소문자를 사용하며 단어 사이에 밑줄 문자 _로 각 단어를 구분하는 방식이 '뱀 문자 방식'이다. 다음 변수 numberStudents처럼 낙타 문자 방식에서는 첫 번째 단어를 소문자로 시작하고 다음에 나오는 각 단어의 첫 글자를 대문자로 표시한다. 파이썬은 '뱀 문자 방식'을 선호한다.

**2-3 코딩** 02-03-variables.py | **식별자 명명 방식** 난이도 기본

```
# snake case naming
circle_radius = 7.83
cylinder_height = 2.61
ratio_of_circumference_to_diameter = 3.14
print('반지름', circle_radius, '원통 체적')
print(ratio_of_circumference_to_diameter * circle_radius ** 2 * cylinder_height )

# camel case naming
myUniversity = '한국대학교'
numberStudents = 20000
print(myUniversity, '학생 수', numberStudents)
```

**결과**

```
반지름 7.83 원통 체적
502.45095906
한국대학교 학생 수 20000
```

## 2.2 시퀀스

### 시퀀스형 list

순서가 있는 항목의 나열인 시퀀스형에는 '리스트(list)'와 '튜플(tuple)'이 있다. 시퀀스형은 항목의 순서가 의미가 있는 모임이다. 항목(items)은 '원소(elements)'라고도 부른다. 리스트는 [1, 2, 3]처럼 대괄호 사이의 콤마로 구분해 여러 항목을 나열해 생성할 수 있다. 리스트 자료형은 list이다.

```
>>> lst = [10, 20, 30]
>>> print(lst, type(lst))
[10, 20, 30] <class 'list'>
```

리스트의 항목으로 다양한 자료형을 사용할 수 있다.

```
>>> lst = [1, 3.92, 3 > 4, 'list']
>>> print(lst)
[1, 3.92, False, 'list']
```

리스트에서 특정한 기능을 구현한 메서드 append(인자)를 사용하면 마지막 항목으로 인자를 추가할 수 있다. 리스트는 한 번 만든 이후 필요할 때마다 수정할 수 있다. 이러한 수정 가능한 특징을 '가변성(mutable)'이라고 한다.

```
>>> lst.append('py')
>>> print(lst)
[1, 3.92, False, 'list', 'py']
```

시퀀스 자료인 리스트도 lst[0]처럼 0부터 시작하는 정수 첨자(index)를 사용해 리스트 lst 각각의 항목을 참조할 수 있다. 첨자는 0부터 시작된다는 것에 주의하자.

```
>>> lst[0]
1
>>> lst[4]
'py'
```

첨자 0은 리스트의 첫 자료를 참조한다.

첨자를 사용해 해당하는 내용을 수정할 수도 있다. 대입 문장 lst[1] = 'java'로 lst[1], 두 번째 항목을 'java'로 수정한다.

```
>>> print(lst)
[1, 3.92, False, 'list', 'py']
>>> lst[1] ='java'
>>>
>>> print(lst)
[1, 'java', False, 'list', 'py']
```

### 시퀀스형 tuple

튜플은 (1, 2, 3)처럼 괄호 사이의 콤마로 구분해 여러 항목을 나열해 생성할 수 있다. 튜플 자료형은 튜플이다.

```
>>> tpl = (10, 20, 30)
>>> print(tpl, type(tpl))
(10, 20, 30) <class'tuple'>
```

튜플에서 괄호는 생략할 수 있다. 시퀀스형인 튜플도 항목이 순서가 있으므로 tpl[0]처럼 0부터 시작하는 정수 첨자(index)를 사용해 튜플 tpl 각각의 항목을 참조할 수 있다.

```
>>> tpl = 1, 3.92, 3 > 4, 'tuple'
>>> print(tpl, type(tpl))
(1, 3.92, False, 'tuple') <class'tuple'>
>>> tpl[0]
1
>>> tpl[3]
'tuple'
```

튜플은 한 번 만들면 수정할 수 없다는 특징이 있다. 이러한 특징을 '불변성(immutable)'이라고 한다. 따라서 리스트와 달리, 항목을 첨자로 수정할 수 없으며 항목을 첨자로 수정하면 다음처럼 오류가 발생한다.

```
>>> tpl[1] = 100
Traceback (most recent call last):
  File "<stdin>", line 1, in<module>
TypeError: 'tuple' object does not support item assignment
```

그러므로 불변성인 튜플은 항목을 삽입하거나 추가하는 메서드를 제공하지 않는다.

```
>>> tpl.append('py') # 오류 발생
Traceback (most recent call last):
  File "<stdin>", line 1, in<module>
AttributeError: 'tuple' object has no attribute 'append'
```

튜플은 수정할 수 없으므로 그 처리 속도가 리스트보다 빠르다. 이것이 바로 리스트와 비슷한 항목의 나열인 튜플을 따로 제공하는 이유이다.

다음 예제는 리스트 자료형 쇼핑 목록 shopping_list에 먼저 항목 몇 개를 담고 '구두'를 추가하는 코드이다. 튜플 weekend를 생성해 출력하는 코드이기도 하다. 튜플 weekend와 비슷하게 주말 요일을 각각 변수 day1, day2에 저장한다면 각각의 문자열 변수에 저장되어 처리된다.

**2-4 코딩** 02-04-listtuple.py | **리스트와 튜플** 난이도 기본

```
shopping_list = ['T-셔츠', '바지', '정장']
shopping_list.append('구두')
print('쇼핑 목록', shopping_list)

weekend = '토요일', '일요일' # ('토요일', '일요일') 동일
print('주말', weekend)
day1, day2 = '토요일', '일요일'
print('주말', day1, day2)
```

**결과**

```
쇼핑 목록 ['T-셔츠', '바지', '정장', '구두']
주말 ('토요일', '일요일')
주말 토요일 일요일
```

## 2.3 매핑과 집합

### 매핑형 dict

매핑형인 사전(dictionary)은 중괄호 안에 키:값 쌍을 콤마로 구분한 후 항목을 나열해 만든다. 각 항목에서 키(key)로 값(value)을 지정하므로 '매핑형'이라고 한다. 자료형 클래스 dict는 키인 단어와 설명인 값이 있는 사전 단어 'dictionary'에서 나온 이름이며 다음처럼 사용한다.

```
>>> mart = {'라면': 1200, '음료수': 1500, '과자': 800}
>>> print(mart, type(mart))
{'라면': 1200, '음료수': 1500, '과자': 800} <class'dict'>
```

다음처럼 대괄호 안에 키를 배치하여 사전 항목의 값을 참조할 수 있다.

```
>>> mart['라면']
1200
>>> mart['음료수']
1500
```

사전은 변경 가능(mutable)하며, 다음처럼 기존 키를 참조하여 사전의 항목 값을 변경할 수 있다.

```
>>> print(mart)
{'라면': 1200, '음료수': 1500, '과자': 800}
>>> mart['과자'] = 900
>>> print(mart)
{'라면': 1200, '음료수': 1500, '과자': 900}
```

다음처럼 사전에 없는 새 키에 값을 할당하여 사전에 항목을 추가할 수 있다.

```
>>> print(mart)
{'라면': 1200, '음료수': 1500, '과자': 900}
>>> mart['삼각김밥'] = 1700
>>> print(mart)
{'라면': 1200, '음료수': 1500, '과자': 900, '삼각김밥': 1700}
```

다음처럼 메서드 keys()와 values()로 키와 값의 목록을 참조할 수 있다. 메서드 keys()는 dict_keys, 메서드 values()는 dict_values라는 자료형을 반환한다.

```
>>> mart.keys()
dict_keys(['라면', '음료수', '과자', '삼각김밥'])
>>> mart.values()
dict_values([1200, 1500, 900, 1700])
```

사전에서 키는 튜플, 문자열, 수 등과 같이 불변(immutable)이어야 한다. 따라서 리스트와 같이 변경 가능한 객체를 키로 사용할 수 없다.

```
>>> mart[['아이스크림', '봉투']] = [700, 200]
Traceback (most recent call last):
  File "<stdin>", line 1, in<module>
TypeError: unhashable type: 'list'
```

Unhashable은 수정할 수 있다는 의미이다.

다음 예제는 과일의 영한 사전을 만든 코드이다. 다른 과일도 추가해 보자.

**2-5 코딩** 02-05-fruitdict.py | **과일 영한 사전** 난이도 기본

```
vocabulary = {
    "apple": "사과", "banana": "바나나",
    "grape": "포도", "orange": "오렌지",
}
# 과일 추가
vocabulary['mango'] = '망고'
vocabulary['watermelon'] = '수박'

print("과일의 영한 사전입니다.")
print(vocabulary)
```

**결과**

```
과일의 영한 사전입니다.
{'apple': '사과', 'banana': '바나나', 'grape': '포도', 'orange': '오렌지',
'mango': '망고', 'watermelon': '수박'}
```

### 집합형 set와 frozenset

집합형은 항목 중복을 불허하며 순서가 없는 항목의 모임을 지원한다. 집합형의 자료형으로는 set와 frozenset이 있다. 자료형 set는 다음처럼 중괄호로 수정할 수 없는 여러 항목을 콤마로 구분해 담는다.

```
>>> basket = {'apple', 'orange', 'apple', 'pear'}
>>> print(basket)
{'pear', 'orange', 'apple'}
```

항목 apple이 두 번 있지만, 중복을 불허하므로 결과적으로 하나만 존재한다.

자료형 set 자체는 수정할 수 있으므로 다음처럼 메서드 add()로 새 항목을 추가할 수 있다. 그러나 순서가 없으므로 첨자로 참조할 수 없다.

```
>>> basket.add('banana')
>>> print(basket)
{'pear', 'orange', 'apple', 'banana'}
>>> basket[0] # 오류
Traceback (most recent call last):
  File "<stdin>", line 1, in <module>
TypeError: 'set' object is not subscriptable
```

자료형 세트는 수정 불가능한 항목인 int, float를 담을 수 있다.

```
>>> myset = {1, 2, 3.4}
>>> print(myset)
{1, 2, 3.4}
```

논리 값 리터럴 True도 추가할 수 있지만, 기존 항목 1이 True를 의미해 중복을 불허하므로 True가 추가되지 않는 것을 볼 수 있다.

```
>>> myset.add(True)
>>> print(myset)
{1, 2, 3.4}
```

자료형 set의 항목으로 수정 가능한 list나 dict는 담을 수 없다. 다음처럼 오류가 발생한다. 오류 메시지인 unhashable은 수정 가능하다는 mutable과 같은 개념이다.

```
>>> myset.add([1, 2]) # 오류
Traceback (most recent call last):
  File "<stdin>", line 1, in <module>
TypeError: unhashable type: 'list'
```

자료형 frozenset는 frozenset(인자) 함수로 생성한다. 인자는 항목을 담은 set, list, tuple 등이 가능하다.

```
>>> pl = frozenset({'python', 'kotlin'})
>>> pl = frozenset(('python', 'kotlin'))
>>> pl = frozenset(['python', 'kotlin'])
>>> print(pl, type(pl))
frozenset({'python', 'kotlin'}) <class 'frozenset'>
```

자료형 frozenset는 수정 불가능한 집합이다. 다음처럼 세트와 달리 add() 메서드가 없다.

```
>>> pl.add('java')  # 오류
Traceback (most recent call last):
  File "<stdin>", line 1, in <module>
AttributeError: 'frozenset' object has no attribute 'add'
```

다음 예제는 set와 frozenset로 색상을 처리하는 예제이다. 수정 불가능한 frozenset에서 add() 사용 시 오류가 발생하지만, try – except as문으로 예외 처리해 실행한다. 예외 처리는 나중에 학습할 예정이다.

**2-6 코딩** 02-06-setfrozenset.py | **색상을 처리하는 집합** 난이도 기본

```python
# Set 예제, 중복된 "red"는 하나로 취급됨.
colors_set = {"red", "blue", "green", "red"}

print("Set:", colors_set)  # 출력: {"blue", "green", "red"}
colors_set.add("yellow")
print("Set after adding:", colors_set)
colors_set.remove("green")
print("Set after removing:", colors_set)

# Frozenset 예제
immutable_colors = frozenset(["red", "green", "blue"])
print("Frozenset:", immutable_colors)

try:
    # 불변 객체이므로 추가할 수 없음.
    immutable_colors.add("yellow")
except AttributeError as e:
    # 출력: AttributeError: 'frozenset' object has no attribute 'add'
    print("AttributeError:", e)
```

결과

```
Set: {'blue', 'red', 'green'}
Set after adding: {'blue', 'red', 'yellow', 'green'}
Set after removing: {'blue', 'red', 'yellow'}
Frozenset: frozenset({'blue', 'red', 'green'})
AttributeError: 'frozenset' object has no attribute 'add'
```

## 2.4 가변성과 불변성

### mutable과 immutable

파이썬의 모든 자료는 객체(objects)이다. 객체는 값을 가지는 구체적인 사례(instance)이다. 파이썬의 자료형은 만든 자료를 수정할 수 있는 가변성(mutable) 객체와 수정할 수 없는 불변성(immubale) 객체로 나뉜다. 자료형 list, dict, set 등이 가변성, 자료형 int, float, str, bool, tuple, frozenset 등이 불변성이다.

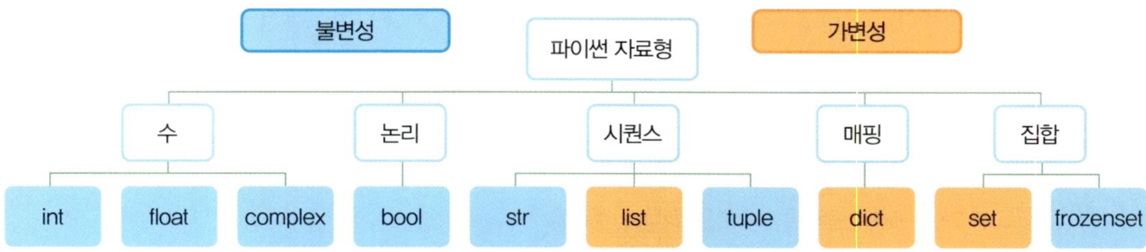


▲ **그림 5** 가변성과 불변성

다음 표는 가변성과 불변성을 설명하고 있다. 일반적으로 기본 유형은 대부분 불변성, 사용자 정의 유형은 대부분 가변성이다.

▼ **표 1** 가변성과 불변성 비교

| 구분 | 가변성 | 불변성 |
|---|---|---|
| 용어 | mutable | immutable hashable |
| 기본 자료 종류 | – | int float complex bool |
| 모임 종류 | list dict set bytearray | str tuple frozenset bytes |
| 구분 방식 | 생성 후 수정 가능 | 생성 후 수정 불가능 |
| 모임 객체 | 항목을 수정하거나 추가, 삭제하는 메서드 제공 | 항목을 수정하거나 추가, 삭제하는 메서드 미제공 |
| 참조 속도 | 느린 참조 | 빠른 참조 |
| 수정 비용 | 쉽고 비용이 적고 효율적임. | 수정이 불가능하거나 새로 생성해야 하므로 비용이 많이 소요됨. |
| 활용 | 자료 수정이 자주 필요하면 활용 | 자료 수정이 적거나 없으면 활용 |

### 객체의 고유한 값 id( )

함수 id(obj)는 객체 obj를 구별하는 값으로, '메모리 주소(address)'라고 생각하면 이해하기 쉽다. 이 id( ) 값은 한 객체를 다른 객체와 구별하는 고유 식별자이다.

| **내장 함수** id(obj) |
|---|
| 객체를 구별하는 식별자를 반환하는데, 여기서 식별자는 객체가 저장된 메모리 공간의 주소 |

다음처럼 help(id)로 함수 id()의 기능을 참조할 수 있다.

```
>>> help(id)
Help on built-in function id in module builtins:

id(obj, /)
    Return the identity of an object.

    This is guaranteed to be unique among simultaneously existing objects.
    (CPython uses the object's memory address.)
```

다음 대입 문장으로 변수 a, b는 모두 1이 저장되며 함수 id()로 두 변수 모두 주소가 같다는 것을 알 수 있다. 즉, 객체 1이 저장된 공간을 변수 a, b가 모두 참조하고 있다.

```
>>> a = b = 1
>>> print(id(a), id(b))
140734226162472 140734226162472
>>> print(id(a) == id(b))
True
```

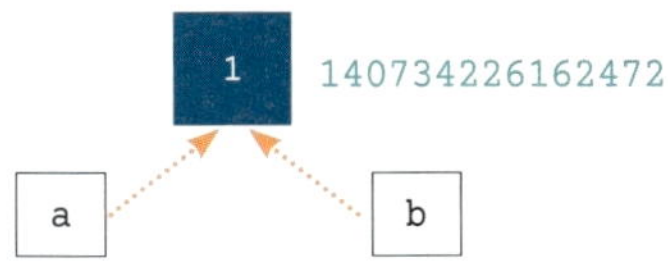


다음 코드로 변수 a를 1 증가시키면 변수 a와 b의 주소가 달라진 것을 알 수 있다. 즉, a의 값을 수정한 것이 아니라 새로운 값 2를 생성해 저장하고 그 주소를 변수 a가 참조하고 있다. 변수 b는 여전히 1이 저장된 주소를 가리킨다.

```
>>> a = a + 1
>>> print(id(a), id(b))
140734226162504 140734226162472
>>> print(id(a) == id(b))
False
```

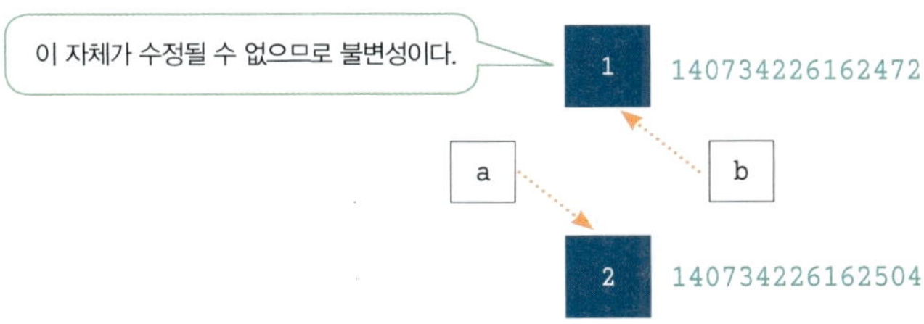

다음처럼 직접 정수 2의 id(2)의 결과도 위의 주소 값과 일치한다. 즉, 정수 int 객체는 수정할 수 없는 불변성 객체라는 것을 보여 준다.

```
>>> print(id(2), id(1+1), id(3-1))
140734226162504 140734226162504 140734226162504
```

다음은 리스트 [1, 2, 3]의 id()를 보여 준다.

```
>>> lst = [1, 2, 3]
>>> print(id(lst))
2075366178240
```

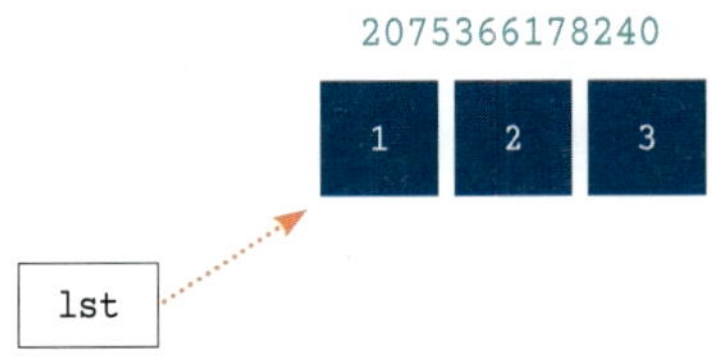


리스트 [1, 2, 3]에 항목 4를 추가해도 여전히 id()의 결과는 동일하다. 즉, 리스트는 한 번 생성한 객체를 수정할 수 있는 가변성 객체라는 것이다. 즉, 객체의 id() 값을 변경하지 않고 해당 객체의 값을 변경할 수 있으면 변경 가능한 객체이다.

```
>>> lst.append(4)
>>> print(id(lst))
2075366178240
```

다음 예제에서 가변성인 리스트 객체 os는 수정 가능하고 수정 후에도 동일한 id 값을 가지고 있다. 반면, 불변성인 str 객체 py는 수정 불가능하며 연산자 +에 의해 새롭게 생성된 문자열을 저장하므로 전과 다른 id 값을 가지게 된다.

**2-7 코딩** 02-07-mutablelist.py | **가변성과 불변성 객체** 난이도 응용

```
# mutable object
os = ['unix', 'mac', 'windows']
print('id(os):', id(os))
os.append('linux')
print('id(os):', id(os))

# immutable object
py ='python'
print('id(py):', id(py))
py ='python' + ' language'
print('id(py):', id(py))
```

결과

```
id(os): 2764476697728
id(os): 2764476697728
id(py): 2764423054256
id(py): 2764476514800
```

심·화·학·습

## hashable

객체 obj의 불변성을 쉽게 판정하는 방법은 hash() 함수를 호출하는 것이다. 함수 hash(obj)는 객체 obj를 프로그램의 내부에서 유일한 정수를 반환한다. 객체 obj에 해시 값이 있으면 '해서블(hashable)하다'라고 표현한다.

**내장 함수** `hash(obj)`

obj에 저장된 내용을 기준으로 한 개의 정수를 생성하여 반환하는 함수

다음은 help(hash)의 결과이다.

```
>>> help(hash)
Help on built-in function hash in module builtins:

hash(obj, /)
    Return the hash value for the given object.

    Two objects that compare equal must also have the same hash value, but the
    reverse is not necessarily true.
```

모든 불변성 객체는 hash() 값을 갖는 특징이 있다. 즉, 다음처럼 불변성인 str, int, float, tuple 등은 정수인 hash() 값을 반환한다.

```
>>> s, a, x, t = 'py', 10, 3.4, (1, 2, 3)
>>> print(hash(s), hash(a))
-5557932165158037738 10
>>> print(hash(x), hash(t))
922337203685477379 529344067295497451
```

그러나 이러한 해시 값이 없으면 오류가 발생한다. 가변성인 list와 dict, set 등은 hash() 호출에서 오류가 발생한다.

```
>>> print(hash([1, 2, 3]))
Traceback (most recent call last):
  File "<stdin>", line 1, in <module>
TypeError: unhashable type: 'list'
>>> print(hash({'one':1}))
Traceback (most recent call last):
  File "<stdin>", line 1, in <module>
TypeError: unhashable type: 'dict'
>>> print(hash({1, 2, 3}))
Traceback (most recent call last):
  File "<stdin>", line 1, in <module>
TypeError: unhashable type: 'set'
```

SECTION

# 03 표준 입력과 표준 출력

PYTHON

## 3.1 자료 입력 input( )과 변환 함수 int( ), float( )

### 키보드의 입력을 반환하는 input( ) 함수

프로그램 내부에서 사용자로부터 키보드 입력을 통해 데이터를 얻어야 하는 경우가 많다. 내장 함수 input()은 사용자가 키보드에서 한 줄의 입력을 처리할 수 있도록 프로그램 실행을 일시 중지하고 기다린다. 입력 후 Enter를 누르면 모든 입력 내용을 문자열로 반환한다.

| **내장 함수** `input([prompt])` |
|---|
| 옵션인 prompt를 콘솔(console)에 출력한 후 사용자가 표준 입력인 키보드에 텍스트를 입력할 때까지 기다렸다가 Enter를 누르면 결과가 입력된 모든 내용을 문자열로 반환 |

함수 input()을 호출하면 다음 줄에서 키보드 입력을 기다린다. 다음처럼 '대한민국'을 입력한 후 Enter를 누르면 반환 값인 문자열 '대한민국'이 출력된다.

```
>>> input()
대한민국
'대한민국'
```

대한민국을 입력한 후 Enter를 누른다.

입력한 값이 문자열 '대한민국'으로 반환된다.

다음처럼 input("사용자에게 입력을 요청하는 메시지를 여기에 입력")으로 입력을 위한 안내를 먼저 출력할 수 있다. 키보드 입력 문자열을 나중에 사용하려면 왼쪽 변수 age에 저장해야 하며 필요한 출력 문구를 인자로 주면 입력이 한결 쉬워진다. 입력된 20은 변수 age에 저장된다.

```
>>> age = input('나이 입력 >> ')
나이 입력 >> 20
>>> print(age)
20
```

다음 코드로 키보드 입력 10을 변수 a에 저장할 수 있다. 여기서 변수 a에 저장된 것은 정수 10이 아니라 문자열 '10'이라는 것에 주의해야 한다. 따라서 연산식 a + 5는 오류가 발생한다. 함수 input()은 키보드 입력을 문자열로 반환하기 때문이다.

```
>>> a = input('정수 입력 >> ')
정수 입력 >> 10
>>> print(a, type(a))
10 <class 'str'>
>>> print(a + 5) # 오류 발생
Traceback (most recent call last):
  File "<stdin>", line 1, in <module>
TypeError: can only concatenate str (not "int") to str
```

### 수 형태를 정수와 실수로 변환하는 내장 함수 int( )와 float( )

키보드로 입력받은 수 형태의 문자열을 정수나 실수로 변환하려면 int(), float() 등의 변환 함수를 이용해야 한다.

| **내장 함수** int(x) |
|---|
| 인자 x가 문자열이면 문자열을 정수로 반환하고, 인자 x가 실수이면 소수 부분이 없는 정수를 반환하며, 변환할 수 없으면 오류 발생 |

| **내장 함수** float(x) |
|---|
| 인자 x가 문자열이면 문자열을 실수로 반환하고, 인자 x가 정수이면 정수를 실수로 반환하며, 변환할 수 없으면 오류 발생 |

다음처럼 문자열 '300', '3.61'을 간단하게 수로 변환할 수 있다.

```
>>> int('300')
300
>>> float('3.61')
3.61
```

그러나 정수 형태가 아닌 문자열 '300.4'는 정수로 변환할 수 없으므로 오류가 발생한다. 이와 마찬가지로 실수 형태가 아닌 문자열 '3.61f'도 실수로 변환할 수 없어 오류가 발생하므로 주의해야 한다.

```
>>> int('300.4')
Traceback (most recent call last):
  File "<stdin>", line 1, in <module>
ValueError: invalid literal for int() with base 10: '300.4'
>>> float('3.61f')
Traceback (most recent call last):
  File "<stdin>", line 1, in <module>
ValueError: could not convert string to float: '3.61f'
>>>
```

문자열이 아닌 실수도 int(3.36)이나 int(-3.4)를 이용해 정수로 변환할 수 있다. 이와 마찬가지로 float(3)으로 정수 3을 실수 3.0으로 변환한다.

```
>>> int(3.56)
3
>>> int(-3.4)
-3
>>> float(3.4)
3.4
>>> float(3)
3.0
```

### 표준 입력인 수 형태를 정수나 실수로 처리

표준 입력으로 받은 문자열에 변환 함수 int()나 float()를 사용하면 다음처럼 표준 입력을 바로 정수나 실수로 저장할 수 있다. 다음은 표준 입력 10을 정수 10으로 변수 a에 저장한 예이다.

```
>>> a = int(input('정수 입력 >> '))
정수 입력 >> 10
>>> print(a, type(a))
10 <class 'int'>
>>> print(a + 5)
15
```

다음은 표준 입력 3.72를 실수 3.72로 변환해 변수 x에 저장한 예이다.

```
>>> x = float(input('실수 입력 >> '))
실수 입력 >> 3.72
>>> print(x, type(x))
3.72 <class 'float'>
>>> print(a + x)
13.72
```

다음 예제는 가로와 세로를 표준 입력으로 각각 실수와 정수 형태로 입력받아 출력하고 삼각형과 사각형의 면적을 출력하는 코드이다.

**2-8 코딩** 02-08-stdinput.py | **표준 입력으로 면적 출력** 난이도 기본

```python
# 표준 입력
width = float(input("실수로 가로 길이 입력 >> "))
height = int(input("정수로 세로 길이 입력 >> "))
print("가로:", width)
print("세로:", height)

# 계산 및 출력
area = height * width
print("삼각형의 넓이는", area/2, "입니다.")
print("사각형의 넓이는", area, "입니다.")
```

**결과**

```
실수로 가로 길이 입력 >> 3.89
정수로 세로 길이 입력 >> 5
가로: 3.89
세로: 5
삼각형의 넓이는 9.725 입니다.
사각형의 넓이는 19.45 입니다.
```

## 3.2 문자열을 구성하기 위한 str.format( )과 포맷 문자열

### str.format( ) 메서드

문자열에 속한 함수인 메서드 '문자열'.format(인자1, 인자2, …)에서 문자열 내부의 중괄호는 메서드로 전달된 인자1, 인자2 등의 값으로 대체된 문자열을 생성한다. 함수나 메서드에서 괄호 사이의 변수나 값을 '인자(arguments)'라고 한다.

```
>>> print('개발 환경 {}와 {}'.format('colab', 'codespace'))
개발 환경 colab과 codespace
```

문자열 내부의 중괄호 수가 인자 수보다 많으면 오류가 발생한다.

```
>>> print('개발 환경 {}와 {}'.format('colab'))
Traceback (most recent call last):
  File "<stdin>", line 1, in <module>
IndexError: Replacement index 1 out of range for positional args tuple
```

0부터 시작하는 중괄호 안의 정수는 str.format() 메서드로 전달된 객체들의 위치를 가리키는 데 사용된다.

```
>>> print('개발 환경 {0}와 {1}'.format('colab', 'codespace'))
개발 환경 colab과 codespace
>>> print('개발 환경 {1}와 {0}'.format('colab', 'codespace'))
개발 환경 codespace와 colab
```

1이므로 두 번째 인자인 문자열 'codespace'

str.format() 메서드에 키워드 인자(keyword argument)가 사용되면 그 값들은 인자의 이름을 사용해 지정할 수 있다. 함수의 괄호 사이에 (ide1='colab', ide2='codespace')처럼 인자를 지정하는 것을 '키워드 인자 방식'이라고 한다.

인자의 대입 값

```
>>> print('개발 환경 {ide1}와 {ide2}'.format(ide1='colab', ide2='codespace'))
개발 환경 colab과 codespace
```

키워드 인자

### 포맷 문자열 리터럴 f-string

포맷 f-문자열(f-string)은 위의 문자열의 str.format() 메서드보다 간결하다. f-문자열 방식은 파이썬 Python 3.6에 추가된 기능이다. 포맷 문자열 리터럴을 사용하려면 문자열의 시작 부호 앞에 문자 f 또는 F 를 붙인다.

```
>>> s = f'2026년 월드컵'
>>> print(s)
2026년 월드컵
```

다음처럼 f-문자열 내부에 중괄호 {와 } 문자 사이에 리터럴과 연산자를 사용한 연산식을 사용할 수 있다.

```
>>> print(f'{3 * 3 * 3.14}')
28.26
>>> print(f'{3 ** 4}')
81
>>> print(f'{12 // 4}')
3
>>> print(f'{1.1 + 3.1}')
4.2
>>> print(f'{0b11 + 0xa}')
13
```

포맷 문자열 안에서 중괄호 {와 } 문자 사이에 변수를 삽입하면 변수의 값으로 구성된 문자열을 작성할 수 있다.

```
>>> year = 2026
>>> nation = 'North America'
>>> print(F'{year} 월드컵 개최국: {nation}')
2026 월드컵 개최국: North America
```

다음처럼 중괄호 사이에 변수 또는 리터럴 값이 있는 width*height 또는 width*height / 2등의 파이썬 표현식도 작성할 수 있다. 포맷 문자열을 출력문 print()에 사용하면 적절한 결과를 나타낼 수 있다.

```
>>> width, height = 3, 6
>>> print(f'가로: {width}, 세로: {height}, 사각형 면적: {width*height}')
가로: 3, 세로: 6, 사각형 면적: 18
>>> print(f'가로: {width}, 세로: {height}, 삼각형 면적: {width*height / 2}')
가로: 3, 세로: 6, 삼각형 면적: 9.0
```

다음 예제는 str.format()과 포맷 문자열로 활용해 사각형과 원의 정보를 출력하는 코드이다.

**2-9 코딩** 02-09-outformat.py | **메서드 str.format()와 f 'str' 활용** 난이도 기본

```
# 변수에 가로와 세로 길이 저장
width, height = 3, 6
# str.format()
print('가로: {}, 세로: {}, 사각형 면적: {}'.format(width, height, width*height))

# 정수로 인자 지정
print('가로: {0}, 세로: {1}, 사각형 면적: {2}'.format(width, height, width*height))
# 키워드 area로 면적 인자 지정
print('가로: {}, 세로: {}, 사각형 면적: {area}'.format(width, height, area=width*height))

# format string
pi, radius = 3.14, 5.78
print(f'반지름: {radius}, 원면적: {radius*radius*pi}')
print(f'반지름: {radius}, 원둘레: {2*pi*radius}')
```

**결과**

```
가로: 3, 세로: 6, 사각형 면적: 18
가로: 3, 세로: 6, 사각형 면적: 18
가로: 3, 세로: 6, 사각형 면적: 18
반지름: 5.78, 원면적: 104.902376
반지름: 5.78, 원둘레: 36.2984
```

### 문자열 % 포맷 방식

문자열 str.format() 방식과 비슷한 방식이 str % (exp) 방식이다. % 포맷 방식은 앞 문자열 내부에 뒤의 exp에 적합한 '%문자'를 적절히 사용해야 한다. 즉, 다음처럼 삽입되는 내용이 문자열이면 %s를 사용한다. 문자열을 구성하는 변수나 연산식인 exp이 하나이면 괄호를 생략할 수 있다.

```
>>> name = '영철'
>>> print('안녕, %s!' % name)
안녕, 영철!
```

다음처럼 두 개 이상의 변수나 연산식을 삽입하려면 괄호를 사용한 해당 변수의 튜플을 사용해야 한다. 정수는 %d, 실수는 %f를 사용한다.

```
>>> width, height = 5, 7.3
>>> area = width * height
>>> print('가로 %d, 세로 %f: 사각형 면적 %f' % (width, height, area))
가로 5, 세로 7.300000: 사각형 면적 36.500000
>>> print('가로 %d, 세로 %f: 삼각형 면적 %f' % (width, height, area/2))
가로 5, 세로 7.300000: 삼각형 면적 18.250000
```

% 포맷 방식은 세부적인 자릿수를 지정할 수 있다. 즉, 정수 포맷 지정자 %5d는 5자릿수에서 오른쪽 정렬로 정수를 표현하며, 실수 포맷 지정자 %10.2f는 소수점 포함해 전체 10자릿수에서 오른쪽 정렬로 소수점 아래 2자리로 실수를 표현한다. 또한, %.3f는 전체는 알아서 하고 소수점 아래 3자리로 실수를 표현한다.

```
>>> print('가로 %5d, 세로 %10.2f: 삼각형 면적 %.3f' % (width, height, width * height / 2))
가로      17, 세로      32.33: 삼각형 면적 274.794
```

% 포맷 방식은 출력할 연산식이 많으면 %도 자주 나오는 등 혼란스러운 점이 있어 많이 사용되지 않는다.

## 3.3 사전 자료의 출력과 상세 포맷 지정자

### 사전 자료의 출력

다음 변수 st는 사전 자료이다.

```
>>> st = {'name': '김현수', 'age': 20, 'dept': '인공지능학과'}
```

문자열 메서드 format()으로 사전의 필드를 인자 st['name'], st['age'], st['dept']를 사용해 문자열을

생성할 수 있다.

```
>>> '이름: {} 나이: {} 학과: {}'.format(st['name'], st['age'], st['dept'])
'이름: 김현수 나이: 20 학과: 인공지능학과'
>>> '이름: {0} 나이: {1} 학과: {2}'.format(st['name'], st['age'], st['dept'])
'이름: 김현수 나이: 20 학과: 인공지능학과'
```

다음 문자열의 내부에서 {name}처럼 키워드를 지정해 키워드 인자 지정 방식으로도 가능하다.

```
>>> st = {'name': '이희소', 'age': 19, 'dept': '빅데이터학과'}
>>> '이름: {name} 나이: {age} 학과: {dept}'.format(name=st['name'], age=st['age'],
    dept=st['dept'])
'이름: 이희소 나이: 19 학과: 빅데이터학과'
```

다음처럼 문자열의 내부에서 원래 사전의 키 값 그대로 name, age, dept를 키워드로 지정하면 인자로 **st를 사용해 사전 필드를 삽입한 문자열을 생성할 수 있다.

```
>>> '이름: {name} 나이: {age} 학과: {dept}'.format(**st)
'이름: 이희소 나이: 19 학과: 빅데이터학과'
```

물론, 사전의 일부 키 값의 삽입도 가능하다. {name}, {age}, {dept}를 정확히 기술해야 한다.

```
>>> '이름: {name} 학과: {dept}'.format(**st)
'이름: 이희소 학과: 빅데이터학과'
>>> '나이: {age} 학과: {dept}'.format(**st)
'나이: 19 학과: 빅데이터학과'
```

문자열 f-string을 사용해 사전 필드를 문자열로 구성할 경우에는 따옴표에 주의해야 한다.
{na['nation']}처럼 중괄호 내부 사전의 키에 작은따옴표를 사용하려는 경우, 키가 포함된 f-문자열에 큰따옴표를 사용해야 한다.

```
>>> na = {'nation': '대한민국', 'capital': '서울'}
>>> f"국가: {na['nation']} 수도: {na['capital']}"
'국가: 대한민국 수도: 서울'
```

또한 사전의 키에 큰따옴표를 사용한다면 f-문자열에 작은따옴표를 사용해야 한다. 두 부분에 같은 따옴표를 사용하면 문법 오류가 발생하므로 주의하자.

```
>>> f'국가: {na["nation"]} 수도: {na["capital"]}'
'국가: 대한민국 수도: 서울'
```

### 상세 형식 지정자

문자열 메서드 format()이나 f-문자열에서 사용하는 상세 형식 지정자를 알아보자. 메서드 format()에서 {1:5d}처럼 중괄호 내부에서 인자의 순번 다음의 콜론 이후에 5d, 10f 등의 출력 폭(5, 10 등)과 출력 형식(d, f 등)을 지정할 수 있다. 십진수(decimal) 정수는 d, 부동소수(float)는 f로 표기한다. 실수인 경우, 폭 10.3은 소수점이 포함된 전체 폭이 '10', 소수점 이하 폭이 '3'이라는 것을 의미한다. {} 내부의 콜론은 반드시 필요하다.

다음 원화와 달러 환율을 won과 ex_rate에 저장해 달러를 출력하는 코드에서 달러가 소수 이하로 길게 표시된다.

```
>>> won, ex_rate = 150000, 1228.4
>>> '{} 원은 ${}'.format(won, won/ex_rate)
'150000 원은 $122.110061869098'
```

두 번째 중괄호를 {:10f}로 기술하면 전체 자릿수가 10자리로 표현되며, {:.2f}은 소수점 이하 두 자리를 표현하도록 한다.

```
>>> '{:d} 원은 ${:10f}'.format(won, won/ex_rate)
'150000 원은 $122.110062'
>>> '{:10d} 원은 ${:.2f}'.format(won, won/ex_rate)
'    150000 원은 $122.11'
```

다음은 유로 환율을 ex_rate에 저장해 f-문자열로 문자열을 생성하는 코드이다. 상세 형식 지정 방식은 변수나 연산식 이후 콜론 뒤에 {won:10d}나 {won/ex_rate :.2f}처럼 기술한다. 참고로 {chr(8364)}는 유로화 기호인 €를 출력하기 위한 방법이다.

```
>>> won, ex_rate = 150000, 1478.2
>>> f'{won} 원은 {chr(8364)}{won/ex_rate}'
'150000 원은 €101.4747666080368'
>>> f'{won:d} 원은 {chr(8364)}{won/ex_rate :10f}'
'150000 원은 €101.474767'
>>> f'{won:10d} 원은 {chr(8364)}{won/ex_rate :.2f}'
'    150000 원은 €101.47'
```

유니코드 번호 8364번은 유로화 기호인 문자 €를 표현하므로 내장 함수 chr(8364)는 유로 기호 문자 €를 나타낸다.

정수를 2진수(binary)와 8진수(octal), 16진수(hexadecimal)로 출력하려면 각각 b, o, x로 형식의 유형을 지정하여 출력해야 한다. 메서드 format()에서 인자의 순번은 모두 적어야 하며, 빼려면 모두 빼야 한다. 부분적으로 적으면 다음처럼 오류가 발생한다.

```
>>> a = 11
>>> '10진수: {} 2진수: {:b} 8진수: {:o} 16진수: {:x}'.format(a, a, a, a)
'10진수: 11 2진수: 1011 8진수: 13 16진수: b'
>>> '10진수: {0} 2진수: {:b} 8진수: {:o} 16진수: {:x}'.format(a, a, a, a)
Traceback (most recent call last):
  File "<stdin>", line 1, in <module>
ValueError: cannot switch from manual field specification to automatic field numbering
```

다음은 정수 16을 출력 폭 5로 지정하여 각각 {0:05b}로 2진수, {0:05o}로 8진수, {0:05x} 16진수를 출력한 코드이다. 출력 값은 기본적으로 오른쪽 정렬이며, 05b에서 앞의 0는 빈 자리를 0으로 채우는 형식이다. 메서드 인자로는 a를 하나 사용하므로 앞의 문자열에서 {0}으로 기술해야 한다.

```
>>> a = 16
>>> '10진수: {0} 2진수: {0:05b} 8진수: {0:05o} 16진수: {0:05x}'.format(a)
'10진수: 16 2진수: 10000 8진수: 00020 16진수: 00010'
```

인자는 a 하나이지만, 출력은 다양한 형식으로 여러 번 출력할 수 있다.

콜론 뒤에 0이 없으면 빈 자리로 채워진다.

```
>>> '10진수: {0} 2진수: {0:5b} 8진수: {0:5o} 16진수: {0:5x}'.format(a)
'10진수: 16 2진수: 10000 8진수:    20 16진수:    10'
```

다음은 f-문자열을 사용한 코드이다.

```
>>> a = 16
>>> f'10진수: {a} 2진수: {a:05b} 8진수: {a:05o} 16진수: {a:05x}'
'10진수: 16 2진수: 10000 8진수: 00020 16진수: 00010'
```

### 모듈의 이해와 math 모듈

파이썬에서 모듈은 여러 사람이 사용할 수 있도록 만들어 놓은 파이썬 소스이다. 모듈 math는 수학에서 자주 사용되는 계산 함수와 상수를 정의해 놓은 모듈(module)이다. 표준 모듈인 math를 사용하려면 다음처럼 먼저 import문으로 모듈을 불러와야 한다.

```
>>> import math
```

모듈 math에서 사용할 수 있는 함수나 상수를 참조하려면 dir(math)로 알 수 있다.

```
>>> dir(math)
['__doc__', '__loader__', '__name__', '__package__', '__spec__', 'acos',
'acosh', 'asin', 'asinh', 'atan', 'atan2', 'atanh', 'cbrt', 'ceil', 'comb',
```

```
'copysign', 'cos', 'cosh', 'degrees', 'dist', 'e', 'erf', 'erfc', 'exp', 'exp2',
'expm1', 'fabs', 'factorial', 'floor', 'fmod', 'frexp', 'fsum', 'gamma', 'gcd',
'hypot', 'inf', 'isclose', 'isfinite', 'isinf', 'isnan', 'isqrt', 'lcm', 'ldexp',
'lgamma', 'log', 'log10', 'log1p', 'log2', 'modf', 'nan', 'nextafter', 'perm',
'pi', 'pow', 'prod', 'radians', 'remainder', 'sin', 'sinh', 'sqrt', 'tan', 'tanh',
'tau', 'trunc', 'ulp']
```

모듈 math의 대표적인 함수로는 pow()와 fsum(), sqrt() 등이 있다.

```
>>> print(math.pow(3, 4))
81.0
>>> print(math.fsum([3.3, 4.4]))
7.7
>>> print(math.sqrt(16))
4.0
```

모듈 math의 대표적인 상수로는 원주율 pi, 자연수(오일러 수) e 등이 있다.

```
>>> print(math.pi)
3.141592653589793
>>> print(math.e)
2.718281828459045
```

다음은 모듈 math의 원주율과 자연수를 출력하며 사용자로부터 원 반지름을 입력받아 원의 넓이를 계산하여 출력하는 코드이다.

**2-10 코딩** 02-10-CIrcle.py **모듈 math로 원의 정보 입력과 출력** 난이도 기본

```
# 원주율 pi를 사용하기 위해 모듈 math 불러오기
import math

# 모듈 math의 원주율 pi와 자연수(오일러 수) e 출력
print('math.pi:{:.4f} math.e:{:.4f}'.format(math.pi, math.e))

# 표준 입력을 실수로 변환해 저장
radius = float(input("원의 반지름을 입력하시오: "))

# 연산과 출력
area = math.pi * radius ** 2
print(f"원의 둘레는 {2*math.pi*radius : 10.2f} 입니다.")
print(f"원의 넓이는 {area: 10.2f} 입니다." )
```

결과

```
math.pi:3.1416 math.e:2.7183
원의 반지름을 입력하시오: 2.8
원의 둘레는        17.59 입니다.
원의 넓이는        24.63 입니다.
```

### 다양한 형식 지정 방식

다음은 문자열 메서드 format()와 f-문자열에서 이용되는 형식 지정 방법을 정리한 것이다.

▼ **표 2** 문자열의 다양한 형식 유형

| 형식 유형 | 의미 |
|---|---|
| d, n | 10진수 정수, n은 국가에 맞는 구분자를 추가 |
| c | 유니코드 수에 대응하는 문자 출력 |
| f, F | 기본적으로 소숫점 6자리까지 실수로 출력하며, F인 경우는 'inf', 'nan' 표시를 대문자 'INF', 'NAN'로 표시 |
| b | 2진수 정수 |
| o | 8진수 정수 |
| x, X | 16진수(hexadecimal) 표현으로 a~f까지 소문자와 대문자로 각각 표시 |
| e, E | 지수 형식 3.141592e+00으로 지수 표현이 각각 소문자 e와 대문자 E |
| g, G | 일반적으로는 실수를 소수점 형식으로 출력하지만, 커지면 지수승으로 표시 |
| % | 퍼센트 형식, 인자의 100배를 소수점으로 출력하고 맨 뒤에 % 출력 |
| s | 문자열 형식이며, 기본적으로 왼쪽 정렬이다. 단, 수 형식은 모두 기본적으로 오른쪽 정렬 |

## 심·화·학·습

형식 유형 e와 E는 실수를 x.nnnnnne+dd와 x.nnnnnnE+dd의 지수 형태로 출력한다. 형식 유형 g와 G는 실수 값으로, 소수점과 지수 형식 중 하나를 선정하여 출력한다.

```
x = 3.141592
print('1234567890abcdef' * 2)
print(f'{x:16e}{x:16E}')
print(f'{x*100:16e}{x*100:16E}')
print(f'{x*10**3:16g}{x*10**21:16g}')
print(f'{x*10**3:16G}{x*10**21:16G}')
```

```
1234567890abcdef1234567890abcdef
    3.141592e+00    3.141592E+00
    3.141592e+02    3.141592E+02
         3141.59     3.14159e+21
         3141.59     3.14159E+21
```

유니코드 수를 문자로 출력하려면 형식 지정 c를 사용해야 한다. 폭을 지정하면 오른쪽 정렬이 기본이다. 모든 format( ) 메서드 형식에서 정렬을 왼쪽, 가운데, 오른쪽으로 바꾸려면 방향 표시와 비슷한 문자인 <, ^, >를 각각 사용해야 한다.

```
print('12345' * 3)
print(f'{0x41:5c}{65:5c}{0o101:5c}')
print(f'{0x42:<5c}{67:^5c}{0o104:>5c}')
```

```
123451234512345
    A    A    A
B      C      D
```

형식 유형 %는 인자에 100을 곱한 실수와 맨 뒤에 %를 붙여 출력한다. 따라서 8.1%는 전체 폭 8에 소수점 1자리로 출력하며 .2%는 전체 폭은 적절히, 소수점 이하 2자리로 출력한다.

```
>>> print(f'{x:8.1%} {x:.2%} {x:f}')
   12.3% 12.30% 0.123000
```

형식 유형 s는 문자열 출력에 이용되고 기본 정렬은 왼쪽이며 <, ^, >로 정렬 조정이 가능하다.

```
p1 = 'java'
p2 = 'python'
p3 = 'kotlin'
print('1234567890' * 3)
print(f'{p1:10s}{p2:10s}{p3:10s}')
print(f'{p1:<10s}{p1:^10s}{p1:>10s}')
print(f'{p2:<10s}{p2:^10s}{p2:>10s}')
```

```
123456789012345678901234567890
java      python    kotlin
java         java         java
python     python       python
```

## 학습 내용 점검

**01** : 다음 자료형의 리터럴이나 하나의 사례를 작성하시오.

① int　　② float
③ list　　④ dict
⑤ tuple　　⑥ set

**02** : 다음 정수 리터럴의 10진수 값은?

① 0b11　　② 0010
③ 0B10　　④ 0x11
⑤ 0o16　　⑥ 0X1A

**03** : 다음 왼쪽 변수 a, b, c, d에 각각 저장되는 자료의 유형은?

```
① a = input()  # 키보드 입력 자료 10
② b = input('정수 입력 >> ') # 키보드 입력 자료 20
③ c = int(input()) # 키보드 입력 자료 30
④ d = float(input('실수 입력 >> ')) # 키보드 입력 자료 40
```

**04** : 다음 각각 설명하는 내용이 무엇인지 박스에서 찾아보시오.

| 내장 함수 | 키워드 | 주석 | 변수 | 대입 연산자 | 함수 |
|---|---|---|---|---|---|

i ) 자료 값을 저장하는 메모리 공간
ii ) 프로그래밍 언어의 문법에 상관없이 코드 이해를 돕는 문장을 삽입하는 방법
iii ) 오른쪽의 값을 왼쪽의 변수에 저장하는 역할을 수행하는 연산자
iv ) 프로그래밍 언어에서 키워드는 특정 용도로 사용하기 위해 미리 정의된 단어
v ) 특정한 기능을 수행하기 위해 바로 사용할 수 있는 함수
vi ) 입력 값을 함수 이름 뒤 괄호 사이의 인자로 전달해 특정한 기능을 수행하는 일을 처리하는 프로그램 단위

## 05 : 다음 문제에서 가장 적절한 것을 하나 선택하시오.

❶ 다음 중 파이썬의 상수로 부적합한 것은?

가) 5
나) 7.3
다) 'float'
라) 3.4F

❷ 다음 중 파이썬의 자료형이 아닌 것은?

가) real
나) str
다) float
라) list

❸ 다음 중 리터럴 표현으로 잘못된 것은?

가) 'list'
나) b11
다) 3.4E+3
라) """float"""

❹ 다음 중 가변성인 자료형은?

가) list
나) frozenset
다) int
라) float

❺ 다음 중 변수 이름으로 부적합한 것은?

가) continue
나) myuniv
다) number_credits
라) total_sum

❻ 다음 중 결괏값이 다른 것은?

```
a, b = 5, 9
```

가) '{1} {0}'.format(a, b)
나) '{} {}'.format(2+3, 3*3)
다) '{1} {0}'.format(b, a)
라) '{0} {1}'.format(a, b)

❼ 다음이 설명하는 자료형은?

중괄호 안에 키:값 쌍을 항목으로 콤마로 구분하여 항목을 나열해 만든 자료형

가) list
나) tuple
다) set
라) dict

❽ 다음 중 결괏값이 다른 것은?

가) bool(3)
나) bool(0)
다) bool(3.4)
라) bool(50)

❾ 다음 중 결괏값이 다른 것은?

```
a, b = 5, 9
```

가) f'{a} {b}'
나) f'{2+3} {a+4}'
다) f'{b-a+1} {b}'
라) f'{a} {b//a}'

❿ 다음 중 함수 호출에서 오류가 발생하는 것은?

가) bool(None)
나) frozenset({1, 2})
다) hash([1, 2, 3])
라) float(3)

## 도전! 프로그래밍

**01** : 표준 입력으로 거리 마일(mile)을 입력받은 후 킬로미터로 변환하여 출력하는 프로그램을 작성하시오.

기본

- 1마일은 1.61km

```
마일을 입력하시오 >> 80
80.0 마일은 128.7472 킬로미터입니다
```

**02** : 표준 입력으로 부피 갤런(gallon)을 입력받은 후 리터로 변환하여 출력하는 프로그램을 작성하시오.

기본

- 1갤런은 3.78541리터

```
갤런을 입력하시오 >> 20
20.0 갤런은 75.71 리터입니다.
```

**03** : 표준 입력으로 시간을 입력받은 후 초로 변환하여 출력하는 프로그램을 작성하시오.

기본

- 1시간은 60×60(초)

```
시간을 입력하시오 >> 3
3.0 시간은 10800.0 초입니다.
```

**04** : 표준 입력으로 각도를 입력받은 후 라디안(radians)을 변환해 출력하는 프로그램을 작성하시오.

기본

- 라디안 = 각도 × (원주율 ÷ 180)
- 출력은 소수점 이하 2자리까지

```
변환할 각도(degree) 입력 >> 90
90.0도는 1.57 라디안입니다.
```

**05** 기본 다음 조건을 참고하여 지구를 원이라고 보고 원의 둘레를 계산하여 실제와의 차이를 알아보는 프로그램을 작성하시오.

- 지구의 둘레는 40,120km로, 반지름은 6378.1km
- 원 둘레 공식: 2 × 3.141592 × r(반지름)

```
알려진 지구 둘레: 40120
지구와 같은 원 둘레: 40074.77587040001
차이: 45.22412959999201(km)
```

**06** 응용 다음 내용을 자료형 dict로 저장한 후 표준 입력으로 받은 키로 값을 출력하는 프로그램을 작성하시오.

- 'java': 1995, 'C': 1972, 'C++': 1985, 'python': 1990

```
키(언어 이름) 입력 >> C
결과 >> C: 1972
```

**07** 응용 다음 내장 함수 bin(), oct(), hex()를 사용해 다음처럼 1에서 10까지 정수를 10진수, 2진수, 8진수, 16진수가 출력되도록 프로그램을 작성하시오.

- 함수 bin(n): 정수 n을 2진수의 형태의 문자열로 반환, bin(1) -> '0b1'
- 함수 oct(n): 정수 n을 8진수의 형태의 문자열로 반환, oct(1) -> '0o1'
- 함수 bin(n): 정수 n을 16진수의 형태의 문자열로 반환, hex(1) -> '0x1'

```
1      0b1    0o1   0x1
2     0b10    0o2   0x2
3     0b11    0o3   0x3
4    0b100    0o4   0x4
5    0b101    0o5   0x5
6    0b110    0o6   0x6
7    0b111    0o7   0x7
8   0b1000   0o10   0x8
9   0b1001   0o11   0x9
10  0b1010   0o12   0xa
```

**08** : **다음에서 설명하는 함수 float.fromhex(str)을 이해하고 두 16진수 실수를 입력받아 사칙연산을 수행하는 프로그램을 작성하시오.**

실전

- 실수 float에 속한 함수(정확한 명칭은 '메서드'라고 함) float.fromhex(str)는 16진수 형태의 문자열 str를 실수로 변환하는 함수
- 즉, float.fromhex('b')는 11
- float.fromhex('e.2')는 14.125, 즉 정수 부분의 e는 14이며, 소수 수분의 .2은 2/16이므로 0.125

```
첫 번째 16진수 실수 입력 >> b
두 번째 16진수 실수 입력 >> e.2
첫 번째 입력 값: b, 10진수: 11.0
두 번째 입력 값: e.2, 10진수: 14.125
합하기: 25.1250
빼기: -3.1250
곱하기: 155.3750
나누기: 0.7788
```

Chapter

# 03

# 함수의 기초와 제어문

## 학습 목표

- 함수를 이해하고 함수를 구현할 수 있다.
- 내장 함수를 이해하고 다양한 내장 함수를 찾아 활용할 수 있다.
- 반복을 수행하는 while문과 for문을 구현할 수 있다.
- 반복을 제어하는 break문과 continue문을 활용할 수 있다.

CONTENTS

SECTION 01

# 함수의 기초

PYTHON

## 1.1 함수의 필요성과 정의

### 함수의 필요성

다음은 간단한 인사말을 전하는 코드이다.

```
>>> print('안녕, 현수!')
안녕, 현수!
```

위 인사말을 여러 사람에게 전하기 위해 다음과 같은 코드를 계속 반복할 수 있다.

```
>>> print('안녕, 수희!')
안녕, 수희!
>>> print('안녕, 지수!')
안녕, 지수!
```

위와 같이 특정 작업을 여러 번 반복 수행하는 좀 더 효과적인 방법은 없을까? 개발자는 항상 간단하면서도 효율적인 방법을 찾으려고 한다.

### 함수 정의와 호출

특정 작업을 여러 번 수행하고자 할 때 함수(function)를 사용하면 좀 더 효과적이다. 함수는 필요한 값을 전달해 특정한 작업을 수행하고 결과를 반환하는 코드의 모임이다. 함수를 사용하려면 가장 먼저 다음 구문의 함수를 정의해야 한다. 함수에서 매개변수(parameters)는 함수 호출 시 함수 몸체로 필요한 값을 전달하는 데 사용한다. 이와 반대로 함수가 특정한 업무를 수행한 후 결과인 result를 반환할 수 있다. 다음에서 대괄호인 매개변수 parameters와 return문은 선택 사항이므로 생략할 수 있다.

**함수 정의 구문** function definition

```
def function_name([parameters]) :
    statement(s)
    [return result]
```

- 들여쓰기
- 이 한 줄을 '함수 머리(function header)'라고 한다.
- 콜론 이후 여러 문장이 모인 이 문장의 모임(block)을 '함수 몸체(function body)'라고 한다.

- function_name: 함수 이름으로 변수와 같은 구성 규칙을 가짐.
- parameters: 옵션(없으면 생략 가능)인 매개변수는 콤마로 구분해 여러 개 가능
- 콜론 이후 다음 문장은 반드시 들여쓰기(indentation) 수행
- statements: 특정한 작업을 수행하는 여러 문장으로, '함수 몸체'라고 부름.
- return result: 옵션(없으면 생략 가능)으로 결과를 반환 가능

키워드 def는 함수를 정의하기 위한 예약어이다. 함수 이름인 function_name은 변수와 같이 적당한 이름을 붙여야 하는데, 변수 이름이나 함수 이름을 '식별자(identifiers)'라고 한다. 함수 이름 뒤에 괄호와 콜론은 반드시 있어야 하며 다음 함수 몸체인 statements는 들여쓰기(indentation)가 반드시 필요하다.

이제 위 인사 문장을 함수로 정의해 보자. 키워드 def로 시작하고 인사말을 전하는 작업이므로 함수 이름을 greet()라고 정의하자. 처음이므로 간단하게 매개변수와 return문 없이 만들어 보자. 다음 코드는 대화형 인터프리터 화면의 모습이며 함수 몸체에서 들여쓰기를 하지 않으면 문법 오류가 발생한다. 마지막 줄은 빈 줄로 Enter를 누른다. 처음이라 낯설지만, 생각보다 간단하다.

```
>>> def greet():
...     print('안녕, 현수!')
...     print('안녕, 수희!')
...     print('안녕, 지수!')
...
>>>
```

그런데 이상하게도 출력되는 결과가 하나도 없다. 그 이유는 '함수는 호출해야 비로소 구현된 함수 몸체의 내용이 실행'되기 때문이다. 우리는 이미 함수 호출(function call)을 많이 경험했다. 위의 print() 구문도 파이썬을 만든 개발자가 이미 만들어 놓은 내장 함수 print()의 함수 호출이다. 다음 greet()처럼 함수 호출은 함수 이름()으로 호출한다. 매개변수가 없더라도 함수 이름 뒤에 괄호가 반드시 필요하다.

```
>>> greet()
안녕, 현수!
안녕, 수희!
안녕, 지수!
```

그런데 위 함수 정의와 호출로 얻은 효과가 별로 없고 코드의 양만 늘어났다.

### 함수 매개변수와 인자

이제 매개변수 name을 사용한 다음 함수로 수정해 보자. 인사말을 건네는 친구 이름인 name을 매개변수로 괄호 (name) 안에 넣으면 된다. 함수 몸체에서 친구 이름을 출력하기 위해 f-문자열 내부에 {name}을 삽입한다. 이제 매개변수 name을 사용한 함수 greet(name)은 특정한 친구 name에게 인사말을 건네는 작업을 수행한다.

```
>>> def greet(name):
...     print(f'안녕, {name}!')
...
>>>
```

이제 수정된 함수 greet(name)을 호출하려면 인자가 반드시 필요하다. 다음처럼 함수 매개변수에 해당 인자(argument)인 '현수'를 넣어 함수를 호출한다.

```
>>> greet('현수')
안녕, 현수!
```

그렇다면 이제, 다음처럼 친구 '수희'와 '지수'에게도 인사를 쉽게 할 수 있다.

```
>>> greet('수희')
안녕, 수희!
>>> greet('지수')
안녕, 지수!
```

다음처럼 아예 '모든 친구들'에게 반가운 인사말을 건넬 수 있다. 이처럼 특정한 작업을 수행하는 함수를 미리 만들어 놓으면 함수 이름을 호출해 누구나 쉽게 사용할 수 있다.

```
>>> greet('모든 친구들')
안녕, 모든 친구들!
```

매개변수를 사용한 함수 greet(name)을 정의하고 호출해 보니 함수의 장점을 알 수 있을 듯하다. 프로그래밍에서 함수를 잘 정의해 사용하는 것에는 다음과 같은 장점이 있다.

- 복잡한 프로그램을 함수로 분할해 간결하고 이해하기 쉬운 프로그램을 만들 수 있다.
- 여러 곳에서 반복적으로 사용되는 기능을 함수로 정의하면 동일 코드의 중복을 제거할 수 있다.
- 프로그램에서 함수를 활용해 재사용하기 쉽다.

데이터를 함수 내부로 전달하는 데 사용하기 위해 함수 정의에 사용되는 변수를 '매개변수'라고 한다. 이러한 매개변수에 대한 특정 값을 사용하여 함수를 호출하는 경우, 이를 '인자(또는 인수, arguments)'

또는 '실제 매개변수(real parameters)'라고 한다. 이는 함수 호출 시 인자가 함수의 매개변수에 사용되는 값이기 때문이다. 그러나 인자와 매개변수를 정확히 구분하지 않고 혼용해도 된다.

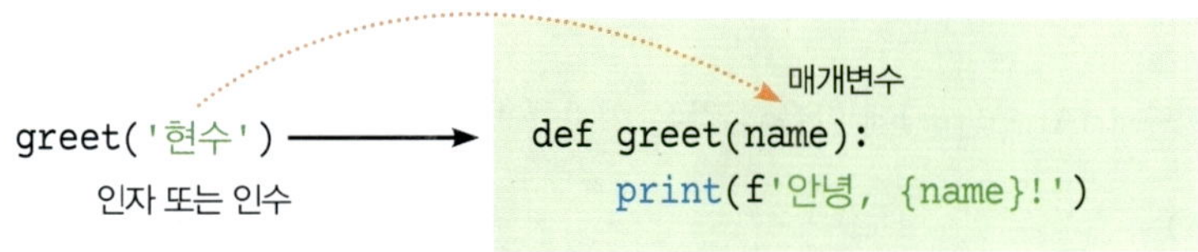


▲ **그림 1** 매개변수와 인자

### 반환 값 None

함수 greet(name)은 함수 몸체에서 출력은 있지만, 결과의 반환 값은 없다.

```
>>> def greet(name):
...     print(f'안녕, {name}!')
...
```

이런 경우, print() 내부에서 greet()을 호출하면 출력 내용인 '안녕, 모든 친구들!'이 보이고 다음 줄에 None도 함께 출력된다. 그 이유는 greet() 자체가 반환 값이 없어 None이 반환되기 때문이다.

```
>>> print(greet('모든 친구들'))
안녕, 모든 친구들!
None
```

### 결과 반환 return

흔하게 사용하는 면적 1평은 3.3제곱미터($m^2$)라고 한다. 다음 코드는 아파트 면적을 평수와 제곱미터 정보로 출력한다.

```
>>> area = 24
>>> print(f'{area} 평은 {area*3.3:.2f} 제곱미터')
24 평은 79.20제곱미터
>>> area = 32
>>> print(f'{area} 평은 {area*3.3:.2f} 제곱미터')
32 평은 105.60제곱미터
```

평수를 제곱미터로 변환하는 작업을 함수로 구현해 보자. 함수 이름은 toArea, 매개변수는 pg를 사용해 함수 헤더 def toArea(pg):으로 정의하자. 평수를 제곱미터로 변환 값을 반환하는 구문은 return pg * 3.3으로 간단하게 구현할 수 있다.

```
>>> def toArea(pg):
...     return pg * 3.3
...
```

위에서 정의한 함수 toArea(pg)에 다음과 같은 인자를 넣은 후 호출해 사용할 수 있다.

```
>>> toArea(16)
52.8
```

물론 이렇게 간단한 변환을 함수로 만드는 것이 코드의 양에는 별 차이가 없다. 하지만 프로그램을 구조화해 이해하기 쉽게 만들어 준다는 장점이 있다. 다음처럼 함수를 f-문자열 내부에서 {toArea(pg):.2f}로 호출해 사용할 수 있다.

```
>>> pg = 24
>>> print(f'{pg} 평은 {toArea(pg):.2f} 제곱미터')
24 평은 79.20제곱미터
>>> pg = 32
>>> print(f'{pg} 평은 {toArea(pg):.2f} 제곱미터')
32 평은 105.60제곱미터
```

### 섭씨 온도와 화씨 온도의 관계와 변환 함수

섭씨 온도와 화씨 온도 간의 변환에 대해 알아보자. 다음 공식에 따라 섭씨(celsius) 온도와 화씨(fahrenheit) 온도 간의 변환 함수 두 개를 만들어 활용해 보자.

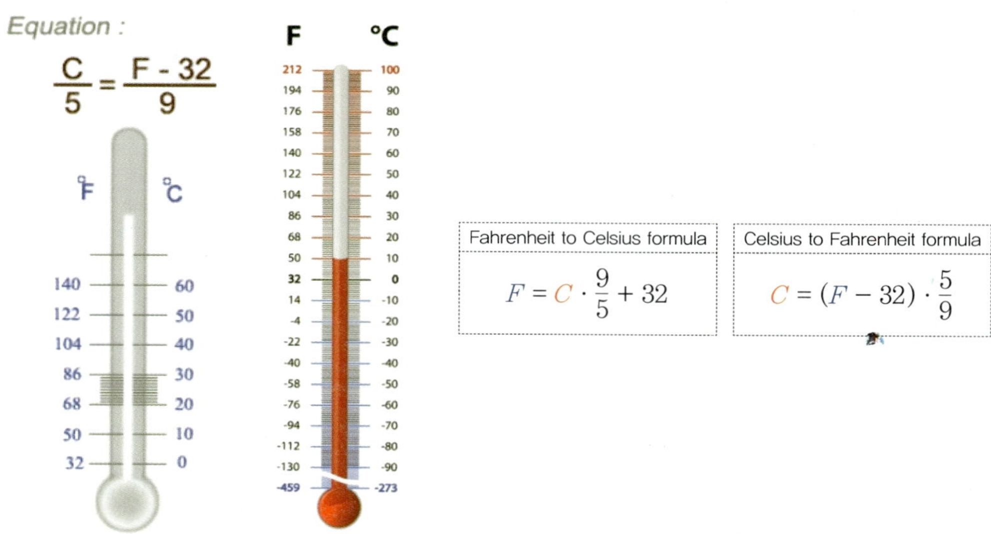


▲ **그림 2** 섭씨 온도와 화씨 온도의 관계와 변환식

다음은 표준 입력으로 받은 섭씨 온도와 화씨 온도를 각각 화씨 온도와 섭씨 온도로 변환해 출력하는 프로그램이다. 각 변환 함수는 c_to_fahrenheit(celsius)와 f_to_celsius(fahrenheit)를 구현해 호출한다.

**3-1 코딩** 03-01-tempfunction.py **섭씨 온도와 화씨 온도 간의 변환 함수** 난이도 기본

```python
# 섭씨를 화씨로 변환하는 함수 정의
def c_to_fahrenheit(celsius):
    fahrenheit = (celsius * 9/5) + 32
    return fahrenheit

# 화씨를 섭씨로 변환하는 함수 정의
def f_to_celsius(fahrenheit):
    celsius = (fahrenheit - 32) * 5/9
    return celsius

# 사용자로부터 섭씨 온도 입력받기
celsius = float(input("섭씨 온도를 입력하시오: "))
# 함수 호출하여 섭씨를 화씨로 변환
fahrenheit = c_to_fahrenheit(celsius)
# 결과 출력
print(f"{celsius}도는 화씨로 {fahrenheit:.2f}도 입니다.")

# 사용자로부터 화씨 온도 입력받기
fahrenheit = float(input("화씨 온도를 입력하시오: "))
# 함수 호출하여 화씨를 섭씨로 변환
celsius = f_to_celsius(fahrenheit)
# 결과 출력
print(f"{fahrenheit}도는 화씨로 {celsius:.2f}도 입니다.")
```

결과

```
섭씨 온도를 입력하시오: 38
38.0도는 화씨로 100.40도 입니다.
화씨 온도를 입력하시오: 80
80.0도는 화씨로 26.67도 입니다.
```

## 1.2 람다 함수

### 함수 이름과 주소 값

다음은 간단한 함수 hello() 정의 구문이다.

```
>>> def hello():
...     print('안녕')
...
```

정의된 함수 이름 자체가 하나의 자료형 function이다.

```
>>> print(type(hello))
<class 'function'>
```

위 함수 이름인 hello를 출력하면 함수가 정의된 주소가 출력된다. 일반적으로 객체가 저장된 변수를 출력하면 객체의 문자열 표현이 출력된다. 함수 이름 hello와 함수 호출 hello()는 구별해야 한다.

```
>>> # 정의된 함수 주소 출력
>>> print(hello)
<function hello at 0x0000015B2CCCC400>
```

위에서 출력된 16진수 상수 값을 10진수로 보면 1491105268736이다. 내장 함수 id(hello)로 함수 hello의 주소 값을 확인하면 이 값과 같다는 것을 알 수 있다.

```
>>> 0x15B2CCCC400
1491105268736
>>> print(id(hello))
1491105268736
```

다음처럼 정의한 함수 hello도 다른 변수 my_hello에 대입해 호출할 수 있다.

```
>>> # 함수 대입
>>> my_hello = hello
>>> my_hello()
안녕
```

동일한 함수 객체인 my_hello와 hello의 id() 함수 결과는 같다.

```
>>> id(my_hello), id(hello)
(2443324148928, 2443324148928)
```

### 람다 함수 정의와 호출

람다 함수(lambda function)는 이름이 없는(anonymous, 익명) 함수로, 다음 구문으로 정의한다. 람다 함수는 한 줄로 작성되며 return문이 없이 연산식을 반환한다. 옵션인 매개변수는 여러 개 사용할 수 있다.

**람다 함수 정의 구문** lambda function definition

```
lambda [parametereters] : statement_or_expression
```

**parameters** 옵션(없으면 생략 가능)인 매개변수는 콤마로 구분해 여러 개 가능

**statement_or_expression** 하나의 함수 몸체로 특정한 작업을 수행하는 문장이나 반환되는 연산식

위에서 정의한 간단한 함수 hello()를 람다 함수로 정의하면 다음과 같다. 함수 이름은 고정적으로 lambda이고 주소 값이 출력된다. 단, 다음 함수 정의를 lambda()로 호출할 수 없다.

```
>>> lambda : print('안녕')
<function <lambda> at 0x0000015B2CCCC400>
```

다음처럼 람다 함수는 정의하면서 호출할 수 있다. (lambda : print('안녕'))처럼 함수 정의를 괄호로 묶고, 이어 ()처럼 인자 부분을 다시 괄호로 묶어 함수를 호출한다. 이 경우, 인자가 없으므로 ()이다.

```
>>> # 람다 함수 정의와 호출
>>> (lambda : print('안녕'))()
안녕
```

람다 함수도 하나의 변수에 대입해 이름을 지정할 수 있다. 이름이 지정된 람다 함수는 my_hello()처럼 대입된 이름으로 함수 호출이 가능하다.

```
>>> my_hello = lambda : print('안녕')
>>> my_hello()
안녕
```

다음으로 변수 my_hello의 주소 값을 알 수 있으며 자료 유형이 function인 것을 확인할 수 있다.

```
>>> print(my_hello, type(my_hello))
<function <lambda> at 0x0000015B2CCCC360> <class 'function'>
```

다음은 면적 평수를 제곱미터로 변환하는 함수이다.

```
>>> def toArea(pg):
...     return pg * 3.3
...
```

위 함수를 매개변수 하나 pg가 있는 람다 함수로 정의하면 다음과 같다. 람다 함수의 연산식인 pg * 3.3이 반환 값이 된다.

```
>>> # 람다 함수 정의
>>> lambda pg: pg * 3.3
<function <lambda> at 0x0000015B2CCCC180>
```

다음은 람다 함수를 정의하면서 호출하는 구문이다.

```
>>> # 람다 함수 호출
>>> (lambda pg: pg * 3.3)(24)
79.19999999999999
```

다음은 f-문자열 내부에서 람다 함수를 정의하면서 호출하는 구문이다.

```
>>> # 람다 함수 호출
>>> print(f'{(lambda pg: pg * 3.3)(24)}')
79.19999999999999
```

다음처럼 변환된 f-문자열을 반환하는 람다 함수를 구현해 변수 msToPyeong에 저장한 후에 호출하면 코드의 양을 좀 더 줄일 수 있어 편리하다.

```
>>> pyeong_to_ms = lambda pg: f'{pg} 평은 {pg*3.3:.2f} 제곱미터'
>>> # 람다 함수 호출
>>> print(pyeong_to_ms(24))
24 평은 79.20 제곱미터
>>> print(pyeong_to_ms(32))
32 평은 105.60 제곱미터
```

다음 예제는 간단한 람다 함수를 정의하고 호출하는 코드이다. 함수 구현이 간단한 함수는 람다 함수로 활용하기를 권장한다.

**3-2 코딩** 03-02-lambdafunc.py | **다양한 람다 함수의 정의와 호출** | 난이도 기본

```
# 람다 함수 정의와 저장
add1 = lambda x: x + 1
add2 = lambda x, y: x + y
mult2 = lambda x, y: x * y

# 람다 함수 호출
a, b = 10, 5
print(f'{a} + {1} -> {add1(a)}')
print(f'{a} + {b} -> {add2(a, b)}')
print(f'{a} * {b} -> {mult2(a, b)}')
```

결과

```
10 + 1 -> 11
10 + 5 -> 15
10 * 5 -> 50
```

## 1.3 다양한 내장 함수

### 내장 함수 개요

표준 파이썬에서 이미 정의해 놓아 바로 사용할 수 있는 함수가 내장 함수이다. 다음 웹 사이트를 방문하면 현재 버전의 내장 함수 목록과 설명을 볼 수 있다. '파이썬 내장 함수 목록'으로 검색하면 바로 연결할 수 있다.

- https://docs.python.org/3/library/functions.html#classmethod

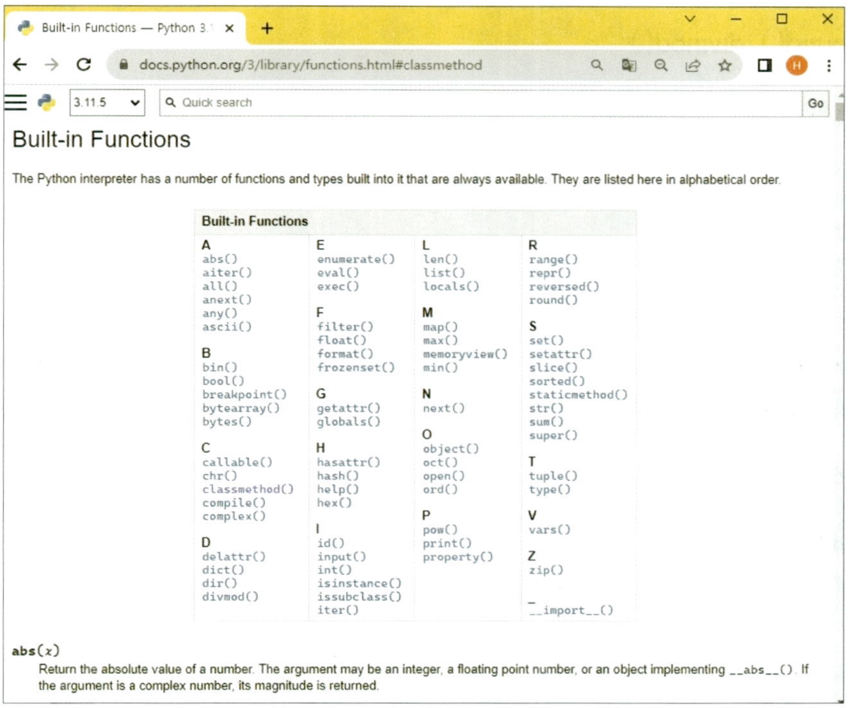


▲ 그림 3 표준 파이썬 내장 함수

### 도움말 함수 help( )

첫 내장 함수로 도움말 함수 help()를 소개한다. 함수 help([object])는 대화형 모드에서 도움말을 위한 함수이다. 내장 함수 abs의 간단한 설명을 볼 수 있다.

```
>>> help(abs)
Help on built-in function abs in module builtins:

abs(x, /)
    Return the absolute value of the argument.
```

### 절댓값 함수 abs( )

함수 abs(num)은 정수 또는 실수, 복소수인 num의 절댓값을 반환한다.

```
>>> abs(-7)
7
>>> abs(-3.875)
3.875
>>> abs(3 - 4j) # math.sqrt(3 ** 2 + 4 ** 2)
5.0
```

### pow( ), round( ), divmod( )

함수 pow(x, y)는 x의 y 거듭제곱을 반환한다. 인자는 정수와 실수 모두 가능하다.

```
>>> pow(2, 4)
16
>>> pow(2.3, 3.2)
14.372392707920499
```

함수 round(x)는 실수 x에 가장 가까운 정수를 반환한다. 함수 round(x, y)는 실수 x에서 소수점 다음에 y 자릿수로 반올림한 값을 반환한다.

```
>>> round(3.141592)
3
>>> round(3.141592, 3)
3.142
```

함수 divmod(a, b)는 인자 두 개의 나누기 몫과 나머지로 구성된 한 쌍의 튜플을 반환한다. 정수의 경우, 결과는 (a // b, a % b)와 같다.

```
>>> divmod(20, 6)
(3, 2)
```

### min( ), max( ), sum( )

함수 min()과 max()는 여러 인자 중에서 최솟값과 최댓값을 반환한다.

```
>>> min(3.4, 5, 2)
2
>>> max(3.4, 5, 2)
5
```

함수 min()과 max()는 시퀀스의 항목 중에서 최솟값과 최댓값을 반환한다.

```
>>> min([10, 2, 1])
1
>>> max([10, 2, 1])
10
```

함수 sum(시퀀스)는 시퀀스의 모든 항목을 합한 결과를 반환한다. 만일 인자가 두 개라면 수인 두 번째 인자도 더하여 반환한다. 두 번째 인자는 나중에 배울 키워드 인자 형식인 'start=값'으로도 가능하다.

```
>>> sum((1, 2, 3))
6
>>> sum([1, 2, 3], 4)
10
>>> sum([1, 2, 3], start=4.5)
10.5
```

다음은 help(sum)로 본 내장 함수 sum의 설명이다. 내장 함수의 첫 인자는 iterable이어야 한다.

/ 왼쪽에 있는 iterable 매개변수는 위치 전용 매개변수라는 의미이다. 따라서 sum([1, 2], 3)처럼 매개변수 두 개로 호출할 수 있다.

```
>>> help(sum)
Help on built-in function sum in module builtins:

sum(iterable, /, start=0)
    Return the sum of a 'start' value (default: 0) plus an iterable of numbers

    When the iterable is empty, return the start value.
    This function is intended specifically for use with numeric values and may
    reject non-numeric types.
```

다음처럼 인자로 일반 수를 나열하면 오류가 발생한다.

```
>>> sum(1, 2, 3)
```

```
Traceback (most recent call last):
  File "<stdin>", line 1, in <module>
TypeError: sum() takes at most 2 arguments (3 given)
```

## 1.4 진수 관련 내장 함수

### 진수로 변환된 문자열을 반환하는 함수 bin( ), oct( ), hex( )

함수 bin(num)은 정수 num을 "0b"가 앞에 붙은 2진수 형태의 문자열을 반환한다. 함수 oct(num)와 hex(num)은 각각 "0o"와 "0x"가 앞에 붙은 8진수, 16진수의 문자열을 반환한다.

```
>>> bin(20)
'0b10100'
>>> oct(20)
'0o24'
>>> hex(20)
'0x14'
```

### 형식 함수 format( )

만일, 진수를 표현하는 접두어 "0b", "0o", "0x"가 필요 없다면 내장 함수 format()을 사용해 두 번째 인자에 형식 지정자(format specifiers)인 'b', 'o', 'x'를 사용할 수 있다.

```
>>> format(15) # 그대로 문자열로
'15'
>>> format(15, 'b') # 2진수 문자열로
'1111'
>>> format(15, 'o') # 8진수 문자열로
'17'
>>> format(15, 'x') # 16진수 문자열로
'f'
```

다음 코드는 숫자를 다양한 형식으로 포맷하여 출력하는 예제이다. format( ) 함수는 숫자를 원하는 형식으로 변환할 때 유용하다. 함수 format()에서 ',' 포맷 지정자는 세 자리마다 콤마를 삽입해 주는 역할을 한다. 'E'는 지수 표기법, '%'은 백분율로, 숫자를 표현한다.

**3-3 코딩** 03-03-format.py | **내장 함수 format 활용** | 난이도 기본

```
n = 123456789
# , 삽입된 문자
print(format(n, ','))

n = 0.00123456789
# 지수형
print(format(n, 'E'))

n = 0.1234
# 백분율
print(format(n, '%'))
```

결과

```
123,456,789
1.234568E-03
12.340000%
```

## 1.5 반복 가능한 객체 관련 내장 함수

### 항목 정렬에 사용하는 함수 sorted( )와 역순으로 배치하는 reversed( )

함수 sorted(iterable)는 iterable 객체의 항목을 정렬하여 오름차순(ascending order)의 리스트 결과를 반환한다. 두 번째 인자는 반드시 키워드 인자 reverse=True로, 내림차순(descending order)으로 정렬한다.

```
>>> lst = [5, 3, 9, 8]
>>> sorted(lst)
[3, 5, 8, 9]
>>> sorted(lst, reverse=True)
[9, 8, 5, 3]
```

다음처럼 집합도 sorted(집합)에 인자로 사용될 수 있다.

```
>>> list(sorted({3, 2, 1}))
[1, 2, 3]
```

함수 reversed(sequence)는 sequence 객체의 역순인 이터레이터(iterator)를 반환한다. 따라서 반환된 결과를 리스트나 튜플로 변환하여 사용하면 편리하다.

```
>>> reversed(lst)
<list_reverseiterator object at 0x000001702CB516C0>
>>> list(reversed(lst))
[8, 9, 3, 5]
```

### 함수 sorted( )에서 정렬의 비교 키로 사용하는 키워드 인자 key

내장 함수 sorted()의 키워드 인자로 key가 없으면 기본 정렬을 수행한다. 즉, 문자열이라면 알파벳순, 수라면 크기순으로 정렬한다.

```
>>> words = ["apple", "cherry", "date", "fig"]
>>> # 일반 알파벳순을 기준으로 문자열 리스트 정렬
>>> sorted_alphabet = sorted(words)
>>> print(sorted_alphabet)
['apple', 'cherry', 'date', 'fig']
```

내장 함수 sorted()의 키워드 인자로 key를 사용할 수 있다. 키워드 인자 key의 값으로 정렬에 사용될 키를 지정할 수 있다. 다음처럼 key=len은 각각의 항목 길이 함수인 len을 기준으로 오름차순으로 정렬한다.

```
>>> # 길이를 기준으로 문자열 리스트 정렬
>>> sorted_length = sorted(words, key=len)
>>> print(sorted_length)
['fig', 'date', 'apple', 'cherry']
```

키워드 인자 key에 람다 함수를 사용할 수도 있다. 다음 예제는 항목이 (프로그래밍 언어, 개발 연도) 튜플인 리스트를 정렬하는 코드이다. 변수 pl에 프로그래밍 언어와 해당 언어의 개발 연도를 튜플로 묶어 리스트로 구성한다.

키워드 인자 key= lambda lang: lang[1]로 각 항목에서 두 번째인 개발연도를 기준으로 정렬한다. key 인자에 람다 함수를 사용하여 튜플의 두 번째 요소를 기준으로 정렬한다.

```
# 프로그래밍 언어의 개발순으로 정렬
print(sorted(pl, key= lambda lang: lang[1]))
```

다음 코드는 sorted() 함수를 사용하여 pl 리스트를 프로그래밍 언어의 이름 길이 순으로 정렬한 결과를 출력한다. 즉, key 인자에 람다 함수를 사용하여 프로그래밍 언어 이름의 길이를 기준으로 정렬한다.

```
# 프로그래밍 언어의 이름 길이 순으로 정렬
print(sorted(pl, key= lambda lang: len(lang[0])))
```

**3-4 코딩** 03-04-sortedkey.py | 내장 함수 sorted()에서 키워드 인자 key 활용 | 난이도 응용

```python
# 프로그래밍 언어와 개발 연도를 튜플로 리스트 구성
pl = [('basic', 1964), ('java', 1995), ('kotlin', 2016), ('python', 1991),
('c', 1972)]

# 리스트의 원 순서로
print(pl)
# 프로그래밍 언어의 알파벳순으로 정렬
print(sorted(pl))

# 프로그래밍 언어의 알파벳순으로 정렬
print(sorted(pl, key= lambda lang: lang[0]))
# 프로그래밍 언어의 개발순으로 정렬
print(sorted(pl, key= lambda lang: lang[1]))
# 프로그래밍 언어의 이름 길이순으로 정렬
print(sorted(pl, key= lambda lang: len(lang[0])))
```

비교할 항목에서 튜플의 첫 번째 항목의 길이를 키로 정렬한다.

결과

```
[('basic', 1964), ('java', 1995), ('kotlin', 2016), ('python', 1991), ('c', 1972)]
[('basic', 1964), ('c', 1972), ('java', 1995), ('kotlin', 2016), ('python', 1991)]
[('basic', 1964), ('c', 1972), ('java', 1995), ('kotlin', 2016), ('python', 1991)]
[('basic', 1964), ('c', 1972), ('python', 1991), ('java', 1995), ('kotlin', 2016)]
[('c', 1972), ('java', 1995), ('basic', 1964), ('kotlin', 2016), ('python', 1991)]
```

## 항목의 논리를 검사하는 함수 all( ), any( )

함수 all(iterable)은 이터러블의 모든 항목이 참(True)이면 True를 반환한다.

```
>>> all([3, 7 >= 4, 'py' in 'python', 3 % 2])
True
```

함수 all(iterable)은 이터러블의 항목이 비어 있으면 True를 반환한다.

```
>>> all('')
True
>>> all([])
True
>>> all({})
True
```

항목이 비어 있는 시퀀스는 True를 반환한다.

함수 bool(obj)로 인자인 객체의 논리 값을 알 수 있다. 즉, 빈 문자열은 False, 공백 문자 ' '는 True 이다.

```
>>> bool(''), bool(' ')
(False, True)
```

함수 all()에서는 모든 항목이 True여야 결과가 True이므로 빈 문자열이 하나라도 항목으로 있으면 결과는 False이다. 그러나 모든 항목이 True인 공백 문자라면 결과는 True이다.

```
>>> all(['']), all(['', '']),
(False, False)
>>> all([' ']), all([' ', ' ']),
(True, True)
```

함수 any(iterable)는 이터러블에서 하나의 항목이라도 참(True)이면 True를 반환한다.

```
>>> any([0, 10 >= 1, ''])
True
```

함수 any(iterable)은 이터러블의 항목이 비어 있으면 False를 반환한다.

```
>>> any('')
False
>>> any([])
False
>>> any({})
False
```

주어진 코드는 any()와 all() 내장 함수를 사용하여 리스트에 대한 조건을 확인하고 그 결과를 출력하는 예제이다.

리스트 lst1에는 최소 하나의 0이 아닌 요소가 있으므로 any()는 True, all()은 False를 반환한다. 리스트 lst2에는 모든 요소가 0 또는 0.0으로 동일하므로 any()는 False를 반환하고, all()도 False를 반환한다. 리스트 lst3에는 최소 하나의 True가 있으므로 any()는 True를 반환하고, 모든 요소가 True가 아니므로 all()은 False를 반환한다. 리스트 lst4에는 최소 하나의 비어 있지 않은 문자열이 있으므로 any()는 True를 반환하고, 모든 요소가 True는 아니므로 False를 반환한다. 리스트 lst5에는 모든 요소가 비어 있어서 any()는 False를 반환하고, 모든 요소가 비어 있으므로 all()도 False를 반환한다.

any() 함수는 리스트에 최소 하나의 True 값 또는 비어 있지 않은 문자열이 있는 경우에만 True를 반환하고, all() 함수는 리스트의 모든 요소가 True 값 또는 비어 있지 않은 문자열인 경우에만 True를 반환하는 것을 보여 주므로 예제에서는 모두 False가 반환된다.

**3-5 코딩** 03-05-anyall.py | **내장 함수 any()와 all() 활용** | 난이도 기본

```
lst1 = [0, 1, 0, 0, 0, 0]
# any(a list with at least one non-zero entry) returns True
print(any(lst1), all(lst1))

lst2 = [0, 0.0, 0, 0.0, 0]
# any(a list of zeros) returns False
print(any(lst2), all(lst2))

lst3 = [True, False, False]
# any(a list with at least one True value) returns True
print(any(lst3), all(lst3))

lst4 = ["","","code more"]
# any(a list with at least one non-empty string) returns True
print(any(lst4), all(lst4))

lst5 = ["","",""]
# any(a list of empty strings) returns False
print(any(lst5), all(lst5))
```

**결과**

```
True False
False False
True False
True False
False False
```

# SECTION 02 조건에 따른 선택 if

PYTHON

## 2.1 논리 값에 따른 선택문 if

### if문

지금까지의 코드는 순차적(sequential)으로 실행되었다. 일상생활에서도 순차적이지 않은 경우가 많듯이 코드에서도 순차적이지 않은 구문이 필요하다. 프로그래밍 언어에서 제어문은 순차적이지 않은 명령 문장의 실행 순서를 지시한다.

대표적인 제어문이 조건에 따른 문장을 수행하는 if문이다. 조건 if문의 구조는 다음과 같다. 조건 condition 바로 뒤에 콜론은 반드시 나와야 하며 condition이 True이면 수행되는 콜론 이후 여러 문장 모임(block)은 반드시 들여쓰기로 구성해야 한다. 이 모임의 끝을 표현하는 다른 방법은 없으며, 들여쓰기를 한 문장은 모두 블록이다.

- 들여쓰기(indentation): 문장의 시작을 위 문장보다 탭(tab)이나 빈 공백(white space) 문자 2~4개를 동일하게 앞에 위치하는 방법

**조건 if문** conditional if statements

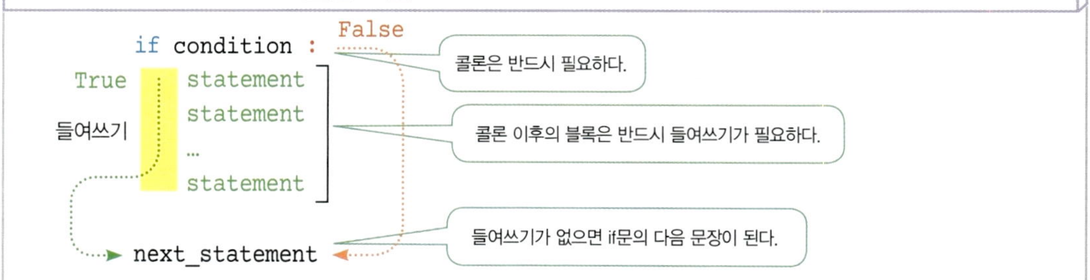


- **condition** 논리 값으로 평가되는 조건 연산식
- **statement** 들여쓰기가 필요하고 condition이 True이면 작업을 수행하는 여러 문장인 모임(block)으로 구성되며, False이면 이 문장(들)을 건너뛰고 다음 문장인 next_statemnt로 이동
- **들여쓰기** 콜론 이후의 모든 모임(블록)은 들여쓰기가 필요

다음은 한 학기 최소 수강 학점이 12학점일 때, 10학점을 신청한 경우, 메시지를 출력하는 if문이다. 다음처럼 대화형 셸에서는 들여쓰기 블록의 끝을 모르기 때문에 마지막 빈 줄이 필요하다.

```
>>> credits = 10
>>> if credits < 12:
...     print('한 학기 수강 학점이 부족합니다.')
...
한 학기 수강 학점이 부족합니다.
```

변수 speed에 저장한 속도 55로, 속도가 40에서 60이 적정하다는 if문을 작성할 수 있다. 수학에서 사용하는 조건인 40 <= speed <= 60을 그대로 사용할 수 있다.

```
>>> speed = 55
>>> if 40 <= speed <= 60:
...     print(f'현재 속도 {speed}는 적정합니다.')
...
현재 속도 55는 적정합니다.
```

**잠/시/쉬/면/서** **셸의 대화형 모드에서 블록 코딩시 주의 사항**

대화형 모드에서 if 등의 블록을 종료하려면 공백 줄이 하나 필요하다.

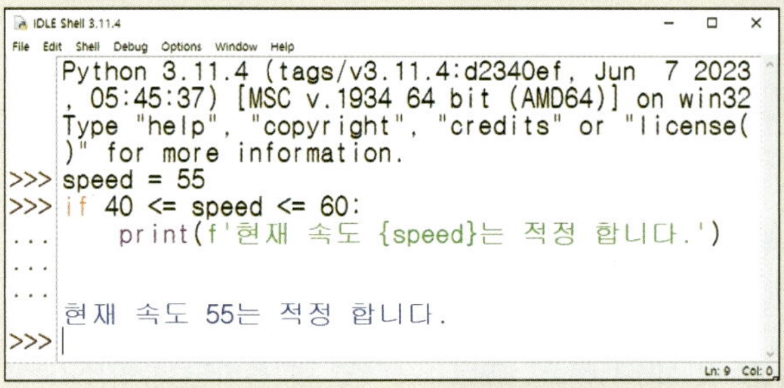


콜론을 입력한 후 Enter를 누르면 다음 줄에서 자동으로 들여쓰기가 되며, 블록의 첫 줄을 입력한 후 다시 Enter를 누르면 다시 다음 줄에서 자동으로 들여쓰기가 되는데, 더 이상 블록에 쓸 문장이 없을 때 바로 Enter를 누르면 if문이 실행된다. 따라서 셸에서는 빈 줄이 보인다.

### if else문

다음 if else문은 if문에 조건 condition이 False이면 실행되는 블록을 추가하기 위해 else: 이후에 블록을 추가한 문장이다.

**조건 if else 문** conditional if else statements

```
if condition :
    statement
    …
    statement
```

- 콜론은 반드시 필요하다.
- 조건 condition이 True이면 실행되는 문장들의 블록

```
else :
    statement ┐
    ...       │  조건 condition이 False이면 실행되는 문장들의 블록
    statement ┘

next_statement   들여쓰기가 없으면 if문의 다음 문장이 된다.
```

**condition** 논리 값으로 평가되는 조건 연산식

**statement(s)** 들여쓰기가 필요하고 condition이 True이면 작업을 수행하는 여러 문장인 녹색 모임(block)으로 구성되며, False이면 수행하는 여러 문장인 보라색 모임(block)으로 구성

**들여쓰기(indentation)** 콜론 이후의 모든 모임(블록)은 들여쓰기가 필요

우리나라 폭염 기준이 최고 온도 33도 이상이다. 다음은 기온이 33도 이상이면 폭염 주의를 내리고, 아니면 기온만 알려 주는 if else문이다.

```
>>> temperature = 34
>>> if 33 <= temperature:
...     print(f'폭염에 주의하시오.')
... else:
...     print(f'기온 {temperature}도입니다.')
...
폭염에 주의하시오.
```

### if elif else문

다음 if elif else문은 여러 조건이 계속 연결되면서 해당 조건이 True이면 바로 하단 들여쓰기 블록을 실행하고 종료하는 문장이다. 모든 조건이 False이면 실행되는 else: 이후 블록은 옵션으로 생략 가능하며 else:가 코딩되면 다음 여러 색상 블록 중 단 하나의 블록만 실행된다. 만일, else:가 없고 모든 조건이 False이면 어느 블록도 실행되지 않는다. elif는 else if를 의미한다.

**조건 if elif else문** conditional if elif else statements

```
if condition1 :       콜론은 반드시 필요하다.
    statement ┐
    ...       │  조건 condition1이 True이면 실행되는 문장들의 블록
    statement ┘
elif condition2 :
    statement ┐
    ...       │  조건 condition1가 False, condition2가 True이면 실행되는 문장들의 블록
    statement ┘
elif condition3 :
```

```
    statement ┐
    ...       │  ← 조건 condition1, condition2가 모두 False, condition3가 True이면 실행되는 문장들의 블록
    statement ┘
...
else :
    statement ┐
    ...       │  ← 모든 조건 condition이 False이면 실행되는 문장들의 블록
    statement ┘

next_statement   ← 들여쓰기가 없으면 if문의 다음 문장이 된다.
```

**condition1** **condition2** **condition3** … : 논리 값으로 평가되는 조건 연산식

**statement(s)** 들여쓰기가 필요하고 위 condition(n)이 True이면 작업을 수행하는 여러 문장으로 구성되며, False이면 다음 elif의 조건 condition(n)을 수행

**들여쓰기(indentation)** 콜론 이후의 모든 모임(블록)은 들여쓰기가 필요

**else** 생략 가능한 옵션으로, 마지막에 위치하며 위의 모든 조건 condition(n)이 False이면 실행되는 블록

연령에 따른 호칭은 다음 if elif else문으로 가능하다.

```
>>> age = 20
>>> if age >= 70:
...     print('노인')
... elif age >= 20:      ← 먼저 검사한 age >= 70 조건이 False인 경우, 이 age >= 20 조건을 실행하므로
...     print('성인')       결과적으로 조건 70 > age >= 20을 검사하는 의미가 됨.
... elif age >= 12:
...     print('청소년')
... elif age >= 6:
...     print('어린이')
... elif age >= 1:       ← 마찬가지로 조건 6 > age >= 1을 검사하는 의미가 됨.
...     print('유아')
... else:
...     print('영아')
...
성인
```

TIP **좀 더 알아봅시다!**

**파이썬과 들여쓰기**

파이썬에서는 콜론 이후 통상 네 개의 공백(spaces)을 넣고 시작하는 들여쓰기(indentation)로 여러 문장을 묶는 블록(block)을 구성한다. 파이썬은 C, 자바와 같은 다른 언어와 달리, 블록 구성을 들여쓰기로 사용한다. 이때 주의해야 할 점은 들여쓰기를 공백 네 개나 하나의 탭으로 일관되게 사용해야 한다는 것이다. 만일, 공백 네 개와 한 개의 탭을 함께 섞어 사용하면 문법 오류가 발생할 수 있다. 파이썬 셸 등의 편집기에서는 탭도 공백 네 개로 삽입해 주므로 문제가 없을 수 있지만 주의하자. 다음은 파이썬 코드의 스타일 가이드인 PEP-8(Python Enhancement

Proposals)에 기술된 내용으로, 빈 공백 네 개인 들여쓰기 방법을 권장한다.

Spaces are the preferred indentation method.
빈 공백은 선호되는 들여쓰기 방법이다.

Tabs should be used solely to remain consistent with code that is already indented with tabs.
탭이 이미 삽입된 코드와 일관성을 유지하기 위해서만 탭을 사용해야 한다.

Python 3 disallows mixing the use of tabs and spaces for indentation.
Python 3은 들여쓰기를 위해 탭과 빈 공백의 혼용을 허용하지 않는다.

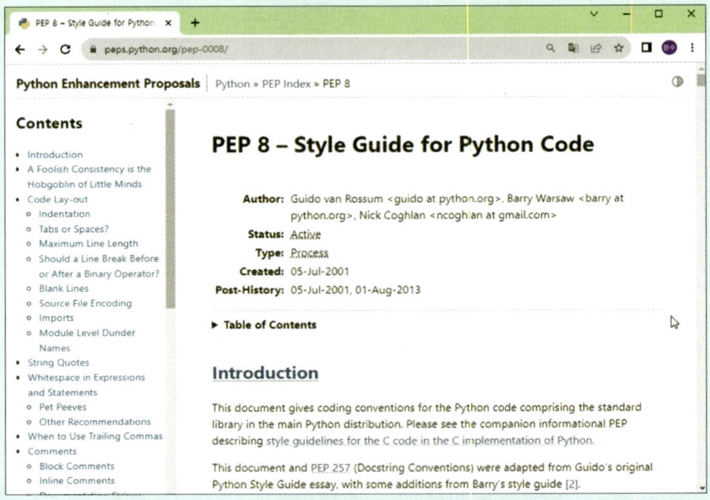


▲ **그림 4** 파이썬 코드 스타일 가이드 PEP-8(www.python.org/dev/peps/pep-0008)

## 조건문으로 여러 단위 변환 함수 구현

다음 코드는 세 개의 단위 변환 함수를 정의하고, 사용자로부터 원하는 변환을 선택한 후 값을 입력받아 해당 변환을 수행한 다음, 결과를 출력하는 예제이다.

- def celsius_to_fahrenheit(celsius):: 섭씨 온도를 화씨 온도로 변환하는 함수를 정의
- def kilometers_to_miles(kilometers):: 킬로미터를 마일로 변환하는 함수를 정의
- def pounds_to_kilograms(pounds):: 파운드를 킬로그램으로 변환하는 함수를 정의

외부 if문은 사용자가 선택한 변환 종류 choice를 검사한다. 1, 2, 3 중 하나를 선택한 경우, 내부 if 블록 내의 코드를 실행하게 된다. 만일, 그렇지 않으면 else 블록 내의 코드가 실행되어 "올바른 번호를 선택하시오."라는 메시지가 출력되고 프로그램은 종료된다. 내부 if에서는 choice에 따라 해당 단위 변환 함수를 호출한다.

**3-6 코딩** 03-06-convertifelse.py | **조건문으로 여러 단위 변환 함수 호출** 난이도 기본

```
# 단위 변환 함수 정의
def celsius_to_fahrenheit(celsius):
    """섭씨 온도를 화씨 온도로 변환하는 함수"""
    return (celsius * 9/5) + 32

def kilometers_to_miles(kilometers):
    """킬로미터를 마일로 변환하는 함수"""
```

```python
        return kilometers * 0.621371

    def pounds_to_kilograms(pounds):
        """파운드를 킬로그램으로 변환하는 함수"""
        return pounds * 0.453592

    # 사용자로부터 함수 선택
    print("다음 중 원하는 변환을 선택하시오:")
    print("1. 섭씨를 화씨로 변환")
    print("2. 킬로미터를 마일로 변환")
    print("3. 파운드를 킬로그램으로 변환")

    choice = int(input("\n 번호를 입력하시오: "))
    # 선택한 함수를 호출하여 결과 출력
    if 1 <= choice <= 3:
        # 선택한 함수에서 입력받기
        input_value = float(input("변환할 값을 입력하시오: "))
        result = 0
        if choice == 1:
            result = celsius_to_fahrenheit(input_value)
        elif choice == 2:
            result = kilometers_to_miles(input_value)
        elif choice == 3:
            result = pounds_to_kilograms(input_value)
        print(f"변환 결과: {result:.2f}")
    else:
        print("올바른 번호를 선택하시오.")
```

**주의** 여러 들여쓰기에 유의해 코딩한다.

**결과**

```
다음 중 원하는 변환을 선택하시오:
1. 섭씨를 화씨로 변환
2. 킬로미터를 마일로 변환
3. 파운드를 킬로그램으로 변환

번호를 입력하시오: 1
변환할 값을 입력하시오: 36
변환 결과: 96.80
```

```
다음 중 원하는 변환을 선택하시오:
1. 섭씨를 화씨로 변환
2. 킬로미터를 마일로 변환
3. 파운드를 킬로그램으로 변환

번호를 입력하시오: 3
변환할 값을 입력하시오: 300
변환 결과: 136.08
```

## 2.2 한 줄 if

### 조건 연산자 if else

파이썬의 조건 연산자는 다음 구문으로 조건 condition이 True이면 exp1, False이면 exp2를 반환한다.

키워드 if else는 반드시 필요하다. 이 조건식은 자바나 C 언어의 삼항 연산자와 비슷해 '삼항 연산자(ternary operator)'라고도 한다.

| **조건 연산자** conditional operator or ternary operator |
|---|
| `exp1 if condition else exp2` ← 조건 condition이 True로 반환되는 exp1이 맨 앞에 위치 |
| **condition** 논리 값으로 평가되는 조건 연산식<br>**exp1** condition이 True면 실행되거나 반환되는 연산식이나 문장<br>**exp2** condition이 False면 실행되거나 반환되는 연산식이나 문장 |

조건 연산식은 다음처럼 대입 연산자의 오른쪽에 위치해 그 결과를 변수에 대입하는 구문에 활용될 수 있다.

```
>>> is_sunny = True
>>> play = '놀이공원 가기' if is_sunny else '집에서 놀기'
>>> print(play)
놀이공원 가기
```

물론, 다음처럼 직접 문장을 기술할 수도 있다.

```
>>> is_sunny = False
>>> print('놀이공원 가기') if is_sunny else print('집에서 놀기')
집에서 놀기
```

다음처럼 조건 연산식은 하부로 계속 연결해 사용할 수 있다. 다음은 점수가 90 이상은 A, 80 이상은 B, 80 미만은 C로 판정하는 코드이다.

```
>>> point = 85
>>> grade = 'C' if point < 80 else 'B' if point < 90 else 'A'
>>> print(grade)
B
```

만일, 조건 연산식을 한 줄에 쓰지 못할 정도로 너무 길면 다음처럼 줄 계속 문자인 \을 사용해서 여러 줄에 나누어 코딩할 수 있다. 다만, 다음 문장은 전통적인 if elif else문보다 간단하지만, 복잡하게 느낄 수도 있다.

```
>>> age = 5
>>> age_grade = '노인' if age >= 70 else \
...             '성인' if age >= 20 else \
...             '청소년' if age >= 12 else \
```

한 줄이 좁다면 \으로 다음 줄에 이어 쓰기 가능

```
...              '어린이' if age >= 6 else \
...              '유아' if age >= 1 else \
...              '영아'
>>>
>>> print(age_grade)
유아
```

### 한 줄에 쓰는 조건 if문

다음처럼 if문을 한 줄에 코딩할 수 있다. 물론 콜론도 필요하다.

```
>>> credits = 11
>>> if credits < 12: print('한 학기 수강 학점이 부족합니다.')
...
한 학기 수강 학점이 부족합니다.
```

if의 조건이 True이면 수행하는 문장이 여러 개일 경우, 문장을 세미콜론(;)으로 구분해 블록을 코딩할 수 있다.

**한 줄 if** one line if

```
if condition : statement1; statement2; …; statement(n)
```

condition 논리 값으로 평가되는 조건 연산식

statement(n) 한 줄에 여러 문장을 세미콜론으로 구분해 코딩 가능하며, 마지막 문장은 세미콜론 생략 가능

다음처럼 학점이 12보다 작으면 두 문장 모두 출력된다.

```
>>> credits = 10
>>> if credits < 12: print('학점이 부족합니다.'); print('최소 학점: 12')
...
학점이 부족합니다.
최소 학점: 12
```

필요하면 else 문도 한 줄에 여러 문장을 코딩할 수 있다.

```
>>> credits = 15
>>> if credits < 12: print('학점이 부족합니다.'); print('최소 학점: 12')
... else: print(f'신청 학점: {credits}'); print('학점이 적정합니다.')
...
신청 학점: 15
학점이 적정합니다.
```

물론, if elif else 문도 각각을 한 줄에 코딩이 가능하다.

```
>>> num = 1
>>> if num == 0: print('해'); print('달'); print('별');
... elif num == 1: print('눈'); print('코'); print('잎');
... elif num == 2: print('소'); print('말'); print('양');
... else: print('꽃'); print('비'); print('씨');
...
눈
코
잎
```

그러나 복잡한 if elif else문에서 한 줄에 여러 문장을 사용하면 가독성이 나빠질 수 있다. 간단한 구문에 사용하기 바라며, 일반적으로 전통적인 여러 줄의 if elif else문을 사용하는 것이 보편적이다.

### 표준 입력 두 수 비교

다음 코드는 사용자로부터 두 개의 숫자를 입력받고, 입력된 숫자 중에서 큰 수와 작은 수를 판별하여 출력하는 예제이다. if else 한 줄 연산자를 사용하여 입력된 두 숫자 중에서 큰 수를 판별하여 출력하며, 전통적인 if else문으로 입력된 두 숫자 중에서 작은 수를 판별하여 출력한다.

**3-7 코딩** 03-07-minmax.py | **표준 입력 두 수 비교** 난이도 기본

```python
# 사용자로부터 두 개의 숫자 입력받기
num1 = float(input("첫 번째 숫자를 입력하시오: "))
num2 = float(input("두 번째 숫자를 입력하시오: "))

# 큰 수를 판별하여 출력
result = num1 if num1 > num2 else num2
print(f"두 숫자 중 큰 수는 {result}입니다.")

# 작은 수를 판별하여 출력
if num1 > num2: result = num2
else: result = num1
print(f"두 숫자 중 작은 수는 {result}입니다.")
```

**결과**

```
첫 번째 숫자를 입력하시오: 13.4
두 번째 숫자를 입력하시오: 22.8
두 숫자 중 큰 수는 22.8입니다.
두 숫자 중 작은 수는 13.4입니다.
```

SECTION 03 PYTHON

# 반복문 for in과 while

## 3.1 반복문 for in

### 모음의 요소마다 반복하는 for in문

밤과 낮, 계절이 반복되고 일상에서도 반복되는 일이 많듯이 프로그래밍에서도 반복 수행되는 작업이 많다. 프로그래밍 언어 초보자에게는 가장 먼저 친근해져야 할 구문이 반복문이다.

파이썬의 for in문은 모음(collection) 기반의 반복 문장이다. 모음 자료형으로는 str, list, tuple, dict, set, frozenset, range 등이 있다. for in 루프 문장으로 다양한 모음 자료 iterable의 각 항목을 variable에 저장해 한 번씩 일련의 반복 몸체인 statements 명령문을 실행할 수 있다.

**for in 반복문** for in loop statements

```
for variable in iterable :
    statement(s)
[else :
    additional_statement(s)]
```

- **variable** 매 반복마다 모음인 iterable에서 하나의 요소인 항목을 저장해 반복 수행
- **iterable** 반복 가능한(iterable) 자료형으로는 str, list, tuple, dict, set, frozenset, range가 있으며, 반복할 여러 자료의 모음(colletion)으로 자신의 항목을 한 번에 하나씩 전달할 수 있는 기능인 __iter()__ 메서드를 지원하는 객체가 위치
- **statement(s)** 반복 몸체라는 모임(블록)으로 매 반복마다 한 번 실행되는 문장(들)이며, 콜론 이후의 모임(블록)이므로 들여쓰기가 필요한 여러 문장으로 구성
- **else** 옵션으로 모음인 iterable에서 모든 항목에 대해 반복이 실행된 이후에만 실행되는 블록 additional_statement(s)

다음은 리스트의 항목 수만큼 반복적으로 리스트 [1, 2, 3]의 항목을 변수 i에 저장한 후 매번 i를 출력하는 구문이다. 옵션인 else: 블록은 반복이 종료되는 마지막에 실행된다.

```
>>> for i in [1, 2, 3]:
...     print(i)
... else:
...     print('리스트의 모든 항목에 대해 반복 종료!')
...
1
2
3
리스트의 모든 항목에 대해 반복 종료!
```

다음처럼 옵션인 else: 블록이 없는 경우가 일반적이다.

```
>>> for i in [1, 2, 3]:
...     print(i)
...
1
2
3
```

다음은 튜플을 사용한 for in문이다.

```
>>> fruits = ("apple", "banana", "grape")
>>> for one in fruits:
...   print(one)
...
apple
banana
grape
```

다음은 집합을 사용한 for in문이다. 코드상의 항목 순서와 출력의 순서가 일치하지 않는다는 것도 알 수 있다.

```
>>> languages = {'Swift', 'Python', 'Go', 'Java'}
>>> for lang in languages:
...     print(lang)
...
Java
Go
Swift
Python
```

다음은 사전을 사용한 for in문이다. 사전의 키:값 쌍의 항목에서 변수 lang에 저장되는 값은 항목의 키인 것을 알 수 있다.

```
>>> languages = {'Swift': 2014, 'Python': 1991, 'Go': 2009, 'Java': 1995}
>>> for lang in languages:
...     print(lang)
...
Swift
Python
Go
Java
```

다음처럼 languages[lang]으로 값을 참조할 수 있다.

```
>>> for lang in languages:
...     print(languages[lang])
...
2014
1991
2009
1995
```

for문 iterable에 문자열이 위치하면 문자열의 각 문자를 순회하는 for 루프를 반복한다.

```
>>> for c in 'python':
...     print(c, end=' ')
...
p y t h o n
```

### 문자열에서 각 문자의 알파벳 순서에 따라 * 출력

다음 예제는 문자열 'python'을 반복하여 각 문자와 해당 문자의 알파벳 순서에 따라 별표(*)를 출력하는 코드이다. for 루프를 사용하여 문자열의 각 문자를 순회하고, 각 문자에 대한 정보와 별표를 출력한다. 내장 함수 ord(char)는 문자 char의 코드 값을 반환한다.

- print("*" * (ord(char) – ord("a") + 1)): 현재 문자 char의 알파벳 순서를 계산하여 해당 숫자만큼 별표(*)를 출력하도록 ord(char)는 문자 char의 코드 값을 반환하고, ord("a")는 문자 'a'의 ASCII 코드 값을 반환해서 이 두 값을 뺀 후 1을 더하여 해당 문자의 알파벳 순서를 계산

**3-8 코딩** 03-08-charforgraph.py | for 루프로 문자의 그래프 그리기 난이도 기본

```
s = 'python'

for char in s:
    print(f'{char}: ', end=' ')
    print("*" * (ord(char) - ord("a") + 1))
    # print(f'{"*" * (ord(char) - ord("a") + 1)}')
```

**결과**

```
p: ****************
y: *************************
t: ********************
h: ********
o: ***************
n: **************
```

## 3.2 자료형 range와 반복 for in

### 자료형 range

자료형 range는 규칙적인 일련의 정수를 간단히 나열한다. range 객체는 내장 함수 range()로 생성한다. 함수 range(start, step, stop)는 정수 start에서 시작해 step씩 증가하고 stop 정수 이전에서 중지되는 일련의 정수를 품은 range 객체를 반환한다. 모든 인자는 정수만 가능하다. 시작 인자 start를 포함하며, 종료 인자인 stop은 배타적(exclusive)으로 바로 이전 정수에서 멈춘다. 단계 인자 step으로 이웃한 다음 수의 증가(또는 감소)를 지정한다.

**내장 함수 range()** builtin function range()

```
range( stop )
```

**stop** 0에서 시작해 1씩 증가하는 일련의 정수 시퀀스에서 종료하는 다음 정수

```
range( start, stop[, step] )
```

**start** 일련의 정수 시퀀스에서 시작하는 정수
**stop** 일련의 정수 시퀀스에서 종료하는 다음 정수
**step** 다음 정수를 지정하기 위한 증가(양수 값) 또는 감소(음수 값) 정수로, 이웃한 이전 정수와의 차이, 옵션 인자로 없으면 1

내장 함수 range()는 다음 세 가지로 사용된다.

- range(n): 0에서 시작해 n 이전 까지의 정수, 이웃한 정수 차이는 1
- range(s, n): s에서 시작해 n 이전 까지의 정수, 이웃한 정수 차이는 1
- range(s, n, t): s에서 시작해 n 이전 까지의 정수, 이웃한 정수 차이는 t

함수 range(6)으로 0에서 5까지의 정수를 품은 range() 객체를 생성한다. 인자가 한 개이면 종료 인자이며, 무조건 시작은 0, 다음 수와의 차이는 1이 된다. 단, range 객체에서 정수 시퀀스를 바로 참조할 수는 없다.

```
>>> r = range(6) # 0, 1, 2, 3, 4, 5
>>> print(r, type(r))
range(0, 6) <class 'range'>
```

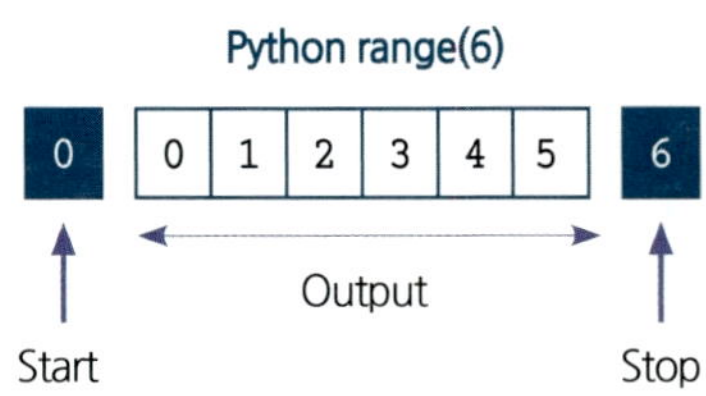


range() 객체에 소속된 변수인 속성으로 start, step, stop을 조회할 수 있다.

```
>>> print(r.start, r.step, r.stop)
0 1 6
```

다음처럼 range() 함수를 list() 나 tuple()의 인자로 호출하면 바로 항목 전체를 출력할 수 있다.

```
>>> list(range(6))
[0, 1, 2, 3, 4, 5]
>>> tuple(range(6))
(0, 1, 2, 3, 4, 5)
```

### for in에서 range 활용

반복 for문의 반복 가능 객체에 내장 함수 range()를 활용하면 매우 간결하다. 다음처럼 변수 i에 할당되는 0에서 4까지 다섯 개의 정수로 반복을 수행할 수 있다.

```
>>> for i in range(5):
...     print(i, end = ' ')
...
0 1 2 3 4
```

내장 함수 range(5)처럼 인자가 1개이면 반복이 5회 수행한다고 생각하자. 다만 반복 항목 시작이 1부터가 아니라 0부터이므로 마지막도 5가 아니라 4라는 것을 잊지 말자.

다음 range(10)은 0에서 9까지 10회 반복한다.

```
for i in range(10):
...     print(i, end = ' ')
...
0 1 2 3 4 5 6 7 8 9
```

인자 end를 지정하면 한 줄 출력 후 지정된 문자열을 출력한다. 다음 줄로 이동하지 않으려고 빈 공백을 지정한다.

다음 range(1, 10)은 1에서 9까지 이웃한 차이가 1씩 증가하면서 9회 반복한다. 인자가 두 개이면 시작과 종료 인자이며, 이웃한 차이는 무조건 1이다.

```
>>> for i in range(1, 10):
...     print(i, end = ' ')
...
1 2 3 4 5 6 7 8 9
```

다음 range(1, 10, 2)는 1에서 9까지 이웃한 차이가 2 증가하므로 총 5회 반복한다.

```
for i in range(1, 10, 2):
...     print(i, end = ' ')
...
1 3 5 7 9
```

- start: 시퀀스의 시작
- stop: 시퀀스의 끝(미만), 실질적으로 stop - 1까지
- step: 이웃 항목과의 차이 값

### 역순의 range

함수 range( )에서 이웃한 수의 차이를 지정하는 세 번째 인자가 음수라면 일련의 감소하는 시퀀스를 생성한다. 물론 첫 번째 인자가 두 번째 인자보다 커야 한다. 임시 변수 _을 사용할 수 있다.

```
>>> for _ in range(5, 0, -1):
...     print(_, end = ' ')
...
5 4 3 2 1
```

다음은 10에서 5씩 감소하므로 4회 반복한다.

```
>>> for _ in range(10, -10, -5):
...     print(_, end = ' ')
...
10 5 0 -5
```

TIP

**좀 더 알아봅시다!**

**범위라는 단어를 쓰는 함수 range()가 신기하네요!**

내장 함수 range()는 일정 간격의 정수 값을 가진 range 시퀀스 객체를 생성해 주는 함수이다. 함수의 인자(argument)는 총 세 개로, 적어도 한 개의 인자를 지정해 주어야 한다. 만약, 인자 중 하나만 지정하면 자동으로 stop 값이 지정되는데, stop의 이전 정수 값까지 포함된다. 시퀀스의 시작인 start와 인접한 숫자의 간격인 step은 자동으로 각각 0, 1로 지정된다. 인자를 두 개 지정하면 자동으로 start와 stop 값을 설정하게 되며 증가 값은 자동으로 1로 지정된다.

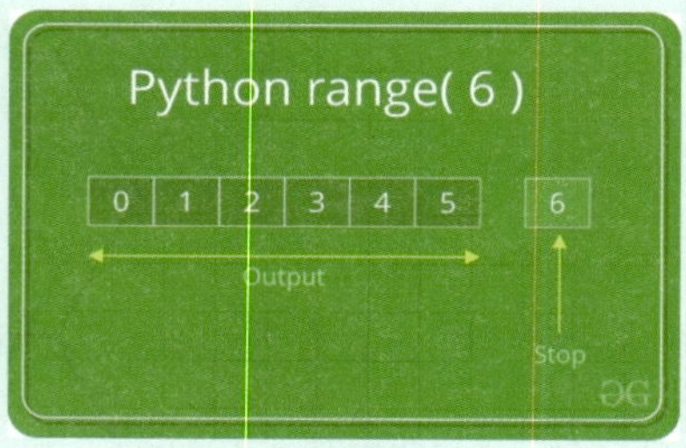


- **모든 인자는 문자열 또는 부동 소수점 숫자나 다른 유형이 올 수 없으며 반드시 정수여야 한다.**

다음 코드에서 보듯이 list() 함수의 내부에 range() 함수를 사용하면 바로 시퀀스의 결과를 알 수 있다.

```
>>> list(range(4))
[0, 1, 2, 3]
>>> list(range(6, 10))
[6, 7, 8, 9]
>>> list(range(10, 20, 2))
[10, 12, 14, 16, 18]
```

| 함수 호출 | 인자 | 결과 |
|---|---|---|
| range(4) | stop | 0, 1, 2, 3 |
| range(6, 10) | start, stop | 6, 7, 8, 9 |
| range(10, 20, 2) | start, stop, step | 10, 12, 14, 16, 18 |

### 이름이 저장된 리스트 관리

다음 예제는 for 루프와 목록을 사용하여 이름 관리를 수행하는 코드이다. 사용자로부터 여러 개의 이름을 입력받아 이를 목록에 저장하고, 입력된 이름들을 문자순으로 정렬하여 출력한다. 리스트 자체의 메서드 sort()를 사용해 리스트 항목을 정렬한다.

**3-9 코딩** 03-09-nameforlist.py | **for 루프와 목록을 사용하여 이름 관리** 난이도 기본

```python
# 빈 목록 생성
name_list = []

# 사용자로부터 이름 입력받기
num_names = int(input("입력할 이름의 수를 입력하시오: "))

for i in range(num_names):
    name = input(f"{i+1}. 이름을 입력하시오: ")
    name_list.append(name)  # 이름을 목록에 추가

# 알파벳순으로 정렬
name_list.sort() # 리스트의 정렬

# 정렬된 이름 목록 출력
print("\n입력한 이름들(문자순):")
for name in name_list:
    print(f"{name}")
```

**결과**

```
입력할 이름의 수를 입력하시오: 3
1. 이름을 입력하시오: 김현호
2. 이름을 입력하시오: 조인정
3. 이름을 입력하시오: 나현빈

입력한 이름들(문자 순):
김현호
나현빈
조인정
```

## 3.3 횟수를 정하지 않은 반복에 적합한 while 반복

### 반복 구조가 간단한 while 반복

간결한 while문은 반복 제어 조건에 따라 반복을 수행한다. 다음은 while문으로, 명시적으로 반복 횟수를 지정하지 않고 조건 condition이 False가 될 때까지 반복을 수행하는 데 적합하다. 제어 조건이

False가 될 때까지 반복되는 경우에만 실행되는 else 블록은 생략 가능하다.

**while 반복문** while loop statements

```
while condition :
    statement(s)
[else :
    additional_statement(s)]
```

**condition** 반복 제어 조건으로 True이면 콜론 이후 반복 몸체를 실행한 후 다시 조건 검사를 반복하고, False이면 반복 몸체를 실행하지 않고 선택 사항인 else: 이후의 블록을 실행하고 반복을 종료

**statement(s):** 반복 몸체라는 모임(블록)으로 매 반복마다 한 번 실행되는 문장(들)이며, 콜론 이후의 모임(블록)이므로 들여쓰기가 필요한 여러 문장으로 구성

**else** 옵션으로 제어 조건이 False가 될 때까지 반복되는 경우에만 실행되는 블록 additional_statement(s)

반복 while문을 흐름도로 살펴보면 다음과 같다. 자바나 C 언어와 다른 else절이 특이하다.

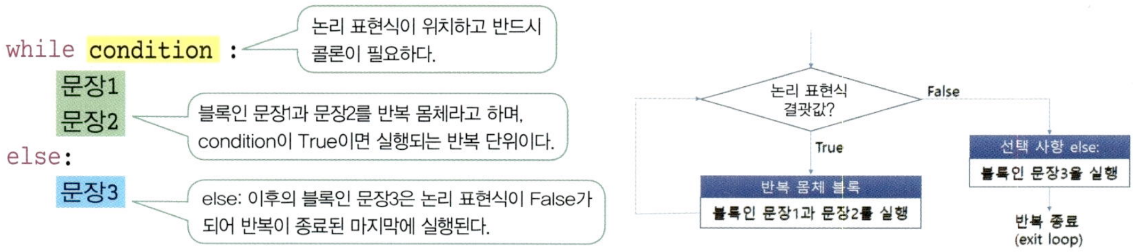


▲ **그림 5** while문과 실행 흐름

다음 while문은 반복 조건인 1 <= n이 True이면 변수 n을 출력하고 1 감소시킨다. 그러므로 n이 4, 3, 2, 1인 동안 n이 출력되고 n이 0이 되면 while의 조건이 False가 되어 else: 블록을 실행한다.

```
>>> n = 4
>>> while 1 <= n:
...     print(n, end = ' ')
...     n = n - 1
... else:
...     print(f'\nwhile 종료 후: 변수 n => {n}')
...
4 3 2 1
while 종료 후: 변수 n => 0
```

반복 조건 1 <= n이 False가 될 때는 n이 0인 되는 경우이다. 그러므로 else: 블록에서 0이 출력된다.

## while을 활용한 할 일 목록 관리

다음 예제는 사용자로부터 할 일 목록을 입력받고, 입력한 할 일 목록을 출력하는 간단한 할 일 관리 프로그램을 구현한 코드이다. while 루프를 사용하여 사용자가 원할 때까지 할 일을 입력하고, '3'을 입력

하면 프로그램이 종료된다. while 루프를 사용하여 사용자가 프로그램을 종료할 때까지 계속 작업을 수행할 수 있다.

**3-10 코딩** 03-10-todowhile.py | **while을 활용한 할 일 목록 관리** 난이도 응용

```python
# 할 일 목록을 저장할 빈 리스트 생성
todo_list = []
while True:
    print("할 일 목록을 관리하는 프로그램입니다.")
    print("1. 할 일 추가")
    print("2. 할 일 목록 보기")
    print("3. 프로그램 종료")

    choice = input("선택할 옵션을 입력하시오 (1/2/3): ")

    if choice == '1':
        task = input("추가할 할 일을 입력하시오: ")
        todo_list.append(task)  # 할 일을 리스트에 추가
        print(f"'{task}'를 할 일 목록에 추가했습니다.")

    elif choice == '2':
        print("\n 할 일 목록:")
        for task in todo_list:
            print(f"{task}")

    elif choice == '3':
        print("프로그램을 종료합니다.")
        break  # 반복문 종료

    else:
        print("올바른 옵션을 선택하시오.")

    print()  # 공백 줄을 추가하여 출력을 구분합니다.
```

**결과**

```
할 일 목록을 관리하는 프로그램입니다.
1. 할 일 추가
2. 할 일 목록 보기
3. 프로그램 종료
선택할 옵션을 입력하시오 (1/2/3): 1
추가할 할 일을 입력하시오: 아르바이트
'아르바이트'를 할 일 목록에 추가했습니다.

할 일 목록을 관리하는 프로그램입니다.
1. 할 일 추가
2. 할 일 목록 보기
3. 프로그램 종료
```

```
선택할 옵션을 입력하시오 (1/2/3): 1
추가할 할 일을 입력하시오: 과제 수행
'과제 수행'을 할 일 목록에 추가했습니다.

할 일 목록을 관리하는 프로그램입니다.
1. 할 일 추가
2. 할 일 목록 보기
3. 프로그램 종료
선택할 옵션을 입력하시오 (1/2/3): 2

할 일 목록:
아르바이트
과제 수행

할 일 목록을 관리하는 프로그램입니다.
1. 할 일 추가
2. 할 일 목록 보기
3. 프로그램 종료
선택할 옵션을 입력하시오 (1/2/3): 3
프로그램을 종료합니다.
```

## 3.4 반복 제어 break문과 continue문, 중첩된 반복

### 반복 제어 break문과 continue문

반복 while의 조건이 True라면 반복이 무한히 계속된다. 이를 '무한 반복(indefinite loop)'이라고 한다. for나 while 반복 내부에서 문장 break는 else: 블록을 실행하지 않고 반복을 무조건 종료한다. 즉, break문은 특정한 조건에서 즉시 반복을 종료할 경우에 사용된다. 또한 for문과 while문의 내부에서 continue문은 이후의 반복 몸체를 실행하지 않고 다음 반복을 진행한다.

**반복 내부 break문과 continue문** break continue and statements in inner loop

```
while condition :
    statement(s)
    …
        break
    statement(s)
    …
        continue
    statement(s)

[else :
    additional_statement(s)]

next_statements
```

```
for variable in iterable :
    statement(s)
    …
        break
    statement(s)
    …
        continue
    statement(s)

[else :
    additional_statement(s)]

next_statements
```

**while의 continue** 다음 반복을 위한 condition 검사로 이동해 다음 반복 계속 실행

**for의 continue** 다음 반복을 위한 iterable 항목을 variable에 저장해 다음 반복 계속 실행

**break** 반복문을 완전히 마치고 다음 문장 next_statements 실행

다음 코드는 구구단의 6단 중에 3까지의 곱만 표시되고 break에 의해 종료된다.

```
>>> i = 1
>>> while i <= 10:
...     print(f'6 * {i} = {6*i}')
...     if i == 3:
...         break
...     i = i + 1
...
6 * 1 = 6
6 * 2 = 12
6 * 3 = 18
```

다음 코드는 continue문을 사용해 단어 'python'에서 영어의 모음인 'aeiou'을 제외한 자음을 출력하는 코드이다. 즉, 영어 문자가 모음에 해당하는 조건 검사인 if s in 'aeiou'를 통과하면 continue가 실행되어 뒤의 print()가 실행되지 않는다.

```
>>> for s in 'python':
...     if s in 'aeiou':
...         continue
...     print(s, end = ' ')
...
```

```
... else:
        print()
...
p y t h n
```

다음은 반복 while문에서 break문으로 반복을 종료하는 예제이다. 이 코드는 사용자가 1부터 10까지의 숫자 중 짝수를 출력하고, 홀수를 무시하는 예제이다. 사용자가 입력한 숫자가 짝수인 경우에만 출력하고, 홀수인 경우에는 무시한다. 사용자가 '-1'을 입력하면 반복문을 종료한다. 사용자가 '-1'을 입력하기 전까지 계속 사용자의 입력을 받는다.

**3-11 코딩** 03-11-menubreak.py | **1을 입력하면 계속하고 0을 입력하면 반복 종료** 난이도 기본

```python
1   while True:
2       user_input = int(input("1~10 사이 정수 입력(-1 입력 시 종료) >> "))
3   
4       if user_input == -1:
5           print("프로그램을 종료합니다.")
6           break  # 반복문 종료
7   
8       if user_input < 1 or user_input > 10:
9           print("1부터 10까지의 숫자를 입력하시오.")
10          continue  # 현재 반복 중단 후 다음 반복 시작
11  
12      if user_input % 2 == 0:
13          print(f"{user_input}는 짝수입니다.")
14      else:
15          continue  # 홀수일 경우 현재 반복 중단 후 다음 반복 시작
```

**주의** 5줄은 첫 열부터 입력한다.

**결과**

```
1~10 사이 정수 입력(-1 입력 시 종료) >> 1
1~10 사이 정수 입력(-1 입력 시 종료) >> 2
2는 짝수입니다.
1~10 사이 정수 입력(-1 입력 시 종료) >> 4
4는 짝수입니다.
1~10 사이 정수 입력(-1 입력 시 종료) >> -1
프로그램을 종료합니다.
```

### 반복 for를 사용한 중첩문 구구단

먼저 구구단의 7단을 출력해 보자. 변수 i에 7을 저장한 후 1에서 9까지의 수를 반복하기 위해 반복 for에서 변수 j와 함수 range(1, 10) 객체를 사용한다.

```
>>> i = 7
>>> for j in range(1, 10):
...     print(f'{i} * {j} = {i*j} ', end=' ')
...
7 * 1 = 7  7 * 2 = 14  7 * 3 = 21  7 * 4 = 28  …(중략)…  7 * 7 = 49  7 * 8 = 56
7 * 9 = 63
```

이제 2단에서 9단까지 구구단 전체를 출력해 보자. 위의 변수 i가 7이면 7단을 출력하듯이 변수 i가 2에서 9까지 반복하도록 for와 range(2, 10)을 외부의 반복으로 사용한다. 변수 j의 반복을 내부에 그대로 사용하면 구구단이 완성된다.

**3-12 코딩** 03-12-multiplicationtable.py | **전형적인 구구단 출력** 난이도 응용

```
for i in range(2, 10):
    for j in range(1, 10):
        print(f'{i} * {j} = {i*j:2d}', end=' ')
    print()
```

**주의** 콜론과 들여쓰기를 잊지 말자.

**결과**

```
2 * 1 =  2 2 * 2 =  4 2 * 3 =  6 2 * 4 =  8 2 * 5 = 10 2 * 6 = 12 2 * 7 = 14 2 * 8 = 16 2 * 9 = 18
3 * 1 =  3 3 * 2 =  6 3 * 3 =  9 3 * 4 = 12 3 * 5 = 15 3 * 6 = 18 3 * 7 = 21 3 * 8 = 24 3 * 9 = 27
4 * 1 =  4 4 * 2 =  8 4 * 3 = 12 4 * 4 = 16 4 * 5 = 20 4 * 6 = 24 4 * 7 = 28 4 * 8 = 32 4 * 9 = 36
5 * 1 =  5 5 * 2 = 10 5 * 3 = 15 5 * 4 = 20 5 * 5 = 25 5 * 6 = 30 5 * 7 = 35 5 * 8 = 40 5 * 9 = 45
6 * 1 =  6 6 * 2 = 12 6 * 3 = 18 6 * 4 = 24 6 * 5 = 30 6 * 6 = 36 6 * 7 = 42 6 * 8 = 48 6 * 9 = 54
7 * 1 =  7 7 * 2 = 14 7 * 3 = 21 7 * 4 = 28 7 * 5 = 35 7 * 6 = 42 7 * 7 = 49 7 * 8 = 56 7 * 9 = 63
8 * 1 =  8 8 * 2 = 16 8 * 3 = 24 8 * 4 = 32 8 * 5 = 40 8 * 6 = 48 8 * 7 = 56 8 * 8 = 64 8 * 9 = 72
9 * 1 =  9 9 * 2 = 18 9 * 3 = 27 9 * 4 = 36 9 * 5 = 45 9 * 6 = 54 9 * 7 = 63 9 * 8 = 72 9 * 9 = 81
```

## 학습 내용 점검

**01** : 다음 함수 정의에서 오류를 찾아 수정하시오.

①

```
def greet():
    print(f'안녕, {name}!')
```

②

```
def greet(name)
    print(f'안녕, {name}!')
```

③

```
f_to_celsius(fahrenheit):
    celsius = (fahrenheit - 32) * 5/9
    return celsius
```

④

```
def c_to_fahrenheit[celsius]:
    fahrenheit = (celsius * 9/5) + 32
    return fahrenheit
```

**02** : 다음 함수 정의와 호출의 결과를 쓰시오.

①

```
def compute1(a, b):
    return a + b*2

print(compute1(3, 4))
```

②

```
def compute2(a, b):
    return a*2 + b/2

print(compute2(1+2, 4*2))
```

③

```
def convert1(a, b):
    return b + a

print(convert1('java', 'py'))
```

④

```
def convert2(a, b):
    return a*2 + b

print(convert2('py', 'java'))
```

## 03 : 다음 람다 함수 정의와 호출의 결과를 쓰시오.

①
```
print((lambda: 3 * 4)())
```

②
```
print((lambda x, y: divmod(x, y))(10, 3))
```

③
```
dfun1 = lambda s: str.upper(s)
print(dfun1('python'))
```

④
```
dfun2 = lambda x, y: x**y
print(dfun2(3, 4))
```

## 04 : 다음 if문에서 오류를 찾아 수정하시오.

①
```
if (4 < 10)
    print('4는 10보다 작다')
```

②
```
if ('p' <= 's'):
print('s는 p보다 크다')
```

③
```
x = 10
data = 'even' if x%2 == 0: else: 'odd'
```

④
```
a = 10
if a == 10 print(f'{a}는 10이다.')
else print(f'{a}는 10이 아니다.')
```

## 05 : 다음 반복문에서 오류를 찾아 수정하시오.

①
```
for i in 10:
    print(i)
```

②
```
for i in 3.4:
    print(i)
```

③
```
for i in true, false:
    print(i)
```

④
```
n = 10
while 0 < n:
n -= 1
print(n)
```

## 06 : 다음 반복문의 결과를 쓰시오.

①

```
for _ in range(1, 10, 3):
    print(_)
```

②

```
for _ in {2:2**3, 3:3**3, 4:4**3,}:
    print(_)
```

③

```
data = 0
while 10 > data:
    print(data)
    if data == 5:
        break
    data += 1
```

④

```
for _ in range(10):
    if _ % 3 == 1:
        continue
    print(_)
```

## 07 : 다음 내장 함수 호출 결과를 쓰시오.

① `print(abs(-3.4), abs(-10))`

② `print(max([10, 5, 12]), min(list(range(10, 0, -3))))`

③ `print(chr(ord('A')), ord(chr(97)))`

④ `print(any(['', '', 3]), all(list(range(3))))`

⑤ `print(list(range(1, 10, 4)), tuple(range(10, 14)))`

## 도전! 프로그래밍

**01** 기본 다음 조건을 참고하여 표준 입력으로 받은 정수 이하까지의 피보나치 수열을 출력하는 프로그램을 작성하시오.

- 피보나츠 수는 0, 1에서 시작해 이전 두 수의 합이 다음 수가 되는 수
- 0, 1, 1, 2, 3, 5, 8, ⋯.

```
피보나치 수열을 어디까지 출력할까요? 90
피보나치 수열(0부터 90 이하까지):
 [0, 1, 1, 2, 3, 5, 8, 13, 21, 34, 55, 89]
```

**02** 기본 다음 조건을 참고하여 표준 입력으로 받은 여러 연도의 윤년(leap year) 여부를 출력하는 프로그램을 작성하시오.

- 4로 나누어지고 100으로 나누어지지 않는 연도 또는 400으로 나누어지는 연도

```
윤년을 검사할 연도 공백 구분으로 여러 개 입력 >> 2000 2021 2022 2024
2000: 윤년
2021: 윤년 아님
2022: 윤년 아님
2024: 윤년
```

**03** 기본 다음 조건을 참고하여 표준 입력으로 각도(degree)를 입력받아 라디안(radians)으로 변환하는 람다 함수(lambda function)를 만들어 프로그램을 작성하시오.

- 라디안 = 각도 × (원주율 ÷ 180)
- 출력은 소수점 이하 2자리까지

```
변환할 각도(degree) 값 입력 >> 270
270.0도는 4.71 라디안입니다.
```

**04** : 기본

다음 조건을 참고하여 세 개의 단위 변환 함수를 정의해 리스트 my_functions에 저장하고, 사용자로부터 원하는 변환을 선택하고 값을 입력받아 해당 변환을 수행한 후 결과를 출력하는 프로그램을 작성하시오.

- 다음 세 함수를 구현해 리스트 my_functions에 저장

```
def celsius_to_fahrenheit(celsius):
    """섭씨 온도를 화씨 온도로 변환하는 함수"""
        …
def kilometers_to_miles(kilometers):
    """킬로미터를 마일로 변환하는 함수"""
        …

def pounds_to_kilograms(pounds):
    """파운드를 킬로그램으로 변환하는 함수"""
        …

my_functions = [celsius_to_fahrenheit, kilometers_to_miles, pounds_to_kilograms]
```

```
다음 중 원하는 변환을 선택하시오:
1. 섭씨를 화씨로 변환
2. 킬로미터를 마일로 변환
3. 파운드를 킬로그램으로 변환

번호를 입력하시오: 2
변환할 값을 입력하시오: 100
변환 결과: 62.14
```

**05** : 응용

다음 조건을 참고하여 표준 입력으로 한 달의 최대 일 수와 첫 날 1일의 시작 요일을 입력받아 그 달 한 달의 달력을 출력하는 프로그램을 작성하시오.

- 일반적으로 달력 표시는 일요일부터 시작하며 1일부터 말일까지 출력

```
한 달 최대 일수를 입력 >> 31
첫 날 1일의 시작 요일을 입력(0=일, 1=월, ... 6=토) >> 1

 일 월 화 수 목 금 토

     1  2  3  4  5  6
  7  8  9 10 11 12 13
 14 15 16 17 18 19 20
 21 22 23 24 25 26 27
 28 29 30 31
```

**06** 응용

**다음 조건을 참고하여 컴퓨터가 정한 당첨 번호와 로또 번호를 맞추는 프로그램을 작성하시오.**

- 먼저 로또의 1등 번호인 1에서 45까지의 6개 수를 정하기: 모듈 random의 sample(population, k)는 population에서 k개의 다른 수의 시퀀스를 반환하므로 random.sample(range(1, 46), 6) 사용
- 자신의 로또 번호를 위 방법으로 다시 정해 당첨 번호와 맞는지 확인
- 번호 출력은 오름차순으로 정렬

```
======== 모의로또 당첨 번호 =========
[1, 8, 12, 23, 40, 44]

---------- 내 번호 확인 -----------
7 X  9 X  20 X  21 X  36 X  44 O
1 개 맞음
```

**07** 응용

**다음 조건을 참고하여 컴퓨터가 정한 1에서 10 사이 하나의 정수인 정답을 사용하여 사용자가 맞추는 프로그램을 작성하시오.**

- 모듈 import의 함수 randint(a, b)는 정수 a에서 b 사이의 정수 하나를 반환
- 사용자가 정답을 맞출 때까지 입력한 수보다 '작은 수' 또는 '큰 수'라는 정보를 주도록 해 사용자가 다음에 정답을 맞히도록 유도

```
1에서 10 사이의 수를 맞추세요 >> 5
5보다 더 작은 수로 다시 입력 >> 3
3보다 더 큰 수로 다시 입력 >> 4
축하합니다. 4: 정답입니다.
************* 종료 *************
```

**08** 실전

**다음에서 설명하는 소수(prime number) 판별 방법을 함수 is_prime(number)로 구현하여 표준 입력으로 받은 정수까지 모든 소수를 출력하는 프로그램을 작성하시오.**

- 소수는 1과 자기 자신만을 약수로 가지는 수이므로 2부터 해당 정수의 제곱근까지의 모든 수로 나누어보고 하나라도 나누어떨어지면 소수가 아님.
- 수의 제곱근은 num ** 0.5로 구할 수 있음.

```
정수를 입력하시오 >> 20

2부터 20까지의 소수:
2 3 5 7 11 13 17 19
```

Chapter

# 04

# 문자열과 리스트

## 학습 목표

- 문자열의 다양한 메서드를 이해하고 활용할 수 있다.
- 항목을 관리하는 리스트와 튜플의 차이를 이해하고 활용할 수 있다.
- 시퀀스를 이해하고 첨자의 인덱싱을 활용할 수 있다.
- 시퀀스에서 슬라이싱과 다양한 연산자를 활용할 수 있다.

CONTENTS

SECTION

# 01 문자열

PYTHON

## 1.1 문자열 표현 방법과 관련 연산자

### 문자열 표현 방법

문자열(strings)은 수(number)와 함께 가장 많이 이용하는 자료형이다. 문자열은 '문자의 나열'이며 '텍스트 시퀀스(text sequence)'라고도 한다. 문자열의 자료형은 'class str'이다. 앞에서 배운 대로 문자열 상수(literals)는 작은따옴표나 큰따옴표를 동일하게 앞뒤로 둘러싸 표현한다.

```
>>> stmt1 = 'Explicit is better than implicit.'
>>> print(stmt1)
Explicit is better than implicit.
>>>
>>> stmt2 = "Simple is better than complex."
>>> print(stmt2)
Simple is better than complex.
```

만일, 작은따옴표나 큰따옴표 자체를 문자열 내부에 넣고 싶다면 문자열을 둘러싸는 따옴표를 반대로 하면 된다.

- 작은따옴표: '"큰" 따옴표 표현'처럼 문자열 내부에 큰따옴표 사용 가능
- 큰따옴표: "'작은' 따옴표 표현"처럼 문자열 내부에 작은따옴표 사용 가능

```
>>> stmt1 = '"Explicit" is better than implicit.'
>>> print(stmt1)
"Explicit" is better than implicit.
>>> stmt2 = "'Simple' is better than complex."
>>> print(stmt2)
'Simple' is better than complex.
```

여러 줄에 걸친 문자열은 삼중 따옴표를 동일하게 앞뒤로 둘러싸 표현한다.

```
>>> stmt3 = '''Flat is better than nested.
... Sparse is better than dense.'''
>>> print(stmt3)
Flat is better than nested.
```

```
Sparse is better than dense.
>>>
>>> stmt4 = """If the implementation is hard to explain, it's a bad idea.
... If the implementation is easy to explain, it may be a good idea."""
>>> print(stmt4)
If the implementation is hard to explain, it's a bad idea.
If the implementation is easy to explain, it may be a good idea.
```



## 1.2 문자열 관련 내장 함수와 이스케이프 시퀀스

### 문자열 관련 내장 함수 str( ), len( )

내장 함수 str(obj)는 인자 obj를 문자열로 변환하는 데 사용한다.

| **내장 함수** str() |
| --- |
| str( obj ) |
| obj의 문자열 표현을 반환 |

다음처럼 str()은 주로 문자열이 아닌 다른 자료형을 문자열로 변환할 때 사용한다.

```
>>> str(3.14)
'3.14'
>>> str(12 + 8)
'20'
```

특히, 다음처럼 숫자와 문자열을 연결할 때는 str(18)이 반드시 필요하다.

```
>>> print(str(18) + '학점')
18학점
>>> print(18 + '학점')
Traceback (most recent call last):
  File "<stdin>", line 1, in <module>
TypeError: unsupported operand type(s) for +: 'int' and 'str'
```

print(18 + '학점')은 오류가 발생하므로 이런 경우 str(18)이 반드시 필요하다.

내장 함수 len(문자열)은 문자의 총 수인 문자열의 길이(string length)를 반환한다.

```
>>> len('python')
6
```

### 문자 관련 내장 함수 chr( ), ord( )

컴퓨터에서 문자 자료를 표현하기 위해 각 문자를 숫자에 매핑하는 변환 방식이 사용된다. 파이썬은 '유니코드(unicode)'라는 변환 방식을 사용한다. 유니코드는 한글은 물론 전 세계의 모든 문자에 대한 숫자 코드를 제공하는 코드 체계이다.

파이썬은 문자와 문자열을 구분하지 않는다. 내장 함수 chr(문자)와 ord(문자)는 모두 문자를 인자로 사용한다. 내장 함수 ord(c)는 문자 c의 유니코드 값을 반환한다. 한글은 물론 화폐 기호에도 모두 대응 코드 번호가 있다.

```
>>> ord('A'), ord('a')
(65, 97)
>>> ord('가'), ord('힣')
(44032, 55203)
>>> ord('₩'), ord('€')
(8361, 8364)
```

위와 반대로 함수 chr(n)은 숫자 값 n에 해당하는 문자를 나타내는 문자열을 반환한다.

```
>>> chr(65), chr(97)
('A', 'a')
>>> chr(44032), chr(55203)
('가', '힣')
>>> chr(8361), chr(8364)
('₩', '€')
```

### 문자열에서 코드 값의 최대와 최소인 문자 min( ), max( )

내장 함수 min()과 max()는 인자의 최댓값과 최솟값을 반환하는 함수이다. 인자가 문자열 하나이면 문자열을 구성하는 문자에서 코드 값으로 최대와 최소인 문자를 반환한다.

```
>>> min('python'), max('python')
('h', 'y')
>>> min('1234'), max('1234')
('1', '4')
```

만일, 인자가 문자열이 두 개 이상이면 문자열 중에서 최대와 최소인 문자열을 반환한다.

```
>>> min('python', 'java')
'java'
>>> max('python', 'java')
'python'
```

물론 2개 이상의 숫자도 인자로 가능하며 최대와 최소 수를 반환한다.

```
>>> min(3, 96.4, 13)
3
>>> max(3, 96.4, 13)
96.4
```

### 이스케이프 시퀀스

이스케이프 시퀀스(escape sequence)는 프로그래밍 언어의 특성상 하나의 문자로 바로 표현할 수 없는 문자나 기능을 다양한 방법으로 표현해 주는 방법이다. 이스케이프 시퀀스를 '제어 시퀀스(control sequence)'라고도 한다.

다음은 이스케이프 시퀀스로 하나의 문자를 역슬래시(\)로 시작하는 조합으로 표현한 것이다.

▼ **표 1** 이스케이프 시퀀스

| 이스케이프 시퀀스 문자 | 설명 |
|---|---|
| \\ | 역슬래시 |
| \' | 작은따옴표 |
| \" | 큰따옴표 |
| \a | 벨소리(알람) |
| \b | 백스페이스(이전 문자 지우기) |
| \n | 새 줄 |
| \r | 보통 같은 줄에서 맨 앞으로 이동 |
| \f | 폼피드(form feed)<br>(예전에 프린터에서 다음 페이지 첫 줄로 이동 ) |
| \t | 수평 탭 |
| \v | 수직 탭 |

이스케이프 시퀀스는 다음처럼 하나의 문자로 사용된다.

```
>>> '\\' # backslash
'\\'
>>> '\'' # single-quote
"'"
>>> '\"' # double quote
'"'
```

이스케이프 시퀀스 문자는 문자열의 내부에도 사용할 수 있다. 작은따옴표로 둘러싸는 문자열 내부에서 작은따옴표를 쓰려면 \'를 사용한다. 이와 마찬가지로 큰따옴표로 표시하는 문자열 내부에서 큰따옴표를 쓰려면 \"로 사용한다.

```
>>> print('This is a single quote: \'')
This is a single quote: '
>>> print("This is a double quote: \"")
This is a double quote: "
```

다음은 문자열 내부에서 다양한 이스케이프 시퀀스를 사용한 코드이다.

```
>>> print("This is a backslash: \\")
This is a backslash: \
>>> print("Line 1\nLine 2")
Line 1
Line 2
>>> print("Tab\tSeparated")
Tab     Separated
>>> print("Hello\rWorld")
World
>>> print("Back\bSpace")
BacSpace
>>> print("FormFeed\fExample")
FormFeed
        Example
>>> print("Vertical\vTab")
Vertical
        Tab
```

\r은 줄 맨 앞으로 이동하는 문자이다.

유니코드 번호로 이스케이프 시퀀스 '\110'은 문자 H를 나타낸다. 문자 H의 코드 값 8진수가 110이다. 이와 마찬가지로 문자 H의 코드 값 16진수는 48, 이스케이프 시퀀스 '\x48'로 표현한다.

```
>>> print("\110\145\154\154\157")  # "Hello"를 출력합니다.
Hello
>>> print("\x48\x65\x6C\x6C\x6F")  # "Hello"를 출력합니다.
Hello
```

다음 표는 코드 번호와 이름으로 표현하는 이스케이프 시퀀스를 정리한 것이다.

▼ **표 2** 코드 번호와 이름으로 표현하는 이스케이프 시퀀스

| 이스케이프 시퀀스 문자 | 설명 |
|---|---|
| \uxxxx | 16비트 16진수 코드 |
| \Uxxxxxxxx | 32비트 16진수 코드 |
| \ooo | 8진수의 3자리 코드 문자 |
| \xhh | 16진수의 2자리 코드 문자 |
| \N{name} | 유니코드의 이름 |

다음은 유니코드 4자리와 8자리를 표현한 방법이다.

```
>>> print("\u2713")  # 체크 마크(✓) 출력
✓
>>> print("\U0001F600")  # 스마일 이모지(😀) 출력
😀
```

이름 DAGGER로 단검 모양의 문자를 표현할 수 있다.

```
>>> print('\N{DAGGER}')
†
```

다음 예제는 문자열과 문자의 다양한 작업을 수행하는 코드이다.

**4-1 코딩** 04-01-string.py **문자열 관련 처리** 난이도 기본

```
# 1. ASCII 코드를 사용하여 문자열을 생성
message = "Hello, Unicode!"

# 2. 문자열 출력
print(message)

# 3. 문자열의 길이 확인
length = len(message)
print(f"문자열 길이: {length} 문자")

# 4. 문자열의 첫 번째 문자 출력
first_char = message[0]
print(f"첫 번째 문자: {first_char}")

# 5. 문자 'A'의 유니 코드 값 출력
ascii_value = ord('R')
```

```python
print(f'\'R\'의 유니 코드 값: {ascii_value}')

# 6. 유니 코드 값 65를 문자로 변환
char_from_unicode = chr(100)
print(f"유니 코드 100을 문자로 변환: {char_from_unicode}")
```

결과

여러 들여쓰기에 유의해 코딩한다.

결과

```
Hello, Unicode!
문자열 길이: 15 문자
첫 번째 문자: H
'R'의 유니 코드 값: 82
유니 코드 100을 문자로 변환: d
```

## 1.3 문자열 메서드

### 메서드 개요

다음처럼 내장 함수 dir(str)로 문자열의 다양한 메서드를 알 수 있다.

```
>>> dir(str)
['__add__', '__class__', '__contains__', '__delattr__', '__dir__', '__doc__',
'__eq__', '__format__', '__ge__', '__getattribute__', '__getitem__', '__
getnewargs__', '__getstate__', '__gt__', '__hash__', '__init__', '__init_
subclass__', '__iter__', '__le__', '__len__', '__lt__', '__mod__', '__mul__',
'__ne__', '__new__', '__reduce__', '__reduce_ex__', '__repr__', '__rmod__',
'__rmul__', '__setattr__', '__sizeof__', '__str__', '__subclasshook__',
'capitalize', 'casefold', 'center', 'count', 'encode', 'endswith', 'expandtabs',
'find', 'format', 'format_map', 'index', 'isalnum', 'isalpha', 'isascii',
'isdecimal', 'isdigit', 'isidentifier', 'islower', 'isnumeric', 'isprintable',
'isspace', 'istitle', 'isupper', 'join', 'ljust', 'lower', 'lstrip', 'maketrans',
'partition', 'removeprefix', 'removesuffix', 'replace', 'rfind', 'rindex', 'rjust',
'rpartition', 'rsplit', 'rstrip', 'split', 'splitlines', 'startswith', 'strip',
'swapcase', 'title', 'translate', 'upper', 'zfill']
```

다음처럼 내장 함수 help(str.capitalize)로 문자열 메서드 capitalize()의 설명을 볼 수도 있다.

```
>>> help(str.capitalize)
Help on method_descriptor:

capitalize(self, /)
    Return a capitalized version of the string.
```

```
More specifically, make the first character have upper case and the rest lower
case.
```

메서드 capitalize()는 영어 문자열에서 첫 문자만 대문자, 나머지 문자는 모두 소문자로 변환된 문자열을 반환한다.

```
>>> 'python'.capitalize()
'Python'
>>> 'pyThon'.capitalize()
'Python'
```

문자열 str은 수정 불가능(immutable)한 자료형이며, 다음처럼 name 자체가 변환될 수 없을 경우, 단지 '변환된 문자열을 반환한다'는 것을 잊지 말자.

```
>>> name = 'john mackay'
>>> name.capitalize()
'John mackay'
>>> name
'john mackay'
```

TIP

**도와주세요~ 용어가 어려워요!**

**함수와 메서드**

함수(function)는 특정 작업을 수행하는 독립된 '코드 모임'이다. 함수 len()을 호출할 때 독립적으로 len('function')이라고 호출한다. 반면, 메서드(method)는 클래스에 포함되어 있는 함수를 말한다. 메서드 호출을 살펴보면 'object'.count('o') 처럼 str 객체 'object'에 점(.)을 붙인 후 메서드 count('0') 이름으로 호출한다. 즉, 함수는 독립적으로 직접 호출하지만, 메서드는 객체를 통해 호출한다.

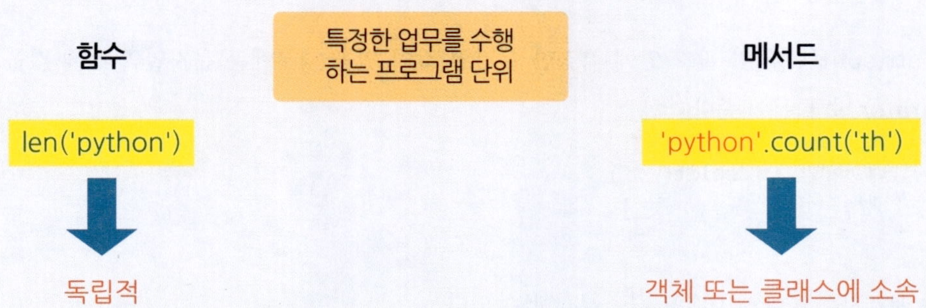


▲ **그림 1** 함수와 메서드

### 문자열을 여러 문자열로 나누는 split(), rsplit()

문자열 메서드 str.split()는 문자열 str에서 공백 문자(whitespace)라고도 하며 \\n \\r \\t \\f spaces[새 줄, return키, 탭, 폼 피드, 스페이스])를 기준으로 문자열을 나누어 준다. 인자 sep에는 구분자 문자열을 지정할 수 있다.

```
>>> help(str.split)
Help on method_descriptor:

split(self, /, sep=None, maxsplit=-1)
    Return a list of the substrings in the string, using sep as the separator
string.

      sep
        The separator used to split the string.
        When set to None (the default value), will split on any whitespace
        character (including \\n \\r \\t \\f and spaces) and will discard
        empty strings from the result.
      maxsplit
        Maximum number of splits (starting from the left).
        -1 (the default value) means no limit.

    Note, str.split() is mainly useful for data that has been intentionally
delimited.  With natural text that includes punctuation, consider using the
regular expression module.
```

다음처럼 메서드 split()의 결과는 나뉜 항목들의 리스트이다.

```
>>> '감 배 귤 밤 잣'.split()
['감', '배', '귤', '밤', '잣']
```

만일, str.split(',')처럼 괄호 안에 특정한 문자열 값이 있을 경우에는 문자열의 전체 값을 구분자(separator)로 나누어 준다.

```
>>> '감,배,귤,밤,잣'.split(',')
['감', '배', '귤', '밤', '잣']
```

다음은 분리자를 콤마와 공백인 ', '로 분리할 수 있다.

```
>>> '감, 배, 귤, 밤, 잣'.split(', ')
['감', '배', '귤', '밤', '잣']
```

인자 maxsplit으로 분리되는 최대 항목 수를 지정할 수 있다. maxsplit=2이면 2개를 분리하고 나머지는 하나의 항목으로 분리한다.

```
>>> '감 배 귤 밤 잣'.split(maxsplit=2)
['감', '배', '귤 밤 잣']
```

메서드 rsplit()은 분리 순서를 뒤에서부터 수행한다. 인자 maxsplit이 없으면 split()과 동일하다. 그러나 maxsplit이 지정되면 split()과 결과가 달라질 수 있다.

```
>>> '감 배 귤 밤 잣'.rsplit()
['감', '배', '귤', '밤', '잣']
>>> '감 배 귤 밤 잣'.rsplit(maxsplit=2)
['감 배 귤', '밤', '잣']
```

다음 split() 메서드의 사용 코드를 참고하면 표준 입력 input()에서 여러 값을 쉽게 입력받을 수 있다.

```
>>> m, n = '100 200'.split()
>>> m, n
('100', '200')
```

다음 코드는 사용자로부터 세 개의 실수를 입력받은 후 split() 함수를 사용하여 공백으로 구분하고 이를 실수로 변환하여 합계를 계산하는 예제이다.

**4-2 코딩** 04-02-inputsplit.py | **한 줄로 표준 입력한 세 실수 합** 난이도 기본

```
# 표준 입력으로 세 개의 실수 입력받기
input_str = input("세 개의 실수를 입력하시오 (공백으로 구분): ")
numbers = input_str.split()

# 다음 한 줄로도 가능
# numbers = input("세 개의 실수를 입력하시오 (공백으로 구분): ").split()

# 문자열을 실수로 변환하여 더하기
num1 = float(numbers[0])
num2 = float(numbers[1])
num3 = float(numbers[2])

# 합을 출력
result = num1 + num2 + num3
print(f"세 개의 실수의 합: {result:.2f}")
```

```
결과
세 개의 실수를 입력하시오(공백으로 구분): 1.2 24.567 3.4
세 개의 실수의 합: 29.17
```

### 문자와 문자 사이에 문자열 삽입 메서드 join( )

'문자열'.join(리스트)는 인자인 str 유형의 리스트 항목 사이에 '문자열'을 삽입한 결과를 반환하는 기능을 수행한다.

```
>>> '..'.join(['ab', 'pq', 'rs']) # 'ab..pq..rs'
'ab..pq..rs'
```

메서드 호출 '- >'.join('12345')은 문자열 '12345' 사이에 '- >'을 삽입한 문자열을 반환한다.

```
>>> num = '12345'
>>> '->'.join(num)
'1->2->3->4->5'
```

인자인 num의 문자열 중간에 '->'을 삽입한다. 이와 반대로 생각하면 안 된다.

### 문자열 바꾸어 반환하는 메서드 replace( )

메서드 '문자열'.replace(a, b)는 문자열에서 a가 나타나는 모든 부분을 b로 모두 바꾼 문자열을 반환한다. 다음 코드로 문자열의 해가 모두 물로 바뀐 문자열이 반환된다.

```
>>> s = '해 달 별 해 꿈 해'
>>> s.replace('해', '물')
'물 달 별 물 꿈 물'
```

메서드 replace(old, new, count)의 인자에서 문자열 old를 new로 대체하는데, 옵션인 count는 대체 횟수를 지정한다. 옵션인 count가 없는 상태에서 모두 바꾸고 싶다면 앞에서부터 지정한 횟수만큼 바꾼다.

```
>>> s = '파이썬 파이썬 파이썬'
>>> s.replace('파이썬', 'Python!')
'Python! Python! Python!'
>>> s.replace('파이썬', 'Python!', 1)
'Python! 파이썬 파이썬'
>>> s.replace('파이썬', 'Python!', 2)
'Python! Python! 파이썬'
```

### 제로(0)을 채워 넣는 zfill( ) 메서드

기존 문자열에서 인자로 지정한 전체 폭만큼 앞 빈 부분에 0을 채워 넣고 싶다면 메서드 zfill(폭)을 사용한다.

```
>>> '123'.zfill(5)
'00123'
>>> 'ABC'.zfill(5)
'00ABC'
>>> '-345'.zfill(8)
'-0000345'
>>> '+6789'.zfill(8)
'+0006789'
```

### 문자열에서 정보를 찾아내는 count( ), find( ), index( )

메서드 '전체 문자열'.count('부분 문자열') 호출로 전체 문자열에서 부분 문자열의 출현 횟수를 반환한다.

```
>>> str = '단순한 것이 복잡한 것보다 낫다.'
>>> str.count('복잡')
1
>>> str.count('것')
2
```

전체 문자열에서 부분 문자열 sub가 맨 처음 위치한 첨자(index, 각 문자를 0부터 시작한 값)를 반환받으려면 메서드 '전체 문자열'.find(sub) 또는 '전체 문자열'.index(sub)를 사용한다.

```
>>> pl = 'python java c++ kotlin swift'
>>> pl.find('python')
0
>>> pl.index('python')
0
>>> pl.find('java')
7
>>> pl.index('java')
7
```

메서드 find()를 찾는 문자열이 없다면 -1을 반환한다. 그러나 메서드 index()는 ValueError 오류를 발생시킨다.

```
>>> pl.find('go')
-1
```

```
>>> pl.index('go')
Traceback (most recent call last):
  File "<stdin>", line 1, in <module>
ValueError: substring not found
```

메서드 rfind()와 rindex()는 역순으로 부분 문자열을 찾아 첨자를 반환한다.

```
>>> 'python ipython'.rfind('on')
12
>>> 'python ipython'.rindex('py')
8
```

다음 예제는 표준 입력으로 주어진 문장에서 주어진 특정 단어의 개수를 세고, 해당 단어의 위치를 찾고, 입력된 단어 리스트를 문장으로 합치는 예제이다. 다음은 문자열 메서드 split(), count(), find(), join() 등을 활용한 코드이다.

**4-3 코딩** 04-03-stranalysis.py **표준 입력 문장 분석** 난이도 응용

```
# 텍스트 입력받기
text = input("텍스트를 입력하시오: ")
# 입력받은 텍스트 출력
print("입력한 텍스트:")
print(text)

# 단어 리스트 입력받기
words_input = input("단어 리스트를 입력하시오 (단어들을 공백으로 구분): ")
words_list = words_input.split()

# 단어 리스트 출력
print("단어 리스트:")
print(words_list)

# 입력한 단어 리스트의 개수 세기
for word in words_list:
    count = text.count(word)
    print(f"'{word}' 단어 개수: {count}개")

# 특정 단어 위치 찾기
search_word = input("찾고 싶은 단어를 입력하시오: ")
position = text.find(search_word)
if position != -1:
    print(f"'{search_word}' 단어의 위치: {position}번째 문자부터 시작")
else:
```

```
        print(f"'{search_word}' 단어를 찾을 수 없습니다.")

    # 단어를 공백으로 연결하여 문장으로 만들기
    new_sentence = ' '.join(words_list)
    # 새로운 문장 출력
    print("새로운 문장:")
    print(new_sentence)
```

결과

```
텍스트를 입력하시오: This will search for the separator in the string.  If
the separator is found, returns a 3-tuple containing the part before the
separator, the separator itself, and the part after it.
입력한 텍스트:
This will search for the separator in the string.  If the separator is found,
returns a 3-tuple containing the part before the separator, the separator
itself, and the part after it.
단어 리스트를 입력하시오 (단어들을 공백으로 구분): search separator the string
단어 리스트:
['search', 'separator', 'the', 'string']
'search' 단어 개수: 1개
'separator' 단어 개수: 4개
'the' 단어 개수: 7개
'string' 단어 개수: 1개
찾고 싶은 단어를 입력하시오: separator
'separator' 단어의 위치: 25번째 문자부터 시작
새로운 문장:
search separator the string
```

파란색이 표준 입력 부분이다.

## 1.4 다양한 문자열 변환 메서드

### 영문자 알파벳의 다양한 변환 메서드 upper(), lower(), swapcase(), casefold(), title()

메서드 upper()는 모두 대문자, lower()는 모두 소문자로 변환하여 반환한다. swapcase()는 소문자와 대문자를 서로 변환하여 반환한다

```
>>> 'python'.upper() # 모두 대문자로 변환하여 반환
'PYTHON'
>>> 'PYTHON'.lower() # 모두 소문자로 변환하여 반환
'python'
>>> 'PyThOn'.swapcase() # 소문자와 대문자를 서로 변환하여 반환
'pYtHoN'
```

메서드 casefold()는 lower()와 동일하게 모두 소문자로 변환하여 반환한다. 특히, 대소 문자의 구분 없이(caseless) 비교에 적합한 소문자 문자열 버전을 반환한다.

```
>>> 'PyThOn'.casefold() # 모두 소문자로 변환하여 반환
'python'
```

메서드 capitalize()는 문자열에서 첫 단어의 첫 문자를 대문자로 변환하여 반환하지만, title()은 단어마다 첫 문자를 대문자로 변환하여 반환한다.

```
>>> 'python lecture'.capitalize() # 첫 단어의 첫 문자를 대문자로 변환하여 반환
'Python lecture'
>>> 'python lecture'.title() # 단어마다 첫 문자를 대문자로 변환하여 반환
'Python Lecture'
```

### 폭을 지정하고 중앙에 문자열 배치 메서드 center( )

메서드 '중앙 문자열'.center(폭, 채울 문자)은 전체 문자열의 폭을 '30'으로 지정하고 중앙에 '중앙 문자열'을 배치하며 좌우의 나머지는 '채울 문자'로 채운 문자열을 반환한다. 두 번째 인자는 반드시 하나의 채울 문자를 선택해야 하며, 없으면 공백 문자로 채워진다.

```
>>> ' 파이썬 강좌 '.center(30, '*')
'*********** 파이썬 강좌 ***********'
>>> ' 파이썬 강좌 '.center(30)
'            파이썬 강좌            '
>>> ' 파이썬 강좌 '.center(30, '=')
'=========== 파이썬 강좌 ==========='
```

두 번째 인자는 반드시 한 문자여야 하며, 전체 폭을 첫 번째 인자로 지정한다.

### 폭을 지정하고 왼쪽 또는 오른쪽 정렬 배치 메서드 ljust( ), rjust( )

문자열의 폭을 지정한 후 왼쪽에 붙여 정렬하려면 ljust(폭), 오른쪽에 붙여 정렬하려면 rjust(폭)으로 호출한다. 빈 공간을 문자로 채우려면 두 번째 인자를 입력한다.

```
>>> 'python'.ljust(10)
'python    '
>>> 'python'.ljust(10, '*')
'python****'
>>> 'python'.rjust(10)
'    python'
>>> 'python'.rjust(10, '-')
'----python'
```

두 번째 인자는 반드시 한 문자여야 하며, 전체 폭을 첫 번째 인자로 지정한다.

### 문자열 앞뒤의 특정 문자들을 제거하는 strip( ), rstrip( ), lstrip( )

s.strip() 메서드는 문자열 s에서 맨 앞뒤의 공백 문자를 제거하여 반환하는 메서드이다. 왼쪽만 제거하려면 lstrip(), 오른쪽만 제거하려면 rstrip()을 사용한다.

```
>>> '  python  '.strip()
'python'
>>> '  python  '.lstrip()
'python  '
>>> '  python  '.rstrip()
'  python'
```

s.strip('문자들')은 문자열 str에서 맨 앞과 뒤에서 '문자들'에 속한 모든 문자를 제거하여 반환하는 메서드이다.

```
>>> '  ***python---  '.strip('* -')
'python'
```

다음 예제는 문자열 메서드 replace(), join(), count(), find(), center() 등을 활용한 코드이다.

**4-4 코딩** 04-04-strmethod.py | **문자열 메서드 center( ), lower( ), upper( ), strip( )** 난이도 기본

```
# 문자열을 가운데 정렬하여 출력하기
text = "Python"
centered_text = text.center(20, '-')
print(centered_text)

# 대문자를 소문자로 변환하기
text = "HELLO WORLD"
lowercase_text = text.lower()
print(lowercase_text)

# 문자열을 대문자로 변환하기
text = "hello world"
uppercase_text = text.upper()
print(uppercase_text)

# 문자열의 양쪽 공백 제거하기
text_with_spaces = "   Hello, World!   "
trimmed_text = text_with_spaces.strip()
print(trimmed_text)
```

결과

```
--------Python--------
hello world
HELLO WORLD
Hello, World!
```

TIP 좀 더 알아봅시다!

**True, False를 반환하는 문자열의 다양한 메서드**

다음 문자열 s의 메서드의 결과는 논리 값으로, 문자열의 내용을 점검하는 메서드이다. isidentifier()는 문자열을 변수나 함수 이름의 식별자로 사용할 수 있는지를 알 수 있는 메서드이다.

```
'python'.startswith('py')          True
'python'.endswith('on')            True

'fortran99'.isidentifier()         True
'99fortran'.isidentifier()         False

'Python'.islower()                 False
'PYTHON'.isupper()                 True
'PYTHON Lecture'.istitle()         False
'\t '.isspace()                    True

'kotlin'.isalpha()                 True
'35'.isdecimal()                   True
'345b'.isdigit()                   False
'34f'.isnumeric()                  False
'ANSI99C'.isalnum()                True

'\f'.isprintable()                 False
```

▼ **표 3** 문자열의 다양한 메서드

| 문자열 메서드 | 의미 |
|---|---|
| s.startswith(sub) | 문자열 s가 부분 문자열 sub로 시작하는지 검사 |
| s.endswith(sub) | 문자열 s가 부분 문자열 sub로 끝나는지 검사 |
| s.isidentifier() | 문자열 s가 식별자로 사용할 수 있는지 검사 |
| s.islower() | 문자열 s가 소문자인지 검사 |
| s.isupper() | 문자열 s가 대문자인지 검사 |

| s.istitle() | 문자열 s가 제목(단어의 첫문자가 대문자)인지 검사 |
|---|---|
| s.isspace() | 문자열 s가 모두 공백 문자(whiltspace)인지 검사 |
| s.isalpha() | 문자열 s가 알파벳인지 검사 |
| s.isdecimal() | 문자열 s가 모두 0~9의 십진수 숫자인지 검사 |
| s.isdigit() | 문자열 s가 10진수이거나 지수 숫자인지 검사 |
| s.isnumeric() | 문자열 s가 isdigit()이거나 분수인지 검사 |
| s.isalnum() | 문자열 s가 알파벳이거나 nemeric인지 검사 |
| s.isprintable() | 문자열 s를 출력할 수 있는지 검사 |

SECTION

# 02 리스트와 튜플

PYTHON

## 2.1 리스트

### 리스트 개요

파이썬의 리스트(list) 자료형은 기능이 강력해 널리 활용되는 자료 유형이다. 리스트는 '목록'이라고도 한다. 목록은 '항목의 모임(collections of items)'으로, 항목은 '순서가 있는 시퀀스(sequence)'이다. 항목은 '원소(elements)', '요소(items)'라고도 한다. 항목은 모든 유형의 객체(object)가 가능하다.

목록은 다음처럼 콤마로 구분된 항목을 대괄호로 묶어 사용한다. 또한 항목 순서는 의미가 있으며, 항목 값은 중복돼도 상관없다. 목록은 가변적(mutable)으로, 항목은 삭제될 수 있고 새로운 항목이 추가될 수도 있으며 다른 항목으로 대체될 수 있다.

| 목록 list 형태 |
|---|
| `[ item_0, item_1, item_2, …, item_n-1, item_n ]` ← 대괄호 내부의 항목 나열은 리스트이다. |
| item_i은 모든 유형의 객체가 가능 |

다음처럼 목록에는 모든 유형의 객체를 저장할 수 있다.

```
>>> data_list = [1, 2.4, 'py', [1, 2, 3], range(5)]
```

다음 변수 coffee처럼 목록 요소가 동일한 str 유형일 수 있으며, coffeeprice나 program_language처럼 항목이 다시 리스트나 튜플일 수 있다.

```
>>> coffee = ['에스프레소', '아메리카노', '카페라떼', '카페모카']
>>> coffeeprice = [['에스프레소', 2500], ['아메리카노', 2800], ['카페라떼', 3200]]
>>> program_lanugages = [('basic', 1964), ('java', 1995), ('python', 1991), ('c', 1972)]
```

### 리스트를 생성하는 내장 함수 list( )

목록을 생성할 수 있는 또 다른 방법은 내장 함수 list()를 사용하는 방법이다. 내장 함수 list()는 클래스 list의 생성자(constructor)이기도 하다. 생성자는 클래스로부터 객체를 처음 만들 때 호출하는 메서드를 말한다. 내장 함수 list() 구문은 다음과 같다.

**내장 함수 list(iterable)**

```
list( [iterable] )
```
인자 iterable은 생략할 수 있다.

- 인자 iterable은 반복 가능한 객체이면 가능
- 인자 iterable이 없이 list( )이면 빈 목록이 반환
- 인자 iterable로는 str, list, tuple, set, frozenset, dict, range 등이 가능

함수 list()는 인자 없이 호출할 수 있으며, 이 경우 빈 목록을 받게 된다.

```
>>> list()
[]
```

간단하게 [ ]로도 빈 목록을 만들 수 있다.

```
>>> []
[]
```

다음처럼 인자로 튜플과 range 객체를 사용할 수 있다.

```
>>> list((0, 1, 2, 3, 4))
[0, 1, 2, 3, 4]
>>> list(range(10))
[0, 1, 2, 3, 4, 5, 6, 7, 8, 9]
```

다음처럼 집합 인자로도 가능하다. 집합은 순서가 지정되지 않은 데이터 구조이므로 결과 목록에서 항목의 최종 순서를 예측할 수 없다는 점에 주의하자.

```
>>> list({"circle", "square", "triangle", "rectangle", "pentagon"})
['circle', 'square', 'pentagon', 'triangle', 'rectangle']
```

사전도 인자로 가능하다. 다만, 사전은 키:값 항목이 키 항목으로 저장된다는 점에 주의하자.

```
>>> list({"name": "John", "age": 30, "city": "New York"})
['name', 'age', 'city']
```

사전의 메서드 items()를 인자로 주면 (키, 값) 형태의 튜플 항목으로 저장될 수 있다.

```
>>> list({"name": "John", "age": 30, "city": "New York"}.items())
[('name', 'John'), ('age', 30), ('city', 'New York')]
```

다음처럼 인자가 문자열이면 모두 문자가 각 항목이 되는 목록이 반환된다.

```
>>> list("Pythonista")
['P', 'y', 't', 'h', 'o', 'n', 'i', 's', 't', 'a']
```

다음 예제는 내장 함수 list(인자)의 인자로 문자열, 튜플, 리스트, 집합을 사용한 코드이다.

**4-5 코딩** 04-05-funclist.py | **내장 함수 list()로 목록 생성** 난이도 기본

```python
text = 'Python'
# convert string to list
text_list = list(text)
print(text_list)

# empty list
print(list())

# vowel string
vowel_string = 'aeiou'
print(list(vowel_string))
# vowel tuple
vowel_tuple = ('a', 'e', 'i', 'o', 'u')
print(list(vowel_tuple))
# vowel list
vowel_list = ['a', 'e', 'i', 'o', 'u']
print(list(vowel_list))

# vowel set
vowel_set = {'a', 'e', 'i', 'o', 'u'}
print(list(vowel_set))
# vowel dictionary
vowel_dictionary = {'a': 1, 'e': 2, 'i': 3, 'o':4, 'u':5}
print(list(vowel_dictionary))
```

결과

```
['P', 'y', 't', 'h', 'o', 'n']
[]
['a', 'e', 'i', 'o', 'u']
['a', 'e', 'i', 'o', 'u']
['a', 'e', 'i', 'o', 'u']
['o', 'u', 'e', 'a', 'i']
['a', 'e', 'i', 'o', 'u']
```

## 2.2 리스트 항목 추가 연산자

### 항목 삽입, 추가하는 insert( ), append( )

목록은 항목을 추가하거나 삭제할 수 있다. 메서드 insert(index, item)는 첨자 위치 index를 지정해 index 바로 앞에 항목 obj를 삽입한다.

| list_obj.insert( index, item ) |
|---|
| 목록 list_obj의 첨자 index 앞에 항목 obj를 삽입 |

다음처럼 빈 목록을 만들어 'apple'을 추가하고, 다시 'banana'를 삽입할 수 있다.

```
>>> fruits = []
>>> fruits.insert(0, "apple")
>>> fruits.insert(1, "banana")
>>> fruits
['apple', 'banana']
```

다음은 기존 목록의 첨자 2 앞에 'JavaScript'를 삽입하는 코드이다.

```
>>> languages = ["Python", "Java", "C++", "Go"]
>>> languages.insert(2, 'JavaScript')
>>> languages
['Python', 'Java', 'JavaScript', 'C++', 'Go']
```

메서드 append( )는 무조건 맨 마지막에 인자 항목을 추가한다.

```
>>> languages.append('Kotlin')
>>> languages
['Python', 'Java', 'JavaScript', 'C++', 'Go', 'Kotlin']
```

### 이터러블을 추가하는 extend( )

메서드 extend(iterable)는 iterable의 객체로 목록을 확장한다. 인자 iterable은 반드시 반복 가능한 객체여야 한다.

| list_obj.extend(iterable) |
|---|
| • 목록 list_obj에 iterable을 맨 뒤에 추가한 결과를 반환<br>• 인자 iterable은 반드시 시퀀스나 모임인, 반복 가능한 객체만 가능 |

다음은 튜플 ('laptop', 'tablet')로 확장한 예이다. 메서드 extend()는 연산자 +=처럼 동작한다.

```
>>> devices = ['phone']
>>> devices.extend(('laptop', 'tablet'))
>>> devices
['phone', 'laptop', 'tablet']
```

다음처럼 인자로 반복 가능한 객체 range(3)도 가능하다.

```
>>> devices.extend(range(3))
>>> devices
['phone', 'laptop', 'tablet', 0, 1, 2]
```

그러나 단순히 정수 100은 반복이 불가능하므로 TypeError 오류가 발생한다.

```
>>> devices.extend(100)
Traceback (most recent call last):
  File "<stdin>", line 1, in <module>
TypeError: 'int' object is not iterable
```

## 2.3 리스트 항목 삭제 연산자

### 리스트를 생성하는 remove( )

메서드 remove(obj)는 목록에서 객체 obj를 제거한다.

```
list_obj.remove( obj )
```

- 목록 list_obj에서 obj를 제거
- 인자 obj가 없으면 예외가 발생

다음으로 목록 fruits에서 'orange'가 제거된다.

```
>>> fruits = ["orange", "kiwi", "grape"]
>>> fruits.remove('orange')
>>> fruits
['kiwi', 'grape']
```

목록에 항목 'cherry'가 없으면 예외 ValueError가 발생한다.

```
>>> fruits.remove('cherry')
Traceback (most recent call last):
  File "<stdin>", line 1, in <module>
ValueError: list.remove(x): x not in list
```

### 리스트 항목을 삭제하는 pop()

메서드 pop(index)는 첨자 index의 항목을 제거하고 반환한다. 첨자 index가 없으면 첨자가 -1인 가장 마지막 항목이 제거된다.

```
list_obj.pop( index = -1 )
```

- 목록 list_obj에서 index에 지정한 첨자 위치의 항목을 삭제하고 그 항목을 반환
- 인자 index를 지정하지 않으면 기본값은 -1로 마지막 항목이 삭제

인자 없이 메서드 pop() 호출은 마지막 항목을 삭제하고 반환한다.

```
>>> languages = ["Python", "Java", "C++", "Go"]
>>> languages.pop()
'Go'
>>> languages
['Python', 'Java', 'C++']
```

pop()는 마지막 항목을 삭제한다.

인자를 지정하면 해당 첨자의 항목이 삭제된다.

```
>>> languages.pop(1)
'Java'
>>> languages
['Python', 'C++']
```

### 객체를 삭제하는 문장 del

del문은 뒤에 위치한 변수나 항목을 삭제한다. 코드 del ai[1]로 리스트의 두 번째 항목이 삭제된다.

```
>>> ai = ['chatgpt', 'bard', 'clovax']
>>> del ai[1]
>>> ai
['chatgpt', 'clovax']
```

문장 del ai는 아예 변수 ai 자체를 메모리에서 제거한다. 삭제 이후 ai를 참조하면 오류가 발생하므로 주의하자.

```
>>> del ai
>>> ai
Traceback (most recent call last):
  File "<stdin>", line 1, in <module>
NameError: name 'ai' is not defined
```

다음 예제는 리스트를 생성한 후 remove(), pop(), insert(), extend() 함수를 사용하여 리스트를 관리하는 코드이다. 간단히 할일 목록을 만들어 제거, 추가, 삽입 등으로 관리하고 수정하는 일상생활 시나리오를 시뮬레이션한다.

**4-6 코딩** 04-06-todolist.py **할 일 목록 관리** 난이도 기본

```python
# 1. 할 일 목록을 리스트로 생성
todo_list = ["공부하기", "운동하기", "식사하기", "독서하기"]

# 2. 할 일 목록 출력
print("할 일 목록:")
for task in todo_list:
    print(task)

# 3. '식사하기' 항목 제거
todo_list.remove("식사하기")

# 4. '운동하기' 항목 팝(인덱스 1의 항목)
popped_task = todo_list.pop(1)

# 5. '쇼핑하기' 항목을 리스트의 끝에 추가
todo_list.append("쇼핑하기")

# 6. '공부하기' 항목을 리스트의 첫 번째 위치에 삽입
todo_list.insert(0, "코딩하기")

# 7. 새로운 할일 목록 확장
new_tasks = ["영화 보기", "친구 만나기"]
todo_list.extend(new_tasks)

# 8. 수정된 할 일 목록 출력
print("\n 수정된 할 일 목록:")
for task in todo_list:
    print(task)

# 9. 할 일 목록의 길이 확인
task_count = len(todo_list)
print(f"\n 할 일 목록의 길이: {task_count}개")
```

결과

```
할 일 목록:
공부하기
운동하기
식사하기
독서하기

수정된 할 일 목록:
코딩하기
공부하기
독서하기
쇼핑하기
영화 보기
친구 만나기

할 일 목록의 길이: 6개
```

## 2.4 튜플

### 항목의 나열로 수정할 수 없는 튜플

튜플도 목록이나 문자열과 같은 시퀀스이다. 튜플은 리스트와 달리 항목의 순서나 항목 추가, 삭제가 불가능하다. 튜플도 모두 콤마로 구분된 항목들의 목록으로 표현되며, 각 항목은 정수, 실수, 문자열, 리스트, 튜플 등의 제한이 없다.

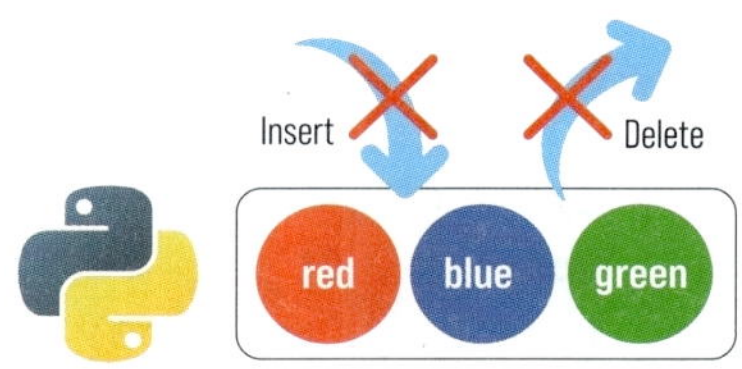


튜플은 수정할 수 없어요!

| 튜플 tuple 형태 |
|---|
| `(item_0, item_1, item_2, …, item_n-1, item_n)` ← 괄호 내부의 항목 나열은 '튜플'이다. |
| • item_i은 모든 유형의 객체가 가능하며 항목이 하나라도 콤마 필요 |
| `item_0, item_1, item_2, …, item_n-1, item_n` |
| • 괄호는 생략 가능하며 항목이 하나라도 콤마 필요 |

튜플은 수정할 수 없으므로 다음처럼 정해진 나열을 사용하면 편리하다.

```
>>> season = ('봄', '여름', '가을', '겨울')
>>> season
('봄', '여름', '가을', '겨울')
```

튜플에서는 괄호를 생략할 수 있다. 항목이 하나인 튜플은 1,처럼 반드시 콤마가 필요하다. 튜플의 자료형 이름은 클래스 tuple이다.

```
>>> t = 1,      # 항목이 1 하나인 튜플을 나타낸다.
>>> t
(1,)
>>> type(t)
<class 'tuple'>
```

다음처럼 항목은 하나인데 콤마가 없다면 단순히 그 항목의 자료형인 int가 된다. (1)처럼 괄호를 넣어도 int형이다. 반드시 콤마가 필요하다.

```
>>> a = 1
>>> type(a)
<class 'int'>
>>> b = (1)     # 여기서 괄호는 단순히 표현식의 연산자 우선순위를 정의하는 데 사용되는 괄호이다.
>>> type(b)
<class 'int'>
```

다음은 괄호와 콤마를 사용한 튜플이다.

```
>>> tp1 = (1,)    # (1,)에서 콤마 이후에 공백을 추가하지 않는 것을 권장한다.
>>> tp2 = (1, 2)
>>> type(tp1), type(tp2)
(<class 'tuple'>, <class 'tuple'>)
```

### 튜플 생성하는 내장 함수 tuple( )

내장 함수 tuple()은 자료 유형 클래스인 튜플의 생성자이기도 한다. 인자는 반복 가능한 객체이거나 생략할 수 있다.

| 튜플 생성자 tuple() |
|---|
| `tuple(itearable)` — 자료형 int, float, bool 등은 올 수 없다. |
| • iterable이 없으면 빈 튜플을 생성<br>• iterable이 튜플이면 같은 튜플을 생성 |

빈 튜플 생성은 빈 인자의 함수 호출 tuple()로 가능하다.

```
>>> empty1 = tuple()
```

```
>>> empty1
()
```

빈 튜플을 나타낸다.

빈 튜플은 간단히 빈 괄호로도 가능하다.

```
>>> empty2 = ()
>>> empty2
()
```

다음은 내장 함수 tuple(iterable)에서 다양한 iterable을 인자로 생성한 튜플이다.

```
>>> tuple('python')
('p', 'y', 't', 'h', 'o', 'n')
>>> tuple(range(5))
(0, 1, 2, 3, 4)
>>> tuple(['bar', 'bars', 'foo'])
('bar', 'bars', 'foo')
```

### 튜플을 사용하는 이유

튜플은 항목을 추가하거나 삭제할 수 없다는 것을 제외하면 리스트와 매우 비슷하다. 리스트 대신 튜플을 사용하는 이유는 무엇일까?

- 동등한 목록보다 튜플을 조작하면 프로그램을 더 빠르게 실행할 수 있다.
- 튜플은 목록의 추가나 삭제를 원하지 않는 경우에 유용하다. 튜플을 사용하면 실수로 수정되는 것을 방지할 수 있다.
- 사전(dict)의 키(key)로 항목의 나열을 원할 때 튜플을 사용할 수 있다. 사전의 키는 수정할 수 없는 객체가 지원하므로 리스트를 사용할 수 없기 때문이다.

### 튜플 패킹과 언패킹

다음처럼 여러 항목을 갖는 튜플을 단일 객체에 할당할 수 있다. 마치 튜플의 항목이 객체에 '포장(패킹된, packed)'된 것과 같다. 이를 '패킹'이라고 한다.

```
>>> day = ('월', '화', '수')
```

이후에 '패킹된' 객체는 다음처럼 튜플 항목 수와 같은 여러 변수에 나누어 대입할 수 있다. 이를 '언패킹(unpacked, 압축 해제)'이라고 한다.

```
>>> a, b, c = day
```

```
>>> a, b, c
('월', '화', '수')
>>> a
'월'
```

변수 a, b, c에 각각 문자열 '월' '화' '수'가 저장된다.

언패킹 시 왼쪽의 변수 개수는 튜플의 항목 개수와 일치해야 한다. 일치하지 않으면 오류가 발생한다. 물론, 왼쪽 변수가 한 개이면 동일한 튜플 유형이 되어 가능하다.

```
>>> a, b = day
Traceback (most recent call last):
  File "<stdin>", line 1, in <module>
ValueError: too many values to unpack (expected 2)
```

### 수정 불가능한 튜플

튜플은 수정 불가능하다. 다음처럼 리스트와 문자열을 갖는 튜플 t를 생성해 내장 함수 id(t)로 주소를 알아보자.

```
>>> t = [2, 3], 'python'
>>> t, type(t), id(t)
(([2, 3], 'python'), <class 'tuple'>, 1936281457792)
```

다음처럼 위 튜플 t에서 첫 항목인 리스트를 다른 리스트로 대입할 수 없다. 튜플은 수정할 수 없기 때문이다.

```
>>> t[0] = [2, 3, 3.10]
Traceback (most recent call last):
  File "<stdin>", line 1, in <module>
TypeError: 'tuple' object does not support item assignment
```

다음처럼 튜플 항목 자체인 리스트에서 리스트 메서드 append()로 수정하는 것은 가능하다. 즉, 항목 자체가 변화되는 것은 가능하다. 튜플은 수정 불가능한 객체이므로 변수 t 자체가 위 주소와 계속 같은 메모리 주소를 갖는다는 것을 알 수 있다.

```
>>> t[0].append(3.10)
>>> t, type(t), id(t)
(([2, 3, 3.1], 'python'), <class 'tuple'>, 1936281457792)
```

다음 예제는 색상 목록을 관리하고 항목을 추가하고 정렬하는 등 여러 가지 작업을 수행하는 코드이다. 튜플은 기존 튜플에 추가나 삭제할 없지만, 연산자 +=을 사용하면 새로운 튜플을 추가로 대입할 수 있다.

또한 내장 함수 sorted(tuple)는 인자인 tuple을 정렬한 리스트를 반환한다.

**4-7 코딩** 04-07-tuplecolor.py | **색상 튜플 관리** **난이도** 기본

```
# 1. 목록을 튜플로 저장
color = ('green', 'blue', 'indigo', 'violet')

# 2. 튜플에서 원소 접근
print("색상 목록:")
for friend in color:
    print(friend, end = ' ')

# 3. 튜플에서 원소 추가(새로운 친구 추가)
new_color = "orange"
color += (new_color,)

# 4. 친구 목록 다시 출력
print("\n 색상 목록(새로운 색상 포함):")
for c in color:
    print(c, end = ' ')

# 5. 튜플의 길이 확인
num = len(color)
print(f"\n 색상 수: {num}개")

# 6. 튜플을 정렬하여 알파벳순으로 출력
sorted_color = sorted(color)
print("\n 알파벳순으로 정렬된 색상 목록:")
for c in sorted_color:
    print(c, end = ' ')
```

**결과**

```
색상 목록:
green blue indigo violet
색상 목록(새로운 색상 포함):
green blue indigo violet orange
색상 수: 5개

알파벳순으로 정렬된 색상 목록:
blue green indigo orange violet
```

SECTION 03

# 첨자와 슬라이싱

## 3.1 시퀀스 자료

### 시퀀스 개요

시퀀스는 위치에 따라 정렬된 항목 모음이다. 자료 유형 str, list, tuple, range, bytearray, bytes 등이 시퀀스이다. 시퀀스에서 항목은 순서가 있으며 첨자로 그 위치를 지정할 수 있다.

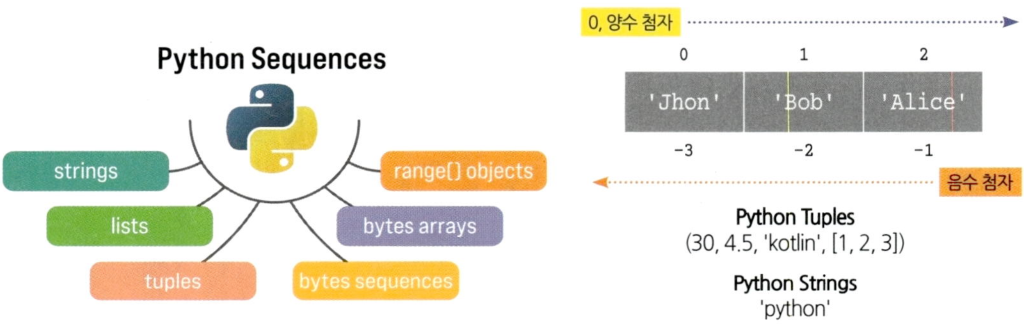


▲ **그림 2** 파이썬의 다양한 시퀀스

시퀀스와 달리 항목의 순서가 없는 항목 모음도 있다. 자료 유형 set, frozenset, dict 등은 항목의 순서가 없는 항목 모음이다. 이러한 set, frozenset, dict 등은 정수인 첨자로 항목을 참조할 수 없다.

다음 표는 항목의 순서가 있는 시퀀스와 항목 순서가 없는 것으로 나눈 후 이를 다시 수정 가능(mutable)한 객체와 구분 수정 불가능한(immutable) 객체로 나눈 것이다.

| | 순서가 있는 항목 시퀀스 | 순서가 없는 항목 모음 |
|---|---|---|
| 수정 가능<br>(mutable) | list<br>bytearray | set<br>dict |
| 수정 불가능<br>(immutable) | str<br>tuple<br>bytes | frozenset |

▲ **그림 1** 시퀀스의 분류

### 시퀀스 bates와 bytearray

바이트(bytes)는 8비트인 바이트의 연속 모음 자료형이다. 바이트는 다음 코드처럼 내장 함수 bytes()로 생성한다.

```
>>> bytes(5) # 정해진 길이만큼 0으로 채워진 바이트 객체를 생성
b'\x00\x00\x00\x00\x00'
>>> bytes([0, 0, 0, 0, 0]) # 리스트 항목으로 채워진 바이트 객체를 생성
b'\x00\x00\x00\x00\x00'
```

b'python'처럼 문자열 앞에 b를 붙이면 바이트(bytes) 객체가 된다.

```
>>> bytes(b'python') # 지정한 문자열의 문자로 채워진 바이트 객체를 생성
b'python'
```

바이트는 시퀀스로 첨자 참조가 가능하다.

```
>>> b = bytes(b'python')
>>> b[1]
1121
>>> ord('y')
1121
```

그러나 바이트는 수정할 수 없다.

```
>>> b[0] = ord('P')
Traceback (most recent call last):
  File "<stdin>", line 1, in <module>
TypeError: 'bytes' object does not support item assignment
```

수정하고 싶은 바이트를 만들려면 자료형 바이트 배열(bytearray)을 사용하자. 바이트 배열은 내장 함수 bytearray()로 생성한다.

```
>>> ba = bytearray(b'python')
>>> ba
bytearray(b'python')
```

바이트 배열도 첨자로 각 항목을 참조할 수 있다.

```
>>> ba[0]
112
```

문자 'p'의 코드 번호이다.

다음처럼 수정할 수도 있다. 첫 문자 p가 대문자 P로 수정된 것을 볼 수 있다.

```
>>> ba[0] = ord('P')
>>> ba
bytearray(b'Python')
```

다음 예제는 문자열을 바이트로 변환하고, 바이트를 문자열로 다시 변환하며, 바이트 데이터를 조작하는 방법을 보여 주고 있는 코드이다.

다음 코드는 문자열 "Hello, World!"를 바이트 형태로 변환하는 문장이다. bytes() 함수를 사용하여 문자열을 바이트로 변환하며, 'utf-8' 인코딩을 사용하여 유니코드 문자열을 인코딩한다.

```
binary_data = bytes(text, 'utf-8')
```

다음 코드는 바이트 데이터를 다시 문자열로 변환하는 방법을 보여 준다. decode() 메서드를 사용하여 바이트 데이터를 문자열로 디코딩하고, 디코딩된 문자열은 decoded_text 변수에 저장해 출력한다.

```
decoded_text = binary_data.decode('utf-8')
```

**4-8 코딩** 04-08-bytes.py | **바이트 단위로 문자 처리 bytes, bytearray** 난이도 기본

```
# 1. 문자열을 bytes로 변환
text = "Hello, World!"
# binary_data = bytes(text) # 오류 발생
binary_data = bytes(text, 'utf-8')
print(binary_data)

# 2. bytes를 문자열로 다시 변환
decoded_text = binary_data.decode('utf-8')
print(decoded_text)

# 3. 바이트 데이터 조작
data = bytearray(b'\x00\x0F\xF0\xFF')
data[2] = 0xAA
print(data)

# 4. 바이트 데이터 조작
prime_numbers = [2, 3, 5, 7]
byte_array = bytearray(prime_numbers)
print(byte_array)
```

해당 바이트 배열의 세 번째 요소(인덱스 2)를 0xAA로 변경한다.

**결과**

```
b'Hello, World!'
Hello, World!
bytearray(b'\x00\x0f\xaa\xff')
bytearray(b'\x02\x03\x05\x07')
```

## 3.2 첨자 참조

### 시퀀스에서 정수 첨자로 시퀀스 항목 참조

시퀀스는 첨자를 사용하여 구성 항목 하나하나를 참조할 수 있다. 다음 구문처럼 0부터 시작되는 정수인 첨자를 대괄호 안에 기술하여 참조가 가능하다. 이러한 참조 방법을 '인덱싱(indexing)'이라고 한다.

```
sequence_obj[ index ]
```

- 시퀀스 객체 sequence_obj에서 첨자가 index인 항목을 반환
- 첨자는 첫 요소가 0부터 시작하며, 순차적으로 1씩 증가
- 역순으로 마지막 요소의 첨자는 –1부터 시작하며, 반대로 1씩 감소
- 첨자의 범위는 0에서 [len(시퀀스)–1]까지 가능
- 음수로 –1에서 [–len(시퀀스)]까지 가능
- 첨자가 유효 범위를 벗어나면 indexError가 발생

시퀀스에서 첨자와 해당 항목을 살펴보면 다음 그림과 같다.

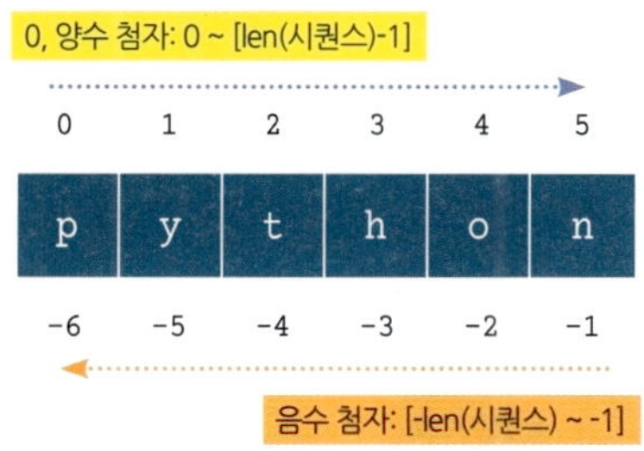


▲ **그림 3** 시퀀스의 항목과 첨자

다음 코드는 시퀀스인 문자열 'python'이 저장된 변수 p로 인덱싱을 한 예이다. 문자열에서 인덱싱의 결과는 각각의 항목인 문자이다.

```
>>> p = 'python'
>>> p[0]
'p'
>>> p[5]
'n'
>>> p[-6]
'p'
>>> p[-1]
'n'
```

다음은 시퀀스인 목록 season으로 인덱싱을 한 예이다. 목록에서 인덱싱의 결과는 각각의 항목이 된다. 그러므로 다음 코드에서는 각 계절의 문자열이 결과이다.

```
>>> season = ['봄', '여름', '가을', '겨울']
>>> season[0]
'봄'
>>> season[3]
'겨울'
>>> season[-4]
'봄'
>>> season[-1]
'겨울'
```

시퀀스인 튜플도 인덱싱이 가능하다.

```
>>> goods = ('볼펜', '만년필', '연필')
>>> goods[1]
'만년필'
```

시퀀스가 아닌 집합과 사전은 첨자로 인덱싱하는 것이 불가능하다.

```
>>> drinks = {'우유', '콜라', '사이다'}
>>> drinks[1]
Traceback (most recent call last):
  File "<stdin>", line 1, in <module>
TypeError: 'set' object is not subscriptable
```

### 수정 가능한 시퀀스에서 첨자로 항목 수정

시퀀스 중에서 수정 가능한 객체인 목록은 첨자를 사용하여 항목을 수정할 수 있다.

다음처럼 대입 연산자 왼쪽에 인덱싱 season[1], 오른쪽에 수정할 항목인 'summer'를 사용하면 두 번째 항목이 수정된다.

```
>>> # 수정 가능 객체
>>> season = ['봄', '여름', '가을', '겨울']
>>> season[1] = 'summer'
>>> season
['봄', 'summer', '가을', '겨울']
```

수정 불가능한 객체인 문자열이나 튜플은 다음처럼 수정할 수 없다.

```
>>> # 수정 불가능한 객체
>>> p = 'python'
>>> p[0] = 'p'
Traceback (most recent call last):
  File "<stdin>", line 1, in <module>
TypeError: 'str' object does not support item assignment
>>> goods = ('볼펜', '만년필')
>>> goods[1] = '연필'
Traceback (most recent call last):
  File "<stdin>", line 1, in <module>
TypeError: 'tuple' object does not support item assignment
```

### 시퀀스에서 가능한 count( ), index( )

문자열에서 보았듯이 seq.count(obj)는 시퀀스 seq에서 객체 obj의 출현 횟수를 반환한다. seq.index(obj)는 시퀀스 seq에서 obj의 위치 첨자를 반환한다.

다음처럼 시퀀스인 리스트와 튜플 등에서 count()와 index()를 사용할 수 있다.

```
>>> cities = ["New York", "Los Angeles", "Chicago", "New York"]
>>> cities.count('New York')
2
>>> cities.index('Los Angeles')
1
>>> seasons = ("봄", "여름", "가을", "겨울", "겨울")
>>> seasons.count('겨울')
2
>>> seasons.index('가을')
2
```

다음 코딩은 시퀀스인 리스트와 튜플, 문자열에서 메서드 index()와 count()를 활용한 예제이다.

**4-9 코딩** 04-09-indexcount.py | **시퀀스에서 메서드 index(), count() 활용** 난이도 기본

```
# 1. 리스트 생성
fruits = ["apple", "banana", "cherry", "apple", "date", "cherry",
"elderberry"]
# 2. 리스트에서 특정 요소의 인덱스 찾기
index = fruits.index("cherry")
print(f"Index of 'cherry': {index}")
# 3. 리스트에서 특정 요소의 개수 세기
count = fruits.count("apple")
print(f"Count of 'apple': {count}")
```

```

    # 4. 튜플 생성
    colors = ("red", "green", "blue", "red", "yellow", "green", "purple")
    # 5. 튜플에서 특정 요소의 인덱스 찾기
    index = colors.index("green")
    print(f"Index of 'green': {index}")
    # 6. 튜플에서 특정 요소의 개수 세기
    count = colors.count("red")
    print(f"Count of 'red': {count}")

    # 7. 문자열 생성
    sentence = "Python is a versatile programming language."
    # 8. 문자열에서 특정 문자의 인덱스 찾기
    index = sentence.index("Python")
    print(f"Index of 'Python': {index}")
    # 9. 문자열에서 특정 문자의 개수 세기
    count = sentence.count("a")
    print(f"Count of 'a': {count}")
```

결과

```
Index of 'cherry': 2
Count of 'apple': 2
Index of 'green': 1
Count of 'red': 2
Index of 'Python': 0
Count of 'a': 5
```

## 3.3 슬라이싱 참조

### 첨자를 사용한 시퀀스 슬라이싱

다음 구문을 사용하는 슬라이싱(slicing) 작업을 통해 주어진 시퀀스에서 부분 시퀀스를 추출하는 작업을 수행한다. 치즈를 얇게 썬 치즈를 '슬라이스 치즈'라고 하듯이 시퀀스에서 잘라 일부분을 참조한다고 생각하자. 정수 첨자로는 음수, 0, 양수를 사용할 수 있다.

| **슬라이싱** slicing |
|---|
| `sequence_obj[start:]` |
| • 첨자 start에서 시작해 마지막 항목까지의 시퀀스를 반환 |

| `sequence_obj[:stop]` |
| --- |
| • 첨자 0에서 시작해 stop 이전 항목인 stop−1 첨자까지의 시퀀스를 반환 |
| `sequence_obj[start:stop]` |
| • 첨자 start에서 시작해 stop 이전 항목인 stop−1 첨자까지의 시퀀스를 반환 |
| `sequence_obj[start:stop:step]` |
| • start: 시퀀스에서 슬라이스를 시작하는 첨자 위치<br>• stop: 시퀀스에서 슬라이스를 종료하는 첨자 다음 정수<br>• step: 다음 첨자를 지정하기 위한 증가(양수 값) 또는 감소(음수 값) 정수로, 이웃한 이전 정수와의 간격이며, 옵션 인자로 없으면 1<br>• step이 양수이면 start는 stop보다 왼쪽에 위치한 첨자여야 하며, 반대로 step이 음수이면 start는 stop보다 오른쪽에 위치한 첨자여야 함<br>• 인자로 부분 시퀀스를 구성할 수 없다면 오류 없이 빈 시퀀스가 반환 |

시퀀스 슬라이싱도 range(start, stop)의 stop 인자처럼 마지막이 stop 이전 항목까지이다. 다른 방법인 경계선 방식으로는 시퀀스 각 항목의 경계선 사이를 0부터 순차적인 정수로 생각해서 start에서 stop까지라고 이해해도 좋다. 시퀀스 슬라이싱의 결과는 부분 시퀀스라는 점에 유의하자.

시퀀스 슬라이싱에서 인자 [start:stop] 유형은 시퀀스의 start 첨자에서 stop−1 첨자까지의 시퀀스를 반환한다. 다음은 문자열의 예이다.

```
>>> 'python'[1:5]
'ytho'
>>> 'python'[2:4]
'th'
>>> 'python'[0:3]
'pyt'
>>> 'python'[0:6]
'python'
>>> 'python'[0:len('python')]
'python'
```

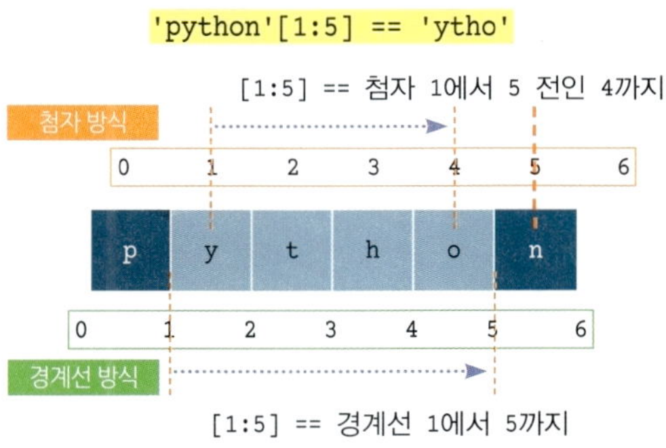


▲ **그림 4** 0과 양수를 이용한 슬라이싱

다음은 목록의 슬라이싱 예이다. 목록 슬라이싱 결과의 유형은 원 유형인 목록이 된다.

```
>>> season = ['월', '화', '수', '목']
>>> season[1:2]
['화']        항목이 '화' 하나인 리스트가 결과이다.
>>> season[2:4]
['수', '목']
```

다음은 튜플의 슬라이싱 예이다. 튜플의 슬라이싱 결과의 유형도 원 유형인 튜플이 된다.

```
>>> season = ('봄', '여름', '가을', '겨울')
>>> season[1:3]
('여름', '가을')
>>> season[2:4]
('가을', '겨울')
```

### 음수를 이용한 슬라이싱

슬라이스에서는 음수도 사용할 수 있다. 양수와 마찬가지로 숫자를 문자열에서 각 문자의 경계선이라고 생각해 start에서 end까지라고 생각해도 좋다.

```
>>> 'python'[-5:-1]
'ytho'
>>> 'python'[-4:-1]
'tho'
>>> 'python'[-6:-3]
'pyt'
>>> 'python'[-6:-1]
'pytho'
>>> 'python'[-len('python'):-1]
'pytho'
```

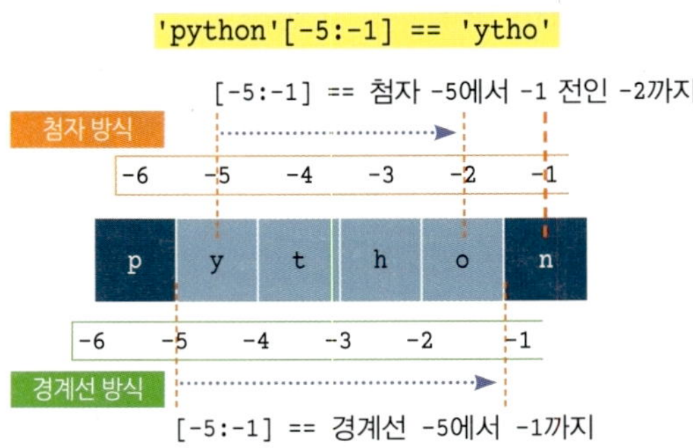

▲ 그림 5 음수를 이용한 슬라이싱

슬라이싱의 인자는 0과 양수, 음수를 혼합해 슬라이싱에 사용할 수 있다.

```
>>> 'python'[1:-1]
'ytho'
>>> 'python'[0:-2]
'pyth'
>>> 'python'[2:-2]
'th'
>>> 'python'[-5:5]
'ytho'
>>> 'python'[-6:4]
'pyth'
>>> 'python'[-4:6]
'thon'
```

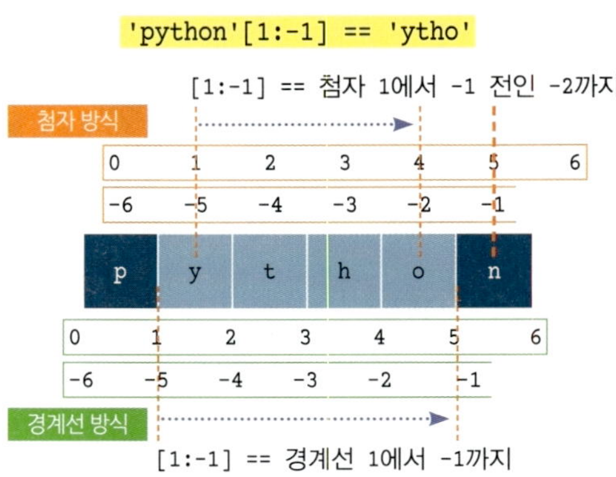

▲ 그림 6 음수 0, 양수를 사용한 슬라이싱

시퀀스 슬라이싱에서 start와 stop으로 구성할 수 있는 부분 시퀀스가 없다면 아무것도 없는 빈 시퀀스를 반환한다. 다음은 첨자로 구성되는 문자열이 없어 빈 문자열이 반환되는 예이다.

```
>>> 'python'[-3:-6]
''
```

```
>>> 'python'[5:-1]
''
>>> 'python'[-3:0]
''
```

### start와 stop을 생략하면 각각 '처음부터'와 '끝까지'를 의미

콜론이 하나이면 슬라이싱에서 start와 stop을 비울 수 있으며, 비어 있다면 각각 '처음부터'와 '끝까지'를 의미한다.

```
>>> 'python'[:5]
'pytho'
>>> 'python'[:-1]
'pytho'
>>> 'python'[1:]
'ython'
>>> 'python'[-5:]
'ython'
```

start가 없고, step이 없으면, start는 무조건 처음부터이다.

stop이 없고, step이 없으면, stop은 무조건 마지막까지이다.

슬라이싱에서 인자 없이 콜론만 있으면 시퀀스 전체를 반환한다.

```
>>> 'python'[:]
'python'
>>> ('봄', '여름', '가을', '겨울')[:]
('봄', '여름', '가을', '겨울')
```

### 인자 step으로 항목 사이의 간격을 조정

시퀀스 슬라이싱에서 항목 사이의 간격을 step으로 지정해 조절할 수 있다. 마지막 인자 step이 2이면 하나씩 건너뛴 부분 슬라이싱이 반환된다. 걸을 때의 보폭을 step이라 생각하면 이해하기 쉽다.

```
>>> 'python'[::2]
'pto'
>>> 'python'[1::2]
'yhn'
>>> 'python'[1:5:2]
'yh'
>>> 'python'[1:5:3]
'yo'
```

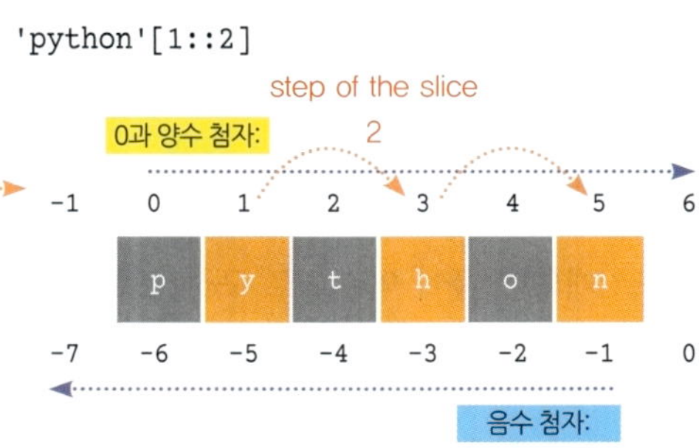


▲ **그림 7** 간격 step을 사용한 슬라이싱

step은 생략하면 1로, seq[:] == seq[::] == seq[::1]은 모두 전체 시퀀스를 반환한다.

```
>>> 'python'[:]
'python'
>>> 'python'[::]
'python'
>>> 'python'[::1]
'python'
```

### step이 음수이면 시퀀스의 반대 방향

마지막 인자인 step이 양수이면 첫 인자 start는 두 번째 stop보다 왼쪽에 위치하고 있는 첨자여야 한다. 이와 반대로 간격 step이 음수이면 start는 stop보다 오른쪽에 위치하고 있는 첨자여야 한다.

```
>>> 'python'[5:0:-1]
'nohty'
>>> 'python'[-1:-7:-2]
'nhy'
>>> 'python'[-1:-7:-1]
'nohtyp'
```

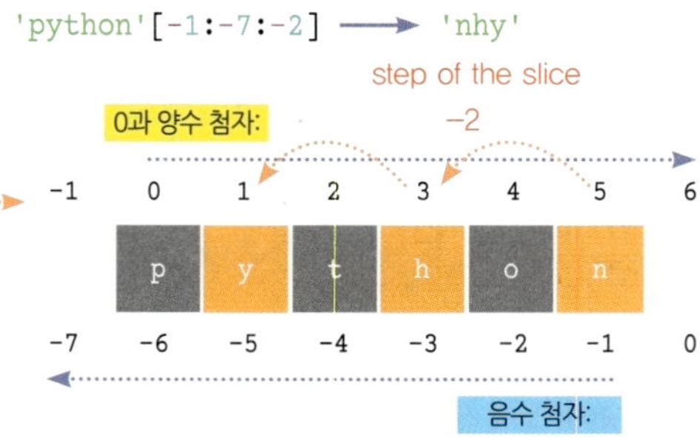


▲ **그림 8** 시퀀스의 반대 방향으로 시퀀스 구성

시퀀스 전체에서 step이 –1인 seq[:: –1]은 시퀀스 전체를 역순으로 구성된 시퀀스를 반환한다. 다음은 문자열의 예이다.

```
>>> 'python'[::-1]   # 역순의 문자열을 반환
'nohtyp'
```

다음은 목록 전체를 역순으로 반환하는 코드이다.

```
>>> job = ["Software Engineer", "Web Developer", "Data Analyst"]
>>> job[::-1]
['Data Analyst', 'Web Developer', 'Software Engineer']
```

다음도 3개의 이름이 역순으로 구성된 목록이 반환된다.

```
>>> name = ["John", "Bob", "Alice"]
>>> name[::-1]
['Alice', 'Bob', 'John']
```

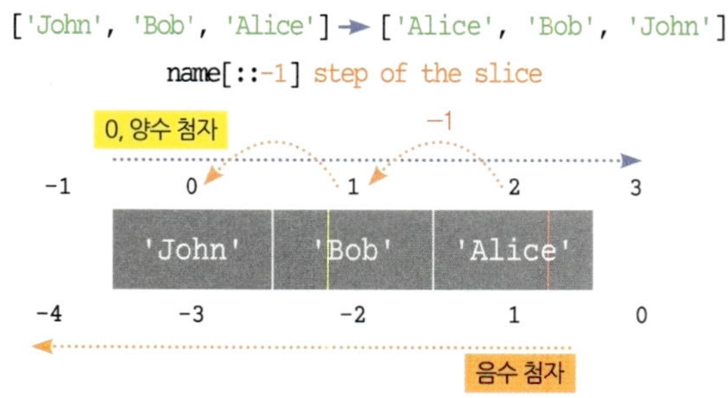


▲ **그림 9** 리스트의 역순을 위한 슬라이싱

name[:: - 1]의 첫 번째 항목이 'Alice'이므로 name[:: - 1][0][:: - 1]은 'Alice'의 역순인 'ecilA'를 반환한다.

```
>>> name[::-1][0]
'Alice'
>>> name[::-1][0][::-1]
'ecilA'
```



### 리스트의 슬라이스로 리스트의 일부분을 수정

슬라이싱도 첨자와 마찬가지로 대입 연산자의 왼쪽과 오른쪽에 사용될 수 있다. 다만, 대입 연산자의 왼쪽에 사용될 경우, 그 슬라이싱 부분을 수정하는 문장이 된다.

다음 코드로 첨자 0, 1, 2에 해당하는 축구와 비슷한 항목 '풋살', '족구', '비치사커'가 '축구'로 대체된다. 리스트의 일부분이므로 리스트 형식인 ['축구']로 대입해야 한다. 즉, 리스트의 일부분이 대입한 리스트로 대체된다.

```
>>> sports = ['풋살', '족구', '비치사커', '야구', '농구', '배구']
>>> sports[0:3] = ['축구']
>>> print(sports)
['축구', '야구', '농구', '배구']
```

다음처럼 '축구'로 대입하면 원하는 결과가 나오지 않는다. 즉, '축구'를 리스트로 만들어 대입하므로 결과는 리스트의 항목으로 '축', '구'가 대입된다. 문자열은 자동으로 문자로 구성되는 리스트가 된다. 리스트의 일부분을 대체해야 하므로 리스트가 필요한 것이다. 주의가 필요하다.

```
>>> sports = ['풋살', '족구', '비치사커', '야구', '농구', '배구']
>>> sports[0:3] = '축구'
>>> print(sports)
['축', '구', '야구', '농구', '배구']
```

항목이 정수인 사례를 생각해 보자. 리스트 t[1:3]에 [30, 40]의 대입은 전혀 문제가 없다.

```
>>> t = [1, 2, 3, 4, 5, 6]
>>> t[1:3] = [30, 40]
>>> t
[1, 30, 40, 4, 5, 6]
```

그러나 t[1:3]에 항목인 '30'을 대입하면 오류가 발생한다. 주의해야 한다.

```
>>> t[1:3] = 30
Traceback (most recent call last):
  File "<stdin>", line 1, in <module>
TypeError: can only assign an iterable
```

이와 반대로, 인덱싱 참조로 항목 sports[5]에 리스트인 ['핸드볼']을 대입하면 배구 항목이 리스트 ['핸드볼']로 대체되므로 주의하자.

```
>>> sports = ['풋살', '족구', '비치사커', '야구', '농구', '배구']
>>> sports[5] = ['핸드볼']
>>> print(sports)
['풋살', '족구', '비치사커', '야구', '농구', ['핸드볼']]
```

원하는 것이 '핸드볼'이라면 그대로 '핸드볼'을 대입해야 한다.

```
>>> sports = ['풋살', '족구', '비치사커', '야구', '농구', '배구']
>>> sports[5] = '핸드볼'
>>> print(sports)
['풋살', '족구', '비치사커', '야구', '농구', '핸드볼']
```

#### 리스트 슬라이스에 슬라이스 대입

리스트의 슬라이스에 동일한 리스트의 슬라이스를 대입해도 아무런 문제가 없다. 물론, 이런 일이 많지는 않다.

```
           첨자  0       1        2         3      4      5
>>> sports = ['풋살', '족구', '비치사커', '야구', '농구', '배구']
>>> sports[1:3] = sports[4:6]
>>> print(sports)
['풋살', '농구', '배구', '야구', '농구', '배구']
```

'족구', '비치사커'가 '농구', '배구'로 대체된다.

물론 다른 리스트의 슬라이스를 대입해도 된다.

```
>>> sports = ['풋살', '족구', '비치사커', '야구', '농구', '배구']
>>> others = ['축구', '미식축구', '골프']
>>> sports[1:4] = others[:2]
>>> print(sports)
['풋살', '축구', '미식축구', '농구', '배구']
```

다음 예제는 문자열, 튜플, 리스트의 슬라이싱을 사용하여 데이터를 참조하고 수정하는 코드이다. 이러한 슬라이싱은 다양한 일상적인 상황에서 데이터 조작 및 가공에 활용될 수 있다.

4-10 코딩 04-10-seqslicing.py | 시퀀스의 슬라이싱 난이도 기본

```python
# 1. 문자열 생성
text = "Python is a versatile programming language."
# 2. 문자열 슬라이싱을 사용하여 부분 문자열 참조
substring = text[7:18]
print("Substring:", substring)
# 3. 부분 문자열 변경
modified_text = text[:7] + "was " + text[10:]
print("Modified text:", modified_text)

# 4. 튜플 생성
colors = ("red", "green", "blue", "yellow", "purple")
# 5. 튜플 슬라이싱을 사용하여 일부 요소 참조
selected_colors = colors[1:4]
print("Selected colors:", selected_colors)

# 6. 리스트 생성
numbers = [1, 2, 3, 4, 5, 6, 7, 8, 9]
# 7. 리스트 슬라이싱을 사용하여 일부 요소 참조
subset = numbers[2:7]
print("Subset of numbers:", subset)
# 8. 리스트 슬라이싱을 사용하여 요소 대입
numbers[3:6] = [11, 12, 13]
print("Updated numbers:", numbers)

# 9. 문자열 슬라이싱을 사용하여 역순 출력
reverse_text = text[::-1]
print("Reversed text:", reverse_text)
# 10. 리스트 슬라이싱과 반복을 사용하여 요소 복제
duplicated_numbers = numbers[:3] * 2
print("Duplicated numbers:", duplicated_numbers)
```

결과

```
Substring: is a versat
Modified text: Python was a versatile programming language.
Selected colors: ('green', 'blue', 'yellow')
Subset of numbers: [3, 4, 5, 6, 7]
Updated numbers: [1, 2, 3, 11, 12, 13, 7, 8, 9]
Reversed text: .egaugnal gnimmargorp elitasrev a si nohtyP
Duplicated numbers: [1, 2, 3, 1, 2, 3]
```

## 3.4 시퀀스 연산자 +와 *, 소속 연산자 in

### 연결 연산자 +와 반복 연산자 *

수식 연산식에서 자주 사용하는 +와 *는 시퀀스 연산식에도 사용할 수 있다.

다음처럼 연산자 +는 문자열을 연결해 결합된 새로운 문자열을 반환한다. 연산식 'java' + "python"에서 +를 '연산자(operator)', 변수나 리터럴인 'java'나 "python"을 '피연산자(operand)'라고 한다.

```
>>> 'java' + "python"
'javapython'
```

연산자 +는 리스트와 리스트를 합친 리스트를 반환한다.

```
>>> colors = ["red", "orange"]
>>> others = ["yellow", "green"]
>>> colors + others
['red', 'orange', 'yellow', 'green']
```

시퀀스인 튜플에서도 연결 연산자 +를 사용할 수 있다.

```
>>> season1 = ('봄', '여름')
>>> season2 = ('가을', '겨울')
>>> season1 + season2
('봄', '여름', '가을', '겨울')
```

연산자 *은 피연산자 정수 n을 사용해 시퀀스를 n번 반복한 시퀀스를 반환한다. 정수 n은 시퀀스의 앞뒤에 위치할 수 있다.

다음은 문자열에 사용한 연산자 *이다.

```
>>> 'py' * 3
'pypypy'
>>> 4 * "ja"
'jajajaja'
```

0이나 음수를 사용해도 오류는 발생하지 않고 빈 문자열을 반환한다.

```
>>> 'python' * 0
''
>>> 'java' * -1
''
```

다음은 리스트에 사용한 연산자 *이다.

```
>>> colors = ["blue", "purple"] * 2
>>> colors
['blue', 'purple', 'blue', 'purple']
```

튜플에서도 반복 연산자 *은 사용할 수 있다.

```
>>> season4 = ('봄', '여름') * 2
>>> season4
('봄', '여름', '봄', '여름')
```

### 연결 대입 연산자 +=

다음처럼 연산자 +=로는 기존 리스트 colors에 연산자 우측 리스트 ["violet"]을 합친 리스트를 반환해 다시 colors에 저장한다.

```
>>> colors = ["blue", "indigo"]
>>> id(colors)
1936281589952
>>> colors += ["violet"]
>>> colors
['blue', 'indigo', 'violet']
>>> id(colors)
1936281589952
```

수정 가능한 자료형 리스트는 수정 전후의 주소 값이 같다.

다음처럼 연산자 +=로 기존 문자열에 추가된 새로운 문자열을 변수에 저장할 수 있다. 다만, 수정 불가능한 문자열은 이전 s와 새로 대입된 s의 주소 값이 다르다는 것을 알 수 있다.

```
>>> s = 'py'
>>> id(s)
140709189531232
>>> s += 'thon'
>>> s
'python'
>>> id(s)
1936281947632
```

수정 불가능한 자료형 문자열은 수정 전후의 주소 값이 다르다.

다음처럼 연산자 +=로는 기존 튜플 season3에 연산자 우측 튜플('가을', '겨울')을 합친 튜플을 반환해 다시 season3에 저장한다. 그러나 이전의 season3과 season3의 메모리 주소는 다르다. 튜플은 수정 불가능한 객체이므로 새로운 튜플을 만들어 저장하기 때문이다.

```
>>> season3 = ('봄', '여름')
>>> id(season3)
2781537242944
>>> season3 += ('가을', '겨울')
>>> season3
('봄', '여름', '가을', '겨울')
>>> id(season3)
2781537708976
```

수정 불가능한 자료형 튜플은 수정 전후의 주소 값이 다르다.

다음 예제는 슬라이싱 연산자 +=, +, *를 활용하여 다양한 데이터 조작 및 가공을 수행하는 코드이다. 이러한 연산은 다양한 일상적인 상황에서 데이터를 조작하고 가공하는 데 활용될 수 있다.

**4-11 코딩** 04-11-seqoperator.py **슬라이싱에 사용되는 연산자 *, +=, + 활용** 난이도 기본

```python
# 1. 문자열 생성
sentence = "Python is a versatile programming language."
# 2. 문자열 슬라이싱을 사용하여 부분 문자열 참조
substring = sentence[7:18]
print("Substring:", substring)
# 3. 부분 문자열에 다른 문자열 추가
substring += " powerful"
print("Modified substring:", substring)

# 4. 문자열 연결
greeting = "Hello, "
name = "Alice"
message = greeting + name
print("Greeting message:", message)

# 5. 문자열 복제
stars = "*" * 10
print("Stars:", stars)

# 6. 리스트 생성
numbers = [1, 2, 3, 4, 5]
# 7. 부분 리스트에 다른 리스트 추가
subset = numbers[2:4]
subset += [6, 7]
print("Modified subset:", subset)
# 8. 리스트 연결
extended_numbers = numbers + [8, 9]
print("Extended numbers:", extended_numbers)
# 9. 리스트 반복
duplicated_numbers = numbers[:3] * 2
```

```
    print("Duplicated numbers:", duplicated_numbers)
    # 10. 리스트 슬라이싱을 사용하여 요소 대입
    numbers[3:5] = [10, 11]
    print("Updated numbers:", numbers)
```

결과

```
Substring: is a versat
Modified substring: is a versat powerful
Greeting message: Hello, Alice
Stars: **********
Modified subset: [3, 4, 6, 7]
Extended numbers: [1, 2, 3, 4, 5, 8, 9]
Duplicated numbers: [1, 2, 3, 1, 2, 3]
Updated numbers: [1, 2, 3, 10, 11]
```

### 소속 여부 멤버십 연산자 in

파이썬의 키워드이기도한 in은 소속 여부를 가리는 멤버십(membership) 연산자이다. 연산자 in은 첫 번째 피연산자 value가 두 번째 피연산자 collection 내부에 포함되어 있으면 True를 반환하고 그렇지 않으면 False를 반환한다. 피연산자 collection은 문자열, 리스트, 튜플, 사전, 집합, range 등이 가능하다.

| **멤버십 연산자** in |
|---|
| value [not] in collection |
| • in: value가 모음인 collection의 내부에 있으면 True, 없으면 False 반환<br>• not in: value가 모음인 collection 내부에 없으면 True, 있으면 False 반환 |

다음에서 문자열 'Flat is better than nested.'의 내부에 'Flat'이 있으므로 True를 반환한다. 'simple'은 없으므로 False를 반환한다.

```
>>> 'Flat' in 'Flat is better than nested.'
True
>>> 'simple' in 'Flat is better than nested.'
False
```

연산자 in은 리스트와 튜플에서도 사용할 수 있다.

```
>>> '봄' in ('봄', '여름', '가을', '겨울')
True
```

```
>>> 'may' in ['may', 'september', 'august']
True
```

다음은 range()에서 사용된 in의 사례이다.

```
>>> 1 in range(5)
True
>>> 0 in range(1, 5)
False
```

다음처럼 연산자 in은 사전에서 키의 소속 연산자이다.

```
>>> d = {10: '십', 100: '백', 1000: '천'}
>>> 10 in d
True
>>> '십' in d
False
```

위와 반대인 연산자 not in도 제공한다.

```
>>> 'beautiful' not in 'Flat is better than nested.'
True
>>> '봄봄' not in ('봄', '여름', '가을', '겨울')
True
>>> 'june' not in ['may', 'september', 'august']
True
```

다음 예제는 가족 구성원 목록과 가족의 지출 내역을 검색하는 코드이다. 연산자 in을 사용하여 'Charlie'가 family_members 튜플 안에 있는지 확인하며, for 루프를 사용하여 expenses 리스트를 반복하고, 'Bob'의 이름과 일치하는 경우, 해당 지출 내역을 출력한다.

**4-12 코딩** 04-12-opin.py | **멤버십 연산자 in 활용** 난이도 기본

```
# 1. 가족 구성원 목록을 튜플로 저장
family_members = ('Alice', 'Bob', 'Charlie')

# 2. 가족 구성원 중에 'Charlie'가 있는지 확인
search_name = 'Charlie'
if search_name in family_members:
    print(f"{search_name}은(는) 가족 구성원입니다.")
else:   print(f"{search_name}은(는) 가족 구성원이 아닙니다.")
   print(f"{search_name}은(는) 가족 구성원이 아닙니다.")
```

```

    # 3. 가족의 지출 내역을 리스트로 저장
    expenses = [('Alice', 50), ('Bob', 30), ('Charlie', 20)]

    # 4. 'Bob'의 지출 내역 찾기
    search_name = 'Bob'
    for member, amount in expenses:
        if member == search_name:
            print(f"{search_name}의 지출 내역: ${amount}")
```

결과

```
Charlie은(는) 가족 구성원입니다.
Bob의 지출 내역: $30
```

## 3.5 대입과 복사

### 리스트와 튜플의 대입에 따른 동일 객체 공유

리스트의 대입에는 주의가 필요하다. 리스트에서 대입 연산자 =은 '얕은 복사(shallow copy)'라고 하여 대입되는 변수가 동일한 리스트를 가리킨다.

다음 코드 asmt_lst = org_lst로 변수 asmt_lst는 org_lst가 가리키는 원래의 리스트를 그대로 가리킨다. 결국 두 변수는 하나의 같은 리스트이다.

```
>>> org_lst = ['사과', '귤', '배']
>>> asmt_lst = org_lst
>>> id(org_lst) == id(asmt_lst)
True
```

두 변수는 같은 객체가 된다.

따라서 org_lst.pop()으로 맨 마지막 항목을 삭제하면 두 변수의 리스트에서 모두 삭제된다.

```
>>> org_lst.pop()
'배'
>>> asmt_lst, org_lst
(['사과', '귤'], ['사과', '귤'])
```

수정할 수 없는 튜플도 이와 마찬가지이다.

```
>>> # 튜플의 얕은 복사
>>> org_tpl = ('봄', '여름', '가을', '겨울')
>>> asmt_tpl = org_tpl
>>> id(org_tpl) == id(asmt_tpl)
True
```

### 리스트의 깊은 복사에 따른 대입으로 새로운 리스트 생성

리스트에서 완전히 새로운 리스트를 만들어 복사하려면 슬라이스 [:]나 copy() 또는 list() 함수를 이용해야 한다. 이러한 복사를 '깊은 복사(deep copy)'라고 한다.

```
>>> org_lst = ['사과', '귤', '배']
>>> cp_lst = org_lst[:]
>>> id(org_lst) == id(cp_lst)
False
>>> org_lst.pop(2)
'배'
>>> org_lst, cp_lst
(['사과', '귤'], ['사과', '귤', '배'])
```

두 변수는 다른 객체가 된다.

코드 cp_lst = org_lst.copy()로도 깊은 복사가 되며, 두 변수는 다른 리스트가 된다.

```
>>> org_lst = ['사과', '귤', '배']
>>> cp_lst = org_lst.copy()
>>> org_lst.pop(1)
'귤'
>>> org_lst, cp_lst
(['사과', '배'], ['사과', '귤', '배'])
```

코드 cp_lst = list(org_lst)로도 깊은 복사가 되며, 두 변수는 다른 리스트가 된다.

```
>>> org_lst = ['사과', '귤', '배']
>>> cp_lst = list(org_lst)
>>> org_lst.insert(1, '감')
>>> org_lst, cp_lst
(['사과', '감', '귤', '배'], ['사과', '귤', '배'])
```

### 변수의 동일 객체 여부를 검사하는 is

수정할 수 없는 튜플에는 깊은 복사가 없으며 asmt_tpl = org_tpl[:]으로도 구 변수가 동일한 튜플을 가리킨다. 문장 is는 피연산자인 변수 2개가 동일한 메모리를 공유하는지를 검사한다. 따라서 튜플이 같으면 True, 다르면 False를 반환한다.

```
>>> org_tpl = ('시', '분', '초')
>>> asmt_tpl = org_tpl[:]
>>> asmt_tpl = tuple(org_tpl)
>>> org_tpl is asmt_tpl
True
```

## 학습 내용 점검

**01** : 다음 각각의 변수 자료 유형을 쓰시오.

① `[1, 2, 3]`
② `(1, 2, 3)`
③ `'p'`
④ `{1, 2, 3}`
⑤ `{1:1, 2:4, 3:9}`
⑥ `bytes(b'py')`
⑦ `bytearray(b'python')`
⑧ `(1)`

**02** : 다음 문자열에서 각각의 출력 결과를 쓰시오.

```
s1 = 'Beautiful is better than ugly.'
s2 = 'Explicit is better than implicit.'
```

① `s1.split()[-1]`
② `s2.replace('is', 'was')`
③ `s1.count('i')`
④ `s2.find('pli')`
⑤ `s1.index('auti')`
⑥ `s2.split()[0].lower()`
⑦ `s1.split()[1].upper()`
⑧ `s2.title()`

**03** : 다음 주어진 문장 이후에 실행되는 각각의 문장의 결과를 쓰시오.

```
foods = ['우유', '과자', '김밥']
rng = range(10)
```

① `print(list(foods)[0])`
② `print(list(rng)[2])`
③ `print(list(rng)[-9])`
④ `print(list(rng)[-2])`
⑤ `print(tuple(rng)[-1])`
⑥ `print(tuple(foods)[2])`
⑦ `print(tuple(rng)[-10])`
⑧ `print(tuple(rng)[-8])`

**04** : 다음 리스트에 대한 슬라이스의 부분 리스트 출력 결과를 쓰시오.

```
wlist = ['밥','삶','길','죽','꿈','차','떡','복','말']
```

① `print(wlist[::-1])`
② `print(wlist[1::2])`
③ `print(wlist[-1:-9:-2])`
④ `print(wlist[-2:0:-3])`
⑤ `print(wlist[2:10:3])`
⑥ `print(wlist[-2:-10:-2])`
⑦ `print(wlist[1:-1])`
⑧ `print(wlist[-2:0:-1])`

**05** : 다음 주어진 문장 이후에 실행되는 각각의 문장의 결과를 쓰시오.

```
pl = ['java', 'python']
os = ['window', 'ios']
lst = list(range(1, 6))
day = list('월화수')
```

① `print(pl + os)`

② `print(os * 2)`

③ `print(lst + day)`

④ `print(2 * lst)`

⑤ `pl += ['kotlin']; print(pl[2])`

⑥ `os += 'unix'; print(os)`

⑦ `lst += [7]; print(lst)`

⑧ `day += ['목']; print(day)`

**06** : 다음 리스트 day에 대하여 다음 순서대로 문장을 실행할 때 그 결과를 쓰시오.

```
day = list('월화수')
```

① `day.insert(0, '일'); print(day)`

② `day.append('목'); print(day)`

③ `day.append('목'); print(day)`

④ `day.pop(); print(day)`

⑤ `day.remove('일'); print(day)`

⑥ `day.clear(); print(day)`

**07** : 다음 문제에서 가장 적절한 것을 하나 선택하시오.

❶ 다음 중 시퀀스가 아닌 것은?

가) list　　나) tuple
다) range　　라) set

❷ 다음 중 정수 첨자를 사용할 수 없는 것은?

가) dict　　나) str
다) tuple　　라) list

❸ 다음 중 수정 가능(mutable)한 것은?

가) list　　나) tuple
다) bytes　　라) str

❹ 다음 중 오류가 발생하는 문장은?

가) `[1, 2, 3][1]= 5`　　나) `list(range(3))[1]= 5`
다) `(1, 2, 3)[1]= 5`　　라) `bytearray(b'python')[0] = ord('P')`

## 도전! 프로그래밍

**01** 기본

다음 내용을 참고하여 '14:21:45'와 같은 시각 정보를 표준 입력받아 입력된 문자열을 출력하고 다시 시, 분, 초로 출력하는 프로그램을 작성하시오.

- 입력 문자열 13:40:15, '13시 40분 15초'로 출력
- 문자열의 split() 메서드를 사용해 hours, mins, secs = time.split(':') 활용

```
시각 정보(16:30:15) 입력 >> 17:29:52
입력 시각 정보: 17:29:52
17시 29분 52초
```

**02** 기본

1에서 30까지의 난수 10개로 리스트를 만든 후 리스트와 정렬된 리스트 그리고 내림차순으로 정렬된 역순 리스트를 출력하는 프로그램을 작성하시오.

- 모듈 random의 choices(range(1, 31), k=20) 활용
- 모듈 random의 sample(range(1, 31), k=20) 활용

```
중복을 허락
리스트 [24, 1, 18, 14, 11, 18, 30, 3, 16, 22]
정렬 리스트 [1, 3, 11, 14, 16, 18, 18, 22, 24, 30]
역순 리스트 [30, 24, 22, 18, 18, 16, 14, 11, 3, 1]

중복을 불허
리스트 [13, 15, 30, 19, 3, 21, 14, 25, 10, 28]
정렬 리스트 [3, 10, 13, 14, 15, 19, 21, 25, 28, 30]
역순 리스트 [30, 28, 25, 21, 19, 15, 14, 13, 10, 3]
```

**03** 기본

영한 사전과 같이 한글과 영어에 대응되는 튜플 korean과 english를 만든 후 표준 입력으로 한글을 입력받아 영어를 출력하는 프로그램을 작성하시오.

```
korean = ('정렬', '튜플', '목록', '사전')
english = ('sorting', 'tuple', 'list', 'dictionary')
```

- 단어가 사전에 없으면 적절한 메시지를 출력

```
찾을 단어 입력 ? 목록
목록: list
```

**04** 기본 다음 파이썬 튜토리얼 페이지 주소 문자열에서 메서드 find()와 rfind() 그리고 문자열 슬라이싱을 활용하여 부분 문자열 https, docs.python.org, tutorial을 출력하는 프로그램을 작성하시오.

- url = 'https://docs.python.org/3/tutorial'
- 가능한 슬라이싱의 첨자는 직접 정수를 입력하지 말고, 메서드 find()와 rfind() 그리고 함수 len() 등을 이용

```
https
docs.python.org
tutorial
```

**05** 기본 문자열 'HelloPython!'으로 리스트를 만들어 부분 리스트 참조인 슬라이스를 위한 세 개의 정수를 표준 입력받아 슬라이스 결과를 출력하는 프로그램을 작성하시오.

- 계속 입출력을 반복하며, 0 0 0을 입력하면 종료
- 슬라이스를 위해 첨자를 문자열의 위아래로 출력

```
+ 012345678901
  HelloPython!
- 210987654321
슬라이스[?:?:?] 3개 입력 >> 3 10 2
['l', 'P', 't', 'o']
슬라이스[?:?:?] 3개 입력 >> 0 0 0
*************** 종료 ***************
```

**06** 기본 한 줄의 문자열을 표준 입력받아 문자열의 소속 문자를 참조할 범위를 출력하고 다시 첨자 하나를 입력받아 문자열의 전체와 길이 그리고 참조 문자를 출력하는 프로그램을 작성하시오.

```
문자열 입력 >> Python is a good language!
참조할 첨자: 0 ~ 25
참조할 첨자 입력 >> 12
문자열: Python is a good language!, 길이: 26
참조 문자: g
```

**07** 다음 리스트 sports와 num을 활용하여 스포츠 종목과 팀원 수가 번갈아 나오는 리스트를 만든 후 다음과 같이 출력하는 프로그램을 작성하시오.
응용

```
sports = ['축구', '야구', '농구', '배구']
          num = [11, 9, 5, 6]
```

- 리스트 sports에 insert() 메서드로 직접 팀원 수를 삽입
- 리스트 sports의 홀수 참조에 빈 문자 ''을 insert() 메서드로 삽입
- 위 결과 리스트에서 슬라이스 sports[1::2]에 num을 대입

```
메서드 insert()로 팀원 수 삽입
['축구', 11, '야구', 9, '농구', 5, '배구', 6]

메서드 insert()로 '' 삽입
['축구', '', '야구', '', '농구', '', '배구', '']

슬라이스 sports[1::2]에 num을 대입
['축구', 11, '야구', 9, '농구', 5, '배구', 6]
```

**08** 1에서 99까지의 난수 10개로 리스트를 만든 후 다시 이 리스트를 튜플로 변환하고 다음과 같이 정렬된 리스트와 합, 항목 수, 최대, 최소, 평균을 출력하는 프로그램을 작성하시오.
실전

- 함수 tuple(리스트)은 리스트를 튜플로 변환하여 반환
- 함수 sorted(튜플)은 튜플의 항목을 정렬하여 다시 리스트로 반환
- 함수 min(튜플)은 튜플에서 최소인 항목을 반환
- 함수 max(튜플), sum(튜플) 등도 사용

```
리스트: [96, 66, 21, 80, 62, 26, 68, 83, 9, 43]
튜플: (96, 66, 21, 80, 62, 26, 68, 83, 9, 43)
튜플 정렬된 리스트: [9, 21, 26, 43, 62, 66, 68, 80, 83, 96]

합: 554, 항목수: 10
최대: 96, 최소: 9, 평균: 55.40
```

Chapter

# 05 딕셔너리와 집합

## 학습 목표

- 키와 값의 쌍인 항목을 관리하는 딕셔너리를 생성하고 수정하는 방법을 이해하고 다양한 방법으로 딕셔너리를 구현할 수 있다.
- 집합의 특징을 이해하고 다양한 집합의 연산을 구현할 수 있다.
- 내장 함수 zip( )과 enumerate( )를 활용해 데이터를 처리하기 위한 코드를 구현할 수 있다.

CONTENTS

SECTION 01

PYTHON

# 키와 값인 쌍의 나열인 딕셔너리

## 1.1 딕셔너리의 개념과 생성

### 키와 값의 쌍을 항목으로 관리하는 딕셔너리

딕셔너리는 말 그대로 '사전'이라고 생각하면 이해하기 쉽다. 사전은 여러 낱말에 대하여 그 각각의 의미, 어원 따위를 설명한 내용을 담고 있다. 여기서 낱말을 '키(key)', 해설을 '값(value)'이라고 생각하자. 즉, 파이썬의 딕셔너리는 키와 값의 쌍인 항목의 모임이다.

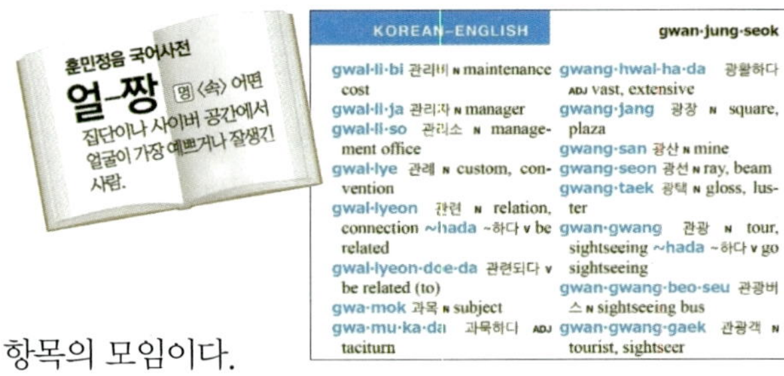


▲ **그림 1** 일상에서의 사전

다음처럼 콤마로 구분된 키:값 쌍 목록을 중괄호로 묶어 딕셔너리를 정의할 수 있다. 콜론은 각 키를 연관된 값으로 구분한다.

| dictionary 형태 |
| --- |
| `{ key1: value1, key2: value2, …, keyn: valuen }` — 딕셔너리는 외부를 중괄호({ })로 묶는다. |
| • 키: 값 형태로 키와 값은 콜론으로 구분하며 항목들은 콤마로 구분<br>• 메서드 items( )로 (키, 값) 항목의 목록 형태인 dict_items를 반환 |
| `key1, key2, …, keyn` |
| • 키는 수정 불가능(또는 불변, immutable, hashable)한 자료형만 가능<br>• 메서드 keys( )로 키의 목록 형태인 dict_keys를 반환 |
| `value1, value2, …, valuen` |
| • 값은 모든 자료형이 가능<br>• 메서드 values( )로 값의 목록 형태인 dict_values를 반환 |

딕셔너리의 특징은 다음과 같다.

- 딕셔너리의 항목 순서는 의미가 없으며, 키는 중복될 수 없다.
- 키는 수정될 수 없지만, 값은 수정될 수 있다.
- dict_name[key]처럼 값은 키로 참조되며 정수인 인덱스로는 참조될 수 없다.

다음은 키는 정수, 값은 문자열로 구성된 딕셔너리의 정의이다. 딕셔너리의 자료형은 〈class 'dict'〉이다.

```
>>> dict_data = {1: 'python', 2: 'java', 3:'C++'}
>>> dict_data
{1: 'python', 2: 'java', 3: 'C++'}
>>>
>>> type(dict_data)
<class 'dict'>
```

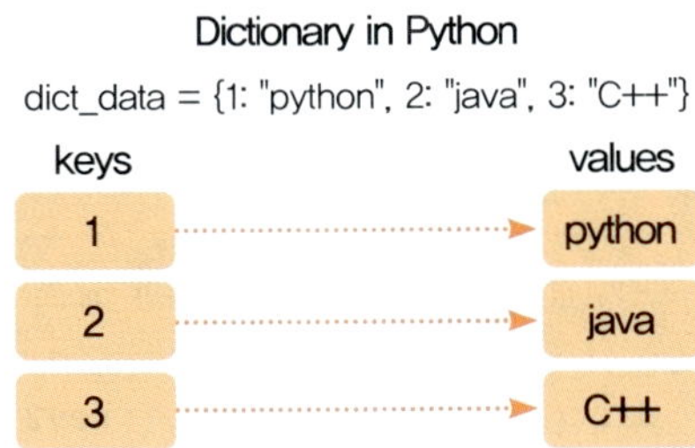


▲ **그림 2** 딕셔너리의 이해

다음처럼 키를 문자열, 값은 문자열이나 정수로 구성한 다양한 딕셔너리를 만들 수 있다.

```
>>> books = {'C': 'Perfect C', 'Java': '우리들의 자바', 'Python': '배움터 파이썬'}
>>> books, type(books)
({'C': 'Perfect C', 'Java': '우리들의 자바', 'Python': '배움터 파이썬'}, <class 'dict'>)
>>>
>>> mycar = {"brand": "현대", "model": "제네시스", "year": 2025}
>>> coffeeprice = {'에스프레소': 3000, '아메리카노': 3000, '카페라떼': 3500}
```

다음처럼 하나의 딕셔너리에 다양한 키나 값을 사용할 수 있다. 다만, 키는 수정할 수 없는 자료형인 int, float, bool, str, tuple, frozenset 등도 가능하다. 자료형 list나 set, dict는 키가 될 수 없다.

```
>>> data = {1: '일', 3.14: 2.71, (1, 2): '튜플', 'list': [1, 2, 3]}
```

딕셔너리의 키는 수정 불가능(immutable, hashable)한 자료형만 가능하다.

딕셔너리의 값은 data[키]로 참조될 수 있다. 1은 키이므로 값 '일'이 참조된다. 그러나 0은 키가 아니므로 오류가 발생한다.

```
>>> data[3.14]
2.71
>>> data[1]
'일'
>>> data[0]
Traceback (most recent call last):
  File "<stdin>", line 1, in <module>
KeyError: 0
```

딕셔너리의 원소는 인덱스로 참조할 수 없다.

### 내장 함수 dict( )에서 리스트 또는 튜플로 구성된 키, 값을 인자로 딕셔너리 생성

내장된 dict() 함수를 사용하여 딕셔너리를 생성할 수도 있다. 함수 dict() 인자는 키, 값 쌍을 항목으로 구성되는 반복 가능(iterable)한 객체여야 한다. 키 값이 단순 문자열인 경우, key1=value1처럼 키워드 인자로 지정할 수도 있다.

| 내장 함수 dict()로 딕셔너리 생성 |
|---|
| `dict( [(key1, value1), (key2, value2), …, (keyn, valuen)] )`<br>`dict( [[key1, value1], [key2, value2], …, [keyn, valuen]] )` |
| • 키, 값 형태로 리스트나 튜플 항목의 리스트 |
| `dict( ((key1, value1), (key2, value2), …, (keyn, valuen)) )`<br>`dict( ([key1, value1], [key2, value2], …, [keyn, valuen]) )` |
| • 키, 값 형태로 리스트나 튜플 항목의 튜플 |
| `dict( key1=value1, key2=value2, …, keyn=valuen )` |
| • 키가 문자열이라면 키와 값을 키워드 인자 방식으로 지정 가능 |

다음처럼 내장 함수 dict()에서 다양한 인자로 딕셔너리를 생성할 수 있다. 함수 dict()의 리스트나 튜플의 내부에서 일련의 키-값 쌍으로 [키, 값] 리스트 형식과 (키, 값) 튜플 형식을 모두 사용할 수 있다.

```
>>> capitals = dict( [("미국", "Washington D.C."), ("이태리", "Rome"), ("영국", "London")] )
>>> capitals = dict( [["미국", "Washington D.C."], ["이태리", "Rome"], ["영국", "London"]] )
>>> capitals = dict( (("미국", "Washington D.C."), ("이태리", "Rome"), ("영국", "London")) )
>>> capitals = dict( (["미국", "Washington D.C."], ["이태리", "Rome"], ["영국", "London"]) )
>>> capitals
{'미국': 'Washington D.C.', '이태리': 'Rome', '영국': 'London'}
```

### 키가 문자열이면 함수 dict( ) 내부에서 키=값 항목의 나열로도 딕셔너리 생성

위와 같이 키가 단순 문자열이면 간단히 미국="Washington D.C."처럼 키=값 항목 나열('함수의 키워드 인자'라고 하며 6장에서 배울 예정)로도 지정할 수 있다. 딕셔너리의 각 항목은 정의된 순서대로 표시된다.

키가 문자열로 따옴표 없이 기술할 수 있다.

```
>>> capitals = dict(미국="Washington D.C.", 이태리="Rome", 영국="London")
>>> capitals
{'미국': 'Washington D.C.', '이태리': 'Rome', '영국': 'London'}
>>> capitals['미국']
'Washington D.C.'
```

콜론을 사용한 [키: 값] 또는 (키: 값)의 형태가 아니라는 것에 주의하자.

그러나 딕셔너리는 순서가 있는 시퀀스가 아니므로 정수 첨자로 참조될 수 없다.

```
>>> capitals[1]
Traceback (most recent call last):
  File "<stdin>", line 1, in <module>
KeyError: 1
```

### 빈 딕셔너리의 생성과 항목 추가

다음과 같이 빈 중괄호()로 빈(empty) 딕셔너리를 만들 수 있다. 출력하면 빈 딕셔너리 표기인 {}로 표시된다.

```
>>> lect = {} # 빈 딕셔너리
>>> lect
{}
```

빈 딕셔너리를 만들어 변수 lect에 저장하는 문장이다.

내장 함수인 dict()에서 인자가 없거나 인자로 빈 리스트나 빈 튜플을 사용하여 빈 딕셔너리를 만들 수 있다.

```
>>> dict() # 빈 딕셔너리
{}
>>> dict([]) # 빈 딕셔너리
{}
>>> dict(()) # 빈 딕셔너리
{}
```

딕셔너리에 새로운 항목을 넣으려면 '딕셔너리[새_키] = 값'의 문장을 사용한다. 다음은 키:값의 쌍인 '강좌명': '인공지능 개론'의 항목을 삽입하는 문장이다.

```
>>> lect['강좌명'] = '인공지능 개론';
```

딕셔너리 항목 값으로 리스트나 튜플 등이 모두 가능하다.

```
>>> lect['개설년도'] = [2026, 1];
>>> lect['학점시수'] = (3, 3);
>>> lect['교수'] = '김민국';
>>> lect
{'강좌명': '인공지능 개론', '개설년도': [2026, 1], '학점시수': (3, 3), '교수': '김민국'}
```

다음은 이미 저장된 키로 참조해 새로운 값을 대입하는 문장이다. 다음 문장을 사용하면 '인공지능 개론' 교과목의 담당 교수가 '김현호'로 수정된다.

```
>>> lect['교수'] = '김현호';
>>> lect
{'강좌명': '인공지능 개론', '개설년도': [2026, 1], '학점시수': (3, 3), '교수': '김현호'}
```

다음 예제는 자신의 정보를 담기 위해 빈 딕셔너리를 생성하고 항목을 점진적으로 추가하는 코드이다. 새로운 키를 사용해 정보를 추가하고 기존의 키를 사용해 정보를 수정한다.

**5-1 코딩** 05-01-mydict.py | **딕셔너리로 자신의 정보 저장과 수정** 난이도 기본

```python
# 1. 빈 딕셔너리 생성
my_dictionary = {}
# 2. 항목 추가
my_dictionary["이름"] = "홍길동"
my_dictionary["나이"] = 30
my_dictionary["직업"] = "개발자"
# 3. 딕셔너리 출력
print(my_dictionary)

# 4. 특정 항목 값 참조
name = my_dictionary["이름"]
age = my_dictionary["나이"]
job = my_dictionary["직업"]
# 5. 값을 출력
print(f"이름: {name}")
print(f"나이: {age}")
print(f"직업: {job}")

# 6. 항목 업데이트
my_dictionary["나이"] = 31
# 7. 업데이트된 값 출력
print(f"업데이트된 나이: {my_dictionary['나이']}")
```

**결과**

```
{'이름': '홍길동', '나이': 30, '직업': '개발자'}
이름: 홍길동
나이: 30
직업: 개발자
업데이트된 나이: 31
```

## 두 문자의 문자열로 딕셔너리 생성

두 문자로 구성된 문자열의 리스트나 튜플은 함수 dict()로 각각의 한 문자가 키와 값으로 구성된 딕셔너리가 된다.

```
>>> a = ('낮해', '밤별', '비눈')
>>> dict(a)
{'낮': '해', '밤': '별', '비': '눈'}
```

내장 함수 dict()에서 문자열 '낮해'를 반복 가능한 인자로 인식해 '낮'과 '해'로 분리해 각각 키와 값으로 선정하기 때문이다.

```
>>> list('낮해')
['낮', '해']
```

다음처럼 문자가 세 개 이상이면 ValueError가 발생한다.

```
>>> a = ('낮해물', '밤별', '비눈')
>>> dict(a)
Traceback (most recent call last):
  File "<stdin>", line 1, in <module>
ValueError: dictionary update sequence element #0 has length 3; 2 is required
```

### 리스트 등의 수정 가능한 객체는 딕셔너리의 키로 수정 불가능

수정 불가능한 튜플은 사전의 키로 사용할 수 있다.

```
>>> data = {}
>>> data[(1, 2)] = ('JAN', "FEB")
>>> data
{(1, 2): ('JAN', 'FEB')}
```

수정 가능한 목록은 딕셔너리의 키로 사용할 수 없다. 다음처럼 오류가 발생한다.

```
>>> data[[3, 4]] = ('MAR', "APR")
Traceback (most recent call last):
  File "<stdin>", line 1, in <module>
TypeError: unhashable type: 'list'
```

unhashable과 같이 수정 가능한 객체는 사용할 수 없다.

엄밀히 말해 객체가 딕셔너리 키로 사용되기 위해서는 '불변이어야 한다'라는 것보다 객체가 '해시 함수로 호출될 수 있어야 한다'라는 것이 더 좋은 표현이다. 그래서 위와 같은 오류 메시지가 표시된다. 내장 함수인 해시 함수 hash(obj)는 인자인 객체 obj에 매핑(mapping)되는 해시 값을 반환한다.

즉, 내장 hash(obj) 함수는 해시 가능한 객체 obj에 대한 해시 값을 반환하고, 그렇지 않은 객체에 대해서는 예외를 발생시킨다. 다음처럼 튜플 (1, 2)의 해시 값을 반환한다.

```
>>> hash((1, 2))
-3550055125485641917
```

다음처럼 변경 가능한 컨테이너 유형인 목록과 딕셔너리는 hash() 호출에서 예외가 발생한다. 따라서 해시 가능과 불변은 동의어라고 생각해도 무방하다.

```
>>> hash([1, 2])
Traceback (most recent call last):
  File "<stdin>", line 1, in <module>
TypeError: unhashable type: 'list'
>>> hash({1:1, 2:4})
Traceback (most recent call last):
  File "<stdin>", line 1, in <module>
TypeError: unhashable type: 'dict'
```

### dict.fromkeys(keys, value)로 딕셔너리 생성

메서드 dict.fromkey(keys, value)를 이용하면 여러 키와 동일한 값으로 구성되는 딕셔너리를 만들 수 있다.

```
>>> help(dict.fromkeys)
Help on built-in function fromkeys:
fromkeys(iterable, value=None, /) method of builtins.type instance
    Create a new dictionary with keys from iterable and values set to value.
```

인자 keys만 지정한 후 키가 milk, eggs인 모든 값이 None으로 지정된 딕셔너리가 생성된다.

```
>>> foods = dict.fromkeys(['milk', 'eggs'])
>>> foods
{'milk': None, 'eggs': None}
```

두 번째 인자를 10으로 지정하면 모든 값이 10으로 지정되는 딕셔너리가 생성된다.

```
>>> foods = dict.fromkeys(('milk', 'eggs'), 10)
>>> foods
{'milk': 10, 'eggs': 10}
```

다음 예제는 딕셔너리 형식으로 개인정보를 저장하는 변수 person_info와 영화 정보를 저장하는 변수 movie를 생성해 출력하는 코드이다.

5-2 코딩 05-02-movielect.py 개인정보와 영화 정보의 딕셔너리 생성과 출력 난이도 기본

```
# 1. 지정된 키와 값으로 None 생성
property = ['이름', '나이', '직업']
person_info = dict.fromkeys(property)

# 2. 항목 추가
person_info['이름'] = '앨리스'
person_info['나이'] = 30
person_info['직업'] = '소프트웨어 엔지니어'

# 3. 딕셔너리 생성자를 사용하여 딕셔너리 초기화
movie = dict(title="인셉션", director="크리스토퍼 놀란", year=2010)

# 4. 딕셔너리 항목 출력
print(movie)
print(person_info)
```

결과

```
{'title': '인셉션', 'director': '크리스토퍼 놀란', 'year': 2010}
{'이름': '앨리스', '나이': 30, '직업': '소프트웨어 엔지니어'}
```

## 1.2 딕셔너리 항목의 순회

### 딕셔너리 메서드 keys()

다음 딕셔너리 city는 우리나라의 도청 소재지 자료이다.

```
>>> city = dict(경기='수원', 전북='전주')
>>> city
{'경기': '수원', '전북': '전주'}
```

딕셔너리 메서드 keys()는 키로만 구성된 리스트 형태의 dict_keys 자료형을 반환한다.

```
>>> city.keys()
dict_keys(['경기', '전북'])
```

for문에서 in 다음의 '반복 가능한 객체(iterable)' 위치에 메서드 keys()를 사용하면 딕셔너리의 모든 키를 순회하는 구문을 사용할 수 있다.

```
>>> for key in city.keys():
...     print(f'{key}: {city[key]}')
```

```
...
경기: 수원
전북: 전주
```

물론, 다음처럼 in 다음에 딕셔너리 city를 바로 사용해도 딕셔너리의 키로 반복할 수 있다.

```
>>> for key in city:
...     print(f'{key}: {city[key]}')
...
경기: 수원
전북: 전주
```

### 딕셔너리 메서드 values(), items()

메서드 values()는 값으로 구성된 리스트 형태인 dict_values 자료형을 반환한다.

```
>>> city = dict(경기='수원', 전북='전주')
>>> city.values()
dict_values(['수원', '전주'])
```

for문에서 in 다음 메서드인 values()를 사용하면 딕셔너리의 모든 값만으로 반복할 수 있다.

```
>>> for value in city.values():
...     print(f'{value}')
...
수원
전주
```

메서드 items()는 (키, 값) 쌍의 튜플이 들어 있는 형태인 dict_items 자료형을 반환한다. 각 튜플의 첫 번째 항목은 '키', 두 번째 항목은 '키의 값'이다.

```
>>> city.items()
dict_items([('경기', '수원'), ('전북', '전주')])
```

for문에서 in 다음의 메서드 items()를 사용하면 딕셔너리의 모든 항목을 튜플 형태로 참조할 수 있다.

```
>>> for item in city.items():
...     print(f'{item}')
...
('경기', '수원')
('전북', '전주')
```

for문 반복에서 각각의 항목이 저장된 item은 인덱싱을 사용해 키를 item[0], 값을 item[1]로 참조할 수 있다.

```
>>> for item in city.items():
...     print(f'{item[0]}, {item[1]}')
...
경기, 수원
전북, 전주
```

다음처럼 for문 반복에서 for 다음에 두 개의 변수 key, value로 저장하면 키를 'key', 값을 'value'로 참조할 수 있다.

```
>>> for key, value in city.items():
...     print(f'{key}, {value}')
...
경기, 수원
전북, 전주
```

### 일상 코딩: 사계절이라는 단어의 한영 딕셔너리를 만들어 항목을 순회

봄, 여름, 가을, 겨울을 키로 한영 딕셔너리를 만들자. 사계절의 딕셔너리에서 메서드 keys(), values(), items()를 사용해 다양한 출력을 수행한다.

메서드 items()는 (키, 값)의 튜플을 반환하는데, 다음과 같이 한 변수에 받아 각각 변수명[0], 변수명[1]로 값을 나누어 출력할 수 있다.

```
# 5. 메서드 items()로 항목 순회
for item in season.items():
    print(f'{item[0]}, {item[1]}', end= ' ')
print()
```

또한 문자열의 format() 메서드에서 인자로 *item을 사용하면 나누지 않고도 자동으로 튜플이 나뉘어 출력된다. 인자 *item의 의미는 함수에서 학습할 예정이다.

```
# 메서드 items()의 반환 값인 튜플을 한 변수에 저장한 경우, 항목 순회 2
for item in season.items():
    print('{} {}'.format(*item), end= ' ')
print()
```

**5-3 코딩** 05-03-seasondict.py | **사계절의 영어 딕셔너리 생성과 항목 순회** 난이도 응용

```python
# 1. 사계절의 한영 딕셔너리 형식 생성
season = {'봄': 'spring', '여름': 'summer', '가을': 'autumn', '겨울': 'winter'}
# 2. 딕셔너리에서 메서드 호출
print(season.keys())
print(season.items())
print(season.values())
print()

# 3. 메서드 keys()로 항목 순회
for key in season.keys():
    print(f'{key}: {season[key]}')
print()
# 4. 메서드 values()로 항목 순회
for value in season.values():
    print(f'{value}', end= ' ')
print()

# 5. 메서드 items()로 항목 순회
for item in season.items():
    print(f'{item[0]}, {item[1]}', end= ' ')
print()
# 6. 메서드 items()로 항목 순회
# 메서드 items()의 반환 값인 튜플을 한 변수에 저장한 경우, 항목 순회 2
for item in season.items():
    print('{} {}  '.format(*item), end= ' ')
print()
```

**결과**

```
dict_keys(['봄', '여름', '가을', '겨울'])
dict_items([('봄', 'spring'), ('여름', 'summer'), ('가을', 'autumn'), ('겨울',
'winter')])
dict_values(['spring', 'summer', 'autumn', 'winter'])

봄: spring
여름: summer
가을: autumn
겨울: winter

spring summer autumn winter
봄, spring 여름, summer 가을, autumn 겨울, winter
봄 spring   여름 summer   가을 autumn   겨울 winter
```

## 1.3 딕셔너리 항목의 참조와 삭제

### 키로 조회하는 딕셔너리 메서드 get(키[, 키가_없을_때_반환 값])

딕셔너리 cities는 키를 '나라', 값을 '주요 도시 목록'으로 저장한 자료이다.

```
>>> cities = {'대한민국':['부산', '인천'], '중국':['상하이', '북경'], '캐나다':['몬트리올', '오타와']}
```

cities에서 값을 참조하는 방법은 cities['중국']나 cities.get('대한민국')으로 할 수 있다.

```
>>> cities['중국']
['상하이', '북경']
>>> cities.get('대한민국')
['부산', '인천']
```

cities['일본']처럼 키 '일본'이 없다면 다음처럼 오류가 발생한다.

```
>>> cities['일본']
Traceback (most recent call last):
  File "<stdin>", line 1, in <module>
KeyError: '일본'
```

메서드 get(키)은 키가 없어도 오류가 발생하지 않고 None을 반환한다. 만일, 키 뒤에 다른 인자를 넣으면 키가 없을 때 이 지정된 값을 반환한다.

```
>>> cities.get('일본')
>>> cities.get('일본', '없어요!')
'없어요!'
```

키 '일본'이 없어서 '없어요!'가 반환된다.

### 키가 없는 기본값을 지정하는 딕셔너리 메서드 setdefault(키[, 키가_없을_때_반환 값])

딕셔너리 메서드 setdefault(새로운_키)로 예상되는 새로운 키를 지정하면 키의 값이 'None'으로 지정되기 때문에 그 키로 참조하더라도 오류가 발생하지 않는다.

```
>>> cities = {'대한민국':['부산', '인천'], '캐나다':['몬트리올', '오타와']}
>>> cities.setdefault('일본')
>>> cities
{'대한민국': ['부산', '인천'], '캐나다': ['몬트리올', '오타와'], '일본': None}
>>> cities['일본']
```

메서드 setdefault(새로운_키, 값)로 예상되는 새로운 키에 값을 지정할 수 있다.

```
>>> cities = {'대한민국':['부산', '인천'], '캐나다':['몬트리올', '오타와']}
>>> cities.setdefault('일본', ['동경', '나고야'])
['동경', '나고야']
>>> cities
{'대한민국': ['부산', '인천'], '캐나다': ['몬트리올', '오타와'], '일본': ['동경', '나고야']}
```

이제 키 '일본'으로 참조하면 지정한 값이 반환된다.

```
>>> cities['일본']
['동경', '나고야']
```

이미 있는 키 '캐나다'로 setdefault('캐나다')를 호출하면 해당 키의 값이 반환된다.

```
>>> cities = {'대한민국':['부산', '인천'], '캐나다':['몬트리올', '오타와']}
>>> cities.setdefault('캐나다')
['몬트리올', '오타와']
```

### 키로 삭제하는 딕셔너리 메서드 pop(키[, 키가_없을_때_반환 값])

딕셔너리 메서드 pop(키)는 키인 항목을 삭제하고 삭제되는 키의 해당 값을 반환한다.

```
>>> cities
{'대한민국': ['부산', '인천'], '중국': ['상하이', '북경']}
>>> cities.pop('중국')
['상하이', '북경']
>>> cities
{'대한민국': ['부산', '인천']}
```

삭제되는 항목의 값이 반환된다.

메서드 pop(키) 인자로 키만 적었는데, 삭제할 키가 없다면 KeyError 오류가 발생하므로 주의하자.

```
>>> cities
{'대한민국': ['부산', '인천']}
>>> cities.pop('일본')
Traceback (most recent call last):
  File "<stdin>", line 1, in <module>
KeyError: '일본'
```

메서드 pop(키, 대체_값) 호출로 삭제할 키가 없다면 두 번째로 지정한 대체_값이 반환된다.

```
>>> cities
{'대한민국': ['부산', '인천']}
>>> cities.pop('일본', '없어요!')
'없어요!'
```

### 임의의 항목을 삭제하는 딕셔너리 메서드 popitem( )

딕셔너리 메서드 popitem()은 마지막에 입력된 (키, 값)의 튜플을 반환하고 삭제한다.

```
>>> cities = {'대한민국':['부산', '인천'], '중국':['상하이', '북경']}
>>> cities.popitem()
('중국', ['상하이', '북경'])
>>> cities
{'대한민국': ['부산', '인천']}
>>> cities.popitem()
('대한민국', ['부산', '인천'])
>>> cities
{}
```

조건 if에서 딕셔너리 cities로 항목이 있는지를 검사할 수 있다. 다음 코드는 딕셔너리가 비어 있으면 cities.popitem()을 실행하지 않는다.

```
>>> cities = {}
>>> if cities:
...     cities.popitem()
... else:
...     print(f'항목이 없어요')
...
항목이 없어요
```

만일, 항목이 없는 딕셔너리에서 메서드 popitem()을 호출하면 오류가 발생한다.

```
>>> cities
{}
>>> print(cities.popitem())        삭제할 항목이 하나도 없으므로 오류가 발생한다.
Traceback (most recent call last):
  File "<stdin>", line 1, in <module>
KeyError: 'popitem(): dictionary is empty'
```

## 1.4 딕셔너리 항목 전체 삭제와 변수 제거

### 모든 항목을 제거하는 딕셔너리 메서드 clear( )

딕셔너리 메서드 clear()는 기존의 모든 키:값 항목을 삭제한다.

```
>>> cities = {'대한민국':['부산', '인천'], '중국':['상하이', '북경']}
>>> cities.clear()
```

```
>>> cities
{}
```

### 문장 del로 딕셔너리 변수 자체 제거

문장 del에 이어 딕셔너리를 지정하면 변수 자체가 메모리에서 제거된다. 따라서 제거 이후에 변수를 참조할 수 없다.

```
>>> cities = {'대한민국':['부산', '인천'], '중국':['상하이', '북경']}
>>> del cities
>>> cities
Traceback (most recent call last):
  File "<stdin>", line 1, in <module>
NameError: name 'cities' is not defined
```

### del 문장으로 딕셔너리 항목 삭제

다음처럼 del 문장으로 해당 항목을 삭제할 수 있다.

```
>>> cities = {'대한민국':['부산', '인천'], '중국':['상하이', '북경']}
>>> del cities['중국']
>>> cities
{'대한민국': ['부산', '인천']}
```

다음처럼 del() 형식도 가능하다.

```
>>> del(cities['대한민국'])
>>> cities
{}
```

다음 코드는 딕셔너리를 생성한 후 메서드 setdefault()로 값을 추가하고, 키로 값을 수정하며, 메서드 pop(), popitem(), clear()로 키-값 항목을 삭제하는 예제이다.

**5-4 코딩** 05-04-setdefaultdict.py | **딕셔너리로 자신의 정보 관리** 난이도 기본

```
# 1. 빈 딕셔너리 생성
my_dictionary = {}

# 2. setdefault() 메서드를 사용하여 값 추가
my_dictionary.setdefault("이름", "홍길동")
my_dictionary.setdefault("나이", 30)

```

```
# 3. 값 참조 및 출력
name = my_dictionary.get("이름")
age = my_dictionary.get("나이")
print(f"이름: {name}")
print(f"나이: {age}")

# 4. 값 업데이트
my_dictionary["나이"] = 31

# 5. pop() 메서드를 사용하여 항목 삭제
job = my_dictionary.pop("직업", "직업 정보 없음")
print(f"직업: {job}")

# 6. popitem() 메서드를 사용하여 마지막 항목 제거 및 반환
item = my_dictionary.popitem()
print(f "임의의 항목: {item}")

# 7. 딕셔너리 초기화 (clear() 메서드 사용)
my_dictionary.clear()
# 8. 빈 딕셔너리 확인
if not my_dictionary:
    print("빈 딕셔너리입니다.")
else:
    print("딕셔너리에 데이터가 있습니다.")
```

결과

```
이름: 홍길동
나이: 30
직업: 직업 정보 없음
임의의 항목: ('나이', 31)
빈 딕셔너리입니다.
```

## 1.5 딕셔너리 결합과 키의 멤버십 검사 연산자 in

### 딕셔너리를 결합하는 메서드 update( )

딕셔너리의 메서드 update(다른 딕셔너리)로 인자인 다른 딕셔너리를 합병한다.

```
>>> us_stock = {'GOOGL':849, 'MSFT':64}
>>> other_us_stock = {'AAPL':136, 'AMZN':848}
>>> us_stock.update(other_us_stock)
>>> us_stock
{'GOOGL': 849, 'MSFT': 64, 'AAPL': 136, 'AMZN': 848}
```

연산자 +는 딕셔너리에 사용할 수 없다.

```
>>> us_stock + other_cities
Traceback (most recent call last):
  File "<stdin>", line 1, in <module>
NameError: name 'other_cities' is not defined
```

메서드 update() 호출에서 인자 딕셔너리에 원 딕셔너리와 동일한 키가 있다면 인자 딕셔너리의 값으로 대체된다.

```
>>> us_stock
{'GOOGL': 849, 'MSFT': 64, 'AAPL': 136, 'AMZN': 848}
>>> us_stock.update({'GOOGL':900})
>>> us_stock
{'GOOGL': 900, 'MSFT': 64, 'AAPL': 136, 'AMZN': 848}
```

메서드 update()의 인자로는 키워드 인자 지정 방법인 INTC=40, TSLA=250 형식도 가능하다.

```
>>> us_stock
{'GOOGL': 900, 'MSFT': 64, 'AAPL': 136, 'AMZN': 848}
>>> us_stock.update(INTC=40, TSLA=250)
>>> us_stock
{'GOOGL': 900, 'MSFT': 64, 'AAPL': 136, 'AMZN': 848, 'INTC': 40, 'TSLA': 250}
```

### 여러 딕셔너리를 합치기와 항목 수 함수 len( )

두 개의 딕셔너리를 하나로 합쳐 새로운 딕셔너리를 만들 때 다음을 활용하면 편리하다. 코드 {**stock1, **stock2}처럼 **dict를 사용한다.

```
>>> stock1 = {'GOOGL':849, 'MSFT':64}
>>> stock2 = {'AAPL':136, 'AMZN':848}
>>> stock = {**stock1, **stock2}
>>> stock
{'GOOGL': 849, 'MSFT': 64, 'AAPL': 136, 'AMZN': 848}
```

내장 함수 len(딕셔너리)으로 딕셔너리의 항목 수를 알 수 있다.

```
>>> stock
{'GOOGL': 849, 'MSFT': 64, 'AAPL': 136, 'AMZN': 848}
>>> len(stock)
4
```

### 내장 함수 min( ), max( ) 활용

다음 딕셔너리 객체 subj는 세 교과목의 점수를 저장한다.

```
>>> subj = dict(영어=80, 수학=98, 화학=65)
>>> subj
{'영어': 80, '수학': 98, '화학': 65}
```

딕셔너리의 키와 값에서 각각 최댓값을 알려면 내장 함수 max()의 인자로 subj.values(), subj.keys()를 활용한다.

```
>>> max(subj.values())
98
>>> max(subj.keys())
'화학'
```

딕셔너리 객체를 인자로 max(subj) 호출하면 결과는 키의 최댓값을 반환한다. 문자열에서 문자 순서가 뒤인 문자열이 반환된다.

```
>>> max(subj)
'화학'
```

함수 max(subj, key=subj.get) 호출처럼 인자 key에 최댓값을 찾을 기준을 정할 수 있다. 즉, key=subj.get을 사용하면, subj 딕셔너리의 각 키에 대해 subj.get 함수를 호출한 결괏값을 가져온 후 이 값을 비교해 최댓값인 항목의 키를 반환한다. 다음 결과는 98점이 가장 최대인 키 '수학'이라는 것이다.

```
>>> max(subj, key=subj.get)
'수학'
```

내장 함수 min은 인자인 반복 가능한 객체에서 최솟값을 찾는 함수로, 위의 max()와 같이 키워드 인자 key를 활용할 수 있다.

```
>>> min(subj.keys())
'수학'
>>> min(subj)
'수학'
>>> min(subj, key=subj.get)
'화학'
```

### 문장 in으로 쉽게 검사

문장 in으로 딕셔너리에 키가 존재하는지 간단히 검사할 수 있다. 값의 존재 여부는 확인할 수 없지만, 값으로 조회하면 항상 False이다.

```
>>> cp = {'한국':'서울', '중국':'북경', '독일':'베를린'}
>>> '한국' in cp
True
>>> '미국' in cp
False
```

물론 이와 반대로 not in도 가능하다.

```
>>> if '미국' not in cp:
...     cp['미국'] = '워싱턴 DC'
...
>>> cp
{'한국': '서울', '중국': '북경', '독일': '베를린', '미국': '워싱턴 DC'}
```

다음 예제는 딕셔너리 형식인 dict()를 활용하여 자신의 정보를 관리하고 출력하는 코드이다. 딕셔너리의 메서드 update(), pop(), popitem(), clear()와 in, not in 연산자를 사용한다.

**5-5 코딩** 05-05-updatedict.py | **딕셔너리 형식으로 자신의 정보 관리** | 난이도 기본

```python
# 1. 빈 딕셔너리 생성
my_dict = {}
# 2. 딕셔너리에 항목 추가
my_dict['이름'] = '철수'
my_dict['나이'] = 20
my_dict['성별'] = '남자'

# 3. 딕셔너리 항목 업데이트
my_dict.update({'나이': 21, '직업': '학생'})
# 4. 항목 확인
if '나이' in my_dict:
    print(f'나이: {my_dict["나이"]}')
else:
    print('나이 정보가 없습니다.')
# 5. 항목 제거
if '주소' not in my_dict:
    address = my_dict.pop('주소', '주소 정보 없음')
    print(f'주소: {address}')

```

```
# 6. 마지막에 추가된 항목 제거 및 반환
random_item = my_dict.popitem()
print(f'임의 항목 제거: {random_item}')
# 7. 딕셔너리 비우기
my_dict.clear()
if not my_dict:
    print('딕셔너리가 비어 있습니다.')

# 8. 기본값을 설정하여 항목 가져오기
favorite_fruit = my_dict.get('좋아하는 과일', '데이터 없음')
print(f'좋아하는 과일: {favorite_fruit}')
```

결과

```
나이: 21
주소: 주소 정보 없음
임의 항목 제거: ('직업', '학생')
딕셔너리가 비어 있습니다.
좋아하는 과일: 데이터 없음
```

PYTHON

SECTION

# 02 중복과 순서가 없는 집합

## 2.1 수학에서 배운 집합을 처리하는 자료형

### 원소는 유일하고 순서는 의미 없는 집합

중학교에서 배운 수학의 집합을 생각해 보자. 다음은 집합 A, B의 관계를 이해하기 쉽도록 표현한 벤 다이어그램이다.

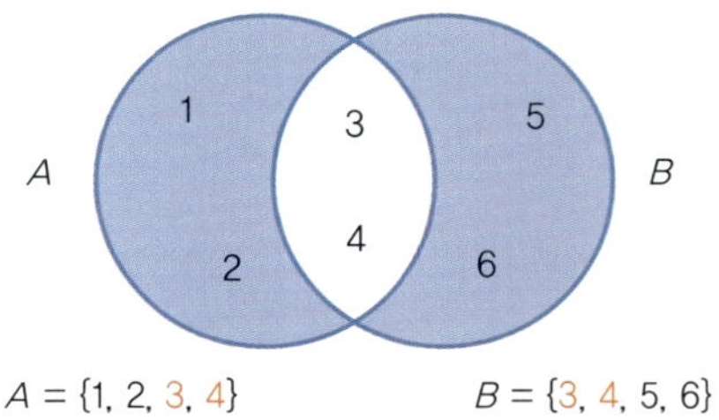


▲ **그림 3** 수학의 집합과 벤 다이어그램

교집합, 합집합, 여집합 등의 집합 연산을 쉽게 지원하는 자료형이 파이썬의 집합(set)이다. 집합은 중복되는 요소도 없고 순서도 없는 원소(elements)의 모임(collections)이다.

집합은 수학의 집합과 같이 원소를 콤마로 구분하며 중괄호로 둘러싸 표현한다. 집합의 원소는 추가, 삭제가 가능하다. 즉, 집합 자체는 수정 가능하다. 집합의 원소는 중복을 허용하지 않으므로 멤버십 검사와 중복 제거에 주로 사용된다.

**집합 set 형태**

```
{ element0, element1, element2, …, elementn }
```

중괄호 내부에서 단순 항목의 나열은 집합이다.

- 원소인 elementi는 고유한(unique) 값으로 중복을 허용하지 않으며
- 원소의 순서는 의미가 없으며
- 원소는 int, float, str, tuple 등 수정 불가능(immutable)한 것이어야 함

집합의 원소는 정수, 실수, 문자열, 튜플 등 수정 불가능한 것이어야 한다. 또한 중복을 허용하지 않는다. 집합의 자료형 이름은 'set'이다.

```
>> num_set = {1, 1, 2, 2, 3.4, 4, 5}
>>> num_set
{1, 2, 3.4, 4, 5}
>>> type(num_set)
<class 'set'>
```

### 원소는 유일하고 수정 불가능(immutable, hashable)한 객체만 가능

다음처럼 집합 원소로 튜플이나 자료형 int, float, str, tuple 등도 가능하다.

```
>>> tpl_set = {(1, 1), (2, 4), (3, 9)}
>>> tpl_set
{(1, 1), (3, 9), (2, 4)}
>>> obj = {int, float, str, tuple}
>>> obj
{<class 'float'>, <class 'int'>, <class 'tuple'>, <class 'str'>}
```

집합의 원소로 리스트나 딕셔너리처럼 가변(mutable)적인 것은 허용되지 않는다.

```
>>> s1 = {[1, 2]}
Traceback (most recent call last):
  File "<stdin>", line 1, in <module>
TypeError: unhashable type: 'list'
>>> s2 = {{1:1, 2:4}}
Traceback (most recent call last):
  File "<stdin>", line 1, in <module>
TypeError: unhashable type: 'dict'
```

다음처럼 집합에서 집합 내부에 집합이 있는 중첩된 집합을 사용할 수 없다. 집합도 가변(mutable)적인 자료형이기 때문이다.

```
>>> s3 = {{1}}
Traceback (most recent call last):
  File "<stdin>", line 1, in <module>
TypeError: unhashable type: 'set'
```

## 2.2 내장 함수 set( )을 활용한 집합 생성

### 집합을 만드는 내장 함수 set( )

집합은 내장 함수인 set(iterable)으로도 생성할 수 있다. 인자는 한 개의 반복 가능한 객체여야 한다.

| 집합 set 형태 |
|---|
| `set( iterable )` |
| • 인자 iterable이 있으면 한 개이며 리스트와 튜플, 문자열, range 등의 반복 가능한 객체<br>• 인자가 없는 set( )으로 빈 집합을 생성 |

함수 set()에서 인자는 리스트와 튜플, 문자열처럼 반복적(iterable)이면 가능하다. 집합 결과는 반복 가능한 객체에서 중복을 제거한 원소로 구성된다.

```
>>> set([1, 2, 3, 1])
{1, 2, 3}
>>> set((1.1, 2.2, 3.3))
{1.1, 2.2, 3.3}
>>> set(['b', 'a'])
{'a', 'b'}
```

인자의 튜플 항목은 네 개였지만, 중복을 제거하여 세 개가 되었다.

인자인 리스트나 튜플의 항목으로 구성되어 있는 집합을 생성한다.

순서는 의미 없다.

함수 set()의 인자로 문자열이 사용되면 각각의 문자가 원소인 집합이 생성된다. 리스트와 튜플과 비슷하다. 단, 집합이므로 순서는 의미가 없으며, 중복은 제거되서 원소가 'a', 'v', 'j'이다.

```
>>> s = set('java')
>>> s
{'a', 'v', 'j'}
```

다음처럼 중괄호로 직접 집합을 만들면 반복 가능한 문자열이나 리스트 등도 그 자체가 원소로 생성된다. set('java')와 {'java'}의 차이점에 주의하자.

```
>>> {'java'}
{'java'}
```

물론, 항목의 모임인 집합은 다음처럼 for in문으로 항목을 출력할 수 있다. 여기서 순서는 문자열의 순서가 아니다.

```
>>> for c in set('python'):
```

```
...     print(c, end=' ')
...
t o h n y p
```

다음처럼 range 객체로도 가능하다.

```
>>> set(range(5))
{0, 1, 2, 3, 4}
```

함수 set()의 인자에서 리스트나 튜플의 항목으로 수정될 수 있는 리스트나 딕셔너리는 허용되지 않으며, 다음과 같이 TypeError가 발생하므로 주의하자.

집합의 원소로 unhashable한 리스트는 불가능하다.

```
>>> set([1, [2, 3]]) # 오류
Traceback (most recent call last):
  File "<stdin>", line 1, in <module>
TypeError: unhashable type: 'list'
```

'해시가 불가능한(unhashable)'은 쉽게 표현해 가변적이라는 것이다.

### 함수 set( ) 호출로 공집합 만들기

빈 인자인 내장 함수 set() 호출로 만들어지는 다음 집합 s는 공집합이며, 집합의 자료형 이름은 클래스 set이다.

```
>>> s = set()
>>> type(s)
<class 'set'>
```

공집합을 출력해 보면 set()인 것을 알 수 있다.

```
>>> s
set()
```

빈 리스트와 튜플이 각각 [ ], ()이며, 빈 딕셔너리는 {}이다. 수학에서는 {}이 공집합이나 파이썬에서 {}은 빈 딕셔너리이다. 파이썬에서는 set()으로 공집합을 만든다. 주의하자.

```
>>> d = {}
>>> type(d)
<class 'dict'>
```

### 리스트나 튜플의 중복 항목을 제거하는 집합

다음은 set(리스트) 함수를 사용하여 리스트를 집합으로 변환하는 코드이다. 리스트에서 중복된 항목인 1이 집합으로 변환되면서 하나만 원소로 삽입되는 것을 알 수 있다. 또한 순서는 무의미해진다.

```
>>> lst = [1, 2, 3, 1]
>>> set(lst)
{1, 2, 3}
```

튜플도 이와 마찬가지이다.

```
>>> tpl = (1, 2, 3, 1)
>>> set(tpl)
{1, 2, 3}
```

### 일상 코딩: 한 글자의 단어로 구성된 집합 만들기

원소가 한 글자 단어로 구성된 집합을 만들어 출력하자. 함수 set()을 이용하면 리스트나 튜플의 항목이 원소가 되는 집합이 생성된다. 직접 중괄호에 원소를 삽입해 만들어 보자. 이 경우, 중괄호 안에는 리스트나 딕셔너리가 삽입될 수 없다는 점도 주의하자.

**5-6 코딩** 05-06-onecharset.py | **한 글자 단어의 집합 만들기** | 난이도 기본

```
# 1. 집합 기호 {}로 원소 나열
nuts = {'밤', '잣'}
# 2. 내장 함수 set('문자열')
planets = set('해달별')
# 3. 내장 함수 set([])
fruits = set(['감', '귤'])

# 4. 집합 원소로 튜플과 문자열
things = {('밤', '잣'), ('감', '귤'), '해달'}
# things = {['밤', '잣'], ('감', '귤'), '해달'} # 오류 발생

# 5. 집합 출력
print(nuts)
for i in nuts:
    print(i, end=' ')
print()

print(planets)
print(fruits)
print(things)
```

주의

10줄, 집합에서 ['밤', '잣']과 같은 리스트는 원소가 될 수 없다.

결과

```
{'밤', '잣'}
밤 잣
{'달', '별', '해'}
{'귤', '감'}
{'해달', ('밤', '잣'), ('감', '귤')}
```



## 2.3 함수 len( )과 소속 연산 in

### 집합 원소 수 함수 len( )

함수 len()으로 집합 원소의 수를 확인할 수 있다.

```
>>> p1 = {'fortran', 'basic', 'cobol', 'c'}
>>> p2 = {'python', 'kotlin'}
>>> len(p1)
4
>>> len(p2)
2
```

### 멤버십 연산자 in

소속 연산자 in은 집합에서 유용하게 사용될 수 있다. 특정 원소가 집합에 있는지 확인하기 위해 in을 사용한다.

```
>>> 'fortran' in p1
True
>>> 'fortran' in p2
False
>>> 'python' not in p1
True
```

## 2.4 집합의 원소 추가와 삭제

### 집합 메서드 add(원소)로 추가

집합은 시퀀스가 아니므로 인덱싱이나 슬라이싱을 사용할 수 없다. 원소를 추가 또는 삭제하며, 집합을 비교하는 기능에 사용되는 연산을 정리하면 다음과 같다.

▼ **표 1** 집합 연산

| 연산 메서드 | 설명 |
|---|---|
| add(원소) | 하나의 원소를 추가 |
| remove(원소) | 원소를 삭제하며, 원소가 없으면 오류 발생 |
| pop( ) | 임의 원소 하나를 삭제하며, 빈 집합이면 오류 발생 |
| copy( ) | 자신의 복사본 집합을 반환 |
| clear( ) | 모든 원소를 삭제 |
| discard(원소) | 원소를 삭제하며, 원소가 없어도 오류 미발생 |
| a.isdisjoint(b) | 두 집합 a, b에 공통 원소(교집합)가 없으면 True 반환 |
| a.issubset(b)<br>a >= b | 집합 a가 다른 집합 b의 부분 집합이면 True 반환 |
| a.issuperset(b)<br>a <= b | 집합 a가 다른 집합 b보다 상위 집합(b에 없는 원소가 있다면)이면 True 반환 |

### 집합 메서드 add(원소)로 추가와 clear( )로 모두 삭제

이미 만들어진 집합에 원소를 추가해 보자. 원소의 추가는 메서드 add(원소)를 사용한다.

```
>>> odd = {1, 3, 5}
>>> odd.add(7)
>>> odd
{1, 3, 5, 7}
```

집합의 모든 원소를 삭제하려면 메서드 clear()를 사용한다.

```
>>> odd.clear()
>>> print(odd)
set()
```

### 집합 메서드 remove(원소)와 discard(원소), pop( )으로 항목 삭제

원소의 삭제는 메서드 remove(원소)를 사용한다. 메서드 remove(원소) 호출에서 삭제하려는 원소가 없으면 KeyError가 발생하므로 주의하자.

```
>>> odd = {1, 3, 5}
>>> odd.remove(3)
>>> odd
{1, 5}
```

```
>>> odd.remove(9)
Traceback (most recent call last):
  File "<stdin>", line 1, in <module>
KeyError: 9
```

메서드 discard(원소)로도 원소를 삭제할 수 있으며 원소가 없어도 오류가 발생하지 않는다.

```
>>> odd = {1, 3, 5}
>>> odd.discard(3)
>>> odd
{1, 5}
>>> odd.discard(9)
```

임의의 원소를 삭제하려면 pop()를 사용해야 한다.

```
>>> odd = {1, 3, 5}
>>> odd.pop()
1
>>> odd
{3, 5}
```

빈 집합에서 pop()를 호출하면 예외 KeyError가 발생한다.

```
>>> empty = set()
>>> empty.pop()
Traceback (most recent call last):
  File "<stdin>", line 1, in <module>
KeyError: 'pop from an empty set'
```

### 자신의 복사본을 반환하는 copy( )

다음처럼 수정 가능한 집합에서 대입 연산자는 같은 객체를 공유하게 된다.

```
>>> s1 = {1, 2, 3}
>>> s2 = s1
>>> id(s1), id(s2)
(2596441232256, 2596441232256)
```

결국 객체 s1과 s2는 같은 객체이므로 연산식 s1 is s2가 True다.

```
>>> s2 is s1
True
```

다음처럼 s1.copy()의 반환 값을 다른 변수에 대입하면 두 객체 s1과 s2는 다른 객체가 된다.

```
>>> s1 = {1, 2, 3}
>>> s2 = s1.copy()
>>> s2 is s1
False
```

다음 예제는 집합으로 초기 메뉴를 생성하고 무작위로 선택된 음식 메뉴를 관리하는 간단한 음식 메뉴 관리 코드이다. 사용자가 메뉴를 추가, 삭제할 수 있도록 한다.

**5-7 코딩** 05-07-managesetmenu.py | **집합으로 메뉴 관리** | 난이도 응용

```
# 1. 사용자 메뉴 추가 함수
def add_menu(menu_name):
    if menu_name not in menu_set:
        menu_set.add(menu_name)
        print(f"{menu_name}가(이) 메뉴에 추가되었습니다.")
    else:
        print(f"{menu_name}는(은) 이미 메뉴에 존재합니다.")

# 2. 사용자 메뉴 삭제 함수
def remove_menu(menu_name):
    if menu_name in menu_set:
        menu_set.remove(menu_name)
        print(f"{menu_name}가(이) 메뉴에서 삭제되었습니다.")
    else:
        print(f"{menu_name}는(은) 메뉴에 존재하지 않습니다.")

# 3. 음식 메뉴를 저장할 빈 set 생성
menu_set = set()

# 4. 초기 메뉴 목록 추가
menu_set.add("피자")
menu_set.add("스파게티")
menu_set.add("햄버거")

# 5. 초기 메뉴 목록 출력
print("현재 메뉴 목록:", menu_set)

# 6. 사용자가 메뉴 추가 및 삭제
add_menu("스시")
add_menu("피자")
remove_menu("햄버거")

# 7. 최종 메뉴 목록 출력
print("최종 메뉴 목록:", menu_set)
```

결과

```
현재 메뉴 목록: {'피자', '햄버거', '스파게티'}
스시가(이) 메뉴에 추가되었습니다.
피자는(은) 이미 메뉴에 존재합니다.
햄버거가(이) 메뉴에서 삭제되었습니다.
최종 메뉴 목록: {'피자', '스파게티', '스시'}
```



## 2.5 집합의 주요 연산인 합집합, 교집합, 차집합, 여집합

### 집합 연산과 벤 다이어그램

중 · 고교 시절에 배웠던 합집합, 교집합, 차집합, 여집합 등을 기억해 보자. 그 시절에 배운 벤 다이어그램을 생각하면 집합을 훨씬 이해하기 쉽다.

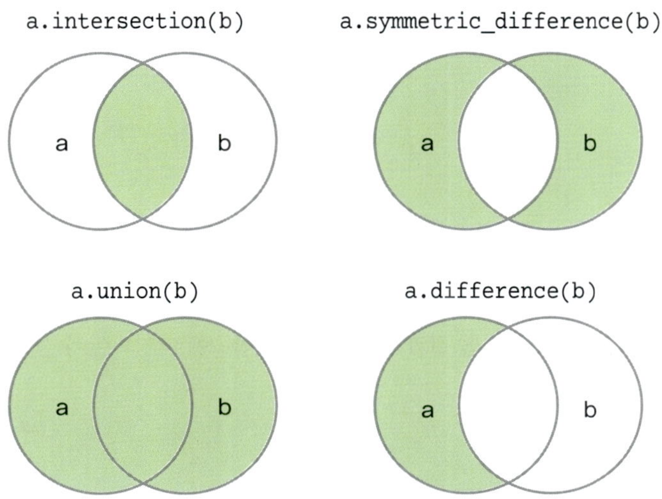


▲ **그림 5** 집합의 벤 다이어그램

다음은 위 집합을 연산하는 메서드와 연산자를 정리한 표이다.

▼ **표 2** 집합 연산

| 구분 | 연산 메서드 | 연산자 | 설명 |
|---|---|---|---|
| 결과가 집합 A에 반영되지 않으며 결과만 반환 | A.union(B) | A \| B | 합집합, A와 B의 모든 원소 |
| | A.intersection(B) | A & B | 교집합, A와 B에서 공통인 원소 |
| | A.difference(B) | A - B | 차집합, A에만 있는 원소 |
| | A.symmetric_difference(B) | A ^ B | 여집합, A와 B에만 각각 있는 원소 |

| | | | |
|---|---|---|---|
| 결과가 집합 A에 반영 | A.update(B) | A = A \| B<br>A \|= B | 합집합의 결과를 다시 A에 저장 |
| | A.intersection_update(B) | A = A & B<br>A &= B | 교집합의 결과를 다시 A에 저장 |
| | A.difference_update(B) | A = A - B<br>A -= B | 차집합의 결과를 다시 A에 저장 |
| | A.symmetric_difference_update(B) | A = A ^ B<br>A ^= B | 여집합의 결과를 다시 A에 저장 |

### 합집합 연산자 |와 메서드 union( ), update( )

양쪽 모든 원소를 합하는 합집합은 연산자 |와 메서드 union()을 사용한다. 메서드 union()은 합집합을 반환하며 a 자체가 수정되지 않는다.

```
>>> a = {1, 2, 3}
>>> b = {2, 3, 4}
>>> a | b
{1, 2, 3, 4}
>>> a.union(b)
{1, 2, 3, 4}
>>> a
{1, 2, 3}
```

메서드 a.update(b)는 a와 b의 합집합 결과가 호출하는 집합 a에 반영되어 수정된다는 차이점이 있다.

```
>>> a.update(b)
>>> a
{1, 2, 3, 4}
```

메서드 a.update(b) 호출 결과는 a = a | b와 같다.

```
>>> a = {1, 2, 3}
>>> b = {2, 3, 4}
>>> a = a | b
>>> a
{1, 2, 3, 4}
```

### 교집합 연산자 &와 메서드 intersection( ), intersection_updtae( )

양쪽 모든 집합에 속하는 원소로 구성되는 교집합은 연산자 &와 메서드 intersection()을 사용한다.

```
>>> a = {1, 2, 3}
>>> b = {2, 3, 4}
>>> a & b
{2, 3}
>>> a.intersection(b)
{2, 3}
>>> a
{1, 2, 3}
```

메서드 a.intersection(b)는 집합 a, b 모두에 영향을 미치지 않는다. 그러나 메서드 a.intersection_update(b)는 a를 교집합으로 수정한다.

```
>>> a.intersection_update(b)
>>> a
{2, 3}
```

### 차집합 연산자 –와 메서드 difference( ), difference_update( )

피연산자인 왼쪽 집합에 있지만, 오른쪽에는 없는 원소로 구성되는 차집합은 연산자 –와 메서드 difference()를 사용한다.

```
>>> a = {1, 2, 3}
>>> b = {2, 3, 4}
>>> a - b
{1}
>>> a.difference(b)
{1}
>>> a
{1, 2, 3}
```

메서드 a.difference_update(b)는 a를 연산 결과인 차집합으로 수정한다.

```
>>> a.difference_update(b)
>>> a
{1}
```

피연산자에 순서에 따라 결과가 다르므로 교환 법칙은 성립하지 않는다. 네 개의 집합 연산 중 차집합만 교환 법칙이 성립하지 않는다.

```
>>> a = {1, 2, 3}
>>> b = {2, 3, 4}
>>> a - b
{1}
>>> b - a
{4}
```

### 여집합 연산자 ^와 메서드 symmetric_difference( ), symmetric_difference_update( )

한쪽 집합에는 소속되지만, 교집합이 아닌 원소로 구성되는 여집합은 '대칭 차집합'이라고도 하며, 연산자 ^와 메서드 symmetric_difference( )를 사용한다.

```
>>> a = {1, 2, 3}
>>> b = {2, 3, 4}
>>> a ^ b
{1, 4}
>>> a.symmetric_difference(b)
{1, 4}
>>> a
{1, 2, 3}
```

메서드 a.symmetric_difference_update(b)는 a를 연산 결과인 대칭 차집합으로 수정한다.

```
>>> a.symmetric_difference_update(b)
>>> a
{1, 4}
```

### 집합 연산의 축약 대입 연산자 |=, &=, -=, ^=

산술 연산의 +=과 *=처럼 위에서 알아본 집합 연산 네 가지에도 축약 대입 연산자 |=, &=, -=, ^=를 제공한다.

다음은 합집합의 연산자 |=으로 합집합의 결과가 왼쪽 피연산자에 대입된다. 그러므로 메서드 update( )의 결과와 같다.

```
>>> A = set('abcd'); B = set('cde')
>>> A |= B # A = A | B, A.update(B)
>>> A
{'b', 'a', 'c', 'e', 'd'}
```

다음은 교집합의 연산자 &=으로 교집합의 결과가 왼쪽 피연산자에 대입된다. 위와 결과가 같은 메서드 intersection_update( )도 제공한다.

```
>>> A = set('abcd'); B = set('cde')
>>> A &= B # A = A & B, A.intersection_update(B)
>>> A
{'c', 'd'}
```

다음은 차집합의 연산자 -=에 대한 코드이며, 메서드 difference_update()도 제공한다.

```
>>> A = set('abcd'); B = set('cde')
>>> A -= B # A = A - B, A.difference_update(B)
>>> A
{'b', 'a'}
```

다음은 여집합의 연산자 ^=에 대한 코드이며, 메서드 symmetric_difference_update()도 제공한다.

```
>>> A = set('abcd'); B = set('cde')
>>> A ^= B # A = A ^ B, A.symmetric_difference_update(B)
>>> A
{'b', 'a', 'e'}
```

다음 예제는 집합 메서드와 집합 연산을 활용하여 친구 목록과 선호하는 색깔 목록을 다루는 방법의 코드이다. 친구 목록의 집합에서 합집합, 교집합, 차집합, 여집합 등을 반환하는 메서드를 사용하여 조건에 맞는 친구 목록을 만들고 출력해 보자.

**5-8 코딩** 05-08-setfriends.py | **집합으로 친구 관리** | 난이도 응용

```
# 1. 두 명의 친구 목록을 합친 후 중복된 친구를 제거합니다.
friend_list1 = {"Alice", "Bob", "Charlie", "David"}
friend_list2 = {"Charlie", "Eve", "Frank", "Alice"}
combined_friends = friend_list1.union(friend_list2)
print("모든 친구:", combined_friends)

# 2. 두 명의 친구 목록에서 공통된 친구를 찾습니다.
common_friends = friend_list1.intersection(friend_list2)
print("공통된 친구:", common_friends)

# 3. 첫 번째 친구 목록에서 두 번째 친구 목록에 없는 친구를 찾습니다.
unique_to_list1 = friend_list1.difference(friend_list2)
print("첫 번째 목록에만 있는 친구:", unique_to_list1)
```

```python

    # 4. 두 명의 친구 목록에서 중복된 친구를 제거합니다.
    unique_friends = friend_list1.symmetric_difference(friend_list2)
    print("중복 제거된 친구 목록:", unique_friends)

    # 5. 선호하는 색깔을 입력하고, 두 명의 친구 중 공통된 취향을 가진 친구를 찾습니다.
    my_colors = {"Blue", "Green", "Red"}
    friend1_colors = {"Blue", "Green", "Yellow"}
    friend2_colors = {"Red", "Green", "Blue"}

    common_color_friends1 = friend1_colors.intersection(my_colors)
    common_color_friends2 = friend2_colors.intersection(my_colors)
    print("첫 번째 친구의 공통된 취향:", common_color_friends1)
    print("두 번째 친구의 공통된 취향:", common_color_friends2)
```

결과

```
모든 친구: {'David', 'Frank', 'Charlie', 'Alice', 'Bob', 'Eve'}
공통된 친구: {'Charlie', 'Alice'}
첫 번째 목록에만 있는 친구: {'Bob', 'David'}
중복 제거된 친구 목록: {'David', 'Frank', 'Bob', 'Eve'}
첫 번째 친구의 공통된 취향: {'Green', 'Blue'}
두 번째 친구의 공통된 취향: {'Red', 'Green', 'Blue'}
```

## 2.6 수정할 수 없는 집합 frozenset

### 얼어붙은 집합 자료형 frozenset

자료형 frozen세트는 수정할 수 없다는 점을 제외하면 집합과 똑같다. 즉, frozenset에는 집합에 원소를 추가하는 add() 등의 메서드를 제공하지 않는다.

```
>>> fs = frozenset([1, 2, 2, 3])
>>> fs
frozenset({1, 2, 3})
>>> fs.add(4)
Traceback (most recent call last):
  File "<stdin>", line 1, in <module>
AttributeError: 'frozenset' object has no attribute 'add'
```

이와 마찬가지로 집합을 수정하는 add(), clear(), discard(), pop(), remove(), update(), OOO_update() 등의 메서드를 지원하지 않는다. 내장 함수 dir()로 살펴보면 frozen세트와 set에서 사용할 수 있는 메서드를 비교할 수 있다. 노란색 부분의 메서드는 set에서만 지원된다.

```
>>> dir(frozenset)
['__and__', '__class__', '__class_getitem__', '__contains__', '__delattr__', '__dir__', '__doc__', '__eq__', '__format__', '__ge__', '__getattribute__', '__getstate__', '__gt__', '__hash__', '__init__', '__init_subclass__', '__iter__', '__le__', '__len__', '__lt__', '__ne__', '__new__', '__or__', '__rand__', '__reduce__', '__reduce_ex__', '__repr__', '__ror__', '__rsub__', '__rxor__', '__setattr__', '__sizeof__', '__str__', '__sub__', '__subclasshook__', '__xor__', 'copy', 'difference', 'intersection', 'isdisjoint', 'issubset', 'issuperset', 'symmetric_difference', 'union']
>>> dir(set)
['__and__', '__class__', '__class_getitem__', '__contains__', '__delattr__', '__dir__', '__doc__', '__eq__', '__format__', '__ge__', '__getattribute__', '__getstate__', '__gt__', '__hash__', '__iand__', '__init__', '__init_subclass__', '__ior__', '__isub__', '__iter__', '__ixor__', '__le__', '__len__', '__lt__', '__ne__', '__new__', '__or__', '__rand__', '__reduce__', '__reduce_ex__', '__repr__', '__ror__', '__rsub__', '__rxor__', '__setattr__', '__sizeof__', '__str__', '__sub__', '__subclasshook__', '__xor__', 'add', 'clear', 'copy', 'difference', 'difference_update', 'discard', 'intersection', 'intersection_update', 'isdisjoint', 'issubset', 'issuperset', 'pop', 'remove', 'symmetric_difference', 'symmetric_difference_update', 'union', 'update']
```

### 집합 내부의 원소와 딕셔너리의 키로 사용 가능한 frozenset

자료형 set에서 unhashable 자료형인 set는 원소로 사용될 수 없다.

```
>>> set([1, {3.14, 2.71}])
Traceback (most recent call last):
  File "<stdin>", line 1, in <module>
TypeError: unhashable type: 'set'
```

만일, 집합 내부에 집합을 원소로 사용하려면 바로 frozenset를 사용하면 된다. 자료형 frozenset는 hashable하기 때문이다.

```
>>> fs = frozenset([3.14, 2.71])
>>> fs
frozenset({2.71, 3.14})
>>> set([1, fs])
{frozenset({2.71, 3.14}), 1}
```

이와 마찬가지로, 자료형 dict에서 unhashable 자료형인 set는 키로 사용될 수 없다.

```
>>> {{1, 2}: '정수', {3.14, 2.71}: '실수'}
Traceback (most recent call last):
  File "<stdin>", line 1, in <module>
TypeError: unhashable type: 'set'
```

만일, 딕셔너리의 키로 집합을 사용하려면, 다음처럼 frozenset를 사용하면 된다.

```
>>> integer = frozenset({1, 2})
>>> real = frozenset({3.14, 2.71})
>>> {integer: '정수', real: '실수'}
{frozenset({1, 2}): '정수', frozenset({2.71, 3.14}): '실수'}
```

딕셔너리 참조도 키인 frozenset로 가능하지만, 일반 set으로는 예외가 발생한다.

```
>>> number[integer]
'정수'
>>> number[{1, 2}]
Traceback (most recent call last):
  File "<stdin>", line 1, in <module>
TypeError: unhashable type: 'set'
```

키인 frozenset integer로 참조가 가능하다.

```
>>> number[integer]
'정수'
```

다음 예제는 세트와 frozenset를 비교하는 코드이다. 물건의 목록을 세트와 frozenset로 관리하며, 세트로는 물품을 추가하고 제거할 수 있고, 변경 불가능한 frozenset를 사용하여 집합 연산을 수행하는 과정을 보이고 있다.

**5-9 코딩** 05-09-frozenset.py | **set와 frozenset의 비교** | 난이도 기본

```python
# 1. 가변(set) 목록 생성
shopping_list = set(["사과", "바나나", "우유", "빵"])
print("가변 목록(set):", shopping_list)

# 2. 가변 목록에 물건 추가
shopping_list.add("치즈")
print("가변 목록(set)에 치즈 추가:", shopping_list)

# 3. 가변 목록에서 물건 제거
shopping_list.remove("우유")
print("가변 목록(set)에서 우유 제거:", shopping_list)

# 4. 불변(frozenset) 목록 생성
immutable_shopping_list = frozenset(["사과", "바나나", "우유", "빵"])
print("불변 목록(frozenset):", immutable_shopping_list)
```

```python
# 불변 목록은 수정 불가능하므로 다음 줄은 오류를 발생시킵니다.
# immutable_shopping_list.add("치즈")

# 5. 불변 목록을 사용한 집합 연산
new_shopping_list = frozenset(["치즈", "물", "사과", "바나나"])
union_result = immutable_shopping_list | new_shopping_list  # 합집합
intersection_result = immutable_shopping_list & new_shopping_list  # 교집합
print("불변 목록(frozenset)을 사용한 집합 연산 - 합집합:", union_result)
print("불변 목록(frozenset)을 사용한 집합 연산 - 교집합:", intersection_result)
```

결과

```
가변 목록(set): {'사과', '우유', '바나나', '빵'}
가변 목록(set)에 치즈 추가: {'바나나', '사과', '치즈', '빵', '우유'}
가변 목록(set)에서 우유 제거: {'바나나', '사과', '치즈', '빵'}
불변 목록(frozenset): frozenset({'사과', '우유', '바나나', '빵'})
불변 목록(frozenset)을 사용한 집합 연산 - 합집합: frozenset({'바나나', '사과', '치즈', '물', '빵', '우유'})
불변 목록(frozenset)을 사용한 집합 연산 - 교집합: frozenset({'사과', '바나나'})
```

SECTION
# 03 내장 함수 zip()과 enumerate()

PYTHON

## 3.1 내장 함수 zip()

### 리스트나 튜플 항목으로 조합된 항목을 생성하는 내장 함수 zip()

내장 함수 zip()을 이용하여 여러 개의 반복 가능한 객체의 항목으로 조합된 zip을 만들 수 있다. zip(*iterables) 호출은 iterables 수만큼의 튜플 항목 시퀀스를 항목으로 하는 반복자(iterator)를 반환한다. 결과의 항목인 모든 튜플의 i번째 요소는 i번째 인자로 만들어지는데, 가장 적은 수의 인자에서 모두 소진될 때까지 계속된다.

**내장 함수 zip**

```
zip( *iterables, strict=False )
```

- 항목이 각 인자인 반복 가능 항목의 i 번째 요소를 갖는 튜플로 구성되는 튜플 반복자(iterator)인 zip을 반환
- 리스트와 튜플, range, 문자열, 사전, 집합처럼 반복 가능(iterable)한 객체가 여러 개 가능
- 인자 strict는 기본이 False로 iterable의 길이가 달라도 가능
- 인자 strict=True로 지정하면 iterable의 길이가 다르면 예외 발생

함수 zip()의 결과는 자료형 zip이다. 자료형 zip은 간단하게 리스트나 튜플로 변환할 수 있다. 다음처럼 zip()의 인자에서 각각의 인자 항목 수가 다르면 가장 적은 항목 수만큼만 튜플이 생성된다. 즉, range(3)은 항목 수가 3으로, 가장 적으므로 세 개까지만 항목이 구성된다. 즉, zip()의 인자들의 길이가 같지 않더라도 짧은 쪽의 인자에 맞는 리스트를 구성하고 긴 것은 무시한다.

```
>>> data = zip('abcdefg', range(3), [1, 2, 3, 4])
>>> data, type(data)
(<zip object at 0x0000025C87F6E980>, <class 'zip'>)
>>> list(data)
[('a', 0, 1), ('b', 1, 2), ('c', 2, 3)]
```

다음 a는 네트워크 서버의 서비스 명칭으로 구성된 리스트이다. b는 각각의 서비스 기본 포트 번호이다.

```
>>> a = ['FTP', 'telnet', 'SMTP', 'DNS']
>>> b = (20, 23, 25, 53)
```

내장 함수 list()의 인자로 zip()의 결과를 사용하면 항목이 튜플인 리스트가 생성된다.

```
>>> list(zip(a, b))
[('FTP', 20), ('telnet', 23), ('SMTP', 25), ('DNS', 53)]
```

이와 마찬가지로 tuple()의 인자로 zip()을 사용하면 항목이 튜플인 튜플이 생성된다.

```
>>> tuple(zip(a, b))
(('FTP', 20), ('telnet', 23), ('SMTP', 25), ('DNS', 53))
```

다음 zip()은 인자가 세 개이므로 항목이 세 개인 튜플이 구성된다.

```
>>> list(zip('ABCD', a, b))
[('A', 'FTP', 20), ('B', 'telnet', 23), ('C', 'SMTP', 25), ('D', 'DNS', 53)]
```

함수 호출 zip() 결과는 iterator이므로 for in문에 사용할 수 있다.

```
>>> for t in zip(a, b):
...     print(f'서비스: {t[0]} -> 포트: {t[1]}')
...
서비스: FTP -> 포트: 20
서비스: telnet -> 포트: 23
서비스: SMTP -> 포트: 25
서비스: DNS -> 포트: 53
```

다음처럼 iterable의 길이가 다르면 항목 수가 적은 수에 맞게 결정된다.

```
>>> tuple(zip('abcd', 'XY'))
(('a', 'X'), ('b', 'Y'))
```

그러나 인자 strict=True로 지정할 때 iterable의 길이가 다르면 예외가 발생한다.

```
>>> tuple(zip('abcd', 'XY', strict=True))
Traceback (most recent call last):
  File "<stdin>", line 1, in <module>
ValueError: zip() argument 2 is shorter than argument 1
```

다음처럼 반복 가능한 객체로 세트를 사용하면 튜플 항목의 순서가 입력 순서와 다르게 나타날 수 있다.

```
>>> list(zip({3, 2, 1}, [1, 4, 9]))
[(1, 1), (2, 4), (3, 9)]
```

### 두 개의 리스트나 튜플로 키-값 항목인 딕셔너리를 생성하는 내장 함수 zip()

내장 함수 zip()을 이용하면, 기존 리스트나 튜플의 조합으로 간단하게 딕셔너리를 만들 수 있다.

```
>>> fields = ['name', 'age', 'job']
>>> values = ['홍길동', '25', 'Python Developer']
```

내장 함수 dict()에서 zip()의 인자 두 개를 사용하면, 앞은 '키', 뒤는 '값의 조합'이 되어 딕셔너리가 생성된다.

```
>>> he = dict(zip(fields, values))
>>> he
{'name': '홍길동', 'age': '25', 'job': 'Python Developer'}
```

다시 filed와 new_job으로 딕셔너리를 만들어 메서드 update()를 호출하면 job이 수정되는 것을 알 수 있다.

```
>>> field = ['job']
>>> new_job = ['Data Scientist']
>>> he.update(dict(zip(field, new_job)))
>>> he
{'name': '홍길동', 'age': '25', 'job': 'Data Scientist'}
```

다음 예제는 이름과 나이 정보가 있는 두 개의 리스트를 zip() 함수로 묶어 딕셔너리로 변환하고, 그 딕셔너리를 활용하여 데이터를 처리하는 코드이다.

**5-10 코딩** 05-10-userzips.py | **딕셔너리와 zip()으로 사용자 정보 관리** | 난이도 응용

```
# 1. Two lists 생성
names = ['철수', '영희', '민수']
ages = [25, 22, 30]

# 2. zip() 함수를 사용하여 리스트를 딕셔너리로 묶기
user_info = dict(zip(names, ages))

# 3. 사용자 정보 출력
for name, age in user_info.items():
    print(f'{name}: {age}세')

# 4. 새로운 사용자 정보 추가
user_info['지영'] = 28
# 5. 사용자 정보 수정
```

```
    user_info['철수'] = 26
    # 6. 사용자 정보 삭제
    if '민수' in user_info:
        del user_info['민수']

    # 7. 모든 사용자의 나이 합계 계산
    total_age = sum(user_info.values())

    # 8. 사용자 정보 출력
    print("\n 사용자 정보:")
    for name, age in user_info.items():
        print(f'{name}: {age}세')

    # 9. 사용자 나이 정보 출력
    print(f'\n 나이 합계: {total_age}세')
```

결과

```
철수: 25세
영희: 22세
민수: 30세

사용자 정보:
철수: 26세
영희: 22세
지영: 28세

나이 합계: 76세
```

## 3.2 내장 함수 enumerate( )

### 첨자를 자동으로 만들어 첨자와 값의 쌍인 튜플을 만들어 주는 내장 함수 enumerate( )

내장 함수 enumerate(시퀀스)는 0부터 시작하는 첨자와 항목 값의 튜플 목록을 생성한다.

**내장 함수 enumerate()**

```
enumerate( iterable, start=0 )
```

- 0부터 시작하는 첨자를 첫 원소로 갖는 (0, seq[0]), (1, seq[1]), (2, seq[2])... 형태의 반복자(iterator)인 enumerate 객체를 반환
- 리스트와 튜플, range, 문자열, 딕셔너리, 집합처럼 반복 가능(iterable)한 객체가 여러 개 가능
- 인자 start는 기본이 0으로, 0부터 시작해서 1씩 증가
- 인자 start=n을 지정하면 시작이 n부터 1씩 증가

내장 함수 enumerate(iterable) 호출 결과는 iterator인 enumerate 객체이다.

```
>>> pl = ['pyhon', 'C', 'java']
>>> enumerate(pl)
<enumerate object at 0x0000025C87F73330>
```

enumerate 객체를 list로 생성하면 0부터 시작하는 정수가 포함된 튜플 항목의 목록이 보인다.

```
>>> list(enumerate(pl))
[(0, 'pyhon'), (1, 'C'), (2, 'java')]
```

> 0부터 시작하는 첨자가 자동으로 삽입된 튜플 항목이 생성된다.

키워드 인자 start를 사용하여 enumerate(iterable, start = 1)로 호출하면 시작 첨자를 1로 지정할 수 있다. 키워드 start는 생략 가능하다.

```
>>> list(enumerate(pl, start = 1))
[(1, 'pyhon'), (2, 'C'), (3, 'java')]
```

> 첨자가 1부터 시작되도록 지정할 수 있다.

다음과 같이 문자열 리스트를 사용할 수 있다.

```
>>> lst = 'python'
>>> list(enumerate(lst))
[(0, 'p'), (1, 'y'), (2, 't'), (3, 'h'), (4, 'o'), (5, 'n')]
```

### 반복에서 사용하는 내장 함수 enumerate( )

함수 enumerate(iterable)의 결과는 for 반복에서 사용하면 유용하다. 다음처럼 변수 season으로 지정하면 season[0]는 첨자이며, season[1]은 값이 된다. 물론 format( ) 메서드에서 *tp로 지정하면 자동으로 나뉘어 앞부분의 {}에는 첨자, 뒤의 {}에는 값이 출력된다.

```
>>> seasons = ("Spring", "Summer", "Fall", "Winter")
>>> for season in enumerate(seasons, start=1):
...     print(f'{season[0]}: {season[1]}')
...     print('{}: {}'.format(*season))
...
1: Spring
1: Spring
2: Summer
2: Summer
```

> 앞부분은 첨자인 season[0], 뒷부분에는 season[1]인 값이 출력된다.

```
3: Fall
3: Fall
4: Winter
4: Winter
```

다음처럼 두 개의 변수 i, season으로 지정하면 i에는 첨자, season에는 값이 저장된다.

```
>>> seasons = ("Spring", "Summer", "Fall", "Winter")
>>> for i, season in enumerate(seasons, start=1):
...     print(f'{i}: {season}')
...
1: Spring
2: Summer
3: Fall
4: Winter
```

다음 예제는 과일 목록을 enumerate() 함수와 딕셔너리 자료형을 활용하여 과일 목록을 열거해 선택하고 새로운 과일을 추가하는 코드이다.

**5-11 코딩** 05-11-enumfruits.py | **딕셔너리와 enumerate()로 과일 목록 관리** | 난이도 응용

```
# 1. 리스트 생성
fruits = ['사과', '바나나', '딸기', '포도']
# 2. enumerate() 함수를 사용하여 인덱스와 함께 목록을 나열
indexed_fruits = list(enumerate(fruits, start=1))

# 3. 인덱스와 과일로 딕셔너리 생성
fruits_dict = dict(indexed_fruits)
# 4. 인덱스와 과일 딕셔너리 출력
for index, fruit in indexed_fruits:
    print(f'{index}: {fruit}')

# 5. 사용자로부터 선택한 과일의 인덱스 입력받기
choice = int(input('원하는 과일의 인덱스를 입력하시오: '))
# 6. 선택한 과일 확인
if choice in fruits_dict:
    selected_fruit = fruits_dict[choice]
    print(f '선택한 과일은 {selected_fruit}입니다.')
else:
    print('유효한 인덱스가 아닙니다.')

# 7. 새로운 과일 추가
new_fruit = input('새로운 과일을 입력하시오: ')
```

```python
next_index = len(fruits_dict) + 1
fruits_dict[next_index] = new_fruit

# 8. 새로운 과일을 목록에 추가
fruits.append(new_fruit)

# 9. 업데이트된 인덱스와 과일 딕셔너리 출력
print('\n 업데이트된 인덱스와 과일:')
for index, fruit in fruits_dict.items():
    print(f'{index}: {fruit}')
# 10. 업데이트된 과일 목록 출력
print('\n 업데이트된 과일 목록:')
for fruit in fruits:
    print(fruit)
```

결과

```
1: 사과
2: 바나나
3: 딸기
4: 포도
원하는 과일의 인덱스를 입력하시오: 3
선택한 과일은 딸기입니다.
새로운 과일을 입력하시오: 복숭아

업데이트된 인덱스와 과일:
1: 사과
2: 바나나
3: 딸기
4: 포도
5: 복숭아

업데이트된 과일 목록:
사과
바나나
딸기
포도
복숭아
```

## 학습 내용 점검

**01 :** 다음 딕셔너리를 만드는 코드에서 오류를 수정하시오.

```
① {1;1, 2;4, 3;9}
② (1:1, 2:4, 3:9)
③ {1::1, 2::4, 3::9}
④ dict(1:1, 2:4, 3:9)
⑤ dict([1:1, 2:4, 3:9])
⑥ dict([1, 2, 3])
⑦ dict(1=1, 2=4, 3=9)
⑧ dict('월'=monday, '화'=tuesday, '수'=wednesday)
```

**02 :** 다음 딕셔너리의 출력 결과를 쓰세요.

```
a = dict([(1, 'java'), (2, 'python'), (3, 'kotlin')])
b = { 'apple': 2, 'orange': 3, 'grape': 4 }
```

```
① print(a[3])
② print(a[1])
③ print(b['apple'])
④ print(b['grape'])
⑤ print(list(a.items()))
⑥ print(list(a.keys()))
⑦ print(list(b.values()))
⑧ print(len(b))
```

**03 :** 다음 코드의 출력 결과를 쓰세요.

```
cprice = {'에스프레소': 2500, '아메리카노': 2800, '카페라떼': 3200}
```

```
① print(cprice['에스프레소'])
② print(cprice.get('카페라떼'))
③ print(cprice.get('카푸치노'))
④ print(cprice.pop('아메리카노'))
⑤ print(cprice)
```

```
age = {'손흥수':25, '김연수':34, '김훈엽':45}
age['손흥수'] = 26
age['엄성희'] = 28
```

```
⑥ print(age['손흥수'])
⑦ print(cprice.get('김훈연', '모르겠어요'))
⑧ print(age.setdefault('김지연'))
⑨ print(len(age))
⑩ print(age)
```

**04** : 다음 집합을 만드는 코드에서 오류 발생의 원인을 기술하시오.

```
① {1, 3, [2]}
② {1, 'py', {2}}
③ {1, 3.6, {2:4}}
④ set(1, 2, 3)
⑤ set([1, [2, 3]])
```

**05** : 다음 집합에서 코드의 결과를 쓰세요.

```
A = set(range(1, 5))
B = set(range(3, 6))
```

```
① print(A | B)
② print(A & B)
③ print(A - B)
④ print(A ^ B)
⑤ print(A.union(B))
⑥ print(A.intersection(B))
⑦ print(A.difference(B))
⑧ print(A.symmetric_difference(B))
```

**06** : 다음 문제에서 가장 적절한 것을 하나 선택하시오.

❶ 다음 중 오류가 발생하는 것은?

가) `set([1, 2, 3])` 나) `set((1, 2, 3))`
다) `set(range(1, 4))` 라) `set(1, 2, 3)`

❷ 다음 중 결과가 다른 것은?

가) `{}` 나) `set()`
다) `dict()` 라) `dict([])`

❸ 다음 중에서 바른 문장은?

가) `{frozenset(): 1}` 나) `{[]: 1}`
다) `{set(): 1}` 라) `{dict(): 1}`

❹ 다음 중 결과가 다른 것은?

가) `set('123')` 나) `set(list('123'))`
다) `set(tuple('123'))` 라) `{'123'}`

❺ 다음 중 집합에 없는 메서드는?

가) add 나) discard
다) update 라) remove

## 도전! 프로그래밍

**01** 다음 두 목록을 딕셔너리로 변환해 출력하는 프로그램을 작성하시오.

기본

- keys = ['Ten', 'Twenty', 'Thirty']
- values = [10, 20, 30]

**02** 다음 딕셔너리에서 값이 있는지 확인하는 프로그램을 작성하시오.

기본

- sample_dict = {'a': 100, 'b': 200, 'c': 300}

```
확인할 값을 입력하시오: 300
300 (은)는 딕셔너리에 포함되어 있습니다.

확인할 값을 입력하시오: 50
50 (은)는 딕셔너리에 포함되어 있지 않습니다.
```

**03** 다음 딕셔너리에서 최솟값의 키와 값을 출력하는 프로그램을 작성하시오.

기본

- sample_dict = {'Physics': 82, 'Math': 65, 'history': 75 }

```
최솟값을 갖는 키: Math
최솟값을 갖는 값: 65
```

**04** 다음 회사 6개의 주식 가격을 딕셔너리로 만든 후 다음과 같이 표준 입력으로 검색하여 가격을 출력하는 프로그램을 작성하시오.

기본

- 검색을 계속하며, 주식 이름이 없으면 종료

```
{'삼성에스디에스': 242000, '삼성전자': 47000, '엔씨소프트': 52600, '핸디소프트': 5120, '골프존':
215000, '기아': 56300}

주식 이름 ? 엔씨소프트
엔씨소프트: 52600

주식 이름 ? 골프존
골프존: 215000

주식 이름 ? 현대
주식 이름이 없습니다.
```

**05** 다음을 참고해 식료품점의 상품명과 가격을 관리하는 프로그램을 작성하시오.

응용

- 딕셔너리를 활용하고 세 개 이상의 품목으로 시작
- 메뉴는 다음 다섯 개의 메뉴로 구현

```
원하는 작업을 선택하시오:
1. 가격표 출력
2. 상품 가격 검색
3. 가격 업데이트
4. 상품 추가
5. 종료
선택: 1

상품 목록 및 가격:
사과: 2000원
바나나: 1500원
오이: 1000원

…
```

```
원하는 작업을 선택하시오:
1. 가격표 출력
2. 상품 가격 검색
3. 가격 업데이트
4. 상품 추가
5. 종료
선택: 3

가격을 업데이트할 상품 이름을 입력하시오: 당근
새로운 가격을 입력하시오: 1100
당근의 가격이 1100원으로 업데이트되었습니다.
```

**06** 다음 리스트와 튜플을 이용해 먼저 딕셔너리를 만들고 다음과 같이 출력하는 프로그램을 작성하시오.

응용

```
fruits = ['apple', 'banana', 'grapes', 'pear']
       prices = (1000, 500, 1200, 1500)

       딕셔너리: {'apple': 1000, 'banana': 500, 'grapes': 1200, 'pear': 1500}
```

- 딕셔너리를 활용하고 세 개 이상의 품목으로 시작
- 메뉴는 다음 다섯 개의 메뉴로 구현

```
{'apple': 1000, 'banana': 500, 'grapes': 1200, 'pear': 1500}

1 apple 가격: 1000
2 banana 가격: 500
3 grapes 가격: 1200
4 pear 가격: 1500
```

**07** 다음을 참고하고 집합 세트를 사용해 시간표 작성 관리를 수행하는 프로그램을 작성하시오.

실전

- 작업은 현재 시간표 출력, 수업 추가, 수업 삭제, 종료로 수행
- 추가와 삭제하는 시간표 형식은 '과학 101: 월 14:00–15:30'

```
원하는 작업을 선택하시오:
1. 현재 시간표 출력
2. 수업 추가
3. 수업 삭제
4. 종료
선택: 1

현재 수업 시간표:
영어 201: 화 13:00-14:30
수학 101: 월 10:00-11:30

원하는 작업을 선택하시오:
1. 현재 시간표 출력
2. 수업 추가
3. 수업 삭제
4. 종료
선택: 4

============== 종료 ==============
```

```
원하는 작업을 선택하시오:
1. 현재 시간표 출력
2. 수업 추가
3. 수업 삭제
4. 종료
선택: 2

추가할 수업 정보를 입력하시오 (예: '과학 101: 월
14:00-15:30'): 과학 101: 월 14:00~15:30
과학 101: 월 14:00~15:30가 시간표에 추가되었습니다.

원하는 작업을 선택하시오:
1. 현재 시간표 출력
2. 수업 추가
3. 수업 삭제
4. 종료
선택: 2

추가할 수업 정보를 입력하시오 (예: '과학 101: 월
14:00-15:30'): 과학 101: 월 14:00~15:30
과학 101: 월 14:00~15:30는 이미 시간표에 있습니다.
…
```

**08** 1에서 20까지의 난수 5개를 두 번 얻어서 각각 집합인 변수 A, B에 저장한다. 집합 A와 B의 합집합과 교집합, 차집합, 여집합을 구해 출력하는 프로그램을 작성하시오.

실전

- 모듈 random의 sample() 함수를 사용한 다음 문장으로 집합 변수 A에 저장

```
A = set(sample(list(range(1, 21)), 5))
```

```
A = {1, 3, 8, 10, 20}
B = {1, 3, 14, 15, 19}

A | B = {1, 3, 8, 10, 14, 15, 19, 20}
A & B = {1, 3}
A - B = {8, 10, 20}
A ^ B = {19, 20, 8, 10, 14, 15}
```

Chapter

# 06

# 사용자 정의 함수

## 학습 목표

- 함수의 내용과 필요성을 이해하고 직접 함수를 정의해 호출할 수 있다.
- 지역 변수와 전역 변수를 이해하고 활용할 수 있다.
- 인자의 기본값과 위치 인자, 키워드 인자를 이해하고 활용할 수 있다.
- 가변 인자와 가변 키워드 인자를 이해하고 활용할 수 있다.
- 압축 풀기 연산자 *와 딕셔너리 풀기 연산자 **를 이해하고 활용할 수 있다.
- 함수에서 특수 매개변수 /와 *를 사용해 위치 전용 인자와 키워드 전용 인자를 구분해 정의할 수 있다.

CONTENTS

SECTION

# 01 함수 정의와 활용



## 1.1 함수 개요

### 특정한 기능을 수행하는 프로그램 단위인 함수

3장에서 함수의 기초를 알아보았다. 프로그래밍 언어에서 함수란, 스마트폰, 믹서기와 커피머신처럼 특정한 기능을 수행하는 독립적인 코드 묶음 단위이다. 이러한 함수는 사용자가 직접 정의해 사용할 수 있으며, 이미 파이썬에 설치된 다양한 함수인 내장 함수를 활용할 수도 있다.

믹서기는 여러 야채나 과일을 넣으면 즙을 만들어 주고 커피머신에 커피와 물, 우유 등을 넣어 주면 맛있는 커피를 만들어 준다. 프로그램의 함수도 여러 입력을 받아 특정한 기능을 수행하고 결괏값을 반환하는 코드의 모임이다.

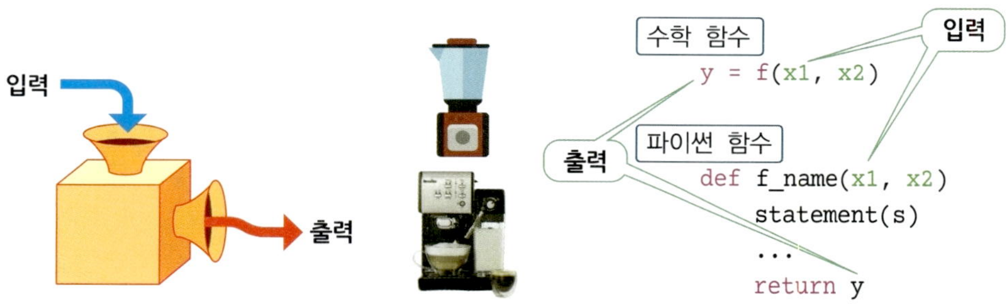


▲ **그림 1** 함수의 개념: 커피머신과 믹서기

### 내장 함수 사용의 즐거움

파이썬의 함수는 사용자 정의 함수(user-defined functions)와 내장 함수(built-in functions) 등으로 나눌 수 있다. 사용자 정의 함수가 우리가 직접 만들어 활용하는 가구라면 내장 함수는 마치 아파트에 붙박이로 설치된 냉장고나 에어컨과 같이 파이썬 설치와 함께 이미 설치된 함수를 말한다.

내장 함수의 종류는 대화형 셸에서 dir(__builtins__)으로 알 수 있다. 이미 print()와 input(), str(), int(), float(), len() 등의 내장 함수는 잘 사용하고 있다.

```
>>> dir(__builtins__)
['ArithmeticError', 'AssertionError', 'AttributeError', 'BaseException',
'BaseExceptionGroup', 'BlockingIOError', 'BrokenPipeError', 'BufferError',
```

```
'BytesWarning', 'ChildProcessError', 'ConnectionAbortedError', 'ConnectionError',
'ConnectionRefusedError', 'ConnectionResetError', 'DeprecationWarning',
'EOFError', 'Ellipsis', 'EncodingWarning', 'EnvironmentError', 'Exception',
'ExceptionGroup', 'False', 'FileExistsError', 'FileNotFoundError',
'FloatingPointError', 'FutureWarning', 'GeneratorExit', 'IOError', 'ImportError',
'ImportWarning', 'IndentationError', 'IndexError', 'InterruptedError',
'IsADirectoryError', 'KeyError', 'KeyboardInterrupt', 'LookupError',
'MemoryError', 'ModuleNotFoundError', 'NameError', 'None', 'NotADirectoryError',
'NotImplemented', 'NotImplementedError', 'OSError', 'OverflowError',
'PendingDeprecationWarning', 'PermissionError', 'ProcessLookupError',
'RecursionError', 'ReferenceError', 'ResourceWarning', 'RuntimeError',
'RuntimeWarning', 'StopAsyncIteration', 'StopIteration', 'SyntaxError',
'SyntaxWarning', 'SystemError', 'SystemExit', 'TabError', 'TimeoutError', 'True',
'TypeError', 'UnboundLocalError', 'UnicodeDecodeError', 'UnicodeEncodeError',
'UnicodeError', 'UnicodeTranslateError', 'UnicodeWarning', 'UserWarning',
'ValueError', 'Warning', 'WindowsError', 'ZeroDivisionError', '_', '__build_
class__', '__debug__', '__doc__', '__import__', '__loader__', '__name__', '__
package__', '__spec__', 'abs', 'aiter', 'all', 'anext', 'any', 'ascii', 'bin',
'bool', 'breakpoint', 'bytearray', 'bytes', 'callable', 'chr', 'classmethod',
'compile', 'complex', 'copyright', 'credits', 'delattr', 'dict', 'dir', 'divmod',
'enumerate', 'eval', 'exec', 'exit', 'filter', 'float', 'format', 'frozenset',
'getattr', 'globals', 'hasattr', 'hash', 'help', 'hex', 'id', 'input', 'int',
'isinstance', 'issubclass', 'iter', 'len', 'license', 'list', 'locals', 'map',
'max', 'memoryview', 'min', 'next', 'object', 'oct', 'open', 'ord', 'pow',
'print', 'property', 'quit', 'range', 'repr', 'reversed', 'round', 'set',
'setattr', 'slice', 'sorted', 'staticmethod', 'str', 'sum', 'super', 'tuple',
'type', 'vars', 'zip']
```

내장 함수 eval()를 통해 활용 방법을 알아보자.

함수 eval() 작업을 수행하는 함수 코드는 어딘가에 정의되어 있지만, 코드가 어디서 작동하는지 심지어 어떻게 작동하는지 알 필요도 없다. 우리가 알아야 할 것은 '함수의 인터페이스'라는 것이다. 바로 함수의 인터페이스는 입력과 출력인 인자와 반환 값이다. 함수 인터페이스를 알았다면 적절한 인자를 넣어 함수를 호출(function call)하고 반환 값을 받으면 된다.

- 함수에 전달할 인자가 무엇인지?
- 함수가 작업을 수행한 후 반환하는 값이 있는지, 있다면 무엇인지?

함수 eval()의 인터페이스를 알기 위해 help(eval)을 실행하자.

```
>>> help(eval)
Help on built-in function eval in module builtins:

eval(source, globals=None, locals=None, /)
```

6장의 마지막 절에서 /을 학습할 예정이다.

```
Evaluate the given source in the context of globals and locals.
The source may be a string representing a Python expression
or a code object as returned by compile().
The globals must be a dictionary and locals can be any mapping,
defaulting to the current globals and locals.
If only globals is given, locals defaults to it.
```

도움말을 통해 '인자인 연산식으로 표현한 첫 문자열을 실행한다'라는 정도로 알아본 후 바로 실행해 보자. 연산식을 문자열로 표현해 함수 eval()을 호출했더니 문자열로 표현된 연산식을 평가한 실행 결과가 보인다.

```
>>> eval('3.14 * 4.78**2')
71.743976
```

이미 정의된 함수는 함수 호출(function call)로 사용할 수 있다. 우리가 직접 만든 함수도 이와 동일하게 작동한다. 다만, 우리가 구현한 함수의 정의를 명확히 알고 있다.

## 1.2 사용자 정의와 함수 호출

### 함수 호출의 실행 순서

함수는 함수 정의만으로는 실행되지 않는다. 함수 정의는 함수를 사용하기 위해 메모리에 저장하는 방법이다. 마치 변수를 사용하기 전에 생성하는 것과 같은 이치이다.

- 함수 정의에 의해 메모리에 저장된 함수는 함수 호출에 의해 비로소 실행된다.

다음 함수 정의와 호출이 있는 코드의 함수 실행 과정과 결과를 살펴보자. 다음 오른쪽이 출력 결과이다.

```
1 def print_message():
2     print("함수 내에서 메시지 출력")
3
4 print("함수 호출 전")
5 print_message()
6 print("함수 호출 후")
```

결과

```
함수 호출 전
함수 내에서 메시지 출력
함수 호출 후
```

- 위 코드에서 1~2줄은 함수 print_message() 정의 구현 코드이다. 이 부분이 실행되면서 함수가 메모리에 저장된다. 아직 출력 결과는 보이지 않는다.
- 이제 4번 print 문장의 실행으로 '함수 호출 전'이 출력된다.
- 바로 5번 줄에서 비로소 함수 print_message()가 호출된다. 함수 print_message()가 호출되면 실제 함수가 정의된 메모리로 이동하여 함수를 실행한 후 다시 코드로 돌아와 실행을 계속한다. 간단히 말해 함수 print_message() 호출로 다시 위쪽의 1줄로 이동해 함수 정의 코드가 실행된다고 이해하면 쉽다.

그러므로 함수 호출로 2줄의 문자열 '함수 내에서 메시지 출력'이 표시된다.

- 마지막으로 함수 print_message() 실행 이후 다시 돌아와 6번 줄의 "함수 호출 후"가 출력된다.

다음은 간단한 함수 greet()을 구현한 예제이다.

**6-1 코딩** 06-01-funcbasic.py | **간단한 함수 구현** | 난이도 기본

```python
def greet(name):
    print(f"안녕하시오, {name}!")

print("함수 호출 전")
# 함수 호출
greet("Alice")
greet("Bob")
print("함수 호출 후")
```

**결과**

```
함수 호출 전
안녕하시오, Alice!
안녕하시오, Bob!
함수 호출 후
```

### 문장 '변수 = 함수_이름' 활용

인자인 두 수를 합해 반환하는 함수 add(x, y)를 다음처럼 정의해 보자.

```python
>>> def add(x, y): # x와 y라는 매개변수
...     return x + y # x와 y의 합을 반환
...
```

함수 add(3, 5)로 호출해 두수의 합인 결과를 출력할 수 있다.

```python
>>> add(3, 5)
8
```

다음 문장은 함수 add와 동일한 기능의 함수 f를 만드는 방법이다.

```python
>>> f = add
```

이제 함수 호출 f(3, 5)도 가능하다.

```python
>>> f(3, 5)
8
```

변수 f와 원 함수 이름 add를 인자로 id()를 호출하면 결과가 같다. 즉, 둘 다 같은 메모리 주소를 반환한다.

```
>>> id(add)
2050777991264
>>> id(f)
2050777991264
```

결국 add와 f는 모두 같은 함수이다. 연산자 is의 결과가 True이다.

```
>>> f, add
(<function add at 0x000001DD7BE4C860>, <function add at 0x000001DD7BE4C860>)
>>> add is f
True
```

## 1.3 지역 변수와 전역 변수

### 함수 내부에서 처음으로 대입에 사용된 변수는 지역 변수로 인식

파이썬에서 변수가 메모리에 생성되고 유지되는 범위(scope)를 '지역(local)'과 '전역(global)'으로 나눈다. 범위인 스코프(scope)란, 변수나 함수가 정의된 후에 접근할 수 있는 영역을 말한다.

지역 변수(local variables)는 함수의 내부에서 대입되어 생성된 변수이다. 따라서 지역 변수는 함수 내부 밖에서 절대 사용될 수 없다. 다음 함수 func()의 내부에서 처음으로 대입되고 사용되는 변수 b는 지역 변수이다.

```
>>> def func():
...     b = 2 # 지역 변수 b에 2를 할당
...     print(b) # 지역 변수 b의 값을 출력, 결과: 2
...
```

다음처럼 함수 밖에서 지역 변수 b를 사용할 수 없다.

```
>>> print(b) # 지역 변수 b의 값을 출력, 오류: NameError: name 'b' is not defined
Traceback (most recent call last):
  File "<stdin>", line 1, in <module>
NameError: name 'b' is not defined
```

전역 변수(global variables)는 함수의 외부에서 처음으로 대입되어 생성된 변수이다. 다음 코드의 함수 func() 외부에서 대입된 a는 전역 변수이다. 전역 변수는 함수의 내부에서도 사용할 수 있다.

```
>>> def func():
...     b = 2 # 지역 변수 b에 2를 할당
...     print(a) # 전역 변수 a의 값을 출력, 결과: 1
...     print(b) # 지역 변수 b의 값을 출력, 결과: 2
...
>>> a = 1 # 전역 변수 a에 1을 할당
```

다음처럼 함수를 호출하면 전역 변수 a에 저장된 1이 출력되고, 지역 변수 b에 저장된 2도 출력된다.

```
>>> func() # func 함수를 호출합니다.
1
2
```

물론, 전역 변수인 a는 함수의 외부에서도 사용할 수 있다.

```
>>> print(a) # 전역 변수 a의 값을 출력, 결과: 1
1
```

지역 변수인 b는 함수 func()의 외부에서는 사용할 수 없다.

```
>>> print(b) # 지역 변수 b의 값을 출력, 오류: NameError: name 'b' is not defined
Traceback (most recent call last):
  File "<stdin>", line 1, in <module>
NameError: name 'b' is not defined
```

### 내장 함수 locals( )와 globals( )

빈 인자의 내장 함수 locals()는 현재 스코프(로컬 스코프) 내에서 정의된 변수와 객체의 정보를 딕셔너리 형태로 반환한다.

다음 코드처럼 함수 double() 내부에서 locals()를 출력하면 {'x': 10, 'a': 2}가 표시된다. 변수 x와 a가 지역 범위(local scope)이며 각각 10과 2가 저장되어 있다는 의미이다. 매개변수인 x도 지역 변수라는 것을 알 수 있다. 전역 변수인 b는 보이지 않는다.

```
>>> def double(x): # double이라는 이름의 함수를 정의, x라는 매개변수를 받음.
...     a = 2
...     print(locals())
...     return x * a # x의 두 배를 반환
...
>>> b = 10
>>> double(b)
{'x': 10, 'a': 2}
20
```

이와 마찬가지로 내장 함수 globals()는 전역 스코프(scope) 내에서 정의된 변수와 객체의 정보를 딕셔너리 형태로 반환한다. 전역은 프로그램 전체에서 접근할 수 있는 스코프이다.

```
>>> def double(x): # double이라는 이름의 함수를 정의, x라는 매개변수를 받음.
...     a = 2
...     return x * a # x의 두 배를 반환한다.
...
>>> b = 10
>>> double(b)
20
>>> print(globals())
{'__name__': '__main__', '__doc__': None, '__package__': None, '__loader__':
<class '_frozen_importlib.BuiltinImporter'>, '__spec__': None, '__annotations__':
{}, '__builtins__': <module 'builtins' (built-in)>, 'double': <function double at
0x0000025A10C7C860>, 'b': 10}
```

위 코드처럼 전역 변수를 알려 주는 내장 함수 globals()의 호출 결과 {…, 'double': 〈function double at 0x0000025A10C7C860〉, 'b': 10}에서 보듯이 함수 double과 변수 b가 전역 변수라는 것을 알 수 있다. 각각 메모리 주소와 저장 값 10이 딕셔너리 형식으로 보인다.

다음처럼 globals()의 호출 결과에서 키 'b'를 참조하는 문장 globals()['b']로 b에 저장된 값을 알 수 있다.

```
>>> globals()['b']
10
```

### 지역 변수와 전역 변수의 이름이 같은 경우

다음 예제의 함수 addone() 내부에서 대입되고 사용되는 변수 i는 지역 변수이다. 함수 내부에서 대입되어 생성된 변수이기 때문이다. 이후 7줄, 함수 외부에서도 같은 이름의 변수 i가 20이 대입되어 사용되고 있다. 7줄의 변수 i는 전역 변수이다. 함수 외부에서 대입되어 생성된 변수이기 때문이다.

즉, 함수 addone()의 지역 변수인 i와 다음의 전역 변수 i는 공교롭게도 이름이 모두 i로 같지만, 전혀 다른 변수이다. 우리 학과에 이순신이 있더라도 장군 이순신과 다르다는 것과 같은 이치이다. 그러므로 다음 코드는 문제 없이 다음과 같은 결과가 나온다.

**6-2 코딩** | 06-02-localvar.py | **함수 내부에서 대입이 있는 변수는 지역 변수로 인식** | 난이도 기본

```
1   def addone():
2       '''함수에서 대입에 사용되는 변수는 지역 변수'''
```

```
        i = 30 # 지역 변수 생성
        i += 1 # 지역 변수 수정
        print(f'\t지역 변수 i: {i}') # 지역 변수 참조

i = 20 # 전역 변수, 이름 i가 위의 지역 변수와 같지만, 다른 변수
print(f'전역 변수 i: {i}') # 전역 변수 i 출력
addone() # 함수 호출
print(f'전역 변수 i: {i}') # 전역 변수 i 출력
```

결과

```
전역 변수 i: 20
        지역 변수 i: 31
전역 변수 i: 20
```

### 함수 내부에서 대입 없이 참조만 하면 전역 변수로 인식

다음 코딩의 함수 addone()에서 i를 대입하지 않고 참조만 하면 변수 i는 전역 변수로 인식된다. 그러므로 함수 addone()에서 전역 변수 i에 1을 더한 21이 출력된다. 또한 함수 addone() 호출 이후에도 전역 변수 i의 수정은 없었으므로 여전히 20이 출력된다.

**6-3 코딩** 06-03-globalvar.py | 함수 내부에서 대입이 없는 변수는 전역 변수로 인식 | 난이도 기본

```
1  def addone():
2      '''대입이 없는 변수가 참조되면 전역 변수로 인식'''
3      print('\t전역 변수 i 읽기, i + 1: ', i + 1)
4
5  i = 20 # 전역 변수
6  print('i = ', i)
7  addone() # 함수 호출
8  print('i = ', i)
```

5줄에서 생성된 전역 변수를 참조한다.

결과

```
i =  20
        전역 변수 i 읽기, i + 1:  21
i =  20
```

다음 코드와 같이 함수 addone()의 앞에 대입하지 않고 i+1을 참조해 보자. 함수 외부에서 변수 i의 대입 문장도 없다고 가정해 보자(다음 코드를 위의 문장이 실행된 셀에서 실행하면 오류가 발생하지 않는다. 이미 i가 실행되어 전역 변수로 있기 때문이다. 새로운 셀을 실행하거나 test.py 저장해 실행해야 한다). 함수 내부에서는 변수 i를 전역 변수로 인식하지만 전역 변수 i가 정의되지 않았다면 'i가 정의되지 않았다'라는 오류가 발생한다.

```
Python 3.11.4 (tags/v3.11.4:d2340ef, Jun  7 2023, 05:45:37) [MSC v.1934 64 bit
(AMD64)] on win32
Type "help", "copyright", "credits" or "license" for more information.
>>>
>>> # 다음은 셀을 새로 시작해 실행
>>> def addone():
...     # 대입이 없는 변수가 참조되면 변수로 인식
...     # 그러나 전역 변수에 i가 없다면 오류 발생
...     print('\t전역 변수 i 읽기, i + 1: ', i + 1)
...
>>> addone() # 함수 호출
Traceback (most recent call last):
  File "<stdin>", line 1, in <module>
  File "<stdin>", line 4, in addone
NameError: name 'i' is not defined. Did you mean: 'id'?
```

새로 실행한 셀에서 다음을 실행

전역 변수로 인식하지만, 정의되어 있지 않으므로 오류가 발생

### 값이 저장되지 않은 지역 변수를 참조하면 오류

변수는 참조되기 이전에 값이 대입되어야 한다. 다음 변수 value는 값이 대입되기 이전에 참조되었기 때문에 오류가 발생한다.

```
>>> value += 1 # value = value + 1
Traceback (most recent call last):
  File "<stdin>", line 1, in <module>
NameError: name 'value' is not defined
```

함수의 내부에서도 정의되지 않은 변수를 사용하면 오류가 발생한다. 앞의 예제 7-3과 달리, i += 1 줄 하나가 추가되면 전역 변수 i가 있더라도 함수 호출에서 오류가 발생한다. i를 지역 변수로 인식하기 때문이다.

```
>>> def addone():
...     '''대입이 있는 변수는 지역 변수로 인식'''
...     # 호출되면 오류 메시지 출력
...     print('\t 지역 변수 i 읽기, i + 1: ', i + 1)
...     i += 1 # 수정이 있으므로 i는 지역 변수로 인식
...
```

변수 i가 i += 1에서 대입 연산에 사용되었기 때문에 지역 변수로 인식된다. 다음 규칙 때문이다.

- 함수 내부에서 대입 문장으로 생성이나 수정하는 변수는 기본적으로 지역 변수로 인식
- 함수 내부에서 기본적으로 지역 변수에만 값을 대입 가능

이후 다음 문장 중, 함수 호출에서 오류가 표시된다.

```
>>> i = 20 # 전역 변수
>>> print('i = ', i)
i =  20
>>> addone() # 함수 호출로 함수 내부에서 오류
Traceback (most recent call last):
  File "<stdin>", line 1, in <module>
  File "<stdin>", line 4, in addone
UnboundLocalError: cannot access local variable 'i' where it is not associated
with a value
>>> print('i = ', i)
i =  20
```

### 함수에서 global 문장으로 변수를 전역 변수로 지정

전역 변수를 함수 내에서 변경하려면, global 키워드를 사용해야 한다. global 키워드는 함수 내에서 전역 변수로 사용할 변수의 이름을 지정하는 데 사용된다.

위 코드를 수정해 다음 코드처럼 함수 내부에서 i가 사용되기 이전에 global i 문장 하나를 추가하면 오류가 제거된다.

- 함수 내부에서 변수 i가 수정되더라도 키워드 global로 변수를 명시적으로 전역 변수로 지정했기 때문이다.

결국 i가 전역 변수가 되어 함수 addone()이 호출되기 이전의 값인 20으로 함수에서 기능을 수행하므로, 5줄에서 21이 출력된다. 또한 6줄에서 전역 변수 i가 1 더해지므로 11줄의 마지막 문장에서도 21이 출력된다.

**6-4 코딩** 06-04-keywordglobal.py | **키워드 global로 전역 변수를 명시적으로 지정** | 난이도 기본

```
1   def addone():
2       '''명시적으로 변수를 전역 변수로 지정'''
3       global i # i를 명시적으로 전역 변수로 인식
4
5       print(f'\t함수 addone() 내부, 전역 변수 i 읽기: i + 1: {i + 1}')
6       i += 1 # 전역 변수 i 수정
7
8   i = 20 # 전역 변수
9   print(f'함수 addone() 호출 이전: i = {i}')
10  addone()
11  print(f'함수 addone() 호출 이후: i = {i}')
```

```
결과 함수 addone() 호출 이전: i = 20
        함수 addone() 내부, 전역 변수 i 읽기: i + 1: 21
     함수 addone() 호출 이후: i = 21
```

## 1.4 함수 정의

### 인자의 기본값 사용

이미 배운 대로 다음 함수 greet(name, message)는 두 개의 매개변수를 사용한다.

```
>>> # greet라는 이름의 함수를 정의, 매개변수: name과 message
>>> def greet(name, message):
...     print(name, message) # name과 message를 출력
...
```

매개변수가 두 개이므로 함수 호출 시 반드시 두 개의 실제 인자로 호출해야 한다.

```
>>> greet("영철", "안녕!")
영철 안녕!
>>> greet("희수", "잘 있지~~~")
희수 잘 있지~~~
```

다음처럼 인자를 하나만 사용하면 오류가 발생한다.

```
>>> greet("민수")
Traceback (most recent call last):
  File "<stdin>", line 1, in <module>
TypeError: greet() missing 1 required positional argument: 'message'
```

가끔 모든 매개변수의 인자를 사용하는 것이 불편할 수 있다. 이럴 경우, 생략 가능한 인자를 활용하려면 매개변수의 기본값(default value)을 사용한다. 함수를 정의할 때 매개변수에 기본값을 지정할 수 있다. 기본값이 지정된 매개변수는 함수를 호출할 때 인자를 생략할 수 있으며, 이때 기본값이 사용된다.

예를 들어, 위 코드를 수정한 후 함수 정의를 살펴보자. 함수 호출 시 선택적으로 인자를 지정하지 않고 기본값으로 사용하고 싶다면 def greet(name, message = '안녕!'):처럼 함수 정의에서 함수 인자 message에 기본값인 '안녕!'을 대입한다.

```
>>> # greet 함수 매개변수: name, message
```

```
>>> # message 매개변수에는 "Hello"라는 기본값을 지정
>>> def greet(name, message="안녕!"):
...     print(name, message) # name과 message를 출력
...
```

기본값이 지정되는 매개변수 message는 반드시 기본값이 없는 매개변수 name의 뒤에 위치해야 한다. 따라서 다음은 오류가 발생한다.

```
>>> def greet(message="안녕!", name):
  File "<stdin>", line 1
    def greet(message="안녕!", name):
                               ^^^^
SyntaxError: non-default argument follows default argument
```

이제 함수 호출 시 기본값이 정의된 두 번째 인자는 생략할 수 있다. 다음처럼 greet("가희")로 호출할 수 있다.

```
>>> greet("가희") # message 인자는 생략, 기본값인 '안녕!'으로 출력
가희 안녕!
```

물론 이전처럼 두 개의 인자를 모두 전달할 수도 있다.

```
>>> greet("명빈", "Hi")
명빈 Hi
```

위에서 살펴본 것처럼 함수의 매개변수에 기본값을 지정하는 것에는 다음과 같은 이점이 있다.

- 함수의 인자 개수를 줄일 수 있다.
- 함수의 동작을 유연하게 변경할 수 있다.

### 인자의 기본값은 오직 한 번만 사용

인자의 기본값은 첫 함수 호출 시 오직 한 번만 지정된다.

```
>>> def default_arg(a, obj=[]):
...     obj.append(a)
...     return obj
...
```

다음 함수 호출에서 인자 obj는 계속되는 호출로 전달된 인자들이 누적된다. 인자의 기본값이 리스트나

딕셔너리, 대부분 클래스의 인스턴스와 같은 가변 객체인 경우이다.

```
>>> default_arg(1)
[1]
>>> default_arg(2)
[1, 2]
>>> default_arg(3)
[1, 2, 3]
```

연속된 호출 간에 기본값이 공유되지 않는 것을 원한다면, 함수 헤더에서 obj=None을 지정해 매번 새로운 목록을 만들어 사용해야 한다.

```
>>> def default_none(a, obj=None):
...     if obj is None:
...         obj = []
...     obj.append(a)
...     return obj
...
>>> default_none(1)
[1]
>>> default_none(2)
[2]
>>> default_none(3)
[3]
```

물론, 인자 obj에 다른 목록을 지정하면 첫 인자 항목이 추가된 목록을 얻을 수 있다.

```
>>> default_none(3, [10, 20])
[10, 20, 3]
```

### 인자와 같이 여러 개의 반환 값도 가능

함수는 return 키워드를 사용하여 값을 반환할 수 있다. return 키워드 뒤에는 한 개 이상의 값을 콤마 (,)로 구분하여 나열할 수 있다. 이 경우, 여러 개의 값을 반환하는 것은 사실 튜플(tuple)이라는 자료형으로 묶어서 반환하는 것과 동일하다. 튜플은 괄호로 둘러싸인 값들의 나열로, 변경이 불가능하고 순서가 있는 자료형이다.

다음 함수 getprime()은 네 개의 소수를 반환하고 있다.

```
>>> def getprime():
...     return 2, 3, 5, 7
...
```

앞에서 우리가 배운 항목의 나열인 2, 3, 5, 7이 바로 튜플이다.

함수 getprime()을 호출해 반환 값을 받는 방식에는 두 가지가 있다.

첫 번째는 정확히 받는 반환 값 항목의 수만큼 대입 연산자 = 왼쪽 변수의 수를 맞추는 방법이다.

```
>>> a, b, c, d = getprime()
>>> a, b, c, d
(2, 3, 5, 7)
```

이 경우, 반환 값 항목의 수와 대입의 왼쪽 변수의 수가 맞지 않으면 오류가 발생한다.

```
>>> a, b, c, = getprime()
Traceback (most recent call last):
  File "<stdin>", line 1, in <module>
ValueError: too many values to unpack (expected 3)
```

두 번째는 대입의 왼쪽에 아예 변수를 하나 사용해 반환 값을 튜플로 받는 방법이다.

```
>>> prime = getprime()
>>> prime
(2, 3, 5, 7)
```

반환받은 변수 prime은 튜플이므로 다음처럼 인덱싱도 가능하다.

```
>>> prime[0], prime[1]
(2, 3)
```

### 빈 함수 정의

함수 구현에서 함수 몸체에 아무 문장이 없는 함수를 만들려고 해도 다음처럼 오류가 발생한다. 콜론이후 블록에는 무엇이든 문장이 있어야 하기 때문이다. 이때 사용하는 문장이 pass이다.

```
>>> def empty():
...
...
  File "<stdin>", line 3
    ^
IndentationError: expected an indented block after function definition on line 1
```

다음처럼 함수를 정의할 때, pass라는 키워드를 사용하여 빈 함수를 만들 수 있다. pass 키워드는 아무런 동작도 하지 않고, 문법적으로 필요한 위치에 사용된다.

```
>>> # 빈 함수 정의
>>> def empty():
...     pass # pass 키워드를 사용하여 빈 함수로 정의
...
```

pass 키워드를 사용하여 빈 함수를 정의하면, 함수가 호출되었을 때 아무런 결과도 반환하지 않는다. 결과적으로 None을 반환한다.

```
>>> result = empty() # func 함수를 호출하고, 결괏값을 result라는 변수에 저장
>>> print(result) # result의 값을 출력한 결과: None
None
```

문장 return만으로도 빈 함수를 구현할 수 있다.

```
>>> def emptyfunc():
...     return
...
```

빈 함수 emptyfunc() 호출 결과도 None을 반환한다.

```
>>> result = emptyfunc()
>>> print(result) # result의 값을 출력한 결과: None
None
```

빈 함수 empty()와 emptyfunc() 모두, 함수 호출 결과는 None으로 if절에서 사용하면 False이다. 그러므로 not empty()는 True가 되어 다음 코드에서 빈 함수가 출력된다.

```
>>> if not empty():
...     print('빈 함수')
...
빈 함수
>>> if not emptyfunc():
...     print('빈 함수')
...
빈 함수
```

이러한 빈 함수는 프로그램의 구조나 로직을 먼저 설계하기 위해 빈 함수의 이름을 먼저 만들고 나중에 구현하기 위해 사용될 수 있다.

### 매개변수로 함수 사용

매개변수로 함수를 정의하면 필요한 함수를 인자로 호출할 수 있다. 다음 함수 정의에서 매개변수 func는 함수로, 이 함수 호출 결과를 반환한다.

```
>>> def my_apply(func, x, y):
...     return func(x, y)
...
```

다음 인자로 사용할 두 함수를 정의한다.

```
>>> def my_add(a, b):
...     return a + b
...
>>> def my_mult(a, b):
...     return a * b
...
```

다음처럼 위에서 정의한 함수 이름 my_add, my_mult 자체를 인자로 함수 my_apply()를 호출할 수 있다.

```
>>> my_apply(my_add, 3, 5)
8
>>> my_apply(my_mult, 3, 5)
15
```

이제, 두 수의 차이를 반환하는 함수를 인자로 구현해 보자. 간단한 함수는 한 줄의 람다 함수로 구현할 수 있다. 다음 코드처럼 함수 호출에서 인자로, 두 수의 차이를 반환하는 람다 함수를 구현해 전달할 수 있다.

```
>>> my_apply(lambda a, b: a - b, 10, 5)
5
```

다음처럼 람다 함수로 두 수의 곱을 구현하는 함수를 인자로 전달할 수 있다.

```
>>> my_apply(lambda a, b: a * b, 10, 5)
50
```

### 함수 내부에서 함수를 만들어 반환

이번에는 함수 내부에서 함수나 람다 함수를 반환하는 경우를 생각해 보자. 다음 함수 inc(n)는 함수 add(x)를 만들어 반환한다.

```
>>> def inc(n):
...     def add(x):
...         return x + n
```

```
...     return add
...
```

함수 inc(n)는 n이라는 매개변수를 받고, 내부에 add라는 또 다른 함수를 정의한다. 그 후에 내부 함수 add를 반환한다. 이때, 내부 함수 add는 외부 함수 inc의 매개변수 n을 참조할 수 있다. 이와 같이 함수 내부에서 만들어지면서 외부 변수 n을 사용하는 함수를 '클로저(closure)'라고 한다. 클로저는 다른 함수에 의해 반환되는, 동적으로 생성된 함수이다. 다음은 클로저의 주요 특징이다.

- 클로저는 둘러싸는 외부 함수가 반환되어 실행을 마쳤음에도 불구하고 클로저가 생성되면서 지역에 정의된 변수와 이름에 대한 전체 액세스 권한을 계속 갖는다는 것이다.

다음 inc(100)처럼 inc 함수에 100을 인자로 전달하면, 내부 함수 add에 100이 고정되어 incbase100이라는 새로운 함수가 정의된다. 이제 incbase100은 어떤 숫자에도 100을 더하는 기능을 가지게 된다. 따라서 incbase100에 10을 인자로 전달하면 110이 출력된다.

```
>>> incbase100 = inc(100)
>>> incbase100(10)
110
```

함수 내부의 클로저 함수로 람다 함수를 생성해 반환할 수 있다. 다음 람다 함수는 my_inc(n)의 매개변수 n에 람다 함수의 인자 x를 더한 결과를 반환한다. 즉, 함수 my_inc()은 람다 함수를 생성해 반환하는 함수이다.

```
>>> def my_inc(n):
...     return lambda x: x + n
...
```

따라서 my_inc(50)으로 만든 incbase50 람다 함수는 호출 incbase50(20)에 의해 50 + 20인 70을 반환한다.

```
>>> incbase50 = my_inc(50)
>>> incbase50(20)
70
```

### 내장 함수 dir( )로 전역 변수와 객체 리스트 확인

다음은 함수 mult()를 정의해 호출한 결과이다.

```
>>> def mult(x, y, z):
```

```
...     return x * y * z
...
>>> mult(3, 4, 5)
60
```

인자 없이 함수 dir()를 호출하면 현재 정의된 변수와 함수 이름의 리스트를 돌려 준다. 다음은 위 함수 정의와 호출 문장만 실행한 이후의 dir() 호출 결과로 함수 mult가 보인다. 시스템에서 사용하는 모듈이나 변수는 앞뒤에 밑줄이 2개 붙어 __builtins__처럼 정의되어 있다.

함수 mult() 정의 전, dir() 실행 결과

```
>>> dir()
['__annotations__', '__builtins__', '__doc__', '__loader__', '__name__', '__package__', '__spec__']
>>> dir()
['__annotations__', '__builtins__', '__doc__', '__loader__', '__name__', '__package__', '__spec__', 'mult']
```

내장된 표준 함수는 인자를 사용한 dir(__builtins__)로 볼 수 있다. 여기서 __builtins__는 내장을 의미하는 모듈 이름이다.

```
>>> dir(__builtins__)
['ArithmeticError', 'AssertionError', 'AttributeError', 'BaseException',
'BaseExceptionGroup', <중략>, 'ValueError', 'Warning', 'WindowsError',
'ZeroDivisionError', '_', '__build_class__', '__debug__', '__doc__', '__import__', '__loader__', '__name__', '__package__', '__spec__', 'abs', 'aiter',
'all', 'anext', 'any', 'ascii', 'bin', 'bool', 'breakpoint', 'bytearray', 'bytes',
'callable', 'chr', 'classmethod', 'compile', 'complex', 'copyright', 'credits',
'delattr', 'dict', 'dir', 'divmod', 'enumerate', 'eval', 'exec', 'exit', 'filter',
'float', 'format', 'frozenset', 'getattr', 'globals', 'hasattr', 'hash', 'help',
'hex', 'id', 'input', 'int', 'isinstance', 'issubclass', 'iter', 'len', 'license',
'list', 'locals', 'map', 'max', 'memoryview', 'min', 'next', 'object', 'oct',
'open', 'ord', 'pow', 'print', 'property', 'quit', 'range', 'repr', 'reversed',
'round', 'set', 'setattr', 'slice', 'sorted', 'staticmethod', 'str', 'sum',
'super', 'tuple', 'type', 'vars', 'zip']
```

### 내장 함수 vars( )와 globals( )로 전역 변수와 객체를 딕셔너리 형식으로 확인

다음은 함수 calc()의 정의와 호출 코드이다.

```
>>> def calc(x, y, z):
...     return x + y - z
...
>>> calc(3, 4, 2)
5
```

내장 함수 vars()와 globals()로 현재 사용할 수 있는 전역 변수나 함수 등의 객체를 확인할 수 있다. 함수 calc를 확인할 수 있다.

```
>>> vars()
{'__name__': '__main__', '__doc__': None, '__package__': None, '__loader__': <class
'_frozen_importlib.BuiltinImporter'>, '__spec__': None, '__annotations__': {}, '__
builtins__': <module 'builtins' (built-in)>, 'calc': <function calc at 0x000001FE95FBC9A0>}
>>> globals()
{'__name__': '__main__', '__doc__': None, '__package__': None, '__loader__': <class
'_frozen_importlib.BuiltinImporter'>, '__spec__': None, '__annotations__': {}, '__
builtins__': <module 'builtins' (built-in)>, 'calc': <function calc at 0x000001FE95FBC9A0>}
```

위 결과에서 알 수 있듯이 두 함수 호출 결과인 반환 값 유형은 딕셔너리 형식이다. 다음처럼 키 'calc'로 참조하면 자료형 이름인 function과 함수 calc의 메모리 주소인 0x000001FE95FBC9A0을 알 수 있다.

```
>>> vars()['calc']
<function calc at 0x000001FE95FBC9A0>
>>> globals()['calc']
<function calc at 0x000001FE95FBC9A0>
```

위 메모리 주소가 함수 id() 값의 16진수 값과 같다.

```
>>> id(calc)
2192949627296
>>> hex(id(calc)).upper()
'0X1FE95FBC9A0'
```

전역 변수에서 '키'로 참조하는 globals()['calc']의 결과도 함수이므로 globals()['calc'](5, 8, 3)으로 함수 호출이 가능하다. 즉, 함수 calc(5, 8, 3)을 호출하는 것과 같다.

```
>>> vars()['calc'](5, 8, 3)
10
>>> globals()['calc'](5, 8, 3)
10
```

### 함수의 설명을 담는 문서화 문자열

함수를 정의할 때, 문서화 문자열(docstring)이라는 것을 사용하여 함수의 설명과 사용법을 작성할 수 있다. 즉, 문서화 문자열은 함수의 문서화 내용인 문자열을 말한다. 문서화 문자열은 쌍따옴표 세 개(""" 또는 ''')로 둘러싸인 문자열로, 함수의 첫 번째 문장에 위치해야 한다. 주로 큰따옴표 세 개를 사용한다.

문서화 문자열은 함수의 목적, 매개변수, 반환 값, 예외, 예제 등을 포함할 수 있다. 예를 들어, 다음 함수 add()에서 문서화 문자열을 보이고 있다. 문서의 이해에 필요하다면 중간에 빈 줄을 삽입한다.

```
>>> # 함수 add() 구현, docstring 예시
>>> def add(x, y):
...     """두 수의 합을 반환하는 함수입니다.
...
...     매개변수:
...         x (int): 첫 번째 숫자입니다.
...         y (int): 두 번째 숫자입니다.
...
...     반환 값:
...         int: x와 y의 합입니다.
...
...     예외:
...         TypeError: x나 y가 정수가 아닌 경우에 발생합니다.
...
...     예제:
...         >>> add(3, 5)
...         8
...     """
...     if not isinstance(x, int) or not isinstance(y, int):
...         raise TypeError("x와 y는 정수여야 합니다.")
...     return x + y
...
```

docstring

문서화 문자열은 파이썬이 제공하는 help() 함수나 doc 속성을 통해 접근할 수 있다. 위와 같이 문서화 문자열이 있는 함수의 내용은 다음과 같이 help() 함수를 사용하여 확인할 수 있다.

```
>>> help(add) # add 함수에 대한 도움말을 출력
Help on function add in module __main__:

add(x, y)
    두 수의 합을 반환하는 함수입니다.
    매개변수:
        x (int): 첫 번째 숫자입니다.
        y (int): 두 번째 숫자입니다.
    반환 값:
        int: x와 y의 합입니다.
    예외:
        TypeError: x나 y가 정수가 아닌 경우에 발생합니다.
    예제:
        >>> add(3, 5)
        8
```

함수의 속성인 __doc__에도 저장되어 있어서 add.__doc__로 참조할 수도 있다.

```
>>> print(add.__doc__)
두 수의 합을 반환하는 함수입니다.
    매개변수:
        x (int): 첫 번째 숫자입니다.
        y (int): 두 번째 숫자입니다.
    반환 값:
        int: x와 y의 합입니다.
    예외:
        TypeError: x나 y가 정수가 아닌 경우에 발생합니다.
    예제:
        >>> add(3, 5)
        8
```

### 기상 온도 변환 함수 구현

다음 예제는 섭씨 온도를 화씨 온도로 변환하는 코드를 담고 있다.

celsius_to_fahrenheit(celsius)는 섭씨 온도를 화씨 온도로 변환하는 함수이다. 매개변수로 celsius라는 실수형 값을 받고, 화씨 온도를 실수형 값으로 반환한다. docstring에는 함수의 설명, 매개변수, 반환 값, 예제 등을 작성한다. fahrenheit_to_celsius(fahrenheit) 함수는 화씨 온도를 섭씨 온도로 변환하는 함수이다. 매개변수로 fahrenheit라는 실수형 값을 받고, 섭씨 온도를 실수형 값으로 반환한다.

convert_temperature(temp, unit="C") 함수는 온도와 단위를 다른 단위로 변환하는 함수이다. 매개변수로 temp라는 실수형 값을 받고, unit이라는 문자열 값을 받는다. unit은 "C" 또는 "F" 중 하나여야 하며, 기본값은 "C"이다. 반환 값으로 변환된 온도와 단위를 튜플로 반환한다. unit이 "C" 또는 "F"가 아닌 경우에는 적절한 문자열을 반환한다.

**6-5 코딩** 06-05-converttemperature.py | **기상 온도 변환 함수 구현** | 난이도 응용

```
def celsius_to_fahrenheit(celsius):
    """섭씨 온도를 화씨 온도로 변환하는 함수입니다.

    매개변수:
        celsius (float): 섭씨 온도입니다.

    반환 값:
        float: 화씨 온도입니다.

```

```
    예제:
        >>> celsius_to_fahrenheit(0)
        32.0
    """
    return celsius * 1.8 + 32 # 섭씨 온도에 1.8을 곱하고 32를 더하여 화씨 온도를 반환합니다.
def fahrenheit_to_celsius(fahrenheit):
    """화씨 온도를 섭씨 온도로 변환하는 함수입니다.

    매개변수:
        ...


    """
    return (fahrenheit - 32) / 1.8 # 화씨 온도에서 32를 빼고 1.8로 나누어 섭씨 온도를 반환합니다.
def convert_temperature(temp, unit="C"):
    """온도와 단위를 다른 단위로 변환하는 함수입니다.

    매개변수:
        temp (float): 온도입니다.
        unit (str): 단위입니다. "C" 또는 "F" 중 하나여야 합니다. 기본값은 "C"입니다.

    반환 값:
        tuple: 변환된 온도와 단위를 튜플로 반환합니다.

    예외:
         "C" 또는 "F" 가 아니면: 'unit이 "C" 또는 "F"가 아닌 경우에 발생합니다.'를 반환합니다.

    예제:
        >>> convert_temperature(0)
        (32.0, 'F')
        >>> convert_temperature(32, 'F')
        (0.0, 'C')
    """
    if unit == "C": # unit이 "C"인 경우
        return celsius_to_fahrenheit(temp), "F"
    elif unit == "F": # unit이 "F"인 경우
        return fahrenheit_to_celsius(temp), "C"
    else: # unit이 "C"나 "F"가 아닌 경우
        return "unit은 'C' 또는 'F'여야 합니다."

```

```
# 섭씨 0도를 화씨로 변환합니다. 결과: (32.0, 'F')
print(convert_temperature(0))
# 화씨 32도를 섭씨로 변환합니다. 결과: (0.0, 'C')
print(convert_temperature(32, 'F'))
# 켈빈 100도를 변환하려고 합니다. 결과: "unit은 'C' 또는 'F'여야 합니다."
print(convert_temperature(100, 'K'))
```

결과

```
(32.0, 'F')
(0.0, 'C')
unit은 'C' 또는 'F'여야 합니다.
```

SECTION

# 02 위치 인자와 키워드 인자



## 2.1 함수의 인자 사용 방식

### 위치 인자 사용

함수 호출 시 인자를 전달하는 방법에는 위치 '인자(positional argument)'와 '키워드 인자(keyword argument)'가 있다.

함수 호출 시 인자를 전달하는 간단한 방법은 '위치 인자 방식'이다. 위치 인자는 인자의 순서대로 매개변수에 대응하는 방식이다. 함수 호출 시 괄호 안에 콤마로 구분된 인자 순서가 함수 정의 매개변수 순서와 일치해야 한다.

다음 코드에서 매개변수 순서대로 위치 인자 item에는 'banana', 키워드 인자 price에는 '1000'이 전달되어 결과가 표시된다.

```
>>> def compute(item, price):
...     print(f'품목: {item}, 단가: {price}원')
...
>>> compute('banana', 1000)
품목: banana, 단가: 1000원
```

### 키워드 인자 사용

다른 방식인 키워드 인자는 매개변수의 이름을 지정하여 인자를 전달하는 방법이다. 키워드 인자는 순서에 상관없이 대입 연산자(=)를 사용해 〈keyword〉=〈value〉처럼 매개변수의 이름과 값을 함께 지정하는 방식으로 할당된다.

다음과 같이 순서와 상관없이 위치 인자 item에는 '포도', 키워드 인자 price에는 '2000'을 전달할 수 있다.

```
>>> compute(item='포도', price=2000)
품목: 포도, 단가: 2000원
```

다음처럼 순서를 바꿔도 위치 인자 item에는 '배', 키워드 인자 price에는 '3000'을 전달한다.

```
>>> compute(price=3000, item='배')
품목: 배, 단가: 3000원
```

### 키워드 인자는 모든 위치 인자 이후에 사용

위치 인자와 키워드 인자를 함께 사용할 수도 있다.

다음 코드에서 위치 인자 item에는 '귤', 키워드 인자 price에는 '500'을 전달한다.

```
>>> def compute(item, price):
...     print(f'품목: {item}, 단가: {price}원')
...
>>> compute('귤', price=500)
품목: 귤, 단가: 500원
```

그러나 다음과 같이 위치 인자보다 키워드 인자가 먼저 나오면 오류가 발생한다.

- 위치 인자는 모든 키워드 인자보다 앞에 있어야 한다.

```
>>> compute(item='귤', 500)
  File "<stdin>", line 1
    compute(item='귤', 500)
                       ^
SyntaxError: positional argument follows keyword argument
```

다음처럼 위치 인자로 item에 '사과'를 저장한 후 다시 키워드 인자로 item에 '귤'을 저장하므로 오류가 발생한다. 키워드 인자를 사용하면 함수 인수를 지정하는 순서에 유연성을 주지만, 인수 개수는 여전히 일치해야 한다.

```
>>> compute('사과', item='귤')
Traceback (most recent call last):
  File "<stdin>", line 1, in <module>
TypeError: compute() got multiple values for argument 'item'
```

다음 예제는 간단한 함수 greet()를 구현해 위치 인자와 키워드 인자 그리고 위치와 키워드 인자를 혼용해 사용해 본 코드이다.

**6-6 코딩** 06-06-namedargument.py | 위치 인자와 키워드 인자 | 난이도 기본

```
def greet(name, greeting, farewell):
    return f"{greeting}, {name}! {farewell}!"

# 위치 인자 사용
result = greet("Aice", "안녕", "잘 지내~~~")
```

```
    print(result)

    # 키워드 인자 사용
    result = greet(name="Bob", greeting="안녕", farewell="잘 가")
    print(result)

    # 혼합 사용
    result = greet("Charlie", greeting="안녕", farewell="잘 가")
    print(result)  # 출력: "안녕, Charlie! 잘 가!"
```

결과

```
안녕, Aice! 잘 지내~~~!
안녕, Bob! 잘 가!
안녕, Charlie! 잘 가!
```

## 2.2 가변 인자 *args

### 가변 인자의 개요와 내장 print( ) 함수

가변 인자(variable argument)는 함수에 임의 개수의 인자를 전달할 수 있게 해 주는 방법이다. 내장 print() 함수는 출력하고 싶은 수나 자료형의 구애를 받지 않고 여러 개를 출력하는 데 사용할 수 있다.

```
>>> print(1, 2, 3)
1 2 3
>>> print('python', 3.15)
python 3.15
```

내장 help(print) 함수의 호출 결과를 보면, 바로 내장 함수 int(*args, …)에서 첫 매개변수 *args가 가변 인자 방식이라는 표기이다. 지금까지 함수 print()를 사용할 때 선택적 키워드 인자로 end=' '를 종종 사용했다. 함수 print()에는 기본값이 지정된 선택적인 키워드 인자가 다음과 같이 네 개 있다.

```
>>> help(print)
Help on built-in function print in module builtins:

print(*args, sep=' ', end='\n', file=None, flush=False)
    Prints the values to a stream, or to sys.stdout by default.

    sep
      string inserted between values, default a space.
    end
      string appended after the last value, default a newline.
```

네 개의 매개변수는 기본값이 지정되어 함수 호출 시 인자가 생략될 수 있다.

```
file
  a file-like object (stream); defaults to the current sys.stdout.
flush
  whether to forcibly flush the stream.
```

함수 print()에서 다음 세 가지 매개변수는 자주 사용된다. 알아 두면 유용하다.

- end: 마지막 출력 항목 이후에 추가되는 문자열 지정, 지정하지 않으면 기본으로 새로운 줄 '\n'
- sep: separator를 의미하며 출력 항목 사이에 출력할 문자열 지정, 지정하지 않으면 기본으로 빈 공간 (space)
- file: 출력할 객체를 지정하며, 지정하지 않으면 기본으로 콘솔 화면인 표준 출력(sys.stdout)

다음은 선택적 키워드 인자인 sep와 end를 사용한 코드이다.

```
>>> print(1, 2)
1 2
>>> print(1, 2, 3, sep = ', ')
1, 2, 3
>>> print(1, 2, 3, sep = '--', end = ' 출력 종료\n')
1--2--3 출력 종료
```

### 인자 *args로 가변 인자 구현

그렇다면 가변 인자는 어떻게 구현할까?

함수 정의에서 가변 인자는 함수 이름(*args)처럼 인자 이름 args 앞에 별표(*)를 넣어 사용한다. 인자 이름 args는 arguments를 의미하며 인자 이름으로 다른 이름을 써도 무방하다. 함수 호출 시 사용된 여러 인자가 (인자1, 인자2, …) 형식의 튜플로 전달된다. 따라서 함수 정의에서 args는 튜플 자료형으로 처리된다.

다음 함수 sum_numbers(*args)에서 전달된 인자 모두를 가변 인자 args라는 튜플로 받을 수 있다. 함수 정의 시 인자 앞 *는 여러 인자를 튜플로 묶는(패킹, packing) '인자 튜플 묶음(argument tuple packing)'을 나타낸다. 함수 호출의 해당 인수는 함수가 주어진 매개변수 이름으로 참조할 수 있는 튜플로 묶인다. 이제 튜플을 for in 반복에서 사용해 각 항목의 합을 구해 반환할 수 있다.

```
>>> def sum_numbers(*args):
...     result = 0
...     for num in args:
...         result += num
...     return result
...
```

함수 sum_numbers()를 호출할 경우, 다음처럼 여러 인자를 콤마로 구분해 호출할 수 있다.

```
>>> # 가변 인자 사용
>>> total = sum_numbers(1, 2, 3, 4, 5)
>>> print("합계:", total)  # 출력: "합계: 15"
합계: 15
```

함수 sum_numbers(*args) 구현이 개별 인자를 수로 간주해 합을 구하므로 리스트, 튜플 등의 인자는 사용할 수 없다.

```
>>> sum_numbers([10, 20, 30])
Traceback (most recent call last):
  File "<stdin>", line 1, in <module>
  File "<stdin>", line 4, in sum_numbers
TypeError: unsupported operand type(s) for +=: 'int' and 'list'
```

### 인자 튜플 풀기 연산자 *로 반복 가능한 객체 호출

다만, 수를 항목으로 하는 목록을 인자로 함수 sum_numbers(*args)를 호출한다면 sum_numbers(*리스트)처럼 리스트 앞에 반드시 별표(*)를 넣어 호출한다. 여기서 *은 인자인 리스트나 튜플을 풀어(unpacking) 각각의 여러 값으로 호출된다.

```
>>> sum_numbers(*[10, 20, 30])
60
```

이와 같이 함수 호출에서 인자 앞의 *은 '인자 튜플 풀기(argument tuple unpacking)'라고 한다. 결과적으로 함수 호출의 인수 앞에 별표(*)가 있으면 인자를 풀고 별도의 값으로 함수에 전달해야 하는 튜플이라는 것을 나타낸다. 인자 튜플 풀기 * 연산자는 함수 호출의 모든 반복 가능한 항목인 목록이나 세트 등에도 적용될 수 있다.

함수 호출에서 가변 인자를 여러 개 지정해 풀 수도 있다. 자료형 변수와 리터럴 모두 가능하다.

```
>>> lst = [3, 4, 5]
>>> sum_numbers(*[10, 20, 30], *lst)
72
```

여러 인자를 모두 하나의 가변 인자로 전달하므로 다음도 가능하다. 이러한 기능은 파이썬 3.5 버전 이후에 추가된 기능이다.

```
>>> sum_numbers(10, 20, 30, *[3, 4, 5])
72
```

## 2.3 가변 키워드 인자 **kwargs

### 함수 정의에서 인자 **kwargs를 이용하여 딕셔너리 형식으로 묶기

함수 정의와 호출에서 사용되는 연산자 이중 별표 **kwargs는 뒤 인자 kwargs의 딕셔너리 패킹 또는 언패킹을 지정한다. 함수 정의에서 매개변수 앞에 이중 별표가 있는 **kwargs는 key=value 형식의 쌍으로 예상되는 여러 인자가 딕셔너리 형식으로 묶어 준다는 것(패킹, packing)을 나타낸다. 이러한 **kwargs 방식을 '가변 키워드 인자(arbitrary keyword arguments)'라고도 부르며 임의의 개수의 인자를 키워드 방식으로 전달할 수 있다.

가변 키워드 인자는 매개변수 앞에 **를 붙여 선언하며, 다음 함수 personal_info(**kwargs)처럼 일반적으로 'kwargs'라는 이름을 사용한다. 함수 정의에서 인자 **kwargs는 여러 인자가 변수 kwargs(KeyWord ARGuments에서 줄인 단어) 딕셔너리로 묶어 전달된다는 것을 의미한다. 따라서 함수 정의에서 kwargs는 딕셔너리 자료형으로 처리하면 된다.

```
>>> def personal_info(**kwargs):
...     for kw, arg in kwargs.items(): # kwargs 딕셔너리를 순회하며
...         print(kw, ': ', arg, sep='') # 각 키와 값 쌍을 출력한다.
...
```

가변 키워드 인자는 함수에 임의 개수의 키워드 인자를 전달할 수 있다. 다음 함수 호출에서 키워드 인자인 (name='홍길동', age=30, address='서울시 용산구 이촌동')가 딕셔너리로 묶여 인자 kwargs에 전달된다.

```
>>> personal_info(name='홍길동', age=30, address='서울시 용산구 이촌동')
name: 홍길동
age: 30
address: 서울시 용산구 이촌동
```

### 함수 호출의 인자 **dict는 딕셔너리를 키워드 인자로 풀기

함수 호출에서 인자 앞의 이중 별표 **(double asterisk)는 딕셔너리인 인자를 키워드 인자 방식으로 풀어 함수에 전달되도록 한다. 함수 호출의 인자 표기인 **dict을 '인자 딕셔너리 풀기(argument dictionary unpacking)'라고 하며 이는 '인자 튜플 풀기'와 비슷하다.

다음은 딕셔너리 info를 personal_info() 함수의 인자 **info로 호출하는 코드이다. 함수 personal_info()는 딕셔너리의 딕셔너리 키 값이 무엇이든 출력이 가능하다.

```
>>> info = dict(phone='010-1234-5678', email='hong@naver.com')
```

```
>>> personal_info(**info)
phone: 010-1234-5678
email: hong@naver.com
```

함수 호출에서 연산자 **를 여러 딕셔너리 인자에 활용해 풀 수 있다. 딕셔너리 변수와 리터럴 모두 가능하다.

```
>>> info = dict(phone='010-1234-5678', email='hong@naver.com')
>>> personal_info(**info, **dict(name='김한길', age=30))
phone: 010-1234-5678
email: hong@naver.com
name: 김한길
age: 30
```

여러 인자를 모두 하나의 딕셔너리의 가변 인자로 전달하므로 다음도 가능하다. 이러한 기능은 파이썬 3.5 버전 이후에 추가된 기능이다.

```
>>> personal_info(**info, name='김한수', age=40)
phone: 010-3017-5678
email: hang@naver.com
name: 김한수
age: 40
```

### 일반 인자와 가변 인자 *ags를 함께 사용

다음 함수 display_info(name, *args)는 일반 위치 인자 name 한 개와 가변 인자 *args 한 개를 갖는 함수이다.

```
>>> def display_info(name, *args):
...     print("이름:", name)
...     print("추가 정보:")
...     for info in args:
...         print(info)
...
```

다음은 인자 name에 alice, 가변 인자 args로 이후 인자 3개를 전달하는 함수 호출과 결과이다.

```
>>> # 함수 호출: 일반 인자와 다수의 추가 정보 전달
>>> display_info("Alice", "나이: 30세", "도시: 뉴욕", "직업: 개발자")
이름: Alice
추가 정보:
```

```
나이: 30세
도시: 뉴욕
직업: 개발자
```

다음은 가변 인자 *args 정보를 한 줄에 출력하기 위해 수정한 함수와 결과이다. ", ".join(args)를 사용해 args의 추가 정보인 여러 항목을 콤마와 빈 문자 ", "를 구분자로 연결한 문자열을 생성한다.

```
>>> def display_info(name, *args):
...     print("이름:", name)
...     print("추가 정보:", ", ".join(args))
...
>>> display_info("강미빈", "나이: 21세", "도시: 서울", "직업: 모델")
이름: 강미빈
추가 정보: 나이: 21세, 도시: 서울, 직업: 모델
```

### 가변 인자 *args와 가변 키워드 인자 **kwargs를 함께 사용

다음 예제는 일상생활에서 활용될 수 있는 코드로, 가변 인자 *args와 가변 키워드 인자 **kwargs를 사용하여 주문 항목과 옵션을 처리하는 프로그램이다.

변수 orders에 빈 리스트를 생성하여 주문 정보를 저장하고 두 함수에서 전역 변수로 선언해 add_order() 함수에서 항목을 추가하며 display_orders() 함수에서 그 내용을 출력한다. 주문 정보를 add_order() 함수 호출을 통해 추가한다. 함수 호출 시 *args를 사용하여 여러 옵션을 함수에 전달하고 **kwargs를 사용하여 특별 요청을 키워드 인자 방식으로 함수에 전달한다. 함수 display_orders()를 호출하여 주문 목록을 출력한다. 다음은 두 함수의 내용이다.

- 함수 add_order(item, *options, **special_requests)에서 주문 항목(item), 옵션(options), 특별 요청(special_requests)을 받아서 이 정보를 딕셔너리로 묶어 orders 리스트에 추가한다. 이때 *args를 사용하여 옵션을 튜플로 패킹하고 **kwargs를 사용하여 특별 요청을 딕셔너리로 패킹한다.
- 함수 display_orders()에서 orders 리스트를 순회하며 주문 정보를 출력한다.

6-7 코딩 | 06-07-argskwargs.py | 가변 인자와 키워드 가변 인자 함수 구현 | 난이도 응용

```
# 주문 정보를 저장하는 사전
orders = []

# 함수를 사용하여 주문을 추가하는 기능
def add_order(item, *options, **special_requests):
    global orders
```

```
    order = {"item": item, "options": options, "special_requests": special_requests}
    orders.append(order)

# 함수를 사용하여 주문 목록을 출력하는 기능
def display_orders():
    global orders
    for i, order in enumerate(orders, 1):
        print(f"주문 {i}:")
        print(f"항목: {order['item']}")
        if order['options']:
            print("옵션:", ", ".join(order['options']))
        if order['special_requests']:
            print("특별 요청:")
            for key, value in order['special_requests'].items():
                print(f"- {key}: {value}")
        print("\n")

# 주문 추가
add_order("피자", "치즈", "페퍼로니", 소스="바베큐", 요구사항="양파 빼고")
add_order("스테이크", "미디웰", 소스="마늘버터", 추가 사이드="감자튀김")
add_order("샐러드", "시저", 추가 재료="치킨")

# 주문 목록 출력
print("주문 목록:")
display_orders()
```

결과

```
주문 목록:
주문 1:
항목: 피자
옵션: 치즈, 페퍼로니
특별 요청:
- 소스: 바베큐
- 요구사항: 양파 빼고

주문 2:
항목: 스테이크
옵션: 미디웰
특별 요청:
- 소스: 마늘 버터
- 추가 사이드: 감자튀김

주문 3:
항목: 샐러드
옵션: 시저
특별 요청:
- 추가 재료: 치킨
```

SECTION 03

PYTHON

# 함수 인자의 다양한 활용

## 3.1 압축 풀기 연산자

### 압축 풀기 연산자 *의 개요

다음 함수의 정의에서 인자는 세 개이며, 인자 세 개의 값을 출력한다.

```
>>> def f(x, y, z):
...     print(f'x = {x}, y = {y}, z = {z}')
...
```

압축 풀기 연산자 *를 활용해 위 함수를 호출해 보자. 여기서 압축 풀기 연산자 *는 이전 절에서 학습한 튜플 풀기 연산자와 같다. 위 함수도 *(1, 2, 3)처럼 튜플 (1, 2, 3) 앞에 연산자 *를 사용해 호출하면 튜플이 풀려 각 항목인 1, 2, 3이 함수로 전달된다.

```
>>> f(*(1, 2, 3))
x = 1, y = 2, z = 3
```

함수 f(x, y, x)의 매개변수 수가 세 개이므로 다음처럼 항목이 네 개인 튜플에서는 오류가 발생한다.

```
>>> f(*(1, 2, 3, 4))
Traceback (most recent call last):
  File "<stdin>", line 1, in <module>
TypeError: f() takes 3 positional arguments but 4 were given
```

물론 각각의 세 개의 인자로도 가능하다.

```
>>> f(1, 2, 3)
x = 1, y = 2, z = 3
```

압축 풀기 연산자 *는 함수 호출에서 모든 반복(또는 순회) 가능한 객체인 목록이나 세트, 문자열 등에도 적용될 수 있다.

```
>>> f(*[1, 2, 3])
x = 1, y = 2, z = 3
```

```
>>> f(*{1, 2, 3})
x = 1, y = 2, z = 3
```

다음 *'abc'처럼 * 뒤에 문자열을 사용하면 각각의 문자열 a, b, c가 인자 x, y, z에 전달된다.

```
>>> f(*'abc')
x = a, y = b, z = c
```

### 압축 풀기 연산자 *의 활용

다음 과일 목록을 정의해 출력해 보자. 다음 호출에서 함수 print()는 하나의 목록 인자를 받아 출력한다.

```
>>> fruits = ["사과", "바나나", "딸기"]
>>> print(fruits)
['사과', '바나나', '딸기']
```

이제 목록 이름 앞에 압축 풀기 연산자 *를 추가해 보자. 출력 함수 print() 인자로 *fruits를 사용하면 목록을 풀어 각각의 항목을 전달하므로 '사과 바나나 딸기'로 출력된다. 위와 달리 다음 호출은 3개의 인자를 받아 출력한다.

```
>>> print(*fruits)
사과 바나나 딸기
```

각각의 항목이 인자로 전달되므로 키워드 인자 sep를 사용하면 과일 이름의 중간중간에 지정한 구분자 '#'가 삽입돼 출력된다.

```
>>> print(*fruits, sep=' # ')
사과 # 바나나 # 딸기
```

여러 목록을 병합해야 하는 경우, 압축 풀기 연산자 *를 유용하게 사용할 수도 있다. 일반적으로 연산자 +로 여러 연산자를 병합할 수 있다.

```
>>> lst1= [1, 2]
>>> lst2= [3, 4]
>>> lst3= [5, 6]
>>> merged = lst1 + lst2 + lst3
>>> merged
[1, 2, 3, 4, 5, 6]
```

코드 [*lst1, *lst2, *lst3]처럼 압축 풀기 연산자 *를 병합하려는 모든 목록 앞에 배치해 목록을 만든다. 결과는 병합된 목록이 생성된다.

```
>>> my_merged = [*lst1, *lst2, *lst3]
>>> my_merged
[1, 2, 3, 4, 5, 6]
```

다음으로 쉽게 문자열을 구성하는 각각의 문자 목록을 만들 수 있다.

```
>>> s1 = list("Python")
>>> s1
['P', 'y', 't', 'h', 'o', 'n']
```

압축 풀기 연산자 *는 반복 가능한 모든 객체에 대해 작동한다는 점을 기억해 보자. 연산자 *를 사용해 문자열을 구성하는 각각의 문자 목록을 만들 수 있다. 다음처럼 목록 내부에 인자로 *"Python"을 사용하면 가능하다. 반복 가능한 객체 문자열은 연산자 *에 의해 압축이 풀려 모든 개별 문자를 반환하기 때문이다.

```
>>> s2 = [*"Python"]
>>> s2
['P', 'y', 't', 'h', 'o', 'n']
```

물론 한글도 가능하다.

```
>>> s3 = [*'밤낮']
>>> s3
['밤', '낮']
```

### 대입문에 사용하는 압축 풀기 연산자 *

다음 목록을 세 부분으로 분할해야 한다고 가정해 보자.

```
>>> lst = [1, 2, 3, 4, 5, 6]
```

하나는 첫 번째 값, 또 하나는 마지막 값 그리고 그 사이의 모든 값의 목록으로 분할하려고 한다. 다음처럼 압축 풀기 연산자 *를 사용하면 단 한 줄의 코드로 이 작업을 수행할 수 있다. 대입 연산에서의 언패킹에 의해 = 왼쪽 변수의 수만큼 분할할 수 있다.

```
>>> a, *b, c = lst
>>> a, b, c
```

```
(1, [2, 3, 4, 5], 6)
```

변수 a에 1, b에 [2, 3, 4, 5], c에 6을 저장된 것을 알 수 있다.

```
>>> b
[2, 3, 4, 5]
```

이와 마찬가지로, 다음처럼 대입 연산자(=) 왼쪽의 *a, b는 마지막 값을 b, 그 이전 값의 목록을 a에 저장하게 된다.

```
>>> *a, b = 10, 20, 30, 40
>>> a
[10, 20, 30]
>>> b
40
```

그렇다면, 다음처럼 대입 왼쪽의 *a,는 모든 값을 항목으로 하는 목록을 만들 수 있다.

```
>>> *a, = 10, 20, 30, 40
>>> a
[10, 20, 30, 40]
>>>
```

그러나 콤마가 없는 *a는 문법 오류가 발생한다.

```
>>> *a = 10, 20, 30, 40
  File "<stdin>", line 1
SyntaxError: starred assignment target must be in a list or tuple
```

위의 내용을 문자열에도 그대로 적용할 수 있다. 변수 p1은 그대로 문자열이다.

```
>>> p1 = "Python"
>>> p1
'Python'
```

다음 문장으로 변수 p2에는 오른쪽 문자열을 구성하는 각각의 문자의 목록 저장된다. 다음 코드에서 압축 풀기 연산자 *가 나오고, 그 뒤로 변수 p2, 콤마, 대입 연산자(=)가 나오는 순서이다.

```
>>> *p2, = "Python"
>>> p2
['P', 'y', 't', 'h', 'o', 'n']
```

위 문장에서 알아볼 내용을 자세히 살펴보면 다음과 같다. 조금 어렵다면 생략해도 좋다.

- 압축 풀기 연산자가 있는 *p2 덕분에 반복 가능한 객체인 문자열을 가져와 모든 항목을 새 목록에 할당하게 된다.
- 변수 할당과 함께 압축 풀기 연산자를 사용하려면 오른쪽에 대입할 값은 반복 가능한 객체여야 한다.
- 물론, *p2 뒤의 콤마가 매우 중요한 역할을 한다. 콤마가 없으면 오류가 발생한다.
- 후행 콤마를 사용하면 이름이 p2로 지정된 변수 하나만으로 튜플 항목을 정의하게 되며, 이 튜플 항목에 목록 ['P', 'y', 't', 'h', 'o', 'n']이 저장된다.

코드 a, *p3 = "Python"라면 a에 첫 항목인 P, 나머지 모든 항목이 목록으로 p3에 저장된다.

```
>>> a, *p3 = "Python"
>>> a
'P'
>>> p3
['y', 't', 'h', 'o', 'n']
```

다음처럼 콤마가 없으면 문법 오류가 발생한다.

```
>>> *p4 = "Python" # starred assignment target must be in a list or tuple
  File "<stdin>", line 1
SyntaxError: starred assignment target must be in a list or tuple
```

### 내장 함수 zip()과 압축 풀기 연산자 * 활용

내장 함수로 zip()은 여러 개의 반복 가능한 객체를 인자로 받고 각 객체가 담고 있는 원소를 튜플의 형태로 차례대로 접근할 수 있는 반복자(iterator)인 zip 객체를 반환한다.

```
>>> x = [1, 2, 3]
>>> y = [4, 5, 6]
>>> z = zip(x, y)
>>> z
<zip object at 0x0000021ABE53CDC0>
```

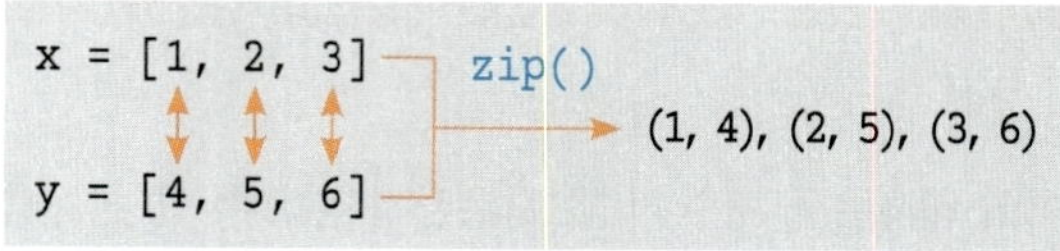


zip() 함수를 사용하면 마치 옷의 지퍼를 올리는 것처럼 인자인 두 객체에 있는 항목을 하나씩 차례대로 짝을 지어 튜플인 항목을 만들어 준다. 이를 확인하기 위해 zip 객체 z를 인자로 list(z)를 호출한다.

```
>>> lst = list(z)
>>> lst
[(1, 4), (2, 5), (3, 6)]
```

다시 *lst로 푼 3개의 튜플 결과를 다시 zip 함수의 인자로 넣어 zip(*lst)을 호출하면 원래 x와 y의 항목이 들어 있는 튜플을 얻을 수 있다.

```
>>> x2, y2 = zip(*lst)
>>> x2
(1, 2, 3)
>>> y2
(4, 5, 6)
```

다음으로 원래 x, y와 x1, y2의 항목이 같다는 것을 알 수 있다.

```
>>> x == list(x2) and y == list(y2)
True
```

다음에서 zip() 결과는 세 개의 항목이 있으므로 대입 연산자의 왼쪽을 세 개의 변수를 나열하면 바로 튜플을 얻을 수 있다.

```
>>> x = [1, 2, 3]
>>> y = [4, 5, 6]
>>> a, b, c = zip(x, y)
>>> a
(1, 4)
>>> b
(2, 5)
>>> c
(3, 6)
```

다음 문장으로 a에 항목 한 개, b에는 나머지 항목의 목록을 얻을 수 있다.

```
>>> a, *b = zip(x, y)
>>> a
(1, 4)
>>> b
[(2, 5), (3, 6)]
```

다음 문장으로는 a에 모든 항목을 얻을 수 있다.

```
>>> *a, = zip(x, y)
>>> a
[(1, 4), (2, 5), (3, 6)]
```

지금까지의 내용을 정리하면 간단히 문장 zip(*zip(x, y))으로 원래 2개의 x, y와 같은 항목을 갖는 튜플을 바로 얻을 수 있다.

```
>>> x = [1, 2, 3]
>>> y = [4, 5, 6]
>>> x2, y2 = zip(*zip(x, y))
>>> x2
(1, 2, 3)
>>> y2
(4, 5, 6)
```

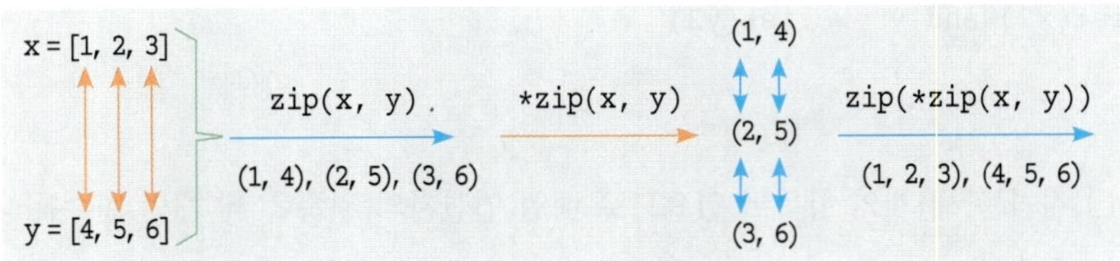


▲ **그림 2** zip()과 압축 풀기 연산자 *

다음으로 원래의 x, y와 x1, y2의 항목이 같다는 것을 알 수 있다.

```
>>> x == list(x2) and y == list(y2)
True
```

다음 예제는 사용자가 구매한 상품 목록과 각 상품의 가격을 입력받아 총 금액을 계산하는 코드이다. 압축 풀기 연산자 *를 사용하여 여러 상품의 가격을 입력받고 총 금액을 계산한다.

**6-8 코딩** 06-08-unpacking.py | **압축 풀기 연산자 * 활용** | 난이도 응용

```
# 상품 목록과 각 상품의 가격을 입력받음
def get_purchase():
    products = input("구매한 상품 목록 (콤마로 구분): ").split(',')
    prices = input("각 상품의 가격 (콤마로 구분): ").split(',')
    return products, prices

# 여러 정수 형태의 문자열을 변환해 정수의 목록을 반환
def convert_int(*args):
    lst=[]
    for i in args:
        lst.append(int(i))
    return lst

# 총 금액 계산
```

```
def calculate_total(products, *prices):
    total = sum(prices)
    return total

# 사용자로부터 상품 목록과 가격을 입력받음
products, prices = get_purchase()
# 입력된 가격을 정수로 변환하고 언패킹하여 총 금액 계산
prices = convert_int(*prices)
# 다음 한 줄의 컴프리헨션으로도 가능
# prices = [int(price) for price in prices]
total_price = calculate_total(*prices)

# 결과 출력
print("\n 상품 목록:", products)
print("가격 목록:", prices)
print("총 금액:", total_price, "원")
```

결과

```
상품 목록: ['우유', '과자', '물']
가격 목록: [2600, 3400, 1800]
총 금액: 5200 원
```

### 딕셔너리 압축 풀기 연산자 ** 개요

다음 함수 f는 2개의 인자로 구성된 함수이다.

```
>>> def f(java, python):
...     print(f'java = {java}, y = {python}')
...
```

다음처럼 위치 인자 두 개로 함수 f를 호출할 수 있다.

```
>>> f(1995, 1991)
java = 1995, y = 1991
```

키워드 인자 형식으로도 가능하다.

```
>>> f(java=1995, python=1991)
java = 1995, y = 1991
```

딕셔너리 압축 풀기 연산자 **를 사용해도 가능하다. 결국 연산자 **에 의해 {'java': 1995, 'python': 1991}이 압축이 풀리고 java=1995, python=1991이 되어 함수로 전달된다.

```
>>> f(**{'java': 1995, 'python': 1991})
java = 1995, y = 1991
```

그러나 다음 코드는 풀린 키워드 인자 형식이 C=1971, C#=2002가 되어 함수 정의에서 인자 C나 C#이 없으므로 오류가 발생한다.

```
>>>> f(**{'C': 1971, 'C#': 2002}) # 오류, 인자의 이름이 다름
Traceback (most recent call last):
  File "<stdin>", line 1, in <module>
TypeError: f() got an unexpected keyword argument 'C'
```

### 딕셔너리 압축 풀기 연산자 ** 활용

다음은 과일과 견과류의 값이 저장된 딕셔너리가 두 개 있다. 이 두 딕셔너리를 합쳐 보자. 바로 딕셔너리의 메서드 update()를 사용할 수 있다.

```
>>> dict1 = {"밤": 1000, "배": 3000}
>>> dict2 = {"감": 1200, "귤": 500}
>>> merged = dict1
>>> merged.update(dict2)
>>> merged
{'밤': 1000, '배': 3000, '감': 1200, '귤': 500}
```

다음처럼 딕셔너리 압축 풀기 연산자 **를 사용하여 여러 개의 서로 다른 딕셔너리를 병합할 수도 있다.

```
>>> merged_dict = {**dict1, **dict2}
>>> merged_dict
{'밤': 1000, '배': 3000, '감': 1200, '귤': 500}
```

이제 다른 방법으로 두 딕셔너리를 병합해 보자.

```
>>> dict1 = {"A": 65, "B": 66}
>>> dict2 = {"C": 67, "D": 68}
```

먼저 두 딕셔너리를 메서드 items()를 사용해 (키, 값)의 목록을 만든다.

```
>>> dlst1 = list(dict1.items())
>>> dlst1
[('A', 65), ('B', 66)]
>>> dlst2 = list(dict2.items())
>>> dlst2
[('C', 67), ('D', 68)]
```

내장 함수 dict()의 인자로 위에서 만든 두 목록 dlst1, dlst2를 사용해 딕셔너리를 생성한다. 바로 압축 풀기 연산자 *를 두 목록 *dlst1, *dlst2에 사용하면 두 목록이 풀려 각각의 항목으로 딕셔너리를 만들 수 있다.

```
>>> my_merged_dict = dict((*dlst1, *dlst2))
>>> my_merged_dict
{'A': 65, 'B': 66, 'C': 67, 'D': 68}
```

위 문장은 다소 복잡할 수 있지만, 다음 한 가지 코드로 가능하다.

```
>>> final_merged_dict = dict((*list(dict1.items()), *(list(dict2.items()))))
>>> final_merged_dict
{'A': 65, 'B': 66, 'C': 67, 'D': 68}
```

다음 예제는 임의의 수의 키워드 인자를 처리하는 함수 print_info(**kwargs)와 두 개의 인자를 처리하는 함수 add(x, y)를 구현해 호출하는 코드이다. 함수 호출에서 모두 딕셔너리 압축 풀기 연산자 **를 사용해 호출한다. 변수 numbers라는 딕셔너리는 x와 y라는 키와 값의 쌍으로 숫자를 저장하고 있다. 이 딕셔너리를 **로 언패킹하여 add 함수에 키워드 인자로 전달하면, 두 숫자의 합이 계산되어 반환된다. 변수 info라는 딕셔너리는 name, age, hobby라는 키와 값의 쌍으로 정보를 저장하고 있다. 이 딕셔너리를 **로 언패킹하여 print_info 함수에 키워드 인자로 전달하면 각 키와 값 쌍이 출력된다.

- print_info(**kwargs) 함수는 임의 개수의 키워드 인자를 받아 정보를 출력하며 매개변수로 **kwargs라는 딕셔너리 형식 키워드 인자를 받고, 반환 값이 없다.
- add(x, y) 함수는 두 수의 합을 반환하며 매개변수로 x와 y라는 값을 받고 반환 값으로 실수형 값의 합을 반환한다.

**6-9 코딩** 06-09-namedarg.py | **사전 풀기 연산자 **를 사용해 키워드 인자로 호출** | 난이도 응용

```
# **kwargs라는 사전 형식 키워드 인자
def print_info(**kwargs):
    for kw, arg in kwargs.items(): # kwargs 딕셔너리를 순회하며
        print(kw, ': ', arg, sep='') # 각 키와 값 쌍을 출력

info = {"name": "Alice", "age": 20, "hobby": "reading"}
print_info(**info)

# add라는 이름의 함수를 정의
def add(x, y): # x와 y라는 매개변수
    return x + y # x와 y의 합을 반환

# numbers라는 이름의 딕셔너리를 정의
```

```
# 키와 값의 쌍으로 x와 y를 저장, 반드시 키는 x, y로 해야 함
numbers = {"x": 10, "y": 20}

# add 함수를 호출하고, numbers 딕셔너리를 **로 언패킹하여 키워드 인자로 전달
result = add(**numbers)
print(result)
```

결과

```
name: Alice
age: 20
hobby: reading
30
```

## 3.2 함수 헤더의 특수 매개변수

### 특수 매개변수 개요

help(max)를 호출해 내장 함수 sum()의 함수 헤더를 살펴보자. 함수 헤더 sum의 매개변수에 슬래시 문자(/)가 두번째 매개변수로 정의되어 있다.

```
>>> help(sum)
Help on built-in function sum in module builtins:

sum(iterable, /, start=0)
    Return the sum of a 'start' value (default: 0) plus an iterable of numbers
    When the iterable is empty, return the start value.
    This function is intended specifically for use with numeric values and may
    reject non-numeric types.
```

다음으로 내장 함수 sorted()의 함수 헤더도 살펴보자. 함수 헤더 sorted의 매개변수 중간에 /, *가 보인다.

```
>>> help(sorted)
Help on built-in function sorted in module builtins:

sorted(iterable, /, *, key=None, reverse=False)
    Return a new list containing all items from the iterable in ascending order.
    A custom key function can be supplied to customize the sort order, and the
    reverse flag can be set to request the result in descending order.
```

함수 sum()이나 sorted()를 호출할 때 인자로 /나 *를 넣은 적이 한 번도 없었다. 과연 함수 헤더에서 매개변수로 지정한 /나 *는 무엇일까?

이것은 함수 헤더에서 사용되는 특수 매개변수다.

함수 헤더에서 특수 매개변수 /와 *는 두 개의 기호로 인자들을 세 부분으로 나눈다. 이 기호 인자 /, *로 구분되는 인자들은 그 위치에 따라 함수에 전달되는 매개변수 전달 방식이 결정된다. 이 특수 매개변수는 선택적(optional)이다.

다음 함수 헤더에서 / 앞 부분 인자인 [pos]는 위치 전용(position only) 매개변수이다. 다음으로 / 뒤와 * 앞의 중간 부분 인자 [pos_or_kwds]는 위치 또는 키워드 인자 방식의 일반 매개변수이다. 마지막으로 * 뒤의 잔여 부분 인자 [kwds]는 키워드 전용(keyword only) 매개변수가 된다.

**특수 매개변수 /, ***

```
def fun_name( [pos], /, [pos_or_kwds], * , [kwds] )
```

- /와 *는 위치 전용(position only) 인자나 키워드 전용(keyword only) 인자를 함수에 전달할 수 있는지 여부를 정의
- /를 사용하여 위치 전용 인자와 일반(위치나 키워드로 전달) 인자로 전달할 수 있는 인자 사이의 경계를 정의
- *를 사용하여 일반(위치나 키워드로 전달) 인자와 키워드 전용 인자로 전달해야 하는 인수 사이의 경계를 정의
- /는 *는 모두 옵션으로 /는 *보다 앞에 위치
- /는 맨 앞에 올 수 없으며 *는 맨 뒤에 올 수 없음.

기본적으로 파이썬에서 함수 호출 시 인자는 위치나 명시적인 키워드 방식으로 전달될 수 있다. 위 방식을 사용하지 않으면 인자 전달 방식의 제한이 없다. 즉, 함수 헤더에 /와 *가 없으면, 인자를 위치나 키워드로 함수에 전달할 수 있다. 만일, 가독성과 성능을 위해 인자 전달 방식을 제한하려면 특수 문자 /와 *를 사용한다. 함수 헤더를 살펴보면 매개변수를 위치 전용, 일반 인자, 키워드 전용으로 전달받으려고 하는지를 파악할 수 있다.

### 특수 매개변수 /와 *를 사용한 함수 구현

기호 /와 *를 모두 사용한 함수 pos_kwd_function()를 정의해 보자.

```
>>> def pos_kwd_function(pos1, pos2, /, arg, *, kwd1, kwd2):
...     print(f'위치 인자: pos1 = {pos2}, pos2 = {pos2}')
...     print(f'일반 인자: arg = {arg}')
...     print(f'키워드 인자: kwd1 = {kwd1}, kwd2 = {kwd2}')
...
```

위 함수 pos_kwd_function()는 기호 /와 *의 구분으로, 값을 다음과 같은 인자 방식으로 전달받는다.

<table>
<tr><th>구분</th><th colspan="2">위치 전용 인자</th><th>구분자</th><th>위치-키워드(일반) 인자</th><th>구분자</th><th colspan="2">키워드 전용 인자</th></tr>
<tr><td>함수 헤더</td><td>pos1,</td><td>pos2,</td><td>/,</td><td>arg,</td><td>*,</td><td>kwd1,</td><td>kwd2</td></tr>
<tr><td>설명</td><td colspan="2">인자의 순서대로 전달하며 키워드로 매개변수를 전달 불가능</td><td>호출 시 불필요</td><td>위치나 키워드 인자 전달 방식 모두 가능</td><td>호출 시 불필요</td><td colspan="2">반드시 키워드 인자로 전달해야 하며, 인자의 순서인 위치로는 전달 불가능</td></tr>
<tr><td>사용 가능</td><td>10</td><td>'java'</td><td rowspan="2"></td><td>3.14 arg='ja'</td><td rowspan="2"></td><td>kwd1=3</td><td>kwd2=10</td></tr>
<tr><td>사용 불가능</td><td>pos1=3</td><td>pos2=3.4</td><td>두 가지 방식 모두 가능</td><td>3</td><td>'py'</td></tr>
</table>

그러므로 다음 호출이 가능하다.

```
>>> pos_kwd_function(1, 2, 3.4, kwd1='java', kwd2='kotlin')
위치 인자: pos1 = 2, pos2 = 2
일반 인자: arg = 3.4
키워드 인자: kwd1 = java, kwd2 = kotlin
>>>
>>> pos_kwd_function(1, 2, arg=3.4, kwd1=10, kwd2=7.9)
위치 인자: pos1 = 2, pos2 = 2
일반 인자: arg = 3.4
키워드 인자: kwd1 = 10, kwd2 = 7.9
```

그러므로 다음 호출은 오류가 발생한다.

위치 전용 인자를 키워드 인자로 호출해 오류

```
>>> pos_kwd_function(1, pos2=2, 3.4, kwd1='java', kwd2='kotlin')
  File "<stdin>", line 1
    pos_kwd_function(1, pos2=2, 3.4, kwd1='java', kwd2='kotlin')
                                                               ^
SyntaxError: positional argument follows keyword argument
>>> pos_kwd_function(1, 2, arg=3.4, 10, kwd2=7.9)
  File "<stdin>", line 1
    pos_kwd_function(1, 2, arg=3.4, 10, kwd2=7.9)
                                                ^
SyntaxError: positional argument follows keyword argument
```

키워드 전용 인자를 위치 인자로 호출해 오류

다음 함수pos_only_arg()는 함수 정의에 /가 맨 마지막에 있으므로 위치 매개변수만 사용하도록 제한된다.

```
>>> def pos_only_arg(arg, /):
...     print(arg)
...
```

키워드 방식의 인자는 오류가 발생한다.

```
>>> pos_only_arg(100)
100
>>> pos_only_arg(arg=100)
Traceback (most recent call last):
  File "<stdin>", line 1, in <module>
TypeError: pos_only_arg() got some positional-only arguments passed as keyword arguments: 'arg'
```

이와 반대로 특수 매개변수 /는 맨 앞에 올 수 없다.

```
>>> def pos_kwd_function1(/, pos1, pos2, arg, *, kwd1, kwd2):
  File "<stdin>", line 1
    def pos_kwd_function1(/, pos1, pos2, arg, *, kwd1, kwd2):
                          ^
SyntaxError: at least one argument must precede /
```

다음 함수 kwd_only_args()는 함수 정의 맨 처음에 *가 있으므로 키워드 인자만 허용한다.

```
>>> def kwd_only_arg(*, arg):
...     print(arg)
...
```

따라서 위치 방식의 인자는 오류가 발생한다.

```
>>> kwd_only_arg(arg=100)
100
>>> kwd_only_arg(100)
Traceback (most recent call last):
  File "<stdin>", line 1, in <module>
TypeError: kwd_only_arg() takes 0 positional arguments but 1 was given
```

이와 반대로, 특수 매개변수 *는 맨 뒤에 올 수 없다.

```
>>> def pos_kwd_function1(pos1, pos2, /, arg, kwd1, kwd2, *):
  File "<stdin>", line 1
    def pos_kwd_function1(pos1, pos2, /, arg, kwd1, kwd2, *):
                                                          ^
SyntaxError: named arguments must follow bare *
```

### 내장 함수 sum( )에서의 특수 매개변수 /

이미 살펴보았듯이 내장 함수 sum()의 함수 헤더에는 /이 있다. 즉, 인자 / 앞 매개변수 iterable은 위치 전용 매개변수, 뒤 start는 기본값이 0으로 위치와 키워드 모두 가능한 일반 매개변수이다.

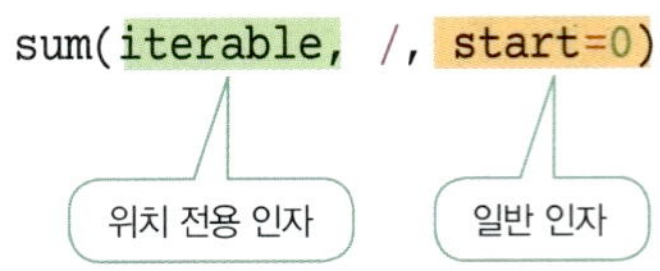


매개변수 start는 기본값이 있으므로 호출 시 인자가 없어도 가능하다. 합을 구하는 초깃값인 인자 start는 일반 매개변수이므로 start=10이나 10 모두 가능하다.

```
>>> sum([1, 2])
3
>>> sum([1, 2], start=5)
8
>>> sum([1, 2], 10)
13
```

다음처럼 iterable을 키워드 방식으로 호출하면 오류가 발생한다.

```
>>> sum(iterable=[1, 2])
Traceback (most recent call last):
  File "<stdin>", line 1, in <module>
TypeError: sum() takes at least 1 positional argument (0 given)
```

### 내장 함수 sorted( )에서의 특수 매개변수 *

이미 살펴보았듯이 내장 함수 sorted()의 함수 헤더에서 특수 매개변수 /와 *를 볼 수 있다. 다음에서 보이듯이 / 앞의 iterable은 위치 전용 인자, * 이후 key와 reverse는 키워드 전용 인자가 된다.

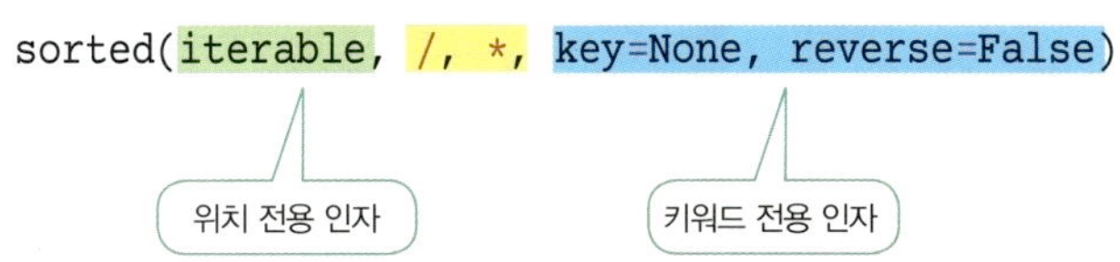


다음 목록 pl을 정렬하려면 목록 인자는 위치 인자로 사용해 호출해야 한다.

```
>>> pl = ['c', 'python', 'java', 'go']
>>> sorted(pl)
['c', 'go', 'java', 'python']
```

매개변수 reverse와 key를 인자로 사용하려면 다음처럼 키워드 인자만 사용해 호출해야 한다.

```
>>> sorted(pl, reverse=True)
['python', 'java', 'go', 'c']
>>> sorted(pl, key=len)
['c', 'go', 'java', 'python']
>>> sorted(pl, key=len, reverse=True)
['python', 'java', 'go', 'c']
```

다음처럼 매개변수 reverse와 key를 위치 인자로 사용해 호출하면 오류가 발생한다.

```
>>> sorted(pl, len, True)
Traceback (most recent call last):
  File "<stdin>", line 1, in <module>
TypeError: sorted expected 1 argument, got 3
```

### **kwds와 /의 사용

다음처럼 키워드 가변인자 **kwds 뒤에는 더 이상 인자가 올 수 없으므로 *도 사용할 수 없다.

```
>>> def fun(n, **kwds, *, kwd):
  File "<stdin>", line 1
    def fun(n, **kwds, *, kwd):
                       ^
SyntaxError: arguments cannot follow var-keyword argument
```

다음처럼 일반 인자 name과 여러 개의 키워드 인자를 받는 **kwds를 사용하는 경우에는 주의가 필요하다. 일반 인자 name과 name을 키로 가지는 **kwds 사이에 잠재적인 충돌이 발생할 수 있기 때문이다.

```
>>> def fun1(name, **kwds):
...     return 'name' in kwds
...
```

위 함수 정의에서는 오류가 발생하지 않지만, 다음 호출에서 오류가 발생한다. 일반 인자 name과 키워드 인자 name이 충돌이 발생하기 때문이다.

```
>>> fun1(30000, **{'name': '미수', 'age': 35})
Traceback (most recent call last):
  File "<stdin>", line 1, in <module>
TypeError: fun1() got multiple values for argument 'name'
```

물론, 다음처럼 호출의 키워드 인자에서 name이 없으면 항상 False로 실행된다. 'name' 키워드는 항상 첫 번째 매개변수와 충돌이 나므로 True를 반환할 수 있는 호출은 불가능하고 오류가 발생한다.

```
>>> fun1(20000, **{'job': '학생', 'age': 25})
False
```

이러한 문제는 앞의 name 매개변수를 위치 전용 인자로 제한하면 해결된다. 인자 /를 사용해 name을 위치 전용 인자로 제한하면 name을 위치 인자, 'name'을 키워드 인자의 키로 사용할 수 있으므로 가능하다. 즉, 위치 전용 매개변수의 이름을 **kwds에서 충돌 없이 사용할 수 있게 된다.

```
>>> def fun2(name, /, **kwds):
...     return 'name' in kwds
...
>>> fun2(30000, **{'name': '미희', 'age': 21})
True
```

다음 예제는 피자 주문을 처리하는 코드이다. 함수 order_pizza()는 size(피자 크기), sauce(소스), *toppings(가변 길이의 토핑)를 받아 피자 주문 내역을 출력하는 함수이다. 인자 size와 sauce는 / 전에 위치하므로 위치 전용 인자이며 *toppings는 가변 길이 인자를 처리한다.

**6-10 코딩** 06-10-orderpizza.py | **피자 주문 처리 함수에서 / 활용** | 난이도 응용

```python
# 피자 주문 함수 정의
def order_pizza(size, sauce, /, *toppings):
    print(f"\n{size} 크기의 피자 주문이 완료되었습니다.")
    print("토핑: ", end="")
    for topping in toppings:
        print(topping, end=", ")
    print(f"\n소스: {sauce}\n")

# 사용자로부터 주문 정보 입력받음
print("피자 주문을 시작합니다.")
size = input("피자 크기 (소, 중, 대): ")

# 피자 토핑 입력
print("토핑을 입력하시오(콤마로 구분): ")
topping_input = input()
toppings = topping_input.split(',')

# 소스 선택
sauce = input("소스 선택(토마토, 바베큐, 크림): ")
```

```
# 피자 주문 함수 호출
order_pizza(size, sauce, *toppings)
```

결과

```
피자 주문을 시작합니다.
피자 크기 (소, 중, 대): 중
토핑을 입력하시오(콤마로 구분):
페퍼로니, 양파, 올리브
소스 선택(토마토, 바베큐, 크림): 크림

중 크기의 피자 주문이 완료되었습니다.
토핑: 페퍼로니, 양파, 올리브,
소스: 크림
```

## 학습 내용 점검

**01** : 다음 함수 정의 이후 함수 호출의 출력 결과를 쓰시오.

```
def compute1(x = 10, y = 1, z = 2):
    return x - y - z
```

① `compute1()`

② `compute1(20)`

③ `compute1(30, 10)`

④ `compute1(30, 20, 10)`

```
def compute2(item, price=100, qty=1):
    print(f'{item} {price} {qty}')
```

⑤ `compute2('banana')`

⑥ `compute2('오렌지', 1000)`

⑦ `compute2('포도', 2000, 2)`

⑧ `compute2(price=3000, item='멜론', qty=5)`

**02** : 다음 함수 헤더에서 오류가 발생하는 이유를 기술하시오.

①
```
def fun1(arg1=1, arg2):
    pass
```

②
```
def fun2(**kwargs, pos):
    pass
```

③
```
def fun3(**kwargs, *args):
    pass
```

④
```
def fun4(arg1, arg2=1, arg3):
    pass
```

**03** : 지역 변수와 전역 변수에 유의하여 다음 코드의 결과를 기술하시오.

①
```
def test1():
    print('\t', a + 1)

a = 1
test1()
print(a)
```

②
```
def test2():
    b = 11
    print('\t', b + 1)

b = 1
test2()
print(b)
```

③
```
def test3():
    global c
    c = 10
    print('\t', c + 1)

c = 1
test3()
print(c)
```

④
```
def test4():
    d = 10
    e = d + 10
    print('\t', e)

e = 1
test4()
print(e)
```

**04** : 다음 함수가 있는 코드의 실행 결과를 쓰시오.

①
```
def f1(arg=[]):
    arg.append(1)
    return arg

print(f1())
print(f1())
```

②
```
def f2(arg=None):
    if arg==None: arg=[]
    arg.append(1)
    return arg

print(f2())
print(f2())
```

③
```
def f3():
return max

print(f3()(1, 2, 3))
```

④
```
def f4():
return min

print(f4()(1, 2, 3))
```

**05** : 가변 인자와 가변 키워드 인자에 유의하여 다음 코드의 결과를 쓰세요.

①
```
def argtest(*nums):
    s = 1
    for num in nums:
        s += num
    return s
print(argtest(1, 2, 3))
print(argtest(*[1, 2, 3, 4]))
```

②
```
def kwtest(**kwargs):
    a = 1
    for key in kwargs:
        if key in ['java', 'python']:
            a += kwargs[key]
    return a

print(kwtest(java=10, python=12, kotlin=36, c=8))
print(kwtest(**{'java':10, 'C++':7, 'python':5}))
```

**06** : 다음 연산자 *와 **에 유의하여 코드의 출력 결과를 쓰시오.

①
```
*a, = 1, 2, 3, 4
print(a)
```

②
```
*a, b = 1, 2, 3, 4
print(a)
```

③
```
a, *b = 1, 2, 3, 4
print(a)
```

④
```
a = [*[1, 2], *[3, 4]]
print(a)
```

⑤
```
d = dict(([1, 2], [3, 4]))
print({**d})
```

⑥
```
a, b = (zip(*zip([1, 2], [3, 4])))
print(a)
```

**07** : 다음 함수 정의 이후 함수 호출의 결과를 기술하시오.

```
def arg_func(a, /, b, *, c):
    print(f'{a} {b} {c}')
```

① `arg_func(1, 2, c=3)`
② `arg_func(2, 2, c=3)`
③ `arg_func(1, b=3, c=5)`
④ `arg_func(2, c=3, b=5)`

**08** : 다음 함수 정의 이후 함수 호출에서 오류가 발생하는 원인을 기술하시오.

```
def named_func(a, /, b, *, c):
    print(f'{a} {b} {c}')
```

① `named_func(1, /, b)`
② `named_func(1, 2, 3)`
③ `named_func(1, 2, b=3)`
④ `named_func(1, *, b)`

## 도전! 프로그래밍

**01** 기본 다음을 참고하여 표준입력으로 받은 연산 기호와 두 수를 사용하여 사칙연산 중 하나를 수행해 출력하는 프로그램을 작성하시오.

- 사칙연산 함수는 add, subtract, multiply, divide로 구현
- 다음 딕셔너리를 사용

```
operation = {'+':add, '-':subtract, '*':multiply, '/':divide}
```

```
수행할 연산 기호(+, -, *, / 중 하나)를 입력 >> +
공백을 구분으로 두 수를 입력 >> 10 20
연산 결과: 10 + 20 = 30
```

**02** 기본 다음 3행 4열의 행렬 형태의 리스트를 행과 열이 바뀐 전치 행렬(transpose matrix)의 목록으로 만들어 다음과 같이 출력하는 프로그램을 작성하시오.

- 함수 transpose_matrix(matrix): 매개변수 matrix를 전치 행렬을 구해 반환

```
original_matrix = [[1, 2, 3, 4], [5, 6, 7, 8], [9, 10, 11, 12]]
```

```
원행렬 출력:
                [1, 2, 3, 4]
                [5, 6, 7, 8]
                [9, 10, 11, 12]
전치 행렬 출력:
                [1, 5, 9]
                [2, 6, 10]
                [3, 7, 11]
                [4, 8, 12]
```

**03** 기본 다음을 참고하여 표준 입력으로 받은 개수만큼의 피보나츠 수열의 목록을 출력하는 프로그램을 작성하시오.

- 0, 1로 시작하는 피보나츠 수열: f(n) = f(n–1) + (n–2)

```
피보나치 수열(0, 1, ...) n 개 출력, 2 이상 정수 입력 >> 10
10 개의 피보나치 수열: [0, 1, 1, 2, 3, 5, 8, 13, 21, 34]
```

**04** 응용 태양계의 행성 중 다음 6개의 행성 정보를 리스트로 표현하였다. 행성 리스트의 항목인 튜플은 ('수성', 2439, 0.4)처럼 순서대로 각각 행성 이름, 반지름(km), 지구와 태양과의 상대적 거리를 표현한다. 리스트의 정렬 함수 sort()를 사용하여 다음 결과와 같이 출력되는 프로그램을 작성하시오.

```
planets = [('수성', 2439, 0.4), ('금성', 6052, 0.7), ('태양', 695000, 0),
           ('지구', 6378, 1), ('화성', 3390, 1.5), ('목성', 71492, 5.2)]
```

- 리스트의 메서드(함수)인 list.sort(key = 정렬에서_사용할_함수)에서 키워드 인자인 key는 정렬에서 사용할 함수를 지정
- 또한 리스트의 메서드(함수)인 list.sort(reverse = True)와 같이 키워드 인자인 reverse는 정렬에서 내림차순으로 정렬

```
태양계 행성의 크기(반지름)로 정렬
[('태양', 695000, 0), ('목성', 71492, 5.2), ('지구', 6378, 1), ('금성', 6052, 0.7), ('화성',
3390, 1.5), ('수성', 2439, 0.4)]
태양계 행성의 태양과의 거리로 정렬
[('태양', 695000, 0), ('수성', 2439, 0.4), ('금성', 6052, 0.7), ('지구', 6378, 1), ('화성',
3390, 1.5), ('목성', 71492, 5.2)]
```

**05** 응용 1에서 100 사이의 섭씨 온도 9개를 난수로 생성해 정렬된 리스트를 만든 후 섭씨 온도를 화씨 온도로 변환하는 람다 함수를 사용해 함수 map()으로 섭씨 온도 리스트와 대응되는 화씨 온도 리스트를 생성한다. 반복 for문에서 함수 zip()을 사용해 섭씨 온도를 화씨 온도로 변환하여 다음과 같이 출력하는 프로그램을 작성하시오.

- 섭씨 온도를 화씨 온도로 변환하는 람다 함수

```
lambda cels: cels * 9/5 + 32
```

```
섭씨 온도: [4, 16, 20, 24, 28, 29, 38, 49, 57]
화씨 온도: [39.2, 60.8, 68.0, 75.2, 82.4, 84.2, 100.4, 120.2, 134.6]
섭씨 온도 4 => 화씨 39.2
섭씨 온도 16 => 화씨 60.8
섭씨 온도 20 => 화씨 68.0
섭씨 온도 24 => 화씨 75.2
섭씨 온도 28 => 화씨 82.4
섭씨 온도 29 => 화씨 84.2
섭씨 온도 38 => 화씨 100.4
섭씨 온도 49 => 화씨 120.2
섭씨 온도 57 => 화씨 134.6
```

**06** : **다음을 참고하여 한 개의 매개변수를 갖는 외부 함수 make_multiplier(n)와 내부 함수 multiply(x)를 구현해 다음과 같이 출력하는 프로그램을 작성하시오.**

실전

- 외부 함수 make_multiplier(n) 함수는 n이라는 매개변수를 받고 내부에 multiply(x)라는 또 다른 함수를 정의하여 반환
- 내부 함수 multiply(x)는 매개변수 x와 외부 함수의 매개변수 n의 곱을 반환
- 함수 make_multiplier(2) 호출로 반환되는 객체를 변수 double에 저장한 후 표준 입력으로 받은 수를 인자로 double 호출 결과 출력
- 함수 make_multiplier(3) 호출로 반환되는 객체를 변수 triple에 저장한 후 표준 입력으로 받은 수를 인자로 triple 호출 결과 출력

```
숫자를 입력하시오: 10
함수 double(10) 호출 결과: 20
함수 trple(10) 호출 결과: 30
```

MEMO

Chapter

# 07

# 모듈과 패키지

## 학습 목표

- 표준 모듈을 이해하고 사용자 정의 모듈도 직접 구현하여 사용할 수 있다.
- 패키지를 이해하고 사용자 정의 패키지도 직접 구현하여 사용할 수 있다.
- 표준 패키지인 터틀(turtle)을 사용해 기본적인 도형을 그릴 수 있다.
- 명령어 pip를 사용해 필요한 서드 파티 패키지 넘파이와 맷플롯리브 등을 설치할 수 있다.
- 서드 파티 패키지 넘파이와 맷플롯리브 등을 활용할 수 있다.

CONTENTS

PYTHON

SECTION 01

# 모듈의 이해와 활용

## 1.1 모듈 개요와 표준 모듈 sys, site

### 모듈 개요

파이썬의 모듈(module)은 재사용을 위해 함수나 변수, 클래스 정의 등의 파이썬 코드가 저장된 소스 파일이다. 이러한 모듈은 파이썬 프로그램에서 'import'라는 문장으로 불러와 사용할 수 있다.

모듈은 표준 모듈(standard module)과 그 밖의 모듈로 구분된다. 표준 모듈은 파이썬 설치와 함께 자동으로 설치되어 별도의 추가 설치 없이 사용할 수 있는 모듈이고, 그 밖의 모듈은 직접 만들어 사용하거나 서드 파티 모듈을 설치해 사용할 수 있는 모듈이다. 이때의 서드 파티 모듈(third party modules)은 여러 회사나 전문가 등 외부에서 개발해 배포하는 모듈로, '외부 모듈(external module)'이라고도 부른다.

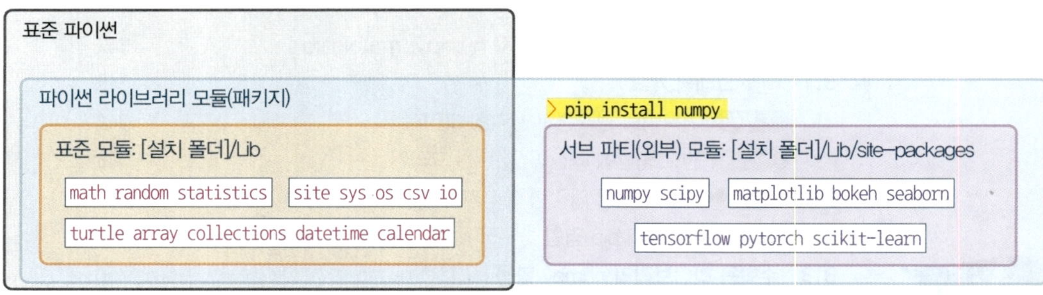


▲ **그림 1** 표준 모듈과 서드 파티(외부) 모듈

### 파이썬 시스템 정보 검색을 위한 모듈 sys와 site

우리가 자주 사용했던 표준 모듈에는 'math'와 'random'이 있고 그 밖에 sys, site, os, statistics, turtle, datetime 등도 있다.

표준 모듈 sys를 불러와 dir(sys)로 사용할 변수나 객체를 알아보자.

```
>>> import sys
>>> dir(sys)
['__breakpointhook__', '__displayhook__', '__doc__', '__excepthook__', '__interactivehook__', <중략> … '_xoptions', 'addaudithook', 'api_version', 'argv',
```

```
'audit', 'base_exec_prefix', 'base_prefix', 'breakpointhook', 'builtin_module_
names', 'byteorder', 'call_tracing', 'copyright', 'displayhook', 'dllhandle',
'dont_write_bytecode', 'exc_info', 'excepthook', 'exception', 'exec_prefix',
'executable', 'exit', 'flags', 'float_info', 'float_repr_style', 'get_asyncgen_
hooks', 'get_coroutine_origin_tracking_depth', 'get_int_max_str_digits',
'getallocatedblocks', 'getdefaultencoding', 'getfilesystemencodeerrors',
'getfilesystemencoding', 'getprofile', 'getrecursionlimit', 'getrefcount',
'getsizeof', 'getswitchinterval', 'gettrace', 'getwindowsversion', 'hash_info',
'hexversion', 'implementation', 'int_info', 'intern', 'is_finalizing', 'last_
traceback', 'last_type', 'last_value', 'maxsize', 'maxunicode', 'meta_path',
'modules', 'orig_argv', 'path', 'path_hooks', 'path_importer_cache', 'platform',
'platlibdir', 'prefix', 'ps1', 'ps2', 'pycache_prefix', 'set_asyncgen_hooks',
'set_coroutine_origin_tracking_depth', 'set_int_max_str_digits', 'setprofile',
'setrecursionlimit', 'setswitchinterval', 'settrace', 'stderr', 'stdin', 'stdlib_
module_names', 'stdout', 'thread_info', 'unraisablehook', 'version', 'version_
info', 'warnoptions', 'winver']
```

다음은 모듈 sys의 변수 path로, 파이썬의 경로 목록을 볼 수 있다. 변수 platform이나 version 등도 있다.

```
>>> sys.path
['', 'C:\\Users\\PC\\AppData\\Local\\Programs\\Python\\Python311\\python311.
zip', 'C:\\Users\\PC\\AppData\\Local\\Programs\\Python\\Python311\\
DLLs', 'C:\\Users\\PC\\AppData\\Local\\Programs\\Python\\Python311\\
Lib', 'C:\\Users\\PC\\AppData\\Local\\Programs\\Python\\Python311',
'C:\\Users\\PC\\AppData\\Roaming\\Python\\Python311\\site-packages', 'C:\\
Users\\PC\\AppData\\Roaming\\Python\\Python311\\site-packages\\win32', 'C:\\
Users\\PC\\AppData\\Roaming\\Python\\Python311\\site-packages\\win32\\lib',
'C:\\Users\\PC\\AppData\\Roaming\\Python\\Python311\\site-packages\\Pythonwin',
'C:\\Users\\PC\\AppData\\Local\\Programs\\Python\\Python311\\Lib\\site-packages']
>>> sys.platform
'win32'
>>> sys.version
'3.11.4 (tags/v3.11.4:d2340ef, Jun  7 2023, 05:45:37) [MSC v.1934 64 bit (AMD64)]'
```

모듈 site를 불러와 함수 getsitepackages()로 현재 시스템의 파이썬 설치 폴더와 설치된 패키지 폴더를 확인할 수 있다.

```
>>> import site
>>> site.getsitepackages()
['C:\\Users\\PC\\AppData\\Local\\Programs\\Python\\Python311',
'C:\\Users\\PC\\AppData\\Local\\Programs\\Python\\Python311\\Lib\\site-packages']
```

모듈이나 모듈의 변수나 함수의 도움말을 보고 싶으면 help(site)나 help(site.getsitepackages)를 활용한다.

```
>>> help(site.getsitepackages)
Help on function getsitepackages in module site:

getsitepackages(prefixes=None)
    Returns a list containing all global site-packages directories.

    For each directory present in ``prefixes`` (or the global ``PREFIXES``),
    this function will find its `site-packages` subdirectory depending on the
    system environment, and will return a list of full paths.
```

### 파이썬 표준 모듈 이름 알아보기

모듈 sys의 stdlib_module_names로 표준 라이브러리의 이름을 모두 확인할 수 있다. 지금은 다소 생소한 collections, functools, re 등과 같은 모듈도 보인다.

```
>>> import sys
>>> sys.stdlib_module_names
frozenset({'tomllib', '_blake2', 'encodings', 'ensurepip', 'collections',
'sndhdr', 'pkgutil', '_py_abc', 'copy', 'netrc', 'nt', 'ossaudiodev', 'zoneinfo',
'pickletools', 'optparse', 'sre_compile', '_sha3', 'aifc', 'array', '_winapi',
'smtplib', 'pipes', 'webbrowser', 'zipapp', '_asyncio', 'zipimport', '__
future__', 'dbm', '_json', 'cgi', 'getopt', 'http', 'argparse', 'marshal',
'turtledemo', 'mimetypes', 'typing', '_decimal', 'fcntl', 'operator', '_tkinter',
'_bz2', 'nturl2path', '_bootsubprocess', 'chunk', 'crypt', 'poplib', 'sys',
'linecache', '_codecs', '_codecs_jp', 'gettext', 'faulthandler', '_socket', '_
posixsubprocess', 'nntplib', 'uu', '_overlapped', '_ssl', 'builtins', '_codecs_
cn', 'rlcompleter', '_thread', '_tokenize', 'multiprocessing', 'shutil', '_
hashlib', '_random', 'difflib', 'textwrap', '_statistics', 'contextvars',
'asyncore', 'binascii', 'bz2', 'random', '_ast', 'msilib', 'pathlib', '_
multibytecodec', '_pickle', '_symtable', 'logging', 'smtpd', 'pyclbr', '_
locale', 'resource', 'readline', 'string', 'bisect', 'stringprep', 'distutils',
'_pyio', 'math', 'syslog', 'py_compile', 'modulefinder', 'xml', 'imp', 'shlex',
'_dbm', 'asynchat', 'socketserver', 'mailcap', 'sysconfig', '_warnings', 'code',
'venv', 'hashlib', 'pdb', '_codecs_tw', 'sre_constants', 'platform', 'io',
'sunau', 'plistlib', 'copyreg', '_functools', 'timeit', 'runpy', 'graphlib', '_
sha1', 'genericpath', 'telnetlib', 'json', 'winsound', 'doctest', 'site', '_msi',
'curses', '_struct', 'numbers', 'fractions', 'html', 'this', '_heapq', 'termios',
'tty', 'tkinter', '_bisect', 'queue', 'shelve', '_ctypes', 'functools', 'pprint',
'sqlite3', 'cmd', 'lzma', '_operator', '_collections_abc', '_compression',
'filecmp', 'ntpath', 'pickle', 'trace', 'zipfile', 'pydoc_data', 'signal', 'spwd',
'tabnanny', 'idlelib', 'audioop', 'sre_parse', 'enum', 'time', 'stat', '_curses',
```

```
'_sqlite3', '_weakrefset', 'atexit', 'zlib', 'bdb', 'itertools', '_codecs_hk', '_
codecs_iso2022', '_io', 'datetime', 'glob', 'hmac', '_weakref', '_sitebuiltins',
'pty', 'statistics', '_abc', 'symtable', '_posixshmem', 'struct', '_sha512',
'threading', 'wave', '_crypt', 'keyword', 'traceback', 'posix', 'compileall',
'secrets', 'token', 'mmap', 'mailbox', '_collections', 'dataclasses', 'calendar',
'_multiprocessing', 'asyncio', 'xmlrpc', '_markupbase', 'select', 'fnmatch', '_
gdbm', 'urllib', 'tracemalloc', '_datetime', 'cmath', 'configparser', '_typing',
'_scproxy', 'decimal', 'dis', 'os', 'socket', 'ipaddress', '_tracemalloc',
'abc', 'base64', 'ctypes', 'cProfile', 'errno', 'wsgiref', 'xdrlib', 'warnings',
'_signal', '_elementtree', 'codeop', 'pyexpat', '_strptime', 'csv', 'ssl',
'reprlib', 'gc', '_uuid', '_frozen_importlib', 'cgitb', 'msvcrt', 'contextlib',
'unittest', 'tempfile', 'imghdr', 'pydoc', 'unicodedata', '_csv', 'colorsys', '_
sre', '_sha256', '_queue', 'ftplib', 'turtle', 'weakref', 'subprocess', '_codecs_
kr', '_osx_support', '_lzma', 'email', '_opcode', 'locale', 'antigravity', '_
contextvars', 'fileinput', 'inspect', 'importlib', 'sched', '_compat_pickle', '_
pydecimal', '_lsprof', 'imaplib', 'uuid', 'nis', 'lib2to3',
'quopri', '_curses_panel', '_md5', 'pwd', 'grp', '_stat', 'gzip', 'pstats',
'heapq', 'opcode', 're', '_aix_support', 'codecs', 'selectors', '_string',
'tokenize', 'posixpath', 'profile', '_frozen_importlib_external', 'getpass', 'ast',
'types', 'tarfile', 'winreg', '_zoneinfo', 'concurrent', '_imp', '_threading_
local'})
```

모듈 sys.modules는 이미 메모리에 올라온 모듈을 매핑한 값이다. 반환 값은 딕셔너리 형식의 데이터로 키가 모듈 이름이며, 값이 모듈 설치 폴더이다. 다음 구문으로 확인 가능하다.

```
>>> sys.modules
{'sys': <module 'sys' (built-in)>, 'builtins': <module 'builtins' (built-in)>,
'_frozen_importlib': <중략> … 'collections.abc': <module 'collections.abc' from
'C:\\Users\\PC\\AppData\\Local\\Programs\\Python\\Python311\\Lib\\collections\\
abc.py'>

'_string': <module '_string' (built-in)>, 'string': <module 'string' from
'C:\\Users\\PC\\AppData\\Local\\Programs\\Python\\Python311\\Lib\\string.py'>,
'win32': <module 'win32' (<_frozen_importlib_external.NamespaceLoader object at
0x0000021ABE8FA750>)>}
```

다음처럼 sys.modules.keys()로 모듈 이름을 확인할 수 있다.

```
>>> sys.modules.keys()
dict_keys(['sys', 'builtins', '_frozen_importlib', '_imp', '_thread', '_warnings',
'_weakref', 'winreg', '_io', 'marshal', 'nt', '_frozen_importlib_external',
'time', 'zipimport', '_codecs', 'codecs', 'encodings.aliases', 'encodings',
'encodings.utf_8', '_codecs_kr',
<중략> …
```

```
'traceback', 'pydoc', 'posixpath', 'fnmatch', 'errno', 'zlib', '_compression', '_
bz2', 'bz2', '_lzma', 'lzma', 'shutil', 'math', '_bisect', 'bisect', '_random', '_
sha512', 'random', 'tempfile', '_string', 'string', 'win32'])
```

딕셔너리인 sys.modules에서 키가 'math'인 값을 참조하면 다음처럼 (built-in) 정보를 볼 수 있다. 키가 'random'의 결과에서 모듈 파일인 random.py의 경로를 알 수 있다. 모듈 math는 따로 제공하는 파이썬 파일이 없다.

```
>>> import math
>>> sys.modules['math']
<module 'math' (built-in)>
>>> import math
>>> sys.modules['random']
<module 'random' from
 'C:\\Users\\PC\\AppData\\Local\\Programs\\Python\\Python311\\Lib\\random.py'>
```

다음처럼 Vs code 소스에서 모듈 random을 클릭한 후 팝업 메뉴에서 [Go to Definition]을 선택하면 편집기에 실제 모듈 소스가 열린다. 900줄이 넘는 모듈 소스 파일인 random.py를 직접 볼 수 있다.

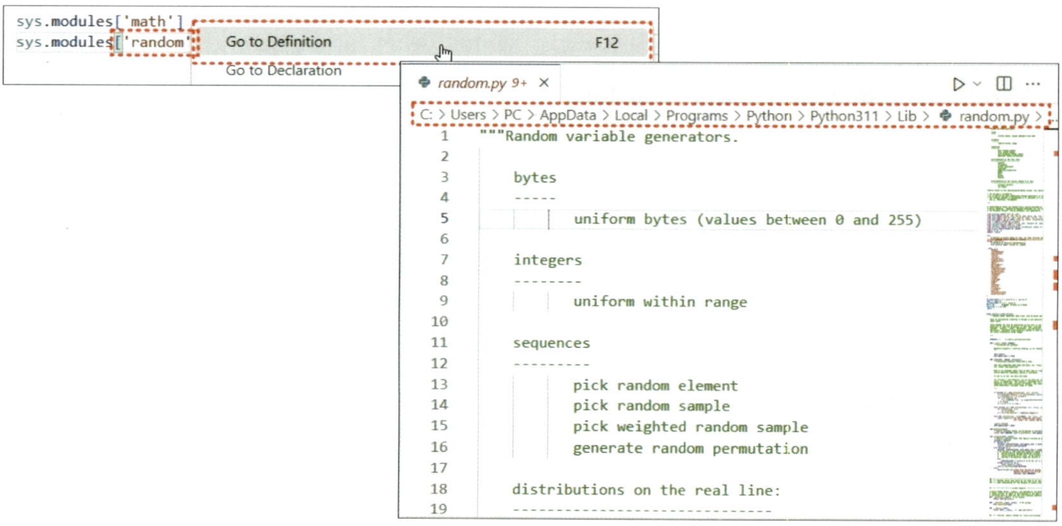


▲ **그림 1** Vs code에서 모듈의 파일 소스 보기

## 1.2 모듈 작성과 활용

### 직접 모듈을 작성하여 프로그램에서 실행

파이썬의 모듈은 확장자가 .py인 파이썬 파일이다. 모듈 이름은 파일 이름과 동일하다. 모듈 작성은 지

금까지의 소스 파일 작성 방법과 동일하다. 모듈에는 일련의 함수, 클래스 또는 변수가 정의되고 구현될 수 있다. 다음 예에서는 두 개의 파일이 있다.

다음 좌측 모듈 hello의 파이썬 소스를 원하는 폴더에 저장하자. 폴더 'D:\pycode\ch07'에 저장한다고 가정해 보자. 모듈 이름을 'hello'로 하려면 소스 이름은 'hello.py'로 저장해야 한다. 즉, 모듈 이름은 확장자를 제외한 파일 이름이다.

- 파이썬 코드에서 모듈의 파일 이름이 식별자가 되므로 모듈 파일 이름에 공백이나 특수 문자를 넣지 말아야 한다.

▲ **그림 2** 모듈 hello.py와 모듈을 불러 사용하는 프로그램 mypg.py

이제 위 좌측 모듈 hello의 함수 hi()와 변수 msg를 사용하는 프로그램 소스 mypg.py를 작성해 보자. 우측의 mypg.py도 폴더 'D:\pycode\ch07'에 저장한다. 모듈 hello를 사용하는 우측 소스의 파일 이름은 무엇이든 상관없다. 반드시 모듈 hello.py와 파일 mypg.py를 동일한 폴더에 저장해야 한다.

파이썬 소스가 일반적인 프로그램으로 실행되는 경우, 이 파일을 '스크립트(script)'라고 부른다. 특히 스크립트(script)라는 표현은 모듈 역할의 반대 개념이라고 할 수 있다.

다음은 우측의 mypg.py를 Vs code에서 실행한 결과이다. 실행되는 프로그램 mypg가 저장된 폴더와 불러올 hello 모듈이 같은 폴더에 있으므로 아무런 문제 없이 실행된다. Vs code에서 실행할 때 두 파일이 저장된 폴더를 열어 실행해야 한다.

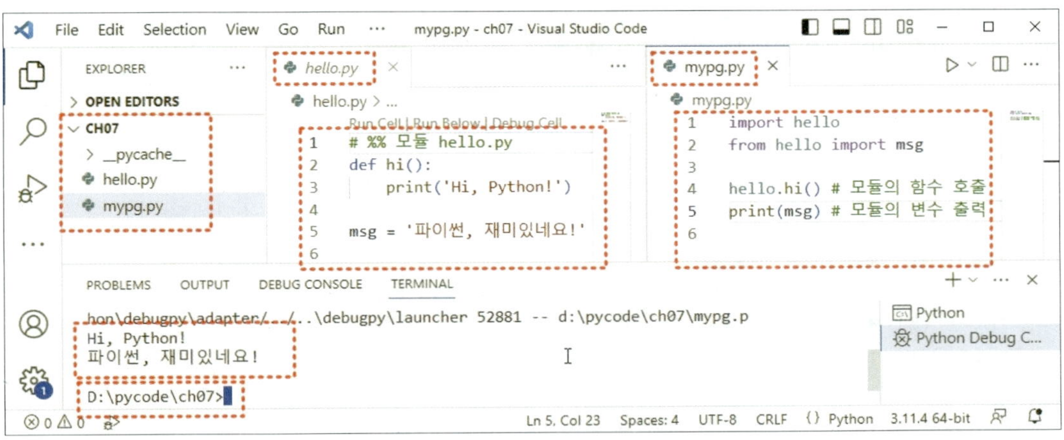


▲ **그림 3** Vs code에서 모듈을 import해 실행한 결과

### 셸에서 자신이 만든 모듈을 실행

이제 자신이 만든 모듈인 hello를 IDLE 셸에서 직접 import로 불러와 실행해 보자. 셸에서 자신이 만든 모듈 hello를 import하면 모듈을 찾지 못하고 오류가 발생한다.

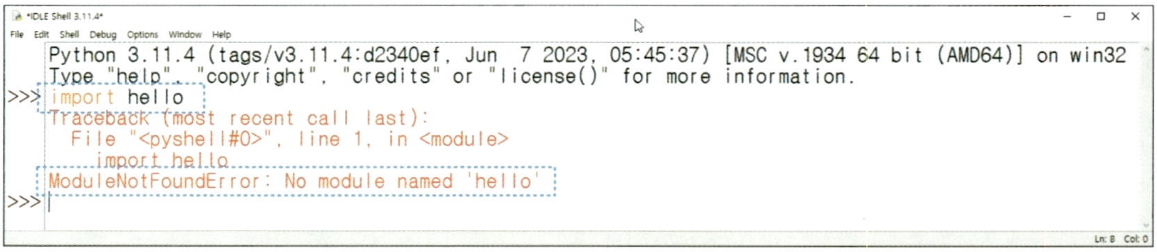


▲ **그림 4** IDLE 셸에서 작성한 모듈 hello를 찾지 못하는 오류

Vs code에서 모듈 hello.py가 저장된 폴더와 다른 폴더에서 셸을 실행해도 위와 같이 오류가 발생한다. 다음은 상위 폴더인 폴더 'D:\pycode\ch07'에서 셸을 실행했을 때 import hello에서 오류가 발생한 모습이다.

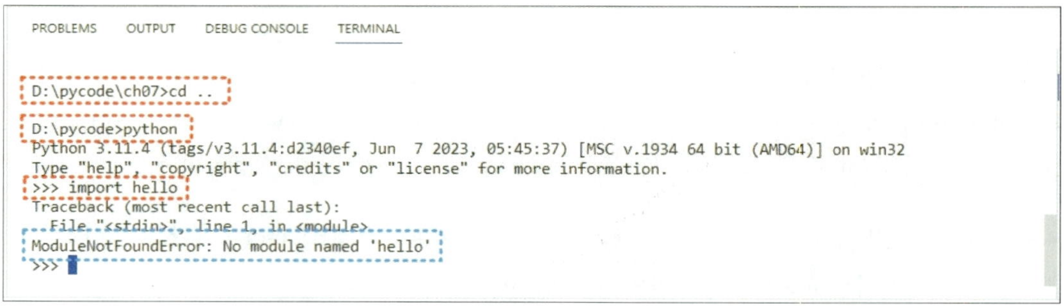


▲ **그림 5** 셸에서 작성한 모듈 hello를 찾지 못하는 오류

위 두 방식 모두 불어올 모듈 hello가 어디에 있는지 모르기 때문이다. 셸에서 우리가 직접 만든 모듈인 hello를 사용하는 데는 두 가지 방법이 있다.

첫 번째 방법은 일반적으로 서드 파티 모듈이 설치되는 폴더 site-packages에 자신이 만든 모듈을 복사해 놓는 방법이다.

이미 알아보았듯이 모듈 site의 함수 getsitepackages()로 site-packages의 폴더를 알 수 있다. 결과 목록 마지막에 있는 폴더 파이썬 설치 폴더 하부 Lib\site-packages 폴더에 자신이 만든 모듈 hello.py를 복사해 놓도록 한다.

```
>>> import site
>>> site.getsitepackages()
```

```
['C:\\Users\\PC\\AppData\\Local\\Programs\\Python\\Python311', 'C:\\Users\\PC\\
AppData\\Local\\Programs\\Python\\Python311\\Lib\\site-packages']
```

이제 셀에서 hello를 불러와 다음 코드를 실행해 보자. 잘 실행되는 것을 볼 수 있다.

```
>>> import hello
>>> hello.hi()
Hi, Python!
>>> hello.msg
'파이썬, 재미있네요!'
```

두 번째 방법은 원래 hello.py가 저장된 폴더인 'D:\pycode\ch07'을 파이썬의 모듈 경로인 sys.path에 append() 메서드로 추가하는 방법이다. 인자로 전체 경로명을 문자열로 입력한다. 문자열 앞에 raw를 의미하는 r을 붙이면 역슬래시를 문자 그대로 처리하며 이스케이프(특수) 문자로 해석하지 않는다. 윈도 경로 표시에 역슬래시가 많아 r '경로명'으로 처리하면 오류가 발생하지 않는다.

raw string 처리 방법인 r'string'은 특수 문자를 이스케이프 하지 않고 문자열을 표현하는 방법이다.

```
>>> import sys
>>>
>>> sys.path.append(r'D:\pycode\ch07')
>>> sys.path
['', 'C:\\Users\\PC\\AppData\\Local\\Programs\\Python\\Python311\\python311.zip',
'C:\\Users\\PC\\AppData\\Local\\Programs\\Python\\Python311\\DLLs', 'C:\\Users\\
PC\\AppData\\Local\\Programs\\Python\\Python311\\Lib', 'C:\\Users\\PC\\AppData\\
Local\\Programs\\Python\\Python311', <중략> … 'C:\\Users\\PC\\AppData\\Local\\
Programs\\Python\\Python311\\Lib\\site-packages', 'D:\\pycode\\ch07']
>>>
>>> import hello
>>> hello.hi()
Hi, Python!
>>> hello.msg
'파이썬, 재미있네요!'
```

모듈 불러오기가 성공하면 내장 함수 dir(hello)로 사용할 수 있는 변수나 함수 등을 확인할 수 있다. 함수 hi와 변수 msg를 볼 수 있다.

```
>>> dir(hello)
['__builtins__', '__cached__', '__doc__', '__file__', '__loader__', '__name__',
'__package__', '__spec__', 'hi', 'msg']
```

모듈 Hello에 자동으로 생성된 시스템 속성인 __name__과 __file__을 확인해 보자. 속성 __file__로 모듈 파일의 전체 경로 이름을 알 수 있다.

```
>>> hello.__name__
'hello'
>>> hello.__file__
'D:\\pycode\\ch07\\hello.py'
```

### 한 소스에서 모듈 역할과 독립적인 스크립트 역할

모듈 소스에도 함수나 변수를 점검할 일반 문장이 올 수 있다. 그러나 다음 hello2.py를 import만 하더라도 그 실행 결과가 보이게 된다. 즉, 개발 단계에서 모듈의 테스트 코드를 모듈 내부에 코딩한 후 import만으로 실행 결과를 확인할 수 있다. 그러나 개발 후에 다음 소스 그대로 모듈로 활용할 수는 없다. 모듈을 불러올 때 출력되는 것은 일반적이지 않기 때문이다.

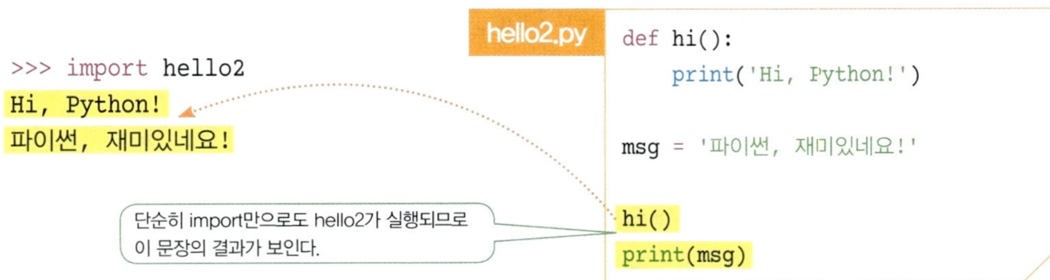


▲ **그림 6** 불완전한 모듈 소스

파이썬 소스가 일반 프로그램으로 실행되는 경우, 이 파일을 '스크립트(script)'라고 부른다. 모듈도 스크립트로 실행될 수 있다. 그러나 모듈로의 역할도 함께하도록 하고 싶은 것이다.

다음 hello3.py와 같이 일반 문장 앞에 조건 if __name__ == '__main__'을 넣어 주면 import에서는 if 블록 문장이 실행되지 않는다. 그 이유는 소스 파일을 모듈로 가져올 때 특수 변수(dunder variable)인 __name__에 모듈 이름이 설정된다. 그러나 파일이 독립적인 스크립트로 실행되는 경우, __name__에 '__main__' 문자열이 설정된다.

- 즉, import로 실행되는 경우, __name__은 자신 모듈 이름인 'hello3'가 저장된다. 반면, hello3.py가 직접 독립 스크립트로 실행될 때는 __name__에 '__main__'이 저장된다.

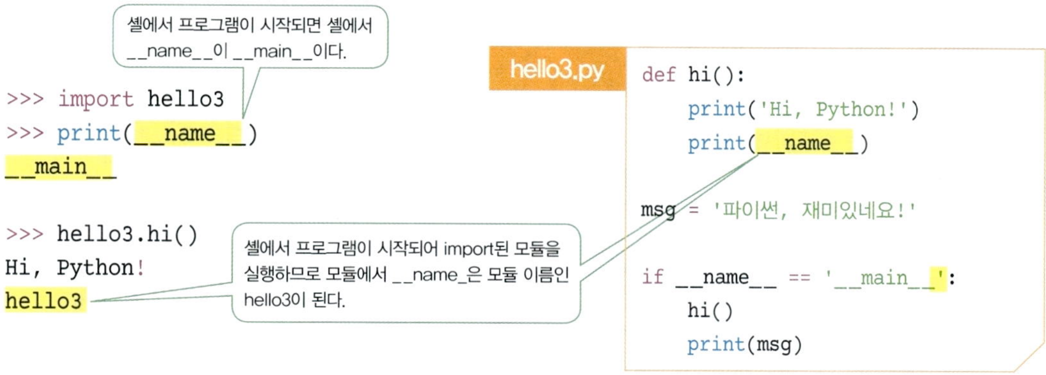


▲ **그림 7** 모듈에서 변수 __name__의 적절한 사용

TIP **좀 더 알아봅시다!**

**프로그램 언어의 main에 대하여**

C 언어의 콘솔 프로그램은 main() 함수에서 시작된다. 자바 언어도 이와 마찬가지이다. 그러나 파이썬은 main()이라는 함수가 따로 없으며, 어느 소스에서도 프로그램이 시작될 수 있다. 다만 파이썬은 시작되는 소스가 main이 되는 개념이며, 변수 __name__에 __main__이라는 값을 저장하여 이 소스가 main이라는 알 수 있도록 한다. 시작된 소스에서 import되는 모듈로 이동되면 변수 __name__에는 그 모듈의 이름이 저장된다. 모듈을 실행하고 다시 원래 소스로 돌아오면 다시 변수 __name__에 __main__이 다시 저장된다.

위 hello3.py를 셸에서 직접 코딩해 실행하면 소스 hello3이 main이 되어 변수 __name__에 __main__이 저장되고 hi()와 print(msg)가 실행되는 것을 알 수 있다. 파일을 직접 실행해도 같은 결과가 나타난다.

```
>>> def hi():
...     print('Hi, Python!')
...     print(__name__)
...
>>> msg = '파이썬, 재미있네요!'
>>> if __name__ == '__main__':
...     hi()
...     print(msg)
...
Hi, Python!
__main__
파이썬, 재미있네요!
```

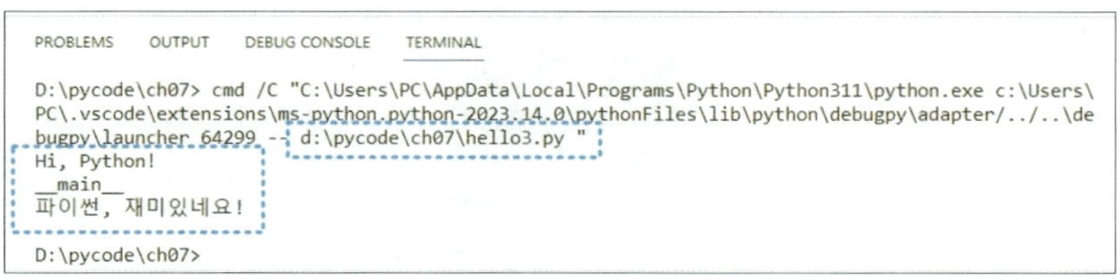


▲ **그림 8** 모듈을 독립적인 스크립트로 실행한 결과

TIP

**좀 더 알아봅시다!**

### 모듈 로딩 속도를 위한 __pycache__ 폴더

모듈을 import해 본 후 모듈이 저장된 폴더 D:\pycode\ch07를 확인해 보면 하부에 폴더 __pycache__를 볼 수 있다. 이 폴더에는 hello.cpython-311.pyc나 hello2.cpython-311.pyc처럼 모듈 이름.컴파일된 버전.pyc 이름의 컴파일된 모듈 파일이 생성된다. 이 컴파일된 모듈 파일은 모듈의 import 로딩 속도를 빠르게 하기 위해 처음 import 시에 생성된 파일이다. Vs code에서 import해 보면 파일이 만들어지는 것을 직접 볼 수 있다.

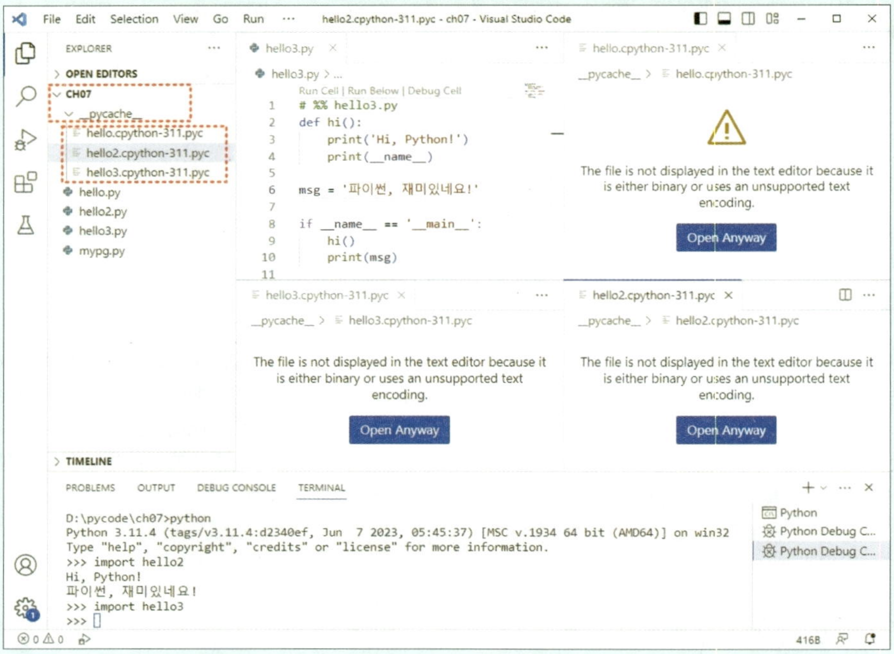


▲ **그림 9** __pycache__ 폴더와 컴파일된 모듈 파일

다음은 모듈 todolist로 할 일 목록 tasks를 만들고 목록에 항목을 추가한 후 현재 할 일 목록을 출력하는 함수를 제공한다.

**7-1 코딩** 07-01-todolist.py | **함수 두 개를 구현하면서 전역 변수 tasks 생성** 난이도 기본

```
# todolist.py
def create_task(task_list, task_name):
    task_list.append(task_name)

def list_tasks(task_list):
    for index, task in enumerate(task_list, start=1):
        print(f"{index}. {task}")

tasks = []
```

다음 예제는 모듈 todolist에서 함수 create_task, list_tasks와 리스트 객체 tasks를 불러와 할 일 목록을 관리하는 스크립트 코드이다. 이 코드를 실행하려면 위 파일과 함께 다음 파일을 동일한 디렉터리에 저장하고 todomain.py를 실행하면 된다.

**7-2 코딩** 07-02-todomain.py | **모듈 todolist를 불러온 후 할 일을 만들어 출력** | 난이도 기본

```
# todomain.py
from todo_list import create_task, list_tasks, tasks

# 할 일 목록 작업
create_task(tasks, "청소하기")
create_task(tasks, "식료품 쇼핑하기")
create_task(tasks, "운동하기")

print("할 일 목록:")
list_tasks(tasks)
```

**결과**

```
할 일 목록:
1. 청소하기
2. 식료품 쇼핑하기
3. 운동하기
```

## 1.3 프로그램의 모듈화

### 모듈화 프로그래밍 개요

프로그램을 적정한 단위의 모듈로 나누어 코딩하는 방식이 '모듈화 프로그래밍(modular programming)'이다. 파이썬에서 함수(functions) 그리고 모듈(modules) 및 패키지(packages)는 모두 모듈화 프로그래밍을 도와주는 방법이다. 프로그램을 모듈화하면 코드의 재사용성이 높아지고 유지 보수가 쉬워진다. 그 밖의 장점은 다음과 같다.

- 단순성(simplicity): 모듈은 일반적으로 당면한 전체 문제에 초점을 맞추기보다는 상대적으로 작은 부분에 초점을 맞추도록 한다. 단일 모듈에서 작업하는 코드에 대한 고민은 더 작은 문제 영역에 집중할 수 있도록 한다. 이를 통해 개발이 더 쉬워지고 오류가 발생할 가능성이 줄어든다.
- 유지관리(maintainability): 일반적으로 모듈은 서로 다른 문제 영역 사이에 상호 의존성을 최소화하는 방식으로 작성되어야 한다. 이런 방식으로 모듈을 작성하면 단일 모듈에 대한 수정이 프로그램의 다른 부분에 영향을 미칠 가능성이 줄어든다. 모듈 외부의 응용 프로그램에 대한 지식 없이 모듈을 변경할 수도 있다. 이런 방식은 많은 개발자가 참여한 대규모 응용 프로그램의 개발에서 협업 작업을 가능하게 한다.
- 재사용(reusability): 단일 모듈에 정의된 기능은 적절하게 정의된 인터페이스를 통해 응용 프로그램의 다른 부분에서 쉽게 재사용할 수 있으며 코드를 복제할 필요가 없어진다.

- 범위 지정(scoping): 모듈은 일반적으로 별도의 네임스페이스를 정의하므로 프로그램의 여러 영역에 있는 식별자 간의 충돌을 피할 수 있다.

### 편집기 모의 개발을 위한 모듈 작성

다음 코드는 모듈화 프로그래밍의 개념을 사용하여 코드를 구성하고 여러 모듈을 가져와 사용하는 예제이다. 편집기(editor)를 모의로 개발하기 위해 다음의 세 개의 파일로 나누어 개발한다고 가정해 보자.

파일 maineditor.py는 독립적인 스크립트 코드로, filemod 모듈과 editmod 모듈을 import로 불러와 사용한다. 다음 import문으로 모듈 filemod와 editmod를 불러와 별칭 fm과 em으로 사용하도록 한다. 파일 메뉴와 편집 메뉴에 대한 동작을 출력하고 각 모듈의 함수를 호출하여 메뉴 항목의 동작을 시뮬레이션한다.

**filemod.py**

```
menu = ['Open File...', 'Open Folder...',
'Save']
def open_file():
    print(f'개발 중: {menu[0]}')

def open_folder():
    print(f'개발 중: {menu[1]}')

def save():
    print(f'개발 중: {menu[2]}')

if __name__ == '__main__':
    print(f'File 메뉴: {menu}')
    open_file()
    open_folder()
    save()
```

**maineditor.py**

```
import filemod as fm
import filemod as em

print('편집기 개발 중')
print()

print(f'file 메뉴 {fm.menu}')
fm.open_file()
fm.open_folder()
fm.save()
print()

print(f'file 메뉴 {em.menu}')
em.copy()
em.paste()
print()

print(/편집기 main 종료')
```

**editmod.py**

```
menu = ['Copy', 'Paste']

def copy():
    print(f'개발 중: {menu[0]}')

def paste():
    print(f'개발 중: {menu[1]}')

if __name__ == '__main__':
    print(f'Edit 메뉴: {menu}')
    copy()
    paste()
```

▲ **그림 10** 두 개의 모듈 filemode, editmod와 maineditor 스크립트 코드

다음은 모듈 filemod을 셸에서 실행한 모습이다.

```
>>> menu = ['Open File...', 'Open Folder...', 'Save']
>>> def open_file():
...     print(f'개발 중: {menu[0]}')
...
>>> def open_folder():
...     print(f'개발 중: {menu[1]}')
...
>>> def save():
...     print(f'개발 중: {menu[2]}')
```

```
...
>>> if __name__ == '__main__':
...     print(f'File 메뉴: {menu}')
...     open_file()
...     open_folder()
...     save()
...
File 메뉴: ['Open File...', 'Open Folder...', 'Save']
개발 중: Open File...
개발 중: Open Folder...
개발 중: Save
```

다음은 위 모듈 filemod에 대한 설명이다.

- 파일 관련 메뉴 항목을 정의하고 각 항목에 대한 동작을 함수로 구현
- menu 리스트에는 파일 메뉴 항목이 정의
- open_file(), open_folder(), save() 함수는 각 메뉴 항목의 동작을 출력
- if __name__ == '__main__': 블록은 이 모듈이 직접 실행될 때 파일 메뉴를 출력하고 각 항목의 동작을 시뮬레이션

다음은 모듈 editmod를 셸에서 실행한 모습이다.

```
>>> menu = ['Copy', 'Paste']
>>> def copy():
...     print(f'개발 중: {menu[0]}')
...
>>> def paste():
...     print(f'개발 중: {menu[1]}')
...
>>> if __name__ == '__main__':
...     print(f'Edit 메뉴: {menu}')
...     copy()
...     paste()
...
Edit 메뉴: ['Copy', 'Paste']
개발 중: Copy
개발 중: Paste
```

위 모듈 editmod의 코드를 살펴보면 다음과 같다.

- 편집 관련 메뉴 항목을 정의하고 각 항목에 대한 동작을 함수로 구현
- menu 리스트에는 편집 메뉴 항목이 정의
- copy()와 paste() 함수는 각 메뉴 항목의 동작을 출력
- if __name__ == '__main__': 블록은 이 모듈이 직접 실행될 때 편집 메뉴를 출력하고 각 항목의 동작을 시뮬레이션

이 코드에서 모듈화는 각 메뉴 항목과 관련된 기능을 별도의 모듈로 분리하여 유지보수 및 재사용을 쉽게 만든다. 각 모듈은 자체적으로 동작 및 테스트를 수행할 수 있으며, 이러한 모듈들은 maineditor 코드에서 가져와 필요한 기능을 사용할 수 있다. 이러한 모듈화 접근 방식은 큰 규모의 소프트웨어 개발에서도 유용하며 코드를 구조화하고 각 부분을 분리된 파일로 유지할 수 있게 한다.

다음은 편집기 개발의 모듈화 시뮬레이션 코드에 사용한 세 개의 소스 파일이다. 모듈 filemod와 editmod을 먼저 작성한 후 maineditor을 코딩해 실행해야 한다.

**7-3 코딩** 07-03-filemod.py | **편집기 File 메뉴의 기능 구현 모의 모듈** 난이도 기본

```
menu = ['Open File...', 'Open Folder...', 'Save']

def open_file():
    print(f'개발 중: {menu[0]}')

def open_folder():
    print(f'개발 중: {menu[1]}')

def save():
    print(f'개발 중: {menu[2]}')

if __name__ == '__main__':
    print(f'File 메뉴: {menu}')
    open_file()
    open_folder()
    save()
```

**결과**

```
File 메뉴: ['Open File...', 'Open Folder...', 'Save']
개발 중: Open File...
개발 중: Open Folder...
개발 중: Save
```

**7-4 코딩** 07-04-editmod.py | **편집기 Edit 메뉴의 기능 구현 모의 모듈** 난이도 기본

```
menu = ['Copy', 'Paste']

def copy():
    print(f'개발 중: {menu[0]}')

def paste():
    print(f'개발 중: {menu[1]}')

if __name__ == '__main__':
    print(f'Edit 메뉴: {menu}')
```

```
        copy()
        paste()
```

결과

```
Edit 메뉴: ['Copy', 'Paste']
개발 중: Copy
개발 중: Paste
```

**7-5 코딩** 07-05-maineditor.py | **편집기 개발 모듈화 코드의 메인 스크립트** | 난이도 기본

```
import filemod as fm
import editmod as em

print('편집기 개발 중')
print()

print(f'File 메뉴: {fm.menu}')
fm.open_file()
fm.open_folder()
fm.save()
print()

print(f'Edit 메뉴: {em.menu}')
em.copy()
em.paste()
print()

print('편집기 main 종료')
```

결과

```
편집기 개발 중

File 메뉴: ['Open File...', 'Open Folder...', 'Save']
개발 중: Open File...
개발 중: Open Folder...
개발 중: Save

Edit 메뉴: ['Copy', 'Paste']
개발 중: Copy
개발 중: Paste

편집기 main 종료
```

SECTION

# 02 패키지의 이해와 활용

PYTHON

## 2.1 패키지 개요와 작성

### 패키지 개요

많은 모듈을 포함하는 매우 큰 응용 프로그램을 개발한다고 가정해 보자. 모듈 수가 늘어나면서 서로 독립적인 모듈을 하나의 폴더에 모아 두면 모듈을 모두 관리하기 어려워진다. 이름이나 기능이 비슷하면 더욱 그렇다. 이제, 모듈을 그룹으로 나누고 정리하는 수단이 필요해진 것이다. 패키지(packages)가 그 해결 방법이다. 모듈이 전역 변수 이름 간의 충돌을 방지하는 데 도움이 되는 것과 마찬가지로 패키지는 모듈 이름 간의 충돌을 방지하는 데 도움이 된다.

패키지는 패키지 이름의 폴더에 여러 모듈을 저장하고 다시 하부 폴더로 나누어 관련 모듈을 저장하는 계층적 파일 구조를 사용하는 파이썬 라이브러리이다.

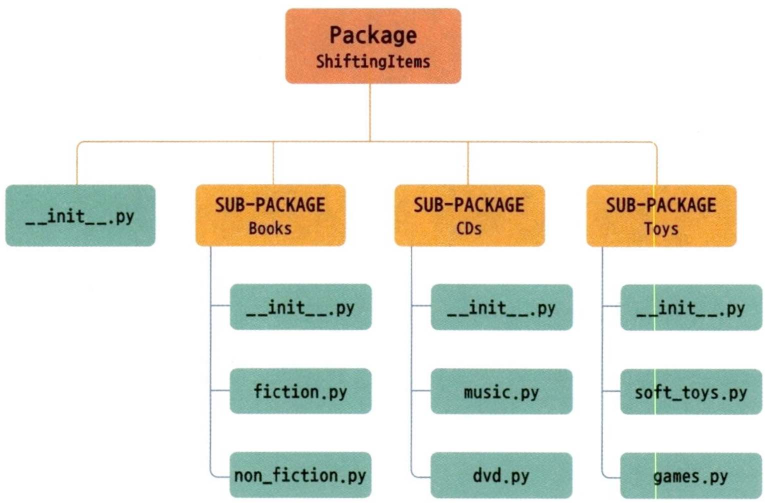


▲ **그림 11** 파이썬의 패키지 개념

패키지를 이해하기 위해 먼저 파이썬 라이브러리 폴더인 [···\Python\Python3OO\Lib]의 하부에 있는 패키지 tkinter를 먼저 살펴보자. 패키지 이름인 tkinter가 바로 모듈을 저장된 폴더 이름이 되며 하부의 colorchooser.py 등 여러 모듈과 하부 폴더가 있다.

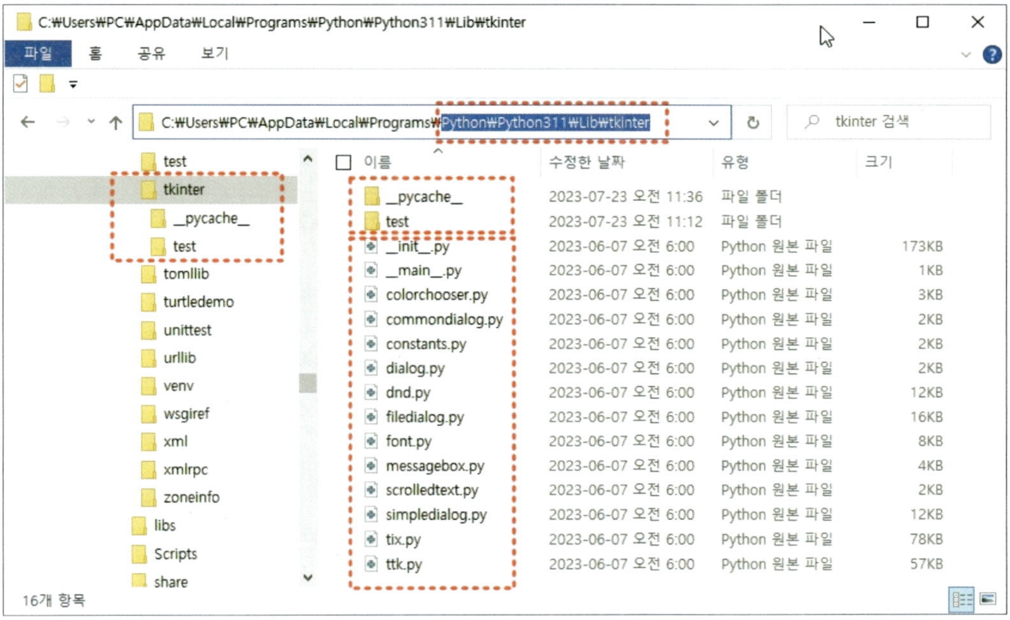


▲ **그림 12** 파이썬 패키지 tkinter

### 계층 구조의 패키지 생성

어느 회사가 인공지능을 위한 라이브러리 모듈을 제공한다고 가정해 보자. 이런 경우, 모듈이 여러 개일 수 있으며 이런 여러 모듈을 패키지라는 폴더에 저장하여 관리할 수 있다. 즉, 패키지는 모듈이 저장된 폴더이며, 계층적으로 하부에도 여러 폴더와 모듈이 구성될 수 있다.

간단하게 패키지 myai를 직접 만들어 여러 모듈을 생성해 보자. 기준 폴더 D:/pycode/ch07의 하부에 폴더 myai를 만들고 하부에 다시 폴더와 모듈을 다음과 같이 저장하자. 다음처럼 패키지를 만드는 것은 운영체제 고유의 계층적 파일 구조를 사용하기 때문에 매우 간단하다.

| 패키지 이름: myai | | 패키지 폴더: D:/pycode/ch07/myai |
|---|---|---|
| 패키지 계층 구조 | 모듈 | 소스 코드 |
| myai | ai.py | # %% 모듈 파일 myai\ai.py<br>def getAI():<br>    print(msg)<br><br>msg = '저는 인공지능 모듈입니다.' |
| | gpt.py | # %% 모듈 파일 myai\gpt.py<br>def getGPT():<br>    print(msg)<br><br>msg = '저는 생성형 모델 인공지능 모듈입니다.' |

| | | |
|---|---|---|
| myai/ml | machine.py | `# %% 모듈 파일 myai\ml\machine.py`<br>`def getML():`<br>`    print(msg)`<br><br>`msg = '저는 머신러닝 모듈입니다.'` |
| myai/nn | neural.py | `# %% 모듈 파일 myai\nn\neural.py`<br>`def getANN():`<br>`    print(msg)`<br><br>`msg = '저는 뉴럴 네트워크 모듈입니다.'` |

### 패키지의 기준 폴더 모듈 실행

셀에서 직접 위 패키지의 모듈을 불러와 함수를 호출해 보자. 아직 패스에 폴더를 추가하지 않았다면 먼저 상위 폴더인 r'D:\pycode\ch07'을 path에 추가하자.

```
>>> import sys
>>> sys.path.append(r'D:\pycode\ch07')
>>> sys.path
['', 'C:\\Users\\PC\\AppData\\Local\\Programs\\Python\\Python311\\python311.
zip', 'C:\\Users\\PC\\AppData\\Local\\Programs\\Python\\Python311\\DLLs', <중략> …
'C:\\Users\\PC\\AppData\\Local\\Programs\\Python\\Python311\\Lib\\site-packages',
'D:\\pycode\\ch07']
```

패키지는 점 표기법을 사용하여 모듈의 소속과 계층 구조를 표현한다. 다음은 패키지 myai의 모듈 ai를 불러오는 import문이다.

```
>>> import myai.ai
```

위 문장이 실행되면 내장 함수 dir(my.ai)를 통해 모듈 my.ai의 시스템 속성과 메서드, 변수 등을 확인할 수 있다.

```
>>> dir(myai.ai)
['__builtins__', '__cached__', '__doc__', '__file__', '__loader__', '__name__',
'__package__', '__spec__', 'getAI', 'msg']
```

다음으로 모듈의 파일과 이름, 소속 패키지를 알 수 있다.

```
>>> myai.ai.__file__
'D:\\pycode\ch07\\myai\\ai.py'
>>> myai.ai.__name__
```

```
'myai.ai'
>>> myai.ai.__package__
'myai'
```

다음은 패키지 myai의 모듈 ai를 불러와 함수 getAI()를 호출하는 구문이다. 패키지 myai의 모듈 ai는 간단히 .를 사용하여 myai.ai로 표현한다. import myai.ai만으로는 myai.ai.getAI()로 호출할 수 있다.

```
>>> import myai.ai
>>> myai.ai.getAI()
저는 인공지능 모듈입니다.
```

모듈 gpt의 함수 getGPT()도 다음을 참조할 수 있다.

```
>>> import myai.gpt
>>> myai.gpt.getGPT()
저는 생성형 모델 인공지능 모듈입니다.
```

다음처럼 import문에서 여러 개의 모듈을 콤마로 구분해 한 번에 가져올 수 있다. myai.ai.msg와 myai.gpt.msg로 모듈 ai와 gpt의 변수 msg를 각각 참조할 수 있다.

```
>>> import myai.ai, myai.gpt
>>> myai.ai.msg
'저는 인공지능 모듈입니다.'
>>> myai.gpt.msg
'저는 생성형 모델 인공지능 모듈입니다.'
```

여기서 주의할 점은 다음처럼 패키지 이름 자체를 import하는 문장은 문법적으로 가능하지만, 작업에는 활용 가치가 없다는 것이다.

```
>>> import myai
```

다음처럼 myai.ai처럼 모듈 ai를 사용할 수 없다. 위 코드와 다음 코드의 실행은 셸을 다시 실행해서 확인해야 한다. 이전에 실행한 import myai.ai 구문이 효과가 있다면 오류 없이 실행되기 때문이다.

```
>>> myai.ai.getAI()
Traceback (most recent call last):
  File "<stdin>", line 1, in <module>
AttributeError: module 'myai' has no attribute 'ai'
>>> myai.ai.msg
Traceback (most recent call last):
```

```
  File "<stdin>", line 1, in <module>
AttributeError: module 'myai' has no attribute 'ai'
```

### 다양한 import문

위에서 살펴본 import문 외에 다양한 import 관련 구문을 정리하면 다음과 같다.

▼ **표 1** 모듈을 이용한 import의 다양한 구문

| | | |
|---|---|---|
| 형식과 예문 1 | `import module1[, modules2, …]` | `import math, random` |
| 설명 | ▪ 모듈 사용 구문으로, 콤마로 나열하여 여러 모듈을 한 번에 불러오기가 가능<br>▪ 모듈은 모듈 자체이거나 패키지에 속한 모듈일 수 있음. module:== package.module<br>▪ 참조는 module1.obj로 가능하며 바로 소속 객체인 obj만으로는 참조 불가능 | |
| 형식과 예문 2 | `import module as alias_name` | `import math as m`<br>`import random as rd` |
| 설명 | ▪ 모듈을 별칭인 alias_name 이름으로 지정<br>▪ 참조는 alias_name.obj로 가능 | |
| 형식과 예문 3 | `from module import mod_obj1[, mod_obj2, …]`<br>`from module import *` | `from math import gcd, trunc`<br>`from math import *` |
| 설명 | ▪ 모듈에서 지정된 이름을 모듈 이름 없이 사용 가능. 즉, mod_obj1을 바로 사용 가능<br>▪ import *는 모듈에 속한 모든 객체나 변수 등의 이름 사용 가능<br>▪ import *는 많은 타이핑 없이 모듈이 제공되므로 편리하지만, 실제 프로젝트 코드에서 권장되지는 않음.<br>▪ import *는 함수 내부에서는 사용 불가능 | |
| 형식과 예문 4 | `from module import mod_obj1 as alias_name1[, mod_obj2 as alias_name2, …]` | `from math import sqrt as sr, truck as tc` |
| 설명 | ▪ 모듈에서 지정된 이름인 mod_obj를 다른 이름인 alias_name으로 사용<br>▪ 이전에 존재하는 이름과의 충돌을 피할 수 있음. | |

위에서 정리해 본 from import문으로 우리가 직접 생성한 패키지 myai의 하부 ml과 nn 폴더의 모듈을 불러와 사용해 보자.

다음은 패키지 myai의 하부 ml 폴더의 모듈 machine를 불러와 함수 getML()를 호출하는 구문이다. myai 폴더의 하부 폴더 ml도 .를 사용하여 myai.ml로 표현한다. from myai.ml import machine 구문이므로 machine.getML()로 호출할 수 있다.

```
>>> from myai.ml import machine
>>> machine.getML()
저는 머신러닝 모듈입니다.
```

다음은 패키지 myai의 하부 nn 폴더의 모듈 neural을 불러와 함수 getANN()을 호출하는 구문이다. myai 폴더의 하부 폴더 nn에 있는 모듈 neural도 myai.nn.neural로 표현한다. from myai.nn.neural import getANN 구문이므로 불러온 함수 이름 그대로 getANN()로 호출할 수 있다.

```
>>> from myai.nn.neural import getANN
>>> getANN()
저는 뉴럴 네트워크 모듈입니다.
```

## 2.2 표준 패키지 collections 구조와 파일 __init__.py

### 패키지 collections 개요

파이썬 표준 패키지 collections은 여러 특별한 컨테이너 데이터 유형을 제공한다. 또한 표준 자료형인 dict, list, str, tuple 등과 비슷하게 동작하면서 문제를 해결할 수 있는 효율적인 기능을 갖는 defaultdict, namedtuple, Counter, OrderedDict 등의 클래스를 제공한다.

▲ 그림 13 표준 패키지 collections

다음은 Vs code로 살펴본 패키지 collections 폴더와 파일이다. 파일은 __init__.py와 abc.py 두 개뿐이다. 패키지 collections는 제공하는 클래스의 거의 모든 코드가 __init__.py에 저장돼 있다. 예전에는 폴더가 패키지임을 나타내는 파일이 __init__.py였다. 그러나 파이썬 버전 3.3 이후 현재, 패키지 폴더에 파일 __init__.py의 존재는 선택적이다. 그럼에도 이전부터 제공하던 패키지는 대부분 __init__.py였다.

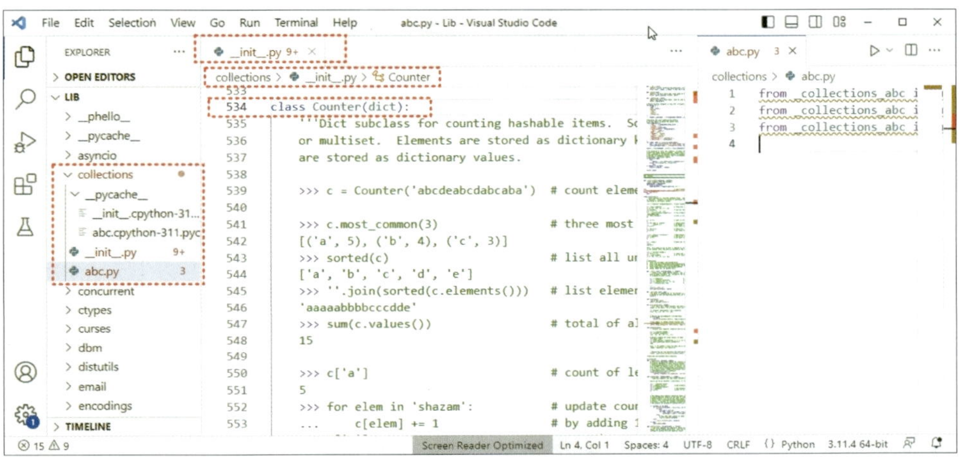

▲ 그림 14 패키지 collections 폴더와 파일

### collections 불러오기

import문으로 패키지 collections를 불러오자. 패키지 폴더에 있는 __init__.py가 실행된다.

```
>>> import collections
```

함수 dir(collections) 호출로 소속 클래스와 함수를 살펴보자.

```
>>> dir(collections)
['ChainMap', 'Counter', 'OrderedDict', 'UserDict', 'UserList', 'UserString', '_
Link', '_OrderedDictItemsView', '_OrderedDictKeysView', '_OrderedDictValuesView',
'__all__', '__builtins__', '__cached__', '__doc__', '__file__', '__
loader__', '__name__', '__package__', '__path__', '__spec__', '_chain', '_
collections_abc', '_count_elements', '_eq', '_iskeyword', '_itemgetter', '_
proxy', '_recursive_repr', '_repeat', '_starmap', '_sys', '_tuplegetter', 'abc',
'defaultdict', 'deque', 'namedtuple']
```

함수 Help(collections.Counter) 호출로 클래스 Counter의 도움말을 알아보자.

```
>>> help(collections.Counter)
Help on class Counter in module collections:

class Counter(builtins.dict)
 |  Counter(iterable=None, /, **kwds)
 |
 |  Dict subclass for counting hashable items.  Sometimes called a bag
 |  or multiset.  Elements are stored as dictionary keys and their counts
 |  are stored as dictionary values.
 |
 |  >>> c = Counter('abcdeabcdabcaba')  # count elements from a string
 |
 |  >>> c.most_common(3)                # three most common elements
 |  [('a', 5), ('b', 4), ('c', 3)]
…
```

파이썬 표준 라이브러리의 collections 패키지는 데이터 구조와 컨테이너를 보다 효율적으로 다룰 수 있는 다양한 클래스를 제공한다. 다음은 주요 클래스와 간단한 설명이다.

▼ **표 2** 패키지 collections의 주요 클래스

| 클래스 | 설명 |
|---|---|
| Counter | 요소들의 개수를 세어 딕셔너리 형태로 저장하는 컨테이너 |

| | |
|---|---|
| defaultdict | 딕셔너리와 비슷하지만, 기본값을 가지며 키가 없는 경우에 기본값을 반환 |
| deque | 양방향 큐(Double-ended queue)를 구현하는 클래스 |
| namedtuple | 이름 있는 튜플을 생성하기 위한 클래스 |
| OrderedDict | 키-값 쌍을 추가한 순서대로 유지하는 딕셔너리 |
| ChainMap | 여러 딕셔너리를 하나로 연결하여 순차적으로 검색할 수 있는 딕셔너리를 생성 |
| UserDict | 딕셔너리 클래스를 상속하고 사용자 정의 딕셔너리를 만들 수 있는 기본 클래스 |
| UserList | 리스트 클래스를 상속하고 사용자 정의 리스트를 만들 수 있는 기본 클래스 |
| UserString | 문자열 클래스를 상속하고 사용자 정의 문자열을 만들 수 있는 기본 클래스 |

### 패키지 collections 소속 클래스 Counter 불러오기

collections 패키지의 Counter 클래스는 전체 목록에서 원소의 개수를 세어 딕셔너리 형태로 저장하는 컨테이너이다. 리스트, 문자열 등의 시퀀스에 포함된 요소의 개수를 쉽게 세거나 관리할 수 있다.

다음은 Counter 클래스를 사용하기 위해 불러오는 구문이다.

```
>>> from collections import Counter
```

목록에서 원소의 출현 횟수를 알아보기 위한 Counter의 사용 방법은 다음과 같다. Counter 객체를 생성하려는 시퀀스(리스트, 문자열 등)를 인자로 전달해 Counter 객체를 만든다.

```
>>> # 리스트를 이용한 Counter 객체 생성
>>> lst = [1, 2, 3, 1, 2, 1, 1, 3, 4, 5]
>>> dgt_counter = Counter(lst)
```

결과를 저장한 dgt_counter는 키가 원소, 값으로 출현 횟수가 저장된 딕셔너리 형식의 Counter 자료형이다.

```
>>> dgt_counter
Counter({1: 4, 2: 2, 3: 2, 4: 1, 5: 1})
```

다음과 같은 import도 가능하지만, 계속 c를 앞에 넣어야 하므로 불편하다. 일반적으로 위 방식을 선호한다.

```
>>> import collections as c
>>> lst = [1, 2, 3, 1, 2, 1, 1, 3, 4, 5]
>>> dgt_counter = c.Counter(lst)
```

딕셔너리 형식인 Counter 객체를 사용하여 키로 원소를 주면 원소의 출현 횟수를 얻을 수 있다.

```
>>> count_of_ones = dgt_counter[1]
>>> print(f"요소 1의 개수: {count_of_ones}")
요소 1의 개수: 4
```

1은 첨자가 아닌 키이다.

Counter 객체의 메서드 most.common(1)를 호출하면 가장 많이 등장하는 원소와 개수를 얻을 수 있다.

```
>>> # 가장 많이 등장하는 요소와 개수
>>> most_common_element = dgt_counter.most_common(1)
>>> print(f"가장 많이 등장하는 요소와 개수: {most_common_element}")
가장 많이 등장하는 요소와 개수: [(1, 4)]
```

일반적으로 메서드 most.common(n)를 호출하면 n개의 가장 많이 등장하는 (원소, 개수)의 튜플 원소 목록을 얻을 수 있다. 즉, 다음처럼 n이 2이면 다수 출현 횟수 2등까지의 목록이 반환된다.

```
>>> # 상위 두 개 요소와 개수
>>> top_two_elements = dgt_counter.most_common(2)
>>> print(f"상위 두 개 요소와 개수: {top_two_elements}")
상위 두 개 요소와 개수: [(1, 4), (2, 2)]
```

#### 패키지 collections 소속 클래스 Counter의 여러 메서드

다음 dir(Counter)의 호출로 제공하는 모든 메서드를 확인할 수 있다.

```
>>> dir(Counter)
['__add__', '__and__', '__class__', '__class_getitem__', '__contains__', '__delattr__', '__delitem__', '__dict__', '__dir__', '__doc__', '__eq__', '__format__', '__ge__', '__getattribute__', '__getitem__', '__getstate__', '__gt__', '__hash__', '__iadd__', '__iand__', '__init__', '__init_subclass__', '__ior__', '__isub__', '__iter__', '__le__', '__len__', '__lt__', '__missing__', '__module__', '__ne__', '__neg__', '__new__', '__or__', '__pos__', '__reduce__', '__reduce_ex__', '__repr__', '__reversed__', '__ror__', '__setattr__', '__setitem__', '__sizeof__', '__str__', '__sub__', '__subclasshook__', '__weakref__', '_keep_positive', 'clear', 'copy', 'elements', 'fromkeys', 'get', 'items', 'keys', 'most_common', 'pop', 'popitem', 'setdefault', 'subtract', 'total', 'update', 'values']
```

이미 살펴보았듯이 collections 모듈의 Counter 객체를 조작하고 요소의 개수를 분석하거나 원하는 작업을 수행할 수 있다. 예를 들어, most_common() 메서드를 사용하여 가장 많이 나타나는 요소와 그 개수를 확인하거나 update() 메서드를 사용하여 두 개의 Counter를 결합할 수 있다. 다음 표에는

Counter 클래스의 주요 메서드와 간단한 설명이 나와 있다.

▼ **표 3** collections 모듈의 Counter의 주요 메서드

| 메서드 | 설명 |
|---|---|
| elements() | Counter에 있는 요소들을 반복 가능한 객체로 반환 |
| most_common(n) | 상위 n개의 요소와 그 개수를 내림차순으로 반환 |
| subtract(iterable) | 다른 반복 가능한 객체나 Counter와 요소 간의 차집합을 계산 |
| update(iterable) | 다른 반복 가능한 객체나 Counter와 합집합을 계산 |
| clear() | Counter의 모든 요소와 개수를 초기화 |
| copy() | Counter의 얕은 복사본을 반환 |
| fromkeys(iterable, value) | 주어진 요소 리스트로부터 새로운 Counter를 생성하고 초깃값 설정 |
| items() | Counter의 모든 요소와 개수를 (요소, 개수) 튜플로 반환 |
| keys() | Counter의 모든 요소를 반환 |
| values() | Counter의 모든 개수를 반환 |

다음 예제는 패키지 collections의 Counter를 사용해 문자열에서 각 문자의 출현 횟수를 세는 코드이다.

**7-6 코딩** 07-06-strcounter.py | **문자열을 이용한 Counter 객체 생성** | 난이도 기본

```python
# 문자열을 이용한 Counter 객체 생성
from collections import Counter

s = "numpy scipy python programming"
counter = Counter(s)

# 요소 'p'의 개수 확인
count_p = counter['p']
print(f"요소 'p'의 개수: {count_p}")

# 최다 출현 상위 5개 출력
for i, item in enumerate(counter.most_common(5)):
    print(f"{i+1}등 {item[0]}: {item[1]} ")
```

**결과**

```
요소 'p'의 개수: 4
1등 p: 4
2등 n: 3
3등 m: 3
4등 y: 3
5등  : 3
```

SECTION 03 PYTHON

# 표준 모듈 터틀과 서드 파티 패키지 numpy, matplotlib

## 3.1 터틀 그래픽 개요

### 모듈 turtle 개요와 기본 명령

파이썬은 재미있는 표준 모듈인 터틀(turtle) 그래픽을 제공한다. 터틀은 윈도 창에 거북이가 돌아다니면서 지난 간 곳에 선을 그리는 윈도용 라이브러리이다. 터틀은 1967년 아동의 교육용으로 개발된 '로고(logo)'라는 프로그래밍 언어의 일부이다.

셸에 import로 turtle을 t로 불러와 t.shape('turtle')를 입력하면 윈도 창 중앙에 거북이가 한 마리 나타난다. 거북이를 눈여겨보면 오른쪽 방향으로 이동할 준비를 하고 있는 귀여운 거북이를 볼 수 있다.

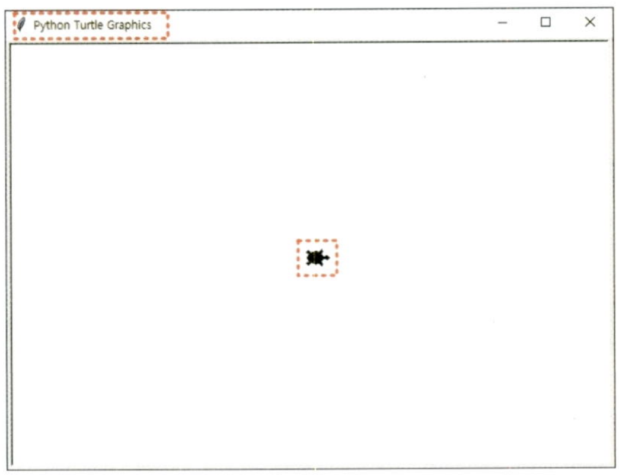


```
>>> import turtle as t
>>> t.shape('turtle')
```

거북이 꼬리에는 잉크가 묻어 있어 거북이가 움직이면 선이 그려진다.

이제, 거북이를 움직여 보자. 거북이 turtle 별칭인 t를 거북이라고 생각해 보자. 거북이에게 명령을 내리려면 t.명령어() 형식으로 터틀 함수를 호출한다.

거북이 t에게 '앞으로 전진하라'는 명령은 t.forward(이동 거리)이다. 거북이는 현재의 머리 방향으로 이동하며 이동 거리의 단위는 픽셀(pixel, 화소)의 크기이다. 모니터의 해상도가 1600*1024라면 바로 이 단위가 픽셀로 모니터 색상이 뿌려지는 화소 단위이다. 가로 해상도가 1600이라면, forward(100)으로 모니터 가로의 약 16분의 1 정도 거리를 이동한다. 줄여서 fd(100)으로도 가능하다.

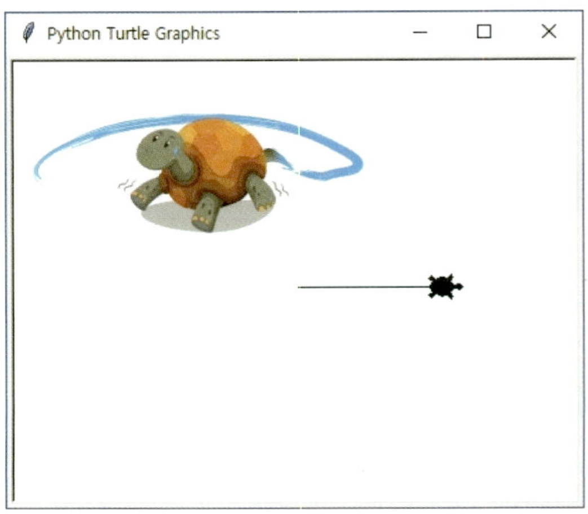

```
>>> t.forward(100)
```

거북이의 머리 반대 방향으로의 이동은 backward(픽셀)로 가능하다. 간단히 back()와 bk()로도 가능하다.

다음 이동을 위해 거북이의 방향을 바꿀 수도 있다. 즉, 명령 right(각도)와 left(각도)는 현재 거북이의 머리 방향을 오른쪽 또는 왼쪽으로 바꾼다. 간단히 rt()와 lt()로도 가능하다.

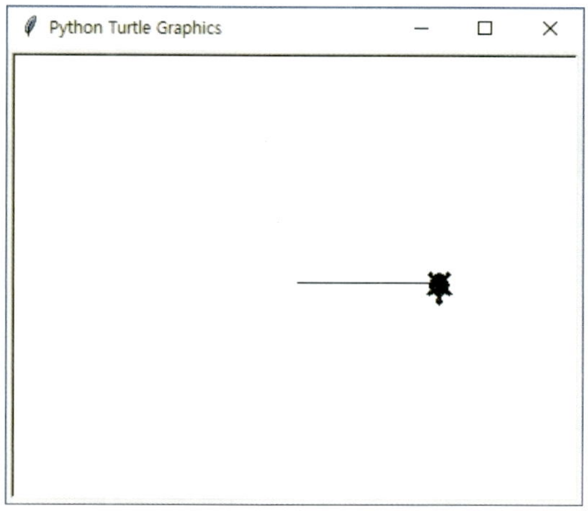


명령 right(90)는 오른쪽으로 90도 방향을 바꾸므로 거북이의 머리가 아래쪽으로 향하게 바뀐다.

```
>>> t.right(90)
```

명령 right()와 left()는 현재를 기준으로 거북이의 방향을 바꾸는 명령이며, 명령 setheading(각도)은 현재와 무관하게 지정된 절대 각도로 거북이의 방향을 지정한다. 즉, 0은 오른쪽(동)을 가리키도록 하며, 반시계 방향으로 90은 위쪽(북), 180은 왼쪽(서), 270은 아래쪽(남)을 가리키도록 한다. 간단히 seth(각도)로도 가능하다.

이차원 좌표 (x, y)로의 이동도 가능하다. 명령 goto(x, y)는 거북이를 윈도 좌표 (x, y)로 이동시킨다. 물론 거북이의 꼬리에 잉크가 묻어 있으므로 선이 그려진다. 명령 goto(x, y)는 setpos(x, y)와 setposition(x, y)으로도 가능하다.

그렇다면 좌표 (x, y)의 위치는 어디일까? 처음에 거북이가 나타난 윈도 중앙 지점이 좌표 (0, 0)이다. 오른쪽으로 x가 +, 위로는 y가 +로, 예전에 배운 좌표의 개념과 같다.

다음과 같이 좌표 (100, −100)은 우측 하단으로 이동한다.

```
>>> t.goto(100, -100)
```

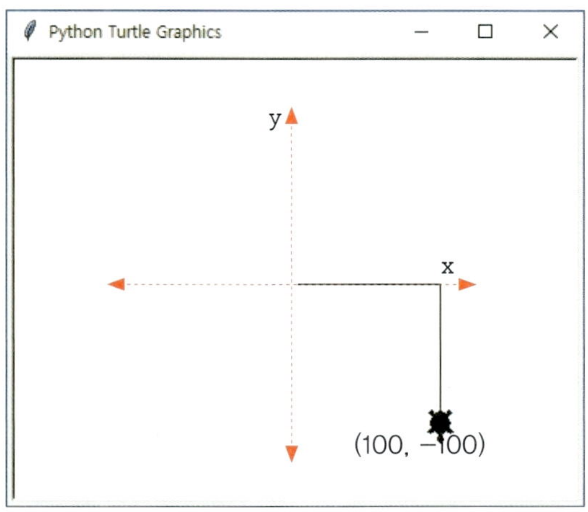

## 거북이로 삼각형과 사각형 그리기

다음은 지금까지 알아본 거북이의 기본 명령어를 이용해 삼각형과 사각형을 그리는 코드이다. 다각형을 그리는 작업은 규칙이 있으므로 반복 for in문을 활용하면 쉽게 그릴 수 있다. 거북이 꼬리의 잉크색은 명령 pencolor('red')로 바꿀 수 있다. 또한 명령 home()은 거북이를 좌표 (0,0)인 중앙으로 이동시킨다.

**7-7 코딩** 07-07-basicturtle.py | **거북이로 삼각형과 사각형 그리기** | 난이도 기본

```
import turtle as t
t.shape('turtle')

# 삼각형 그리기
t.forward(100)
t.left(120)
t.forward(100)
t.left(120)
t.forward(100)
t.left(120)

# 사각형 그리기
t.pencolor("blue")
for _ in range(4):
    t.left(90)
    t.forward(150)

# 삼각형 그리기
t.pencolor("green")
t.goto(100, -100)
t.goto(-100, -100)
t.home()
```

**결과**

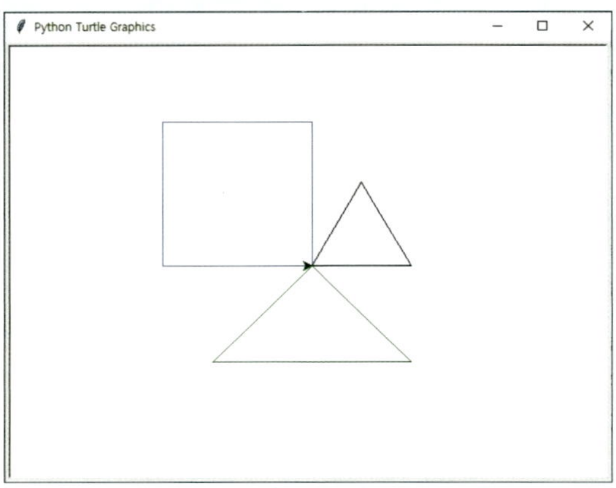

### 터틀 윈도의 크기와 터틀 모양 수정

터틀에는 매우 다양한 명령이 있다. 이 중 주요 명령을 알아보자. 함수 setup(가로 크기, 세로 크기)은 지정된 픽셀 크기로 윈도를 만들어 준다.

거북이의 움직이는 속도도 조절할 수 있다. 함수 speed(1)는 거북이의 속도를 최소로 한다. 속도는 1에서 10까지 빨라지며 0은 최고 속도이다. 함수 write('글자')는 현재 위치에서 글자를 써 준다.

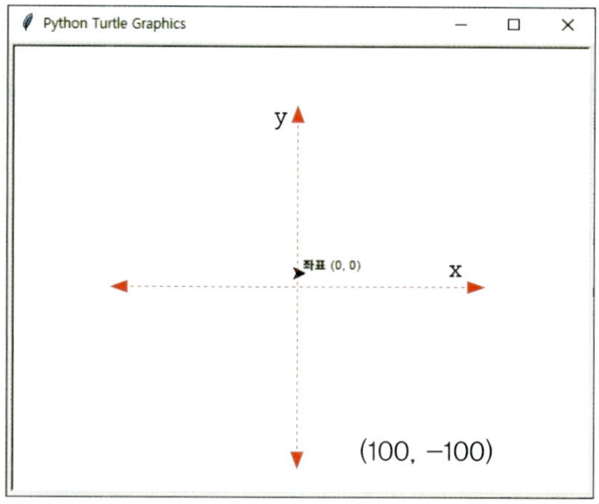


다음 코드로 가로, 세로가 각각 500, 400인 윈도 위에 〉와 비슷한 기본적인 터틀 모양으로 중앙에 위치하며 좌표 (0,0)을 출력한다.

```
>>> import turtle as t
>>> t.shape('classic')
>>> t.setup(500, 400) # 초기 윈도의 크기 조정
>>> t.speed(1) # 1에서 10까지 거북이 속도 증가, 0이면 최고 속도
>>> t.home() # 기본(classic 모양) 모양으로 (0,0)에 위치
>>> t.write('좌표 (0, 0)') # 글씨 쓰기
```

필요하면 t.clear()로 모든 화면의 그림을 지울 수 있다.

```
>>> t.clear() # 필요하면 윈도 모두 지우기
```

거북이 모양은 위 모양이 'classic'으로 기본이며, shape('turtle')로 예쁜 거북이 모양으로 바꿀 수 있다.

- 거북이의 여러 모양으로는 'classic', 'turtle', 'arrow', 'circle', 'square', 'triangle'이 있다.

### 선을 그리지 않는 penup( )과 선을 그리는 pendown( )

기본적으로 거북이가 지나가면 선이 그려지는데, 선이 그려지지 않게 하려면 거북이 꼬리를 들게 하는 명령 penup()으로 한다. 함수 penup(), pu(), up()은 모두 같다. 그럼 다시 선을 그리려면 꼬리를 내리면 된다. 즉, 함수 pendown(), pd(), down()으로 가능하다.

다음은 윈도의 중앙에 색상 'aqua'로 크기 100의 원을 그리는 코드이다. 좌표 (0, −100)으로 이동할 때는 선이 그려지지 않도록 pu() 이후에 이동하며, 다시 원을 그리기 전에 pd()으로 꼬리를 내린다. 함수 hideturtle() 또는 ht()는 터틀 모양이 보이지 않게 하며 다시 보이게 하려면 showturtle() 또는

st()를 사용한다. 명령 circle(반지름)로 원을 그리는데, 내부를 색상으로 채우려면 fillcolor(색상)로 색상을 지정하고 begin_fill()로 시작하여 원을 그리고 다시 end_fill()로 종료한다.

7-8 코딩 07-08-drawcircle.py 원도 중앙에 색상이 있는 원 그리기 난이도 기본

```
import turtle as t
t.setup(500, 400) # 초기 원도의 크기 조정
t.speed(1) # 1에서 10까지 거북이의 속도 증가, 0이면 최고 속도

t.pu() # 이동에 선이 그려지지 않도록
t.goto(0, -100) # 이동

t.pd() # 이동에 선이 그려지도록
t.hideturtle() # 거북이는 보이지 않도록
t.fillcolor('aqua') # 내부에 칠할 색 지정
t.begin_fill() # 칠하기 시작
t.circle(100) # 원 그리기
t.end_fill() # 칠하기 종료
```

결과

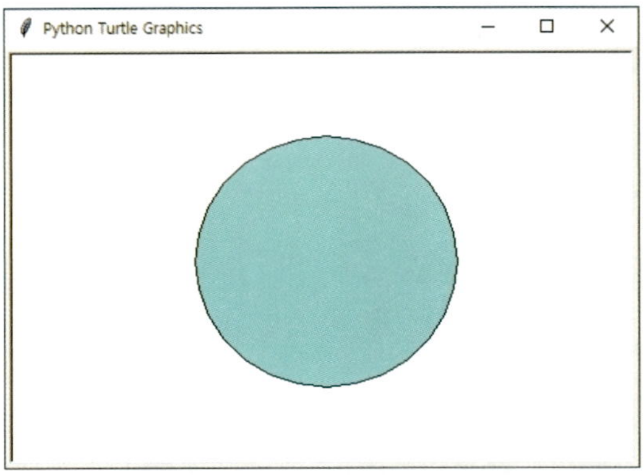


## 함수 정의로 다각형 그리기

다각형을 그리는 함수를 정의해 삼각형에서 여러 다각형을 그려 보자. 다음 함수 drawpolygon(n, size)은 생각보다 간단하다. 반복 for in문을 사용하며, 만일 5각형이라면 forward()로 선을 그린 후 left(360/5)로 동일한 방향 360/5의 각도만큼 방향을 튼다. 이러한 과정을 5번 반복하면 된다. 모든 도형이 이와 마찬가지이다.

```
def drawpolygon(n, size):
    ''' 한 변의 길이가 size인 n각형 그리기 '''
    for i in range(n):
        t.forward(size) # 선 그리기
        t.left(360/n) # 각도 수정
```

다음 코드는 다각형 그림에서 변의 색상을 바꾸도록 한다. 즉, 색상 항목인 리스트 cols를 사용해 변의 색상을 수정해 그리는 코드이다.

**7-9 코딩** 07-09-drawpolygon.py | **함수 정의로 다각형 그리기** 난이도 기본

```
import turtle as t
# 색상 리스트
cols = ['red', 'blue', 'green', 'purple', 'magenta', 'black',
        'gray', 'yellow', 'cyan', 'orange', 'aqua']

def drawpolygon(n, size):
    ''' 한 변의 길이가 size인 n각형 그리기 '''
    for i in range(n):
        t.pencolor(cols[i % len(cols)]) # 펜의 색상 지정
        t.forward(size) # 선 그리기
        t.left(360/n) # 각도 수정

t.setup(500, 400) # 초기 윈도의 크기 조정
t.speed(3) # 1에서 10까지 거북이 속도 증가, 0이면 최고 속도

t.pu() # 이동에 선이 그려지지 않도록
t.goto(-50, -170) # 처음 위치로 이동

t.pd() # 다각형을 그리기 위해 꼬리를 내리고
# 한 변의 길이가 100인 다각형 그리기
for i in range(3, 12):
    drawpolygon(i, 100) # 함수 호출
```

**결과**

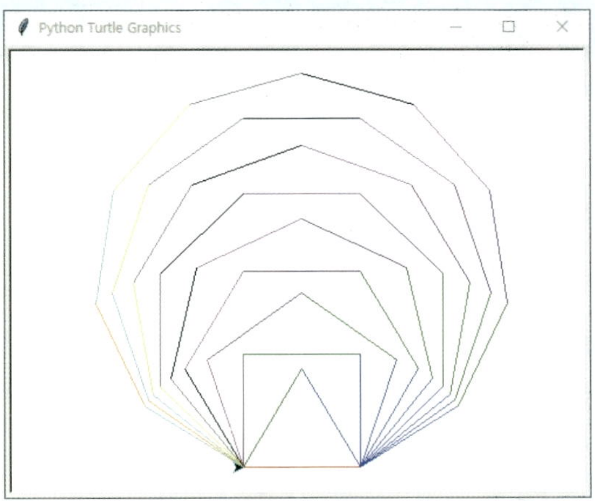

## 3.2 외부 패키지 설치 pip 명령

### 명령어 입력을 위한 셸이나 cmd 열기

표준 파이썬에 서드 파티 패키지인 외부 패키지를 설치하려면 명령어 실행 파일인 pip.exe가 있는 파이썬 설치 폴더 하부 pthon3OO\Scripts에서 윈도의 명령 프롬프트(또는 윈도 10의 파워셸(PowerShell))를 열어 준비한다. 물론 path 설정이 되어 있다면 어느 폴더에서도 명령이 실행된다.

명령 프롬프트는 탐색기에서 폴더를 선택한 후 Shift를 눌러 우클릭의 메뉴에서 선택할 수 있다. Vs code에서 직접 터미널 셸을 열어도 된다. 가장 간단한 방법은 다음처럼 탐색기의 pip.exe가 설치돼 있는 폴더에서 상단 편집 박스에 'cmd'라고 입력한 후 Enter를 누르는 방법이다. 바로 명령 프롬프트 창이 열린다. 만일 여러 파이썬 버전이 설치되어 있다면 현재의 윈도 path 설정에 유의해야 하며, 다음처럼 설치하려는 버전의 pip.exe가 있는 폴더에서 명령 프롬프트를 열어 설치하면 가장 확실하다.

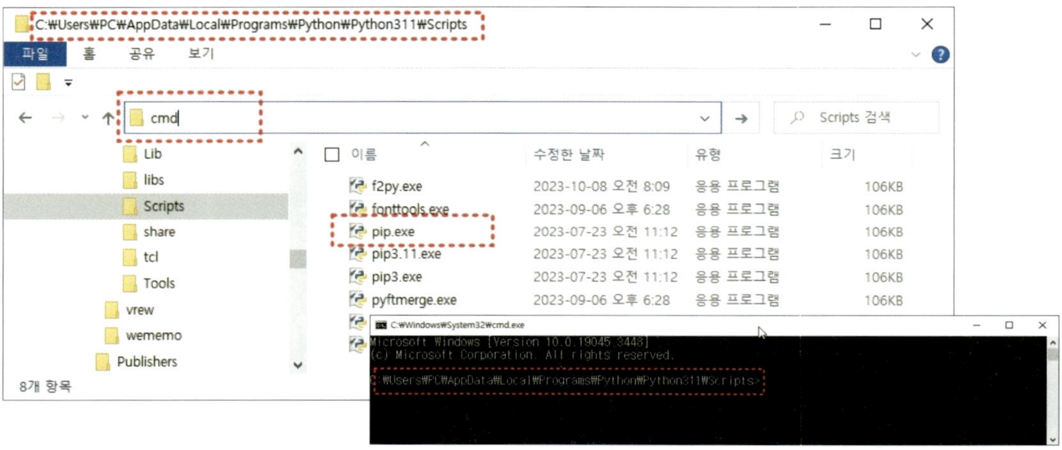

▲ **그림 15** 도스 명령 창(명령 프롬프트, cmd) 열기

### 서드 파티 패키지, 넘파이와 맷플롯리브 설치

이제 표준 모듈이 아닌 서드 파티(third party, 외부) 패키지를 설치해 사용해 보자. 파이썬은 파이썬 패키지 색인(PyPI: Python Package Index) 페이지(https://pypi.org)에서 공식적인 서드 파티 패키지 라이브러리를 제공한다. PyPI는 구글 플레이, 앱 스토어와 비슷하지만 무료이며 pip(python install package) 명령어 한 줄로 쉽게 원하는 패키지를 설치할 수 있다.

설치할 패키지는 넘파이와 맷플롯리브이다. 넘파이는 과학 계산을 위한 기본 패키지로, 배열과 행렬을 기본으로 수학 연산을 위한 가장 기본적인 라이브러리를 제공한다. 패키지 맷플롯리브는 데이터 시각화에 활용되는 패키지 라이브러리이다. 물론 아나코다(anaconda)와 같은 배포판을 설치했다면 넘파이와 맷플롯리브 등은 이미 설치돼 있다.

다음으로 pip install 명령을 입력한다. 다음처럼 한 번의 pip install 명령으로 한 번에 여러 모듈을 설치할 수도 있다. 물론 하나씩 차례대로 설치해도 무방하다.

```
> pip install 패키지이름1 패키지이름2 패키지이름3 …
```

즉, NumPy를 설치하기 위해 다음 명령을 입력한다. 다음은 설치 성공 화면이다. 화면에서 'Successfully installed numpy-1.26.0'을 확인한다.

```
pip install numpy
```

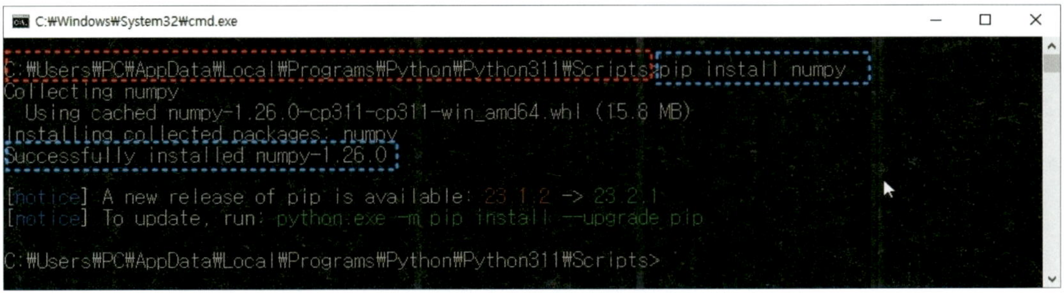


▲ **그림 16** 패키지 NumPy 설치

다음은 맷플롯리브 설치 화면이다. 화면에서 'Successfully installed matplotlib-3.8.0'을 확인한다. 설치하면서 요구되는 다른 패키지의 버전도 검사하고 필요한 다른 패키지도 설치하는 것을 볼 수 있다.

```
pip install matplotlib
```

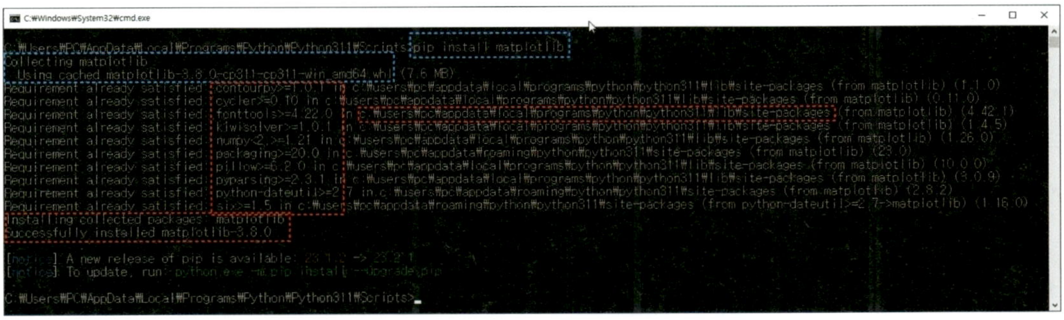

▲ **그림 17** 패키지 맷플롯리브 설치

외부 패키지는 파이썬 설치 폴더 \Lib\site-packages의 하부에 있는 넘파이와 맷플롯리브라는 자신의 패키지 이름 폴더에 설치된다. 다음 설치 폴더를 확인해 보면 파이썬 소스 파일을 확인할 수 있다.

- [파이썬 설치 폴더]\Lib\site-packages\numpy
- [파이썬 설치 폴더]\Lib\site-packages\matplotlib

## 3.3 수학용 라이브러리 numpy 활용

### 패키지 numpy의 기본 자료형 ndarray

이제 파이썬 셸에서 import numpy as np로 np.array() 등의 함수를 호출해 보자. 함수 array(리스트)는 리스트로 1차원 배열(array)을 생성한다. numpy의 자료형 ndarray는 수학의 행렬(matrix)과 같은 다차원 자료의 나열을 지원하는 자료형이다.

```
>>> import numpy as np
>>> data = np.array([1, 2, 3, 4, 5])
>>> data
array([1, 2, 3, 4, 5])
```

변수 shape로 배열의 차원과 원소의 수를 알 수 있다. 결과 (5,)에서 튜플의 원소 수가 한 개이므로 배열의 차수는 1차원, 원소의 개수는 5라는 것을 알 수 있다. 또한 속성 ndim으로도 배열의 차수가 1이라는 것을 알 수 있다.

```
>>> print(data)
[1 2 3 4 5]
>>> data.shape
(5,)
>>> data.ndim
1
```

속성 shape의 결과는 튜플로, 원소가 한 개이면 1차원을 의미하며, 원소 값 5는 원소의 수를 말한다.

다음과 같이 중첩된 리스트를 인자로 함수 array()를 호출하면 배열인 2차원 행렬을 만들 수 있다. 변수 shape를 참조하면 행렬의 차수와 크기를 알 수 있는데, 2차원인 경우, 행 수와 열 수 (3, 3)을 볼 수 있다. 속성 ndim으로 2차원이라는 것을 알 수 있다.

```
>>> lst = [[1, 2, 3], [4, 5, 6], [6, 8, 9]]
>>> mat = np.array(lst)
>>> mat.shape
(3, 3)
>>> mat.ndim
2
```

속성 shape의 결과는 튜플로, 원소가 두 개이면 2차원을 의미한다.

셀에서 행렬 변수 mat를 참조하면 array 형식으로 표시되며, print(행렬)에 출력하면 2차원 형태의 행렬로 출력되는 것을 볼 수 있다.

```
>>> mat
array([[1, 2, 3],
       [4, 5, 6],
       [6, 8, 9]])
>>> print(mat)
[[1 2 3]
 [4 5 6]
 [6 8 9]]
```

### 패키지 numpy 자료형 ndarray의 더하기, 빼기, 곱하기, 나누기

NumPy의 배열은 같은 위치의 원소끼리 더하기, 빼기, 곱하기, 나누기를 수행할 수 있다. 사칙연산의 연산자로는 +, −, *, /를 사용한다. 여기서 파이썬의 리스트 연산과 numpy의 배열 연산을 비교해 보자. 파이썬 리스트에서 +는 두 리스트를 연결한 리스트를 반환하고 *는 정수인 피연산자 수만큼 반복한 리스트를 반환하는 것과는 다르다는 것을 알 수 있다.

**7-10 코딩** 07-10-arrayop.py | **1차원 배열의 사칙연산과 리스트 연산 비교** | 난이도 기본

```
import numpy as np

aryA = np.array([3, 6, 9, 12, 15])
aryB = np.array([2, 3, 4, 5, 6])

print(aryA + aryB)
print(aryA - aryB)
print(aryA * aryB)
print(aryA / aryB)

lstA = list(aryA)
lstB = list(aryB)

print(lstA + lstB)
print(lstA * 2)
```

**결과**

```
[ 5  9 13 17 21]
[1 3 5 7 9]
[ 6 18 36 60 90]
[1.5  2.   2.25 2.4  2.5 ]
[3, 6, 9, 12, 15, 2, 3, 4, 5, 6]
[3, 6, 9, 12, 15, 3, 6, 9, 12, 15]
```

### NumPy에서 2차원 행렬의 활용

NumPy의 2차원 행렬에서 사칙연산을 수행할 수도 있다. 기본적으로 사칙연산은 1차원과 마찬가지로 같은 위치의 원소끼리 더하기, 빼기, 곱하기, 나누기를 수행한다.

두 행렬 A, B에서 수학에서 배운 행렬의 곱을 수행하려면 NumPy의 np.matmul(A, B)로 수행할 수 있다. 2차원이라면 행렬의 메서드인 A.dot(B)로도 가능하다. 다음은 이차원 행렬의 사칙연산과 행렬의 곱을 수행하는 코드이다.

**7-11 코딩** 07-11-matrixop.py | **2차원 행렬의 사칙연산과 함수 matmul()** | 난이도 응용

```python
import numpy as np

data1 = [[1, 2, 3, 4, 5], [7, 8, 9, 10, 11]]
data2 = [[1, 2, 3, 4, 5], [1, 2, 3, 4, 5]]
mA = np.array(data1)
mB = np.array(data2)

print('각각의 2차원 행렬 출력: ')
print(mA); print(mB); print()
print('행렬 합 출력: ')
print(mA + mB)
print('행렬 차 출력: ')
print(mA - mB)
print('행렬 곱 출력: ')
print(mA * mB)
print('행렬 나누기 출력: ')
print(mA / mB)
print()

mA = np.array([[1, 2, 3], [3, 2, 1]])
mB = np.array([[1, 2], [3, 4], [3, 1]])

print('각각의 2차원 행렬 출력: ')
print(mA); print(mB); print()
print('mA.dot(mB) 행렬 출력: ')
print(mA.dot(mB)) # 수학의 행렬 곱 수행
print('np.matmul(mA, mB) 행렬 출력: ')
print(np.matmul(mA, mB)) # 수학의 행렬 곱 수행
```

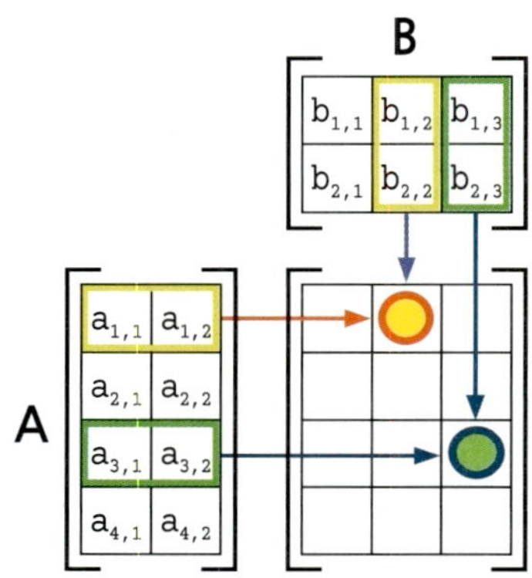


**결과**

```
각각의 2차원 행렬 출력:
[[ 1  2  3  4  5]
 [ 7  8  9 10 11]]
[[1 2 3 4 5]
 [1 2 3 4 5]]
```

```
행렬 합 출력:
[[ 2  4  6  8 10]
 [ 8 10 12 14 16]]
행렬 차 출력:
[[0 0 0 0 0]
 [6 6 6 6 6]]
행렬 곱 출력:
[[ 1  4  9 16 25]
 [ 7 16 27 40 55]]
행렬 나누기 출력:
[[1.  1.  1.  1.  1. ]
 [7.  4.  3.  2.5 2.2]]

각각의 2차원 행렬 출력:
[[1 2 3]
 [3 2 1]]
[[1 2]
 [3 4]
 [3 1]]
mA.dot(mB) 행렬 출력:
[[16 13]
 [12 15]]
np.matmul(mA, mB) 행렬 출력:
[[16 13]
 [12 15]]
```

## 3.4 데이터 시각화 맷플롯리브 활용

### 데이터 시각화 맷플롯리브의 개요

요즘 빅데이터와 함께 많은 관심을 갖는 분야가 데이터 시각화(data visualization)이다. 데이터 시각화에 많이 활용되는 패키지 중의 하나가 맷플롯리브이다. Matplotlib(matplotlib.org)는 라인 플롯, 바 차트, 파이 차트, 히스토그램, 박스 플롯, 스캐터 플롯 등을 비롯하여 다양한 차트와 플롯 스타일을 지원한다.

다음 코드로 빈 시각화 그림을 한 개 얻을 수 있다. 맷플롯리브를 사용하기 위해서는 먼저 matplotlib.pyplot을 다음과 같이 별칭 plt로 import한다. 다음 plt.plot()은 라인 플롯을 그리는 함수이며, 실제 그림을 만들어(렌더링, rendering)해 표시하는 함수인 plt.show()을 호출로 마무리한다. 쉘에서 실행하면 다음 그림을 종료해야 다음 코드를 입력할 수 있는 프롬프트가 표시된다.

```
>>> import matplotlib.pyplot as plt
>>> plt.plot()
[]
>>> plt.show()
```

패키지 폴더 맷플롯리브의 하부에 있는 모듈 파일 pyplot.py이다.

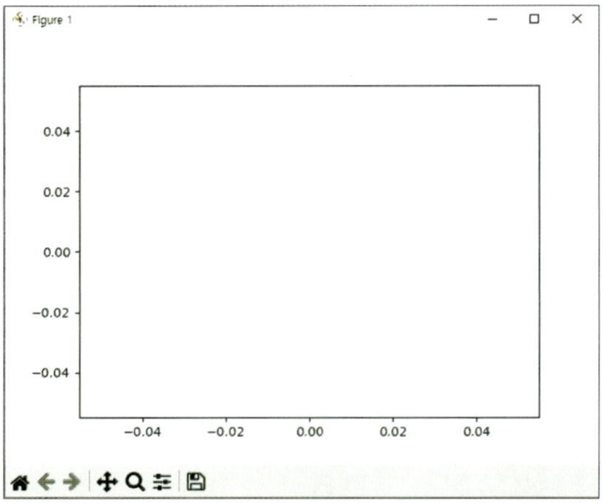


numpy에서 np.arange(1, 21, 0.1)는 1에서 21 전까지 0.1씩 증가한 수의 나열인 배열을 반환한다. 파이썬의 range()와 비슷하며 실수를 지원한다.

```
>>> import numpy as np
>>> np.arange(1, 21, 0.1)
array([ 1. ,  1.1,  1.2,  1.3,  1.4,  1.5,  1.6,  1.7,  1.8,  1.9,  2. ,
        2.1,  2.2,  2.3,  2.4,  2.5,  2.6,  2.7,  2.8,  2.9,  3. ,  3.1,
       <중략> …
       20.8, 20.9])
>>>
```

다음 코드의 plt.plot()으로 직선을 그릴 수 있다. np.arange(1, 21, 0.1)로 y의 값을 배열로 얻는다. plt.plot(y)처럼 인자가 하나이면 이 값을 y축의 목록 값으로 인지한다. 이때 x의 값은 무조건 0부터 1씩 증가한 값을 사용한다. 즉, (0, 1), (1, 1.1), (2, 1.2), …의 좌표를 지나는 직선을 그린다.

```
>>> import numpy as np
>>> import matplotlib.pyplot as plt
>>> y = np.arange(1, 21, 0.1)
>>> plt.plot(y)
[<matplotlib.lines.Line2D object at 0x000002390AAEB390>]
>>> plt.show()
```

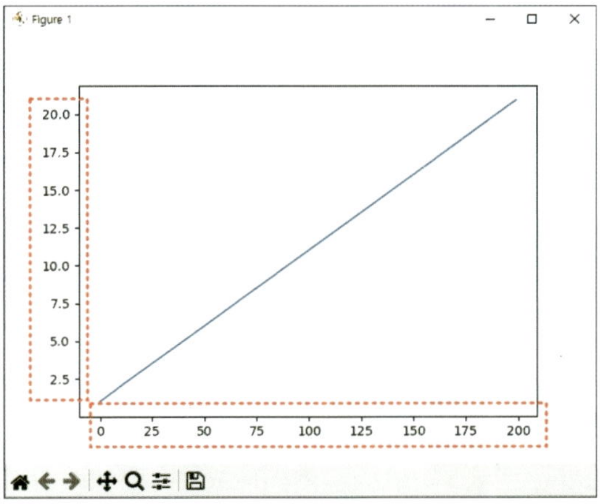


### 맷플롯리브로 기본 시각화 표현

다음 코드는 x축 값 2, 4, 6, 8에 대응하는 y축 값 8, 10, 3, 6의 좌표를 연결하는 라인 플롯을 그리는 예제이다. 즉, 좌표 (2, 8), (4, 10), (6, 3), (8, 6)을 지나는 직선을 그린다.

**7-12 코딩** 07-12-plot.py | **모듈 맷플롯리브로 그래프 그리기** | 난이도 기본

```python
import matplotlib.pyplot as plt

plt.plot([2, 4, 6, 8], [8, 10, 3, 6])
plt.show()
```

**결과**

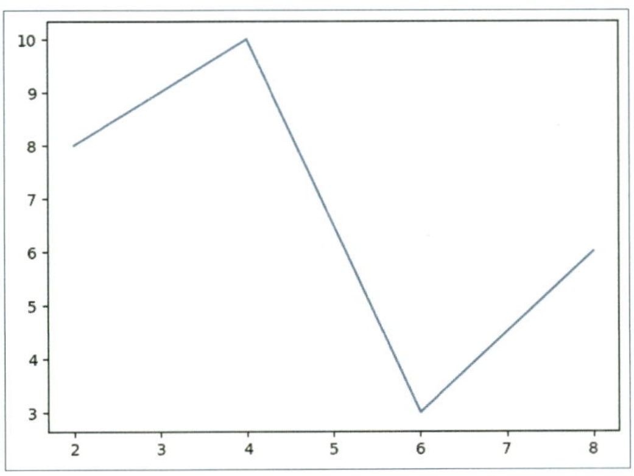

## 가로 막대그래프 그리기

다음 코드는 맷플롯리브의 함수 barh()로 가로 막대그래프(horizontal bar grph)를 그리는 프로그램이다. 함수 title()로 제목, xlabel(), ylabel()로 각각 x축, y축의 레이블인 제목을 표시한다.

**7-13 코딩** 07-13-plotbarh.py | 가로 막대그래프 그리기 | 난이도 응용

```python
import matplotlib.pyplot as plt

objects = ('Python', 'Java', 'C++', 'C#', 'C', 'Kotlin')
performance = [10, 8, 6, 4, 7, 2]

plt.barh(objects, performance, height=0.5, color='yellow') # 가로 막대 그리기

plt.title('Programming language usage') # 제목
plt.xlabel('Usage') # x축 레이블
plt.ylabel('Programming language') # y축 레이블
plt.show()
```

**결과**

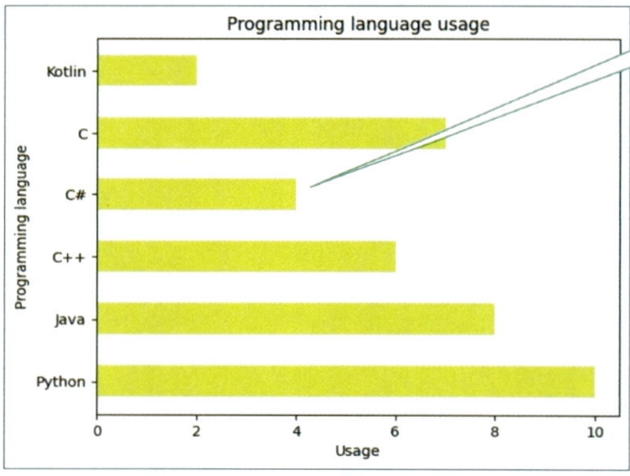


가로 막대의 상대적인 두께를 지정한다. 1에 가까울수록 여백이 좁아진다.

## 넘파이의 난수를 활용한 직선과 산점도 그리기

다음 넘파이의 np.random.randn(5) 코드로, 표준 정규분포(평균: 0, 표준편차: 1)의 난수 5개를 얻을 수 있다.

```python
>>> import numpy as np
>>> arr = np.random.randn(5) # 표준 정규분포 난수 5개
>>> arr
```

```
array([ 1.7478767 ,  0.6387504 ,  0.83625316, -0.170917   , -1.64782038])
```

또한 메서드 cumsum(arr)으로 처음부터 합산된 누적 값 5개를 얻을 수 있다.

```
>>> arr_cs = np.cumsum(arr)  # 누적 값
>>> arr_cs
array([1.7478767 , 2.38662711, 3.22288027, 3.05196327, 1.40414289])
```

이전 3개의 수의 합이 3.22288027

즉, 인자 arr과 결과 arr_cs에서 첫 번째 값은 같고, 두 번째 값은 arr의 누적 합인 arr[0] + arr[1]와 같으며 그 이후도 계속 처음부터 합산된 누적 값이 된다.

```
>>> arr[0] == arr_cs[0]
True
>>> arr[0] + arr[1] == arr_cs[1]
True
>>> arr[0] + arr[1] + arr[2] == arr_cs[2]
True
```

다음은 직선 두 개와 산점도 한 개를 그린 그래프이다. 전체 그림의 크기 가로, 세로를 단위 인치로 설정할 수 있다.

```
plt.plot(figsize=(5, 2.7))
```

자료 값에 사용되는 data1과 data2에서 100개의 표준 정규분포의 난수를 사용하므로 실행할 때마다 다른 그림이 그려진다. 직선을 그리는 plt.plot()에서 인자 color='blue', linewidth=3, linestyle=':'의 지정으로 색상, 선 굵기, 선 종류를 지정할 수 있다. 또한 위치 인자 'm:'로 지정하면 색상은 magenta, 선 종류는 :인 도트(dot) 선으로 그려진다. plt.scatter(data1*10, data2*10, c='cyan')로는 x와 y의 각 점을 표시하는 산점도(scatter diagram)를 그릴 수 있다.

**7-14 코딩** 07-14-cumsumscatter.py | **난수와 누적 값으로 그린 산점도** | 난이도 응용

```
import numpy as np
import matplotlib.pyplot as plt

data1 = np.random.randn(100).cumsum() # 누적 값
data2 = np.random.randn(100)

plt.plot(figsize=(5, 2.7))
plt.plot(data1 + 40, color='blue', linewidth=3, linestyle=':')
plt.plot(np.cumsum(data2), 'm:', linewidth=2) # 누적 값
plt.scatter(data1*10, data2*10, c='cyan') # 산점도 그리기
```

결과

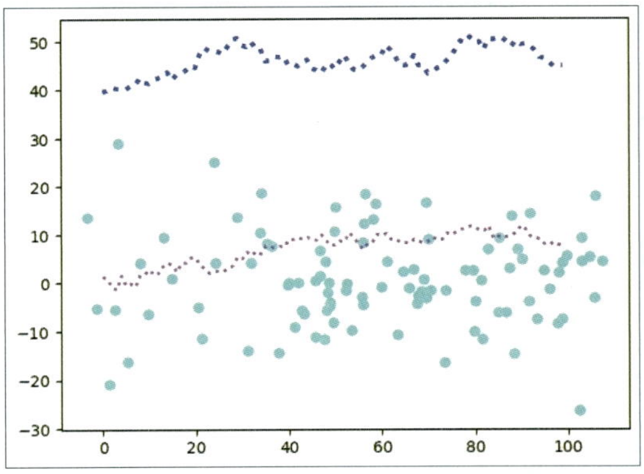

## 학습 내용 점검

**01** 다음 모듈이나 패키지의 import문 이후에 각 모듈의 속성을 살펴보는 dir(mod)을 실행해 보시오.

①
```
import math
dir(math)
```

②
```
import random
dir(random)
```

③
```
import collections
dir(collections)
```

④
```
import numpy as np
dir(np)
```

**02** 다음 import문 이후 표준 모듈 math의 변수 e를 출력하는 문장을 작성하시오.

① `import math`

② `import math as m`

③ `from math import e`

④ `from math import e as a`

**03** 파이썬 셸에서 내장 함수 help()를 사용해 모듈 math의 함수 ceil(), floor(), prod()를 알아보고 다음 코드의 결과를 쓰시오.

① `math.ceil(3.5)`
② `math.floor(7.8)`
③ `math.ceil(-3.5)`
④ `math.floor(-7.8)`
⑤ `math.prod([2, 3, 4], start=1)`
⑥ `math.prod([2, 3, 4], start=2)`

**04** 파이썬의 철학이 담긴 문장을 import this로 출력해 본 후 다시 import해도 파이썬의 철학이 출력되지 않는다. import한 모듈이 메모리에 로드(load)되면 더 이상 수행되지 않기 때문이다. 이런 경우 다음처럼 모듈 importlib의 함수 reload(this)를 사용하면 다시 출력될 수 있다. 이 과정을 파이썬 셸에서 실행해 보시오.

```
>>> import this
The Zen of Python, by Tim Peters
Beautiful is better than ugly.
중간생략
>>> import this
>>>
>>> import importlib as implib
>>> implib.reload(this)
The Zen of Python, by Tim Peters
Beautiful is better than ugly.
Explicit is better than implicit.
```

**05** : 패키지 넘파이를 활용한 다음 코드의 출력 결과를 쓰시오.

```
import numpy as np
aryA = np.arange(1, 5, 0.5)
aryB = np.arange(2, 6, 0.5)
```

① `print(aryA)`

② `print(aryB)`

③ `print(aryA.ndim)`

④ `print(aryB.shape)`

⑤ `print(aryA + 1)`

⑥ `print(aryB * 2)`

⑦ `print(aryA + aryB)`

⑧ `print(aryB - aryA)`

**06** : 다음 패키지 맷플롯리브 코드의 실행 결과를 보고 빈 부분을 완성하시오.

```
import numpy as np
import [            ] as plt

x = np.[      ].randint(low=1, high=11, size=50)
y = x + np.random.randint(1, 5, size=x.size)

plt.figure(figsize=(7, 4))
plt.scatter(x, y, marker='o', c='r', edgecolor='b')

plt.[     ]('Scatter: $x$ versus $y$')
plt.xlabel('$x$')
plt.ylabel('$y$')
plt.show()
```

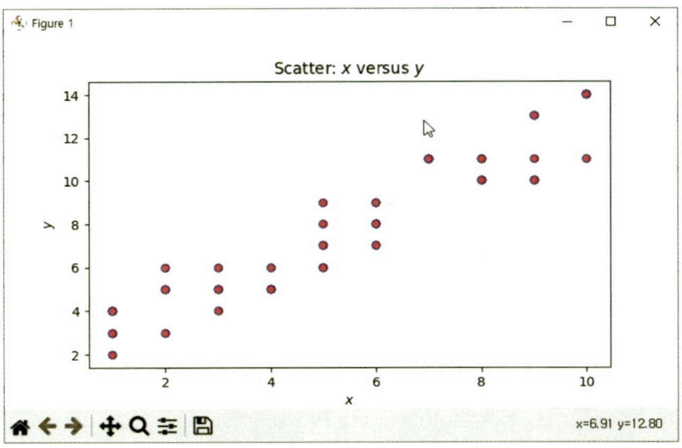

## 도전! 프로그래밍

**01** 기본 모듈 random의 choices()를 사용해 간단한 주사위 던지기 게임을 다음처럼 출력하는 프로그램을 작성하시오.

- random 모듈의 choices 함수를 활용
- 사용자로부터 주사위 면의 수를 입력받고, 주사위를 여러 번 던져 무작위 결과를 출력

```
주사위의 면 수를 입력하시오: 6
던질 횟수를 입력하시오: 8
주사위를 8번 던진 결과: [4, 5, 5, 3, 1, 1, 1, 1]
```

**02** 응용 다음을 내용을 참고해 난수 n개를 생성한 후 다음과 같이 출력하는 프로그램을 작성하시오.

- 모듈 random의 uniform()을 활용
  random.uniform(min_value, max_value)
- 모듈 statistics의 mean(), median(), stdev() 함수를 사용해 난수 목록의 평균, 중앙 값, 표준편차를 출력

```
난수 데이터 크기를 입력하시오: 10
난수의 최솟값을 입력하시오: 45
난수의 최댓값을 입력하시오: 199
생성된 난수 데이터: [179.4088906970698, 78.22424770003744, 155.54821720009568,
45.605264790893806, 115.12332352293896, 155.26139550642887, 77.66413337178253,
84.11099066496396, 192.25195382474902, 80.0267541658882]
평균: 116.32
중앙 값: 99.62
표준편차: 50.67
```

**03** 응용 터틀 윈도의 크기를 500, 500으로 지정한 후 다음과 같이 'yellow', 'red', 'blue' 색의 직선을 200개 그려 다음과 같은 태극 문양을 그리는 프로그램을 작성하시오.

- 바탕색은 'black'으로 지정
- 반복은 for i in range(200): 사용
- 선 색은 색상 목록 ['yellow', 'red', 'blue']으로, 순서대로 지정
- 선 두께는 i/200 + 1로 지정
- 직선을 (i * 2) 길이로 그리기
- 방향을 left(119)로 회전

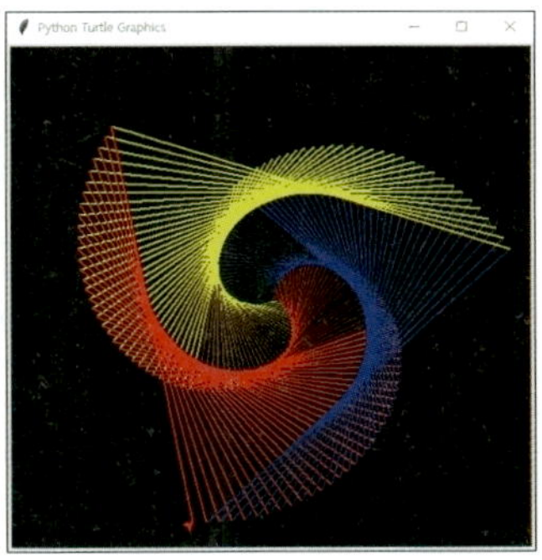

**04** 다음 내용을 참고해 모듈 calculator를 import로 불러와 할인된 가격과 세금을 다음과 같이 출력되는 프로그램을 작성하시오.
응용

- 두 개 파일: calculator.py, main.py
- 모듈 calculator: 원 가격 original_price, 할인 비율 discount_percent
- calculate_discounted_price(original_price, discount_percent)
- 스크립트 main: calculator를 import하여 다음을 출력

```
원가격: 30000원
할인율: 20%
할인된 가격: 24000.00원

소득: 1880000원
소득세율: 9%
소득세: 169200.00원
```

**05** 다음 내용을 참고해 텍스트에서 가장 빈번하게 등장하는 단어 10개를 찾아 출력하는 프로그램을 작성하시오.
응용

- 모듈 collections의 클래스 Counter를 사용하기 위해 다음 코드 활용

```
from collections import Counter
```

- 다음 텍스트를 사용

```
sample_text = '''Python 3.12 is the latest stable release of the Python programming language, with a mix of changes to the language and the standard library. The library changes focus on cleaning up deprecated APIs, usability, and correctness.'''
```

```
가장 빈번하게 등장하는 단어 Top 10:
the: 5
python: 2
of: 2
language: 2
changes: 2
and: 2
library: 2
3.12: 1
is: 1
latest: 1
```

**06** : 다음 프로그램은 맷플롯리브의 함수 plot()으로 sin과 cos 그래프를 그리는 프로그램이다.
응용 다음 내용을 참고하여 소스의 빈 부분을 완성하고 다음과 같이 출력하는 프로그램을 작성하시오.

- 모듈 numpy의 sin, cos 함수를 사용
- 모듈 numpy의 linspace(from, to, step) 함수는 선형 구간을 지정한 구간의 수만큼 분할한 값으로 구성된 배열(array)을 반환
- Matplotlib.pyplot의 plot() 함수의 키워드 인자 ls는 그래프 선 모양으로, 다음 네 가지 중의 하나로 지정 가능: '-', '--', '-.', ':'
- Matplotlib.pyplot의 grid()는 바탕의 격자를 그림
- Matplotlib.pyplot의 legend()는 범례를 그림

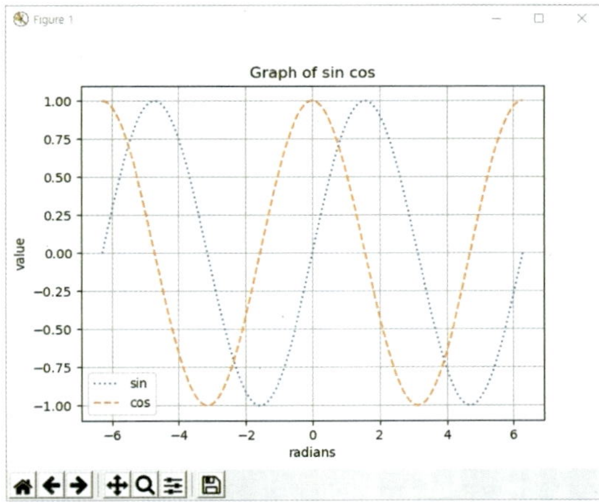


```
import numpy as np
import ____________ as plt

x = np.____________(-np.pi * 2, np.pi * 2, 720)
cos, sin = np.cos(x), np.sin(x)

plt.plot(x, ____________, ls=':', label='sin')
plt.plot(x, ____________, ls='--', label='cos')

plt.title("Graph of sin cos")
plt.xlabel('radians')
plt.ylabel('value')
plt.grid()
plt.legend()
plt.show()
```

Chapter

# 08 컴프리헨션과 매핑

### 학습 목표

- 간편한 컴프리헨션을 이해하고 활용할 수 있다.
- 내장 함수 map( )을 활용한 매핑을 이해하고 구현할 수 있다.
- 내장 함수 filter( )를 활용한 필터링을 이해하고 구현할 수 있다.
- 객체의 반복 가능 특징과 이터레이터를 구분할 수 있다.
- 함수에 키워드 yield를 사용해 제너레이터를 구현할 수 있고 next( )나 for 반복으로 순회할 수 있다.

CONTENTS

# SECTION 01 컴프리헨션

## 1.1 컴프리헨션 개요와 리스트 컴프리헨션

### 컴프리헨션 개요

파이썬의 컴프리헨션(comprehension)은 리스트, 딕셔너리, 집합 등의 파이썬의 다양한 컨테이너를 간결하고 우아하게 만드는 방법이다. 컴프리헨션은 규칙성이나 조건을 가지는 항목으로 구성되는 모임을 직관적으로 보다 쉽게 만들 수 있다. 컴프리헨션 코드는 한 번 이해하면 훨씬 읽기 쉬운 형식으로 작성할 수 있다.

처음에는 다소 어렵다고 느낄 수 있지만, 파이썬 컴프리헨션은 코드를 보다 편하고 파이썬스럽게(pythonic) 만드는 방법이다. 컴프리헨션은 '함축', '축약', '내포', '내장'이라고도 한다.

▲ 그림 1 다양한 컴프리헨션

### 리스트를 간단히 만드는 컴프리헨션

먼저 컴프리헨션을 사용해 리스트를 만드는 리스트 컴프리헨션을 알아보자. 리스트 컴프리헨션은 반복 가능한 ITERABLE의 각 요소 ITEM에 대해 실행되는 식 EXPRESSION을 포함하는 대괄호로 구성된다. ITERABLE은 순차적으로 모임의 항목을 반환할 수 있는 객체이다. ITERABLE 객체에 대해서는 나중에 자세히 알아볼 예정이다.

- 표현식 EXPRESSION은 단일 항목 ITEM 또는 항목에 적용되는 함수 등 모든 표현식이 가능
- 항목 ITEM은 반복 객체인 ITERABLE에서 나온 항목으로 한 번만 적용
- 반복 가능한 객체 ITERABLE은 리스트, 튜플 등과 같이 모임의 항목을 반환할 수 있는 객체

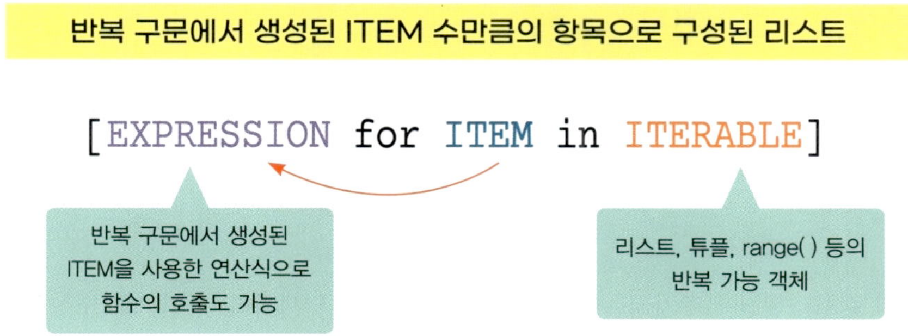


▲ **그림 2** 리스트 컴프리헨션 구문 개요

리스트 컴프리헨션으로 리스트 초기화나 반복 구문에 대한 걱정 없이 리스트 내부에 한 줄의 코드로 리스트를 만들 수 있다. 다음 코드에서 왼쪽의 간단한 리스트 컴프리헨션 구문은 오른쪽의 빈 리스트를 만들어 반복 구문을 통해 항목을 추가하는 구문을 간단히 컴프리헨션으로 구현한 코드이다.

```
>>> # 간단한 리스트 컴프리헨션
>>> [i for i in range(5)]
[0, 1, 2, 3, 4]
```

```
>>> # 리스트 컴프리헨션을 전통적인 빈 리스트와
>>> # 반복에서 추가 구문으로 작성
>>> lst = []
>>> for i in range(5):
...     lst.append(i)
...
>>> lst
[0, 1, 2, 3, 4]
```

▲ **그림 3** 리스트 컴프리헨션(왼쪽)과 전통적인 for in 문장으로 만드는 리스트(오른쪽)

코드의 양이 적은 목록인 컴프리헨션은 개발 속도뿐만 아니라 실제 실행 속도도 빈 목록에 전통적인 반복 구문으로 항목을 추가하는 방법보다 빠르다. 그 이유는 리스트 컴프리헨션에서의 반복은 예측 가능한 패턴으로 해석되도록 최적화되어 있고 매번 리스트에 추가하는 작업이 필요 없기 때문이다.

### 리스트의 구성 항목을 다양하게 생성하는 컴프리헨션

리스트 컴프리헨션에서 추가되는 항목의 연산 식 EXPRESSION은 다음 코드처럼 다양하게 변형될 수 있다.

```
>>> [i + 1 for i in range(5)]
[1, 2, 3, 4, 5]
>>> [i ** 2 for i in range(5)]
[0, 1, 4, 9, 16]
>>> [pow(i, 3) for i in range(5)]
[0, 1, 8, 27, 64]
```

다음 코드처럼 컴프리헨션에 추가되는 항목을 리스트와 튜플, 딕셔너리, 집합으로 구성할 수 있다. 다음 결과는 모두 리스트이지만, 구성 항목이 각각 다른 자료형이 된다.

```
>>> [[i+1] for i in range(5)]
[[1], [2], [3], [4], [5]]
>>> [(i+1, ) for i in range(5)]
[(1,), (2,), (3,), (4,), (5,)]
>>> [{i: i**2} for i in range(5)]
[{0: 0}, {1: 1}, {2: 4}, {3: 9}, {4: 16}]
>>> [{i+1} for i in range(5)]
[{1}, {2}, {3}, {4}, {5}]
```

다음 코드는 컴프리헨션을 이해하기 위한 간단한 예제 코드이다.

**8-1 코딩** 08-01-introcomp.py **간단한 리스트 컴프리헨션** 난이도 기본

```
# 간단한 리스트 컴프리헨션
lst1 = [i for i in range(10)]
lst2 = [[i, i+1] for i in range(5)]
lst3 = [{i+1: str(i+1) + '월'} for i in range(5)]

print(lst1)
print(lst2)
print(lst3)
```

**결과**

```
[0, 1, 2, 3, 4, 5, 6, 7, 8, 9]
[[0, 1], [1, 2], [2, 3], [3, 4], [4, 5]]
[{1: '1월'}, {2: '2월'}, {3: '3월'}, {4: '4월'}, {5: '5월'}]
```

### 조건에 따라 항목을 포함하는 컴프리헨션

컴프리헨션의 반복 항목 중에서 조건 condition에 따라 리스트에 삽입하거나 뺄 수 있는 구문은 다음과 같다. 즉, 다음과 같이 컴프리헨션의 반복 이후에 조건을 추가할 수 있으며, 조건을 만족하는 항목만 리스트에 추가된다.

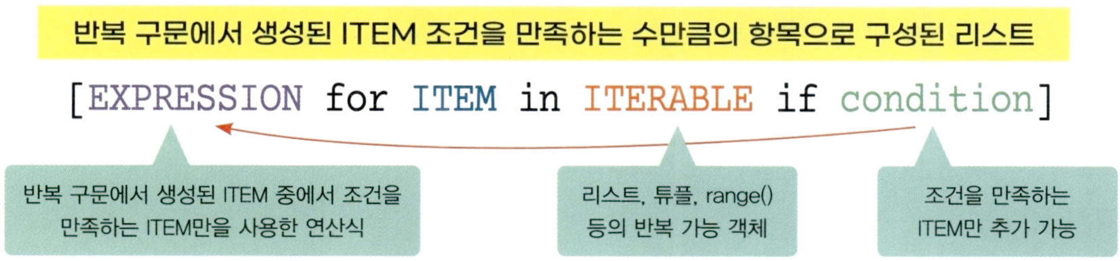


▲ **그림 4** 조건 if condition을 만족하는 ITEM만 추가 가능한 컴프리헨션

다음은 0~5까지의 여섯 개 정수 목록을 만드는 컴프리헨션이다.

```
>>> # 반복 전체의 항목을 리스트에 삽입
>>> [i for i in range(6)]
[0, 1, 2, 3, 4, 5]
```

다음은 0~5까지의 여섯 개 정수 중에서 짝수로만 구성되는 리스트와 홀수로만 구성되는 리스트를 각각 만드는 컴프리헨션이다.

```
>>> # 반복 항목 중에서 짝수를 리스트에 삽입
>>> [i for i in range(6) if i%2 == 0]
[0, 2, 4]
>>>
>>> # 반복 항목 중에서 홀수를 리스트에 삽입
>>> [i for i in range(6) if i%2 == 1]
[1, 3, 5]
```

물론 if 조건 없이 range()로만 조정해도 홀수와 짝수 목록은 가능하다.

```
>>> [i for i in range(0, 6, 2)]
[0, 2, 4]
>>> [i for i in range(1, 6, 2)]
[1, 3, 5]
```

다음은 가격 항목의 리스트에서 할인율 20%를 적용해 다시 가격 항목 리스트를 만드는 컴프리헨션이다. 또한 가격 항목의 리스트에서 만 원 이상인 가격에 대해서만 할인율 20%를 적용해 가격 항목 리스트를 만드는 컴프리헨션이다.

8-2 코딩 | 08-02-pricecomp.py | 원 가격에서 할인한 가격 항목을 가지는 리스트 컴프리헨션 | 난이도 응용

```python
# 원 가격에서 할인한 가격 항목을 가지는 리스트 컴프리헨션
org_grices = [3200, 65000, 43000]
off_rate = .2

# 할인 항목 리스트 컴프리헨션
final_prices = [i * (1-off_rate) for i in org_grices]
print(final_prices)

# 만원 이상인 가격에 대해 할인 항목 리스트 컴프리헨션
final_prices = [i * (1-off_rate) for i in org_grices if i >= 10000]
print(final_prices)
```

결과

```
[2560.0, 52000.0, 34400.0]
[52000.0, 34400.0]
```

### 조건에 따라 항목을 변형하는 컴프리헨션

다음 구문인 파이썬의 조건 연산식(conditional expression)은 삼항 연산식으로 조건에 따라 결과가 다르다. 즉, 조건 연산식의 〈condition〉을 검사해 True이면 〈value_if_True〉가 value에 저장되고 False이면 〈value_if_False〉가 저장된다. 구문 else 이후가 없으면 구문 오류가 발생한다.

```
value = <value_if_True> if <condition> else <value_if_False>
```

▲ **그림 5** 파이썬 조건 연산식

다음 왼쪽은 한 줄에 쓰는 조건 연산식을 활용한 구문, 오른쪽은 일반 조건문을 사용한 구문이다. 조건 연산식은 간단히 한 줄에 조건 결과를 활용할 때 편하게 사용할 수 있다.

```
>>> # 조건 연산식
>>> age = 10
>>> adult = '성인' if age >= 18 else '미성년'
>>> print(adult)
미성년
```

```
>>> # 조건문
>>> age = 10
>>> if age >= 18:
...     adult = '성인'
... else:
...     adult = '미성년'
...
>>> print(adult)
미성년
```

▲ **그림 6** 파이썬 조건 연산식과 일반 if문 비교

컴프리헨션에서 위 조건 연산식을 사용하면 반복의 항목을 검사해 조건에 따라 변형된 항목을 구성할 수 있다. 다음 컴프리헨션 구문에서 조건 condition에 따라 True이면 EXP_if_True가 삽입되고 False이면 EXP_if_False가 삽입된다.

**반복 구문에서 생성된 모든 ITEM에서 조건에 따라 변형된 항목으로 구성된 리스트**

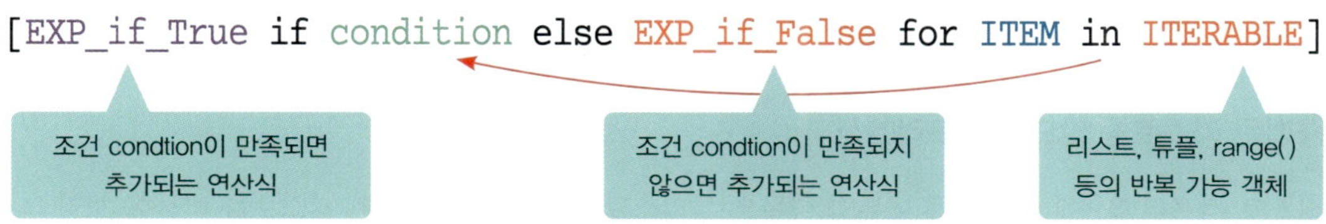


▲ **그림 7** 항목을 조건에 따라 변형한 컴프리헨션

다음은 0에서 9까지의 정수 중에서 홀, 짝에 따라 0이나 1, 'even'이나 'odd'를 삽입하는 컴프리헨션 구문이다.

```
>>> # 짝수이면 0, 홀수이면 1을 리스트에 삽입
>>> [0 if i%2 == 0 else 1 for i in range(10)]
[0, 1, 0, 1, 0, 1, 0, 1, 0, 1]
>>>
>>> # 짝수이면 even, 홀수이면 odd를 리스트에 삽입
>>> ['even' if i%2 == 0 else 'odd' for i in range(10)]
['even', 'odd', 'even', 'odd', 'even', 'odd', 'even', 'odd', 'even', 'odd']
```

다음은 영어 단어에서 각각의 문자를 검사해 대문자와 소문자를 구별하는 컴프리헨션이다. 또한 홀짝의 구별뿐만 아니라 0인지를 검사하는 조건이 중첩된 조건 연산식을 사용해 'zero', 'even', 'odd'로 구성된 리스트를 만드는 컴프리헨션이다

**8-3 코딩** 08-03-condcomp.py | **영어 문자의 대소 문자를 구분하는 컴프리헨션** | 난이도 심화

```
# 영어 문자의 대소 문자를 구분하는 컴프리헨션
s = 'Python'
lst = ['대' if str.isupper(c) else '소' for c in s]
print(list(s))
print(lst)

# 0은 'zero'로 추가
lst = ['zero' if i == 0 else 'odd' if i%2 == 1 else 'even' for i in range(5)]
print([i for i in range(5)])
print(lst)
```

결과

```
['P', 'y', 't', 'h', 'o', 'n']
['대', '소', '소', '소', '소', '소']
[0, 1, 2, 3, 4]
['zero', 'odd', 'even', 'odd', 'even']
```

## 1.2 중첩 구조의 컴프리헨션

### 중첩된 리스트를 만드는 컴프리헨션

리스트 컴프리헨션에서 리스트 내부의 항목으로 리스트를 구성하는 중첩된 리스트를 만들어 보자. 다음 코드처럼 추가되는 연산식을 리스트로 표현한다.

**반복 구문에서 생성된 모든 ITEM에서 내부 리스트를 구성하는 리스트 컴프리헨션**

▲ **그림 8** 중첩된 리스트를 만드는 컴프리헨션

다음은 내부 리스트의 항목으로 리스트에서 고정된 상수를 사용한 컴프리헨션이다.

```
>>> # 고정된 항목의 중첩된 2차원 리스트
>>> [[1] for i in range(3)] # 고정된 항목
[[1], [1], [1]]
>>> [[1, 2] for i in range(3)] # 고정된 항목
[[1, 2], [1, 2], [1, 2]]
>>>
```

다음은 내부 리스트의 항목으로, 반복의 제어 변수 i를 사용한 컴프리헨션이다.

```
>>> # 변화되는 중첩된 2차원 리스트
>>> [[i] for i in range(3)]
[[0], [1], [2]]
>>> [[i, i+1] for i in range(3)]
[[0, 1], [1, 2], [2, 3]]
>>> [[i, i+1, i+2] for i in range(3)]
[[0, 1, 2], [1, 2, 3], [2, 3, 4]]
```

내부는 리스트 외에 튜플이나 집합, 딕셔너리 등 다양한 자료형이 될 수 있다.

```
>>> # 다양한 자료형으로 구성된 리스트의 항목
>>> [(i, i+1) for i in range(4)]
[(0, 1), (1, 2), (2, 3), (3, 4)]
>>> [{i, i+1} for i in range(4)]
[{0, 1}, {1, 2}, {2, 3}, {3, 4}]
>>> [{i: i**2} for i in range(4)]
[{0: 0}, {1: 1}, {2: 4}, {3: 9}]
```

### 중첩된 반복을 사용한 다양한 리스트 컴프리헨션

리스트 컴프리헨션에서 중첩된 반복의 제어 변수 i와 j를 사용하면 다양한 리스트를 얻을 수 있다.

**중첩된 반복 구문에서 제어 변수를 활용하는 리스트 컴프리헨션**

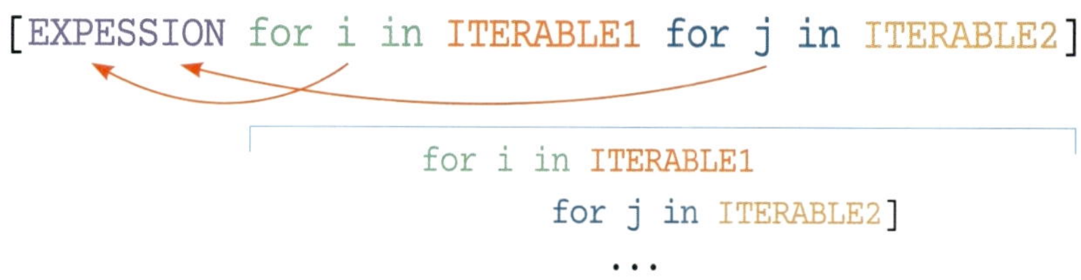


▲ **그림 9** 중첩된 반복을 사용하는 리스트 컴프리헨션

다음 코드에서 외부 반복 제어 변수 i가 0, 1, 2로 반복되면서 j는 각각 0과 1로 반복된다.

```
>>> # 중첩된 반복을 사용해 생성한 리스트
>>> a = [i + j for i in range(3) for j in range(2)]
>>> print(a)
[0, 1, 1, 2, 2, 3]
>>> b = [i * j for i in range(3) for j in range(2)]
>>> print(b)
[0, 0, 0, 1, 0, 2]
```

다음 코드의 리스트 컴프리헨션 결과 c에서 항목인 딕셔너리를 살펴보면 반복 순서를 이해할 수 있다.

```
>>> # 중첩된 반복을 사용해 생성한 항목 딕셔너리로 구성된 리스트
>>> c = [{i: j} for i in range(3) for j in range(2)]
>>> print(c)
[{0: 0}, {0: 1}, {1: 0}, {1: 1}, {2: 0}, {2: 1}]
```

다음 예제는 중첩된 반복으로 구성되는 리스트 항목을 만든 컴프리헨션이다.

| 8-4 코딩 | 08-04-nestedlist.py | 중첩된 반복을 사용해 생성한 중첩된 2차원 리스트 | 난이도 ★★ |
|---|---|---|---|

```
# 중첩된 반복을 사용해 생성한 중첩된 2차원 리스트
a = [[i, j] for i in range(3) for j in range(2)]
b = [[i, j+1] for i in range(3) for j in range(2)]

print(a)
print(b)
```

결과

```
[[0, 0], [0, 1], [1, 0], [1, 1], [2, 0], [2, 1]]
[[0, 1], [0, 2], [1, 1], [1, 2], [2, 1], [2, 2]]
```

### 리스트 컴프리헨션의 내부에 다시 리스트 컴프리헨션을 사용하는 중첩된 컴프리헨션

다음 구문처럼 컴프리헨션 내부에 다시 컴프리헨션을 사용할 수 있다. 리스트 컴프리헨션의 내부에 다시 리스트 컴프리헨션을 사용하면 규칙성을 갖는 행과 열의 항목으로 2차원 리스트를 만들 수 있다.

**중첩된 리스트 컴프리헨션을 활용하는 리스트 컴프리헨션**

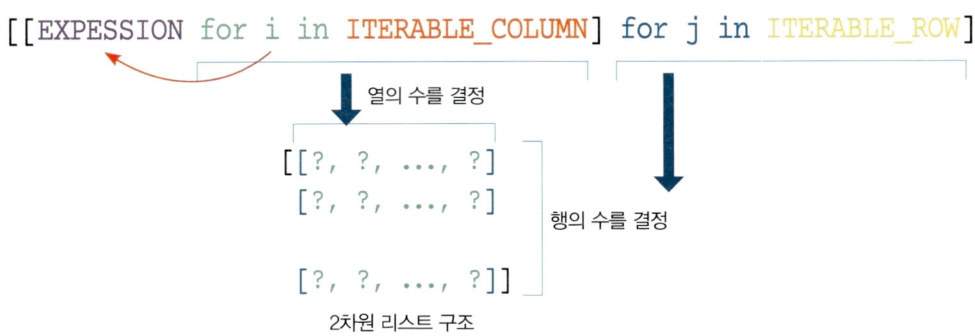


▲ 그림 10 중첩된 리스트 컴프리헨션을 활용하는 리스트 컴프리헨션

다음 코드는 0이나 1처럼 같은 값으로 구성되는 중첩된 리스트를 만드는 컴프리헨션이다.

```
>> [[0 for col in range(3)] for row in range(2)]
[[0, 0, 0], [0, 0, 0]]
>>> [[1 for col in range(4)] for row in range(3)]
[[1, 1, 1, 1], [1, 1, 1, 1], [1, 1, 1, 1]]
```

다음 코드는 규칙성을 갖는 내부 리스트로 구성되는 중첩된 리스트를 만드는 컴프리헨션이다.

```
>>> [[col for col in range(3)] for row in range(2)]
[[0, 1, 2], [0, 1, 2]]
>>> [[col+1 for col in range(4)] for row in range(3)]
[[1, 2, 3, 4], [1, 2, 3, 4], [1, 2, 3, 4]]
```

다음 코드는 리스트 컴프리헨션의 반복 제어 변수 row를 중첩된 내부 리스트 컴프리헨션에서 사용하는 컴프리헨션이다.

```
>>> [[col for col in range(row)] for row in range(3)]
[[], [0], [0, 1]]
>>> [[col for col in range(row, row+2)] for row in range(3)]
[[0, 1], [1, 2], [2, 3]]
>>> [[col for col in range(row, row+4)] for row in range(3)]
[[0, 1, 2, 3], [1, 2, 3, 4], [2, 3, 4, 5]]
```

다음은 중첩된 리스크 컴프리헨션을 사용해 원하는 행과 열을 정해 규칙성을 갖는 중첩된 리스트를 생성하는 리스트 컴프리헨션을 위한 예제이다.

**8-5 코딩** | 08-05-nestedcomp.py | **규칙적인 중첩된 리스트를 생성하는 컴프리헨션** | 난이도 응용

```
# 행과 열을 정해 규칙성을 갖는 중첩된 리스트를 생성하는 리스트 컴프리헨션
ROW= 2
COLUMN = 3
a = [[j for j in range(COLUMN)] for i in range(ROW)]
print(a)

ROW= 2
COLUMN = 4
b = [[i + j for j in range(COLUMN)] for i in range(ROW)]
print(b)

ROW= 4
COLUMN = 3
c = [[i*COLUMN + j for j in range(COLUMN)] for i in range(ROW)]
print(c)
```

**결과**

```
[[0, 1, 2], [0, 1, 2]]
[[0, 1, 2, 3], [1, 2, 3, 4]]
[[0, 1, 2], [3, 4, 5], [6, 7, 8], [9, 10, 11]]
```

## 1.3 딕셔너리와 집합 컴프리헨션

### 딕셔너리를 쉽게 만드는 딕셔너리 컴프리헨션

파이썬에서 딕셔너리를 생성하는 간결하고 효율적인 방법으로 딕셔너리 컴프리헨션을 제공한다. 앞에서 학습한 리스트 딕셔너리에서 {key: value for i in iterable} 형식으로 작성한다. 다음 문법 구조처럼 반복문과 조건문을 결합하면 새로운 딕셔너리를 만들 수 있다. key_expression은 딕셔너리의 키 값, value_expression은 키에 대한 값, iterable은 반복할 수 있는 객체(리스트, 튜플, range() 등)이고, 마지막 if 조건은 선택이 가능하다.

```
{ key_expression : value_expression for element in iterable if condition}
```

▲ **그림 11** 딕셔너리 컴프리헨션 구조

다음은 0에서 4까지의 정수를 키, 2배, 제곱승을 갖는 값으로 하는 딕셔너리를 생성하는 딕셔너리 컴프리헨션 코드이다.

```
>>> import math
>>> {i: i*2 for i in range(5)}
{0: 0, 1: 2, 2: 4, 3: 6, 4: 8}
>>> {i: i**2 for i in range(5)}
{0: 0, 1: 1, 2: 4, 3: 9, 4: 16}
```

다음은 0에서 4까지의 정수를 키, math.sqrt(i)을 사용해 제곱근을 갖는 값으로 하는 딕셔너리를 생성하는 딕셔너리 컴프리헨션 코드이다.

```
>>> {i: math.sqrt(i) for i in range(5)}
{0: 0.0, 1: 1.0, 2: 1.4142135623730951, 3: 1.7320508075688772, 4: 2.0}
```

다음은 1에서 10까지의 정수 중 짝수만을 선택하여 해당 숫자의 세제곱을 값으로 하는 딕셔너리를 생성하는 딕셔너리 컴프리헨션 코드이다.

```
>>> cubes = {i: pow(i, 3) for i in range(1, 11) if i % 2 == 0}
>>> print(cubes)
{2: 8, 4: 64, 6: 216, 8: 512, 10: 1000}
```

다음은 과일 이름 리스트에서 이름을 키, 첫 글자의 대문자(word[0].upper())를 값으로 하는 딕셔너리를 생성하는 딕셔너리 컴프리헨션 구문이다.

```
>>> words = ['apple', 'banana', 'cherry', 'avocado']
>>> first_letter_dict = {word: word[0].upper() for word in words}
>>> print(first_letter_dict)
{'apple': 'A', 'banana': 'B', 'cherry': 'C', 'avocado': 'A'}
```

다음은 다양한 딕셔너리 컴프리헨션을 생성하는 예제이다.

**8-6 코딩** 08-06-dictcomp.py | **다양한 딕셔너리 컴프리헨션 생성** | 난이도 응용

```python
# 문자: 코드 값으로 구성되는 딕셔너리
s = 'python'
chr_dict = {c: ord(c) for c in s}
print(chr_dict)

# 0 ~ 4 정수가 키, 난수가 값을 결정
from random import randint
rand_dict = {i: randint(0, i) for i in range(5)}
print(rand_dict)

# words 리스트의 각 단어를 키로 하고 해당 단어의 길이를 값으로 하는 딕셔너리
words = ['apple', 'banana', 'pear']
len_dict = {word: len(word) for word in words}
print(len_dict)

# 주어진 문장에서 각 단어를 키로 하고 해당 단어의 빈도수를 값으로 하는 딕셔너리를 생성
sentence = "I love Python because Python is versatile"
word_freq = {word: sentence.count(word) for word in sentence.split()}
print(word_freq)
```

**결과**

```
{'p': 112, 'y': 121, 't': 116, 'h': 104, 'o': 111, 'n': 110}
{0: 0, 1: 0, 2: 0, 3: 3, 4: 2}
{'apple': 5, 'banana': 6, 'pear': 4}
{'I': 1, 'love': 1, 'Python': 2, 'because': 1, 'is': 1, 'versatile': 1}
```

### 이미 만든 딕셔너리에서 변형된 딕셔너리를 쉽게 만드는 딕셔너리 컴프리헨션

다음 코드는 이미 만든 딕셔너리 dict1에서 값을 2배로 늘려 다시 만드는 딕셔너리 컴프리헨션이다.

```
>>> dict1 = {'a': 1, 'b': 2, 'c': 3, 'd': 4, 'e': 5}
>>> double_dict1 = {k: v*2 for k, v in dict1.items()}
>>> print(double_dict1)
{'a': 2, 'b': 4, 'c': 6, 'd': 8, 'e': 10}
```

다음 구문으로 기존의 키와 값을 바꿀 수도 있다. 이 경우에 주의할 점은 바뀌는 키가 수정 불가능한 자료형이어야 가능하다는 것이다. 키는 수정 불가능한 자료형(int, float, str, tuple, frozenset 등)만 허용하기 때문이다.

```
>>> dict1 = {'a': 1, 'b': 2, 'c': 3, 'd': 4, 'e': 5}
>>> reverse_dict1 = {v: k for k, v in dict1.items()}
>>> print(reverse_dict1)
{1: 'a', 2: 'b', 3: 'c', 4: 'd', 5: 'e'}
```

다음은 학생의 이름과 성적을 딕셔너리로 만든 리스트에서 성적이 70 이상인 학생은 Pass, 70 미만인 학생은 Fail로 값을 지정한 딕셔너리 컴프리헨션으로 생성해 출력하는 예제이다.

**8-7 코딩** 08-07-gradecomp.py | **이름을 키로, 성적을 부여하는 딕셔너리 컴프리헨션** | 난이도 응용

```
# 학생의 이름과 성적을 딕셔너리로 만든 리스트
students = [
    {"name": "홍길동", "score": 85},
    {"name": "전지현", "score": 70},
    {"name": "양수경", "score": 95},
    {"name": "김슬기", "score": 65},
    {"name": "김한국", "score": 90}
]

# 성적이 70 이상인 학생은 Pass, 미만인 학생은 Fail로 값을 지정한 딕셔너리 생성
passing_students = {
    student["name"]: "Pass" if student["score"] >= 70 else "Fail"
    for student in students
}
print(passing_students)
```

결과

```
{'홍길동': 'Pass', '전지현': 'Pass', '양수경': 'Pass', '김슬기': 'Fail', '김한국':
'Pass'}
```

### 집합 컴프리헨션

집합 컴프리헨션은 파이썬에서 집합을 생성하는 데 사용되는 간편한 방법이다. 집합 컴프리헨션은 리스트 컴프리헨션과 비슷하게 외부에 중괄호를 사용하여 집합을 생성한다.

다음은 중괄호 안에 for문과 조건식을 사용하여 집합을 생성하는 집합 컴프리헨션 구문이다.

```
>>> evens = {x for x in range(1, 11) if x % 2 == 0}
```

```
>>> print(evens)  # 출력: {2, 4, 6, 8, 10}
{2, 4, 6, 8, 10}
```

다음은 과일 리스트에서 과일 단어의 길이가 5 이상인 과일만을 집합으로 생성하는 집합 컴프리헨션 코드이다.

```
>>> words = ["apple", "banana", "grape", "orange", "kiwi"]
>>> long_words = {word for word in words if len(word) >= 5}
>>> print(long_words)  # 출력: {'apple', 'banana', 'orange'}
{'grape', 'banana', 'orange', 'apple'}
```

다음은 영어 문장에서 문자열 메서드 split()으로 단어를 추출해 집합 컴프리헨션으로 집합을 생성하는 예제이다. 영어 문장의 모든 문자를 소문자로 변환한 후 문장의 콤마와 마침표(.)를 제거하고 단어를 추출해 리스트로 만든다. 생성한 단어 리스트에서 다시 집합 컴프리헨션으로 집합을 생성한다.

**8-8 코딩** 08-08-wordsetcomp.py | **영어 단어를 집합으로 만드는 컴프리헨션** | 난이도 응용

```python
sentence = "Lists are a workhorse data type in Python, and many programs
manipulate a list at some point."

# 모두 소문자로 변환해서 .과 ,을 제거한 후 단어 리스트를 생성
words = sentence.lower().replace('.', '').replace(',', '').split()
print(words)

# 문장의 단어를 구성하는 집합 컴프리헨션
unique_words = {word for word in words}
print(unique_words)
```

**결과**

```
['lists', 'are', 'a', 'workhorse', 'data', 'type', 'in', 'python', 'and',
'many', 'programs', 'manipulate', 'a', 'list', 'at', 'some', 'point']
{'some', 'data', 'are', 'list', 'programs', 'python', 'point', 'manipulate',
'many', 'at', 'lists', 'and', 'in', 'a', 'type', 'workhorse'}
```

# SECTION 02 매핑과 필터

## 2.1 매핑 개요와 활용

### 매핑 개요

map()은 반복 구문을 사용하지 않고 반복 가능(iterable) 컨테이너(container)의 모든 항목(item)을 특정 함수의 인자로 처리할 수 있는 내장 함수이다. 함수 map()를 사용하는 매핑은 반복적인 객체의 각 항목에 변환 함수를 적용해 새로운 반복 가능 객체로 변환해야 할 때 유용하다. 파이썬은 함수형 프로그래밍(functional programming)[1] 패러다임(paradigm)을 지원하는데, map()이 대표적인 사례이다.

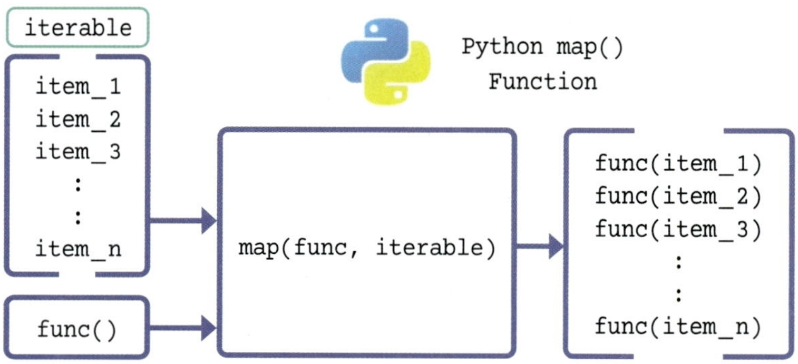


▲ **그림 12** 내장 함수 map() 개요

파이썬은 함수를 객체로 취급하므로 함수는 다른 함수의 인자로 사용될 수 있다. 함수 map(func, iterable)으로 호출하며 함수를 인수로 받아 반복 가능 객체의 모든 항목에 적용할 수 있다.

```
>>> help(map)
Help on class map in module builtins:

class map(object)
 |  map(func, *iterables) --> map object
```

1 함수형 프로그래밍(functional programming)은 자료 처리를 수학적 함수의 계산으로 취급하고 상태와 가변 데이터를 멀리하는 프로그래밍 패러다임의 하나이다. 명령형 프로그래밍에서는 상태를 바꾸는 것을 강조하는 것과 달리, 함수형 프로그래밍은 함수의 응용을 강조한다(위키백과).

```
 |
 |  Make an iterator that computes the function using arguments from
 |  each of the iterables.  Stops when the shortest iterable is exhausted.
 |
 |  Methods defined here:
 |
 |  __getattribute__(self, name, /)
 |      Return getattr(self, name).
 |
 |  __iter__(self, /)
 |      Implement iter(self).
 |
 |  __next__(self, /)
 |      Implement next(self).
 |
 |  __reduce__(...)
 |      Return state information for pickling.
 |
 |  ----------------------------------------------------------------------
 |  Static methods defined here:
 |
 |  __new__(*args, **kwargs) from builtins.type
 |      Create and return a new object.  See help(type) for accurate signature.
```

함수 map(func, *iterables)의 두 번째 인자로는 *iterables로 여러 개의 반복 가능 객체가 가능하다. 즉, 다음처럼 호출할 수 있다. 첫 번째 인자 function은 사용자 정의 함수, 내장 함수, 람다 함수, 객체 메서드 등이 가능하다. 두 번째 인자부터 함수 function에 필요한 인자 수만큼 반복 가능 객체를 사용한다.

**내장 함수 map(func, *iterables)**

```
map(function, iterable_1[, iterable_2, iterable_3, ..., iterable_n])
```

문자열, range, 목록, 튜플, 집합, 딕셔너리 등이 가능하다.

- function: iterable의 항목을 변환하는 함수
- itrable_i: iterable의 항목을 함수의 인자로 사용, 함수의 매개변수 수만큼의 iterable 필요
- 반환 값: map 객체

### 맵에서 다양한 함수의 활용

내장 함수 pow(x, y)의 결과는 x의 y 제곱승이다. 인자 x로 리스트 [1, 2, 3], y로 리스트 [2, 2, 2]를 적용하는 매핑은 map(pow, [1, 2, 3], [2, 2, 2])으로 호출한다. 함수 map()의 반환 값은 생성된 맵 객체이다. 이 반복 가능한 map 반환 객체를 내장 함수 list()에 인자로 적용하면 리스트를 만들 수 있다.

```
# map에서 내장 함수 활용
>>> my_map = map(pow, [1, 2, 3], [2, 2, 2])
>>> my_map
<map object at 0x0000020727526DD0>
```

즉, 다음 코드에서 list(my_map)의 결과는 $[1^2, 2^2, 3^2]$인 [1, 4, 9]이다.

```
>>> list(my_map)
[1, 4, 9]
```

사용자 정의 함수 my_mult(x, y)는 두 인자의 곱인 x * y를 반환한다. 사용자 정의 함수 my_mult를 사용하는 map()은 다음과 같다.

```
>>> def my_mult(x, y):
...     return x * y
...
>>> list(map(my_mult, range(1, 5), range(1, 5)))
[1, 4, 9, 16]
```

다음은 길이 단위인 인치(inch)를 센티미터(cm)로 변환하는 람다 함수를 적용한 map() 함수이다. 다음 코드를 센티미터, 0, 1, 2, 3, 4, 5인 길이를 인치로 변환한 결과를 얻을 수 있다.

```
>>> list(map(lambda inch: inch * 2.54, range(6)))
[0.0, 2.54, 5.08, 7.62, 10.16, 12.7]
```

다음은 문자열 str의 메서드인 isalpha()를 사용한 map() 함수이다. 문자열 'py13'의 각 문자를 인자로 함수 isalpha()를 적용하면, p와 y는 알파벳이므로 True, 1과 3은 각각 알파벳이 아니므로 False로 구성되는 리스트가 반환된다.

```
>>> list(map(str.isalpha, 'py13'))
[True, True, False, False]
```

내장 함수 int()는 다음처럼 인자가 하나 또는 둘일 수 있다. 따라서 map(함수, 시퀀스1, 시퀀스2, …)에서 적용하는 함수에 따라 map(int, […]), map(int, […], […])으로 사용될 수 있다.

```
>>> int(10)
10
>>> int('10', 16)
16
>>> # map에서 내장 함수 int() 활용
```

문장열 '10'을 16진수로 평가한 결과를 10진수로 반환한다.

```
>>> list(map(int, [3, 5, 11]))
[3, 5, 11]
>>> list(map(int, ['1', '5', '11'], [2, 8, 16]))
[1, 5, 17]
```

다음은 인자인 정수 목록을 문자열 목록으로 변환한다.

```
>>> # map에서 내장 함수 str() 활동
>>> s = [1, 5, 11]
>>> list(map(str, [1, 5, 11]))
['1', '5', '11']
```

다음 내부 map()에서 1, 5, 11을 각각의 문자열로 변환한다. 다음은 map() 내부의 시퀀스를 다시 map() 함수로 생성하는 구문이다.

```
>>> list(map(int, map(str, [1, 5, 11]), [2, 8, 16]))
[1, 5, 17]
```

다음은 map()에서 사용되는 함수의 인자가 하나인데, 두 개의 리스트를 잘못 적용해 오류가 발생한 사례이다.

```
>>> # map에서 인자인 시퀀스의 수가 잘못된 오류
>>> list(map(lambda x: x+1, [1, 5, 11], [2, 8, 16]))
Traceback (most recent call last):
  File "<stdin>", line 1, in <module>
TypeError: <lambda>() takes 1 positional argument but 2 were given
```

문자열 s를 역순으로 변환하는 작업을 다양한 방법으로 구현해 보자. 사용자 정의 함수와 람다 함수로 구현할 수 있다. 또한 함수 map()에서 문자열의 str.capitalize와 str.upper를 적용해 각각 첫 문자를 대문자, 전체를 대문자로 변환할 수 있다.

**8-9 코딩** 08-09-strmapping.py | **문자열을 역순과 대문자로 변환하는 map()** | 난이도 응용

```
# 문자열을 역순과 대문자로 변환하는 map()
def my_reverse(s):
    return s[::-1]

langs = ['java', 'python', 'c/c++', 'kotlin']
print(list(map(my_reverse, langs)))

print(list(map(lambda s: s[::-1], langs)))
```

```
print(list(map(lambda s: s.upper(), langs)))

print(list(map(str.capitalize, langs)))
print(list(map(str.upper, langs)))
```

결과

```
['avaj', 'nohtyp', '++c/c', 'niltok']
['avaj', 'nohtyp', '++c/c', 'niltok']
['JAVA', 'PYTHON', 'C/C++', 'KOTLIN']
['Java', 'Python', 'C/c++', 'Kotlin']
['JAVA', 'PYTHON', 'C/C++', 'KOTLIN']
```

원화에 콤마가 들어간 문자열에서 콤마를 제거하고 정수로 변환하는 map()을 작성해 보자. 인자인 함수는 사용자 정의 함수 to_int()와 람다 함수를 각각 사용한다.

**8-10 코딩** 08-10-rmcomma.py | **콤마가 삽입된 문자열 원화를 정수로 변환** | 난이도 응용

```
# 08-01.py 콤마가 삽입된 문자열 원화를 정수로 변환
def to_int(num):
    return int(num.replace(",", ""))

wons = ["1,000", "200,000", "3,000,000"]
print(list(map(to_int, wons)))
print(list(map(lambda x: int(x.replace(",", "")), wons)))
```

결과

```
[1000, 200000, 3000000]
[1000, 200000, 3000000]
```

다음은 사용자 정의 함수와 람다 함수를 사용해 섭씨 온도와 화씨 온도 리스트를 서로 변환하는 작성하는 프로그램이다.

**8-11 코딩** 08-11-maptemperatue.py | **섭씨와 화씨의 변환** | 난이도 응용

```
# 08-01.py 섭씨와 화씨의 변환
def to_fahrenheit(c):
    return 9 / 5 * c + 32

def to_celsius(f):
    return (f - 32) * 5 / 9

celsius_temps = [-10, 0, 20, 30, 40]
```

```
    fahr_temps = [0, 20, 40, 60, 80]

    print(list(map(to_fahrenheit, celsius_temps)))
    print(list(map(to_celsius, fahr_temps)))

    deg1 = list(map(lambda c: 9 / 5 * c + 32, celsius_temps))
    deg2 = list(map(lambda f: (f - 32) * 5 / 9, fahr_temps))
    print(list(map(lambda x: f'{x:.2f}', deg1)))
    print(list(map(lambda x: f'{x:.2f}', deg2)))

    # 온도 변환 이후 f'str'로 소수점 이하 3자리만 출력
    print(list(map(lambda c: f'{9 / 5 * c + 32:.3f}', celsius_temps)))
    print(list(map(lambda x: f'{(x - 32) * 5 / 9:.3f}', fahr_temps)))
```

결과

```
[14.0, 32.0, 68.0, 86.0, 104.0]
[-17.77777777777778, -6.666666666666667, 4.444444444444445,
15.555555555555555, 26.666666666666668]
['14.00', '32.00', '68.00', '86.00', '104.00']
['-17.78', '-6.67', '4.44', '15.56', '26.67']
['14.000', '32.000', '68.000', '86.000', '104.000']
['-17.778', '-6.667', '4.444', '15.556', '26.667']
```

함수 호출 list('py')는 ['p', 'y']이 결과이다. 다음 코드는 ai를 구성하는 문자열에서 각각의 문자를 항목으로 갖는 2차원 리스트를 생성한다.

**8-12 코딩** 08-12-strlist.py | **map()에서 각각의 문자열에 함수 list를 적용** | 난이도 응용

```
# map()에서 각각의 문자열을 함수 list를 적용
ai = ['tensor', 'pytorch', 'yolo']

# map() 각각의 문자열을 리스트로 생성하므로 2차원 리스트 생성
print( list(map(list, ai)) )
```

결과

```
[['t', 'e', 'n', 's', 'o', 'r'], ['p', 'y', 't', 'o', 'r', 'c', 'h'], ['y',
'o', 'l', 'o']]
```

## 2.2 필터의 개요와 활용

### 필터의 개요

내장 함수 filter()의 도움말 일부는 다음과 같다.

```
>>> help(filter)
Help on class filter in module builtins:

class filter(object)
 |  filter(function or None, iterable) --> filter object
 |
 |  Return an iterator yielding those items of iterable for which function(item)
 |  is true. If function is None, return the items that are true.
 |
 |  Methods defined here:
 |
 |  __getattribute__(self, name, /)
 |      Return getattr(self, name).
 |
 |  __iter__(self, /)
 |      Implement iter(self).
 |
 |  __next__(self, /)
 |      Implement next(self).
 |
```

내장 함수 filter()는 여러 개의 항목에서 조건에 맞는 일부의 데이터만 추려낼 때 사용한다. 즉, 내장 함수 filter(function, iterable)는 리스트나 튜플 등의 반복 가능 항목에 대해 함수 function를 적용해 True인 원소들로 이루어진 새로운 반복 가능한 필터 객체를 반환한다.

**내장 함수 filter(cond_function, iterable)**

```
filter(cond_function, iterable)
```

- cond_function: 각 원소를 평가하는 조건을 확인하는 함수 또는 람다 표현식
- itrable: 조건을 확인할 반복 가능 객체
- 반환 값: iterable의 각 원소에 대해 cond_function을 평가하고, 조건을 만족하는 원소들로 구성된 새로운 filter 객체 반환

### 필터 활용

다음 코드는 1에서 10까지의 정수 중에서 람다 함수로 짝수만을 추출해내는 필터 함수이다. 필터 함수의 결과는 filter 객체이다.

```
>>> ft = filter(lambda x: x%2 == 0, range(1, 11))
>>> ft
<filter object at 0x000002A88F46B160>
```

필터 함수의 결과인 filter 객체를 list()에 넣으면 리스트를 생성할 수 있다.

```
>>> print(list(ft)) # 출력: [2, 4, 6, 8, 10]
[2, 4, 6, 8, 10]
```

다음 코드는 정수 목록에서 람다 함수로 양수 만을 추출해내는 필터 함수이다.

```
>>> nums = [-10, 3, 4, -3, 5]
>>> positive_nums = list(filter(lambda x: x > 0, nums))
>>> print(positive_nums)
[3, 4, 5]
```

다음 코드는 단어 목록인 words에서 단어 길이가 5 이상인 단어만 추출해내는 필터를 적용해 리스트를 생성한다.

```
>>> words = ["apple", "banana", "cherry", "date", "day", "elephant"]
>>> filtered_words = list(filter(lambda x: len(x) >= 5, words))
>>> print(filtered_words)
['apple', 'banana', 'cherry', 'elephant']
```

함수 filter()의 첫 번째 인자인 필터 함수로 None을 사용하면 참 값인 모든 원소를 추출한다. 거짓을 의미하는 널 문자(''), 숫자 0, False는 제거된다.

```
>>> random_list = [1, 'a', 0, '', False, True, '0', 3.4]
>>> filtered_iterator = filter(None, random_list)
>>> # converting to list
>>> filtered_list = list(filtered_iterator)
>>> print(filtered_list)
[1, 'a', True, '0', 3.4]
```

다음 예제의 filter(filter_vowels, letters) 함수는 letter 문자가 모음이면 True를 반환하는 함수 filter_vowels(letter)를 적용해 주어진 문자 리스트 letters에서 모음 문자만 추출한다. 함수 filter()로 반환되는 객체는 list(object_of_filter)나 tuple(object_of_filter)를 이용해 각각 리스트와 튜플로 생성할 수 있다.

**8-13 코딩** 08-13-vowelfilter.py | **문자에서 모음만 추출해내는 필터 함수** | 난이도 응용

```
# 검사할 단어나 문장
letters = list('python java')

# 문자가 모음이면 True를 반환
def filter_vowels(letter):
    vowels = ['a', 'e', 'i', 'o', 'u']
    # return True if letter in vowels else False
    return letter in vowels

# 필터 객체 생성
filtered_vowels = filter(filter_vowels, letters)
# 필터 객체에서 리스트로 생성
vowels = list(filtered_vowels)
print(vowels) # 리스트 출력
```

**결과**

```
['o', 'a', 'a']
```

다음 예제는 사용자 5명의 데이터를 딕셔너리 형태로 생성한 후 리스트에 담아 users 변수에 저장하고 여러 함수와 필터를 활용해 출력하는 코드이다. 사용자 데이터를 대상으로 filter() 함수와 검사 함수 is_man()을 사용해 남성 사용자들만 추출할 수 있다. 람다 함수를 사용해 여성 사용자들만 추출해 출력할 수 있다. 필터 함수의 결과인 filter_mail은 메일이 @gmail.com으로 끝나는 필터 객체로, 필터 객체를 인자, 내장 함수 list(filter_mail)로 필터로 고른 사용자만의 리스트를 생성할 수 있다.

**8-14 코딩** 08-14-personfilter.py | **map()에서 각각의 문자열을 함수 list를 적용** | 난이도 응용

```
# 회원 명단
users = [{'mail': 'thomas@gmail.com', 'name': '이 현식', 'gender': 'M'},
         {'mail': 'hint@hotmail.com', 'name': '이 현미', 'gender': 'F'},
         {'mail': 'jjh@gmail.com', 'name': '전 지현', 'gender': 'F'},
         {'mail': 'kiml79@naver.com', 'name': '김 태리', 'gender': 'F'},
         {'mail': 'hskang@naver.com', 'name': '강 한식', 'gender': 'M'}]

# 남성 검사 함수
def is_man(user):
    return user["gender"] == "M"

# 남성 필터, 출력
for man in filter(is_man, users):
    print(man)
print()
```

```python

# 여성 필터, 출력
for woman in filter(lambda u: u["gender"] == "F", users):
    print(woman)
print()

# 필터 변수
filter_mail = filter(lambda u: u["mail"].endswith("@gmail.com"), users)
print(f'filter_mail = {filter_mail}') # 필터 변수 자체 출력
print(list(filter_mail)) # 필터를 리스트로 생성해 출력
```

결과

```
{'mail': 'thomas@gmail.com', 'name': '이 현식', 'gender': 'M'}
{'mail': 'hskang@baver.com', 'name': '강 한식', 'gender': 'M'}

{'mail': 'hint@hotmail.com', 'name': '이 현미', 'gender': 'F'}
{'mail': 'jjh@gmail.com', 'name': '전 지현', 'gender': 'F'}
{'mail': 'kiml79@naver.com', 'name': '김 태리', 'gender': 'F'}

filter_mail = <filter object at 0x000001F9068E3EE0>
[{'mail': 'thomas@gmail.com', 'name': '이 현식', 'gender': 'M'}, {'mail':
'jjh@gmail.com', 'name': '전 지현', 'gender': 'F'}]
```

SECTION

# 03 이터레이터와 제너레이터

PYTHON

## 3.1 반복 가능과 이터레이터

### 반복 가능 개요

어느 모임 객체(collection object)가 반복 가능하다는 것은 모임의 항목을 한 번에 하나씩 반환할 수 있는 객체라는 것이다. '반복 가능'은 '순회 가능'이라고도 표현할 수 있으며 원어로는 'iterable'이다.

반복 가능 객체의 예로는 모든 시퀀스 유형인 range, 목록, 문자열, 튜플 등과 시퀀스가 아닌 모임 객체인 딕셔너리와 집합, 파일 등이다. 메서드 __iter__() 또는 __getitem__() 메서드로 정의하는 클래스는 반복 가능 객체이다.

내장 함수 hasattr()의 도움말을 살펴보자. 내장 함수 hasattr(obj, name)를 호출하면 객체 obj의 속성 name의 존재 여부를 확인할 수 있다.

```
>>> help(hasattr)
Help on built-in function hasattr in module builtins:

hasattr(obj, name, /)
    Return whether the object has an attribute with the given name.

    This is done by calling getattr(obj, name) and catching AttributeError.
```

다음 코드로 자료형 range에도 메서드 __iter__와 __getitem__이 정의되었다는 것을 알 수 있다.

```
>>> hasattr(range, '__iter__')
True
>>> hasattr(range, '__getitem__')
True
```

이와 마찬가지로 자료형 list와 tuple에도 메서드 __iter__와 __getitem__이 정의되었다는 것을 알 수 있다.

```
>>> hasattr(list, '__iter__')
True
>>> hasattr(list, '__getitem__')
```

```
True
>>> hasattr(tuple, '__iter__')
True
>>> hasattr(tuple, '__getitem__')
True
```

우리가 for in문에서 사용한 객체는 모두 반복 가능 객체이며, 내장 함수 sum(iterable)에서 매개변수 자료형이 iterable이며 함수 호출에서 인자로 반복 가능 객체가 사용된다.

```
>>> help(sum)
Help on built-in function sum in module builtins:

sum(iterable, /, start=0)
    Return the sum of a 'start' value (default: 0) plus an iterable of numbers

    When the iterable is empty, return the start value.
    This function is intended specifically for use with numeric values and may
    reject non-numeric types.
```

다음 코드로 목록의 합과 첫 시작 값 10의 총합인 16이 반환된다.

```
>>> sum([1, 2, 3], 10)
16
```

이미 살펴본 내장 함수 map(func, *iterables)에서 두 번째 매개변수 자료형이 *iterable로 함수 func에 따라 여러 개의 반복 가능 객체가 사용될 수 있다.

```
>>> help(map)
Help on class map in module builtins:

class map(object)
 |  map(func, *iterables) --> map object
 |
 |  Make an iterator that computes the function using arguments from
 |  each of the iterables.  Stops when the shortest iterable is exhausted.
```

다음 코드로 목록 [10, 20]과 튜플 (1, 300)에서 각각의 항목으로 짝지어진 모임에서 함수 max를 적용해 max(10, 1), max(20, 300)의 결과인 map을 반환한다. 이 결과를 목록으로 변환하면 각각의 최댓값을 볼 수 있다.

```
>>> list(map(max, [10, 20], (1, 300)))
[10, 300]
```

### 이터레이터의 개요

파이썬에서 이터레이터(iterator)는 항목 모임에서 반복할 수 있게 해 주는 객체이다. 이터레이터는 '반복자'라고도 부른다. 이터레이터는 컨테이너를 순회하고 해당 항목을 참조할 수 있도록 구현되어야 한다.

반복자는 다음과 같은 두 가지 작업을 수행해야 한다.

- 항목 모임인 컨테이너에서 한 번에 한 항목씩 데이터 반환
- 현재 및 이미 방문한 항목 추적

파이썬 객체는 '반복자 프로토콜'이라고 통칭되는 두 가지 특수 메서드 __iter__()와 __next__()를 구현하면 반복자로 간주된다. 사용자가 직접 정의하는 반복자 클래스를 생성하려면 이 두 메서드를 구현해야 한다. 좀 더 자세한 내용은 객체지향 단원에서 좀 더 알아본다.

어느 객체 obj가 이터레이터 조건인 __next__()가 구현되었다면 함수 next(obj)의 결과가 반환되어야 한다. 내장 함수 next()의 도움말을 알아보자. 만일 어느 객체 obj를 인자로 사용한 next(obj) 함수 호출에서 예외가 발생한다면 객체 obj는 이터레이터가 아니라고 판단할 수 있다.

```
>>> help(next)
Help on built-in function next in module builtins:

next(...)
    next(iterator[, default])

    Return the next item from the iterator. If default is given and the iterator
    is exhausted, it is returned instead of raising StopIteration.
```

### 목록을 이터레이터 객체로 생성

for in문에서 순회 반복에 자주 활용하는 목록, 튜플, 딕셔너리, 집합 등을 이터레이터라고 생각할 수 있다. 그러나 목록, 튜플, 딕셔너리, 집합 등은 반복 가능 하지만, 이터레이터는 아니다. 다음처럼 목록은 next(lst) 호출에서 오류가 발생하며 'TypeError: 'list' object is not an iterator'라는 오류 메시지가 출력된다.

```
>>> lst = [1, 2, 3]
>>> next(lst)
Traceback (most recent call last):
  File "<stdin>", line 1, in <module>
TypeError: 'list' object is not an iterator
```

그다음으로 목록의 속성과 메서드를 확인하자. 이터레이터의 조건인 메서드 '__next__'가 없다.

```
>>> dir(list)
['__add__', '__class__', '__class_getitem__', '__contains__', '__delattr__',
'__delitem__', '__dir__', '__doc__', '__eq__', '__format__', '__ge__', '__
getattribute__', '__getitem__', '__getstate__', '__gt__', '__hash__', '__
iadd__', '__imul__', '__init__', '__init_subclass__', '__iter__', '__le__',
'__len__', '__lt__', '__mul__', '__ne__', '__new__', '__reduce__', '__reduce_
ex__', '__repr__', '__reversed__', '__rmul__', '__setattr__', '__setitem__',
'__sizeof__', '__str__', '__subclasshook__', 'append', 'clear', 'copy', 'count',
'extend', 'index', 'insert', 'pop', 'remove', 'reverse', 'sort']
```

객체 obj의 속성 name을 확인하는 내장 함수 hasattr(lst, '__next__')로도 False라는 것을 알 수 있다. 반복 가능하다는 메서드 '__iter__'는 있다는 것을 알 수 있다.

```
>>> hasattr(lst, '__next__')
False
>>> hasattr(lst, '__iter__')
True
```

이러한 반복 가능 객체인 목록은 내장 함수 iter(iterable)를 통해 바로 반복자 이터레이터를 만들 수 있다.

```
>>> help(iter)
Help on built-in function iter in module builtins:

iter(...)
    iter(iterable) -> iterator
    iter(callable, sentinel) -> iterator

    Get an iterator from an object.  In the first form, the argument must
    supply its own iterator, or be a sequence.
    In the second form, the callable is called until it returns the sentinel.
```

다음 코드로 목록 [1, 2, 3]을 이터레이터 객체 iter_lst로 생성한다. 리스트로 만든 이터레이터의 자료형은 list_iterator이다.

```
>>> iter_lst = iter([1, 2, 3])
>>> iter_lst
<list_iterator object at 0x000001FFB7F31780>
```

이터레이터는 함수 첫 next() 호출로 처음 값, 다음 next() 호출로 다음 값을 반환한다.

```
>>> next(iter_lst)
1
>>> next(iter_lst)
2
```

이터레이터의 마지막 값이 반환된 후 다시 next()가 호출되면 StopIteration 예외가 발생한다.

```
>>> next(iter_lst)
3
>>> next(iter_lst)
Traceback (most recent call last):
  File "<stdin>", line 1, in <module>
StopIteration
```

### range, 튜플, 딕셔너리, 집합을 이터레이터 객체로 생성

객체 range, list, tuple, dict, 세트는 모두 반복 가능하지만, 이터레이터는 아니다. 다음에서 알 수 있듯이 이들 객체는 메서드 __next__가 없다.

```
>>> hasattr(range, '__next__')
False
>>> hasattr(list, '__next__')
False
>>> hasattr(tuple, '__next__')
False
>>> hasattr(dict, '__next__')
False
>>> hasattr(set, '__next__')
False
```

이러한 반복 가능한 객체 range, list, tuple, dict, 세트는 모두 내장 함수 iter(iterables) 호출로 이터레이터 객체를 얻을 수 있다. 이터레이터의 객체 이름도 range_iteartor, list_iterator, tuple_iterator, dict_keyiterator, set_iterator이다.

```
>>> iter(range(4))
<range_iterator object at 0x000001FFB81F6CF0>
>>> iter([1, 2, 3])
<list_iterator object at 0x000001FFB7EF7BB0>
>>> iter((1, 2, 3))
<tuple_iterator object at 0x000001FFB7B0B160>
>>> iter({1:1, 2:4, 3:9})
<dict_keyiterator object at 0x000001FFB7C29030>
```

```
>>> iter({1, 2, 3})
<set_iterator object at 0x000001FFB7F3B940>
```

이러한 이터레이터 객체는 next() 함수를 여러 번 호출할 수도 있으며 이는 더 이상 요소가 없을 때까지 모든 요소를 반환한다. 그다음 다시 next() 함수를 호출하면 StopIteration 예외가 발생한다.

이터레이터에 for in문을 적용하면 next() 함수를 따로 호출할 필요가 없으며 StopIteration 예외 발생에 신경 쓸 필요도 없다. 다음은 dict_keyiterator를 for in문에서 이용한 코드로, 항목으로 참조되는 값이 키라는 것을 알 수 있다.

```
>>> itdt = iter({1:1, 2:4, 3:9})
>>> for i in itdt:
...     print(i)
...
1
2
3
```

이터레이터는 한 번 모두 순회하면, 이후 반복하더라도 더 이상 그 값을 가져오지 못한다. 다음처럼 다시 실행한 코드에서 아무 것도 표시되지 않는다. 다시 순회하려면 객체를 다시 생성해야 한다.

```
>>> for i in itdt:
...     print(i)
...
```

## 3.2 제너레이터

### 제너레이터 개요

제너레이터(generator)는 반복 가능 객체인 이터레이터를 만들어 주는 함수이다. 제너레이터는 반복될 때 일련의 값을 생성하는 이터레이터를 반환하는 함수이다. 제너레이터는 대량의 값 시퀀스를 생성하려고 할 때 유용하며 모든 값을 한 번에 생성하지 않으므로 메모리와 CPU 자원을 효율적으로 활용하고 성능을 향상시키는 데 도움이 된다.

제너레이터를 정의하는 한 방법은 함수를 작성하는 방법이다. 제너레이터를 만들기 위한 함수는 일반적인 함수와 비슷하게 작성되지만, return문 대신 yield문을 사용한다. yield문은 값을 반환하고 함수의 상태를 일시적으로 저장하며, 이렇게 저장된 상태는 다음 호출 시에 사용되어 반복 가능한 객체를 생성한다. 또한 각각의 값을 늦게 평가(lazy evaluation)하여 순서적으로 다음 값이 필요할 때 계산이 수행된다.

다음은 매우 간단한 generator 함수의 예이다. 함수의 내용은 키워드 yield를 사용해 1과 2를 반환한다.

```
>>> def my_generator():
...     yield 1
...     yield 2
...
```

제너레이터는 다음 함수 호출로 생성해 변수 g에 저장할 수 있다.

```
>>> g = my_generator()
```

제너레이터 자료형은 generator이다.

```
>>> type(g)
<class 'generator'>
```

제너레이터의 속성과 메서드를 dir(g)로 알아보면 다음과 같다. 메서드 __iter__가 있으며 send, throw 등도 보인다.

```
>>> dir(g)
['__class__', '__del__', '__delattr__', '__dir__', '__doc__', '__eq__', '__
format__', '__ge__', '__getattribute__', '__getstate__', '__gt__', '__hash__',
'__init__', '__init_subclass__', '__iter__', '__le__', '__lt__', '__name__',
'__ne__', '__new__', '__next__', '__qualname__', '__reduce__', '__reduce_ex__',
'__repr__', '__setattr__', '__sizeof__', '__str__', '__subclasshook__', 'close',
'gi_code', 'gi_frame', 'gi_running', 'gi_suspended', 'gi_yieldfrom', 'send', 'throw']
```

제너레이터의 yield 값은 함수 next()로 호출해 하나씩 순차적으로 반환받을 수 있다. 첫 번째 호출로 1이 반환된다. 키워드 yield는 '이익을 낳다', '결과를 초래하다'와 함께 '양보하다'라는 뜻이 있듯이 값을 반환하지만 실행 제어 흐름을 원 호출 지점으로 양보해 제너레이터인 자신의 함수는 종료되지 않고 다음 호출을 계속 기다린다.

```
>>> next(g)
1
```

다음 두 번째 호출로 이미 실행된 yield 1, 다음 코드인 yield 2가 실행된다. 따라서 2가 반환된다. 아직 제너레이터는 종료되지 않았다.

```
>>> next(g)
2
```

하지만 다음 next(g) 호출로 더 이상 반환할 값이 없다면 StopIteration 예외가 발생한다.

```
>>> next(g)
Traceback (most recent call last):
  File "<stdin>", line 1, in <module>
StopIteration
```

제너레이터의 값을 가져오는 가장 일반적인 방법은 다음과 같이 for문을 이용하는 것이다.

```
>>> for i in my_generator():
...     print(i)
...
1
2
```

다음은 매개변수를 사용한 generator 함수의 예이다. 함수 count_up_to(n)은 1부터 시작하여 인자로 주어진 양의 정수 n까지의 값을 생성한다. yield문은 i 값을 반환하고 함수의 상태를 저장한다. 그리고 다음 next() 호출 시에는 저장된 상태부터 다시 시작하여 값을 반환한다. 일반 함수와 달리 함수를 종료하는 return이 없다.

```
>>> def count_up_to(n):
...     i = 1
...     while i <= n:
...         yield i
...         i += 1
...
```

함수 호출 count_up_to(5)로 제너레이터를 만든다. 이와 마찬가지로 제너레이터의 유형은 class generator이다.

```
>>> gen = count_up_to(5)
>>> type(gen)
<class 'generator'>
```

변수 gen은 1에서 5까지 반환하는 제너레이터이다. 제너레이터의 반복 값은 함수 next()로 호출해 하나씩 순차적으로 반환받을 수 있다.

```
>>> # 함수 next()로 제너레이터의 반복 값을 출력
>>> print(next(gen))
```

```
1
>>> print(next(gen))
2
>>> print(next(gen))
3
>>> print(next(gen))
4
>>> print(next(gen))
5
```

제너레이터의 반복 값을 함수 next()로 호출해 모두 반환받은 후 다시 next()를 호출하면 다음처럼 StopIteration 오류가 발생한다.

```
>>> # 모두 반복했으면 오류 발생
>>> print(next(gen))
Traceback (most recent call last):
  File "<stdin>", line 1, in <module>
StopIteration
```

제너레이터를 바로 생성해 for in 반복 구문으로 반복 값을 출력할 수 있다.

```
>>> for i in count_up_to(5):
...     print(i, end = ' ')
...
1 2 3 4 5
```

물론, 다음처럼 리스트나 튜플, 집합의 인자로 제너레이터를 사용하면 바로 제너레이터를 생성한 모임을 얻을 수 있다.

```
>>> list(count_up_to(5))
[1, 2, 3, 4, 5]
>>> tuple(count_up_to(4))
(1, 2, 3, 4)
>>> set(count_up_to(3))
{1, 2, 3}
```

제너레이터는 무한히 반복되는 데이터를 생성할 수 있다. 제너레이터는 한 번에 한 개의 항목만 생성하므로 무한한 데이터를 계속 생성할 수 있다. 다음 예제의 제너레이터 함수 all_even()은 0부터 양수의 모든 짝수를 생성할 수 있다. 반복 구문으로 제너레이터를 1,000번 호출한 후 그 다음으로 짝수를 생성해 결과를 볼 수 있다.

**8-15 코딩** 08-15-evennumber.py | **짝수를 무한 생성하는 제너레이터** | 난이도 응용

```python
# 0부터 양수이 무한한 짝수를 생성하는 제너레이터 함수
def all_even():
    n = 0
    while True:
        yield n
        n += 2

# 제너레이터 선언
evens = all_even()
# 천 번 호출
for _ in range(1000):
    next(evens)

# 다음 짝수 출력
print(next(evens))
```

**결과**

```
2000
```

## 3.3 제너레이터 컴프리헨션

### 제너레이터 컴프리헨션

제너레이터 컴프리헨션은 리스트 컴프리헨션과 비슷하지만, 대괄호 대신 괄호를 사용하면 제너레이터를 간편하게 생성할 수 있다. 튜플의 소괄호를 사용하지만, 튜플이 아니라 제너레이터가 생성된다는 점에 주의하자.

제너레이터 컴프리헨션은 메모리를 효율적으로 사용하고 한 번에 모든 값을 생성하지 않고 필요한 시점에 값을 생성하여 속도를 향상시킬 수 있다.

다음 코드는 괄호 안에 컴프리헨션 형식의 코드 x**2 for x in range(1, 11)을 작성하여 1부터 10까지의 숫자를 제곱한 값을 순차적으로 반환하는 제너레이터를 생성한다.

```
>> squares = (x**2 for x in range(1, 11))
>>> for _ in range(10):
...     print(next(squares), end=' ')
...
1 4 9 16 25 36 49 64 81 100
```

물론, 위 문장은 다음과 같이 간단하게 표현할 수 있다.

```
>>> squares = (x**2 for x in range(1, 11))
>>> for i in squares:
...     print(i, end=' ')
...
1 4 9 16 25 36 49 64 81 100
```

다양한 함수에서 반복 가능한 객체를 사용하는 매개변수에 생성된 제너레이터를 인자로 사용할 수 있다. 다음은 1에서 10까지의 정수 제너레이터를 함수 sum()의 인자로 사용한 코드이다.

```
>>> nums = (i for i in range(1, 11))
>>> print(sum(nums))
55
```

또한 다음처럼 1에서 10까지의 정수의 제곱승 제너레이터를 함수 sum()의 인자로 사용할 수 있다.

```
>>> gen = (i**2 for i in range(1, 11))
>>> print(sum(gen))
385
```

다음은 0에서 9까지의 3제곱승을 만드는 제너레이터이다.

```
>>> gen = (i**3 for i in range(10))
>>> gen
<generator object <genexpr> at 0x000002A88F47F440>
```

리스트 생성 함수 list(제너레이터) 인자로 제너레이터 컴프리헨션을 사용하면 바로 제너레이터 반복 수 시퀀스의 리스트를 생성할 수 있다.

```
>>> lst = list(gen)
>>> lst
[0, 1, 8, 27, 64, 125, 216, 343, 512, 729]
```

조건 함수 all(제너레이터) 인자로 제너레이터 컴프리헨션을 사용하면 바로 제너레이터의 항목으로 반복되는 조건으로 결과를 얻을 수 있다.

```
>>> cond = all(i < 10 for i in [1, 3, 5, 7])
>>> print(cond)
True
```

문자열 생성 함수 ", ".join(제너레이터) 인자로 제너레이터 컴프리헨션을 사용하면 바로 제너레이터 항목으로 반복 되는 문자열의 중간중간에 콤마를 삽입한 문자열을 얻을 수 있다.

```
>>> n_to_s = ", ".join(str(i) for i in range(5))
>>> print(n_to_s)
0, 1, 2, 3, 4
```

다음 코드는 제너레이터를 활용하여 구구단을 생성하고 출력하는 예제이다. 제너레이터에서 직접 출력할 구구단의 문자열을 생성한다.

**8-16 코딩** 08-16-multable.py | **구구단 출력 제너레이터** | 난이도 응용

```
start, end = 2, 3
print(f"{start}단부터 {end}단까지의 구구단:")

gugu = (f"{i} x {j} = {i * j:<2d}\n" if j == 9 else f"{i} x {j} = {i * j:<2d} "
        for i in range(start, end + 1) for j in range(1, 10))

for s in gugu:
    print(s, end='')
```

**결과**

```
2단부터 3단까지의 구구단:
2 x 1 = 2  2 x 2 = 4  2 x 3 = 6  2 x 4 = 8  2 x 5 = 10 2 x 6 = 12 2 x 7 = 14
2 x 8 = 16 2 x 9 = 18
3 x 1 = 3  3 x 2 = 6  3 x 3 = 9  3 x 4 = 12 3 x 5 = 15 3 x 6 = 18 3 x 7 = 21
3 x 8 = 24 3 x 9 = 27
```

### sequence, iterable, iterator, generator 비교

다음은 표준 파이썬 문서의 시퀀스 정의이다. 시퀀스는 메서드 __getitem__()를 통해 정수 인덱스를 사용해 항목을 참조할 수 있고, 길이를 반환하는 __len__() 메서드를 지원한다. 내장 시퀀스 유형으로는 list, str, tuple, bite 등이 있다. 다만, 딕셔너리 dict는 __getitem__() 및 __len__()도 지원하지만, 참조가 정수가 아닌 임의의 불변 키를 사용하기 때문에 시퀀스가 아닌 매핑으로 간주된다. 그러므로 딕셔너리와 집합은 시퀀스가 아니다.

```
Glossary: sequence
An iterable which supports efficient element access using integer indices via
the __getitem__() special method and defines a __len__() method that returns
the length of the sequence. Some built-in sequence types are list, str, tuple,
and bytes. Note that dict also supports __getitem__() and __len__(), but is
considered a mapping rather than a sequence because the lookups use arbitrary
immutable keys rather than integers.
```

```
The collections.abc.Sequence abstract base class defines a much richer interface
that goes beyond just __getitem__() and __len__(), adding count(), index(), __
contains__(), and __reversed__(). Types that implement this expanded interface
can be registered explicitly using register().
```

▲ **그림 13** 표준 파이썬 문서의 시퀀스 정의(docs.python.org/3/search.html?q=sequence)

모든 이터레이터는 이터러블하다. 그러나 그 반대는 성립하지 않는다. 즉, 이터러블한 list는 이터레이터가 아니다. 또한 모든 제너레이터는 이터레이터이다. 그러나 이터레이터는 제너레이터가 아니다. 다음은 지금까지 알아본 sequence, iterable, iterator, generator를 비교한 표이다.

▼ **표 1** sequence, iterable, iterator, generator 비교

| 종류 | 특징 | 구분 | 자료형 사례 |
|---|---|---|---|
| sequence | 순서가 있는 모임으로 인덱싱이 가능 | 정수로 참조하는 메서드 __getitem__과 __len__ 메서드 지원 | str, range, list, tuple<br>* dict, set는 sequence가 아님. |
| iterable | 순차적으로 항목 반환 가능 | 메서드 __iter__ 또는 __getitem__ 지원 | str, range, list, tuple, dict, set |
| iterator | 내장 함수 next(obj) 호출 가능 | 메서드 __iter__와 __next__ 지원 | range_iterator, list_iterator, tuple_iterator, dict_iterator, set_iterator<br>generator |
| generator | 함수에서 yield로 반환 또는 컴프리헨션으로 생성 | iterator를 생성해주는 함수로, yield로 값을 반환하는 함수 또는 컴프리헨션으로 만드는 generator | generator |

### 제너레이터 컴프리헨션의 메모리 효율성

제너레이터는 일반 리스트보다 메모리를 적게 사용한다. 제너레이터는 값을 한 번에 모두 생성하지 않고 필요한 시점에 값을 생성하기 때문이다. 이를 확인하기 위해 간단한 예제를 살펴보자.

다음 코드에서 range(1000000)을 사용하여 0부터 999999까지의 값을 생성한다. 첫 번째 줄에서는 리스트 컴프리헨션을 사용하여 list_comp에 모든 값을 저장하고, 두 번째 줄에서는 제너레이터 컴프리헨션을 사용하여 gen_comp에 generator를 생성한다.

```
>>> import sys
>>>
>>> # 리스트 컴프리헨션
>>> list_comp = [x for x in range(1000000)]
>>> # generator 컴프리헨션
>>> gen_comp = (x for x in range(1000000))
>>>
```

```
>>> print(sys.getsizeof(list_comp))  # 리스트 컴프리헨션의 메모리 사용량 출력
8448728
>>> print(sys.getsizeof(gen_comp))   # generator 컴프리헨션의 메모리 사용량 출력
200
```

모듈 sys의 sys.getsizeof() 함수를 사용하면 바이트 단위로 객체의 메모리 사용량을 확인할 수 있다. 위의 코드를 실행하면 리스트 컴프리헨션은 약 8.5MB의 메모리를 사용하는 반면, 제너레이터 컴프리헨션은 매우 작은 크기인 200바이트의 메모리를 사용하는 것을 확인할 수 있다. 즉, 생성되거나 반복되는 수의 영향을 받지 않는다. 반복 수를 1,000만 개로 해도 200바이트의 메모리를 사용한다.

```
>>> gen_comp = (x for x in range(10000000))
>>> print(sys.getsizeof(gen_comp))   # generator 컴프리헨션의 메모리 사용량 출력
200
>>>
```

그 이유는 제너레이터가 필요한 값만 생성하여 메모리에 저장하기 때문이다. 리스트 컴프리헨션은 한 번에 모든 값을 생성하고 저장하기 때문에 큰 메모리 공간이 필요하다. 반면, 제너레이터 컴프리헨션은 필요한 시점에 값이 생성되고 메모리에 일시적으로 저장되므로 메모리 사용이 효율적이다. 따라서 대량의 데이터를 처리해야 할 때 메모리 사용량을 줄이고자 한다면 제너레이터를 사용하는 것이 좋다.

## 학습 내용 점검

**01** : 다음 목록(list)을 생성하는 컴프리헨션을 작성하시오.

① 1부터 10까지의 정수 목록
② 1부터 10까지의 3의 배수 목록
③ 문자열 *이 1개부터 5개까지의 목록
④ 1부터 10까지 2진수 문자열 목록, format(i, 'b') 사용
⑤ 1부터 10까지 8진수 문자열 목록, format(i, 'o') 사용
⑥ 1부터 10까지 16진수 문자열 목록, format(i, 'x') 사용

**02** : 다음 두 문장 이후에 생성된 컴프리헨션의 출력 결과를 작성하시오.

```
s = 'abcde'
base = ord('a') - 1
```

① 
```
dt1 = {c: ord(c) - base for c in s}
print(dt1)
```
② 
```
dt2 = {k: k*2 for k in dt1.keys()}
print(dt2)
```
③ 
```
dt3 = {v: str(v+1) for v in dt1.values()}
print(dt3)
```
④ 
```
dt4 = {k: v*2 for (k, v) in dt1.items()}
print(dt4)
```
⑤ 
```
dt5 = [k for k in dt1]
print(dt5)
```
⑥ 
```
dt6 = {k for k in dt1.values()}
print(dt6)
```

**03** : 다음 컴프리헨션의 출력 결과를 작성하시오.

① `[[] for i in range(3)]`
② `[[i, i+2] for i in range(3)]`
③ `[[i*3] for i in range(3)]`
④ `[[i, j] for i in range(2) for j in range(3)]`
⑤ `[[col*_ for col in range(1, 3)] for _ in range(1, 3)]`
⑥ `{i: pow(i, 2) for i in range(1, 4) if i % 2 == 0}`

**04** : 다음 매핑과 필터의 출력 결과를 작성하시오.

① `list(map(lambda x, y: x*y, range(2, 5), range(3, 6)))`
② `tuple(map(int, ['10', '10', '10'], [2, 8, 16]))`
③ `list(map(float, '100 4.5 20'.split()))`
④ `set(map(int, '20 30 20'.split()))`
⑤ `list(filter(lambda x: len(x) >= 2, ['java', 'go', 'c']))`
⑥ `list(filter(lambda x: x%3 == 2, range(10)))`

**05** : 다음 제너레이터를 생성하는 함수 코드에서 print()에서 출력 결과를 작성하시오.

①
```
def generator_a():
    num = 1
    while True:
        yield num

        print(next(generator_a()))
```

②
```
def generator_x():
    num = 1
    while num < 5:
        if num % 2 == 0:
            yield num
        num += 1

print(next(generator_x()))
```

③
```
g1 = (pow(i, 2) for i in range(1, 5))
for i in g1:
 print(i)
```

④
```
g2 = (i for i in range(1, 10) if i%4 == 0)
next(g2)
for i in g2:
    print(i)
```

**06** : 다음 내장 함수 hasattr(obj, name) 호출 결과를 작성하시오.

① `hasattr(range, '__iter__')`
② `hasattr(str, '__iter__')`
③ `hasattr(list, '__iter__')`
④ `hasattr(tuple, '__iter__')`
⑤ `hasattr(dict, '__iter__')`
⑥ `hasattr(set, '__iter__')`
⑦ `hasattr(range, '__next__')`
⑧ `hasattr(str, '__next__')`
⑨ `hasattr(list, '__next__')`
⑩ `hasattr(tuple, '__next__')`
⑪ `hasattr(dict, '__next__')`
⑫ `hasattr(set, '__next__')`
⑬ `hasattr(iter(range(3)), '__next__')`
⑭ `hasattr(iter('str'), '__next__')`
⑮ `hasattr(iter([1, 2, 3]), '__next__')`

## 도전! 프로그래밍

**01** 응용 다음 내용을 참고해 피보나츠 수열을 만드는 제너레이터를 생성한 후 피보나츠 처음 10개의 수를 출력하는 프로그램을 작성하시오.

- 피보나츠 수열: 1, 1, 2, 3, 4, …

$$F_n := \begin{cases} 0 & \text{if } n = 0; \\ 1 & \text{if } n = 1; \\ F_{n-1} + F_{n-2} & \text{if } n > 1. \end{cases}$$

- 1부터 시작해 10개를 출력

```
1 1 2 3 5 8 13 21 34 55
```

**02** 응용 다음을 내용을 참고해 표준 입력의 문자열에서 각 단어의 길이를 추출한 후 다음과 같이 출력하는 프로그램을 작성하시오.

- 함수 map(len, words) 활용: 단어 목록 words에서 각 단어의 길이를 계산에 사용

```
문자열을 입력하시오: Positional arguments can appear at the beginning of an
argument list
각 단어의 길이:
Positional: 10 글자
arguments: 9 글자
can: 3 글자
appear: 6 글자
at: 2 글자
the: 3 글자
beginning: 9 글자
of: 2 글자
an: 2 글자
argument: 8 글자
list: 4 글자
```

**03** 응용 다음을 내용을 참고해 표준 입력의 정수 목록에서 양수만 필터링하고 해당 양수들을 제곱한 목록을 출력하는 프로그램을 작성하시오.

- 함수 filter( )로 정수 목록에서 양수를 추출

```
정수 리스트를 입력하시오(공백으로 구분).: 2 -4 3 -1 -5 4
양수의 제곱 값:
[4, 9, 16]
```

**04** 응용 **다음 내용을 참고해 표준 입력한 숫자에서 홀수만을 추출해 합을 구하는 프로그램을 작성하시오.**

- 내장 함수 sum()과 filter() 사용
- 0이면 출력하고 종료

```
숫자를 입력하시오 (0 입력 시 종료): 1
숫자를 입력하시오 (0 입력 시 종료): 5
숫자를 입력하시오 (0 입력 시 종료): 4
숫자를 입력하시오 (0 입력 시 종료): 7
숫자를 입력하시오 (0 입력 시 종료): 0
홀수 숫자들의 합: 13
```

**05** 실전 **다음 내용을 참고해 표준 입력한 메뉴 숫자로 여행 가계부를 작성하도록 '여행 가계부 관리' 프로그램을 작성하시오.**

- 비용 내용과 금액을 쌍으로 관리
- 모든 금액을 순회하는 제너레이터 generator를 사용해 총 비용 금액 계산에 내장 함수 sum(generator) 활용

```
1. 비용 추가
2. 여행 가계부 보기
3. 종료
선택: 1
비용 내용과 금액(예: '식사 5000'): 식사 10000
1. 비용 추가
2. 여행 가계부 보기
3. 종료
선택: 1
비용 내용과 금액(예: '식사 5000'): 숙박 200000
1. 비용 추가
2. 여행 가계부 보기
3. 종료
선택: 2

여행 가계부:
1. 식사: 10000 원
2. 숙박: 200000 원
전체 비용: 210000 원

1. 비용 추가
2. 여행 가계부 보기
3. 종료
선택: 3
```

**06** : **다음 내용을 참고해 표준 입력한 최대 숫자까지의 소수(prime number)를 출력하는 프로그램을 작성하시오.**

실전

- 정수 num의 소수(prime number) 판정: num을 2에서 num**0.5(num의 제곱근)까지의 모드 정수로 나누어지지 않으면 소수, 하나라도 나누어지면 소수가 아님.
- 위 소스 판정 함수를 제너레이터 함수로 정의

```
최대 소수를 찾을 범위를 입력하시오: 50
50 이하의 소수:
2 3 5 7 11 13 17 19 23 29 31 37 41 43 47
```

MEMO

Chapter

# 09 패키지 활용과 새로운 기능: 패턴 매칭과 타입 힌트

### 학습 목표

- 다양한 연산자와 관련 내장 함수, 내장 모듈 operator의 다양한 함수를 이해하고 활용할 수 있다.
- 내장 모듈 random과 외부 모듈 numpy에서 난수에 관련된 다양한 함수를 이해하고 활용할 수 있다.
- 파이썬 버전 3.10에 새로 추가된 패턴 매칭 구문 match case문을 이해하고 구현할 수 있다.
- 파이썬 버전 3.6 이후 지속적으로 보강된 타입 힌트와 함수 주석을 이해하고 구현할 수 있다.
- 파이썬 버전 3.12의 새로운 기능 중 f-문자열에 추가된 기능을 이해하고 구현할 수 있다.

CONTENTS



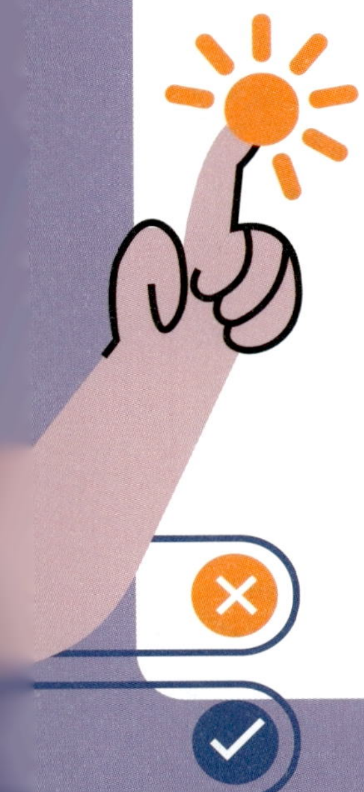

# 패키지 활용

## 1.1 다양한 연산자와 모듈 operator

### 모듈 operator 개요와 산술 연산자

다음은 파이썬 연산자 +, -, *, /와 내장 함수 sum(), eval()을 사용해 더하기, 빼기, 곱하기, 나누기를 수행한 코드이다. 내장 함수 eval(s)은 문자열 s로 표현된 파이썬 표현식을 실행하고 그 결과를 반환한다.

```
>>> a, b = 10, 4
>>> a + b, sum([a, b])
(14, 14)
>>> a - b, eval('a - b')
(6, 6)
>>> a * b, eval('a * b')
(40, 40)
>>> a / b, eval('a / b')
(2.5, 2.5)
```

파이썬 표준 모듈인 operator는 다양한 연산자에 대한 함수를 제공하는 모듈이다. 이 모듈을 사용하면 연산자를 함수 형태로 사용할 수 있어서 코드를 보다 간결하고 가독성 있게 작성할 수 있다. 다음 내장 함수 dir(op)를 호출하면 모듈 operator의 함수 목록을 확인할 수 있다.

```
>>> import operator as op
>>> dir(op)
['__abs__', '__add__', '__all__', '__and__', '__builtins__', '__cached__',
'__call__', '__concat__', '__contains__', '__delitem__', '__doc__', '__eq__',
'__file__', '__floordiv__', '__ge__', '__getitem__', '__gt__', '__iadd__', '__
iand__', '__iconcat__', '__ifloordiv__', '__ilshift__', '__imatmul__', '__
imod__', '__imul__', '__index__', '__inv__', '__invert__', '__ior__', '__
ipow__', '__irshift__', '__isub__', '__itruediv__', '__ixor__', '__le__', '__
loader__', '__lshift__', '__lt__', '__matmul__', '__mod__', '__mul__', '__
name__', '__ne__', '__neg__', '__not__', '__or__', '__package__', '__pos__',
'__pow__', '__rshift__', '__setitem__', '__spec__', '__sub__', '__truediv__',
'__xor__', '_abs', 'abs', 'add', 'and_', 'attrgetter', 'call', 'concat',
'contains', 'countOf', 'delitem', 'eq', 'floordiv', 'ge', 'getitem', 'gt', 'iadd',
'iand', 'iconcat', 'ifloordiv', 'ilshift', 'imatmul', 'imod', 'imul', 'index',
```

```
'indexOf', 'inv', 'invert', 'ior', 'ipow', 'irshift', 'is_', 'is_not', 'isub',
'itemgetter', 'itruediv', 'ixor', 'le', 'length_hint', 'lshift', 'lt', 'matmul',
'methodcaller', 'mod', 'mul', 'ne', 'neg', 'not_', 'or_', 'pos', 'pow', 'rshift',
'setitem', 'sub', 'truediv', 'truth', 'xor']
```

다음은 모듈 operator 함수 add, sub, mul, truediv로 두 수의 더하기, 빼기, 곱하기, 나누기를 수행한 코드이다.

```
>>> from operator import add, sub, mul, truediv
>>> a, b = 10, 4
>>> add(a, b)
14
>>> sub(a, b)
6
>>> mul(a, b)
40
>>> truediv(a, b)
2.5
```

다음은 모듈 operator 함수 floordiv, mod로 두 수의 정수 나누기//와 나머지 % 연산을 수행한 코드이다. 내장 함수 divmod(a, b)의 결과는 (a//b, a%b) 튜플이므로 두 번째 원소인 divmod(a, b)[1]로 나머지를 출력할 수 있다.

```
>>> from operator import floordiv, mod
>>> a, b = 10, 3
>>> a // b, eval('a // b'), floordiv(a, b)
(3, 3, 3)
>>> a % b, divmod(a, b)[1], mod(a, b)
(1, 1, 1)
```

제곱승 연산자 **의 연산 a**b 결과는 $a^b$이다. 동일한 연산을 수행하는 내장 함수 pow(a, b)도 제공하며 모듈 operator 함수 pow(a, b)도 이와 같다. 다음 from operator import pow as op_pow 문으로 모듈 operator 함수 pow(a, b)는 내장 함수 pow()와 구분하기 위해 op_pow()로 사용한다.

```
>>> from operator import pow as op_pow
>>> a ** b, pow(a, b), op_pow(a, b)
(1000, 1000, 1000)
```

다음은 일곱 개의 산술 연산자를 정리한 표이다.

▼ **표 1** 파이썬의 다양한 산술 연산자

| 연산자 | 설명 | 모듈 operator의 함수 | 내장 함수 |
|---|---|---|---|
| + | 더하기 | operator.add(a, b) | sum([a, b]) |
| – | 빼기 | operator.sub(a, b) | eval(‘a – b’) |
| * | 곱하기 | operator.mul(a, b) | eval(‘a * b’) |
| / | 나누기 | operator.truediv(a, b) | eval(‘a / b’) |
| // | 정수 나누기 | operator.floordiv(a, b) | divmod(a, b)[0] |
| % | 나머지 | operator.mod(a, b) | divmod(a, b)[1] |
| ** | 제곱승 | operator.pow(a, b) | pow(a, b) |

다음은 operator 모듈의 함수를 활용하여 연산자를 동적으로 선택하거나 함수로 조작하는 예제 코드이다. 이 코드는 간단한 계산기를 모방하며, 사용자가 입력한 연산자에 따라 두 숫자를 계산한다. 이 코드를 통해 operator 모듈의 함수를 동적으로 선택하여 연산을 수행하는 방법을 보여 준다.

- calculate(num1, num2, operator_str) 함수:
  - 사용자로부터 두 숫자와 연산자 문자열을 입력으로 받아 연산을 수행
  - 연산자 문자열을 딕셔너리 operators에 매핑하여 해당 연산자의 함수를 선택
  - 선택된 연산자 함수를 사용하여 num1과 num2를 계산하고 그 결과를 반환
- if operator_str in operators:
  - 사용자가 입력한 연산자 문자열이 operators 딕셔너리에 있는지 살펴보고 해당 연산자가 지원되는지 확인

**9-1 코딩** 09-01-calculator.py | **내장 모듈인 operator를 활용한 계산기 구현** | 난이도 기본

```python
import operator

def calculate(num1, num2, operator_str):
    # 연산자를 선택하기 위해 연산자 문자열을 딕셔너리로 매핑
    operators = {
        '+': operator.add,
        '-': operator.sub,
        '*': operator.mul,
        '/': operator.truediv,
        '**': operator.pow
    }

```

```
        # 연산자 문자열이 딕셔너리에 있는지 확인하고 연산 수행
        if operator_str in operators:
            result = operators[operator_str](num1, num2)
            return result
        else:
            return "지원하지 않는 연산자"

if __name__ == '__main__':
    num1 = float(input("첫 번째 숫자 입력: "))
    operator_str = input("사용할 연산자 입력 (+, -, *, /, **): ")
    num2 = float(input("두 번째 숫자 입력: "))

    result = calculate(num1, num2, operator_str)

    if isinstance(result, float):
        print(f"결과: {float(result):.2f}")
    else:
        print(result)
```

결과

```
첫 번째 숫자 입력: 10
사용할 연산자 입력 (+, -, *, /, **): /
두 번째 숫자 입력: 3
결과: 3.33
```

### 비교 연산자

다음은 두 피연산자를 비교해 True와 False 중 하나를 반환하는 비교 연산자 코드이다. 모듈 operator는 비교 연산 함수 lt, le, gt, ge, eq, ne를 제공한다.

```
>>> from operator import lt, le, gt, ge, eq, ne
>>> a, b = 10, 4
>>> lt(a, b), a < b, le(a, b), a <= b
(False, False, False, False)
>>> gt(a, b), a > b, ge(a, b), a >= b
(True, True, True, True)
>>> eq(a, b), a == b, ne(a, b), a != b
(False, False, True, True)
```

다음은 모듈 operator와 비교 연산자를 정리한 표이다.

▼ **표 2** 다양한 비교 연산자

| 연산자 | 설명 | 모듈 operator의 함수 | 클래스 메서드 |
|---|---|---|---|
| < | a < b를 평가 | operator.lt(a, b) | __lt__(self, other) |
| <= | a <= b를 평가 | operator.le(a, b) | __le__(self, other) |
| == | a == b를 평가 | operator.eq(a, b) | __eq__(self, other) |
| != | a != b를 평가 | operator.ne(a, b) | __ne__(self, other) |
| > | a > b를 평가 | operator.gt(a, b) | __gt__(self, other) |
| >= | a >= b를 평가 | operator.ge(a, b) | __ge__(self, other) |

### 논리와 비트 연산자

다음은 모듈 operator의 함수 truth, is_, is_not 함수의 사용 코드이다. 함수 truth(a)는 a의 논리 값을 반환하며, 내장 함수 bool(a)과 비슷하다. 모듈 operator의 함수 is_, is_not은 is와 is not처럼 객체의 동일성을 확인하는 데 사용되는 연산자이다. 즉, 두 객체가 메모리 내의 동일한 위치에 저장되어 있는지를 비교한다.

```
>>> from operator import truth, is_, is_not
>>> truth(''), bool('')
(False, False)
>>> truth(' '), bool(' ')
(True, True)
>>> a, b = 'py', 'p' + 'y'
>>> is_(a, b), a is b
(True, True)
>>> is_not(a, b), a is not b
(False, False)
```

다음은 정수의 비트(bit) 연산자로 모듈 operator의 함수 inv, lshift, rshift는 각각 ~, <<, >> 연산자의 기능을 수행한다. 연산자 ~는 비트 보수 연산자로 각 비트를 반전시킨다. 즉, 각 비트가 0은 1, 1은 0으로 변경된다. 비트 이동 연산자인 a<<b와 a>>b는 정수 a를 비트로 각각 화살표 방향인 왼쪽과 오른쪽으로 b번 만큼 이동시키는 연산자이다.

```
>>> from operator import inv, lshift, rshift
>>> a, b = 10, 2
>>> inv(a), ~10
(-11, -11)
>>> lshift(a, b), a << b
(40, 40)
```

```
>>> rshift(a, b), a >> b
(2, 2)
```

True는 1이므로 ~True는 -2이다. 또한 False는 0이므로 ~False는 -1이다.

```
>>> inv(True), inv(False)
(-2, -1)
>>> ~True, ~False
(-2, -1)
```

다음은 다양한 논리 및 비트 이동 연산자와 모듈 operator의 함수를 정리한 표이다.

▼ **표 3** 다양한 논리와 이동 연산자

| 연산자 | 설명 | 모듈 operator의 함수 | 연산자(내장 함수) |
|---|---|---|---|
| bool(a) | 논리 평가 | operator.truth(a) | bool(a) |
| is | 객체의 동일성(메모리 주소) 평가 | operator.is_(a, b) | a is b |
| is not | 객체의 비동일성(메모리 주소) 평가 | operator.is_not(a, b) | a is not b |
| & | 논리 and 연산과 비트 and 연산 | operator.and_(a, b) | a & b |
| \| | 논리 or 연산과 비트 or 연산 | operator.or_(a, b) | a \| b |
| ^ | 논리 xor연산과 비트 xor 연산 | operator.xor(a, b) | a ^ b |
| ~ | ~a, 보수(비트 not) 연산 | operator.inv(a) | ~a |
| << | 정수 a를 왼쪽으로 b만큼 비트 이동 | operator.lshift(a, b) | a << b |
| >> | 정수 a를 오른쪽으로 b만큼 비트 이동 | operator.rshift(a, b) | a >> b |

## 1.2 패키지 collections의 defaultdict

### 클래스 defaultdict 개요

클래스 collections.defaultdict는 collections 모듈에 포함된 클래스로, 딕셔너리와 비슷하지만 초깃값(default)을 갖는 딕셔너리이다. 키를 사용하여 값에 접근할 때 만약 해당 키가 딕셔너리에 존재하지 않는다면 초깃값으로 설정된 값으로 자동 초기화한다. 특히, 딕셔너리의 키에 접근할 때 키가 존재하지 않는 경우, 예외를 방지하고자 할 때 유용하다.

클래스 defaultdict를 생성하는 방식은 다음 default_factory는 defaultdict의 초깃값을 지정하는 인자로 int, list, set이나 직접 구현한 함수를 사용한다.

예를 들어, defaultdict(int)나 defaultdict(list)로 딕셔너리를 생성하면 자료형 int와 list 등의 기본값인 0이나 빈 리스트 []와 같은 초깃값(default_factory)이 지정되는 딕셔너리가 된다. 다음 코드는 클래스 defaultdict의 첫 번째 인자의 초깃값을 int로 지정해 객체를 생성한 구문이다.

```
>>> # collections.defaultdict 가져오기
>>> from collections import defaultdict
>>>
>>> # 디폴트 값이 int(값을 지정하지 않은 키에 대해서는 값이 0으로 지정)인 딕셔너리
>>> int_dict = defaultdict(int)
```

defaultdict의 객체 int_dict를 출력하면 값을 지정하지 않은 키는 그 값으로 int의 기본값인 0이 저장된다는 정보와 현재의 빈 딕셔너리인 {}가 출력된다.

```
>>> print(int_dict)
defaultdict(<class 'int'>, {})
```

현재 값이 지정되지 않아 존재하지 않는 키인 'a'로 참조해도 오류 없이 int의 기본값인 0이 반환된다. 즉, 키가 없어도 오류를 발생시키지 않고 항상 설정된 기본값이 반환된다. 만일, 일반 딕셔너리라면 바로 오류가 발생할 것이다.

```
>>> print(int_dict['a'])
0
```

다시 defaultdict의 객체 int_dict를 출력하면 키 a의 값은 0이라는 {'a': 0} 정보가 출력된다.

```
>>> print(int_dict)
defaultdict(<class 'int'>, {'a': 0})
```

따라서 defaultdict에서는 다음처럼 바로 키 참조 반환 값으로 int에서 가능한 연산인 +, - 등이 가능하다. 처음에는 키가 아닌 'b'에 대해서도 바로 int_dict['b'] += 1처럼 연산이 가능하다.

```
>>> int_dict['a'] += 1
>>> int_dict['a'] += 1
>>> int_dict['b'] += 1
```

위까지 연산한 int_dict를 출력하면 현재까지 연산된 딕셔너리 정보 {'a': 2, 'b': 1}이 표시된다.

```
>>> print(int_dict)
defaultdict(<class 'int'>, {'a': 2, 'b': 1})
```

일반 딕셔너리처럼 키로 값을 조회할 수 있다.

```
>>> int_dict['a']
2
>>> int_dict['b']
1
```

다음 코드는 클래스 defaultdict의 첫 번째 인자의 초깃값을 list, 딕셔너리의 키 pl의 값으로 ['java']를 지정해 객체를 생성한 구문이다.

```
>>> lst_dict = defaultdict(list, pl=['java'])
```

유사 딕셔너리 객체 lst_dict를 출력하면 처음에 인자로 지정한 {'pl': ['java']}가 표시된다.

```
>>> print(lst_dict)
defaultdict(<class 'list'>, {'pl': ['java']})
```

딕셔너리의 키 'pl'의 현재 참조 값은 ['java']이며, 값을 지정하지 않은 키 'env'의 참조 값은 초깃값으로 지정한 list의 기본값인 빈 리스트 []인 것을 알 수 있다.

```
>>> print(lst_dict['pl'])
['java']
>>> print(lst_dict['env'])
[]
```

키 'pl'에 대해 다른 언어를 추가하려면 리스트 연산에서 가능한 +=나 메서드 append()를 사용할 수 있다. 이와 마찬가지로  값을 지정하지 않은 키 'env'에도 가능하다.

```
>>> lst_dict['pl'] += ['kotlin']
>>> # lst_dict['pl'].append('python')
>>>
>>> lst_dict['env'] += ['window']
>>> lst_dict['env'] += ['linux']
```

위에서 연산한 최종 lst_dict를 출력하면 키 'pl'과 'env'에 대한 값인 리스트가 표시되고, 각각 딕셔너리 형식의 키로 참조할 수 있다.

```
>>> print(lst_dict)
defaultdict(<class 'list'>, {'pl': ['java', 'kotlin'], 'env': ['window',
'linux']})
```

```
>>> print(lst_dict['pl'])
['java', 'kotlin']
>>> print(lst_dict['env'])
['window', 'linux']
```

### defaultdict 활용

클래스 defaultdict는 키의 출현 빈도수를 세거나 리스트나 셋의 항목을 정리해야 하는 경우에 특히 유용하다. 다음 코드는 defaultdict를 사용해 영어 단어 'mississippi'에서 문자 출현 빈도수를 세는 코드이다. 각각의 키에 대해 출현 빈도수를 증가시키는 반복 구문이 필요하다.

```
>>> from collections import defaultdict
>>> s = 'mississippi'
>>> d = defaultdict(int)
>>> for k in s:
...     d[k] += 1
...
```

객체 d를 출력하면 문자 m, I, s, p의 출현 빈도수를 알 수 있다.

```
>>> print(d)
defaultdict(<class 'int'>, {'m': 1, 'i': 4, 's': 4, 'p': 2})
>>> print(d['i'])
4
>>> print(d['m'])
1
```

일반 딕셔너리와 같이 defaultdict도 메서드 values(), keys(), items()를 제공한다.

```
>>> sorted(d.values())
[1, 2, 4, 4]
>>> sorted(d.keys())
['i', 'm', 'p', 's']
>>> sorted(d.items())
[('i', 4), ('m', 1), ('p', 2), ('s', 4)]
```

물론 위와 같이 간단한 횟수 연산은 이미 배운 collections.Counter를 사용하면 반복 구문이 필요 없으므로 더욱 편할 수 있다.

```
>>> from collections import Counter
>>> s = 'mississippi'
```

```
>>> cnt = Counter(s)
>>> print(cnt)
Counter({'i': 4, 's': 4, 'p': 2, 'm': 1})
```

다음은 단어의 목록인 words에서 첫 글자를 키로 단어의 리스트를 값으로 만드는 코드이다. 일반 딕셔너리를 사용하므로 처음에 지정되지 않은 키를 검사해 첫 리스트로 대입하는 내용을 처리해 줘야 한다.

```
>>> words = ['강나루', '강가', '나비', '나침반', '파이썬', '파김치']
>>> by_letter = {}
>>> for word in words:
...     if word[0] not in by_letter: # 현재 딕셔너리에 키가 없으면
...         by_letter[word[0]] = [word] # 처음으로 리스트로 대입
...     else: # 이미 키가 한 번 만들어진 경우
...         by_letter[word[0]].append(word) # 리스트 마지막에 추가
...
>>> dict(by_letter)
{'강': ['강나루', '강가'], '나': ['나비', '나침반'], '파': ['파이썬', '파김치']}
```

딕셔너리의 메서드 setdefault()가 바로 이와 같은 목적으로 사용된다. 위 코드의 if else 블록을 다음처럼 작성할 수 있다.

```
>>> words = ['강나루', '강가', '나비', '나침반', '파이썬', '파김치']
>>> by_letter = {}
>>> for word in words:
...     letter = word[0]
...     by_letter.setdefault(letter, []).append(word) # 리스트 마지막에 추가
...
>>> dict(by_letter)
{'강': ['강나루', '강가'], '나': ['나비', '나침반'], '파': ['파이썬', '파김치']}
```

다음 코딩은 위의 내용을 defaultdict로 간단하게 구현한 예제이다.

**9-2 코딩** | 09-02-firstlettercount.py | **defaultdict를 사용한 단어의 첫 글자를 키로 분류** | 난이도 응용

```
from collections import defaultdict

words = ['강나루', '강가', '나비', '나침반', '파이썬', '파김치']

by_letter = defaultdict(list)
for word in words: # defaultdict는 바로 다음 코드가 가능
    by_letter[word[0]].append(word)

```

```
print(by_letter)          # 전체 출력
print(by_letter['강'])    # 각각의 키로 출력
print(by_letter['나'])    # 각각의 키로 출력
print(by_letter['파'])    # 각각의 키로 출력
```

결과

```
defaultdict(<class 'list'>, {'강': ['강나루', '강가'], '나': ['나비', '나침반'],
'파': ['파이썬', '파김치']})
['강나루', '강가']
['나비', '나침반']
['파이썬', '파김치']
```

## 1.3 내장 모듈 random 난수

### 표준 파이썬 모듈 random 개요

주사위는 1에서 6까지 하나의 수를 임의로 정한다. 주사위를 사용하면 신이 아닌 이상, 누구도 다음에 어느 수가 나올지 예측할 수 없다. 바로 던진 주사위의 수처럼 난수(random number)는 주어진 범위의 수 중 예측할 수 없는 임의의 수 또는 '무작위 수'를 말한다. 난수는 여러 다각형 주사위나 로또 복권의 추첨 기계처럼 기기를 통하여 만들 수도 있고 아파트 분양처럼 많은 당첨 번호가 필요할 때는 컴퓨터를 사용하여 만들 수도 있다.

파이썬의 표준 모듈 random은 난수와 관련된 다양한 함수를 제공한다. 함수 randint(시작, 끝)를 사용하여 정수 시작과 끝 수 사이 임의의 정수를 얻을 수 있다. 여기서는 시작과 끝을 모두 포함한다. 즉, import random으로 모듈 활용을 선언한 후 random.randint(1, 6)는 1에서 6까지 중의 한 정수를 임의로 얻을 수 있다. 바로 주사위를 시뮬레이션할 수 있다. 물론 실행할 때마다 결과가 달라진다.

```
>>> import random
>>> random.randint(1, 6)
2
```

함수 randrange(start, stop, step)는 start 이상 stop 미만, step 간격의 정수에서 하나의 난수를 반환한다. 따라서 1에서 6까지 중 한 정수를 임의로 얻으려면 randrange(1, 7)로 호출해야 한다.

```
>>> random.randrange(1, 7)
2
```

여섯 개의 로또 복권 번호를 위해 for문과 range(6) 그리고 random.randint(1, 45)로 1에서 45까지의

여섯 개의 난수를 얻어 로또 복권을 실험할 수 있다. 다만, 다음 코드로는 난수가 중복될 수 있다.

```
>>> for i in range(6):
...     n = random.randint(1, 45)
...     print(n, end=' ')
...
17 23 12 22 25 15
```

## 모듈 random의 다양한 함수

모듈 random의 함수 sample(population, k)는 모집단 population에서 중복 없이 k개의 요소를 무작위로 추출한다. 따라서 다음으로 여섯 개의 로또 복권 번호를 무작위로 만들 수 있다.

```
>>> from random import sample
>>> sample(range(1, 46), 6)
[2, 34, 15, 1, 7, 3]
```

모듈 random의 함수 choice(seq)는 주어진 시퀀스 seq에서 임의의 요소 하나를 선택하여 반환한다.

```
>>> from random import choice, choices
>>> choice(range(1, 46))
37
```

함수 choices(population, weights=None, k=1)는 모집단 population에서 중복을 허용하며 가중치 weights를 고려하여 k개의 요소를 무작위로 추출한다. 다음처럼 가중치 weights가 없으면 모두 동일한 가중치를 선택한다.

```
>>> sorted(choices(range(1, 46), k=6))
[8, 11, 11, 12, 13, 34]
```

중복이 허용되므로 한 개의 수가 여러 번 나올 수 있다.

표준 모듈 random의 주요 함수를 정리하면 다음 표와 같다.

▼ **표 4** 표준 모듈 random의 다양한 함수

| 이름 | 설명 | 예제 코드 |
|---|---|---|
| random() | 0 이상 1 미만(0<= x <1)의 난수 실수를 반환 | random.random() |
| uniform(a, b) | a 이상 b 미만(a<= x <b)의 난수 실수를 반환 | random.uniform(10, 20) |
| randrange(stop) | 0 이상 stop 미만(0<= x <stop)의 정수를 반환 | random.randrange(10) |

| randrange(start, stop, step) | start 이상 stop 미만(start<= x <stop), step 간격의 정수를 반환 | random.randrange(1, 10, 2) |
|---|---|---|
| randint(a, b) | a 이상 b 이하(a<= x <b)의 정수를 반환 | random.randint(1, 6) |
| choice(seq) | 주어진 시퀀스에서 임의의 요소를 선택하여 반환 | random.choice([1, 2, 3, 4, 5]) |
| choices(population, weights=None, k=1) | 모집단에서 중복을 허용하며 가중치를 고려하여 k개의 요소를 무작위로 추출 | random.choices([1, 2, 3, 4, 5], weights=[0.1, 0.2, 0.3, 0.2, 0.2], k=3) |
| shuffle(seq) | 시퀀스의 요소를 무작위로 섞음. | mylist = [1, 2, 3, 4, 5]<br>random.shuffle(mylist) |
| sample(population, k) | 모집단에서 중복 없이 k개의 요소를 무작위로 추출 | random.sample([1, 2, 3, 4, 5], 3) |
| seed(a=None) | 시드 값을 설정하여 재현성 확보 | random.seed(42) |

다음 예제는 로또 복권 당첨 시뮬레이션 코드이다. 내장 random 모듈을 사용하여 로또 번호를 무작위로 생성하고 사용자가 선택한 번호와 비교하여 당첨 여부를 모의 실험한다. 사용자에게 1에서 45 사이의 여섯 개의 숫자를 표준 입력받은 후 그 번호와 난수로 정한 당첨 번호를 비교하여 당첨 여부를 확인한다.

- generate_lotto_numbers(): 1에서 45 사이의 숫자 중에서 여섯 개를 무작위로 선택하여 리스트로 반환
- check_lotto_numbers(user_numbers, winning_numbers): 사용자가 선택한 번호와 당첨 번호를 비교하여 일치하는 번호의 개수를 반환
- lotto_simulation(): 사용자로부터 번호를 입력받고 당첨 번호를 생성하여 당첨 여부를 확인하고 그 결과를 출력

**9-3 코딩** 09-03-lottosimulation.py | **난수를 만들어 로또 복권 모의 실험** | 난이도 기본

```
import random

def generate_lotto_numbers():
    # 1에서 45까지의 숫자 중 여섯개를 무작위로 선택하여 반환
    return random.sample(range(1, 46), 6)

def check_lotto_numbers(user_numbers, winning_numbers):
    # 사용자 번호와 당첨 번호를 비교하여 일치하는 번호 개수를 반환
    return len(set(user_numbers) & set(winning_numbers))

def lotto_simulation():
    # 사용자로부터 로또 번호 입력받기
    user_input = input("로또 번호 6개를 띄어쓰기로 구분해 입력하세요: ")
```

```
    user_numbers = [int(num) for num in user_input.split()]
    if len(user_numbers) != 6 or any(num < 1 or num > 45 for num in user_numbers):
        print("올바른 번호를 입력하세요(1에서 45까지의 숫자, 6개 입력).")
        return

    # 당첨 번호 생성
    winning_numbers = generate_lotto_numbers()
    # 당첨 여부 확인
    matched_numbers = check_lotto_numbers(user_numbers, winning_numbers)

    # 결과 출력
    if matched_numbers == 6:
        print("로또 1등에 당첨되었습니다! 축하합니다!")
    elif matched_numbers >= 3:
        print(f"{matched_numbers}개의 번호를 맞추셨습니다. 당첨금을 수령하세요!")
    else:
        print("아쉽지만 아무 번호도 맞추지 못했습니다. 다음 기회에 다시 도전해 보세요.")

    print(f'로또 당첨번호: {sorted(winning_numbers)}')
    print(f'로또 당신번호: {sorted(user_numbers)}')

if __name__ == "__main__":
    print("로또 복권 당첨 시뮬레이션을 시작합니다.")
    lotto_simulation()
```

결과

```
로또 복권 당첨 시뮬레이션을 시작합니다.
로또 번호 6개를 띄어쓰기로 구분해서 입력하세요: 10 20 30 40 42 45
아쉽지만 아무 번호도 맞추지 못했습니다. 다음 기회에 다시 도전해 보세요.
로또 당첨번호: [2, 20, 22, 35, 37, 45]
로또 당신번호: [10, 20, 30, 40, 42, 45]
```

## 1.4 외부 패키지 numpy의 난수

### 패키지 numpy의 모듈 random의 rand( )와 random( ) 함수

서드 파티 패지키인 numpy도 난수와 관련된 다양한 함수를 지원한다. 물론 서드 파티 패지키이므로 pip install numpy로 설치가 필요하다.

패키지 numpy의 모듈 random의 함수 rand()는 1을 제외한 [0, 1) 사이의 실수인 난수를 반환한다.

```
>>> from numpy import random
```

```
>>> random.rand()
0.4826528352723293
```

함수 rand(d0, d1, d2, …) 호출에서 인자가 있다면 지정한 차수의 난수 배열을 생성한다. 함수 호출 rand(3)은 세 개의 난수를 생성한다. 또한 함수 호출 rand(2, 3)은 [2행 3열]의 이차원 배열 형태의 난수 여섯 개를 생성한다.

```
>>> random.rand(3)
array([0.52198681, 0.67632014, 0.22815264])
>>> random.rand(2, 3)
array([[0.8927898 , 0.49483634, 0.3959211 ],
       [0.37456838, 0.01684963, 0.38511346]])
```

참고로, 모듈 random의 함수 rand의 도움말은 다음 help(random.rand)로 볼 수 있다.

```
>>> help(random.rand)
Help on built-in function rand:
rand(...) method of numpy.random.mtrand.RandomState instance
    rand(d0, d1, ..., dn)

    Random values in a given shape.

    .. note::
        This is a convenience function for users porting code from Matlab,
        and wraps `random_sample`. That function takes a
        tuple to specify the size of the output, which is consistent with
        other NumPy functions like `numpy.zeros` and `numpy.ones`.

    Create an array of the given shape and populate it with
    random samples from a uniform distribution over ``[0, 1)``.
```

이와 마찬가지로, 모듈 random의 함수 random()도 1을 제외한 [0, 1) 사이의 실수인 난수를 반환한다.

```
>>> random.random()
0.21916132725093584
```

함수 random(size=None)의 인자는 size로 키워드 인자나 위치 인자 모두 가능하다. 함수 호출 random(size=(2,))로 두 개 난수 배열을 반환한다. random((2, 3)) 호출로는 [2행 3열]의 난수 여섯 개를 생성한다.

```
>>> random.random(size=(2,))
array([0.98797541, 0.85053269])
>>> random.random((2, 3))
array([[0.40503764, 0.58374037, 0.99283347],
       [0.19259985, 0.58620346, 0.66237822]])
```

함수 rand()와 random()을 비교하면 난수의 발생은 같지만 배열 형태의 인자 기술 방식이 다르다. rand(2, 3)처럼 바로 차원을 정수의 나열로 기술한다. 반면, random((2, 3))과 같이 차원을 튜플로 지정한다.

```
>>> from numpy import random
>>> random.rand(2, 3)
array([[0.39169971, 0.76361232, 0.46371367],
       [0.4847043 , 0.08146346, 0.5778105 ]])
>>> random.random((2, 3))
array([[0.86509589, 0.57250296, 0.4462693 ],
       [0.38954201, 0.92394239, 0.231487  ]])
```

### 패키지 numpy의 모듈 random의 randint()와 choice() 함수

함수 randint(low=0, high, size=None)은 high를 제외한 일정 범위 low <= x < high 내의 정수를 size로 생성한다. 인자가 하나 n이면 n을 제외한 [0, n) 사이의 정수인 난수를 반환한다. 인자가 m, n이면 n을 제외한 [m, n) 사이의 정수인 난수를 반환한다.

```
>>> from numpy import random
>>> random.randint(2)        # [0, 2) 정수인 0, 1 중 하나를 반환한다.
0
>>> random.randint(1, 7)     # [1, 7) 정수인 1, 2, 3, 4, 5, 6 중 하나를 반환한다.
2
```

함수 randint()의 세 번째 인자는 size이므로 다음 randint(1, 7, 3)으로 주사위처럼 1에서 6까지의 정수인 난수 세 개가 생성된다.

```
>>> random.randint(1, 7, 3)
array([4, 1, 5])
```

다음 size=(2, 3)로는 [2행 3열]의 배열이 반환된다.

```
>>> random.randint(1, 7, size=(2, 3))
array([[3, 5, 4],
       [1, 3, 1]])
```

함수 choice(a, size=None, replace=True, p=None)는 주어진 배열 a에서 중복을 허용해 무작위로 size 차원의 요소를 선택한다. 매개변수 replace로 중복 허용(재선택) 여부를 지정하며 p로 a에서 선택되는 원소들의 확률을 지정할 수 있다. 다음 호출로 중복을 허락해 1에서 45 사이의 정수 6개를 선택한다.

```
>>> from numpy import random
>>> sorted(random.choice(range(1, 46), 6))
[2, 2, 3, 12, 39, 44]
```

중복이 허용되므로 한 개의 수가 여러 번 나올 수 있다.

다음 호출로 중복 없이 1에서 45 사이의 정수 6개를 선택한다.

```
>>> sorted(random.choice(range(1, 46), 6, replace=False))
[3, 4, 28, 32, 37, 43]
```

함수 호출 choice(5, 3)으로 range(5) 정수 중 세 개를 선택한다. 즉, 첫 인자가 양수 정수 n이면 [0, n)에서 선택한다. 첫 인자가 정수라면 양수여야 한다.

```
>>> random.choice(5, 3)
array([4, 4, 1])
```

함수 호출 choice(5, replace=False, p=[0.1, 0, 0.3, 0.6, 0])로 정수 0, 1, 2, 3, 4 중 중복을 허락하지 않고 각각 선택될 확률이 0.1, 0, 0.3, 0.6, 0으로 세 개를 선택한다.

```
>>> random.choice(5, 3, replace=False, p=[0.1, 0, 0.3, 0.6, 0])
array([3, 2, 0])
```

1과 4는 지정된 확률이 0이므로 절대 선택될 수 없다.

함수 호출 choice(5, (3, 2))에서 두 번째 인자 (3, 2)는 선택되는 반환의 차원 형태로 [3행 2열]의 배열을 반환한다.

```
>>> random.choice(5, (3, 2))
array([[0, 3],
       [1, 3],
       [3, 4]])
```

함수 호출 choice(range(1, 46), size=(5, 6), replace=False)로 1에서 45까지의 정수 중 중복을 허락하지 않고 [5행 6열]의 배열을 반환한다. replace=False이므로 반환 값 배열에서 원소 수 30개는 모두 다르다.

```
>>> random.choice(range(1, 46), size=(5, 6), replace=False)
array([[44, 13,  1, 23,  3, 37],
       [35, 26,  7, 42, 12, 15],
       [28, 36, 41, 11, 31, 38],
       [24, 25, 29,  4, 16, 10],
       [34, 27,  6, 32, 45, 39]])
```

다음처럼 모집단의 원소 수는 29개인데 중복을 불허하며 5행 6열, 30개를 선택하라고 하면 오류가 발생한다.

```
>>> random.choice(range(1, 30), size=(5, 6), replace=False) # 오류
Traceback (most recent call last):
  File "<stdin>", line 1, in <module>
  File "numpy\\random\\mtrand.pyx", line 1000, in numpy.random.mtrand.RandomState.
choice
ValueError: Cannot take a larger sample than population when 'replace=False'
```

다음처럼 random.choice(range(1, 46), 6, replace=False)를 리스트 컴프리헨션에 사용하면 로또 복권 6개를 사는 것과 같은 수를 얻을 수 있다.

```
>>> from numpy import random
>>> [sorted(random.choice(range(1, 46), 6, replace=False)) for _ in range(5)]
[[10, 28, 37, 38, 41, 45], [13, 22, 25, 27, 29, 30], [11, 26, 30, 35, 36, 39], [9,
13, 15, 16, 22, 25], [3, 9, 24, 26, 34, 40]]
```

### 모듈 random의 확률 분포의 난수 발생 함수 randn()과 uniform()

함수 randn()은 표준 정규분포의 난수를 반환한다. randn에서 마지막 문자 n은 정규분포에서 normal을 의미한다. 표준 정규분포는 평균이 0, 표준편차가 1인 분포로, 0 주위의 실수가 선택될 확률이 높으면 −3에서 3 사이의 실수가 선택될 확률이 99.7%인 확률 분포이다.

```
>>> from numpy import random
>>> random.randn() # 표준 정규분포 N(0, 1)의 난수 발생
0.2590599540149521
```

**TIP 좀 더 알아봅시다!**

정규분포(normal distribution)는 수학자 가우스(C. F. Gauss; 1777~1855)가 처음 정립했기 때문에 '가우스 분포(Gaussian Distribution)'라고도 한다. 다음 정규분포 함수에서 μ, σ는 각각 평균과 표준편차이고, $\exp x = e^x$ 이다. 정규분포 중에서도 평균이 0이고 표준편차가 1인 것을 '표준 정규분포(standard normal distribution)'라고 한다. 특별히 변수를 z라고 쓰며, 'z-분포'라고 줄여 부르기도 한다.

$$N(x \mid \mu, \sigma^2) \equiv \frac{1}{\sigma\sqrt{2\pi}} \exp\left[-\frac{(x-\mu)^2}{2\sigma^2}\right] N(0,1) = \frac{1}{1\sqrt{2\pi}} \exp\left[-\frac{x^2}{2}\right]$$

▲ **그림 1** 정규분포 함수와 표준 정규분포

표준 정규분포에서 (−1)~(+1) 사이의 수가 선택될 확률이 약 70%(0.6826)이며, (−2)~(+2) 사이의 수가 선택될 확률이 약 95%(0.9544)이다. 다음은 표준 정규분포와 분포 그림이다.

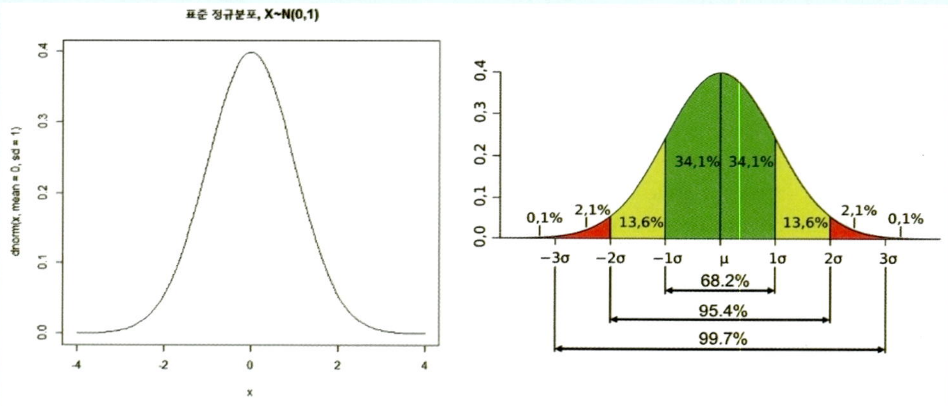


▲ **그림 2** 표준 정규분포와 확률

함수 randn(d0, d1, ..., dn)에서 인자가 주어지면 표준 정규분포에서 명시된 차원의 난수 배열을 생성한다. 다음은 각각 난수 두 개와 [2행 3열]의 난수 배열을 생성한다.

```
>>> random.randn(2) # 표준 정규분포의 난수 두 개 생성
array([-0.2916526 ,  0.24255002])
>>> random.randn(2, 3) # 표준 정규분포의 난수 여섯 개 생성
array([[-0.91340625, -0.05732918,  1.21152223],
       [ 0.95948883,  2.42666875,  1.62837752]])
```

함수 uniform(low=0, high=1, size=None)은 high는 제외하고 주어진 범위 내 [low <= x < high)의 균일 분포의 난수 실수를 size 차원으로 생성한다. 균일 분포이므로 구간의 어떠한 수가 선택될 확률이 같다.

```
>>> from numpy import random
>>> random.uniform() # 균일 분포 [0, 1)의 난수 발생
0.8170135351871055
>>> random.uniform(2) # 균일 분포 [0, 2)의 난수 발생
1.963313672231706
>>> random.uniform(2, 3) # 균일 분포 [2, 3)의 난수 발생
2.252879389632038
```

다음 uniform(1, 3, (2, 3)) 호출로 균일 분포 [1, 3)의 난수 [2행 3열] 총 원소 6를 생성한다.

```
>>> random.uniform(1, 3, (2, 3)) # 균일 분포 [1, 3)의 난수 [2행 3열] 발생
array([[1.4809797 , 2.30673999, 2.83628884],
       [2.68290789, 1.22675677, 1.26113659]])
```

## 파이썬 넘파이의 모듈 random 함수 정리

다음은 지금까지 살펴본 넘파이의 모듈 random의 주요 함수를 정리한 표이다.

▼ **표 5** Numpy의 다양한 난수 관련 함수

| 이름 | 설명 | 예제 코드 |
|---|---|---|
| rand(d0, d1, ..., dn) | 주어진 차원의 0에서 1 사이 [0.0, 1.0)의 실수인 난수 배열을 생성 | np.random.rand(2, 3) |
| random(size=None) | 0에서 1 사이 [0.0, 1.0)의 실수인 난수를 생성 | np.random.random((3, 3)) |
| randn(d0, d1, ..., dn) | 주어진 차원의 표준 정규분포에서 난수 배열을 생성 | np.random.randn(4, 5) |
| randint(low=0, high=None, size=None) | 일정 범위 low <= x < high 내의 정수를 생성. 정수 인자가 하나이면 [0, 인자) 사이의 정수 난수 | np.random.randint(1, 100, 10) |
| uniform(low=0, high=1, size=None) | 주어진 범위 내의 실수인 난수를 생성 | np.random.uniform(2, 5, (2, 2)) |
| shuffle(x) | 배열의 요소를 무작위로 섞기 | mylist = [1, 2, 3, 4, 5]<br>np.random.shuffle(mylist) |
| choice(a, size=None, replace=True, p=None) | 주어진 배열에서 무작위로 요소를 선택 | np.random.choice([1, 2, 3, 4, 5], 3) |

다음은 넘파이의 모듈 random에서 활용할 수 있는 확률 분포와 관련된 주요 함수를 정리한 표이다.

▼ **표 6** 넘파이의 다양한 확률 분포 관련 함수

| 이름 | 설명 | 예제 코드 |
|---|---|---|
| normal(loc=0.0, scale=1.0, size=None) | 정규분포의 난수를 생성 | np.random.normal(0, 1, (3, 3)) |
| poisson(lam=1.0, size=None) | 포아송 분포의 난수를 생성 | np.random.poisson(5, 10) |
| exponential(scale=1.0, size=None) | 지수 분포의 난수를 생성 | np.random.exponential(2, (2, 3)) |
| logistic(loc=0.0, scale=1.0, size=None) | 로지스틱 분포의 난수를 생성 | np.random.logistic(0, 1, (4, 4)) |
| triangular(left, mode, right, size=None) | 삼각 분포의 난수를 생성 | np.random.triangular(0, 0.5, 1, (3, 3)) |
| binomial(n, p, size=None) | 이항 분포의 난수를 생성 | np.random.binomial(10, 0.5, 5) |

다음 코딩은 정규분포에서 평균과 표준편차를 각각 (0, 1), (0, 2), (0, .5), (−1, 1)로 지정해 네 개의 다른 정규분포를 생성하고 맷플롯리브를 사용하여 그래프로 시각화하는 예제이다.

$$f(x) = \frac{1}{\sqrt{2\pi\sigma^2}} e^{\frac{-(x-m)^2}{2\sigma^2}}$$

단, $m$은 평균, $\sigma^2$은 분산, $e$는 자연상수

- normal_pdf(x, mu, sigma) 함수:
  - 정규분포의 확률 밀도 함수를 계산하는 함수
  - x는 확률 변수의 값 배열, mu는 평균, sigma는 표준편차
- x = np.linspace(−5, 5, 100):
  - np.linspace() 함수를 사용하여 x 값의 범위를 −5부터 5까지 100개의 수로 등간격으로 나눈 배열을 생성. 그래프에 표시하기 위한 값 범위를 설정
- parameters 리스트:
  - parameters 리스트는 다양한 정규분포를 정의하는 튜플 항목의 목록
  - 각 튜플은 (mu, sigma, label)로 구성되며, mu는 평균, sigma는 표준편차, label은 그래프에 표시할 레이블
- colors 리스트:
  - 각 정규분포 그래프의 색상을 정의
- for 루프:
  - for 루프를 사용하여 parameters 리스트에 있는 각 튜플에 대해 다음 작업을 반복
  - mu, sigma 그리고 label을 튜플에서 추출
  - normal_pdf() 함수를 호출하여 정규분포의 확률 밀도 함수를 계산
  - plt.plot() 함수를 사용하여 확률 밀도 함수를 그래프로 그리고 label을 사용하여 각 그래프에 레이블을 지정
- 그래프 관련 문장:
  - 그래프의 제목을 설정하고 x, y축의 레이블을 추가

- plt.legend()를 사용하여 그래프에 레이블을 표시하도록 설정
- plt.grid(True)를 사용하여 그리드를 표시
- plt.show()로 그래프를 화면에 표시

**9-4 코딩** 09-04-plotnormal.py | **다양한 정규분포 그리기** | 난이도 응용

```
import numpy as np
import matplotlib.pyplot as plt

# 한글 처리
plt.rcParams['font.family'] = 'Malgun Gothic'
plt.rcParams['axes.unicode_minus'] = False

# 정규분포 함수
def normal_pdf(x, mu, sigma):
    return 1 / (sigma * np.sqrt(2 * np.pi)) * np.exp(-(x - mu)**2 / (2 * sigma**2))

# x 값 범위 설정
x = np.linspace(-5, 5, 1000)

# 네 개의 정규분포의 평균과 표준편차 설정
parameters = [(0, 1, "평균: 0, 표준편차: 1"),
              (0, 2, "평균: 0, 표준편차: 2"),
              (0, 0.5, "평균: 0, 표준편차: 0.5"),
              (-1, 1, "평균: -1, 표준편차: 1")]

# 네 개의 정규분포의 그림 색상 설정
colors = ['r', 'g', 'b', 'y']

# 전체 그림 크기 지정
plt.figure(figsize=(10, 6))

# 네 개의 정규분포 그리기
for i, (mu, sigma, label) in enumerate(parameters):
    pdf = normal_pdf(x, mu, sigma)
    plt.plot(x, pdf, color=colors[i], label=label)

# 제목과 축 레이블 쓰기
plt.title('다양한 정규분포')
plt.xlabel('X 축')
plt.ylabel('Y 축')
plt.legend()
plt.grid(True)
plt.show()
```

**결과**

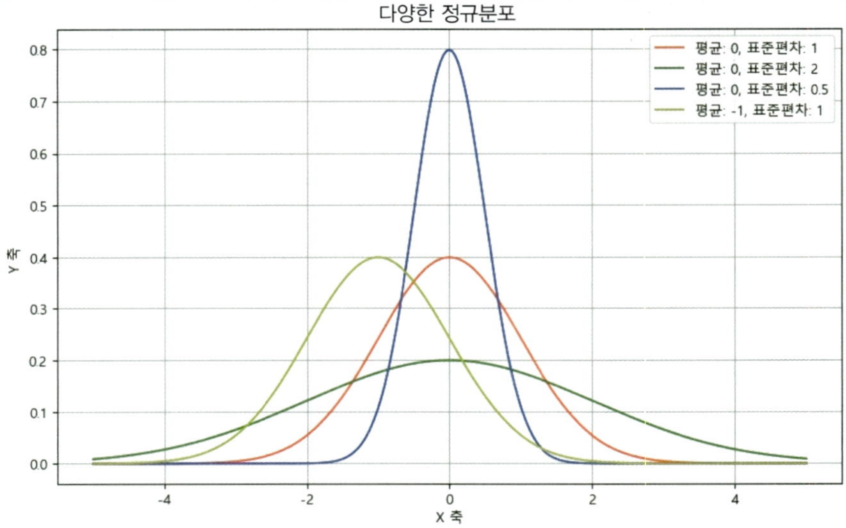


다음 예제는 맷플롯리브와 넘파이를 사용하여 위에서 배운 표준 정규분포를 그리고 np.random.normal로 100만 개의 샘플을 생성한 후 이 분포를 히스토그램(도수분포표)으로 확인하는 코드이다. 이 예제로 표준 정규분포에서 생성한 샘플을 히스토그램과 함께 확률 밀도 함수 그래프로 시각화한다.

- np.random.normal(mu, sigma, 1000000):
    - NumPy의 np.random.normal 함수를 사용하여 평균 mu, 표준편차 sigma로 설정된 표준 정규분포에서 100만 개의 샘플을 생성
- plt.hist(samples, bins=50, density=True, alpha=0.6, color='b', label='표준 정규분포'):
    - samples에 있는 샘플 데이터를 사용하고 50개의 막대로 분할하며 density=True로 설정하여 정규화된 히스토그램을 그림
    - alpha는 투명도를 나타내며 color로 색상을 설정하고 label로 레이블을 지정
- 표준 정규분포의 확률 밀도 함수를 그래프로 그리고 label로 레이블을 지정
- plt.show()를 사용하여 그래프를 화면에 표시

**9-5 코딩** 09-05-plotstdnormal.py | **표준 정규분포 그리기와 표준 정규분포 난수 확인** | 난이도 응용

```
import numpy as np
import matplotlib.pyplot as plt

# 평균(mu)와 표준편차(sigma) 설정
mu, sigma = 0, 1

```

```
# 표준 정규분포에서 1,000,000개의 샘플 생성
samples = np.random.normal(mu, sigma, 1000000)

# 그래프 그리기
plt.hist(samples, bins=50, density=True, alpha=0.3, color='skyblue', label='
표준 정규분포')
plt.title('표준 정규분포')
plt.xlabel('X 축')
plt.ylabel('Y 축')

# 표준 정규분포의 확률 밀도 함수 그리기
x = np.linspace(-5, 5, 100)
pdf = 1 / (sigma * np.sqrt(2 * np.pi)) * np.exp(-(x - mu)**2 / (2 *
sigma**2))
plt.plot(x, pdf, 'r-', linewidth=2, label='확률 밀도 함수')

plt.legend()
plt.grid(True)
plt.show()
```

결과

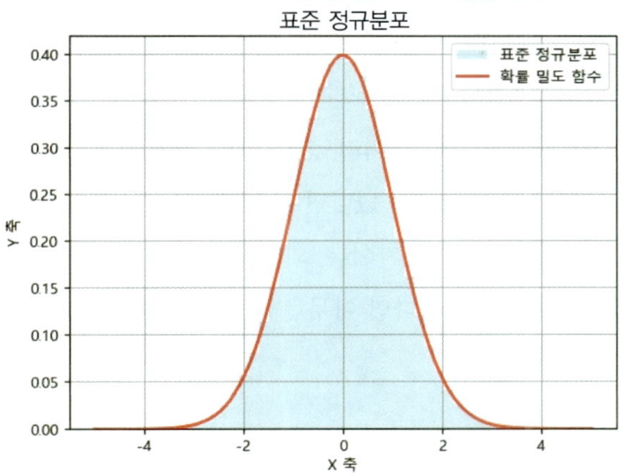

SECTION 02

PYTHON

# 새로운 기능: 구조적 패턴 match와 타입 힌트

## 2.1 패턴 match문

### 패턴 match문 개요

구조적 패턴 일치에 사용하는 match문은 C, Java 또는 Javascript 등의 switch문과 비슷하다. 파이썬 match에서는 기본 데이터의 상수나 리터럴뿐만 아니라 비교할 패턴으로써 시퀀스나 클래스 인스턴스를 사용할 수 있다. C나 자바의 switch 기능보다 훨씬 더 강력한 기능을 지원한다.

다른 언어에서 이미 switch case문을 사용해 봤다면 파이썬에서 이와 비슷한 구문이 없어 의아했을 것이다.  구조적 패턴 일치 구문인 match는 2020년에 발표된 파이썬 3.10의 새로운 기능으로 추가되었다.

구조적 패턴 match문은 다음과 같다. 데이터 subject을 가져와 해당 내용을 한 개 이상의 case 패턴 블록으로 제공된 패턴 patterni와 위에서부터 비교해 일치하는 첫 case 블록의 해당 문장들인 statements를 실행한 후 match 구문을 종료한다. 여러 case 패턴 중에서 일치하는 하나의 패턴 블록만 실행한 후 종료된다. 일치하는 패턴 patterni가 없다면 옵션인 case _: 블록을 실행한다. 문자 _는 일치하는 항목이 없을 때 실행되는 와일드카드 문자이다. 와일드카드 문자(_)가 있는 패턴은 옵션이므로 일치하는 case가 없고 와일드카드 패턴도 없다면 아무런 작업도 수행하지 않고 math문이 종료된다.

**구조 패턴 매칭 구문 match case**

```
match subject:
        case pattern1:
                statement(s)

        case pattern2  [ | pattern21 | pattern22 | … ] :
                statement(s)

        case pattern3  [ if conditions ] :
                statement(s)

        …
```

Or 연산자 사용으로 중복된 일치를 검사할 수 있다.

패턴이 일치하고 가드(guards)인 조건이 True로 평가되면 case 블록이 실행된다.

```
        case _:
                statement(s)
```

**subject** 이 내용과 patterni가 구조적으로 모양이 맞는 하나와 일치할 때까지 위에서부터 비교

**patterni** 이를 패턴이라고 부르며, 단순한 값인 리터럴 패턴뿐만 아니라 값의 유형과 구조는 물론 해당 내용을 저장할 변수도 가능하고 리스트, 튜플, 딕셔너리, 조건 등도 지정할 수 있으며 클래스 지정도 가능

**pattern21 | pattern22 | …** 각각의 패턴을 or 조건으로 일치

- 옵션인 와일드카드(_)는 일치되는 것이 없는 경우 실행

다음은 C나 Java처럼 간단하게 변수 status와 리터럴 패턴이 일치하는 case 400: 블록을 실행하는 코드이다.

```
>>> status = 400
>>> match status:
...     case 200:
...         print("OK!")
...     case 400:
...         print("Bad request")
...     case 404:
...         print("Not found")
...     case _:
...         print("Something's wrong with the internet")
...
Bad request
>>>
```

### 단순 리터럴 일치와 여러 패턴 또는 조합

다음처럼 왼쪽 구문 match는 다소 복잡해질 수 있는 오른쪽 조건 if elif문을 대체해 코드를 단순화할 수 있다.

```
>>> num = 2
>>> match num:
...     case 1:
...         print("일")
...     case 2:
...         print("이")
...     case 3:
...         print("삼")
...     case _:
...         print('일, 이, 삼이 아닙니다.')
...
이
```

```
>>> num = 2
>>> if num == 1:
...     print('일')
... elif num == 2:
...     print('이')
... elif num == 3:
...     print('삼')
... else:
...     print('일, 이, 삼이 아닙니다.')
...
이
```

▲ **그림 1.** 구조적 match 구문(왼쪽)과 if 조건 구문(오른쪽)

다음은 case 이후에 or 연산자 |를 사용한 match 구문이다. case 9 | 10 : 블록은 month가 9 또는 10이면 실행된다. 여러 개의 패턴을 or 연산자 |와 조합할 수 있다.

```
>>> month = 5
>>> match month:
...     case 11 | 12 | 1 | 2 | 3:
...         print('겨울')
...     case 4 | 5 :
...         print('봄')
...     case 6 | 7 | 8:
...         print('여름')
...     case 9 | 10 :
...         print('가을')
...     case _:
...         print('다시 입력!')
...
봄
>>>
```

다음 예제는 구조적 match문으로 두 실수의 사칙연산을 수행하는 코드이다. 사용자로부터 두 개의 실수와 수행할 연산을 '34.5 + 5.7'처럼 입력받은 후 match문에서 일치하는 연산을 매치시켜 해당 연산을 수행한다.

**9-6 코딩** | 09-06-opmatch.py | **두 수의 사칙연산을 수행하는 match문** | 난이도 기본

```
def add(x, y):
    return x + y
def subtract(x, y):
    return x - y
def multiply(x, y):
    return x * y
def divide(x, y):
    if y == 0:
        return "0으로 나눌 수 없습니다."
    return x / y

def evaluate(x, operator, y):
    match operator:
        case '+':
            return add(x, y)
        case '-':
            return subtract(x, y)
        case '*':
            return multiply(x, y)
```

```
        case '/':
            return divide(x, y)
        case _:
            return "지원하지 않는 연산자입니다."

print("두 실수의 사칙연산 계산기")
print("사용 가능한 연산: +, -, *, /")
expression = input("연산을 입력하세요 (예: 34.5 + 5.7): ")

# 사용자 입력에서 연산자와 숫자 추출
parts = expression.split()

if len(parts) != 3:
    print("올바른 형식으로 입력하시오.")
else:
    x, operator, y = parts
    x, y = float(x), float(y)
    result = evaluate(x, operator, y)
    print(f"결과: {x} {operator} {y} = {result:.2f}")
```

결과

```
두 실수의 사칙연산 계산기
사용 가능한 연산: +, -, *, /
연산을 입력하세요 (예: 34.5 + 5.7): 10 + 7
결과: 10.0 + 7.0 = 17.00
```

```
두 실수의 사칙연산 계산기
사용 가능한 연산: +, -, *, /
연산을 입력하세요 (예: 34.5 + 5.7): 100 * 5
결과: 100.0 / 5.0 = 20.00
```

## 2.2 패턴 캡처와 조건 검사 가드

### 여러 항목의 구조적 패턴 캡처

match문에서 case 패턴 값은 리스트, 튜플 등의 모임(collection)도 가능하고 파이썬에서 다음과 같은 대입도 가능하다. 구문 match문에서도 다음처럼 패턴의 구조적인 일치를 검사할 수도 있다.

```
>>> x, y = 2.7, 5.6
>>> a, (b, c) = (3, (4, 5))
```

match문의 구성 요소의 값을 블록 case 패턴에서 변수를 사용해 대입할 수도 있다. 즉, case (x, y): 에서 패턴 point를 (x, y) = point처럼 언패킹 대입(unpacking assignment)하는 것과 비슷하다. 패턴이 일치하는 구조가 없으면 계속 진행한다.

```
>>> point = (5, 7)
>>> match point:
```

```
...     case (0, 0):
...         print("원점 (0, 0)")
...     case (0, y):
...         print(f"X=0, Y={y}")
...     case (x, 0):
...         print(f"X={x}, Y=0")
...     case (x, y):
...         print(f"X={x}, Y={y}")
...     case _:
...         print("좌표가 아닙니다.")
...
X=5, Y=7
```

다음 오른쪽의 대입 문장에서 *b를 사용할 수 있듯이 왼쪽 match문의 실행 결과는 1, [2, 3, 4]이다.

```
>>> lst = [1, 2, 3, 4]
>>> match lst:
...     case (a, *b):
...         print(a, b)
...
1 [2, 3, 4]
```

```
>>> lst = [1, 2, 3, 4]
>>> a, *b = lst
>>> a, b
(1, [2, 3, 4])
```

▲ **그림 3** 구조적 match문(왼쪽)과 if 조건문(오른쪽)

다음 코드에서 item이 case 값에 대입할 수 있는 구조와 일치하면 실행된다. 따라서 다음은 case (x,):와 일치하므로 1이 출력된다. 만일 item = (1, 2, 3)이라면 case (x, y, z):와 일치해 1, 2, 3이 출력된다.

```
>> item = (1, )
>>> # item = (1, 2)
>>> # item = (1, 2, 3)
>>> # item = (1, 2, 3, 4)
>>> match item:
...     case (x, y, z):
...         print(f"{x} {y} {z}")
...     case (x, y):
...         print(f"{x} {y}")
...     case (x,):
...         print(f"{x}")
...     case _:
...         print(f"No match")
...
1
```

다음은 문자열 다섯 개의 목록이다.

```
>>> values = ["37", "+2", "-9", "/", "*"]
```

다음 코드로 목록 values의 각각의 문자열 "37", "+2", "−9", "/", "*"을 val에 저장해 match문을 실행한다.  match val[0], val[1:]:를 통해 각각의 문자열을 첫 문자열과 나머지 문자열 나눠 일치 여부를 검사한다. case "+", c:는 문자열 "+2"와 일치하므로 변수 c에 2가 저장된다. case 블록에는 pass문도 가능하다.

```
>>> for val in values:
...     match val[0], val[1:]:
...         case "/", "":
...             pass
...         case c, "":
...             print(f'ord({c}) = {ord(c)}')
...         case "+", c:
...             print(c)
...         case "-", c:
...             print("invert:", c)
...         case _:
...             print(val)
...
37
2
invert: 9
ord(*) = 42
>>>
```

튜플인 여러 항목을 a, *b에 대입하면 첫 항목은 a에 저장되고 나머지 항목은 언패킹 * 연산자를 통해 리스트로 묶여 a에 저장된다.

```
>>> a, *b = 1, 2, 3, 4
>>> a
1
>>> b
[2, 3, 4]
```

match의 case에서 as c로 변수 c에 값을 저장할 수 있다.

```
>>> match 97:
...     case 97 as c:
...         chr(c)
...
'a'
```

다음은 match문의 함수 hello(friends)를 구현한 내용이다. case "영희" | "미수" as name:처럼 일치하는 패턴을 변수 name에 저장할 수 있다. case (name, *others):처럼 대입 문장과 동일하게 컨테이너인 friends의 첫 항목은 name에 담고 언패킹 * 연산자를 통해 나머지 항목을 목록으로 묶어 others에 저장할 수도 있다.

```
>>> def hello(friends):
...     match friends:
...         case "영희" | "미수" as name:
...             print(f"안녕, {name}!")
...         case (name, *others):
...             print(f"안녕, {name}, {others} 친구들!")
...
```

위 함수를 단일 문자열로 호출하면 case "영희" | "미수" as name: 패턴과 일치돼 실행된다.

```
>>> hello('영희')
안녕, 영희!
```

다만, 어떠한 튜플이든 인자로 호출하면 case (name, *others): 패턴과 일치돼 다음과 같이 실행된다.

```
>>> hello([1, 2, 3, 4])
안녕, 1, [2, 3, 4] 친구들!
```

다음 함수에서 목록인 lst의 구조에 따라 세 가지 패턴을 검사한다. 패턴에 부분적으로 나머지 모두를 의미하는 와일드카드 문자(_)를 사용할 수 있다.

```
>>> def lst_match(lst):
...     match lst:
```

```
...         case [1, 5] as a:
...             print(f'a = {a}')
...         case []:
...             print([])
...         case [1, _, 3] as b:
...             print(f'b = {b}')
...
```

패턴이 목록 [1, 5]와 일치하는지 검사하고 일치하면 변수 a에 저장한 후 블록 수행

패턴이 빈 목록 []과 일치하는지 검사하고 일치하면 블록 수행

패턴이 목록 [1, _, 5]와 일치하는지 검사하고 일치하면 변수 b에 저장한 후 블록 수행

다음 함수 호출에서 패턴 case [1, 5] as a:의 목록이 [1, 5]이면 정확히 일치하므로 다음과 같은 결과가 표시된다.

```
>>> lst_match([1, 5])
a = [1, 5]
```

함수 인자가 빈 목록이면 case []:와 일치하므로 []가 출력된다.

```
>>> lst_match([])
[]
```

함수 인자가 [1, 2, 3]이면 와일드카드 문자(_)를 사용해 첫 항목이 1이고 마지막 항목이 3인 패턴을 검사하는 case [1, _, 3] as b:와 일치하므로 변수 b에 전체 목록이 저장되고 다음처럼 전체 목록이 출력된다.

```
>>> lst_match([1, 2, 3])
b = [1, 2, 3]
```

다음 함수 lang_year()는 딕셔너리 패턴의 match문을 사용한다. 딕셔너리는 패턴에서 {key: value, …}로 사용될 수 있다. 패턴에 있는 key와 value가 있으면 일치하는 것으로 판단한다. 즉, 패턴 case {'C#': year}:는 여러 키 중에서 'C#'이 있으면 값을 year에 저장한다. 또한 패턴 case {'python': 1990} as data:은 딕셔너리 항목 중 'python': 1990이 있으면 전체 딕셔너리를 data에 저장한다. 그리고 딕셔너리에서 나머지 항목을 추출하는 패턴으로 **rest를 사용할 수 있다.

```
>>> def lang_year(lang):
...     match lang:
...         case {'C#': year}:
...             print(f'C#: {year}')
...         case {'java': 1995, **rest}:
...             print(rest)
...         case {'python': 1990} as data:
...             print(f'{data}')
...
```

다음 호출의 인자에서 키 'C#'이 있으므로 패턴 case {'C#': year}: 블록이 실행된다.

```
>>> subject = {'C#': 2002, 'C': 1973}
>>> lang_year(subject)
C#: 2002
```

다음 호출의 인자에서 키: 값에 'java': 1995가 있으므로 패턴 case {'java': 1995, **rest}:와 일치해 rest에 나머지 키: 값 항목이 저장되고 블록이 실행된다.

```
>>> subject = {'java': 1995, 'C': 1973, 'python': 1990}
>>> lang_year(subject)
{'C': 1973, 'python': 1990}
```

다음 호출의 인자에서 키: 값에 'python': 1990이 있으므로 패턴 case {'python': 1990} as data:와 일치해 data에 전체 딕셔너리가 저장되고 블록이 실행된다.

```
>>> subject = {'python': 1990, 'kotlin': 2011}
>>> lang_year(subject)
{'python': 1990, 'kotlin': 2011}
```

다음 코딩은 여러 세금에 대한 세율과 설명을 담은 딕셔너리 목록의 for in 순회에서 각각의 세금에 대한 패턴을 일치시켜 그 내용을 출력하는 예제이다.

**9-7 코딩** | 09-07-matchfordict.py | **match에서 패턴으로 딕셔너리 형식을 활용** | 난이도 기본

```
taxes = [{'소득세': 25, '설명': '소득에 따른 세금'},
         {'부가세': 10, '설명': '부가 가치에 대한 세금'},
         {'재산세': 8, '설명': '지방세로 재산에 부과되는 세금'}]

for tax in taxes:
    match tax:
        case {"소득세": rate, "설명": desc}:
            print(f'{rate}%: {desc}')
        case {"부가세": rate, "설명": desc}:
            print(f'{rate}%: {desc}')
        case {"재산세": rate, "설명": desc}:
            print(f'{rate}%: {desc}')
```

**결과**

```
25%: 소득에 따른 세금
10%: 부가 가치에 대한 세금
8%: 지방세로 재산에 부과되는 세금
```

### 구조적 패턴이 일치하고 조건이 만족하면 실행하는 보호

패턴 뒤에 if 조건 형식의 보호(또는 가드, guards)가 올 수 있다. 이 경우, 패턴이 일치하고 가드가 True로 평가되면 case 블록이 실행된다.

```
>>> value = [10, 20]
>>> match value:
...     case (x, y) if x > y:
...         print(f"{x} > {y}")
...     case (x, y) if x <= y:
...         print(f"{x} <= {y}")
...
10 <= 20
```

다음 왼쪽은 문자열의 길이 조건을 검사하는 'case str(x) if len(x) >= 5:'에 매칭되는 사례이다. 이와 마찬가지로 오른쪽 실수 변수 item은 'case float(x) if x >= 3:'과 매칭되는 사례이다.

```
>>> item = 'python'
>>>
>>> match item:
...     case float(x) if x < 3:
...         print(f"{x} < 3")
...     case float(x) if x >= 3:
...         print(f"{x} >= 3")
...     case str(x) if len(x) >= 5:
...         print(f"문자열 len('{x}')
          >= 5")
...
문자열 len('python') >= 5
```

```
>>> item = 3.0
>>>
>>> match item:
...     case float(x) if x < 3:
...         print(f"{x} < 3")
...     case float(x) if x >= 3:
...         print(f"{x} >= 3")
...     case str(x) if len(x) >= 5:
...         print(f"문자열 len('{x}')
          >= 5")
...
3.0 >= 3
```

▲ **그림 4** 자료형과 조건 검사 match문

다음 코드는 두 수를 비교하는 match문 예제 코드이다.

**9-8 코딩** 09-08-numcompare.py | **두 수를 비교하는 match문** | 난이도 기본

```python
# 두 개의 숫자 입력
num1 = 60.8
num2 = 50.8

# match case를 사용하여 대소 관계를 판단합니다.
def func_match(num1, num2):
    match (num1, num2):
```

```
            case (a, b) if a < b:
                return f"{num1}은 {num2}보다 작습니다."
            case (a, b) if num1 > num2:
                return f"{num1}은 {num2}보다 큽니다."
            case _:
                return f"{num1}과 {num2}은 같습니다."

    # 결과를 출력합니다.
    print(func_match(num1, num2))
```

결과

```
60.8은 50.8보다 큽니다.
```

다음 예제는 구조적 match문을 사용하여 여러 명령을 파싱하고 해당 명령에 대한 동작을 수행하는 코드이다. 먼저 parse_command()는 임의의 인수(*args)를 받아온 후 이 인수를 패턴과 비교하여 명령을 처리한다. 다음은 주요 패턴 매칭에 대한 설명이다.

- 방향은 "north", "east", "west", "south" 중 하나이며 명령이 ('go', '방향', 정수) 또는 ('go', 정수, '방향') 패턴이면 일치하며 방향()을 변수 direction에 저장

```
case (("go", ("north" | "east" | "west" | "south") as direction, int(x)) |
      ("go", int(x), ("north" | "east" | "west" | "south") as direction)) :
```

- '종류'는 "button", "switch", "lever" 중 하나이며 명령이 ('press', '종류') 패턴이면 일치하며 btn에 종류가 저장

```
case ("press", str(btn)) if btn in {"button", "switch", "lever"}:
```

9-9 코딩 | 09-09-matchgamecmd.py | 게임의 키보드 명령 패턴 처리 | 난이도 응용

```
def parse_command(*args):
    match args:
        case (("go", ("north" | "east" | "west" | "south") as direction, int(x)) |
              ("go", int(x), ("north" | "east" | "west" | "south") as direction)) :
            print(f"Moving {x} {direction}")
        case ("press", str(btn)) if btn in {"button", "switch", "lever"}:
            print(f"Pressing {btn}")
        case _:
            print('No match')

parse_command("go", "north", 4)
parse_command("go", 2, "west")
parse_command("press", "switch")
parse_command("press", "transform")
```

결과

```
Moving 4 north
Moving 2 west
Pressing switch
No match
```

## 2.3 변수 타입 힌트

### 단일 변수의 타입 힌트

C나 java처럼 파이썬도 변수에 직접 자료형 제시가 가능하다. 변수 뒤에 : data_type을 지정하면 가능하며 = value로 값을 대입하는 것도 가능하다. 이러한 방법을 '타입 어노테이션(유형 주석, type annotation)' 또는 '타입 힌트(유형 힌트, type hint)'라고 부른다. 변수 타입 힌트는 파이썬 3.6 버전부터 가능해졌다. 최신 버전의 파이썬에서는 코드를 보다 효율적으로 개발하는 데 도움이 되도록 다양한 도구에서 사용할 수 있는 명시적인 타입 힌트를 지정할 수 있도록 지원한다.

```
>>> age = 1
>>> age: int = 1
```

파이썬의 타입 힌트는 변수 자료형을 알리기 위한 방법으로, C나 java 자료형 선언과 달리 강제적인 변수의 자료형을 선언하는 것은 아니다. 위처럼 int의 타입 힌트 이후 문자열을 저장한다고 해서 오류가 발생하지는 않는다. 물론 int로 타입 힌트를 주고 문자열을 저장하는 것은 일관성에 도움이 되지 않는다. 이러한 것을 방지하고자 타입 힌트가 도입되었다.

```
>>> age = '나이'
>>> age
'나이'
```

다음처럼 대입이 없어도 오류는 발생하지 않는다. 그러나 변수 age를 처음 사용하며 값을 대입하지 않으면 정의되지 않는다. 셸을 다시 시작해 다음 코드를 실행하면 오류가 발생한다.

```
>>> age: int
>>> age
Traceback (most recent call last):
  File "<stdin>", line 1, in <module>
NameError: name 'age' is not defined
```

특히, 논리 변수 ispass에 bool로 타입 힌트를 주는 것은 코드를 이해하는 데 도움을 준다.

```
>>> point : int = 77
>>> ispass : bool
>>> if point >= 60:
...     ispass = True
... else:
...     ispass = False
...
>>> ispass
True
```

### 항목의 모임 변수의 타입 힌트

다음은 list, tuple, dict, set 등의 다양한 모임 자료형에 대한 타입 힌트이다. 목록은 항목의 타입을 : list[int]처럼 타입 힌트를 줄 수 있다.

```
>>> lst: list[int] = [1]
>>> lst
[1]
```

이미 정해진 튜플 항목도 : tuple[int, str, float]로 타입 힌트를 줄 수 있다.

```
>>> tp1: tuple[int, str, float] = (3, "yes", 7.5)  # Python 3.9+
>>> tp1
(3, 'yes', 7.5)
```

튜플 항목 수가 유동적이라면 : tuple[int, ...]로 타입 힌트를 줄 수 있다.

```
>>> tp2: tuple[int, ...] = (1, 2, 3)  # Python 3.9+
>>> tp2
(1, 2, 3)
```

딕셔너리는 : dict[str, int]처럼 키와 값의 자료형으로 타입 힌트를 줄 수 있다.

```
>>> dt: dict[str, int] = {"python": 2021}  # Python 3.9+
>>> dt
{'python': 2021}
```

집합도 원소 자료형으로 : set[int]로 타입 힌트를 줄 수 있다.

```
>>> myset: set[int] = {6, 7}
>>> myset
{6, 7}
```

## 여러 자료형 지원 타입 힌트

목록의 자료형으로 int와 str을 모두 허용하려면 모듈 typing의 Union을 사용해 : list[Union[int, str]]로 타입 힌트를 준다.

```
>>> from typing import Union
>>> value: list[Union[int, str]] = [3, 5, "test", "fun"]
>>> value
[3, 5, 'test', 'fun']
```

```
>>> help(Union)
Help on _SpecialForm in module typing:

Union = typing.Union
    Union type; Union[X, Y] means either X or Y.

    On Python 3.10 and higher, the | operator
    can also be used to denote unions;
    X | Y means the same thing to the type checker as Union[X, Y].
…
```

위 도움말에도 있듯이 파이썬 버전 3.10부터 타입 힌트에 연산자 or인 |을 지원한다.

```
>>> value: list[int | str] = [3, 5, "test", "fun"]  # Python 3.10+
>>> value
[3, 5, 'test', 'fun']
```

타입 힌트에서 Optional[str]은 str | None을 의미한다.

```
>>> help(Optional)
Help on _SpecialForm in module typing:

Optional = typing.Optional
    Optional[X] is equivalent to Union[X, None].
```

다음으로 value는 str이거나 None으로 타입 힌트를 준다.

```
>>> from typing import Optional
>>> value: Optional[str] = 'py' # str | None
>>> value
'py'
```

## 2.4 함수 주석

### 함수 주석 개요

함수의 매개변수와 반환 값에 대한 타입 힌트도 줄 수 있다. 함수 주석(function annotations)은 함수의 매개변수와 반환 값에 타입 힌트(type annotations)를 작성하는 것이다. 함수 주석을 통해 함수 매개변수와 반환 값을 명시적으로 보여준다는 장점이 있다. 함수 주석도 타입 힌트와 같이 강제성은 없다.

함수 주석은 다음 구문을 따르고 함수 매개변수는 변수의 타입 힌트 방법과 동일하며 함수의 헤더 뒤에 -> return_type:으로 반환 값에 대한 타입 힌트도 준다.

**함수 주석 구문 function annotation**

```
def funcname( var1: type1, var2: type2 = default_value, …) -> return_type:
    statement(s)
```

- var1: type1
  매개변수 var 뒤에 콜론과 공백 이후 자료형을 기술
- var2: type2 = default_value
  매개변수에 기본값을 할당하는 경우, 변수: 주석 = 기본값의 형태로 할당
- -> return_type
  매개변수 목록 괄호와 콜론 사이에 ->와 공백, 반환 값 자료형을 기술

다음 함수 정의에서 매개변수 num은 int이며 반환 값은 str이라는 타입 힌트가 삽입된 함수 stringify(num)의 정의이다.

```
>>> def stringify(num: int) -> str:
...     return str(num)
...
```

다음 함수 plus(num1, num2) 정의에서 매개변수 num1, num2 모두 int이며 반환 값도 int라는 함수 주석을 사용한 함수 정의이다.

```
>>> def plus(num1: int, num2: int) -> int:
...     return num1 + num2
```

다음 함수 show(value, excitement)와 매개변수 value는 str, excitement는 int이며 기본값이 10이고, 반환 값은 없는(None) 타입 힌트가 삽입된 함수 정의이다.

```
...
>>> def show(value: str, excitement: int = 10) -> None:
...     print(value + "!" * excitement)
...
>>> show('Wow')
Wow!!!!!!!!!!
```

### 매개변수인 함수의 타입 힌트

다음은 두 매개변수 a, b의 합과 곱을 구하는 함수 정의이다.

```
>>> def add(a: float, b: float) -> float:
...     return a + b
...
>>> def mul(a: float, b: float) -> float:
...     return a * b
...
```

파이썬은 함수를 인자로 사용할 수 있다. 다음 함수 addmul(func, a, b)는 인자로 함수와 두 개의 수를 받아 해당 함수를 호출한 결과를 반환한다.

```
>>> def addmul(func, a, b):
...     return func(a, b)
...
```

함수 호출 addmul(add, 3.1, 5.6)로 3.1과 5.6의 합이 반환된다. 이와 마찬가지로 함수 호출 addmul(mul, 3.1, 5.6)로 3.1과 5.6의 곱이 반환된다.

```
>>> addmul(add, 3.1, 5.6)
8.7
>>> addmul(mul, 3.1, 5.6)
17.36
```

함수를 인자로 갖는 함수 addmul()도 함수 주석으로 사용할 수 있다. 매개변수인 함수 func의 함수 주석은 func: Callable[[int, int], int]로 기술한다. Callable[] 내부의 [int, int]는 함수 func의 매개변수 유형이며 뒤의 int는 반환 값의 유형이다. 클래스 Callable은 모듈 typing에서 가져와 사용한다.

```
>>> from typing import Callable
>>> def addmul(func: Callable[[float, float], float], a: float, b: float) -> float:
...     return func(a, b)
...
```

```
def add(a: float, b: float) -> float:
    return a + b
```

```
def addmul(func, a, b):
    return func(a, b)
```

위와 같이 함수 주석을 사용한 함수 정의 이후의 도움말 help(addmul) 출력은 다음과 같다.

```
>>> help(addmul)
Help on function addmul in module __main__:

addmul(func: Callable[[float, float], float], a: float, b: float) -> float
```

다음은 함수 호출 addmul(add, 4.1, 5.4) 실행 결과이다.

```
>>> addmul(add, 4.1, 5.4)
9.5
```

다음 예제는 간단한 온도 변환 프로그램으로 변수의 타입 힌트와 함수 주석을 활용하여 가독성을 높이고 코드의 목적을 명확하게 설명하고 있다. 프로그램은 목록 인자를 사용해 섭씨를 화씨로 변환하는 간단한 기능을 제공한다.

- celsius_to_fahrenheit 함수는 섭씨 온도를 화씨 온도로 변환하는 함수: 두 개의 타입 힌트를 사용하여 인수와 반환 값을 지정하고 함수 문서 주석(doc string)을 사용하여 함수의 기능을 설명
- celsius_list : list[float, ...] =
  - 변수 celsius_list는 float인 여러 개의 섭씨 온도를 저장한 목록으로 타입 힌트
- fahrenheit_list : list =
  - 변수 fahrenheit_list는 여러 개의 화씨 온도를 저장한 목록으로 타입 힌트

**9-10 코딩** 09-10-typehintforlist.py | **온도 변환 프로그램의 변수와 함수의 타입 힌트** | 난이도 응용

```
# 온도 변환 프로그램
def celsius_to_fahrenheit(celsius_list: list[float]) -> list[float]:
    """
    섭씨 온도를 화씨 온도로 변환하는 함수

    Args:
        celsius_list (List[float]): 섭씨 온도의 리스트

    Returns:
        List[float]: 화씨 온도의 리스트
```

```
        """
        fahrenheit_list = [(celsius * 9/5) + 32 for celsius in celsius_list]
        return fahrenheit_list

print("섭씨를 화씨로 변환하는 프로그램입니다.")

try:
    celsius_list = input("섭씨 온도를 입력하세요(콤마로 구분하여 여러 개 입력 가능): ").split(",")
    celsius_list : list[float, ...] = [float(celsius.strip()) for celsius in celsius_list]

    fahrenheit_list : list = celsius_to_fahrenheit(celsius_list)

    for i, celsius in enumerate(celsius_list):
        print(f"{celsius:.2f} 섭씨는 {fahrenheit_list[i]:.2f} 화씨입니다.")

except ValueError:
    print("유효한 숫자를 입력해주세요.")
```

결과

```
섭씨를 화씨로 변환하는 프로그램입니다.
섭씨 온도를 입력하세요(콤마로 구분하여 여러 개 입력 가능): -10, 0, 10, 38
-10.00 섭씨는 14.00 화씨입니다.
0.00 섭씨는 32.00 화씨입니다.
10.00 섭씨는 50.00 화씨입니다.
38.00 섭씨는 100.40 화씨입니다.
```

## 2.5 파이썬 3.12의 새 기능

### 친절한 오류 메시지

파이썬이 다른 언어보다 쉽다고 느끼는 것 중 하나가 오류 메시지를 보고 쉽게 문제를 해결할 수 있다는 것이다. 즉, 오류 메시지의 정확도도 좋아지고 그 내용도 사용자에게 더 친근하며 사용자를 배려하고 있다.

다음과 같이 임포트 없이 모듈 math를 사용하면 친절하게 다음과 같은 오류 메시지가 나타난다.

```
>>> math.e
Traceback (most recent call last):
  File "<stdin>", line 1, in <module>
NameError: name 'math' is not defined. Did you forget to import 'math'?
```

다음은 모듈 math의 속성 pi를 py로 잘못 입력해 발생한 파이썬 버전 3.11에서의 오류 메시지이다.

```
>>> from math import py
Traceback (most recent call last):
  File "<stdin>", line 1, in <module>
ImportError: cannot import name 'py' from 'math' (unknown location)
```

다음은 위와 동일한 문제로 발생한 파이썬 버전 3.12에서의 오류 메시지이다. 바로 수정할 수 있도록 "Did you mean: 'pi'?"로 바른 pi를 알려 준다.

```
>>> from math import py
Traceback (most recent call last):
  File "<stdin>", line 1, in <module>
ImportError: cannot import name 'py' from 'math' (unknown location). Did you mean: 'pi'?
```

#### f-문자열의 향상

형식화된 문자열인 f-문자열은 파이썬 3.6에서 도입되었다. f-문자열 기능이 지속적으로 보강되고 있으며 버전 3.12부터 기능이 더 향상되었다.

이제 f-문자열 내부에 문자열 인용 문자를 재사용할 수 있다. 즉, 다음처럼 f-문자열을 큰따옴표 "…"로 구분한 경우라도 내부 표현식에서 큰따옴표 "…"를 계속 사용할 수 있다. 작은따옴표도 가능하다.

```
>>> pl = {"java": 1995, "python": 1990}
>>> f"{pl["java"]} {pl["python"]}"
'1995 1990'
>>> pl = {"java": 1995, "python": 1990}
>>> f'{pl['java']} {pl['python']}'
'1995 1990'
```

다음처럼 이제, f-문자열 내부 연산식에 역슬래시를 포함할 수 있다.

```
>>> print(f"주요 프로그래밍 언어:\n {"\n ".join(pl_lst)}")
주요 프로그래밍 언어:
 java
 kotlin
 c
 go
 typescript
```

또한, f-문자열 내부 연산식에 \N{BLACK HEART SUIT}처럼 이름이 붙는 유니코드 특수 문자를 삽입할 수 있다. \N{BLACK HEART SUIT}는 ♥의 이름이다.

```
>>> print(f"주요 프로그래밍 언어: {"\N{BLACK HEART SUIT}".join(pl_lst)}")
주요 프로그래밍 언어: java♥kotlin♥c♥go♥typescript
```

표준 파이썬의 문서를 활용하면 새로운 버전의 기능을 자세하게 확인할 수 있다. 표준 파이썬 홈페이지의 버전 문서 처음에 [파이썬 3.12의 새로운 기능은?]으로 연결할 수 있다.

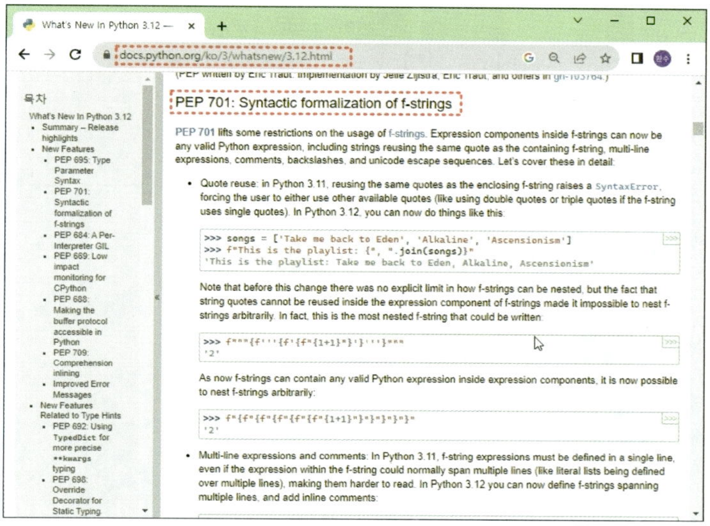


▲ **그림 5** 파이썬 공식 문서

다음은 처음에 [파이썬 3.12의 새로운 기능은?]에 연결된 화면이다.

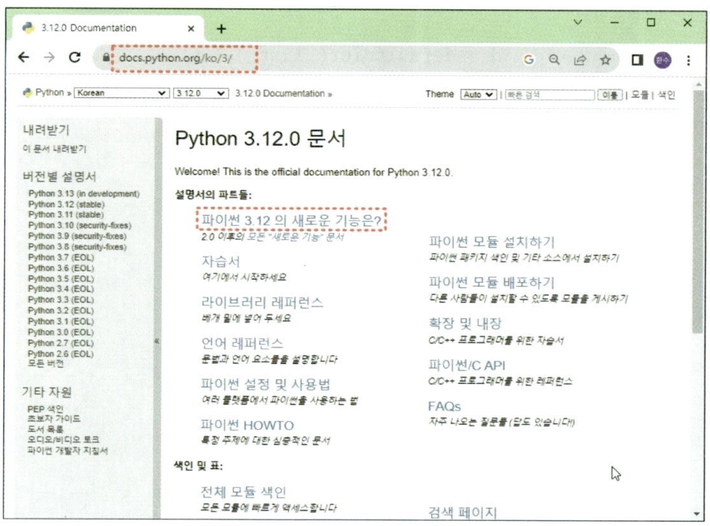


▲ **그림 6** 파이썬 3.12 버전의 기능 소개

## 학습 내용 점검

**01 :** 다음 내용을 참고해 모듈 operator의 함수 iadd(a, b) 호출 결과와 a += 10의 결과를 비교, 설명하시오.

| 모듈 operator에서 i로 시작하는 함수를 검색해 첫 함수의 도움말을 출력 | 모듈 operator에서 i로 시작하는 함수를 검색해 첫 함수인 iadd를 실제로 구현하는 코드 |
| --- | --- |
| `import operator`<br>`iops= [op for op in dir(operator) if op[0] == 'i']`<br><br>`print(iops) # i로 시작하는 함수 목록 출력`<br>`exec('help(operator.' + iops[0] + ')')` | `def iadd(a, b):`<br>`    "Same as a += b."`<br>`    a += b`<br>`    return a` |

```
from operator import iadd

a = 10
iadd(a, 20)
print(a)

a = 10
a += 20
print(a)
```

**02 :** 클래스 collections.defaultdict를 고려해 다음 두 코드를 비교, 설명하시오.

```
d = dict()

d['lang'].append('go')
d['os'].append('windows')
d['lang'].append('kotlin')
d['lang'].append('c#')

for i in d.items():
    print(i)
```

```
from collections import defaultdict

d = defaultdict( list )

d['lang'].append('go')
d['os'].append('windows')
d['lang'].append('kotlin')
d['lang'].append('c#')

for i in d.items():
    print(i)
```

**03** : 다음 내장 모듈 random 출력 결과를 설명하시오.

① `rd.random()`

② `rd.randint(1, 5)`

③ `rd.randint(1, 10)`

④ `rd.randrange(5)`

⑤ `rd.randrange(1, 5)`

⑥ `rd.randrange(1, 10, 3)`

⑦ `rd.uniform(1, 3)`

⑧ `rd.sample(range(1, 7), 3)`

⑨ `rd.sample([1, 2, 3, 4, 5], 3)`

⑩ `rd.choice(range(5))`

⑪ `rd.choice([1, 2, 3, 4])`

⑫ `rd.choices([1, 2, 3, 4, 5], weights=[0.1, 0.2, 0.3, 0.2, 0.2], k=3)`

⑬ `rd.choices([1, 2, 3, 4, 5], k=3)`

⑭
```
a = [1, 2, 3, 4]
rd.shuffle(a)
print(a)
```

**04** : 다음 외부 패키지 numpy의 모듈 random에서의 출력 결과를 설명하시오.

```
from numpy import random as nprd
```

① `nprd.rand()`

② `nprd.rand(3, 4)`

③ `nprd.random()`

④ `nprd.random((2, 3))`

⑤ `nprd.randint(2)`

⑥ `nprd.randint(1, 5, (2, 3))`

⑦ `nprd.uniform()`

⑧ `nprd.uniform((2, 3))`

⑨ `nprd.uniform(0.5, 3, (2, 3))`

⑩ `nprd.randn()`

⑪ `nprd.randn(3, 4)`

⑫ `nprd.normal()`

⑬ `nprd.normal((2, 3))`

⑭ `nprd.normal(0, 2, (2, 3))`

⑮ `nprd.choice(range(10), (2, 3))`

⑯ `nprd.choice(range(10), 5, False)`

**05** : 다음 구조적 match 코드의 실행 결과를 작성하시오.

①
```
status_code = 200
match status_code:
    case 300:
        print(f"Code: {status_code}")
    case 400:
        print("The response is 400")
    case _:
        print("No pattern matches the response status !")
```

②
```
values = [1, [2.3, 5.6], {'대한민국': '서울'}]
for value in values:
    match value:
        case 1 as x:
            print(f"{x}")
        case (x, y):
            print(f"{x} {y}")
        case '대한민국' as country:
            print(f"{country['대한민국']}")
        case _:
            print(f"No match")
```

③
```
def inputdata(data):
    match data:
        case ["Hello", *other]:
            print(f"First letter is 'Hello' and "
                  f"Others are {other}")
        case [*word, "Welcome"]:
            print(f"Last word is 'Welcome' and the words "
                  f"before is {word}")
        case _:
            print("Yohoho")

inputdata(["Hello", "match"])
inputdata(["Hey", "match", "Welcome"])
```

④
```
values = [[10, 20], [40, 30], [5, 5]]
for value in values:
    match value:
        case (x, y) if x > y:
            print(f"{x} > {y}")
        case (x, y) if x <= y:
            print(f"{x} <= {y}")
```

**06** : 다음 코드에서 타입 힌트와 함수 주석에 대해 설명하시오.

①
```
name: str = 'John'
print(name)
```

②
```
def say_hi(name: str) -> str:
    return f'Hi {name}'

greeting = say_hi('John')
print(greeting)
```

③
```
from typing import Union

def add(x: Union[int, float], y: Union[int, float]) -> Union[int, float]:
    return x + y

print(add(3, 4.5))
```

④
```
def mul(x: int | float, y: int | float) -> int | float:
    return x * y

print(mul(3, 4.5))
```

## 도전! 프로그래밍

**01 : 다음 내용을 참고해 행렬의 곱을 출력하는 프로그램을 작성하시오.**

응용

- 두 행렬은 numpy의 ndarray 객체를 사용
- 두 행렬 a, b의 곱: 모듈 operator의 함수 matmul(a, b)
- 두 행렬 a, b의 곱: 패키지 numpy의 함수 matmul(a, b)
- 두 행렬 a, b의 곱: 연산자 @ 사용, a @ b

```
행렬 a:
[[1]
 [2]]
행렬 b:
[[1 2]]

op.matmul(a, b):
[[1 2]
 [2 4]]
np.matmul(a, b):
[[1 2]
 [2 4]]
a @ b :
[[1 2]
 [2 4]]
```

**02 : 다음을 내용을 참고해 가계부를 작성하는 프로그램을 작성하시오.**

응용

- 패키지 collections의 클래스 defaultdict를 사용해서 {카테고리:카테고리 합}으로 구성
- 다음의 인터페이스 방식과 결과

```
카테고리와 금액을 입력하세요 (빈 문자열로 종료): 점심 10000
카테고리와 금액을 입력하세요 (빈 문자열로 종료): 의류 100000
카테고리와 금액을 입력하세요 (빈 문자열로 종료): 교통 5000
카테고리와 금액을 입력하세요 (빈 문자열로 종료): 교통 10000
카테고리와 금액을 입력하세요 (빈 문자열로 종료): 의류 50000
카테고리와 금액을 입력하세요 (빈 문자열로 종료): 점심 20000
카테고리와 금액을 입력하세요 (빈 문자열로 종료):
점심: 30000 원
의류: 150000 원
교통: 15000 원
전체 지출 합계: 195000 원
```

**03** : **다음을 내용을 로또 복권을 모의 실험하는 프로그램을 작성하시오.**

실전

- 패키지 numpy의 모듈 random의 choice( ) 함수로 활용
- 다음의 인터페이스 사용

```
당첨 번호: [ 4 10 14 22 32 35]
로또 시뮬레이션 횟수를 입력하세요: 50
로또 시뮬레이션 결과:
시뮬레이션 1: 번호 [ 4 10 29 34 38 41] - 꽝 [4, 10]
시뮬레이션 2: 번호 [ 2 19 21 23 25 36] - 꽝 없음
... <중간생략>
시뮬레이션 34: 번호 [ 4 14 29 32 33 44] - 4등 [4, 14, 32]
시뮬레이션 35: 번호 [16 20 31 37 41 45] - 꽝 없음
시뮬레이션 36: 번호 [ 3 12 23 24 36 38] - 꽝 없음
시뮬레이션 37: 번호 [ 5 10 11 24 28 32] - 꽝 [10, 32]
시뮬레이션 38: 번호 [ 4 10 16 25 31 34] - 꽝 [4, 10]
시뮬레이션 39: 번호 [ 8 17 19 20 25 38] - 꽝 없음
시뮬레이션 40: 번호 [ 8 14 24 26 41 44] - 꽝 [14]
시뮬레이션 41: 번호 [ 1  2 10 14 19 35] - 4등 [10, 14, 35]
시뮬레이션 42: 번호 [ 4 13 21 27 40 43] - 꽝 [4]
시뮬레이션 43: 번호 [10 11 17 32 34 39] - 꽝 [10, 32]
... <중간생략>
시뮬레이션 50: 번호 [19 22 24 25 27 32] - 꽝 [22, 32]
```

**04** : **다음 내용을 참고해 구조적 패턴 match case문을 사용해 다음과 같이 출력하는 프로그램을 작성하시오.**

실전

- 함수 file_handle(command) 구현, 다음이 일부

```
def file_handle(command):
    match command.split():
        case ['show']:
            …

        case ['remove' | 'delete', *files] if '--ask' in files:
```

```
>>> file_handle('remove --ask file1.txt file2.jpg file3.pdf')
Please confirm: Removing files: ['file1.txt', 'file2.jpg', 'file3.pdf']
>>> file_handle('remove file1.txt file2.jpg file3.pdf')
Removing files: ['file1.txt', 'file2.jpg', 'file3.pdf']
>>> file_handle('delete --ask file1.txt file2.jpg file3.pdf')
Please confirm: Removing files: ['file1.txt', 'file2.jpg', 'file3.pdf']
>>> file_handle('delete file1.txt file2.jpg file3.pdf')
Removing files: ['file1.txt', 'file2.jpg', 'file3.pdf']
>>> file_handle('show')
List all files and directories:
>>> file_handle('edit')
Command not recognized
```

**05** : **다음 내용을 참고해 일정을 관리하는 프로그램을 작성하시오.**

실전

- 함수 organize_travel_schedule(schedule_dict): 인자 schedule_dict는 딕셔너리 자료형으로 {일자: 일정}으로 하루 일정을 출력
- 타입 힌트와 함수 주석을 활용

```
일정 날짜를 입력하세요 (yyyy-mm-dd): 2024-04-22
일정을 입력하세요 (콤마로 구분): 기상, 회의, 중식, 연구
일정 날짜를 입력하세요 (yyyy-mm-dd): 2023-05-07
일정을 입력하세요 (콤마로 구분): 강의, 중식, 연구, 회식
일정 날짜를 입력하세요 (yyyy-mm-dd):
하루 일정:
2024-04-22: ['기상', ' 회의', ' 중식', ' 연구']
2023-05-07: ['강의', ' 중식', ' 연구', ' 회식']
```

MEMO

Chapter

# 10

# 예외 처리와 파일 입출력

## 학습 목표

- 예외 처리의 필요성을 이해하고 try except문을 사용하여 예외 처리를 할 수 있다.
- 텍스트 파일과 바이너리 파일을 이해하고 필요한 파일을 만들 수 있다.
- 이미 생성된 파일에서 내용을 읽어 처리할 수 있다.

CONTENTS

SECTION 01

PYTHON

# 실행 오류로 인한 프로그램 중단을 막는 예외 처리

## 1.1 실행 오류와 예외 처리

### 예외 처리 개요

지금까지 코딩 중에 수많은 오류를 경험했을 것이다. 파이썬 코딩 초반에는 문법에 오류가 있어 발생하는 구문 오류(syntax error)를 많이 범하다가 코딩에 조금 익숙해지면 실행 시 오류를 많이 접할 수 있다. 개발 과정에서 오류를 만났을 때 나타나는 오류에 대한 메시지 정보는 오류를 수정하는 데 많은 도움이 된다.

개발 과정에서의 실행 오류는 수정하면 되지만 상용화된 소프트웨어에서 실행 오류가 발생하면 난감하다. 실행 오류 원인이 개발자의 잘못에서 발생하는 경우가 많지만, 때로는 사용자나 실행 환경의 문제 때문에 발생할 수도 있다. 즉, 원인은 정수나 실수를 입력해야 하는 상황에서 사용자의 입력이 잘못되거나 네트워크의 송·수신 문제 또는 요구한 파일이 없는 문제 등으로 다양하다.

여러 원인에 의해 발생하는 오류를 '예외(exception)'라고 하며, 발생한 예외를 처리하여 프로그램이 바로 종료되는 일을 막도록 하는 것을 '예외 처리(exception handle)'라고 한다.

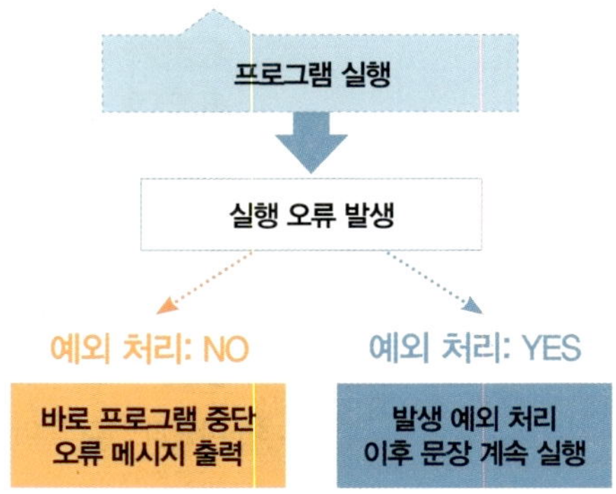


▲ 그림 1 실행 오류와 예외 처리

### 구문 오류와 실행 오류

다음은 실행 전에도 쉽게 찾을 수 있는 '구문 오류(syntax error)'이다. 즉, for 구문에서 in이 빠져 발생한 구문 오류이다.

```
>>> for i range(3):
  File "<stdin>", line 1
    for i range(3):
          ^^^^^
SyntaxError: invalid syntax
```

그럼 실행 오류인 '예외(exception)'에 대해 알아보자. 한 가지 예로, 어느 수이든 0으로 나누면 다음과 같이 ZeroDivisionError가 발생한다. 이와 같이 실행 중에 발생하는 오류를 '예외(exception)'라고 한다.

```
>>> 3.4 / 0
Traceback (most recent call last):
  File "<stdin>", line 1, in <module>
ZeroDivisionError: float division by zero
```

## 1.2 예외 처리 구문 try except

### 예외 처리 구문 try except

실행 중에 발생하는 예외를 처리하여 프로그램이 바로 종료되는 일을 막도록 하는 일을 '예외 처리(exception handling)'라고 한다. 예외 처리는 try except문으로 실행한다. 파이썬 코드에서 예외 발생이 의심스러운 문장들을 try 블록에 배치하고 try 블록에 예외가 있을 경우 실행될 코드를 except 블록에 배치한다.

try에서 except의 옵션으로 else: 블록, try의 옵션으로 finally: 블록이 올 수 있다. 즉, try 블록의 문장들에서 예외가 발생하면 except 블록이 실행되고 예외가 발생하지 않으면 옵션인 else 블록이 실행된다. finally 블록은 예외 발생과 상관없이 try 블록을 실행하면 반드시 실행된다.

**try except 구문**

```
try:
    try_statement1
    try_statement2
    …
except [Exception as var]:
    exp_statement1
    exp_statement2
    …
[else:]
    else_statement1
    else_statement2
    …
[finally:]
    statement1
    statement2
    …
```

- try 블록: 예외가 발생할 수 있는 문장들
- except 블록: 예외가 발생하면 실행되는 문장들
- else 블록: 예외가 발생하지 않으면 실행되는 문장들
- finally 블록: try를 하면 무조건 실행되는 문장들

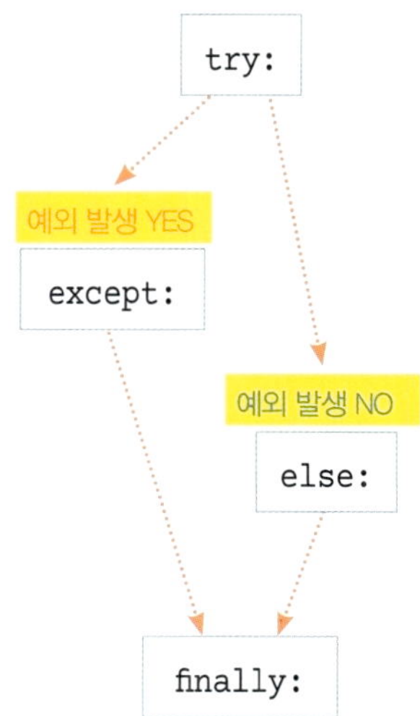

- try_statementi: 예외 발생이 의심되는 문장들로 구성되며, 예외가 발생한 문장 try_statementi 이후의 나머지 try 블록 문장은 실행되지 않음 .
- except: 예외가 발생하면 실행되는 블록으로 except: 블록이 여러 개 있을 수 있음.
- Exception as var: 옵션으로 발생한 Exception이 맞으면 var에 저장해 이 블록을 실행하지만, 발생한 예외가 Exception이 아니면 블록이 실행되지 않으므로 어떠한 예외도 처리하려면 except: 블록만 기술해 처리
- else: 옵션으로 예외가 발생하지 않으면 실행되는 블록
- finally: 옵션으로 try문이 시작되면 무조건 실행되는 문장들

파이썬의 가장 간단한 예외 처리 구문은 try except문으로, try: 다음 블록에 예외가 예상되는 문장들을 코딩하고 except: 이후 블록에 문장 pass를 넣어 준다. pass나 다른 전혀 문장이 없으면 IndentationError 오류가 발생한다. 예외 발생 문장 10 / 0을 try except에 넣으면 다음과 같이 오류가 발생하지 않고 종료된다. 문장 pass는 특별히 사용할 문장이 없거나 모를 때 사용할 수 있다.

```
>>> try:
...     10 / 0
... except:
...     pass
...
>>>
```

구문 try except: 블록에 표준 출력을 보내면 오류 없이 실행된다.

```
>>> try:
...     10 / 0
... except:
...     print('예외가 발생했습니다.')
...
예외가 발생했습니다.
```

블록 except에 발생한 예외 ZeroDivisionError와 다른 AssertionError as ass:를 추가하면 이 블록은 실행되지 않는다. 또한 예외는 발생한 상황이고 else: 블록도 실행되지 못하므로 프로그램이 종료된다.

```
>>> try:
...     10 / 0
... except AssertionError as err:
...     print(err)
... else:
...     print('예외가 발생하지 않음')
...
```

```
Traceback (most recent call last):
  File "<stdin>", line 2, in <module>
ZeroDivisionError: division by zero
```

### 예외가 발생한 정보를 저장하여 처리하는 except as

구문 try except에서 오류가 발생한 내용에 대해 좀 더 구체적인 처리를 하려면 다음과 except 이후에 '발생된_예외_객체_클래스_이름 as 변수명'을 추가하면 블록에서 변수를 활용할 수 있다. 즉, 예외가 발생하면 예외 인스턴스(instance)라는 것이 발생하고, 이 객체에 예외 발생 클래스와 이유 정보가 저장된다. 이 객체를 변수 e로 받아 예외 상황에 대한 정보를 활용할 수 있다. 변수명은 관례적으로 e와 exception 또는 error 등으로 받아 처리한다.

```
>>> try:
...     10 / 0
... except Exception as e:
...     print(f'예외 발생 유형: {type(e)}')
...     print(f'예외 발생 이유: {e}')
...
예외 발생 유형: <class 'ZeroDivisionError'>
예외 발생 이유: division by zero
```

발생된 예외의 클래스의 이름을 알 수 있다.

발생한 예외의 원인을 알 수 있다.

다음 코드는 두 개의 예외 처리 구문이다. 함수 int()를 사용해 정수 형태가 아닌 문자열 '3.67'을 정수로 변환할 때 발생하는 예외를 처리하는 try except문이다. 처음으로 예외가 발생한 data = int('3.67') 이후의 try 블록은 실행되지 않는다. 문장 f = open('data.txt', 'r')으로 파일 'data.txt'를 열려고 했을 때 파일이 없으면 예외가 발생하는 경우이다.

**10-1 코딩** 10-01-basictryexcept.py | **정수 변환과 파일 열기에서의 예외 처리** | 난이도 기본

```
try:
    data = int('3.67')
    a = [] # 미실행
    a[0] # 미실행, 실행된다면 이 문장에서도 예외 발생

except Exception as e:
    print(f'예외 발생 유형: {type(e)}')
    print(f'예외 발생 이유: {e}')

try:
    f = open('data.txt', 'r')
except Exception as e:
    print(f'예외 발생 유형: {type(e)}')
    print(f'예외 발생 이유: {e}')
```

결과

```
예외 발생 유형: <class 'ValueError'>
예외 발생 이유: invalid literal for int() with base 10: '3.67'
예외 발생 유형: <class 'FileNotFoundError'>
예외 발생 이유: [Errno 2] No such file or directory: 'data.txt'
```

### 예외와 관련된 클래스

객체지향 언어는 모든 예외를 클래스로 정의하여 관리한다. 파이썬도 그림과 같이 예외 클래스를 계층적으로 정의하고 있다. 예외의 가장 상위 클래스는 BaseException이고, 우리가 접하는 많은 예외 클래스는 Exception 클래스의 하위 클래스이다.

```
BaseException
 +-- SystemExit
 +-- KeyboardInterrupt
 +-- GeneratorExit
 +-- Exception
      +-- StopIteration
      +-- StopAsyncIteration
      +-- ArithmeticError
      |    +-- FloatingPointError
      |    +-- OverflowError
      |    +-- ZeroDivisionError
      +-- AssertionError
      +-- AttributeError
      +-- BufferError
      +-- EOFError
      +-- ImportError
      |    +-- ModuleNotFoundError
      +-- LookupError
      |    +-- IndexError
      |    +-- KeyError
      +-- MemoryError
      +-- NameError
      |    +-- UnboundLocalError
      +-- OSError
      |    +-- BlockingIOError
      |    +-- ChildProcessError
      |    +-- ConnectionError
      |    |    +-- BrokenPipeError
      |    |    +-- ConnectionAbortedError
      |    |    +-- ConnectionRefusedError
      |    |    +-- ConnectionResetError
      |    +-- FileExistsError
      |    +-- FileNotFoundError
      |    +-- InterruptedError
      |    +-- IsADirectoryError
      |    +-- NotADirectoryError
      |    +-- PermissionError
      |    +-- ProcessLookupError
      |    +-- TimeoutError
      +-- ReferenceError
      +-- RuntimeError
      |    +-- NotImplementedError
      |    +-- RecursionError
      +-- SyntaxError
      |    +-- IndentationError
      |         +-- TabError
      +-- SystemError
      +-- TypeError
      +-- ValueError
      |    +-- UnicodeError
      |         +-- UnicodeDecodeError
      |         +-- UnicodeEncodeError
      |         +-- UnicodeTranslateError
      +-- Warning
           +-- DeprecationWarning
           +-- PendingDeprecationWarning
           +-- RuntimeWarning
           +-- SyntaxWarning
           +-- UserWarning
           +-- FutureWarning
           +-- ImportWarning
           +-- UnicodeWarning
           +-- BytesWarning
           +-- ResourceWarning
```

▲ **그림 1** 예외 관련 클래스 계층

리스트나 튜플 참조에서 첨자 범위를 벗어나면 IndexError 예외가 발생한다.

```
>>> try:
...     print([1, 2, 3][4])
... except IndexError as e:
...     print(f'예외 발생 유형: {type(e)}')
...     print(f'예외 발생 이유: {e}')
...
예외 발생 유형: <class 'IndexError'>
예외 발생 이유: list index out of range
```

또한, 딕셔너리에 없는 키로 참조하면 KeyError 예외가 발생한다.

```
>>> try:
...         print({'name':'python', 'year':1991,
'developer':'귀도'}['owner'])
... except KeyError as e:
...     print(f'예외 발생 유형: {type(e)}')
...     print(f'예외 발생 이유: {e}')
...
예외 발생 유형: <class 'KeyError'>
예외 발생 이유: 'owner'
```

예외 IndexError와 KeyError의 상위는 LookupError이고 그 상위는 Exception, 다시 BaseException이다. 위 두 코드

에서 except 이후의 예외 이름을 상위 클래스인 LookupError나 Exception, BaseException을 사용해도 예외 처리가 가능하다. 그러나 가능하면 보다 구체적인 예외를 적시하여 예외를 처리하는 것을 권장한다.

```
>>> try:
...     print({'name':'python', 'year':1991, 'developer':'귀도'}['owner'])
... except LookupError as e:
...     print(f'예외 발생 유형: {type(e)}')
...     print(f'예외 발생 이유: {e}')
...
예외 발생 유형: <class 'KeyError'>
예외 발생 이유: 'owner'
```

### 예외 처리 구문 try except else finally

try except문의 전체적인 실행 흐름을 알아보자. 다음 코드에서 문자열 첨자가 범위를 벗어나 잘못된 문자열 참조 예외 IndexError가 발생해 except와 finally 블록이 실행된다.

```
try:
    print('pyhton'[6])
except IndexError as e:
    print('예외 발생 이름: {}'.format(type(e)))
    print('예외 발생 이유: {}'.format(e))
else:
    print('예외 없이 잘 실행되었습니다.')
finally:
    print('예외 처리가 잘되는군요!')
```

실행 결과

```
예외 발생 이름: <class 'IndexError'>
예외 발생 이유: string index out of range
예외 처리가 잘되는군요!
```

다음 코드는 문자열 첨자가 0으로 정상적으로 문자 p를 참고하고 있어 예외가 발생하지 않는다. 그러므로 p가 출력되고 else 블록이 실행되고 마지막으로 finally 블록이 실행된다.

```
try:
    print('pyhton'[0])
except IndexError as e:
    print('예외 발생 이름: {}'.format(type(e)))
    print('예외 발생 이유: {}'.format(e))
else:
    print('예외 없이 잘 실행되었습니다.')
finally:
    print('예외 처리가 잘되는군요!')
```

실행 결과

```
p
예외 없이 잘 실행되었습니다.
예외 처리가 잘되는군요!
```

다음 코드에서 try except else finally문을 다시 한번 확인하자.

**10-2 코딩** 10-02-tryexceptelsefinally.py | IndexError 예외 처리 | 난이도 기본

```python
lst = ['C/C++', 'java', 'c#', 'python']

try:
    print(lst[4])
    # print(lst[0])

except Exception as e:
    print(f'예외 발생 유형: {type(e)}')
    print(f'예외 발생 이유: {e}')

else:
    print('예외 없이 잘 실행되었습니다.')

finally:
    print('예외 처리가 잘되는군요!')
```

**결과**

```
print(lst[4]) 구문인 결과
예외 발생 이름: <class 'IndexError'>
예외 발생 이유: list index out of range
예외 처리가 잘되는군요!
```

```
print(lst[0]) 구문인 결과
C/C++
잘 실행되었습니다.
예외 처리가 잘되는군요!
```

## 1.3 여러 except에서의 예외 처리

### 한 번에 여러 예외 처리 구현

try 블록에서 예상되는 예외 처리가 다양하다면 여러 개의 except: 블록을 가질 수 있다. 그러나 여러 개의 except:가 있더라도 예외가 발생하면 많아야 하나의 except: 블록만 실행된다. 물론 except:가 있더라도 발생한 예외가 적시한 예외 클래스와 동일하거나 하부 클래스가 아니라면 except 블록은 실행되지 않는다.

다음 두 정수의 곱하기와 나누기의 결과를 출력하는 코드에서 발생할 수 있는 예외 ZeroDivisionError와 ValueError의 예외를 처리하는 구문이다. 정수 형태를 입력하지 않으면 ValueError의 예외 처리가 실행되고 두 번째 입력에 0을 입력하면 ZeroDivisionError의 예외 처리가 실행된다.

```python
try:
    x = int(input('정수 입력 > '))
    y = int(input('정수 입력 > '))
    print(f'{x} × {y} = {x * y}')
    print(f'{x} ÷ {y} = {x / y}')
except ZeroDivisionError as exp:
```

**실행 결과 1 : 두 번째 입력에 0을 입력하는 경우**

```
정수 입력 > 10
정수 입력 > 0
10 × 0 = 0
except ZeroDivisionError as exp:
        예외 발생 이유: division by zero
```

```
    print('except ZeroDivisionError as exp:')
    print(f'\t예외 발생 이유: {exp}')

except ValueError as exp:
    print('except ValueError as exp:')
    print(f'\t예외 발생 이유: {exp}')
```

**실행 결과 2: 정수가 아닌 것을 입력하는 경우**

```
정수 입력 > 3.2
except ValueError as exp:
        예외 발생 이유: invalid literal
for int() with base 10: '3.2'
```

위 구문의 두 개의 except는 다음의 except (ZeroDivisionError, ValueError)처럼 괄호로 묶어 하나로 처리할 수도 있다.

```
try:
    x = int(input('정수 입력 > '))
    y = int(input('정수 입력 > '))
    print('{} × {} = {}'.format(x, y, x * y))
    print('{} ÷ {} = {}'.format(x, y, x / y))

except (ZeroDivisionError, ValueError) as exp:
    print(f'\t예외 발생 이유: {exp}')
```

### 두 정수의 곱하기와 나누기에서의 여러 예외 처리 구현

두 정수를 표준 입력으로 받아 곱하기와 나누기를 수행하는 프로그램을 작성해 보자. 무한 반복으로 계속 연산을 수행하다가 첫 정수 입력에서 x 또는 X를 입력하면 종료하도록 한다. 사용자의 정수 입력에서 3.4와 같이 잘못된 정수 입력에서는 ValueError를 처리하고 두 번째 사용자 정수 입력에서 0을 입력하면 ZeroDivisionError를 처리하도록 한다.

**10-3 코딩** 10-03-variustryexcept.py | **두 정수의 곱과 나눔 연산에서의 예외 처리 구현** | 난이도 기본

```
while True:
    try:
        xstr = input('정수 입력 > ')
        x = int(xstr)
        y = int(input('0이 아닌 정수 입력 > '))
        prod = x * y
        divd = x / y

    except ZeroDivisionError as exp:
        print('except ZeroDivisionError as exp:')
        print(f'예외 발생 유형: {type(exp)}')
        print(f'예외 발생 이유: {exp}')
        print('0으로는 나눌 수 없습니다.')
```

```
    except ValueError as exp:
        print('except ValueError as exp:')
        print(f'예외 발생 유형: {type(exp)}')
        print(f'예외 발생 이유: {exp}')
        print('입력한 값이 정수가 아닙니다.')

    else:
        print(f'{x} × {y} = {prod}')
        print(f'{x} ÷ {y} = {divd}')

    finally:
        if xstr in ['x', 'X']:
            print('종료합니다.')
            break
        print('다시 해 보세요.\n')
```

**예외** 예외 ZeroDivisionError, ValueError 발생 경우 | 정상 연산과 x 입력 시 종료

**결과**

```
정수 입력 > 30
0이 아닌 정수 입력 > 0
except ZeroDivisionError as exp:
예외 발생 유형: <class 'ZeroDivisionError'>
예외 발생 이유: division by zero
0으로는 나눌 수 없습니다.
다시 해 보세요.

정수 입력 > 5.6
except ValueError as exp:
예외 발생 유형: <class 'ValueError'>
예외 발생 이유: invalid literal for int() with base 10: '5.6'
입력한 값이 정수가 아닙니다.
다시 해 보세요.

정수 입력 > …
…
```

```
정수 입력 > 20
0이 아닌 정수 입력 > 5
20 × 5 = 100
20 ÷ 5 = 4.0
다시 해 보세요.

정수 입력 > x
except ValueError as exp:
예외 발생 유형: <class 'ValueError'>
예외 발생 이유: invalid literal for int() with base 10: 'x'
입력한 값이 정수가 아닙니다.
종료합니다.
```

## 1.4 예외 발생과 assert로 예외 처리

### 문장 raise를 사용하여 직접 예외를 발생

직접 예외를 발생시켜 예외 처리를 할 수도 있다. 만일, 표준 입력에서 양의 정수만이 필요한 상황일 때 다음처럼 음수나 0이 입력되면 raise Exception('필요한 메시지') 구문으로 예외를 직접 발생시킬 수 있다. 이렇게 발생한 예외는 다른 예외 처리와 동일하게 try except로 예외 처리를 구현해 준다.

```
n = int(input('양의 정수 입력 > '))
if n <= 0:
    raise Exception('양의 정수를 입력하시오.')
```

다음은 양의 정수를 표준 입력받아 표준 모듈 math를 불러 factorial(n)을 구하는 프로그램이다. 표준 입력에서 잘못된 정수 입력에서는 except ValueError를 처리하고 음수나 0이 입력되면 Exception을 처리한다.

**10-4 코딩** 10-04-raiseexcetion.py | **직접 예외를 발생시켜 예외 처리** | 난이도 응용

```
import math

try:
    n = int(input('양의 정수 입력 > '))
    if n <= 0:
        raise Exception('양의 정수를 입력하시오.')

except ValueError as exp:
    print(f'예외 발생 유형: {type(exp)}')
    print(f'예외 발생 이유: {exp}')
    print('입력한 값이 정수가 아닙니다.')

except Exception as exp:
    print(f'예외 발생 유형: {type(exp)}')
    print(f'예외 발생 이유: {exp}')
    print('입력한 값이 양의 정수가 아닙니다.')

else:
    print(f'{n}! = {math.factorial(n)}')

finally:
    print(' 프로그램 종료! '.center(30, '*'))
```

결과

```
정상 표준 입력
양의 정수 입력 > 5
5! = 120
********** 프로그램 종료! **********
음수나 0을 입력한 경우: Exception 발생
양의 정수 입력 > -1
예외 발생 이름: <class 'Exception'>
예외 발생 이유: 양의 정수를 입력하시오.
입력한 값이 양의 정수가 아닙니다.
********** 프로그램 종료! **********
```

```
잘못된 정수를 입력한 경우: ValueError 발생
양의 정수 입력 > 4.3
예외 발생 이름: <class 'ValueError'>
예외 발생 이유: invalid literal for
int() with base 10: '4.3'
입력한 값이 정수가 아닙니다.
********** 프로그램 종료! **********
```

### 조건 인증 구문, assert와 예외 처리

구문 assert는 어떤 조건이 True라는 것을 인증하기 위해 사용하는 문장이다. 조건을 만족하지 못하면 예외 AssertionError가 발생하고 종료된다. 일반적으로 구문 assert는 개발 중에 디버깅 및 테스트용 도구로 사용한다. 다음은 assert문에 대한 설명이다.

**문장 assert**

```
asset condition, error_message
```

- condition: 조건이 True이면 문제 없이 이후 문장을 실행
- 만일 조건이 False이면 "AssertionError: error_message" 예외가 발생

모듈 sys에서 변수 platform과 version으로 현재 운영되는 시스템과 파이썬 버전을 확인할 수 있다.

```
>>> import sys
>>> sys.platform
'win32'
>>> sys.version
'3.12.0 (tags/v3.12.0:0fb18b0, Oct  2 2023, 13:03:39) [MSC v.1935 64 bit (AMD64)]'
```

만일 파이썬 버전 3.12에서만 실행되는 f-문자열의 기능을 사용한다고 가정해 보자. 다음처럼 assert문으로 파이썬 버전 3.12인 것을 확인한 후 f-문자열의 기능을 사용할 수 있다.

```
>>> assert sys.version[:4] == '3.12', "파이썬 버전 3.12에서만 가능합니다."
>>>
>>> pl = {}
>>> pl['java'] = 1995
>>> print(f'{pl['java']}')
1995
```

만일, 파이썬 버전 3.11에서 다음 asset 문장을 실행하면 예외 AssertionError와 함께 콤마 뒤에 포함된 '파이썬 버전 3.12에서만 가능합니다.'가 예외 메시지로 출력된다.

```
>>> import sys
>>> sys.version
'3.11.4 (tags/v3.11.4:d2340ef, Jun  7 2023, 05:45:37) [MSC v.1934 64 bit (AMD64)]'
>>> assert sys.version[:4] == '3.12', "파이썬 버전 3.12에서만 가능합니다."
Traceback (most recent call last):
  File "<stdin>", line 1, in <module>
AssertionError: 파이썬 버전 3.12에서만 가능합니다.
```

다음은 파이썬 버전 3.11에서 발생한 f-문자열 오류이다.

```
>>> pl = {}
>>> pl['java'] = 1995
>>> print(f'{pl['java']}')
  File "<stdin>", line 1
    print(f'{pl['java']}')
                 ^^^^
SyntaxError: f-string: unmatched '['
```

다음 함수 check_age(age)는 assert 문장으로 성인을 인증하는 함수이다.

```
>>> def check_age(age):
...     assert age >= 18, "나이는 18세 이상이어야 합니다."
...     return "성인"
...
```

함수 check_age(18) 호출로는 정상적으로 '성인'이 반환된다.

```
>>> check_age(18)
'성인'
```

만일, check_age(17)로 호출하면 예외 AssertionError가 발생한 후에 종료된다.

```
>>> check_age(17)
Traceback (most recent call last):
  File "<stdin>", line 1, in <module>
  File "<stdin>", line 2, in check_age
AssertionError: 나이는 18세 이상이어야 합니다.
```

다음처럼 함수 check_age(age) 호출도 try except로 예외 처리를 할 수 있다.

```
>>> try:
...     check_age(18)
...     check_age(17)
... except Exception as e:
...     print(f'예외 발생 유형: {type(e)}')
...     print(f'예외 발생 이유: {e}')
...
'성인'
예외 발생 유형: <class 'AssertionError'>
예외 발생 이유: 나이는 18세 이상이어야 합니다.
```

다음 예제는 함수 check_age(age)에서 assert로 나이 인증을 처리하고 이 함수 check_age(age) 호출에 예외 처리를 구현한 코드이다. 예외 ValueError에서 정수가 아닌 예외를 처리하고 예외 AssertionErorr에서 18세 미만의 예외를 처리한다.

**10-5 코딩** 10-05-assertexcept.py | **성인 인증 함수 예외 처리** | 난이도 응용

```python
def check_age(age):
    """
    나이가 18세 이상인지 확인하고, 18세 미만인 경우 예외를 발생시킵니다.

    Args:
        age (int): 나이

    Returns:
        str: "성인" 또는 "미성년자"
    """
    assert age >= 18, "나이는 18세 이상이어야 합니다."

    return "성인"

def main():
    try:
        user_age = int(input("나이를 입력하세요: "))
        result = check_age(user_age)
        print(f"당신은 {result}입니다.")

    except ValueError:
        print("유효한 나이를 입력해 주세요.")

    except AssertionError as e:
        print(e)

```

```
if __name__ == "__main__":
    main()
```

결과

```
나이를 입력하세요: 19
당신은 성인입니다.
```

```
나이를 입력하세요: 16
나이는 18세 이상이어야 합니다.
```

```
나이를 입력하세요: 3.4
유효한 나이를 입력해 주세요.
```

SECTION

# 02 파일을 생성하고 내용을 읽는 파일 입출력

PYTHON

## 2.1 파일 개요와 파일 입출력 기초

### 파일 개요

프로그램이 실행되는 중에도 저장한 변수의 내용은 메인 메모리인 RAM(Random Access Memory)에 저장되어 있으며 프로그램이 종료되면 모두 사라지는 '휘발성(volatile)' 자료이다. 만일, 프로그램 종료 후에도 자료를 사용해야 한다면 영구 저장이 가능한 파일로 필요한 내용을 저장해야 한다.

**프로그램에서의 변수와 파일 사용**

프로그램이 종료되면 다시 사용할 수 없는 자료

```
month = {1: 'January', 2: 'February', 3: 'March', 4: 'April'}
```

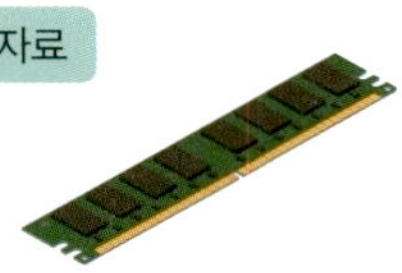

프로그램이 종료되더라도 다시 파일에서 읽어와 사용할 수 있는 자료

```
f = open('pyzen.txt', 'wt')
f.write('파이썬 철학\n')
f.write('아름다움이 추한 것보다 낫다.\n')
f.write('명시적인 것이 암묵적인 것보다 낫다.\n')
f.close()
```

▲ 그림 3 프로그램에서의 변수와 파일 사용

지금까지 배운 입력은 콘솔에서 키보드를 통한 방식이며, 출력은 주로 텍스트 모드의 화면에 문자열 출력이 대부분이었다. 프로그래밍에서의 입출력은 이러한 표준 입출력 외에도 파일이나 프린터, 네트워크를 통한 입출력이 있다. 지금부터 파일의 입출력 방법에 대해 알아보자.

### 파일 쓰기 write()와 읽기 read()

파일 처리로 실제 텍스트 파일을 생성하여 원하는 문자열을 새 파일에 한 번 적어 보고 파일에 적은 내용을 읽어 보는 프로그램을 만들어 보자.

파일에 텍스트 자료를 쓰려면 먼저 파이썬의 내장 함수 open()을 사용하여 파일을 열어야 한다. 다음은 파일 이름인 'pythoin.txt'에 텍스트를 쓰기 위해 'w' 모드(mode)로 파일을 열어 문자열 'python file output'을 출력한 후 함수 close()로 파일을 닫는 코드이다. 파일 처리에서는 항상 open()으로 파일을 열어 파일 객체를 변수 file에 받고 필요할 경우, 함수 file.write('문자열')로 문자열을 파일에 쓰고 함수file.close()로 반드시 파일을 닫도록 한다. 다음 코드가 성공되면 소스가 저장된 폴더에 파일 python.txt를 노트패드 등의 텍스트 에디터로 열어 그 내용을 볼 수 있다.

```
>>> file = open('python.txt', 'w')
>>> file.write('python file output')
18
>>> file.close()
```

모드는 쓰기를 의미하는 w이고 wt(write text)도 가능하다.

함수 write(문자열)로 문자열을 출력할 수 있다.

함수 write(문자열)는 출력한 문자열의 길이를 반환한다.

Vs code에서 코딩해 실행하면 파일이 생성되는 폴더는 열기한 폴더가 된다. 지금 만든 파일 python.txt를 읽기 위해 읽기 모드인 'r'이나 'rt'로 연다. 함수 read()는 파일의 모든 내용 전체를 읽는 함수이다. 따라서 print(file.read())로 파일의 내용을 모두 출력할 수 있다.

```
>>> file = open('python.txt', mode='r')
>>> print(file.read())
python file output
>>> file.close()
```

위에서 파일에 쓴 내용이 출력된다.

텍스트 파일 처리에 사용되는 file의 유형은 TextIOWrapper라는 클래스이다.

```
>>> type(file)
<class '_io.TextIOWrapper'>
```

다음은 파일 pyzen.txt에 파이썬 철학 세 줄을 쓴 후 다시 읽기 모드로 파일을 열어 그 내용 전체를 읽어 콘솔에 출력하는 코드이다. 파일은 Vs code에서 바로 볼 수 있으며 노트패드로도 열어 볼 수 있다.

**10-6 코딩** 10-06-writereadfile.py **파일에 '파이썬 철학' 쓰기와 읽기** 난이도 기본

```
f = open('pyzen.txt', 'wt')
f.write('파이썬 철학\n')
f.write('아름다움이 추한 것보다 낫다.\n')
f.write('명시적인 것이 암묵적인 것보다 낫다.\n')
f.close()

f = open('pyzen.txt', mode='r')
s = f.read()
```

```
print(s)
f.close()
```

**결과**

파이썬 철학
아름다움이 추한 것보다 낫다.
명시적인 것이 암묵적인 것보다 낫다.

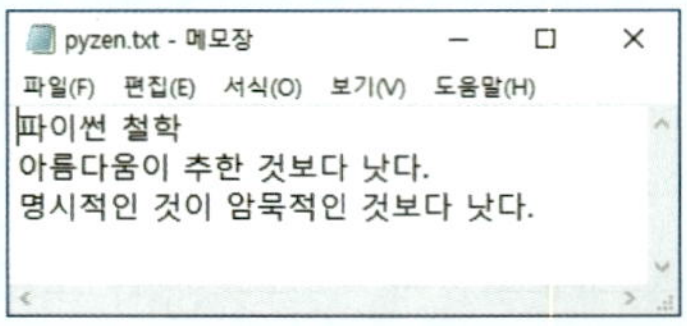


**TIP 좀 더 알아봅시다!**

다음처럼 Vs code에서 텍스트 파일이 깨져 보일 수 있다.

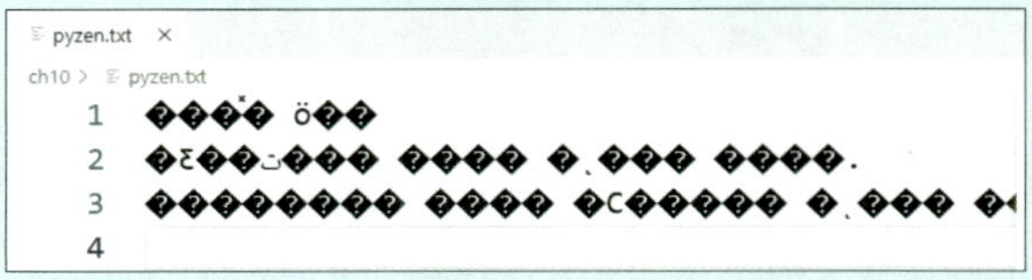


▲ **그림 4** Vs code에서 깨진 텍스트 파일

이 경우, Ctrl+Shift+P로 팔레트 명령에서 차례대로 [change file encoding] / [reopen with encoding] / [Korean (EUC-KR) …]을 선택한다.

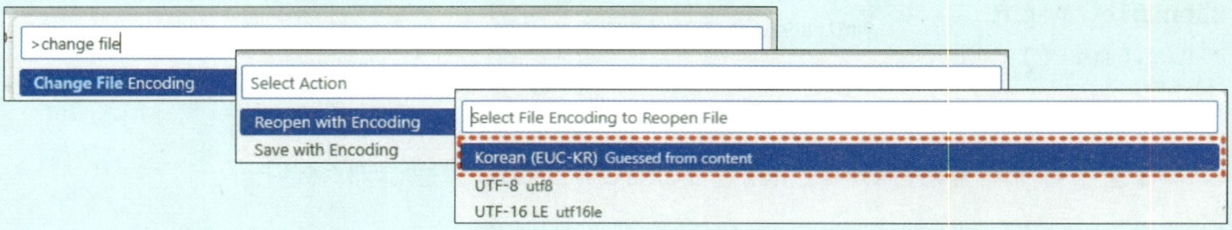


▲ **그림 1** EUC-KR 선택

## 파일 열기 함수 open()

파일 처리를 위한 함수 open()의 첫 두 인자는 file과 mode이며, 위치 인자와 키워드 인자 모두 가능하다. 모드는 기본이 읽기 모드인 r로 파일에서 읽으려면 생략할 수도 있다.

**내장 함수 open()**

```
open( file, mode= 'r', ...        )
```

- file: 참조하려는 파일의 이름이 들어 있는 문자열 값
- mode: 파일을 열어 처리하려는 모드로, 읽기(r), 쓰기(w), 추가(a) 등을 결정한다. 선택 매개 변수이며 기본 파일 액세스 모드는 읽기(r)이다.

문자열을 처리하는 텍스트 파일인 경우 open()의 모드를 정리하면 다음과 같다. 모든 모드는 텍스트를 의미하는 t가 생략된 것이며, rt처럼 사용할 수 있다.

▼ **표 1** 텍스트 파일 열기 모드 종류

| 모드 | 설명 |
|---|---|
| r, rt | 읽기 전용 파일의 열기 모드이고, 파일 내용을 읽는 위치인 파일 포인터는 파일의 시작 부분에 위치하며, 지정하지 않으면 r이 기본 모드임. |
| w, wt | 쓰기 전용 파일의 열기 모드로 이미 파일이 있으면 파일을 덮어 쓰고, 파일이 없으면 쓰기용으로 새 파일을 작성함. |
| a, at | 추가할 파일의 열기 모드이고, 파일에 추가할 위치인 파일 포인터는 파일이 있는 경우 파일의 끝에 위치, 만일 파일이 없다면 쓰기 용으로 새 파일을 작성 |
| r+, rt+ | 읽기 및 쓰기 모드로 파일 열기 모드이고, 파일 내용을 읽거나 쓰는 위치인 파일 포인터는 파일의 시작 부분에 위치함. |
| w+, wt+ | 쓰기 및 읽기 모드의 파일 열기로 파일이 있는 경우 기존 파일을 덮어 쓰고 파일이 없으면 읽기 및 쓰기 모드로 새 파일을 작성함. |
| a+, at+ | 추가 및 읽기 모드의 파일 열기로 파일 포인터는 파일이 있는 경우 파일의 끝에 위치하고 파일이 없으면 읽기 및 쓰기 모드로 새 파일 열기 |

## 파일 읽기 readlines()와 readline()

파일 객체에는 내용 전체를 읽는 read() 함수 이외에 readlines()와 readline() 등이 있다.

위 예제를 실행해 파일 pyzen.txt가 있다면 다음 코드의 readlines()는 파일 전체 내용 한 줄 한 줄의 항목으로 구성된 리스트를 반환하는 것을 알 수 있다.

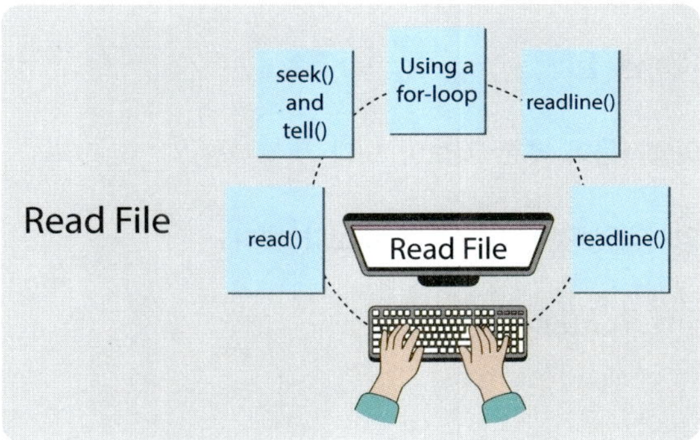


```
>>> f = open('pyzen.txt', mode='r')
>>> lines = f.readlines()
>>> print(lines)
['파이썬 철학\n', '아름다움이 추한 것보다 낫다.\n', '명시적인 것이 암묵적인 것보다 낫다.\n']
>>> f.close()
```

메서드 readlines()로 줄마다 처리하고자 할 때는 for line in f.readlines():를 사용한다. f.readlines()는 각 요소가 파일의 한 줄을 나타내는 목록을 반환하기 때문이다.

```
>>> f = open('pyzen.txt', 'r')
>>> for line in f.readlines():
```

```
...     print(line)
...
파이썬 철학

아름다움이 추한 것보다 낫다.

명시적인 것이 암묵적인 것보다 낫다.

>>> f.close()
```

그런데 신기하게도 파일을 연 유형인 TextIOWrapper 클래스 객체인 f를 사용해 list(f)의 결과도 메서드 readlines()와 같다.

```
>>> f = open('pyzen.txt', 'r')
>>> list(f)
['파이썬 철학\n', '아름다움이 추한 것보다 낫다.\n', '명시적인 것이 암묵적인 것보다 낫다.\n']
```

따라서 for in 뒤의 f.readlins()는 f로도 대체할 수 있다.

```
>>> f = open('pyzen.txt', 'r')
>>> for line in f:
...     print(line)
...
파이썬 철학

아름다움이 추한 것보다 낫다.

명시적인 것이 암묵적인 것보다 낫다.

>>> f.close()
```

파일 객체의 함수 readline()은 한 줄의 문자열을 읽어 반환하는 함수이다. 다음 두 코드는 while 반복의 readline()으로 파일 내용을 한 줄 한 줄 읽어 콘솔에 출력한다.

```
f = open('pyzen.txt', 'r')

line = f.readline()
while line: # while line != '':
    print(line)
    line = f.readline()

f.close()
```

```
f = open('pyzen.txt', 'r')

while True:
    line = f.readline()
    if not line: break
    print(line)

f.close()
```

그러나 함수 readline( )으로 읽어 저장된 line의 문자열 마지막은 '새로운 줄'을 의미하는 '\n'이므로 위처럼 print(line)으로는 한 줄의 공백이 계속 출력된다. 이 빈 줄을 제거하려면 다음 print(line, end = '') 또는 print(line.strip('\n'))처럼 코딩한다.

**10-7 코딩** 10-07-readlinefile.py | **파일에서 한 줄씩 읽어 콘솔에 출력 처리** | 난이도 응용

```python
# 방법 1
f = open('pyzen.txt', 'r')
while True:
    line = f.readline()
    if not line: break
    print(line, end = '')
    # print(line.strip('\n'))
f.close()

# 방법 2
f = open('pyzen.txt', 'r')
for line in f.readlines():
    print(line, end = '')
    # print(line.strip('\n'))
f.close()

# 방법 3
f = open('pyzen.txt', 'r')
for line in f:
    print(line, end = '')
    # print(line.strip('\n'))
f.close()
```

**결과**

```
파이썬 철학
아름다움이 추한 것보다 낫다.
명시적인 것이 암묵적인 것보다 낫다.
<이후 생략>
```

파일 읽기에 사용된 메서드를 정리하면 다음과 같다.

| 메서드 이름 | 설명 |
|---|---|
| read(size=-1) | 파일 내용을 지정된 바이트 크기(size)만큼 읽어서 문자열로 반환하고 size를 지정하지 않으면 파일 전체를 읽음. |
| readline(size=-1) | 파일에서 한 줄을 읽어서 문자열로 반환하며, size를 지정하면 최대 바이트 크기만큼 읽음. |
| readlines(hint=-1) | 파일 내용을 한 줄씩 읽어서 각 줄을 리스트의 요소로 저장하여 리스트로 반환하며, hint를 지정하면 최대 바이트 크기만큼 읽음. |
| readinto(b) | 파일에서 바이트 데이터를 읽어서 지정된 바이트 배열(b)에 쓰며 읽은 바이트 수를 반환함. |

### 파일 읽기의 예외 처리

쓰기 모드인 'w'로 open('filename', mode='w')하면 이미 파일 filename이 있어도 기존의 내용을 모두 무시하고 덮어 쓴다. 물론 파일이 없다면 파일 이름인 filename으로 새로운 파일을 생성한다.

존재하지 않는 파일을 읽기 모드인 'r'로 open(… mode='r' )하면 FileNotFoundError 예외가 발생한다. 따라서 다음 코드처럼 try except문으로 예외 처리를 하는 것을 권장한다.

```
try:
    f = open('pyzen.txt', 'r')
except FileNotFoundError as e:
    print('예외 처리:', e)
else:
    print(f.read())
    f.close()
```

**예외 발생 실행 결과: 파일 pyzen.txt가 없는 경우**

```
예외 처리: [Errno 2] No such file or
directory: 'pyzen.txt'
```

**정상 실행 실행 결과: 파일 pyzen.txt가 있는 경우**

```
파이썬 철학
아름다움이 추한 것보다 낫다.
명시적인 것이 암묵적인 것보다 낫다.
```

다음은 이미 만든 파일 pyzen.txt의 여러 줄을 함수 readlines()로 반복 for in에서 읽어 콘솔에 출력하는 코드이다. 파일 열기에서 파일 pyzen.txt가 없으면 예외가 발생하며, 이 예외를 처리하기 위해 try except문을 사용한다. 함수 open()을 호출하는 문장을 블록 try에 넣고 예외가 발생하지 않으면 실행되는 블록 else의 for in문에서 함수 readlines()를 사용하여 파일의 모든 줄을 출력한다.

반복 for의 변수 line의 문자열 마지막은 '\n'이므로 빈 줄을 제거하려면 다음 print(line.strip('\n')) 처럼 코딩한다.

```
for line in f.readlines():
    print(line.strip('\n'))
```

**10-8 코딩** 10-08-exceptreadfile.py | **파일 읽기에 예외 처리** | 난이도 응용

```
try:
    f = open('pyzen.txt', mode='r')

except FileNotFoundError as e:
    print(e)
    print(' 파일 읽기 실패! '.center(30, '*'))

else:
    for line in f.readlines():
```

```
            print(line.strip('\n'))
        f.close()
        print(' 파일 읽기 완료! '.center(30, '*'))

    finally:
        print(' 프로그램 종료! '.center(30, '*'))
```

결과

파일 pyzen.txt이 있는 경우

```
파이썬 철학
아름다움이 추한 것보다 낫다.
명시적인 것이 암묵적인 것보다 낫다.
********* 파일 읽기 완료! **********
********** 프로그램 종료! **********
```

파일 pyzen.txt이 없는 경우, 예외 발생

```
[Errno 2] No such file or directory:
'tpyzen.txt'
********* 파일 읽기 실패! **********
********** 프로그램 종료! **********
```

### with open(…) as file문

파일 처리를 위한 파일 열기의 다른 구문은 with open() as file문이다. 구문 with open(…) as 파일 객체명:을 사용하면 close() 호출 없이 자동으로 파일을 닫아 준다.

다음 코드로 파일 data.txt를 생성하여 문자열 '파이썬'을 삽입한다. 셸에서는 함수 write()가 쓴 문자 수가 출력되는 것을 알 수 있다.

```
>>> with open('data.txt', mode='w') as file:
...     file.write('파이썬')
...
3
```

다음은 위 코드로 만든 파일 data.txt를 읽어 콘솔에 출력하는 코드이다.

```
>>> with open('data.txt', mode='r') as file:
...     print(file.read())
...
파이썬
```

### 파일 쓰기에서 기본 파일에 덮어 쓰는 것을 방지하려면 mode='x' 사용

파일 열기의 mode='w'는 파일이 없다면 새로 만들고 이미 파일이 있더라도 이전 내용을 무시하고 새롭게 내용을 덮어 쓰므로 이전의 내용이 모두 사라진다.

```
>>> with open('data.txt', mode='w') as file:
...     file.write("mode='w'")
```

```
...
8
>>>
>>> with open('data.txt', mode='w') as file:
...     file.write("모드 'w'")
...
6
```

위 코드로 파일 data.txt에는 마지막에 쓴 문자열 "모드 'w'"이 있으므로 다음 코드로 모드 'w'가 출력된다.

```
>>> with open('data.txt', mode='r') as file:
...     print(file.read())
...
모드 'w'
```

기존 파일에 덮어 쓰는 것을 원하지 않는다면 파일 열기의 mode='x'를 사용하자. 모드 x는 '배타적 생성(exclusive creation)'이라고 하며, eXclusive의 x를 사용한다. 파일 열기의 mode='x'는 새로운 파일에만 기록하며 이미 파일이 있다면 FileExistsError 예외가 발생한다.

```
>>> with open('mode.txt', mode='x') as file:
...     file.write("mode='x'")
...
8
>>> with open('mode.txt', mode='x') as file:
...     file.write("mode='x'......")
...
Traceback (most recent call last):
  File "<stdin>", line 1, in <module>
FileExistsError: [Errno 17] File exists: 'mode.txt'
```

위에서 이미 파일이 생성되어 FileExistsError 예외가 발생한다.

### 여러 줄을 파일에 출력하는 함수 writelines()와 file 자체를 이용한 줄 읽기

함수 writelines()는 여러 줄의 문자열을 한 번에 파일에 출력한다.

```
lst = ['파일 처리 모드\n', "mode='x'\n", "mode='rt'\n"]
with open('modex.txt', mode='x') as file:
    file.writelines(lst)
```

여러 줄의 문자열로 구성된 파일 file은 간단히 for line in file:문으로 반복적으로 한 줄 한 줄의 문자열을 line에 받아 처리할 수 있다.

```python
with open('modex.txt', mode='rt') as file:
    for line in file:
        print(line, end='')
```

다음은 모드를 x로 열어 파일에 여러 줄을 writelines()로 출력하고 바로 모드 rt로 열어 모든 줄을 콘솔에 출력하는 프로그램이다. 만일, 파일 modex.txt가 이미 있다면 예외 FileExistsError가 발생한다.

**10-9 코딩** 10-09-forinfile.py | **파일 자체를 사용해 한 줄씩 읽어 콘솔에 출력 처리** | 난이도 응용

```python
lst = ['파일 처리 모드\n', "mode='x'\n", "mode='rt'\n" ]

try:
    with open('modex.txt', mode='x') as file:
        file.writelines(lst)
    print(' 파일 쓰기 완료! '.center(30, '*'))

except FileExistsError as e:
    print(e)
    print(' 파일 쓰기 실패! '.center(30, '*'))

else:
    with open('modex.txt', mode='rt') as file:
        for line in file:
            print(line, end='')
    print(' 파일 읽기 완료! '.center(30, '*'))
```

**결과**

```
정상 실행
********* 파일 쓰기 완료! **********
파일 처리 모드
mode='x'
mode='rt'
********* 파일 읽기 완료! **********
```

```
이미 파일 modex.txt가 존재한다면 예외 발생
[Errno 17] File exists: 'modex.txt'
********* 파일 쓰기 실패! **********
```

파일 쓰기에 사용된 메서드를 정리하면 다음과 같다.

| 메서드 이름 | 설명 |
|---|---|
| write(string) | 지정한 문자열(string)을 파일에 쓰기 |
| writelines(lines) | 리스트나 반복 가능한(iterable) 객체에 있는 문자열을 파일에 한 줄씩 쓰며 각 문자열 끝에 개행 문자('\n')가 추가되지 않으므로 필요하다면 개행 문자를 수동으로 추가해야 함. |

다음은 메서드 write()와 writelines()를 사용해 파일 example.txt에 세 줄을 쓰는 코드이다.

```
>>> with open('example.txt', 'w') as file:
...     file.write('이것은 파일에 쓰인 내용입니다.\n')
...     file.writelines(['첫 번째 줄\n', '두 번째 줄\n'])
...
19
```

다음은 위에서 생성한 파일 example.txt를 읽어 출력한 결과이다.

```
>>> with open('example.txt', 'rt') as file:
...     for line in file:
...         print(line, end='')
...
이것은 파일에 쓰인 내용입니다.
첫 번째 줄
두 번째 줄
```

## 2.2 바이너리 파일 쓰기와 읽기

### 바이너리 파일 쓰기

이미지, 오디오, 비디오와 같은 텍스트가 아닌 파일이 '바이너리 파일(binary file)'이다. 즉, 0 또는 1의 이진수 형태로 저장된 파일이 바이너리 파일이다.

일반 텍스트인 문자열을 파일에 저장할 때는 텍스트 모드로 파일 입출력을 이용한다. 하지만 정수나 실수, 리스트나 딕셔너리, 객체와 같은 파이썬의 다양한 자료형 그대로를 파일로 저장하면 바이너리 파일이 된다.

다음은 목록을 바이너리 파일 value.bin에 저장하는 구문이다. 모드는 'wb'로 열고 변수 f로 write(bytes(value))를 사용한다. 여기서 모드 wb는 '쓰기(w)'와 '바이너리(b)'를 의미한다. 목록 value 자체는 저장할 수 없고 내장 함수 bytes(value)를 바이트로 변환해야 한다.

```
>>> value = [10, 20, 30]
>>> with open("value.bin", "wb") as f:
...     f.write(bytes(value))
...
3
```

다음은 바이너리 파일 value.bin에서 자료를 읽어오는 코드이다. 모드는 "rb"를 사용하며 read()로 모두 읽어와 사용할 수 있다.

```
>>> with open("value.bin", "rb") as f:
...     data = f.read()
...     print(data)
...     print(list(data))
...
b'\n\x14\x1e'
[10, 20, 30]
```

바이너리 문자열 b'python binary data'도 바이너리 데이터로 저장할 수 있다.

```
>>> value = b'python binary data'
>>> with open("data.bin", "wb") as f:
...     f.write(value)
...
18
```

다음은 위에서 저장한 바이너리 문자열을 읽어오는 코드이다.

```
>>> with open("data.bin", "rb") as f:
...     data = f.read()
...     print(data)
...     print(data.decode('ascii'))
...
b'python binary data'
python binary data
```

바이너리 문자열은 메서드 decode('ascii')로 일반 문자열로 변환할 수 있다.

### 표준 모듈 pickle을 활용한 바이너리 파일의 읽기와 쓰기

표준 모듈 pickle을 사용해 바이너리 자료를 파일에 읽고 쓸 수 있다.

파이썬 자료형 int 변수에 값 10을 저장하고 이 변수를 파일 pydata.pic에 저장해 보자. 가장 먼저 모듈 pickle을 임포트해야 한다. 파일 pydata.pic를 mode= 'wb'로 열어 변수 f에 저장한다. 바이너리 자료의 출력은 pickle의 함수 dump(자료, 파일)로 파일에 자료를 출력한다. 생성된 바이너리 파일의 특징은 노트패드와 같은 텍스트 편집기로는 열어도 그 내용을 볼 수 없다는 것이 특징이다.

```
import pickle as pk

with open('pydata.pic', mode='wb') as f:
    # 파이썬 자료형 value를 파일 f에 쓰기
    value = 10
    pk.dump(value, f)
```

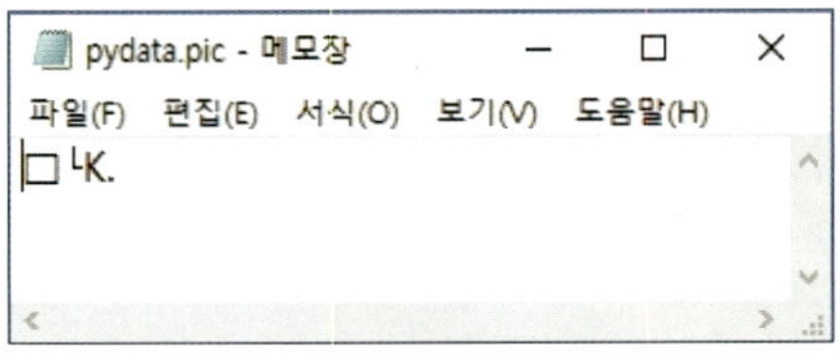


다음 코드는 자료형 딕셔너리와 리스트를 파일 dicmonth.pic에 저장하는 프로그램이다.

**10-10 코딩** 10-10-dumpbinaryfile.py | **다양한 파이썬 자료형을 바이너리 파일로 출력** | 난이도 기본

```
import pickle as pk

month = {1: 'January', 2: 'February', 3: 'March', 4: 'April'}
month[5] = 'May'
month[6] = 'June'
lst = ['pascal', 'python', 'java']

# 바이너리 파일 쓰기
with open('dicmonth.pic', mode='wb') as f:
    pk.dump(month, f)
    pk.dump(lst, f)

print(' 바이너리 파일 쓰기 완료! '.center(30, '*'))
```

**결과**

```
******* 바이너리 파일 쓰기 완료! *******
```

위 예제에서 생성된 바이너리 파일 dicmonth.pic의 내용을 읽어 다시 콘솔에 출력하는 프로그램을 작성해 보자. 모드는 바이너리 읽기인 rb로 지정해 열어 파일 f에 저장한다. pickle의 함수 load(f)로 이미 쓴 내용을 읽어 변수에 저장한다. 예외가 발생하지 않으면 실행되는 else: 블록에서 저장된 변수를 출력한다.

**10-11 코딩** 10-11-loadbinaryfile.py | **파이썬 자료형이 저장된 바이너리 파일에서 입력** | 난이도 기본

```
import pickle as pk

# 바이너리 파일 읽기
try:
    with open('dicmonth.pic', mode='rb') as f:
        dmon = pk.load(f)
        pl = pk.load(f)

```

```
except FileNotFoundError as e:
    print(e)
    print(' 파일 읽기 실패! '.center(30, '*'))

else:
    print(dmon)
    print(pl)
    print('  바이너리 파일 읽기 완료! '.center(30, '*'))

finally:
    print(' 프로그램 종료! '.center(30, '*'))
```

결과

```
{1: 'January', 2: 'February', 3: 'March', 4: 'April', 5: 'May', 6: 'June'}
['pascal', 'python', 'java']
******  바이너리 파일 읽기 완료! *******
********** 프로그램 종료! **********
```

### 바이너리 파일 열기 모드

파이썬 자료형의 입출력을 처리하는 바이너리 파일인 경우, open()의 모드를 정리하면 다음과 같다. 바이너리를 의미하는 b를 붙여 사용한다.

▼ **표 2** 바이너리 파일 열기 모드 종류

| 모드 | 설명 |
|---|---|
| rb | 바이너리 형식으로 읽기 전용 파일의 열기 모드이고 파일 포인터는 파일의 시작 부분에 위치시키고 기본 모드 |
| wb | 바이너리 형식으로 쓰기 전용 파일의 열기 모드이고 이미 파일이 있으면 파일을 덮어 쓰며 파일이 없으면 쓰기용으로 새 파일을 작성함. |
| ab | 바이너리 형식으로 추가할 파일의 열기 모드이고 파일 포인터는 파일이 있는 경우 파일의 끝에 위치함. 만일 파일이 없다면 쓰기용으로 새 파일을 작성함. |
| rb+ | 바이너리 형식의 읽기 및 쓰기를 위한 파일 열기로, 파일 포인터는 파일의 시작 부분에 위치함. |
| wb+ | 바이너리 형식의 쓰기 및 읽기를 위한 파일 열기로, 파일이 있는 경우 기존 파일을 덮어 쓰고, 파일이 없으면 읽기 및 쓰기 모드로 새 파일을 작성함. |
| ab+ | 바이너리 형식의 추가 및 읽기를 위한 파일 열기로, 파일 포인터는 파일이 있는 경우 파일의 끝에 위치함. 파일이 없으면 읽기 및 쓰기 모드로 새 파일 열기 |

## 2.3 파일과 폴더의 이름 수정과 삭제

### 파일 이름 수정 rename()과 삭제 remove()

표준 모듈인 os를 불러와 함수 rename(oldfilename, newfilename)으로 이름 oldfilename을 newfilename으로 수정할 수 있다. 또한 함수 remove(filename)은 파일 filename을 삭제한다.

```
>>> import os
>>> os.rename('pyfile.txt', '파일 수정 삭제.txt') # 파일 이름 수정
>>> os.remove('파일수정삭제.txt') # 파일 삭제
```

다음은 파일 pyfile.txt를 write()로 생성해 함수 rename()으로 이름을 '파일 수정 삭제.txt'로 바꾼 후 remove()로 삭제하는 코드이다.

**10-12 코딩** 10-12-renamefile.py | **파일 이름의 수정과 삭제** | 난이도 기본

```python
import os

try:
    with open('pyfile.txt', mode='w') as file:
        file.write('파일 이름 수정과 삭제')

    os.rename('pyfile.txt', '파일 수정 삭제.txt') # 파일 이름 수정
    os.remove('파일 수정 삭제.txt') # 파일 삭제

except Exception as e:
    print('예외 발생: ', e)

else:
    print('파일 수정 삭제 성공!')
```

**결과**

```
파일 수정 삭제 성공!
```

### 다양한 폴더 관련 함수

표준 모듈 os가 제공하는 함수 mkdir(dname)은 폴더 dname을 생성하고 함수 rmdir(dname)은 폴더 이름이 dname인 폴더를 삭제한다.

```
>>> import os
>>> os.mkdir("python fold")
>>> os.rmdir("python fold")
```

다음은 표준 모듈 os가 제공하는 파일과 폴더와 관련된 주요 함수이다.

| 함수 | 설명 | 함수 | 설명 |
|---|---|---|---|
| os.chdir(path) | 현재 폴더를 path로 이동 | os.rename(ofile, nfile) | 파일 이름 Ofile을 nfile로 수정 |
| os.mkdir(d) | 폴더 d 생성 | os.remove(file) | 파일 이름 file을 삭제 |
| os.rmdir(d) | 폴더 d 삭제 | os.path.exists(f) | f의 존재 여부 반환 |
| os.getcwd() | 현재 폴더를 반환 | os.path.isfile(f) | f의 파일 여부 반환 |
| os.listdir(d) | 폴더 d 하부의 목록을 반환 | os.path.isdir(f) | f의 폴더 여부 반환 |

다음은 현재 폴더의 하부 목록을 저장하여 각각이 파일인지 폴더인지 구별하여 출력하는 프로그램이다.

**10-13 코딩** 10-13listfolder.py | **현재 폴더 하부 목록 출력** | 난이도 기본

```
import os

dname = os.getcwd() # 현재 폴더명을 저장
print('현재 폴더:', dname)

fs = os.listdir(dname) # 현재 폴더의 하부 목록을 저장
for f in fs:
    if os.path.isfile(f): # 파일 구분
        print('\t파일:', f)
    elif os.path.isdir(f): # 폴더 구분
        print('\t폴더:', f)
```

**결과**

```
현재 폴더: D:\Python Code\ch10
        폴더: data
        파일: ch10-all.py
        파일: temp.py
        …
```

## 학습 내용 점검

**01** 다음 코드에서 출력되는 예외 클래스 이름을 기술하시오.

①
```
try:
    f = float('30f')
except Exception as e:
    print(type(e))
```

②
```
try:
    [1, 2, 3][3]
except Exception as e:
    print(type(e))
```

③
```
try:
    {'fb': 11, 'bb': 9, 'vb': 6}['foot']
except Exception as e:
    print(type(e))
```

④
```
try:
    pl = 'python' + 3
except Exception as e:
    print(type(e))
```

**02** 다음은 예외 처리를 구현한 프로그램이다. 빈 부분을 완성하고, ⓐ에 해당하는 다음 두 문장에 대해 출력 결과를 기술하시오(참고로 이진수의 문자열로 변환하는 bin(3)의 결과는 문자열 '0b11'임).

```
try:
  ⓐ print(int(bin(3)))
[        ] Exception as e:
    print('예외 발생 이름: {}'.format(type(e)))
    print('예외 발생 이유: {}'.format(e))
else:
    print('잘 실행되었습니다.')
[        ]:
    print('예외 처리가 잘되는군요!')
```

① `print(int(bin(3)))`　　② `print(int(bin(3)[2:]))`

**03** 다음은 텍스트 파일 '자료.txt'에 문자열 '파일 처리'를 출력하고 다시 파일 '자료.txt'를 읽어 콘솔에 출력하는 프로그램이다. 빈 부분을 완성하시오.

```
try:
    m = int(input('월(month) 입력 > '))
    if not (1 <= m <= 12):
        [        ] Exception('1~12 사이의 정수를 입력하세요.')

except Exception as e:
    print('예외 발생: {}'.format(e))

else:
    print('%d월: 잘 입력했습니다. ' % m)
```

① 5　　② 0

**04** 다음은 텍스트 파일 '자료.txt'에 문자열 '파일 처리'를 출력하고 다시 파일 '자료.txt'를 읽어 콘솔에 출력하는 프로그램이다. 빈 부분을 완성하시오.

```
f = open('__________', 'w')
f.write('파일 처리')
f.cose()

f = open('자료.txt')
print(f.__________())
f.close()
```

**05** 다음은 파일 'pyzenex.txt'에 여러 줄을 출력하는 프로그램이다. 각각의 문제는 다시 파일 'pyzenex.txt'에서 내용을 읽어 콘솔에 출력하는 프로그램으로 빈 부분을 완성하시오.

```
f = open('pyzenex.txt', 'wt')
f.write('파이썬 철학\n')
f.write('아름다움이 추한 것보다 낫다.\n')
f.write('명시적인 것이 암묵적인 것보다 낫다.\n')
f.write('단순함이 복잡한 것보다 낫다.\n')
f.close()
```

①
```
f = open('pyzenex.txt')
print(f.________())
f.close()
```

②
```
f = open('pyzenex.txt')
for ________ in f:
    print(line, end='')
f.close()
```

③
```
f = open('pyzenex.txt')
for line in f.________():
    print(line, end='')
f.close()
```

④
```
f = open('pyzenex.txt')
while True:
    line = f.________()
    if not line: break
    print(line, end='')
f.close()
```

**06** : 다음은 바이너리 파일 'mydata.pk'에 파이썬의 여러 자료형을 출력하고 다시 파일 'mydata.pk'을 읽어 콘솔에 출력하는 프로그램이다. 빈 부분을 완성하시오.

```
import [        ] as pk

year = 2020
univ = '한국대학교'
dept = '심리학과'
lst = [year, univ, dept]

with open('mydata.pk', mode='[    ]') as file:
    pk.[    ](year, file)
    pk.dump(univ, file)
    pk.dump(dept, file)
    pk.dump(lst, file)

with open('[          ]', mode='rb) as [   ]:
    y = pk.load(file)
    u = pk.[    ](file)
    d = pk.load(file)
    t = pk.load(file)
    print(y, u, d)
    print(t)
```

**07** : 다음은 현재 폴더 이름을 변수 dname에 저장하여 현재 폴더 하부의 모든 폴더와 파일을 콘솔에 출력하는 프로그램이다. 빈 부분을 완성하시오.

```
import [     ]

dname = os.getcwd() # 현재 폴더명을 저장
print('현재 폴더:', dname)

files = os.[        ](dname) # 현재 폴더의 하부 목록을 저장
for [  ] in files:
    print(f)
```

## 도전! 프로그래밍

**01** 응용 다음 정수의 표준 입력에 대한 예외 처리를 구현하여 다음과 같은 결과가 나오도록 프로그램을 작성하시오.

- 구문은 try except else finally 블록 모두 구현
  - Else 블록: '잘 실행되었습니다.' 출력
  - Finally 블록: '예외 처리가 잘되는군요!' 출력
- 정수 1에서 5까지의 정수 입력 결과

```
1에서 5까지 번호를 선택하세요 > 3
번호 '3': 할 일이 완료되었습니다.
잘 실행되었습니다.
예외 처리가 잘되는군요!
```

- 범위를 벗어나는 정수 입력 결과

```
1에서 5까지 번호를 선택하세요 > -3
유효하지 않은 할 일 번호입니다.
잘 실행되었습니다.
예외 처리가 잘되는군요!
```

- 범위를 벗어나는 정수 입력 결과

```
1에서 5까지 번호를 선택하세요 > a
올바른 숫자를 입력하시오.
예외 처리가 잘되는군요!
```

**02** 응용 함수 divide(x, y) 구현에서 연산 x / y은 0으로 나누는 것에 대한 예외 처리를 수행하도록 한다. 다음 두 문장의 함수 호출에서 다음과 같은 결과가 나오도록 프로그램을 작성하시오.

- 구문은 try except else 블록 구현
- 다음 두 호출에 대한 결과

```
divide(3.2, 2)
divide(5.4, 0)
```

```
결과: 1.6
0으로는 나눌 수 없습니다.
```

**03** 응용 다음 딕셔너리를 사용하여 표준 입력받은 정수에 해당하는 영어 문자열을 출력하고 잘못된 입력에 대해 발생하는 예외를 처리하는 프로그램을 작성하시오.

```
uyear = {1:'freshman', 2:'sophomore', 3:'junior', 4:'senior'}
```

- 구문은 try except else finally 블록 모두 구현
- 1에서 4 사이의 입력이면 정상적으로 실행되어 입력한 대학 학년의 영어 이름이 출력
- 1에서 4 사이를 벗어나는 정수를 입력하면 블록 try에서 raise로 예외 발생시켜 다음과 같이 출력

```
대학 몇 학년이지요? 5
예외 발생 이름: <class 'Exception'>
예외 발생 이유: 1~4 정수를 입력하시오.
예외처리가 잘되는군요!
```

**04** 응용 파일 'cp.txt'를 만들어 'freshman\n', 'sophomore\n', 'junior\n', 'senior\n' 4줄을 출력한 후 다시 파일 'cp.txt'를 열고 한 줄 한 줄 읽어 콘솔에 다음과 같이 출력되는 프로그램을 작성하시오.

- 콘솔에 학년을 출력하기 위해 함수 enumerate()를 사용

```
1학년 freshman
2학년 sophomore
3학년 junior
4학년 senior
```

**05** 응용 표준 모듈 pickle을 사용하여 다음 내용을 바이너리 파일 'worldcup.bin'에 저장한 후 다시 읽어 딕셔너리와 리스트의 내용을 하나씩 추가하고 다음과 같이 콘솔에 출력하는 프로그램을 작성하시오.

```
wc = {2010: '남아프리카공화국', 2014: '브라질'}
win = ['스페인', '독일']
```

- with as 구문 사용
- 프로그램 출력 결과

```
{2010: '남아프리카공화국', 2014: '브라질', 2018: '러시아'}
['스페인', '독일', '프랑스']
```

**05** 실전 다음을 참고로 위에서 만든 바이너리 파일 'worldcup.bin'을 새로운 파일 '2018worldcup.bin'에 복사한 후 복사된 파일 '2018worldcup.bin'을 확인하기 위해 파일 '2018worldcup.bin'을 열고 그 내용을 콘솔에 출력하는 프로그램을 작성하시오.

- 파일 'worldcup.bin'은 모드 'rb'로 열어 변수 fromf에 저장
- 파일 '2018worldcup.bin'은 모드 'wb'로 열어 변수 tof에 저장
- 두 개의 파일을 with문 하나로 여는 방법

```
with open(…, mode='rb') as fromf, open(…, mode='wb') as tof:
```

- 파일 객체의 함수 read(1) 호출은 1 바이트를 읽어 반환해주므로 다음으로 복사가 가능

```
while True:
        one = fromf.read(1)
        if not one: break
        tof.write(one)
```

- 프로그램 출력 결과

```
{2010: '남아프리카공화국', 2014: '브라질', 2018: '러시아'}
['스페인', '독일', '프랑스']
```

Chapter

# 11

# 객체지향 프로그래밍

## 학습 목표

- 객체와 클래스를 이해한 후 필요한 클래스를 정의하고 객체를 만들어 활용할 수 있다.
- 클래스 속성과 초기화 메서드를 이해하고 활용할 수 있다.
- 클래스에서 클래스 속성과 인스턴스 속성, 정적 메서드와 클래스 메서드를 이해하고 정의할 수 있다.
- 클래스의 상속을 이해하고 부모 클래스와 자식 클래스를 정의할 수 있다.
- 추상 메서드와 추상 클래스를 이해하고 정의할 수 있다.

CONTENTS

SECTION 01

PYTHON

# 객체지향 프로그래밍

## 1.1 객체지향 소개

### 객체지향 개요

객체지향 프로그래밍(object-oriented programming)은 속성(attributes)과 동작(behaviors)으로 구성된 객체를 만들어 객체 간의 상호 작용으로 프로그래밍을 구현하는 방식이다. 그렇다면 객체(object)는 무엇일까? 학사 정보 관리 시스템을 구현한다고 가정해 보자. 학사 정보 관리 시스템과 관련된 현실 세계의 모든 것(thing), 즉 사물과 개념이 바로 '객체'이다. 즉, 학생과 교수, 교과목, 강의실 등이 모두 객체이다. 이런 객체에 관련 속성과 동작을 묶어 프로그램을 구성하는 방법이 객체지향 프로그래밍이다.

▲ 그림 1 클래스와 객체

### 클래스와 객체

객체지향 프로그래밍은 속성과 동작이 개별 객체에 묶이도록 프로그램을 구조화하는 수단을 제공하는 프로그래밍 패러다임이다. 클래스(class)는 객체를 만들어 내기 위한 틀(template) 또는 설계도(blueprint)이다. 클래스 내부는 만들어질 객체들이 가져야 할 속성(attributes)과 행위(동작, behaviors)로 구성된다. 속성은 객체의 상태를 정의하며, 행위는 객체가 취할 수 있는 행동인 절차이다. 실제 코딩에서 속성은 변수이고 행위(behaviors)는 클래스 내부의 함수인 메서드로 구현된다. 객체(object)는 클래스로부터 만들어진 구체적인 실체로, 자신만의 고유한 속성과 메서드를 갖는다. 따라서 객체를 클래스의 실례인 '인스턴스(instance)'라고도 한다.

만일, 자동차를 표현한 클래스 Car에서 실제 구체적인 차량을 다음처럼 세 개 만든다면 이것이 '객체'이다.

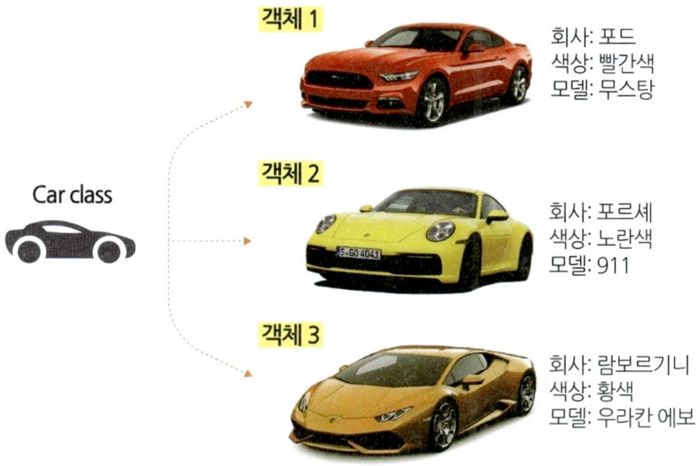


▲ **그림 2** 클래스와 객체

## 1.2 클래스 정의와 객체의 생성

### 간단한 클래스 정의와 확인

가장 간단히 클래스를 정의해 보자. 다음으로 사람의 정보를 담을 클래스 Person을 정의할 수 있다. 키워드 class에 이어 클래스명 Person: 이후에 사람의 속성과 메서드 정의 블록을 기술한다. 다음은 어떠한 속성과 메서드를 정의하지 않도록 pass를 기술하고 있다.

```
>>> class Person:
...     pass
...
```

클래스 Person을 정의하면서 블록에 pass를 지우고 삼중 따옴표로 클래스를 설명하는 문자열을 기술하자.

```
>>> class Person:
...     '''사람을 표현하는 클래스'''
...
```

클래스 Person을 내장 함수 dir로 확인하면 사용할 수 있는 다양한 메서드와 속성을 볼 수 있다.

```
>>> dir(Person)
['__class__', '__delattr__', '__dict__', '__dir__', '__doc__', '__eq__', '__
format__', '__ge__', '__getattribute__', '__gt__', '__hash__', '__init__',
'__init_subclass__', '__le__', '__lt__', '__module__', '__ne__', '__new__',
'__reduce__', '__reduce_ex__', '__repr__', '__setattr__', '__sizeof__', '__
str__', '__subclasshook__', '__weakref__']
```

위 내용 중 __dict__는 객체나 클래스의 속성을 저장하는 데 사용되는 딕셔너리를 반환한다.

```
>>> Person.__dict__
mappingproxy({'__module__': '__main__', '__doc__': '사람을 표현하는 클래스', '__dict__': <attribute '__dict__' of 'Person' objects>, '__weakref__': <attribute '__weakref__' of 'Person' objects>})
```

우리가 정의한 클래스 Person으로 살펴보면 문서화로 지정한 문자열이 키 값 '__doc__'으로 지정된 것을 확인할 수 있다.

```
>>> Person.__dict__['__doc__']
'사람을 표현하는 클래스'
```

클래스 Person 자체의 유형은 type이라는 것이다.

```
>>> type(Person)
<class 'type'>
```

### 객체의 생성과 확인

위에서 정의한 class Person에서 하나의 구체적인 사례(instance)인 객체(object)를 하나 만들어 보자. 다음 Person()처럼 클래스명()으로 객체를 만들고 이 객체를 변수 one에 저장한다. 객체는 클래스명 이후에 괄호로 만들 수 있다. 변수 one을 출력해 보면 __main__.Person으로 앞부분의 __main__은 객체가 저장된 범위인 __main__ 스코프(scope)가 표시되고 이어 자료 유형인 Person 객체가 표시되고 객체가 저장된 메모리 주소도 출력된다.

```
>>> one = Person()
>>> print(one)
<__main__.Person object at 0x00000177258ADB70>
```

type(one)으로도 클래스 Person을 확인할 수 있으며, 셸에서 도움말 help()로도 확인할 수 있다.

```
>>> print(type(one))
<class '__main__.Person'>
>>> help(one)
Help on Person in module __main__ object:
class Person(builtins.object)
 |  Data descriptors defined here:
 |
 |  __dict__
 |      dictionary for instance variables (if defined)
```

```
 |
 |  __weakref__
 |      list of weak references to the object (if defined)
```

### 생성된 객체에 속성 지정

사람의 이름을 저장할 속성 name에 '홍길동'을 저장하고 출력해 보자. 객체의 소속된 변수나 메서드를 참조할 때는 마침표를 사용한다.

```
>>> he = Person()
>>> he.name = '홍길동'
>>> print(he.name)
홍길동
```

다음은 클래스 Person의 다른 객체를 생성하여 변수 she에 저장하고 속성 name과 age를 저장한 후 출력하는 구문이다.

```
>>> she = Person()
>>> she.name = '신입생'
>>> she.age = 19
>>> print(she.name, she.age)
신입생 19
```

그러나 이전에 생성한 객체 변수 he에는 age를 저장하지 않았기 때문에 he.age는 AttributeError 오류가 발생한다.

```
>>> print(he.age)
Traceback (most recent call last):
  File "<stdin>", line 1, in <module>
AttributeError: 'Person' object has no attribute 'age'
```

### 객체의 클래스 여부를 확인하는 내장 함수 isinstance

내장 함수 isinstance(객체, 클래스)는 객체가 클래스의 인스턴스인지의 여부를 알 수 있다.

```
>>> print(isinstance(he, Person))
True
>>> print(isinstance(she, Person))
True
```

내장 함수 id(객체)로 모든 객체의 메모리 주소를 알 수 있다.

```
>>> id(he)
1522265428816
>>> id(she)
1522265429136
>>> id(Person)
1522263353904
```

### 클래스에 함수를 지정

클래스에 새로운 함수를 연결할 수 있다. 다음은 빈 클래스와 함수 hello()를 구현한 코드이다. 함수 hello(p)에서 인자 p는 name이라는 속성이 있어야 한다.

```
>>> class Person:
...     '''사람을 표현하는 클래스'''
...
>>> def hello(p):
...     print('%s이 인사합니다.' % p.name)
...
```

다음 코드로 클래스 Person에 함수 hello를 연결할 수 있다.

```
>>> Person.hello = hello
```

위 문장으로 클래스 Person은 대입된 함수인 hello()를 클래스의 메서드 hello()로 활용할 수 있게 된다. 다음 코드로 Person 객체 he를 만들고 속성 name을 '홍길동'으로 저장한다.

```
>>> he = Person()
>>> he.name = '홍길동'
```

객체 he를 통해 hello()를 호출하는 he.hello() 코드로 클래스 Person의 메서드 hello()가 실행된다.

```
>>> he.hello()
홍길동이 인사합니다.
```

그러나 다음처럼 속성 name을 지정하지 않은 객체 she는 hello()를 호출하면 속성 name이 없다는 오류가 발생한다.

```
>>> she = Person()
>>> she.hello()
Traceback (most recent call last):
  File "<stdin>", line 1, in <module>
  File "<stdin>", line 2, in hello
AttributeError: 'Person' object has no attribute 'name'
```

다음은 위에서 살펴본 클래스 Person 정의와 객체를 활용하여 속성과 메서드를 참조하는 전체 코드이다.

**11-1 코딩** 11-01-defsimpleclass.py | **간단한 클래스의 정의와 활용** | 난이도 기본

```python
class Person:
    '''사람을 표현하는 클래스'''
    Pass

def hello(p):
    print('%s이 인사합니다.' % p.name)
Person.hello = hello # 메서드 설정

he = Person()
he.name = '홍길동'
he.age = 20
print(he.name, he.age)
he.hello()
print(isinstance(he, Person))

she = Person()
she.name = '신입생'
she.age = 19
print(she.name, she.age)
she.hello()
print(isinstance(she, Person))
```

**결과**

```
홍길동 20
홍길동이 인사합니다.
True
신입생 19
신입생이 인사합니다.
True
```

## 1.3 클래스의 메서드와 생성자 구현

### 클래스의 메서드 구현

지금까지 객체의 속성과 메서드를 클래스 정의 이후에 지정했다. 이제 클래스 정의에서 직접 속성과 메서드를 구현해 보자. 대부분의 객체지향 프로그래밍에서는 이러한 방식으로 코딩한다.

가수를 표현하는 클래스 Singer에서 클래스 소속 함수인 메서드를 구현해 보자. 메서드 introduce() 구현은 반드시 클래스 내부에서 들여쓰기가 필요하며, 첫 인자 self는 클래스 내부에서 각각의 인스턴스인 객체를 표현하는 매개변수이다. self는 키워드는 아니며 관례적으로 self를 사용하지만 다른 이름도 가능하다. 메서드 구현에서 self.name은 객체에 지정된 속성 name을 참조한다. 이와 같이 첫 인자를 객체인 self로 사용하는 메서드를 '인스턴스 메서드(instance methods)'라고 한다.

```
>>> class Singer:
...     '''가수를 표현하는 클래스'''
...     def introduce(self):
...         print(f'안녕하세요! 가수 {self.name}입니다.')
```

위 구문으로 정의한 클래스 Singer의 객체 iyou를 생성해 보자. iyou.name에 '아이유'를 저장한 후 메서드 introduce()를 호출해 보자. 메서드 구현의 첫 인자인 self는 메서드 호출 시 기술할 필요가 없는 인자이다. 그 이유는 지금 생성된 객체 자체가 self에 전달되기 때문이다.

```
>>> iyou = Singer()
>>> iyou.name = '아이유'
>>> iyou.introduce()
안녕하세요! 가수 아이유입니다.
```

### 초기화 메서드 구현

클래스로 객체를 만들 때 사용되는 초기화 메서드(initializer)를 구현해 보자. 초기화 메서드는 인스턴스를 생성할 때 호출되므로 '생성자(constructor)'라고도 부른다. 클래스의 초기화 메서드는 def __init__(self, …)로 구현한다. init는 초기화라는 단어 'initializer'에서 나왔으며, 메서드의 이름은 앞과 뒤에 밑줄이 두 개 붙은 __init__이다. 첫 인자는 self이고 뒤에 실제 필요한 인자를 기술한다. 초기화 메서드를 호출할 때 메서드로 넘겨 줄 자료를 인자 var1, var2로 처리한다. var1, var2 등이 클래스의 각 인스턴스에 선언되는 속성이 된다.

**클래스 정의와 초기화 메서드(생성자) 및 여러 메서드 구현**

```
class Class_name:
    classvar = init

    def __init__(self, var1, var2, …):
        self.var1 = var1
        self.var2 = var2
        …
```

**classvar** 초기화 값 init로 저장되는 클래스 소속 변수로, 클래스와 객체에서 모두 참조 가능한 변수

**__init__** 초기화 메서드로 객체를 만들 때 호출되는 특별한 메서드로, 주로 인스턴스 속성 var1, var2 등의 값을 생성해 초깃값을 저장하는 초기화를 수행

**self** 첫 인자인 self는 인스턴스 자체를 의미하며, 다른 식별자가 사용해도 무방

**self.var1, self.var2** 인스턴스 변수(instance variables), 멤버(소속) 변수(membered variables) 또는 간단히 필드(fields)라고 하며, 객체를 통해 참조 가능

```
    def instancemethodname(self, param1, …):
        statements
```

- 객체에서 호출 가능한 일반 인스턴스 메서드로, 인스턴스 변수 var를 self.var로 참조 가능

즉, 다음 클래스 Singer의 초기화 메서드에서 '가수 이름'과 '데뷰 연도'를 인자 name과 debut에 전달한다. 초기화 구현에서는 self.name = name으로 인자 값인 name을 객체의 속성 self.name에 저장한다. 또한 self.dubut = debut으로 인자 값인 debut을 객체의 속성 self.debut에 저장한다.

```
>>> class Singer:
...     def __init__(self, name, debut):
...         self.name = name
...         self.debut = debut
...
```

메서드 __init__()에는 세 개의 매개변수가 있는데, 실제로 호출할 때는 name, debut 두 개의 인자만 전달한다. 그 이유는 클래스의 인스턴스화 과정에서 새 인스턴스를 생성하고 이를 첫 번째 매개변수 self에 전달하기 때문이다.

다음은 위에서 구현된 초기화 메서드를 사용하여 객체를 만드는 구문이다. 클래스 이름 이후의 괄호에 첫 인자인 self는 객체 자체가 전달되므로 기술할 필요가 없으며 인자 name과 bebut에 해당하는 값을 기술한다. 이제 객체 iyou에는 인스턴스 속성 name과 debut이 생성되었으며 iyou.name과 iyou.bebut으로 이름과 데뷰 연도를 참조할 수 있다.

```
>>> iyou = Singer('아이유', 2008)
>>> iyou.name
'아이유'
>>> iyou.debut
2008
```

클래스는 청사진인 반면, 인스턴스는 클래스에서 구축되고 실제 데이터를 포함하는 객체이다. 클래스 Singer에서 구체적인 이름과 데뷰 연도가 붙은 인스턴스 객체 iyou가 만들어진 것이다. 클래스가 설문지 양식이라면 인스턴스 객체는 여러 사람이 설문한 결과 설문지이다. 단일 클래스 Singer에서 여러 가수의 고유한 정보를 입력한 많은 인스턴스를 만들 수 있다.

다음은 초기화 메서드가 하나 있으며, 일반 메서드는 introduce()와 age() 두 개인 클래스 Singer를 정의해 두 개 객체 iyou와 jbim을 생성한 예제이다.

**11-2 코딩** 11-02-definemethod.py | **클래스의 초기화 메서드와 일반 메서드 정의** 난이도 기본

```python
import datetime

class Singer:
    '''가수를 표현하는 클래스'''
    def __init__(self, name, debut):
        self.name = name
        self.debut = debut

    def introduce(self):
        print(f'안녕하세요! 가수 {self.name}입니다.')

    def age(self):
        year = datetime.date.today().year
        print(f'데뷰한지 {(year - self.debut + 1)}년이 되었네요.')

iyou = Singer('아이유', 2008)
iyou.introduce()
iyou.age()

jbim = Singer('임재범', 1986)
jbim.introduce()
jbim.age()
```

**결과**

```
안녕하세요! 가수 아이유입니다.
데뷰한지 17년이 되었네요.
안녕하세요! 가수 임재범입니다.
데뷰한지 39년이 되었네요.
```

## 1.4 더블 언더스코어가 붙은 매직 메서드

### 매직 메서드와 메서드 인자의 기본값 지정

다음은 원을 표현하는 클래스 Circle를 정의해 보자. 초기화 메서드 __init__()와 같이 더블 언더스코어(double underscore)로 불리는 밑줄 두 개인 __로 시작하고 종료하는 특수 메서드를 매직 메서드(magic method) 또는 '던더(dunder method)'라고 한다. 매직 메서드인 초기화 메서드에서도 필요하면 인자에 기본값을 지정할 수 있다.

```
>>> class Circle:
...     ''' 원을 표현하는 클래스 정의 '''
...     def __init__(self, radius = 1):
...         self.radius = radius
```

인자가 하나도 없는 초기화 메서드 Circle() 호출은 반지름 radius에 기본값인 1이 저장된 것을 확인할 수 있다.

```
>>> c = Circle()
>>> print(c.radius)
1
```

### 자기 자신 객체를 문자열로 표현하는 특수 메서드 __str__()

매직 메서드는 초기화 메서드 이외에도 다양하다. 메서드 __str__(self)는 내장 함수 str(객체)에 의해 호출된다. 즉, 메서드 __str__(self)는 객체를 표현하는 문자열을 반환하는 특수 메서드이다. 객체의 문자열을 반환하는 메서드의 구현에서 반지름 정보를 표현한 적당한 문자열을 만들어 return으로 반환할 수 있다.

```
>>> class Circle:
...         …
...     def __str__(self):
...         return f'원 반지름: {self.radius}'
```

문자열 반환 메서드는 str(객체)에 의해 호출되므로 다음과 같이 객체 자체를 출력하면 호출을 확인할 수 있다.

```
>>> cr = Circle(2)
>>> print(cr)
원 반지름: 2
```

### 객체의 동등 비교 ==에 사용되는 특수 메서드 __eq__()

특수 메서드 __eq__(self, other)는 self와 other 객체의 동등 비교 ==에 사용되는 특수 메서드이다. 클래스 Circle에서 객체 self와 other에서 동등 비교인 self == other의 의미를 구현하여 논리 값을 반환한다. 다음 코드에서는 원의 반지름이 같으면 동등하다고 가정하고 있다.

```
>>> class Circle:
...     ''' 원을 표현하는 클래스 정의 '''
...       …
...     def __eq__(self, other):
...         return True if self.radius == other.radius else False
...
```

위에서 구현된 __eq__() 메서드는 다음과 같이 c1 == c2 등으로 호출될 수 있다.

```
>>> c1 = Circle(10)
>>> c2 = Circle(20)
>>> c3 = Circle(10)
>>> print(c1 == c2)
False
>>> print(c1 == c3)
True
```

### 다양한 매직 메서드

파이썬에는 초기화 메서드 이외에도 객체가 소멸될 때 실행되는 소멸자 메서드 __del__, 두 개의 객체를 + 연산으로 더하는 __add__ 메서드 등 다음과 같이 매우 다양한 특수 메서드를 제공한다.

▼ **표 1** 클래스의 매직(특수) 메서드

| 특수 메서드 | 설명 |
|---|---|
| __new__(cls, other) | 객체의 인스턴스화를 호출, 초기화 메서드를 호출 |
| __init__(self, other) | 객체가 생성될 때 실행되는 초기화 메서드 |
| __del__(self) | 객체가 소멸될 때 실행되는 소멸자 메서드 |
| __str__(self) | 내장 함수str () 메서드에 의해 호출되어 유형의 문자열 표현을 반환 |
| __add__(self, other) | + 연산자를 사용하여 더하기 연산 수행에 호출 |
| __sub__(self, other) | − 연산자를 사용하여 빼기 연산 수행에 호출 |
| __mul__(self, other) | * 연산자를 사용하여 곱하기 연산 수행에 호출 |
| __floordiv__(self, other) | // 연산자를 사용하여 바닥 나누기 연산 수행에 호출 |

| __truediv__(self, other) | / 연산자를 사용하여 나누기 연산 수행에 호출 |
|---|---|
| __mod__(self, other) | % 연산자를 사용하여 나머지 연산 수행에 호출 |
| __pow__(self, other) | ** 연산자를 사용하여 승수 연산 수행에 호출 |
| __lt__(self, other) | < 연산자를 사용하여 비교 연산 수행에 호출 |
| __le__(self, other) | <= 연산자를 사용하여 비교 연산 수행에 호출 |
| __eq__(self, other) | == 연산자를 사용하여 비교 연산 수행에 호출 |
| __ne__(self, other) | != 연산자를 사용하여 비교 연산 수행에 호출 |
| __gt__(self, other) | <= 연산자를 사용하여 비교 연산 수행에 호출 |
| __ge__(self, other) | >= 연산자를 사용하여 비교 연산 수행에 호출 |

다음은 지금까지 살펴본 원을 표현하는 클래스 Circle의 정의와 객체에 관한 코드이다.

**11-3 코딩** 11-03-magicmethod.py | **더블 언더스코어가 붙은 특수 메서드** | 난이도 기본

```
class Circle:
    ''' 원을 표현하는 클래스 정의 '''
    def __init__(self, radius = 1):
        self.radius = radius

    def __str__(self):
        return f'원 반지름: {self.radius}'

    def __eq__(self, other):
        return True if self.radius == other.radius else False

    def setradius(self, radius):
        self.radius = radius
    def getradius(self):
        return self.radius

    def area(self):
        return self.radius * self.radius * 3.14
    def perimeter(self):
        return 2 * self.radius * 3.14

c1 = Circle(10)
print(f'원 반지름: {c1.getradius():.2f}')
print(f'원 면적: {c1.area():.2f}')
print(f'원 둘레: {c1.perimeter():.2f}')
print(c1)
```

```
    c2 = Circle()
    c2.setradius(20)
    c3 = Circle(10)
    print(c1 == c2)
    print(c1 == c3)
```

결과

```
원 반지름: 10.00
원 면적: 314.00
원 둘레: 62.80
원 반지름: 10
False
```

## 1.5 클래스 속성과 인스턴스 속성

### 클래스 속성

클래스에 소속되는 클래스 속성(class attribute)은 다음과 같이 class 블록의 내부에서 바로 선언하여 초깃값을 저장한다. 클래스 Rectangle의 클래스 속성 count는 프로그램에서 생성된 Rectangle 객체 수를 담고 있다. 메서드 내부에서 클래스 속성 count는 Rectangle.count처럼 클래스명.속성으로 참조할 수 있다.

```
>>> class Rectangle:
...     ''' 사각형을 표현하는 클래스 정의 '''
...     count = 0 # 클래스 속성(class attribute)
...
...     def __init__(self):
...         Rectangle.count += 1 # 클래스 속성 참조
...
```

단순히 count로는 메서드 __init__() 호출 시 값이 없는 지역 변수로 오류가 발생한다.

```
>>> class Rectangle:
...     ''' 사각형을 표현하는 클래스 정의 '''
...     count = 0 # 클래스 속성(class attribute)
...
...     def __init__(self):
...         count += 1 # 클래스 속성 참조
...
>>> r1 = Rectangle()
```

```
Traceback (most recent call last):
  File "<stdin>", line 1, in <module>
  File "<stdin>", line 5, in __init__
UnboundLocalError: cannot access local variable 'count' where it is not associated
with a value
```

클래스 속성 count는 Rectangle.count나 객체 변수.속성으로도 참조할 수 있다. 저장 공간이 하나인 클래스 변수는 동일한 시점에서 Rectangle.count, r1.count, r2.count의 값이 모두 동일하다. 즉, 클래스 속성은 모든 인스턴스에 대해 동일한 값을 갖는 속성이다.

```
>>> r1 = Rectangle()
>>> r2 = Rectangle()
>>> print(Rectangle.count, r1.count, r2.count)
2 2 2
```

### 인스턴스 속성

이미 살펴본 초기화 메서드 __init__에서 'self.속성'으로 사용하는 속성을 '인스턴스 속성'이라고 한다. 사각형 객체의 가로와 세로 정보를 담는 width와 height는 모두 객체에 소속된 인스턴스 속성이다. 인스턴스 속성은 객체가 만들어질 때마다 저장 공간이 확보되어 객체의 특징을 저장하는 공간이다. 즉, 인스턴스마다 달라지는 속성에 대해 인스턴스 속성을 사용한다.

```
>>> class Rectangle:
...     ''' 사각형을 표현하는 클래스 정의 '''
...     def __init__(self, width, height):
...         self.width = width # 인스턴스 속성 참조
...         self.height = height # 인스턴스 속성 참조
...
```

인스턴스 속성은 r1.width 처럼 반드시 객체 변수로 참조한다.

```
>>> r1 = Rectangle(2.1, 3.4)
>>> r2 = Rectangle(7.8, 5.2)
>>> print(r1.width, r1.height)
2.1 3.4
>>> print(r2.width, r2.height)
7.8 5.2
```

다음은 지금까지 살펴본 클래스 속성과 인스턴스 속성을 적용하여 사각형 정보를 담는 class Rectangle의 예제 프로그램이다.

**11-4 코딩** 11-04-clsinstattribute.py **클래스와 인스턴스 속성 활용** 난이도 기본

```python
class Rectangle:
    ''' 사각형을 표현하는 클래스 정의 '''
    count = 0 # 클래스 속성(class attribute)

    def __init__(self, width, height):
        self.width = width # 인스턴스 속성 참조
        self.height = height # 인스턴스 속성 참조
        Rectangle.count += 1 # 클래스 속성 참조

    def __str__(self):
        return f'사각형 가로: {self.width} 세로: {self.height}'

    def area(self):
        return self.width * self.height

    def perimeter(self):
        return 2 * (self.width + self.height)

r1 = Rectangle(2.3, 3.2)
print(r1, f'면적: {r1.area():.2f} 둘레: {r1.perimeter():.2f}')
print(Rectangle.count, r1.count)

r2 = Rectangle(1.4, 2.8)
print(r2, f'면적: {r2.area():.2f} 둘레: {r2.perimeter():.2f}')
print(Rectangle.count, r1.count, r2.count)
```

결과

```
사각형 가로: 2.3 세로: 3.2 면적: 7.36 둘레: 11.00
1 1
사각형 가로: 1.4 세로: 2.8 면적: 3.92 둘레: 8.40
2 2 2
```

## 1.6 메서드와 속성의 접근 제어

### 외부에서 참조가 불가능한 속성과 메서드

자바나 C++ 언어 등은 메서드나 속성의 접근을 public, protected, private 등의 키워드를 통해 제어한다. 파이썬은 접근 제어하는 키워드를 따로 제공하지 않으며 기본적으로 메서드나 속성인 모든 멤버가 public으로 외부에서 접근할 수 있다.

파이썬은 __속성, __메서드처럼 속성과 메서드의 이름 앞에 두 개의 밑줄인 더블 언더스코어를 붙

이면 클래스 외부에서 참조가 불가능하다. 이러한 속성이나 메서드들을 외부 참조를 제한하는 비공개(private) 속성과 메서드라고 할 수 있다. 이름에 __와 같은 제한이 없다면 public 개념으로 외부에서 모두 참조 가능하다. 간혹 파이썬에서 이름 앞에 하나의 밑줄 _을 붙인 속성이나 메서드를 사용하는데 이것은 관례상 클래스 내부에서만 사용한다는 의미이며, 외부에서도 접근이 가능하다.

다음 클래스 Student에서 학생의 평균 평점(Grade Point Average)을 담는 속성 __GPA는 외부에서 참조할 수 없으며, 속성 name은 참조할 수 있다.

```
>>> class Student:
...     def __init__(self, name, grade):
...         self.name = name
...         self.__GPA = grade # Grade Point Average 평균 평점
...
```

다음 클래스 Student의 객체 변수 s에서 name은 '김영미'이며, __GPA는 3.4이다. 클래스 외부에서 s.name으로 참조가 가능하지만 s.__GPA는 참조가 불가능하여 AttributeError가 발생한다.

```
>>> s = Student('김영미', 3.4)
>>> print(s.name) # 일반 속성, 참조 가능
김영미
>>> print(s.__GPA) # 참조 불가능, 오류 발생
Traceback (most recent call last):
  File "<stdin>", line 1, in <module>
AttributeError: 'Student' object has no attribute '__GPA'
```

더블 언더스코어가 붙은 비공개 속성을 클래스 외부에서 참조가 불가능하다.

### 주요 속성과 메서드를 비공개로 한 은행 계좌 클래스

다음 예제는 은행의 계좌 정보를 표현한 클래스 Account에 관한 프로그램이다. 계좌 잔고를 담는 속성 __balance는 비공개이며, 계좌주인 name은 공개이다. 클래스 내부에서 객체의 문자열화 메서드 __str__()를 호출하는 메서드 __info()도 비공개로 외부에서는 클래스 외부에서는 사용할 수 없다. 메서드 withdraw()와 deposit()은 모두 공개로 출금과 예금을 수행하는 메서드이다.

**11-5 코딩** 11-05-accesscontrol.py | **속성과 메서드의 접근 제어** | 난이도 응용

```
class Account:
    ''' 은행 계좌를 표현하는 클래스 '''
    def __init__(self, name, amount):
        self.name = name
        self.__balance = amount # 비공개 속성

    def __str__(self):
```

```python
        return '예금주 {self.name}, 잔고 {self.__balance}'

    def __info(self): # 비공개 메서드 구현
        print('\t', self) # 위 메서드 __str__(self) 호출
        # print(self.__str__())

    def withdraw(self, amount):
        self.__balance -= amount
        print(f'출금 {amount}원 이후:')
        self.__info()

    def deposit(self, amount):
        self.__balance += amount
        print(f'입금 {amount}원 이후:')
        self.__info()

acc = Account('E 은행', 100000)
print(acc) # 문자열화 메서드 __str__(self) 호출
acc.deposit(5000)
acc.withdraw(10000)
# print(acc.__balance) # 참조 불가능하여 오류 발생
# acc.__info() # 참조 불가능하여 오류 발생
```

결과

```
예금주 이은행, 잔고 100000
입금 5000원 이후:
         예금주 이은행, 잔고 105000
출금 10000원 이후:
         예금주 이은행, 잔고 95000
```

## 1.7 정적 메서드와 클래스 메서드

### 다양한 메서드

클래스에 속한 함수인 메서드는 인스턴스 메서드(instance method)와 정적 메서드(static method) 그리고 클래스 메서드(class method)로 구분하며 다음과 같이 정의된다.

**클래스의 여러 메서드 구현**

```
class Class_name:
        classvar = init

        def instancemethodname(self, param1, …):
                statements
                …
```

• 객체에서 호출 가능한 일반 인스턴스 메소드로 인스턴스 변수 var를 self.var로 참조 가능

```
        @staticmethod
        def staticmethodname(param1, …):
                statements
                …
```

@staticmethod 정적 메서드 데커레이터로 클래스 이름을 참조 가능한 메서드

```
        @classmethod
        def classmethodname(cls, param1, …):
                statements
        …
```

@classmethod 클래스 메서드 데커레이터로 클래스 이름을 참조 가능한 메서드이고 클래스 변수 classvar를 cls.classvar로 참조 가능

### 데커레이터 @staticmethod로 정의하는 정적 메서드

정적 메서드는 객체뿐만 아니라 클래스에서도 직접 접근할 수 있는 메서드이다. 정적 메서드는 메서드 헤드 문장 위에 데커레이터(decorator)라고 하는 @staticmethod를 기술하며 인자는 첫 번째 인자로 self 없이 실제로 필요한 인자를 기술한다.

다음은 클래스 Degree 내부에 정적 메서드로 tofahrenheit(celcius)를 구현한 코드이다. 정적 메서드 tofahrenheit(celcius)는 인자로 주어지는 섭씨 온도 celcius를 화씨 온도로 변환하여 반환하는 메서드이다. 정적 메서드는 self를 사용할 수 없으므로 인스턴스 변수나 메서드를 사용할 수 없다.

```
>>> class Degree:
...     @staticmethod
...     def tofahrenheit(celsius):
...         return celsius * 1.8 + 32
```

정적 메서드 tofahrenheit()는 객체 d뿐만 아니라 클래스 Degree로도 호출할 수 있다.

```
>>> print('%.2f' % Degree.tofahrenheit(30))
86.00
>>> d = Degree()
>>> print('%.2f' % d.tofahrenheit(35))
95.00
```

다음은 인자로 주어지는 화씨 온도를 섭씨 온도로 변환하는 tocelcius(fahrenheit)를 정적 메서드로 구현한 프로그램이다.

**11-6 코딩** 11-06-staticmethod.py | **정적 메서드로 섭씨와 화씨 간의 온도 변환** | 난이도 기본

```python
class Degree:
    @staticmethod
    def tofahrenheit(celsius):
        return celsius * 1.8 + 32

    @staticmethod
    def tocelcius(tofahrenheit):
        return (tofahrenheit - 32) / 1.8

print(f'{Degree.tofahrenheit(30):.2f}')
print(f'{Degree.tocelcius(100):.2f}')

d = Degree()
print(f'{d.tofahrenheit(35):.2f}')
print(f'{d.tocelcius(90):.2f}')
```

결과

```
86.00
37.78
95.00
32.22
```

### 데커레이터 @classmethod로 정의하는 클래스 메서드

클래스 메서드는 메서드 위에 @classmethod라는 데커레이터를 기술하여 해당 메서드가 클래스 메서드라는 것을 표시한다. 클래스의 일반 메서드에서 첫 인자가 인스턴스를 의미하는 self이듯이 클래스 메서드의 첫 인자는 반드시 클래스를 의미하는 인자로 cls가 온다. 관례적으로 클래스를 의미하는 cls를 쓰지만 cs처럼 다른 이름도 상관없다. 클래스 메서드의 첫 인자 cls로 클래스 자체를 전달받으며 이 cls를 통해 클래스 변수 등에 접근할 수 있다. 클래스 메서드는 정적 메서드와 달리 첫 인자 cls를 받아

'cls.클래스변수'를 참조할 수 있다. 그러나 클래스 메서드도 정적 메서드처럼 self가 없으므로 인스턴스 변수나 메서드를 사용할 수 없다.

다음 클래스 Shape는 원주율 PI를 클래스 변수로 선언하고 클래스 메서드 circlearea(cls, r)를 구현하고 있다. 첫 인자인 cls를 통해 cls.PI를 접근하여 인자로 받은 반지름 r인 원의 면적을 구해 반환한다.

```
>>> class Shape:
...     PI = 3.141592 # 원주율, 클래스 변수 선언
...
...     @classmethod
...     def circlearea(cls, r):
...         return r * r * cls.PI
...
```

클래스 메서드 circlearea(cls, r)는 Shape.circlearea(3.2)로 호출할 수 있다. 또한 객체 s를 사용하여 s.circlearea(2.8)로도 호출할 수 있다.

```
>>> print('%.2f' % Shape.circlearea(3.2))
32.17
>>> s = Shape()
>>> print('%.2f' % s.circlearea(2.8))
24.63
```

지금까지 살펴보았듯이 파이썬은 클래스에서 직접 접근할 수 있는 메서드로 정적 메서드와 클래스 메서드를 제공한다. 일반적으로 클래스 메서드나 정적 메서드는 인스턴스 변수를 참조할 필요가 없는 경우에 사용된다.

다음 클래스 Shape의 정적 메서드 circleperimeter(r)는 인자로 받은 반지름 r인 원의 둘레 길이를 구해 반환한다. 클래스 Shape의 클래스 변수인 원주율 PI는 Shape.PI로 참조할 수 있다.

**11-7 코딩** | 11-07-classmethod.py | **클래스 메서드와 정적 메서드 정의와 활용** | 난이도 응용

```
class Shape:
    PI = 3.141592 # 원주율, 클래스 변수 선언

    @classmethod
    def circlearea(cls, r):
        return r * r * cls.PI
    @staticmethod
    def circleperimeter(r):
        return 2 * r * Shape.PI

```

```
    print(f'{Shape.circlearea(2.7):.2f}')
    print(f'{Shape.circleperimeter(2.7):.2f}')

    s = Shape()
    print(f'{s.circlearea(4.3):.2f}')
    print(f'{s.circleperimeter(4.3):.2f}')
```

결과

```
22.90
16.96
58.09
27.02
```

## 1.8 호출 가능한 클래스 정의

### 호출 가능(callable)과 메서드 __call__

파이썬에서 호출 가능하다는 것은 한 쌍의 괄호와 일련의 인수를 사용하여 호출할 수 있는 객체를 말한다. 함수, 클래스 및 메서드는 모두 호출 가능 항목으로, 대표적인 예는 다음과 같다.

- 내장 함수 및 클래스
- 키워드 def로 생성하는 사용자 정의 함수
- 키워드 lambda로 작성하는 익명 함수
- 사용자 정의 클래스의 생성자
- 클래스의 인스턴스 메서드와 클래스 및 정적 메서드
- __call__() 메서드를 구현하는 클래스의 인스턴스
- yield 키워드를 사용하여 정의하는 생성기 함수(generator function)

다음 클래스 RNum은 생성자와 인스턴스 메서드 getnumbers()를 갖는 클래스이다.

```
>>> import random
>>> class RNum:
...     def __init__(self, n):
...         self.numbers = random.sample(range(1, 101), n)

...     def getnumbers(self):
...         return self.numbers
...
```

1에서 100 사이의 정수 중에서 중복을 불허해 n개를 추출

파이썬에서는 모든 것이 객체로, 클래스도 하나의 객체이다. 위 RNum의 자료형은 type이다. 내장 함수 type(RNum)으로 확인할 수 있다.

```
>>> type(RNum)
<class 'type'>
```

클래스 RNum의 생성자는 type.__call__() 함수를 사용한다. 따라서 인스턴스를 얻기 위해 SampleClass()를 호출할 수 있다. dir(type)의 결과 목록에 표시된 __call__이 생성자를 호출할 수 있다는 것을 확인해 준다. 따라서 클래스 생성자는 해당 클래스의 새 인스턴스를 반환하는, 호출 가능한 객체이다.

```
>>> dir(type)
['__abstractmethods__', '__annotations__', '__base__', '__bases__', '__basicsize__', '__call__', …, 'mro']
```

또한 클래스 RNum의 인스턴스인 r의 메서드 getnumbers()도 호출 가능한 객체라는 것을 확인할 수 있다. 결과적으로 호출 가능하려면 객체에 .__call__() 메서드가 있어야 한다는 것이다. 다음처럼 dir(r.getnumbers)로 확인할 수 있다.

```
>>> r = RNum(10)
>>> dir(r.getnumbers)
['__call__', '__class__', …, '__subclasshook__']
```

그러나 클래스 RNum의 인스턴스인 r은 호출 가능하지 않다. 객체 r은 __call__이 없다는 것이 이를 증명한다.

```
>>> dir(r)
['__class__', '__delattr__', …, 'getnumbers', 'numbers']
>>> dir(r).count('__call__')
0
```

다음 내장 함수 callable(obj)는 객체 obj의 호출 가능 여부를 알려 준다.

```
>>> callable(type)
True
>>> callable(RNum)
True
>>> callable(r)
False
```

### 호출 가능한 인스턴스 생성

호출 가능한 인스턴스를 생성하는 사용자 정의 클래스를 만들 수 있다. 클래스에 메서드 __call__()를 추가하면 된다. 메서드 __call__()이 있는 클래스의 인스턴스는 유연하고 편리한 방법인 함수처럼 호출되어 객체에 기능을 추가할 수 있다.

그다음으로 클래스 RNum에 인스턴스 변수 numbers를 오름차순으로 정렬하는 메서드 __call__(self)를 정의한다.

```
>>> import random
>>> class RNum:
...     def __init__(self, n):
...         self.numbers = random.sample(range(1, 101), n)
...
...     def getnumbers(self):
...         return self.numbers
...
...     def __call__(self):
...         self.numbers = sorted(self.numbers)
...
```

인스턴스 rd는 1에서 100까지의 정수 중 무작위로 10개를 추출한 속성 numbers를 갖는다.

```
>>> rd = RNum(10)
>>> rd.getnumbers()
[80, 62, 89, 73, 57, 92, 66, 81, 94, 37]
```

이제 인스턴스 rd에서 rd()로 메서드 __call__을 호출할 수 있다. 속성 numbers의 항목이 정렬된 것을 확인할 수 있다.

```
>>> rd()
>>> rd.getnumbers()
[37, 57, 62, 66, 73, 80, 81, 89, 92, 94]
```

다음 예제는 무작위로 생성된 숫자 목록을 처리하는 코드이다. __init__ 메서드는 클래스의 인스턴스를 초기화하는 역할을 한다. 1에서 100까지의 정수 중 n개의 범위 내에서 중복되지 않도록 무작위로 선택한 숫자들을 정렬하여 self.numbers에 저장한다. getnumbers는 클래스의 내부 숫자 목록을 반환하는 메서드이다. 다음은 주요 문장에 대한 설명이다.

- __call__ 메서드: 클래스 인스턴스를 호출 가능하게 만드는 특수 메서드로, count의 개수만큼 self.numbers에서 중복되지 않도록 숫자를 선택하여 반환
- rd = RNumber(10): RNumber 클래스의 인스턴스를 생성하고 n으로 10을 전달하여 1에서 100까지 중복되지 않는 10개의 숫자를 생성
- print(rd(8)): rd 객체를 호출하면, __call__ 메서드가 실행되고, 10개의 숫자 중 중복되지 않는 여덟 개의 숫자를 다시 선택하여 출력

**11-8 코딩** 11-08-callinstance.py | **클래스 인스턴스 호출로 난수 생성** | 난이도 응용

```python
import random

class RNumber:
    def __init__(self, n):
        self.numbers = sorted(random.sample(range(1, 101), n))

    def getnumbers(self):
        return self.numbers

    # 인스턴스를 호출 가능하도록 만드는 메서드
    def __call__(self, count):
        if not (0 <= count <= len(self.numbers)):
            raise Exception('적정한 인자가 아닙니다.')
        return sorted(random.sample(self.numbers, count))

rd = RNumber(10)
print(rd.getnumbers())
print(rd(8)) # 열 개 중에서 다시 여덟 개 선택

print(rd.getnumbers())
print(rd(4)) # 열 개 중에서 다시 여덟 개 선택
```

**결과**

```
[7, 9, 13, 27, 35, 61, 76, 80, 81, 98]
[7, 9, 13, 27, 35, 61, 76, 98]
[7, 9, 13, 27, 35, 61, 76, 80, 81, 98]
[13, 61, 76, 98]
```

SECTION

# 02 상속과 추상 클래스

PYTHON

## 2.1 상속 개요

### 부모와 자식 클래스

현실에서도 부모의 유전이나 재산을 물려받는 상속을 생각할 수 있다. 이러한 현실 속의 상속은 부모로부터 여러 가지를 물려받기 때문에 자식에게 여러 혜택이 있을 수 있다. 객체지향 프로그래밍에서도 클래스 간의 상속이 존재한다. 명칭도 '부모 클래스(parent class)'와 '자식 클래스(child class)'라는 호칭을 그대로 사용한다. 즉, 자식 클래스는 부모 클래스에 이미 구현된 메서드나 속성을 상속만으로 그대로 사용할 수 있다. 이러한 상속은 프로그래밍에서 발생할 수 있는 중복을 최소화할 수 있는 기본적인 장점뿐만 아니라 필요하면 수정할 수 있는 등 여러 장점이 있다. 부모 클래스는 '기본(base) 클래스' 또는 '슈퍼(super) 클래스'라고도 부르며, 자식 클래스는 '유도 클래스', '파생(derived) 클래스' 또는 '서브(sub) 클래스'라고도 부른다.

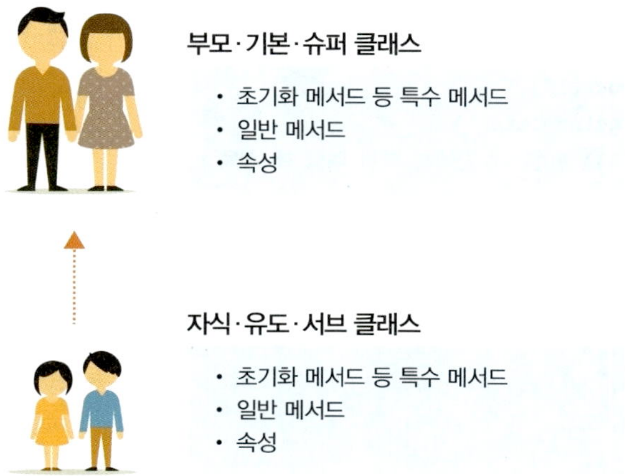


▲ **그림 3** 부모와 자식 클래스 간의 상속

### 최상위 클래스 object

현실에서의 상속이 여러 세대에 걸쳐 이루어지듯이 객체지향의 상속도 여러 수준에 걸쳐 이루어진다. 파이썬에서 모든 클래스의 가장 최상위 클래스는 object 클래스이다.

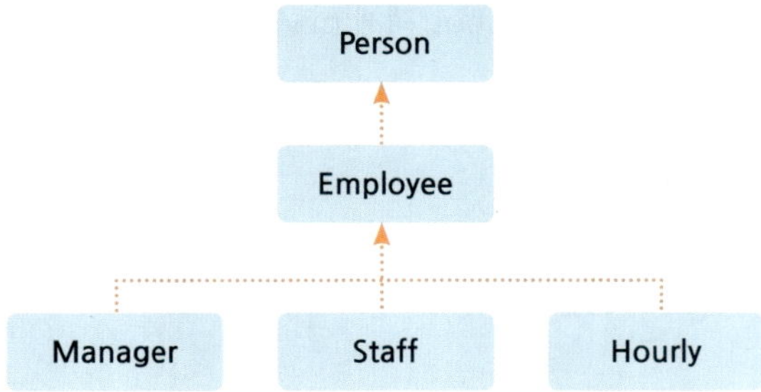


▲ 그림 4 파이썬의 상속 계층

대화형 모드에서 도움말 help(object)로 클래스 object이 최상위 자료형(The most base type)이라는 것을 알 수 있다. 부모 클래스를 지정하지 않는 모든 클래스는 부모가 모두 object이다.

```
>>> help(object)
Help on class object in module builtins:

class object
 |  The most base type
<후략>
```

## 2.2 부모 클래스와 자식 클래스 구현

### 상속으로 클래스 정의

부모와 자식 클래스를 정의해 보자. 부모가 Robot인 자식 클래스 HumanoidRobot은 괄호 안에 부모 클래스를 적어 상속을 정의한다. 클래스 Robot과 달리, 부모를 지정하지 않았으므로 클래스 object가 부모 클래스가 된다.

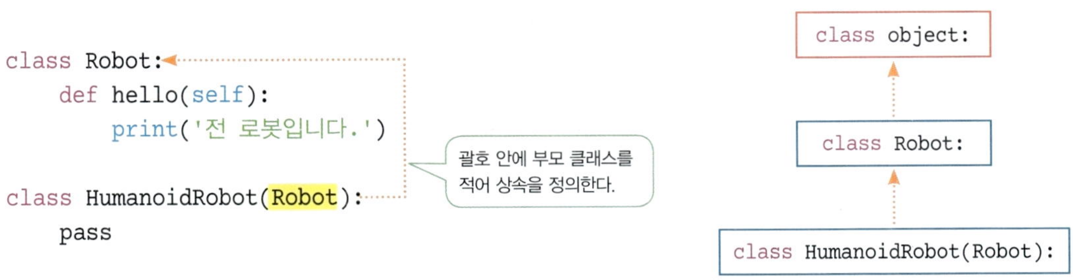


▲ 그림 5 부모 클래스와 자식 클래스의 정의

다음으로 클래스를 정의하고 HumanoidRobot 객체 hr을 만든다.

```
>>> class Robot:
...     def hello(self):
...         print('전 로봇입니다.')
...
>>> class HumanoidRobot(Robot):
...     pass
...
>>> hr = HumanoidRobot()
```

자식 클래스 HumanoidRobot은 부모인 Robot의 속성과 메서드를 그대로 물려받아 사용할 수 있다. HumanoidRobot 객체 hr은 부모 클래스에 있는 메서드 hello()를 상속받으므로 호출이 가능하다. dir(hr)로 메서드 hello를 확인할 수 있다.

```
>>> hr.hello()
전 로봇입니다.
>>> dir(hr)
['__class__', '__delattr__', '__dict__', '__dir__', '__doc__', '__eq__', '__format__', '__ge__', '__getattribute__', '__getstate__', '__gt__', '__hash__', '__init__', '__init_subclass__', '__le__', '__lt__', '__module__', '__ne__', '__new__', '__reduce__', '__reduce_ex__', '__repr__', '__setattr__', '__sizeof__', '__str__', '__subclasshook__', '__weakref__', 'hello']
```

다음으로 HumanoidRobot에 메서드 speak()를 추가하자.

```
>>> class HumanoidRobot(Robot):
...     def speak(self):
...         print('전 사람처럼 말을 할 수 있습니다.')
...
```

객체 hr은 메서드 speak()는 물론 부모 메서드인 hello()도 자신의 메서드처럼 호출할 수 있다.

```
>>> hr = HumanoidRobot()
>>> hr.hello()
전 로봇입니다.
>>> hr.speak()
전 사람처럼 말을 할 수 있습니다.
```

다음은 부모 클래스 Robot과 자식 클래스 HumanoidRobot을 정의한 프로그램이다. 자식 클래스 HumanoidRobot의 객체 hr로 부모의 메서드를 모두 사용할 수 있다. 부모 클래스의 초기화 메서드

__init__에서 지정하는 속성 laws는 HumanoidRobot의 객체 hr에서는 정의하지 않았으므로 참조할 수 없다.

**11-9 코딩** 11-09-inheritance.py | **부모 클래스와 자식 클래스의 정의와 활용** | 난이도 기본

```
class Robot:
    def __init__(self):
        self.laws = '인간에게 해를 입혀서는 안됩니다.'

    def hello(self):
        print('전 로봇입니다.')

    def __str__(self):
        return '전 로봇으로 ' + self.laws

class HumanoidRobot(Robot):
    def __init__(self, name):
        self.name = name

    def speak(self):
        print('%s는 사람처럼 말을 할 수 있습니다.' % self.name)

roboi = Robot()
print(roboi)

hr = HumanoidRobot('아시모')
hr.hello()
hr.speak()
# print(hr.laws) # 오류 발생
```

**결과**

```
전 로봇으로 인간에게 해를 입혀서는 안 됩니다.
전 로봇입니다.
아시모는 사람처럼 말을 할 수 있습니다.
```

## 2.3 내장 함수 super()로 부모의 메서드 호출, 메서드 오버라이딩

### 부모 초기화 메서드 호출

가수를 표현하는 클래스 Singer의 자식 클래스로 KPopGroup을 만들어 보자. 이미 가수 클래스 Singer는 정의해 보았다. 자식 클래스인 KPopGroup 정의에서 KPopGroup(Singer)로 부모인 Singer를 지정한다.

클래스 KPopGroup() 초기화 메서드 __init__에서 인자로 받은 name과 debut은 부모의 속성으로 name과 debut을 지정하기 위해 내장 함수 super()를 사용하여 super().__init__(name, debut)을 호출해야 한다. super()는 상위 클래스의 객체를 반환하는 함수이다. 이제 자식 클래스에서 이름이 동일한 부모 클래스의 메서드를 호출할 때는 super().메서드명()을 사용한다. 물론 부모와 자식 클래스에서 이름이 동일한 경우 super()를 사용하여 호출하며 이름이 다르면 self.부모 메서드명()으로도 호출할 수 있다.

```
class Singer:

    def __init__(self, name, debut):
        self.name = name
        self.debut = debut

    …

class KPopGroup(Singer):
    def __init__(self, name, debut, cnt):
        super().__init__(name, debut)
        self.cnt = cnt
```

다음 문장으로도 가능하지만, 이미 정의된 부모의 초기화 메서드를 이용하자.

```
self.name = name
self.debut = debut
```

▲ **그림 6** 내장 함수 super()를 사용하여 부모의 초기화 함수 __init__() 호출

다음처럼 KPopGroup 생성자에서 인자는 세 개를 사용해야 한다.

```
>>> ive = KPopGroup('아이브', 2021, 6)
>>> ive.name
'아이브'
```

다음처럼 자식 클래스에서 생성자를 구현하지 않는다면 자식 클래스는 상위 클래스의 생성자를 그대로 활용할 수 있다.

```
>>> class KPopGroup(Singer):
...     pass
...
```

클래스 Singer의 생성자의 인자가 두 개이므로 다음처럼 KPopGroup('뉴진스', 2022)으로 생성자를 호출해야 한다.

```
>>> newjeans = KPopGroup('뉴진스', 2022)
>>> newjeans.name
'뉴진스'
>>> newjeans.debut
2022
```

### 부모 메서드와 동일한 메서드를 다시 구현하는 메서드 오버라이딩

부모의 메서드를 자식 클래스에서 다시 구현하는 것을 '메서드 오버라이딩(overriding)'이라 한다. 자식 클래스는 부모의 메서드를 물려받지만, 변경하고 싶을 수도 있다. 이런 경우, 동일한 이름의 메서드 수정인 메서드 오버라이딩은 중복을 최소화하면서 좀 더 구체적인 메서드 수정에 유용하게 사용될 수 있다. 메서드 오버라이딩은 '메서드 대체' 또는 '메서드 재정의'라고도 부른다.

자식 클래스 KPopGroup에서 메서드 introduce()를 오버라이딩하고 있다. 메서드 introduce() 구현에서 필요하다면 super()를 사용하여 부모 메서드 introduce()를 호출하여 사용할 수 있다.

```
class Singer:
    …
    def introduce(self):
        print('안녕하세요! 가수 %s입니다.' % self.name)

class KPopGroup(Singer):
    …

    def introduce(self):
        super().introduce()
        print('우린 KPop 그룹으로 %d명입니다.' % self.cnt)
```

자식 클래스에서 이미 구현된 부모의 메서드를 다시 구체적으로 구현하는 메서드 오버라이딩이라고 한다.

▲ **그림 7** 메서드 오버라이딩

KPopGroup의 인스턴스에서 메서드 introduce()를 호출하면 부모의 메서드는 무시되고 자식 클래스 KPopGroup에서 다시 구현한 메서드 introduce()가 실행된다.

```
>>> bts = KPopGroup('BTS', 2013, 7)
>>> bts.introduce()
안녕하세요! 가수 BTS입니다.
우린 KPop 그룹으로 7명입니다.
```

다음은 super()의 사용과 메서드 오버라이딩을 설명한 부모 클래스 Singer와 자식 클래스 KPopGroup를 구현한 프로그램이다.

11-10 코딩 11-10-superoverriding.py | 내장 함수 super()의 사용과 메서드 오버라이딩 | 난이도 기본

```python
import datetime

class Singer:
    def __init__(self, name, debut):
        self.name = name
        self.debut = debut

    def introduce(self):
        print(f'안녕하세요! 가수 {self.name}입니다.')

    def age(self):
        year = datetime.date.today().year
        print(f'데뷔한 지 {(year - self.debut + 1)}년이 되었네요.')

class KPopGroup(Singer):
    def __init__(self, name, debut, cnt):
        super().__init__(name, debut) # 부모의 초기화 메서드 호출
        #self.name = name
        #self.debut = debut
        self.cnt = cnt

    def introduce(self): # 메서드 오버라이딩
        super().introduce()
        print(f'우린 KPop 그룹으로 {self.cnt}명입니다.')

bts = KPopGroup('BTS', 2013, 7)
bts.introduce()
bts.age()
```

결과

```
안녕하세요! 가수 BTS입니다.
우린 KPop 그룹으로 7명입니다.
데뷔한지 13년이 되었네요.
```

## 2.4 다중 상속과 메서드 탐색 순서 MRO

### 부모가 여러 개인 다중 상속

클래스는 여러 부모 클래스에서 상속받을 수 있다. 다중 상속은 단일 상속의 확장으로 생각하면 쉽다. 클래스가 둘 이상의 부모 클래스를 가져 여러 부모의 속성과 메서드를 상속받을 수 있는 기능을 '다중 상속(multiple inheritance)'이라고 한다.

클래스의 다중 상속은 클래스 정의에서 Subclass(SuperClass1, SuperClass2, SuperClass3, SuperClass4)처럼 괄호 안에 여러 부모 클래스를 콤마로 구분하여 기술한다. 자식 클래스인 SubClass는 부모 클래스인 SuperClass1, SuperClass2, SuperClass3, SuperClass4에서 모든 속성과 메서드를 가져와 사용할 수 있다.

```
class Subclass(SuperClass1, SuperClass2, SuperClass3, SuperClass4):
  …
```

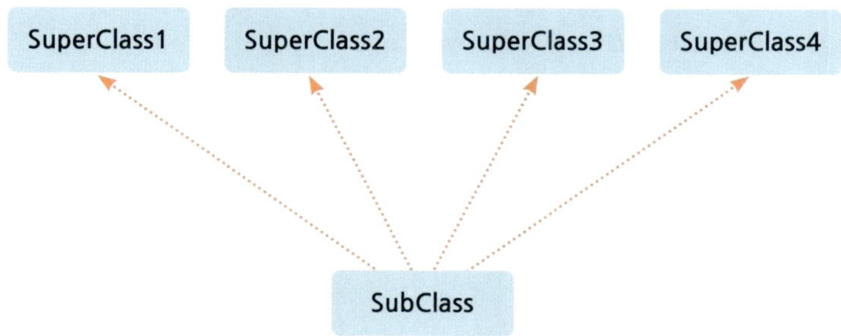


▲ **그림 8** 다중 상속

대학의 조교(assistant)는 학생(student)이면서 직원(employee)이라고 한다면 다음과 같은 다중 상속으로 클래스를 정의할 수 있다. Student와 Employee의 속성과 메서드를 물려받는 Assistant는 do() 메서드 구현에서 self.study()와 self.work()을 사용할 수 있다.

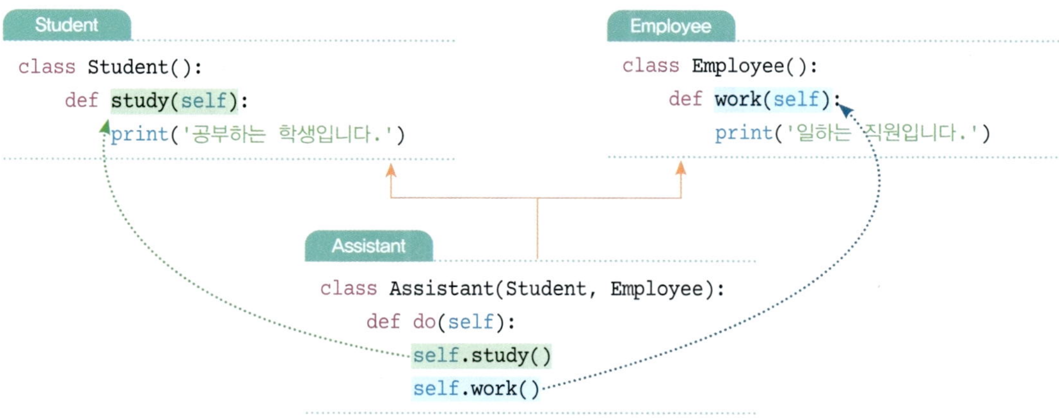


▲ **그림 9** 다중 상속의 구현

**11-11 코딩** 11-11-multipleinheritance.py | **다중 상속 구현** | 난이도 기본

```python
class Student():
    def study(self):
        print('공부하는 학생입니다.')

class Employee():
    def work(self):
        print('일하는 직원입니다.')

class Assistant(Student, Employee):
    def do(self):
        self.study()
        self.work()

i = Assistant()
i.do()
```

**결과**

```
공부하는 학생입니다.
일하는 직원입니다.
```

### 다이아몬드 상속

자바는 다중 상속을 허용하지 않지만 C++나 파이썬은 다중 상속을 허용한다. 다중 상속을 허용하다 보면 그 상속 관계가 복잡할 뿐만 아니라 상황에 따라서는 애매모호할 때도 있다.

특히, 다음과 같이 여러 부모 클래스가 다시 하나의 클래스를 부모로 가질 때 발생할 수 있는 문제를 해결해야 한다. 이러한 상속 관계를 '다이아몬드 상속'이라고 하며, 가장 하위인 클래스 D는 클래스 B와 클래스 C를 상속받으므로 클래스 A를 두 번 상속받는 문제가 발생할 수 있다.

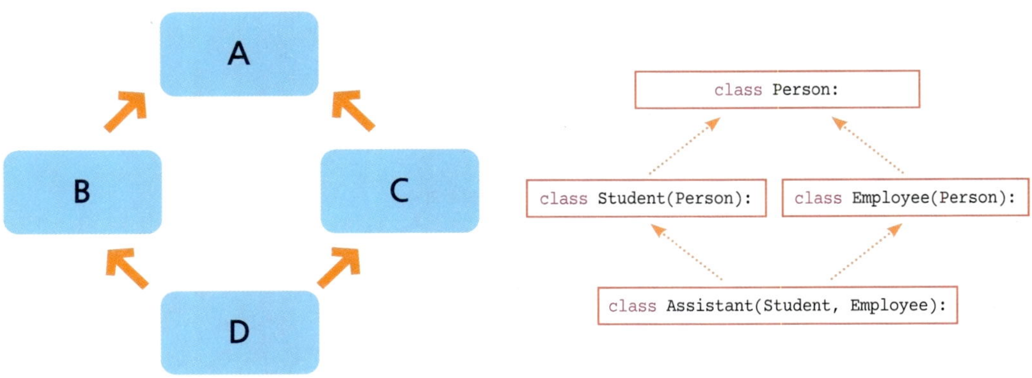


▲ **그림 10** 다이아몬드 상속과 그 예

위 그림에서 알 수 있듯이 다이아몬드 상속의 예로서 클래스 Person, Student, Employee, Assistant를 구현해 보자. 네 개의 모든 클래스에서 메서드 do(self)를 구현하고 있다. 중간 하위 클래스인 Student, Employee와 최하위 클래스 Assistant도 모두 super().do()를 나중에 호출하고 있다. super().do()를 호출할 때 발생할 수 있는 최상위 클래스 Person() 메서드의 do() 다중 실행을 막을 수 있다.

최하위 클래스 Assistant의 객체 i로 do()를 호출하면 부모인 Student, Employee의 메서드 do()가 실행되며 최상위인 클래스 Person 메서드 do()는 한 번만 호출되는 것을 알 수 있다.

**11-12 코딩** 11-12-diamondinheritance.py | **다이어몬드 상속에서의 메서드 호출** | 난이도 응용

```
class Person():
    def do(self):
        print('사람은 무언가 해야 합니다.') # 4

class Student(Person):
    def do(self):
        print('공부하는 학생입니다.') # 2
        super().do()

class Employee(Person):
    def do(self):
        print('일하는 직원입니다.') # 3
        super().do()

class Assistant(Student, Employee): # 나열된 순서대로 호출
    def do(self):
        print('학생을 도와주는 조교입니다.') # 1
        super().do()

i = Assistant()
i.do()
```

**결과**

```
학생을 도와주는 조교입니다.
공부하는 학생입니다.
일하는 직원입니다.
사람은 무언가 해야 합니다.
```

다음 예제에서 상위 클래스인 Person, Student, Employee의 메서드 do()에서 super().do()를 모두 제거하였다. 최상위 클래스인 Assistant에서 super().do()의 호출하면 나열된 다중 상속의 첫 순서인 Student의 do()를 호출한다.

**11-13 코딩** 11-13-diamondoverriong.py | **다이어몬드 상속 메서드 오버라이딩 호출** | 난이도 응용

```python
class Person():
    def do(self):
        print('사람은 무언가 해야 합니다.')

class Student(Person):
    def do(self):
        print('공부하는 학생입니다.') # 우선 호출

class Employee(Person):
    def do(self):
        print('일하는 직원입니다.')

class Assistant(Student, Employee): # 나열된 순서대로 호출
    def do(self):
        super().do() # 먼저 찾는 왼쪽인 Student.do() 호출
        print('학생을 도와주는 조교입니다.')

i = Assistant()
i.do()
```

**결과**

```
공부하는 학생입니다.
학생을 도와주는 조교입니다.
```

### 메서드 탐색 순서를 확인하는 메서드 mro()

파이썬의 다중 상속에서 메서드를 접근하는 순서를 '메서드 탐색 순서,' 즉 MRO(method resolution order)라고 한다.

메서드 탐색 순서는 자기 자신이 제일 먼저이고, 이후 다중 상속인 경우일 때 선언 괄호 왼쪽에 있을수록 우선순위가 높으며, 그다음이 상위 클래스순이다. 물론, 가장 나중은 최상위 클래스인 object 클래스이다.

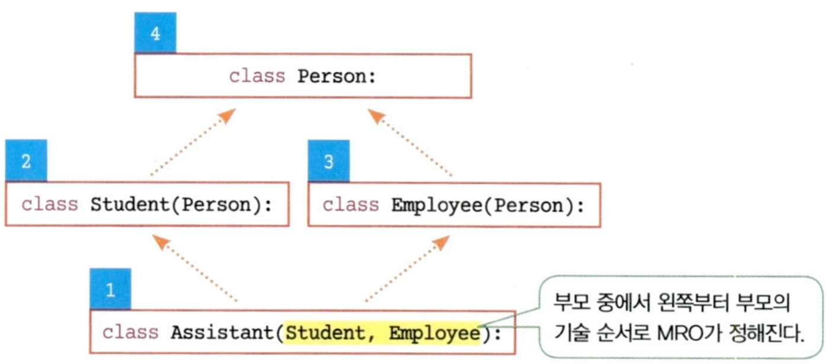


▲ **그림 11** 다중 상속에서의 메서드 탐색 순서 MRO

위 상속 관계에서 클래스 Assistant의 메서드 탐색 순서는 클래스 Assistant → Student → Employee → Person → object순이다. 클래스의 MRO 확인 방법은 __mro__속성과 mro() 메서드 방식이 있다. __mro__속성은 메서드 탐색 순서를 튜플로 반환하며 mro() 메서드는 리스트로 반환한다.

```
>>> print(Assistant.__mro__)
(<class '__main__.Assistant'>, <class '__main__.Student'>, <class '__main__.
Employee'>, <class '__main__.Person'>, <class 'object'>)
>>> print(Assistant.mro())
[<class '__main__.Assistant'>, <class '__main__.Student'>, <class '__main__.
Employee'>, <class '__main__.Person'>, <class 'object'>]
```

만일, 클래스 Assistant의 객체로 어느 메서드를 접근한다면 위 메서드 탐색 순서대로 메서드를 찾으며 만일 최상위 object 클래스까지 확인했는데도 찾는 메서드가 없다면 AttributeError를 발생시킨다. 다음 예제 프로그램에서 객체 i를 통한 i.hello() 호출은 Assistant의 hello()가 없으므로 그다음 순서인 Student의 hello()가 실행되는 것을 확인할 수 있다.

**11-14 코딩** | 11-14-attributemro.py | **다중 상속에서 메서드 해결 순서** | 난이도 응용

```python
class Person():
    def hello(self):
        print('안녕, 난 사람이야!')

class Student(Person):
    def hello(self):
        print('안녕, 난 학생이야!')

class Employee(Person):
    def hello(self):
        print('안녕, 난 직원이야!')

class Assistant(Student, Employee):
    pass

print(Assistant.__mro__)
print(Assistant.mro())

i = Assistant()
i.hello()
```

결과

```
(<class '__main__.Assistant'>, <class '__main__.Student'>, <class '__main__.Employee'>, <class '__main__.Person'>, <class 'object'>)
[<class '__main__.Assistant'>, <class '__main__.Student'>, <class '__main__.Employee'>, <class '__main__.Person'>, <class 'object'>]
안녕, 난 학생이야!
```

## 2.5 구현이 미완성인 추상 메서드와 추상 클래스

### 상위 클래스로서 하위 클래스가 구현해야 할 메서드를 선언

추상 메서드는 아직 구현이 종료되지 않은 미완성 메서드로, 다음과 같이 구현한다.

- 추상 클래스를 지원하는 모듈 abc(abstract base class)를 가져오기 위해 임포트한다.
- 정의되는 클래스의 괄호 안에 metaclass = abc.ABCMeta를 지정하거나 상위 클래스로 모듈 abc의 ABC 클래스를 지정한다.
- 추상 메서드의 머리 위에 데커레이터인 @ abc.abstractmethod를 넣어 메서드가 추상이라는 것을 지정한다.

추상 클래스를 지원하는 모듈 abc(abstract base class)에서 클래스 ABC, ABCMeta와 데커레이터 @abstractmethod를 제공한다.

```
>>> import abc
>>> dir(abc)
['ABC', 'ABCMeta', '__builtins__', '__doc__', '__file__', '__loader__', '__name__', '__package__', '__spec__', '_abc_init', '_abc_instancecheck', '_abc_register', '_abc_subclasscheck', '_get_dump', '_reset_caches', '_reset_registry', 'abstractclassmethod', 'abstractmethod', 'abstractproperty', 'abstractstaticmethod', 'get_cache_token', 'update_abstractmethods']
```

다음 두 코드는 모두 다각형을 의미하는 추상 클래스 Polygon에 다각형의 면적을 구하는 추상 메서드 area()를 선언하는 구문이다. 아직 명확한 형태가 아닌 다각형 Polygon은 면적을 구할 수 없어 추상 메서드로 정의한다. 부모 클래스의 추상 메서드는 삼각형이나 사각형 등 좀 더 구체적인 자식 클래스에서 추상 메서드를 오버라이딩하여 반드시 구현하도록 강제한다.

```
from abc import *

class Polygon(metaclass = ABCMeta):
    @abstractmethod
    def area(self): # 추상 메서드
        pass
```

```
from abc import ABC, abstractmethod

class Polygon(ABC):
    @abstractmethod
    def area(self): # 추상 메서드
        pass
```

위에서 정의한 클래스 Polygon을 상속받는 클래스 Triangle은 추상 메서드인 area()를 다시 재정의(overriding)하여 구현해야 한다. 자식 클래스인 Triangle은 면적을 구하는 area()를 이제 명확히 구현할 수 있다.

```
>>> class Triangle(Polygon):
...     def __init__(self, width, height):
...         self.width = width
...         self.height = height
...
...     def area(self): # 부모 클래스의 추상 메서드 구현
...         return self.width * self.height / 2
...
```

다음은 가로와 높이가 각각 2.4, 4.3인 삼각형의 객체를 만들어 면적을 구하는 프로그램이다.

**11-15 코딩** 11-15-abstractmethod.py | **추상 메서드 선언과 자식 클래스에서의 구현** | 난이도 응용

```
from abc import *

class Polygon(metaclass = ABCMeta):
    @abstractmethod
    def area(self): # 추상 메서드
        pass

class Triangle(Polygon):
    def __init__(self, width, height):
        self.width = width
        self.height = height

    def area(self): # 부모 클래스의 추상 메서드 구현
        return self.width * self.height / 2

tri = Triangle(2.4, 4.3)
print('삼각형 면적: %.2f' % tri.area())
```

**결과**

```
삼각형 면적: 5.16
```

### 객체화할 수 없는 추상 클래스

미완성인 추상 메서드를 적어도 한 개 이상 갖는 클래스를 '추상 클래스(abstract class)'라고 한다. 미완성인 추상 메서드는 이를 상속받는 자식 클래스에서 반드시 구현되어야 한다. 부모인 추상 클래스

는 자신만을 객체 인스턴스로 생성할 수 없다. 즉, 추상 클래스는 아직 미완성 클래스이므로 객체화하지 못하도록 제약하는 것이라고 이해하자.

다음 코드는 추상 메서드 area()를 갖는 추상 클래스 Polygon의 객체화에서 발생한 TypeError 오류이다.

```
>>> poly = Polygon() # 오류 발생
Traceback (most recent call last):
  File "<stdin>", line 1, in <module>
TypeError: Can't instantiate abstract class Polygon with abstract methods area
```

추상 메서드 area()를 가지고 있는 추상 클래스 Polygon을 상속받는 사각형 Rectangle도 반드시 추상 메서드 area()를 재정의해야 한다.

```
>>> class Rectangle(Polygon):
...     def __init__(self, width, height):
...         self.width = width
...         self.height = height
...     # def area(self): # 부모 클래스의 추상 메서드 구현
...     # return self.width * self.height
```

만일, 위 코드와 같이 메서드 area()를 구현하지 않는다면 물려받은 메서드 area()가 구현되지 않아 클래스 Rectangle도 추상 클래스가 되어 다음 코드와 같이 객체 생성에서 Polygon에서와 같은 TypeError 오류가 발생한다. 즉, 상속받은 클래스는 추상 메서드를 구현하지 않으면 객체 생성 시 오류가 발생한다.

```
>>> rect = Rectangle(2.4, 4.3)
Traceback (most recent call last):
  File "<stdin>", line 1, in <module>
TypeError: Can't instantiate abstract class Rectangle with abstract methods area
```

다음은 Polygon을 상속받아 추상 메서드 area()로 구현한 프로그램이다.

**11-16 코딩** 11-16-abstractclass.py | **추상 클래스를 상속받아 추상 메서드를 구현** | 난이도 응용

```
from abc import ABC, abstractmethod

class Polygon(ABC):
    @abstractmethod
    def area(self):
        print('면적 구하기 메서드 구현')
```

```

class Rectangle(Polygon):
    def __init__(self, width, height):
        self.width = width
        self.height = height

    def area(self): #부모 클래스의 추상 메서드 구현
        return self.width * self.height

rect = Rectangle(2.4, 4.3)
print(f'사각형 면적: {rect.area():.2f}')
```

결과

```
사각형 면적: 10.32
```

학습 내용 점검

**01** : 다음 클래스 정의와 객체 사용 코드에서 출력 값을 기술하시오.

①
```
class Student:
    '''학생입니다.'''

i = Student()
i.name = '최우수'
print(i.name)
```

②
```
class Student:
    '''학생입니다.'''

i = Student()
i.name = '최우수'
print(i.name)
```

**02** : 다음은 사각형 Rectangle에 대한 클래스와 객체를 구현한 프로그램이다. 빈 부분을 완성하시오.

```
class Rectangle:
    ''' 사각형을 표현하는 클래스 정의 '''
    def [          ] (self, width, height):
        self.width = width # 인스턴스 속성 참조
        self.height = height # 인스턴스 속성 참조

    def area(self):
        return [          ] * [          ]

rec = Rectangle(2.1, 3.4)
print(rec.area())
```

**03** : 다음은 특수 메서드인 매직 메서드를 구현한 프로그램이다. 빈 부분을 완성하고 각각의 프로그램 실행 결과를 기술하시오.

```
class Integer:
    def __init__(self, value):
        self.value = value

    def [          ] (self, other):
        return self.value + other.value

    def [          ] (self, other):
        return self.value - other.value

a = Integer(5)
b = Integer(3)
```

① `print(a + b)`

② `print(a - b)`

**04** : 다음은 원을 구현한 프로그램이다. 빈 부분을 완성하고 각각의 프로그램 실행 결과를 기술하시오.

```
class Circle:
    ''' 원을 표현하는 클래스 정의 '''
    PI = 3.14

    def __init__(self, radius):
        self.radius = radius

    def area(self):
        return [      ].radius * [      ].radius * [      ].PI

c = Circle(2.5)
```

① `print(c.radius)`    ② `print(Circle.PI)`

**05** : 다음은 정적 메서드와 클래스 메서드를 구현한 프로그램이다. 빈 부분을 완성하시오.

```
class Area:
    PI = 3.14 # 원주율, 클래스 변수 선언

    @[          ]
    def circle(cls, r):
        return r * r * cls.PI

    @[          ]
    def triangle(w, h):
        return w * h / 2

print('%.2f' % [      ].circle(2))
print('%.2f' % [      ].triangle(3, 5))
```

**06** : 다음은 두 클래스 Animal과 Dog의 상속을 구현한 프로그램이다. 빈 부분을 완성하고 프로그램 실행 결과를 기술하시오.

```
class Animal:
    def __init__(self, species):
        self.species = species

    def __str__(self):
        return self.species

class Dog(          ):
    def __init__(self, name):
        [        ].__init__('개') # 부모의 초기화 메서드 호출
        self.name = name

    def __str__(self):
        return [        ]. __str__() + ': ' + self.name

d = Dog('멍멍이')
print(d)
```

**07** : 다음은 추상 메서드에 관한 프로그램이다. 빈 부분을 완성하고 프로그램 실행 결과를 기술하시오.

```
from abc import *

class Polygon(metaclass = [            ]):
    @[              ]
    def area(self): # 추상 메서드
        pass

class Rectangle(        ):
    def __init__(self, width, height):
        self.width = width
        self.height = height

    def area(self): # 부모 클래스의 추상 메서드 구현
        return self.width * self.height

rect = Rectangle(2, 4)
print('사각형 면적: %.2f' % rect.area())
```

**08** : 다음은 상속에서 메서드 오버라이딩에 관한 프로그램이다. 프로그램 실행 결과를 기술하시오.

```
class Vehicle:
    def __init__(self, brand, model):
        self.brand = brand
        self.model = model
    def move(self):
        print("이동하다!")

class Car(Vehicle):
    pass

class Boat(Vehicle):
    def move(self):
        print("항해하다!")

class Plane(Vehicle):
    def move(self):
        print("날아가다!")

car1 = Car("현대", "제네시스") # Create a Car object
boat1 = Boat("보트", "마스코다") # Create a Boat object
plane1 = Plane("에어버스", "380") # Create a Plane object

for x in (car1, boat1, plane1):
    print(x.brand)
    print(x.model)
    x.move()
```

## 도전! 프로그래밍

**01** 기본

클래스 Student를 pass 문장만 있도록 가장 간단히 만든 후 메서드를 추가하고 객체를 만들어 다음과 같은 결과가 나오도록 프로그램을 작성하시오.

- 다음 함수를 만들어 클래스 Student의 메서드 info에 저장

```
def info(self):
    print('대학: ' + self.univ + ' 이름: ' + self.name)
```

- 클래스 Student 객체를 만들어 속성 name에 '이성실' 저장, 속성 univ에 '한국대학교' 저장
- 클래스 Student 객체에서 메서드 info()를 호출

```
대학: 한국대학교 이름: 이성실
```

**02** 기본

다음을 만족하는 클래스 Student를 작성하여 다음과 같은 결과가 나오도록 프로그램을 작성하시오.

- 초기화 메서드의 인자는 이름, 학과, 중간 점수, 기말 점수를 저장하는 name, dept, mid, final
- 문자열화 메서드 __str__ 구현
- 메서드 grade()는 두 점수의 평균이 90 이상이면 A, 80 이상이면 B, 70 이상이면 C, 60 이상이면 D, 그 이하이면 F를 반환
- 클래스 Student 객체 하나를 만들어 문자열화 메서드와 grade() 메서드 호출

```
학과: 기계학과, 이름: 김경철, 중간: 89, 기말: 90
학점: B
```

**03** 응용

클래스 Car에서 다음 조건의 매직 메서드를 만들어 다음과 같은 결과가 나오도록 프로그램을 작성하시오.

- 초기화 메서드 __init__
- 문자열화 메서드 __str__
- 동등 비교 메서드 __eq__: 모든 속성이 같으면 True 반환
- 다음을 구현한 결과

```
mycar = Car('현대', 2020, '검정')
yourcar = Car('기아', 2021, '백색')
print(mycar)
print(yourcar)
print(mycar == yourcar)
```

```
자동차 회사: 현대, 연식: 2020, 색상: 검정
자동차 회사: 기아, 연식: 2021, 색상: 백색
False
```

**04** : 추상 클래스 Vehicle과 자식 클래스 Car와 Bicycle을 만들어 다음과 같은 결과가 나오도록 프로그램을 작성하시오.
응용

- 추상 클래스 Vehicle은 초기화 메서드에서 속성 color와 wheels를 지정
- 추상 클래스 Vehicle은 일반 메서드 move(), 추상 메서드 honkhorn(), info()를 정의
- 클래스 Vehicle의 자식 클래스 Car와 Bicycle은 일반 메서드 move(), 메서드 honkhorn(), info()를 재정의

```
mycar = Car('노랑', 4);
mycar.info();
mycar.move();
mycar.honkhorn();

mybic = Bicycle('파랑', 2);
mybic.info();
mybic.move();
mybic.honkhorn();
```

```
자동차 색상: 노랑, 바퀴수: 4
60킬로로 이동합니다.
빵빵아악~~
자동차 색상: 파랑, 바퀴수: 2
30킬로로 이동합니다.
따르릉따릉~~
```

**05** : 부모 클래스 Circle과 자식 클래스 Cylinder를 정의하여 다음과 같은 결과가 나오도록 프로그램을 작성하시오.
실전

- 클래스 Circle의 초기화 함수에서 반지름인 radius를 지정
- 클래스 Circle의 메서드 area()와 perimeter()는 각각 면적과 둘레 길이를 반환
- 자식 클래스 Cylinder는 원통을 표현하는 클래스로, 초기화 함수에서 원통의 반지름과 높이를 지정
- 자식 클래스 Cylinder의 메서드 area()와 volume()은 각각 표면적과 체적을 반환
- 원통의 표면적은 밑면과 윗면인 원의 면적과 원통의 둘레인 사각형 면적의 합으로 구함.
  - 표면적 = (반지름 × 반지름 × 3.14) × 2 + (원의 둘레 × 원통 높이)
- 프로그램 출력 결과

```
cy = Cylinder(3, 5)
print('원통 체적: %.2f' % cy.volume())
print('원통 표면적: %.2f' % cy.area())
```

```
원통 체적: 141.30
원통 표면적: 150.72
```

**06** 실전 **추상 클래스 Animal과 자식 클래스 Dog, Cat, Cow를 정의하여 다음과 같은 결과가 나오도록 프로그램을 작성하시오.**

- 추상 클래스 Animal은 생성자와 메서드 speak()를 정의
- 자식 클래스 Dog, Cat, Cow는 모두 메서드 speak()를 재정의
- 메서드 animal_sounds(animals)는 인자인 목록 항목에서 메서드 speak() 호출해 출력
- 프로그램 출력 결과

```
dog = Dog("멍멍이")
cat = Cat("야옹이")
cow = Cow("황소")
animals = [dog, cat, cow]
animal_sounds(animals)
```

```
멍멍이가 멍멍!
야옹이가 야옹!
황소가 음메!
```

M E M O

Chapter

# 12 문자열 암호화와 정규 표현식

## 학습 목표

- 문자열에서 시저 암호 방법을 구현할 수 있다.
- 내장 모듈 this의 내용을 이해할 수 있다.
- 정규 표현식을 이해하고 내장 모듈 re의 함수 search(), findall(), finditer(), match(), fullmatch(), split(), sub() 등을 활용할 수 있다.

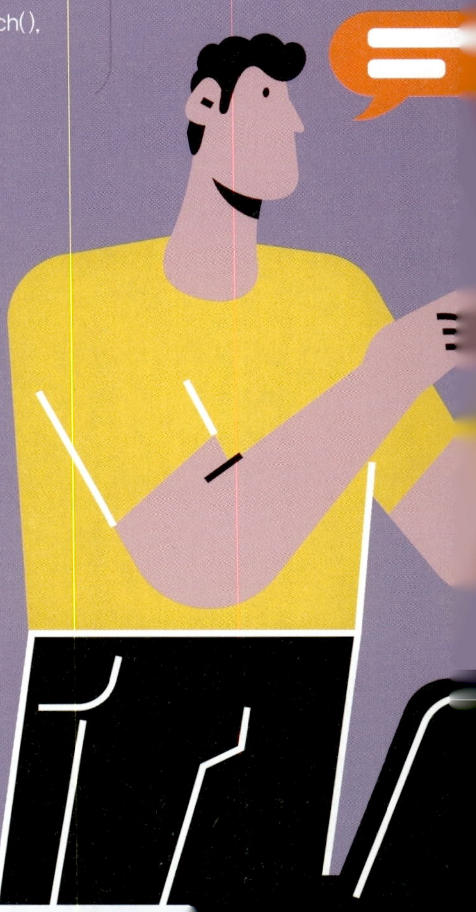

CONTENTS

SECTION 01

# 문자열의 암호화

## 1.1 리스트 컴프리헨션을 활용한 문자열 암호화 기초

### 문자열 변환 기초

문자열 'Programming is an Art!'를 규칙성 있게 변환해 보자. 가장 먼저 문자열을 변수에 저장하고 출력한다.

```
>>> # 변환하고자 하는 문자열
>>> s = 'Programming is an Art!'
>>> print(s)
Programming is an Art!
```

각 문자를 변환하는 규칙을 각 문자에 key인 1을 더하는 방식을 채택해 문자 P는 다음 문자인 Q, r은 s로 변환해 출력해 보자. 문자 c의 코드 값에 key 값을 더하려면 ord(c)를 사용해 정수로 변환한 후 더한다. 결과를 보면 공백 문자의 다음 문자는 !이며 !의 다음 문자는 큰따옴표(")라는 것을 알 수 있다.

```
>>> # 문자에 각각 1을 더하여 문자열을 출력
>>> key = 1
>>> for c in s:
...     print(chr(ord(c) + key), end='')
...
Qsphsbnnjoh!jt!bo!Bsu"
```

다음 예제는 규칙성 있게 주어진 문자열을 변환하는 코드이다. 이러한 변환이 바로 간단한 암호화(encryption) 방식이다. 즉, 각 문자는 주어진 key 값에 따라 정해진 거리만큼 이동되어 암호화된다. 변수 key에 암호화에 사용될 정수 값인 2가 할당되면, 이 값 2가 문자를 변환시킬 key 값이 된다. 코드 encode += chr(ord(c) + key)에서 보듯이 현재 문자 c의 코드 값에 key 값을 더한 후 다시 그 결과의 코드 값을 문자로 변환하여 encode 문자열에 추가해 문자를 암호화한다.

**12-1 코딩** 12-01-encodestr.py | **문자열을 규칙성 있게 변환** 난이도 기본

```
# 변환하고자 하는 문자열
origin = 'Programming is an Art!'
```

```

# 위 문자열을 암호화해 문자열 생성
key = 2
encode = ''
for c in origin:
    encode += chr(ord(c) + key)

# 원 문자열과 암호화된 문자열 출력
print(f'origin 문자열: {origin}')
print(f'encode 문자열: {encode}')
```

**주의** 문자열에서 연산 +는 문자열의 연결

**결과**

```
origin 문자열: Programming is an Art!
encode 문자열: Rtqitcookpi"ku"cp"Ctv#
```

## 문자열 메서드 join()과 컴프리헨션

문자열 str.join() 메서드는 문자열을 하나의 문자열로 결합하는 역할을 수행한다. join() 메서드의 구문은 다음과 같다. 여기서 '구분자'는 연결된 문자열 사이에 삽입될 문자열이다. join() 메서드는 리스트나 튜플 또는 문자열과 같은 반복 가능(iterable)한 객체 iter에 대해 호출되며 해당 객체의 요소들을 구분자를 이용해 하나의 문자열로 합친다.

- "구분자".join(iter)

다음 코드에서 공백 문자 하나가 구분자가 되어 호출 인자인 문자열 'python'의 각 문자 사이에 구분자인 공백(' ')이 삽입되어 문자열 'p y t h o n'이 출력된다.

```
>>> # 문자열 str.join() 함수 이해
>>> print(' '.join('python'))
p y t h o n
```

메서드 join(인자)의 인자로는 문자열도 가능하고 문자의 리스트도 가능하다. 다음 코드에서 구분자로 '*'와 '-'가 삽입된 결과를 볼 수 있다. join() 메서드는 문자열의 리스트의 항목들을 효율적으로 결합할 수 있는 쉬운 방법이다.

```
>>> # 리스트 함수를 문자열을 인자로 호출하면 각 문자를 항목으로 하는 리스트 생성
>>> print(list('python'))
['p', 'y', 't', 'h', 'o', 'n']
>>>
```

```
>>> # 문자열이 각각의 항목 중간에 들어간 문자열 생성
>>> print('*'.join(list('python')))
p*y*t*h*o*n
>>> print('-'.join(list('python')))
p-y-t-h-o-n
```

다음은 문자열 'python'을 리스트로 변환한 후 해당 리스트의 요소들을 빈 문자열을 구분자로 사용하여 결합해 출력하는 문장이다. list('python')은 문자열 'python'을 리스트로 변환한 결과는 ['p', 'y', 't', 'h', 'o', 'n']이 된다. 즉 각 문자가 개별 항목으로 분리된 리스트가 생성된다. 다음 코드 ''.join(list('python'))은 각 문자인 리스트 요소들을 빈 문자열('')을 구분자로 사용하여 결합한다. 이때 구분자를 사이에 두고 모든 요소를 하나의 문자열로 합친다. 따라서 결과는 다시 'python' 문자열이 생성된다.

```
>>> # 문자열 객체를 빈 문자열로 지정하면 인자인 문자 리스트가 그대로 문자열로 변환
>>> print(''.join(list('python')))
python
```

이와 마찬가지로 문장 ''.join(origin)은 같은 문자열 origin을 생성한다.

```
>>> origin = 'Programming is an Art!'
>>> encode = ''.join(origin)
>>> print(encode)
Programming is an Art!
```

다음은 문자열 'python'의 각 문자를 key 값만큼 아스키(ASCII) 코드 값으로 이동시킨 후 해당 코드를 문자로 변환하여 리스트에 저장해 출력하는 코드이다. 즉, 리스트 clst에는 'python'의 각 문자를 key 값만큼 이동시킨 후의 문자들이 리스트 항목으로 저장된다.

- [chr(ord(c) + key) for c in 'python']: 리스트 컴프리헨션을 사용하여 문자열 'python'의 각 문자 c에 대해 다음 내용을 실행
  - ord(c): 문자 c의 코드 값을 반환
  - ord(c) + key: 해당 문자의 코드 값을 key 값만큼 증가
  - chr(ord(c) + key)는 증가시킨 코드 값을 다시 문자로 변환

```
>>> key = 1
>>> clst = [chr(ord(c) + key) for c in 'python']
>>> print(clst)
['q', 'z', 'u', 'i', 'p', 'o']
```

다음 예제는 각 문자의 이동으로 문자열을 간단히 암호화하는 코드이다. 각 문자는 해당 key 값만큼 코드 값으로 이동시키는 과정에서 리스트 컴프리헨션을 사용한다. 또한 암호화된 문자 리스트 ecdlst를 다시 문자열로 변환하기 위해 ''.join(ecdlst)을 사용한다.

**12-2 코딩** 12-02encodecomp.py | **컴프리헨션과 str.join()을 사용한 암호화** | 난이도 응용

```python
# 원 문자열
origin = 'Programming is an Art!'

# 리스트 컴프리헨션으로 문자열 암호화 수행
key = 1
ecdlst = [chr(ord(c) + key) for c in origin]
print(f'origin 리스트: {list(origin)}')
print(f'encode 리스트: {ecdlst}')

# 암호화된 문자 항목의 리스트를 문자열로 변환하기 위해 ''.join() 사용
encode = ''.join(ecdlst)
print(f'origin 문자열: {origin}')
print(f'encode 문자열: {encode}')
```

**주의** 코드 ''.join(ecdlst)에서 ''은 빈 문자열

**결과**

```
origin 리스트: ['P', 'r', 'o', 'g', 'r', 'a', 'm', 'm', 'i', 'n', 'g', ' ',
'i', 's', ' ', 'a', 'n', ' ', 'A', 'r', 't', '!']
encode 리스트: ['Q', 's', 'p', 'h', 's', 'b', 'n', 'n', 'j', 'o', 'h', '!',
'j', 't', '!', 'b', 'o', '!', 'B', 's', 'u', '"']
origin 문자열: Programming is an Art!
encode 문자열: Qsphsbnnjoh!jt!bo!Bsu"
```

## 1.2 문자열 암호화와 복호화

### 문자열 암호화를 위한 딕셔너리 생성

딕셔너리는 키(key)와 값(value)의 쌍으로 구성된 데이터 구조이다. 딕셔너리는 중괄호 {key: value}를 사용하여 생성되며 각 키와 값은 콜론으로 구분된다. 딕셔너리는 불변(immutable)한 키를 사용하여 값을 참조할 수 있는 구조이다.

- {키1: 값1, 키2: 값2, 키3: 값3, …}

다음은 반복 구문으로 0에서 9까지의 정수 i를 키로, 각 정수에 1을 더한 문자열(str(i+1))을 값으로 가지는 딕셔너리를 만드는 코드이다.

```
>>> # 딕셔너리 이해
>>> d = {}
>>> for i in range(10):  # 알파벳 인코딩 딕셔너리 생성
...     d[i] = str(i+1)
...
>>> print(d)
{0: '1', 1: '2', 2: '3', 3: '4', 4: '5', 5: '6', 6: '7', 7: '8', 8: '9', 9: '10'}
```

다음은 위처럼 0부터 9까지의 숫자를 키로 가지며, 각 숫자에 1을 더한 값을 문자열로 값으로 가지는 딕셔너리를 컴프리헨션으로 만드는 코드이다. 이처럼 간단한 컴프리헨션은 위 반복 구문 코드보다 단순하고 보기에도 직관적이다.

```
>>> d = {i: str(i+1) for i in range(10)}
>>> print(d)
{0: '1', 1: '2', 2: '3', 3: '4', 4: '5', 5: '6', 6: '7', 7: '8', 8: '9', 9: '10'}
```

다음 예제는 알파벳 암호화에 사용되는 딕셔너리를 생성하는 코드이다. 전반부에는 대문자 알파벳의 키와 값이 동일하게 매핑되는 딕셔너리를 생성하고, 후반부에는 암호화를 위해 각 알파벳을 지정된 회수 key만큼 이동시켜 매핑하는 딕셔너리 컴프리헨션을 생성한다. 변수 key에 주어진 수만큼 이후의 알파벳과 매핑시키기 위한 과정에서 딕셔너리의 값으로 문자 코드 값을 (i + key) % cnt로 수행하는 것에 주의하자. 즉, key = 1이라면, 이 연산으로 {'Z': 'A', …}와 같이 키 Z에 대응하는 값이 알파벳을 순환해 다시 A가 되도록 한다.

- d = {chr(A + i): chr(A + (i + key) % cnt) for i in range(cnt)}
    - (i + key) % cnt: 알파벳의 순환을 처리하기 위해 이동된 위치를 알파벳 개수 cnt로 나눈 나머지 값을 계산하는데, 예를 들어, cnt = 26이고, key = 1이면 알파벳 Z 다음은 다시 A로 돌아가도록 연산

결국 key=1인 경우, 알파벳의 매핑을 살펴보면 다음과 같다. 이 방법이 암호학의 시초로 로마 시대에 줄리어스 시저(Julius Caesar)가 기밀 메시지를 보내는 데 사용했던 시저 암호법(Caesar Cipher)이다. 암호 방법이라고 하기에는 너무 간단하지만, 시저 암호법에서는 주로 key=3을 사용했다고 한다.

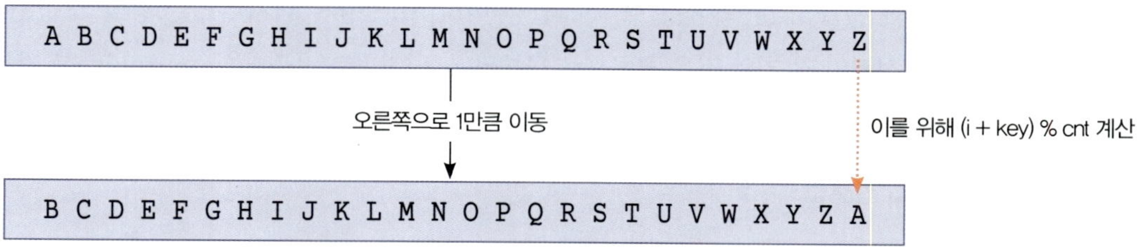


▲ **그림 1** 시저 암호: 알파벳의 이동 암호 방법

다음 부분 코드는 간단히 cnt = 5이고, key = 1이면 다섯 번째 알파벳 E 다음은 다시 A로 돌아가도록 연산이 수행되는 것을 확인할 수 있다. 변수 cnt와 key 값을 수정해 실행해 보면 확실히 이해할 수 있다.

```
>>> key = 1
>>> cnt = 5
>>> d = {chr(65 + i): chr(65 + (i + key) % cnt) for i in range(cnt)}
>>> print(d)
{'A': 'B', 'B': 'C', 'C': 'D', 'D': 'E', 'E': 'A'}
```

**12-3 코딩** 12-03-dict4encode.py | **알파벳 암호화에 사용되는 딕셔너리를 생성** | 난이도 응용

```
# 알파벳 인코딩 딕셔너리 생성
d = {}
# 알파벳 수 26 계산
cnt = ord('Z') - ord('A') + 1
# 기준 알파벳 A의 코드 값 65
A = ord('A')

# A에서 Z까지 {A: A, B: B, ...} 딕셔너리 생성
for i in range(cnt):
    d[chr(A + i)] = chr(A + i)
print('일반 반복과 딕셔너리로 생성:')
print(d)

# A에서 Z까지 {A: B, B: C, ..., Y: Z, Z: A} 사전 생성
print('딕셔너리 컴프리헨션으로 생성:')
# 암호화를 위한 문자 이동 횟수
key = 1
d = {chr(A + i): chr(A + (i + key) % cnt) for i in range(cnt)}
print(d)
```

- cnt = ord('Z') - ord('A') + 1: 'Z'와 'A'의 ASCII 코드 값 차이에 1을 더하여 알파벳의 개수를 계산
- d[chr(A + i)] = chr(A + i): 현재 알파벳을 키, 해당 알파벳을 값으로 매핑해 딕셔너리 생성
- key = 1: 암호화를 위해 문자를 이동시킬 횟수를 나타내는 변수 key에 1을 할당

**주의** 딕셔너리 컴프리헨션의 외부는 중괄호 {…}라는 것에 주의

**결과**

```
일반 반복과 딕셔너리로 생성:
{'A': 'A', 'B': 'B', 'C': 'C', 'D': 'D', 'E': 'E', 'F': 'F', 'G': 'G', 'H': 'H', 'I': 'I', 'J': 'J', 'K': 'K', 'L': 'L', 'M': 'M', 'N': 'N', 'O': 'O', 'P': 'P', 'Q': 'Q', 'R': 'R', 'S': 'S', 'T': 'T', 'U': 'U', 'V': 'V', 'W': 'W', 'X': 'X', 'Y': 'Y', 'Z': 'Z'}
딕셔너리 컴프리헨션으로 생성:
{'A': 'B', 'B': 'C', 'C': 'D', 'D': 'E', 'E': 'F', 'F': 'G', 'G': 'H', 'H': 'I', 'I': 'J', 'J': 'K', 'K': 'L', 'L': 'M', 'M': 'N', 'N': 'O', 'O': 'P', 'P': 'Q', 'Q': 'R', 'R': 'S', 'S': 'T', 'T': 'U', 'U': 'V', 'V': 'W', 'W': 'X', 'X': 'Y', 'Y': 'Z', 'Z': 'A'}
```

### 암호화를 위한 대소 문자 매핑 딕셔너리

다음은 알파벳 A와 a의 코드 값을 알아보는 코드이다. 함수 ord('A')를 사용한다.

```
>>> A, a = 'A', 'a'
>>> print(f'A: {ord(A)}')
A: 65
>>> print(f'a: {ord(a)}')
a: 97
```

다음은 중첩된 반복문을 사용해 대문자와 소문자 각각을 키, 변수 key 값을 더한 알파벳을 값으로 하는 암호화에 사용되는 딕셔너리를 생성하는 코드이다. 외부 반복에서 65와 97은 각각 알파벳의 대문자와 소문자의 시작 A와 a의 아스키 코드 값이다. 내부 반복 i는 0부터 25까지의 값으로 알파벳의 첨자로 사용된다. 이동 횟수 key=3이므로 A는 D, B는 E에 매핑된다. 또한 알파벳이 순환하므로 마지막 부분에 X는 A, Y는 B, Z는 C에 매핑된다.

- d[chr(c + i)] = chr(c + (i + key) % 26): 딕셔너리 d에 키-값 쌍을 추가하는데, chr(c + i)는 현재 알파벳을 키, chr(c + (i + key) % 26)는 알파벳을 암호화한 값을 값으로 매핑
- (i + key) % 26: 알파벳을 key 값만큼 오른쪽으로 이동하여 암호화하는 과정으로, 알파벳의 개수가 26개이므로 나머지 연산을 사용하여 알파벳의 순환을 처리

```
>>> # 인코딩을 위한 키, 값의 딕셔너리 생성
>>> key = 3
>>> d = {} # 딕셔너리 만들기
>>> for c in (65, 97): # 알파벳 A(65)와 a(97)에서부터 각각 시작하여
...     for i in range(26): # 알파벳 수 26개만큼 인코딩 딕셔너리 생성
...         d[chr(c + i)] = chr(c + (i + key) % 26)
...
>>> print(d)
{'A': 'D', 'B': 'E', 'C': 'F', 'D': 'G', 'E': 'H', 'F': 'I', 'G': 'J', 'H': 'K',
'I': 'L', 'J': 'M', 'K': 'N', 'L': 'O', 'M': 'P', 'N': 'Q', 'O': 'R', 'P': 'S',
'Q': 'T', 'R': 'U', 'S': 'V', 'T': 'W', 'U': 'X', 'V': 'Y', 'W': 'Z', 'X': 'A',
'Y': 'B', 'Z': 'C', 'a': 'd', 'b': 'e', 'c': 'f', 'd': 'g', 'e': 'h', 'f': 'i',
'g': 'j', 'h': 'k', 'i': 'l', 'j': 'm', 'k': 'n', 'l': 'o', 'm': 'p', 'n': 'q',
'o': 'r', 'p': 's', 'q': 't', 'r': 'u', 's': 'v', 't': 'w', 'u': 'x', 'v': 'y',
'w': 'z', 'x': 'a', 'y': 'b', 'z': 'c'}
```

다음 예제는 위 암호화 딕셔너리를 사전 컴프리헨션으로 생성해 변수 origin에 저장된 암호화할 대상 문자열을 암호화해 출력하는 코드이다. 코드 d.get(c, c)로 딕셔너리 d에서 각 문자 c에 대해 암호화 값을 가져오고 만일 키 c가 존재하지 않으면 c를 그대로 유지한다.

- d.get(c, c): 딕셔너리 d에 만약 키 c가 존재하지 않는다면 그대로 c를 반환해 문자를 유지하므로 알파벳이 아닌 문자 공백 문자 ' '와 !는 그대로 같은 문자인 ' '와 !로 암호화 수행

**12-4 코딩** 12-04-encodedict.py | **알파벳 딕셔너리로 문자열 암호화** | 난이도 심화

```
# 알파벳 매핑에 사용되는 사전을 컴프리헨션으로 생성
key = 3
d = {chr(c + i): chr(c + (i + key) % 26) for c in (65, 97) for i in range(26)}
print('알파벳 매핑 딕셔너리:')
print(d)

# 암호화 대상 문자열
origin = 'Programming is an Art!'
# 암호화 수행
# d.get(c, c): 키 c가 있으면 값, 없으면(알파벳이 아니면) 값은 동일한 c
encode = "".join([d.get(c, c) for c in origin])

# 원래의 문자열 출력
print(f'origin 문자열: {origin}')
# 변환된 인코딩 문자열을 출력
print(f'encode 문자열: {encode}')
```

chr(c + i)는 현재 알파벳을 키, chr(c + (i + key) % 26)는 알파벳을 암호화한 값을 값으로 매핑

**결과**

```
알파벳 매핑 딕셔너리:
{'A': 'D', 'B': 'E', 'C': 'F', 'D': 'G', 'E': 'H', 'F': 'I', 'G': 'J', 'H':
'K', 'I': 'L', 'J': 'M', 'K': 'N', 'L': 'O', 'M': 'P', 'N': 'Q', 'O': 'R',
'P': 'S', 'Q': 'T', 'R': 'U', 'S': 'V', 'T': 'W', 'U': 'X', 'V': 'Y', 'W':
'Z', 'X': 'A', 'Y': 'B', 'Z': 'C', 'a': 'd', 'b': 'e', 'c': 'f', 'd': 'g',
'e': 'h', 'f': 'i', 'g': 'j', 'h': 'k', 'i': 'l', 'j': 'm', 'k': 'n', 'l':
'o', 'm': 'p', 'n': 'q', 'o': 'r', 'p': 's', 'q': 't', 'r': 'u', 's': 'v',
't': 'w', 'u': 'x', 'v': 'y', 'w': 'z', 'x': 'a', 'y': 'b', 'z': 'c'}
origin 문자열: Programming is an Art!
encode 문자열: Surjudpplqj lv dq Duw!
```

딕셔너리 d에 만약 키 c가 존재하지 않으면 그대로 c를 반환해 문자를 유지하므로 알파벳이 아닌 문자 공백 문자 ''와 !는 그대로 같은 문자로 암호화 수행

## 암호화 딕셔너리와 암호화를 위한 함수 생성

지금까지 알아본 내용을 함수로 만들어 보자. makedic(key)는 key를 사용해 문자열 암호화에 사용되는 딕셔너리를 컴프리헨션으로 생성하는 함수이다.

```
>>> # key를 사용해 알파벳 매핑에 사용되는 딕셔너리를 컴프리헨션으로 생성
>>> def makedic(key):
...     return {chr(i+c): chr((i + key) % 26 + c) for c in (65, 97) for i in range(26)}
...
```

다음 encryption(d, text)는 딕셔너리 d를 사용해 문자열 text를 암호화한 문자열을 반환하는 함수이다.

```
>>> # 딕셔너리 d를 사용해 문자열 text를 암호화한 문자열 반환
>>> def encryption(d, text):
...     # d.get(c, c): 키 c가 있으면 값, 없으면(알파벳이 아니면) 값은 동일한 c
...     return "".join([d.get(c, c) for c in text])
...
```

다음은 문자열 'Beautiful is better than ugly.'에서 key를 13으로 사용해 암호화한 결과이다.

```
>>> # 암호화 대상 문자열
>>> origin = 'Beautiful is better than ugly.'
>>> # 암호화 딕셔너리 생성
>>> key = 13
>>> d = makedic(key)
>>>
>>> # 암호화
>>> encode = encryption(d, origin)
>>> print(encode)
Ornhgvshy vf orggre guna htyl.
```

다음 예제는 주어진 문자열을 암호화하고 암호화된 문자열을 다시 복호화하여 원래의 문자열을 복원하는 과정을 보여 주는 코드이다. 암호화와 복호화에 사용되는 딕셔너리는 makedic() 함수를 통해 생성되며 encryption() 함수를 통해 문자열을 암호화하고 복호화한다.

- d = makedic(–key): 인자 –key 값을 전달해 다시 원래의 문자열로 복원하기 위한 딕셔너리 d를 생성

| 12-5 코딩 | 12-05-encodedecode.py | 암호화를 위한 사전과 암호 수행을 함수로 구현해 암호화와 복호화를 수행 | 난이도 심화 |
|---|---|---|---|

```
# 알파벳 매핑에 사용되는 딕셔너리를 컴프리헨션으로 생성
def makedic(key):
    return {chr(i+c): chr((i + key) % 26 + c) for c in (65, 97) for i in range(26)}

# 딕셔너리 d를 사용해 문자열 text를 암호화한 문자열 반환
def encryption(d, test):
    # d.get(c, c): 키 c가 있으면 값, 없으면(알파벳이 아니면) 값은 동일한 c
    return "".join([d.get(c, c) for c in test])

# 암호화 대상 문자열
origin = 'Beautiful is better than ugly.'
# 암호화 딕셔너리 생성
```

```
    key = 13
    d = makedic(key)
    # 암호화
    encode = encryption(d, origin)

    # 원래의 문자열 출력
    print(f'origin 문자열:\t{origin}')
    # 변환된 인코딩 문자열을 출력
    print(f'encode 문자열:\t{encode}')

    # 다시 인코딩된 문자열을 원래의 문자열로 다시 복원하기 위한 딕셔너리 생성
    d = makedic(-key)
    decode = encryption(d, encode)
    # 다시 원래의 문자열로 복원 출력
    print(f'decode 문자열:\t{decode}')
```

결과

```
origin 문자열:	Beautiful is better than ugly.
encode 문자열:	Ornhgvshy vf orggre guna htyl.
decode 문자열:	Beautiful is better than ugly.
```

## 1.3 내장 모듈 this

### 내장 모듈 this 소스 this.py

내장 모듈 this는 파이썬의 이스터 에그(Easter Egg)로, "The Zen of Python"이라고도 알려진 파이썬의 철학을 담고 있는 간단한 문장들로 구성된 모듈이다. 내장 모듈 this.py 소스에서 실제 파이썬 코드는 불과 다섯 줄이다. 이 코드의 내용은 바로 지금까지 우리가 알아본 문자열 암호화 과정이다.

다음 this.py 소스의 일부 코드 결과가 파이썬의 철학을 담고 있는 오른쪽 문장들이다. 이 코드에서는 암호화된 이상한 알파벳 문자열을 저장해 다시 복호화한 결과를 보이고 있다.

- chr((i+13) % 26 + c): 복호화에 사용될 키 값으로 13을 사용

```
s = """Gur Mra bs Clguba, ol Gvz Crgref

Ornhgvshy vf orggre guna htyl.
Rkcyvpvg vf orggre guna vzcyvpvg."""

d = {}
for c in (65, 97):
```

```
The Zen of Python, by Tim Peters

Beautiful is better than ugly.
Explicit is better than implicit.
```

```
    for i in range(26):
        d[chr(i+c)] = chr((i+13) % 26 + c)

print("".join([d.get(c, c) for c in s]))
```

▲ **그림 2** 내장 모듈 this.py의 일부 코드와 실행 결과

다음 예제는 딕셔너리 컴프리헨션을 사용해 모듈 소스 this.py의 기능을 동일하게 수행하는 코드이다. 모듈에서 사용한 주요 정수 65, 97, 26 등을 다음 상수로 저장해 사용한다.

- UCASE, LCASE = ord('A'), ord('a'): 알파벳 대문자 A와 소문자 B의 아스키 코드 값인 65와 97을 각각 UCASE와 LCASE 변수에 할당
- CNT = ord('Z') – ord('A') + 1: 알파벳의 개수인 26을 계산하여 CNT 변수에 할당

**12-6 코딩** | 12-06-this4comp.py | **모듈 this의 코드를 컴프리헨션으로 수정해 복호화를 수행** | 난이도 심화

```
# 암호화된 원 문장을 4줄만 복사
s = """Gur Mra bs Clguba, ol Gvz Crgref

Ornhgvshy vf orggre guna htyl.
Rkcyvpvg vf orggre guna vzcyvpvg."""

# 암호화된 문자열 복호화(복원)하는 키 값 13, 즉 'A' -> 'N'으로
key = 13
# 각각 대문자 코드 값 65, 소문자 코드 값 97
UCASE, LCASE = ord('A'), ord('a')
# 알파벳 개수 26개
CNT = ord('Z') - ord('A') + 1

# 알파벳을 key 값인 13번째 후의 값으로 지정하는 딕셔너리 생성
# 가장 뒤의 Z이면 다시 A부터 순환하도록 계산: (i + key) % 26
d = {chr(i+c): chr((i + key) % CNT + c)
                for c in (UCASE, LCASE) for i in range(CNT)}
# print(f'암호화 딕셔너리 출력: {d}')

# d.get(c, c): 키 c가 있으면 값, 없으면(알파벳이 아니면) 값은 동일한 c
print("".join([d.get(c, c) for c in s]))
```

각 알파벳을 현재 위치에서 key 값만큼 이동하여 복호화한 알파벳으로 매핑하며 알파벳이 Z일 경우 다시 A부터 순환하도록 (i + key) % CNT를 계산

**결과**

```
The Zen of Python, by Tim Peters

Beautiful is better than ugly.
Explicit is better than implicit.
```

# SECTION 02 정규 표현식과 내장 모듈 re

## 2.1 문자열 검색과 정규 표현식

### 문자열 검색

문자열에서 특정 문자열의 검색은 다음처럼 연산자 in을 사용할 수 있다. 다음은 각각에 문자열에 'py', 'kot', 'onkot'가 있는지 여부를 True 또는 False로 출력한다.

```
>>> s = 'python kotrin'
>>>
>>> # 연산자 in 사용 검색
>>> print('py' in s)
True
>>> print('kot' in s)
True
>>> print('onkot' in s)
False
```

문자열 메서드 find('검색할_문자열')로 검색할 문자열의 위치 첨자를 얻을 수도 있다. 찾는 문자열이 없으면 결과는 −1이다.

```
>>> s = 'python kotrin'
>>>
>>> # 일반 문자열 메서드를 통한 검색
>>> print(s.find('py'))
0
>>> print(s.find('kot'))
7
>>> print(s.find('onkot')) # 찾는 문자열이 없으면 -1
-1
```

이와 마찬가지로, 문자열 메서드 index('검색할_문자열')로 검색할 문자열의 위치 첨자를 얻을 수 있다. 다만 찾는 문자열이 없으면 ValueError 오류가 발생한다.

```
>>> s = 'python kotrin'
>>> print(s.index('rin'))
10
```

```
>>> print(s.index('java')) # 오류 발생
Traceback (most recent call last):
  File "<stdin>", line 1, in <module>
ValueError: substring not found
```

### 정규 표현식 개요

만일 찾는 문자열이 비슷한 패턴(pattern)의 문자열이라면 어떨까? 다음처럼 file로 시작하는 3 개의 단어를 찾는다고 한다면 기존의 방법으로는 어려울 것이다.

- {file, file1, file2}

먼저 찾고자 하는 비슷한 문자열의 패턴을 표현하는 방법이 필요하다. 이럴 때 필요한 것이 정규 표현식이다. 규칙적인 패턴을 표현하는 정규 표현식(regular expression)은 특정 목적에 필요한 문자열 집합을 지정하는 데 사용되는 표현식이다. 기본적으로 정규 표현식은 텍스트를 일치시키고 찾거나 관리하는 데 도움이 되는 기호 집합의 검색 패턴으로, 코드, 로그 파일, 스프레드시트 및 문서에서 정보를 쉽게 추출할 수 있다.

정규 표현식은 간단히 정규식(regex, regexp)이라고도 한다. 위 세 개의 단어를 하나로 표현하는 정규식은 여러 개일 수 있는데, 다음이 그 방식 중 하나이다.

- file[12]?

결국 정규식도 위처럼 단순히 문자의 나열(시퀀스)이다. 다만 문자의 의미가 다음 두 가지 중의 하나이다. 정규식 file[12]?에서 file과 1, 2는 일반 문자이고 [와 ] 그리고 ?은 특수 문자인 메타 문자(meta characters)이다.

- 일반 문자: 특별한 의미가 없으며 그대로 패턴을 구성하는 문자로 처리
- 메타 문자(특수 문자): 정규식에서 특별한 의미를 가지며 어떤 특별한 방식으로 처리

특수 문자인 메타 문자에 대해 자세히 알아보기 전에 file[12]?의 의미를 살펴보자. 대괄호 [12] 안에 포함된 문자 12는 일치시킬 문자 집합인 '문자 클래스(characters class)'를 나타낸다. 문자 클래스의 문자 나열은 클래스에 포함된 단일 문자와 일치시켜야 한다.

- 문자 클래스 [ ]: 문자 하나를 구성하는 집합으로 일치시킬 특정 문자 집합을 지정
  - [12]: 1 또는 2의 각각의 문자
  - ?: 앞 문자가 없거나 한 번 반복
  - [a-z]: 문자 클래스 내부에서 -은 사이의 모든 문자를 표현하므로 모든 소문자를 의미
  - [A-Z]: 모든 대문자를 의미
  - [가-힣]: 모든 한글을 의미

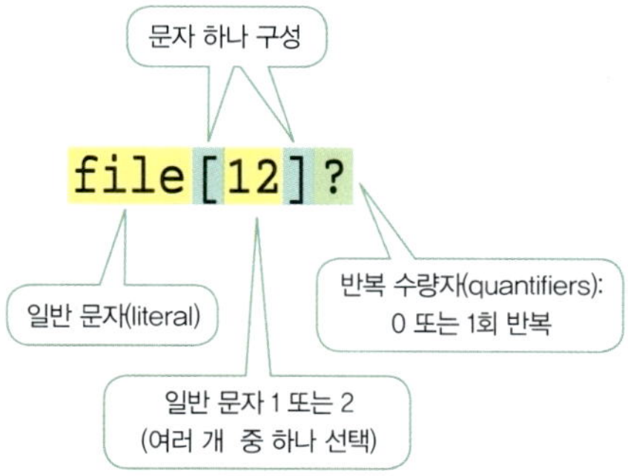


▲ **그림 3** 정규 표현식의 문자열 나열 사례

정규 표현식을 잘 활용한다면 이메일 주소, 전화번호 및 신용카드 번호를 일치시키는 패턴을 만들 수 있다.

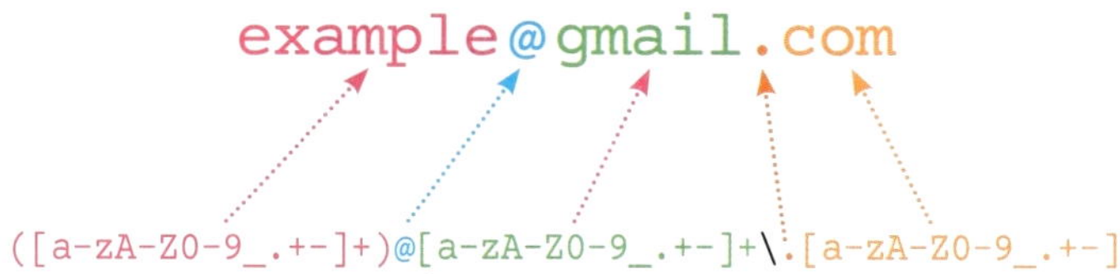


▲ **그림 4** 이메일 주소의 정규 표현식

TIP

**좀 더 알아봅시다!**

**정규 표현식 역사**

정규 표현식은 1943년, 신경망의 첫 번째 수학적 모델을 제안한 신경 생리학자인 워렌 맥컬러(Warren McCulloch)와 월터 피츠(Walter Pitts)의 논문에서 처음 언급되었다. 놀랍게도 정규 표현식의 아이디어는 컴퓨터 과학 도구에서 시작된 것이 아니라 인공지능 연구의 시초인 신경 과학 분야에서 만들어졌다. 이후 1956년 스테판 클린(Stephen Kleene)이 정규 집합과 정규 표현식을 합해 유한 오토마타(finite automata)를 표현하여 정규 표현식의 개념을 공식화했다.

정규식이 실제로 쓰인 최초의 프로그램은 1960년대 중반 켄 톰슨(Ken Thompson)이 만든 텍스트 편집기 QED(Quick EDitor)의 한 버전이다. 1967년, 톰슨은 정규식에 근거해 문자열 처리 방법으로 특허를 취득했다고 한다. QED의 정규식은 유닉스(Unix)용 편집기 ed로 옮겨졌고 이후 유닉스 유틸리티 도구인 grep(global / regular expression / print: 특정 파일에서 지정한 문자열이나 정규 표현식을 포함한 행을 출력해 주는 명령어)으로도 이식되었으며 이로 인해 정규식은 유닉스 사용자에게 널리 알려졌다. 1980년대 펄(Perl)이 등장해 사용되면서 1997년 필립 하젤(Philip Hazel)이 개발한 PCRE(Perl Compatible Regular Expressions: 펄 호환 정규 표현식)는 오늘날의 현대적 정규 표현식의 기반이 되었다. 그 이후 정규식은 문자열이 지정된 패턴과 일치하는지 여부를 결정하는 수단으로 많은 프로그래밍 언어, 편집기 및 기타 도구에 활용되고 있다. 대부분의 유닉스 도구와 많은 텍스트 편집기가 지원하듯이 파이썬을 비롯해 자바, 자바스크립트, 펄 등의 많은 프로그래밍 언어가 모두 정규 표현식의 기능을 지원한다.

## 2.2 내장 모듈 re와 함수 search(), findall()

### 파이썬의 내장 모듈 re와 검색 함수 search()

파이썬의 내장 모듈 re는 정규 표현식에 필요한 다양한 메서드를 제공한다. 정규 표현식을 사용하려면 먼저 내장 모듈 re를 임포트해야 한다. 내장 모듈 re는 문자열에서 정규 표현식을 활용한 문자열 패턴의 추출과 치환, 분할 등이 가능한 메서드를 제공한다.

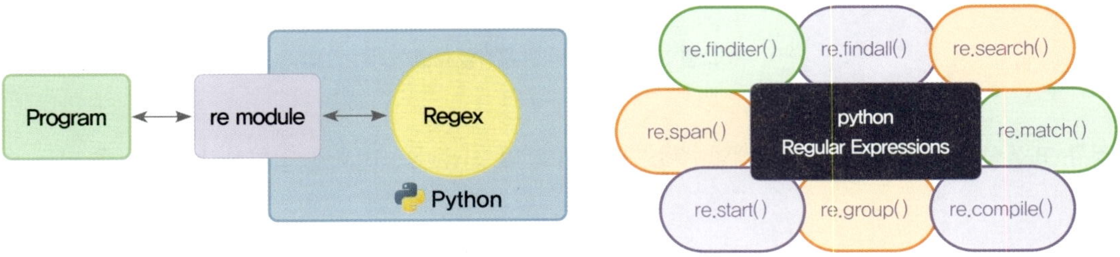


▲ 그림 5 파이썬과 내장 모듈 re

모듈 re의 함수 re.search(pattern, str)는 문자열 전체 str에서 정규식 패턴 pattern과 일치하는 첫 문자열을 찾아 관련 객체인 re.Match를 반환한다. 일치하는 문자열이 없다면 None을 반환한다. 기본값이 0인 마지막 선택 인자인 flags는 따로 기술하지 않고 기본값을 그대로 사용하면 된다.

**정규식 검색 함수 re.search()**

```
import re
re.search( pattern, str, flags=0 )
```

- 문자열 전체 str에서 정규식 패턴 pattern과 일치하는 첫 문자열을 찾아 관련 객체인 re.Match를 반환하며 없으면 None을 반환

다음은 문자열 'python kotlin'에서 문자열 패턴 'thon'을 찾아 자료형 re.Match 객체를 출력한 코드이다. 자료형 re.Match 객체에는 유용한 정보가 많이 포함되어 있다. span=(2, 6)에는 일치하는 문자열의 시작과 끝의 첨자 정보, match='thon'에는 일치하는 첫 번째 문자열이 표시된다.

```
>>> import re
>>> m = re.search('thon', 'python kotlin')
>>> print(type(m)) # re.Match 유형
<class 're.Match'>
>>> print(m) # re.Match 객체 내용
<re.Match object; span=(2, 6), match='thon'>
```

메서드 search()의 반환 객체에서 메서드 group()으로 검색된 패턴과 일치하는 문자열을 반환받을 수 있다.

```
>>> from re import search
>>> s = 'python kotrin'
>>> m = search('thon', s)
>>> print(m)
<re.Match object; span=(2, 6), match='thon'>
>>> print(m.group()) # 실제로 일치하는 문자열
thon
```

일치하는 문자열의 첨자 위치 정보 (span=(start, end))는 메서드 span()의 튜플 형식을 참조할 수 있다. 또한 start()와 end()로는 첨자 위치 정보를 각각 참조할 수 있다. 이 위치 정보로 다시 일치하는 패턴을 슬라이싱 s[x:y]으로 찾을 수 있다.

```
>>> # 일치하는 문자열의 위치 첨자
>>> x, y = m.start(), m.end()
>>> print(x, y, m.span())
2 6 (2, 6)
>>> print(s[x:y])
thon
```

### 일치하는 모든 패턴을 반환하는 함수 findall()

이제 함수 re.search(pattern, str)를 사용해 정규 표현식 pattern을 사용하여 주어진 문자열 str에서 패턴과 일치하는 부분을 찾는 방법을 알아보자. 다음 코드는 정규 표현식 'file[12]?'을 사용한다. 즉, 주어진 문자열에서 "file" 다음에 공백이나 1 또는 2가 올 수 있는 부분을 찾는 정규식이다. 다만, re.search(pattern, str)는 처음 찾은 패턴 'file'에 대한 객체 re.Match만을 반환한다.

- p = 'file[12]?': 패턴 문자열 p에 정규 표현식을 저장. 정규 표현식은 "file" 다음에 1 또는 2가 올 수 있는 패턴으로 ?는 0 또는 1회 발생을 나타내는 정규 표현식 메타 문자

```
>>> from re import search, findall
>>> s = 'Copy file, move file1, rename file2 or remove file3'
>>> p = 'file[12]?'
>>> m = search(p, s)
>>> print(m.group())
file
>>> print(m.span(), m.start(), m.end())
(5, 9) 5 9
```

패턴과 일치하는 모든 문자열을 한 번에 찾으려면 함수 re.findall(pattern, str)을 사용해야 한다.

**정규식 검색 함수 re.findall()**

```
import re
re.findall( pattern, str,  flags=0 )
```

- 문자열 전체 str에서 정규식 패턴 pattern과 일치하는 모든 문자열을 찾아 항목으로 구성된 리스트를 반환하며 없으면 None을 반환

다음 코드의 검색 대상인 문자열 'Copy file, move file1, rename file2 or remove file3'에서 메서드 findall() 호출 결과는 네 개이다. 네 번째로 일치하는 문자열은 file4의 file까지만인 것을 알 수 있다. 정규식의 패턴은 {file, file1, file2} 중 하나의 문자열을 표현하기 때문이다.

```
>>> fa = findall(p, s)
>>> print(fa)
['file', 'file1', 'file2', 'file']
```

다음 예제는 간단한 주민번호 정규식 패턴 p로 이름과 주민번호가 포함된 문자열에서 주민번호만 검색하는 코드이다. 정규식 p = '\d{6} - \d{7}'는 주민번호 데이터에서 전반부의 숫자 6개(\d{6})와 전반부 숫자, 후반부 숫자의 연결 기호인 하이픈(hyphen, -), 그리고 후반부의 숫자 7개(\d{7})로 구성된 패턴의 주민번호를 추출하는 패턴이다. 패턴에서 연결 기호인 하이픈(hyphen, -)은 그대로 문자이고 정규식 메타 문자 \d은 0~9 숫자(digit)을 나타내며 {n}은 앞 문자인 숫자를 n번 반복한다는 것을 나타낸다.

- \d{6}: \d를 6회 반복하므로 201214, 890530, 020829 등과 일치
  - \d: 0~9 숫자(digit) 문자 하나
  - {n}은 앞 문자를 n번 반복
- \d{6}-\d{7}: 전반부 숫자 6개와 후반부 숫자 7개 사이에 -, 중간의 -은 그대로 문자 -으로, 201214-1143876, 890530-2134789 등과 일치

**12-7 코딩** 12-07-snumregex.py | **주민번호 데이터에서 정규 표현식으로 주민번호 추출** | 난이도 응용

```
from re import search, findall

# 주민번호 데이터
data = """
        강 : 840234-1049118
        손 : 990312-1087254
        이 : 020602-2036115
        박 : 031216-3082966
```

```
9         """
10
11    # 주민번호 추출 패턴
12    p = '\d{6}-\d{7}' # \d은 0~9 숫자 {n}은 n번 반복
13
14    m = search(p, data)
15    print(m.group())
16
17    fa = findall(p, data)
18    print(fa)
```

**주의** 4줄은 여러 줄의 문자열을 의미하는 작은따옴표나 큰따옴표가 세 개로 문자열을 둘러싸도록

**결과**

```
840234-1049118
['840234-1049118', '990312-1087254', '020602-2036115', '031216-3082966']
```

## 2.3 내장 모듈 re의 함수 finditer()와 match()

### 일치하는 문자열에 대한 이터레이터를 반환하는 함수 finditer()

모듈 re의 함수 finditer()는 일치하는 여러 문자열에 대한 반복 가능한 객체인 callable_iterator 객체를 반환한다.

**정규식 검색 함수 re.finditer()**

```
import re
re.finditer( pattern, str,  flags=0 )
```

- 문자열 전체 str에서 정규식 패턴 pattern과 일치하는 모든 문자열에 대한 반복 가능한 객체인 callable_iterator 객체를 반환하며 없으면 None을 반환

정규식에서 메타 문자 \w는 단어 문자(word character)라고 하며 모든 한글을 포함한 영어 대소 문자의 알파벳과 숫자 그리고 밑줄 _(underscore)을 포함한 문자(alphanumeric word character)를 의미한다. \w는 문자 클래스 정규식 표현으로는 [가-힣a-zA-Z0-9_]와 같다. 한글의 모든 글자는 '가'에서 실제 지금은 사용하지 않는 문자인 '힣'까지이다.

- \w: 단어 문자로 한글을 포함한 대소 문자의 모든 알파벳과 숫자 그리고 밑줄 _(underscore) 문자로 [가-힣a-zA-Z0-9_]을 간단히 표현하는 방법

즉, 정규식에서 +는 앞 문자의 1회 이상 반복을 의미한다.

- '\w+': 한글 문자, 영문 대소 문자, 숫자 _이 1회 이상 반복을 의미하며 [가-힣a-zA-Z0-9_]+의 간단한 표현 방법

다음 코드로 검색 대상 문자열 s와 패턴 p를 지정한다.

```
>>> from re import findall, finditer
>>>
>>> # 전체 검색 대상 문자열
>>> s = '...zoo,,,,bar:%$baz 동물원'
>>> # 일반적인 _가 포함된 단어의 패턴
>>> p = '\w+' # \w: word character, +: word character의 1회 이상 반복
```

먼저 함수 findall(p, s)를 호출한 결과를 출력하면 문자 .,:%$ 공백 문자 등이 제거된 단어가 추출되는 것을 알 수 있다.

```
>>> lst = findall(p, s) # 일치하는 모든 단어 검색
>>> print(lst)          # 일치하는 모든 단어 출력
['zoo', 'bar', 'baz', '동물원']
```

다음 코드로 함수 finditer(p, s)의 결과가 callable_iterator 객체라는 것을 알 수 있다. 객체 callable_iterator는 반복 가능한 객체로, for in 반복으로 그 내용을 순회할 수 있다.

```
>>> it = finditer(p, s) # 일치하는 모든 단어의 이터레이터 검색
>>> print(it)           # 일치하는 모든 단어의 이터레이터 출력
<callable_iterator object at 0x0000029D657E7AC0>
```

다음처럼 함수 finditer(p, s)의 결과인 callable_iterator는 반복 사용되어 이터레이터의 항목인 각각의 Match 객체에서 일치하는 위치와 단어를 참조할 수 있다.

```
>>> for i in finditer(p, s):
...     print(i, i.group()) # 각각의 Match 객체의 출력
...
<re.Match object; span=(3, 6), match='zoo'> zoo
<re.Match object; span=(10, 13), match='bar'> bar
<re.Match object; span=(16, 19), match='baz'> baz
<re.Match object; span=(20, 23), match='동물원'> 동물원
```

다음 예제는 함수 findall()과 finditer()를 사용해 과일과 수량이 함께 있는 문장에서 과일과 수량을 추출하고 총 과일 개수를 계산해 출력하는 코드이다. 숫자를 추출하기 위한 정규식은 '\d+'이며, 과일 apples, bananas, oranges를 추출하기 위한 정규식은 '[abo]\w{5,}'이다.

- \d+: 숫자 1회 이상 반복
- [abo]: a | b | o 문자 중(|은 or 의미)의 하나
- \w{5,}은 단어 문자가 5회 이상 반복
  - {5,}: 앞 부분 문자가 5회 이상 반복
- [abo]\w{5,}: [abo]는 a | b | o 문자 중 하나로 시작하고 단어 문자가 5회 이상 반복되는 단어

**12-8 코딩** 12-08-fruitsregex.py | **과일과 수량이 함께 있는 문장에서 과일과 수량 추출** | 난이도 응용

```python
import re

# 예제 문자열
text = "I have 3 apples, 2 bananas, and 4 oranges. What about you?"

# findall(): 패턴에 매칭되는 모든 결과를 리스트로 반환
numbers = re.findall('\d+', text)
print("숫자:", numbers)

# a | b | o 문자로 시작하고 단어 문자가 5회 이상 반복되는 단어
fruits = re.findall('[abo]\w{5,}', text)
print("과일:", fruits)

# finditer(): 패턴에 매칭되는 모든 결과를 이터레이터로 반환
iterator = re.finditer('\d+', text)
print("숫자(finditer):")
for match in iterator:
    print(match, match.group())

# finditer()를 사용하여 숫자를 찾아내고 합산하기
total = 0
iterator = re.finditer('\d+', text)
for match in iterator:
    number = int(match.group())
    total += number
print("과일의 총 수량:", total)
```

**주의** int(match.group())은 숫자 형태의 문자열을 정수로 변환

**결과**

```
숫자: ['3', '2', '4']
과일: ['apples', 'bananas', 'oranges']
숫자(finditer):
<re.Match object; span=(7, 8), match='3'> 3
<re.Match object; span=(17, 18), match='2'> 2
<re.Match object; span=(32, 33), match='4'> 4
과일의 총 수량: 9
```

### 일치하는 문자열에 대한 mathch()와 fullmatch()

함수 match()는 전체 문자열 시작 부분에 패턴을 적용하여 일치 객체를 반환하거나 일치하는 객체가 없으면 None을 반환한다.

**정규식 검색 함수 re.match()**

```
import re
re.match( pattern, str, flags=0 )
```

- 주어진 정규 표현식 패턴 pattern을 대상 문자열 str의 시작 부분과 비교하여 일치하면 re.Match 객체를 반환하며 없으면 None을 반환

다음 코드에서 정규식 패턴 p\w+는 p로 시작하는 단어를 의미한다.

```
>>> import re
>>>
>>> s = 'python kotlin' # 대상 문자열
>>> p = 'p\w+' # 검색할 정규식 패턴
```

함수 match(p, s)로 위에서 지정한 정규식이 문자열의 처음에 위치하는지 알아본다. 함수 match의 결과인 re.Match 객체는 if 조건식에서 True로 평가되며 찾는 결과가 없을 경우 False로 평가된다. 결과는 문자열의 처음에 python이 있는 것으로 검출된다.

```
>>> # 함수 match()를 호출해 반환된 Match 객체를 변수 m에 저장한 후 if 처리
>>> if m := re.match(p, s): # 반환된 Match 객체가 있다면
...     print(f'처음부터 일치하는 패턴 {p}이 {m.group()}이네요')
... else:                    # 반환된 Match 객체가 없다면
...     print(f'처음부터 일치하는 패턴 {p}이 없네요')
...
처음부터 일치하는 패턴 p\w+이 python이네요.
```

if 조건절의 m := re.match(p, s):에서 연산자 :=은 바다코끼리(walnus)를 닮았다고 해서 'walnus 연산자'라고 한다. 연산자 :=은 표현식 내에서 변수에 값을 할당하고 이와 동시에 그 값을 반환하는 데 사용한다.

- Walrus 연산자 :=는 파이썬 버전 3.8에서 도입된 할당 표현식(assignment expression)으로, 일반적으로 조건문이나 반복문에서 변수에 값을 할당하고 그 값을 사용해야 하는 경우에 유용

다음 코드는 검색 대상 문자열 'kotlin python'로 실행한 결과로, 문자열의 처음이 kotlin이므로 패턴 p\w+와 일치하는 검출 결과에는 없다.

```
>>> import re
>>> s = 'kotlin python'
>>> p = 'p\w+' # 검색할 정규식 패턴
>>> # 함수 match()를 호출해 반환된 Match 객체를 변수 m에 저장한 후 if 처리
>>> if m := re.match(p, s): # 반환된 Match 객체가 있다면
...     print(f'처음부터 일치하는 패턴 {p}이 {m.group()}이네요')
... else:                    # 반환된 Match 객체가 없다면
...     print(f'처음부터 일치하는 패턴 {p}이 없네요')
...
처음부터 일치하는 패턴 p\w+가 없네요.
```

함수 fullmatch()는 패턴을 전체 문자열에 적용하여 일치 객체를 반환하거나 일치하는 객체가 없으면 None을 반환한다.

**정규식 검색 함수 re.fullmatch()**

```
import re
re.fullmatch( pattern, str, flags=0 )
```

- 주어진 정규 표현식 패턴 pattern을 대상 문자열 str의 전체와 일치시키면 re.Match 객체를 반환하며 없으면 None을 반환

다음 코드에서 패턴 'k\w+ p\w+'은 k로 시작하는 단어에 이어 공백이 하나 있고 다시 p로 시작하는 단어가 나오는 표현의 정규식이다. 따라서 검색할 대상 문자열에 전체가 정규식 패턴과 일치하므로 Match 객체의 결과가 표시된다.

```
>>> import re
>>> s = 'kotlin python' # 검색 대상 문자열
>>> p = 'k\w+ p\w+' # 검색할 정규식 패턴
>>>
>>> # 함수 fullmatch()를 호출해 반환된 Match 객체를 변수 m에 저장
>>> m = re.fullmatch(p, s) # 반환된 Match 객체가 있다면
>>> print(f'전체 문자열이 일치하는 패턴 {p} 결과:')
전체 문자열이 일치하는 패턴 k\w+ p\w+ 결과:
>>> print(m)
<re.Match object; span=(0, 13), match='kotlin python'>
```

## 2.4 정규식 컴파일 활용 방법

### 패턴 컴파일 활용 방법

다음 정규식 패턴의 전반부는 소문자 알파벳, 후반부는 숫자가 나오는 문자열과 일치한다.

- [a-z]+\d+: 앞은 소문자의 1회 이상 반복과 이어서 숫자의 1회 이상 반복
  - [a-z]+: 문자 a에서 z까지 1회 이상 반복
  - \d+: 숫자 0에서 9까지 1회 이상 반복

```
>>> import re
>>>
>>> # 검색 대상 문자열
>>> s = 'py1990 2000 python ja1995 java'
>>> p = '[a-z]+\d+' # 정규 표현식 패턴
>>>
>>> # 정규 표현식 패턴을 직접 사용해 추출 함수 호출
>>> print(re.findall(p, s))
['py1990', 'ja1995']
```

지금까지 모듈 re의 함수 re.search()와 re.findall() 등에서 직접 정규식 패턴을 첫 번째 인자로 사용했다. 이 방법은 함수 호출 시 정규식 패턴을 매번 해석해야 하는 부담이 있어 여러 문자열을 계속 호출하는 경우라면 속도가 느리다는 단점이 있을 수 있다.

만일, 한 프로그램에서 정규식 패턴 하나를 여러 번 사용하면 pc = re.compile('[a-z]+\d+')처럼 정규식 패턴을 미리 컴파일해 놓은 후 저장된 변수 pc를 계속 활용하는 방법이 효율적이다. 함수 re.compile('pattern')은 정규식 패턴 'pattern'을 컴파일해 정규 표현식 객체(regular expression object)를 반환한다. 반환받은 정규 표현식 객체는 적당한 변수 pc에 저장해 함수 search()와 findall(), match() 등에 사용될 수 있다. 정규 표현식 객체는 속성 pattern에 정규식이 저장된다.

```
>>> # 검색 대상 문자열
>>> txt1 = 'kot2011 kotlin swift sw2014'
>>> txt2 = 'go go2009 typescrip ts2012'
>>> pc = re.compile('[a-z]+\d+') # 정규 표현식 패턴을 컴파일
>>> print(pc.pattern) # 정규 표현식 문자열 참조
[a-z]+\d+
```

### 컴파일된 정규 표현식 객체 활용 방법 두 가지

실제 정규식 패턴을 추출하는 함수 findall() 등의 호출 방법도 두 가지이다. 첫 번째 방법은 다음처럼 패턴 객체의 메서드로 호출하는 방법이다. 즉, 위에서 패턴 객체를 저장한 변수 pc를 사용해 pc.findall

('검색 대상 문자열')로 호출하는 방법이다.

```
>>> # 컴파일된 패턴 객체를 사용해 추출 함수 호출
>>> print(pc.findall(txt1))
['kot2011', 'sw2014']
>>> print(pc.findall(txt2))
['go2009', 'ts2012']
```

두 번째 방법은 모듈 re로 함수 findall()을 호출하고 함수의 첫 번째 인자로 컴파일된 정규식 객체 pc를 사용해 호출하는 방법이다. 즉, re.findall(pc, txt1)처럼 패턴 객체 변수 pc를 함수의 인자로 사용해 호출한다.

```
>>> # 추출 함수의 첫 번째 인자로 컴파일된 패턴 객체를 사용해 호출하는 방법
>>> print(re.findall(pc, txt1))
['kot2011', 'sw2014']
>>> print(re.findall(pc, txt2))
['go2009', 'ts2012']
```

다음 예제는 주어진 텍스트에서 적절한 정규식 객체를 생성해 네 글자로 구성된 단어를 찾는 코드이다. 정규식은 re.compile() 함수로 정규식 객체를 만들어 함수 findall()로 일치하는 목록을 출력한다. 먼저 지금까지 배운 지식으로 만든 정규식 ' \w{4} '를 컴파일한다.

- ' \w{4} ': 공백으로 구분된 네 글자로 이루어진 단어를 찾기 위해 사용되며 양쪽에 공백을 삽입

위 정규식으로 추출된 항목 문자열에는 공백이 포함되므로 이 공백을 제거하기 위해 map() 함수와 lambda 함수를 사용한다. 즉, matches 리스트의 각 항목에 str.strip() 함수를 적용하여 공백을 제거한 결과인 Map 객체를 리스트로 만들어 출력한다.

- list(map(lambda s: str.strip(s), matches)))

그러나 정규식 ' \w{4} '로는 Jones.처럼 마침표 등이 붙은 네 자리 단어의 정규식과는 일치하지 않는다. 문자열 Jones.도 마침표를 제외하고 네 자리 단어로 인식하려면 메타 문자 \b를 활용한다. 정확히 네 글자로 이루어진 단어를 찾기 위한 정규식 패턴에는 r'\b\w{4}\b'를 사용해야 한다. 여기서 r의 의미와 메타 문자 \b는 바로 다음에 학습할 주제이다.

- r'\b\w{4}\b': \b는 단어 경계(boundary)를 나타내는 메타 문자로 네 글자로 이루어진 단어와 일치

12-9 코딩 | 12-09-word4char.py | 네 글자의 단어 추출 | 난이도 응용

```
import re

# 검색 대상 문자열
text = "Hello, my name is John. I love Python programming!"

# 공백으로 구분된 네 글자 단어를 찾는 정규식 패턴
pattern = re.compile(' \w{4} ')
# 텍스트에서 매치되는 단어들을 찾아 리스트로 반환
matches = pattern.findall(text)

# 결과는 실제 양쪽에 공백이 포함된 네 글자 단어 출력
print("공백이 있는 네 글자 단어들:", matches)
# 각 단어에서 공백을 제거한 결과 출력
print("공백이 없는 네 글자 단어들:", end = ' ')
print(list(map(lambda s: str.strip(s), matches)))

# 정확히 네 글자 단어를 찾는 정규식 패턴: 바로 다음에 학습 예정
pattern = re.compile(r'\b\w{4}\b')
# 텍스트에서 매치되는 단어들을 찾아 리스트로 반환
matches = pattern.findall(text)
print("정확히 네 글자 단어들:", matches)
```

주의 `pattern = re.compile(' \w{4} ')`에서 정규식 맨 앞과 뒤에 공백이 삽입되어야 함

결과

```
공백이 있는 네 글자 단어들: [' name ', ' love ']
공백이 없는 네 글자 단어들: ['name', 'love']
정확히 네 글자 단어들: ['name', 'John', 'love']
```

## 2.5 로 문자열과 메타 문자 \b

### 로 문자열(raw string)

문자 표현 방법에는 \로 시작하는 이스케이프 시퀀스 문자(예를 들어 \n 등)가 있다. 대표적인 이스케이프 시퀀스 문자는 다음과 같다.

- \t(탭 스페이스), \"(큰따옴표 출력), \n(줄바꿈), \b(백스페이스) 등

다음 코드처럼 문자열 \n은 다음 줄로 이동하고 \t은 탭만큼 이동해 다음 출력이 진행된다.

```
>>> s = 'python\n\tjava'
>>> print(s)
python
        java
```

로 문자열을 사용하면 이스케이프 시퀀스 문자가 동작되지 않고 \이 있는 그대로 출력된다. 출력할 문자열 앞에 raw를 의미하는 r을 붙여 주면 된다.

```
>>> s = r'python\n\tjava'
>>> print(s)
python\n\tjava
```

## 단어 검색에 필요한 메타 문자 \b

정규식에서 메타 문자 \b는 단어 경계(word boundary) 구분자를 의미한다. 단어와 단어를 구분하는 단어 구분자는 단어인 \w가 아닌 모든 문자의 나열을 의미한다. 공백 문자인 스페이스(space)를 포함한 [ \t\n\r\f\v]의 화이트 스페이스(white space)는 물론 콤마나 ., !, ? 등을 모두 포함한다.

- \b: 단어 경계를 나타내는 메타 문자로 문자(\w에 해당하는 문자, a–z,A–Z,0–9,_)와 비문자(\W에 해당하는 경우) 부분의 경계를 의미

메타 문자 \d나 \w는 각각 숫자 문자 [0-9], 단어 문자 [가-힣a-zA-Z0-9_] 등과 같이 '특정 텍스트의 집합'을 일치하는 패턴이라면 \b는 단어의 경계 위치를 가리킨다. 따라서 매치 결과에서 첨자인 위치가 표시되며 일치 문자열은 단순히 공백 문자이다.

- \d: 숫자 문자 [0–9]
- \w+: 단어 문자 [가–힣a–zA–Z0–9_]가 1번 이상 반복

정규식 패턴 \b를 사용하면 단어의 경계를 기준으로 텍스트에서 원하는 패턴을 찾을 수 있다. 이를 통해 단어 단위로 텍스트를 처리하거나 특정 길이의 단어를 찾는 등 다양한 활용이 가능하다.

다음 코드와 같이 단어 구분자 \b를 사용할 때는 반드시 로 문자열 표기인 r을 패턴 문자열 앞에 반드시 붙여 r'\b' 또는 r'\b\w+\b'처럼 써야 한다. 그냥 '\b'는 특수 문자인 이스케이프 시퀀스 \b가 backspace이기 때문이다. 다음 코드에서 패턴 문자열을 r'\b'으로 지정해 문자열 'py, java.'를 검색하면 공백 문자 네 개가 검색된다.

```
>>> import re
>>> # 대상 문자열
>>> s = 'py, java.'
>>>
>>> # 모든 단어의 경계 위치를 알기 위한 패턴
>>> p = r'\b' # 단어 경계
>>>
>>> # 먼저 일치하는 모든 내용물 출력, 모두 공백 문자 ''
>>> print(re.findall(p, s))
['', '', '', '']
```

검색된 위치를 함수 finditer()로 출력하면 다음과 같다. 즉, 단어의 시작 위치와 종료 위치를 나타낸다.

```
>>> # 모든 패턴을 조회해 반복
>>> for match in re.finditer(p, s):
...     print(match.span(), match.group()) # 각각의 위치와 공백 문자 출력
...
(0, 0)
(2, 2)
(4, 4)
(8, 8)
```

정규식 패턴 r'\b\w+\b'를 사용하면 대상 문자열에서 콤마와 공백 문자 등이 모두 단어 경계이므로 단어만 추출할 수 있다. 따라서 정규식 r'\b\w+\b'는 주어진 문장에서 모든 단어를 추출하는 매우 유용한 패턴이다.

- r'\b\w+\b': 단어 경계에 이어 단어가 나오고 다시 단어 경계 패턴으로 "문장에서 단어만을 추출하는 패턴"

```
>>> from re import findall
>>>
>>> # 대상 문자열
>>> s = 'Matches the empty string, but only at the beginning or end of a word.'
>>>
>>> # 모든 단어를 추출하기 위한 패턴
>>> p = r'\b\w+\b' # 단어 구분자 + 단어 + 단어 구분자, 콤마 , 나 마침표 . 등 제거
>>> print(findall(p, s)) # 모든 단어 추출해 출력
['Matches', 'the', 'empty', 'string', 'but', 'only', 'at', 'the', 'beginning',
'or', 'end', 'of', 'a', 'word']
```

다음 예제는 일상적인 한글 문장에서 단어를 추출하기 위해 findall() 함수와 정규 표현식 r'\b\w+\b'를 사용한 코드이다. 위에서 살펴보았듯이 정규식의 메타 문자는 다음과 같다.

- \b: 단어의 경계를 나타내는 메타 문자로 단어의 시작과 끝을 나타냄.
- \w: 알파벳 문자와 숫자를 포함한 "단어" 문자를 나타내는 메타 문자
- +: 앞의 패턴이 1회 이상 반복된다는 것을 나타내는 수량자

다음 예제 코드를 실행하면 실제 문장에서의 단어들을 정확하게 매칭하여 추출한다는 것을 확인할 수 있다. 이처럼 일상생활에서 텍스트 처리 작업을 수행할 때 유용하다.

**12-10 코딩** 12-10-findword.py | **일상적인 문장에서 단어 추출** | 난이도 심화

```python
import re

# 모든 패턴을 조회해 반복
def printAll(p, s):
   for match in re.finditer(p, s)
        print(match.span(), match.group()) # 각각의 위치와 공백 문자 출력

# 예제 문자열
text = "나는 매일 아침 7시에 일어나서 커피를 마시고 출근합니다."

# 정규 표현식에 매칭되는 부분을 찾아내기
p = r'\b\w+\b'
matches = re.findall(p, text)

# 매칭된 결과 출력
print(matches)

printAll(p, text)
```

결과

```
['나는', '매일', '아침', '7시에', '일어나서', '커피를', '마시고', '출근합니다']
(0, 2) 나는
(3, 5) 매일
(6, 8) 아침
(9, 12) 7시에
(13, 17) 일어나서
(18, 21) 커피를
(22, 25) 마시고
(26, 31) 출근합니다
```

## 2.6 내장 모듈 re의 함수 split()과 sub()

### 문자열을 나누는 split()

모듈 re의 함수 split()은 문자열 str에서 패턴 pattern이 맞으면 이를 기준으로 항목으로 나누어 전체 리스트를 반환하는 함수이다. 패턴 pattern을 '문자열을 나누는 구분자(separator)'라고도 한다.

**정규식 검색 함수 re.split()**

```
import re
re.split( pattern, str, maxsplit=0, flags=0 )
```

• 정규식 패턴 pattern을 기준으로 문자열 str을 분할하는 함수로, 해당 패턴에 일치하는 부분을 기준으로 문자열을 나누어 리스트로 반환하므로 pattern에 일치되는 부분은 결과 리스트에 포함되지 않음.

만약, 세 번째 인자 maxsplit로 최대 분할 수를 지정하면 문자열을 지정한 수만큼 나누며 그 수에 이르면 더 이상 나누지 않는다. 더 이상 나누지 않고 남은 나머지도 리스트의 마지막 항목으로 반환된다. 기본값인 0은 최대 분할 수를 의미한다.

다음 코드는 모듈 re.split()을 사용해 문자열 python을 문자 h를 구분자로 분리하는 코드이다. 구분자는 결과에 표시되지 않으며 1회 분리하면 두 개의 항목이 있는 리스트가 반환된다.

```
>>> import re
>>> print(re.split('h', 'python'))
['pyt', 'on']
```

위 결과는 문자열 python을 문자 h를 구분자로 분리하면 앞부분은 pyt, 뒷부분은 on으로 분리되기 때문이다.

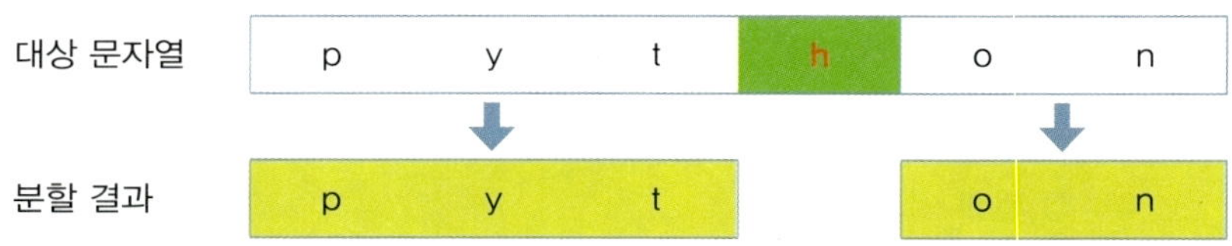


▲ **그림 6** 모듈 re 함수인 re.split()의 이해

이와 마찬가지로 구분자 패턴을 th로 분할하면 리스트 ['py', 'on']가 반환된다.

```
>>> print(re.split('th', 'python'))
['py', 'on']
```

만일, 구분자 패턴을 마지막 문자인 n으로 분할하면 결과는 리스트 ['pytho', '']가 반환된다. 구분자 n이 문자열의 마지막 부분으로, 리스트의 마지막 항목이 빈 문자열이 된다는 것에 주의하자.

```
>>> print(re.split('n', 'python'))
['pytho', '']
```

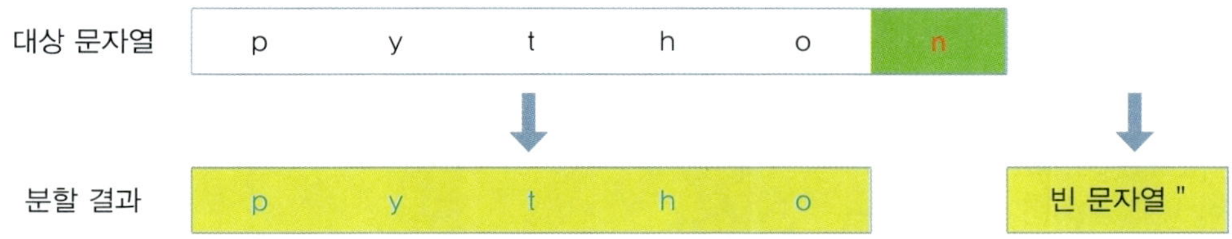


▲ **그림 7** 모듈 함수 re.split()에서 문자열의 마지막으로 분할 사례

이와 마찬가지로 구분자 패턴을 첫 문자인 p로 분할하면 결과는 리스트 ['', 'ython']가 반환된다. 구분자 p가 문자열의 첫 부분으로, 리스트의 첫 항목이 빈 문자열이 된다는 것에 주의하자.

```
>>> import re
>>> print(re.split('p', 'python'))
['', 'ython']
```

### 함수 split()에 사용하는 비단어 메타 문자 \W

단어와 단어의 구분자로 자주 사용하는 것이 대문자 W의 이스케이프 문자인 메타 문자 \W이다. 메타 문자 \W는 단어를 의미하는 메타 문자 \w에 속하지 않는 문자를 말한다. 즉, \W는 '비단어(none word) 문자'라고도 부르며 단어가 아닌 문자를 나타내는 메타 문자이다.

- \W: [^가-힣a-zA-Z0-9_]로 한글, 알파벳 대소 문자, 숫자, _가 아닌 문자를 나타냄.
  - ^\w: ^이 뒤 문자의 아닌 문자를 의미하므로 \w에 매치되지 않는 부분을 의미함.

다음 코드는 대상 문자열 'Word, word.'에서 정규식 패턴을 '\W+'로 지정해 컴파일한 결과를 변수 pc에 저장한 구문이다.

```
>>> import re
>>> s = 'Word, word.'
>>> pc = re.compile(r'\W+')
```

- \W+: 함수 split()에서 한글 및 알파벳, 숫자와 _가 아닌 모든 문자를 구분자로 간주하고 연속된 구분자를 하나의 구분자로 처리

함수 호출 pc.split(s)한 결과는 세 개의 문자열 'Word', 'word', '' 항목의 리스트이다. 마지막에 빈 문자열 ''이 발생한다. 그 이유는 이미 살펴보았듯이 마지막 문자 마침표가 구분자인 \W+에 속하기 때문이다.

```
>>> print(pc.split(s))        # 최대로 분할
['Word', 'word', '']
```

다음은 대상 문자열 'Word, word.'를 같은 패턴인 \W+에 대해 분할 수를 각각 1, 2, 3으로 지정한 결과이다. 다음 결과에서 알 수 있듯이 분할 수가 2 이상이면 그 결과가 같다.

```
>>> print(pc.split(s, 1))    # 1회 분할
['Word', 'word.']
>>> print(pc.split(s, 2))    # 2회 분할
['Word', 'word', '']
>>> print(pc.split(s, 3))    # 3회 분할
['Word', 'word', '']
```

다음은 위 코드의 결과를 이해하기 쉽게 표현한 것이다.

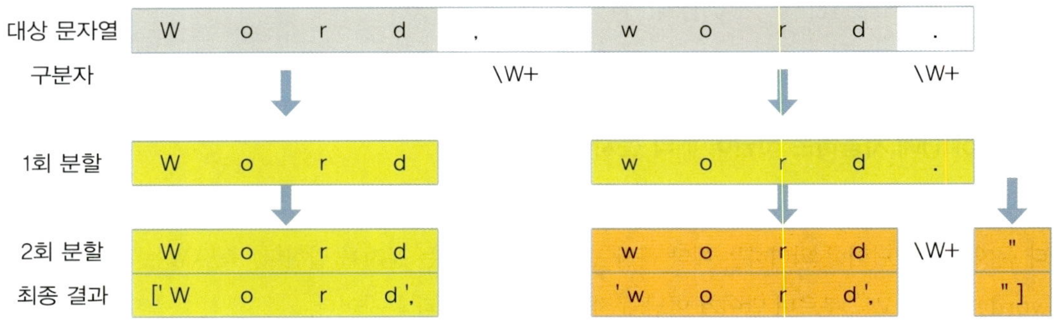


▲ **그림 8** 비단어 구분자 \W+를 기준으로 함수 p.split(s, n) 흐름의 이해

다음 예제는 정규식 r'\W+'을 사용해 비단어를 구분자로 사용해 사용자로부터 입력받은 문장을 단어 단위로 분리하는 코드이다. 예제 split_sentence_into_words() 함수는 re.split() 함수를 사용하여 입력된 문장을 단어 단위로 분리한다. re.split(r'\W+', sentence) 코드는 문장을 구분자인 알파벳과 숫자가 아닌 문자('\W')로 나누고, 연속된 구분자를 하나로 처리하여 단어의 리스트를 반환한다. 반환 문자열이 빈 공백이 아니면 출력한다.

**12-11 코딩** 12-11-split.py | **표준 입력한 문장에서 함수 split()을 사용해 단어를 추출** 난이도 심화

```
import re

# 인자 sentence에서 단어를 분리
def split_sentence_into_words(sentence):
    pc = re.compile(r'\W+')
    words = re.split(pc, sentence)
    return words

# 사용자로부터 문장 입력받기
sentence = input("문장을 입력하세요: ")
```

```
    # 사용자가 입력한 문장 출력
    print(f'입력한 문장: {sentence}')

    # 문장을 단어로 분리
    word_list = split_sentence_into_words(sentence)

    # 단어 출력
    print('분할된 단어:')
    for word in word_list:
        if word:
            print(word)
```

**주의** f 문자열의 f''입력한 문장: {sentence}'에서 f가 빠지지 않도록 주의

**결과**

```
입력한 문장: 정규식이 신기하고, 흥미롭네요!
분할된 단어:
정규식이
신기하고
흥미롭네요
```

### 문자열을 교체하는 sub()

모듈 re의 sub() 함수는 인자 max가 제공되지 않는 한 문자열 str에서 패턴 pattern과 일치하는 모든 항목을 두 번째 인자인, 교체할 문자열 repl로 대체한다. 마지막 인자인 max에 최대 교체 수를 지정하면 교체할 문자열로 교체하고 그 수가 도달하면 더 이상 교체하지 않는다.

**정규식 검색 함수 re.sub()**

```
import re
re.sub( pattern, repl, str, max=0 )
```

- 정규식 패턴 pattern을 기준으로 문자열 str에서 해당 패턴에 일치하는 부분을 repl로 바꾼 문자열을 반환

다음은 비단어인 \W을 찾아 -로 대체하는 코드이다. 공백이 모두 -로 대체된 결과가 표시된다.

```
>>> import re
>>> s = 'abcde abcde abcde'       # 대상 문자열
>>> p = r'\W'                     # 검색 패턴
>>> repl = '-'                    # 대체 문자열
>>> print(re.sub(p, repl, s))     # 모두 대체
abcde-abcde-abcde
```

대체 횟수를 각각 지정하면 왼쪽부터 회수만큼 대체되는 것을 알 수 있다.

```
>>> print(re.sub(p, repl, s, 1)) # 1회 대체
abcde-abcde abcde
>>> print(re.sub(p, repl, s, 2)) # 2회 대체
abcde-abcde-abcde
```

패턴이 없으면 원래의 문자열이 그대로 반환되어 출력된다.

```
>>> p = r'\d'                    # 검색 패턴
>>> print(re.sub(p, repl, s))    # 없으면 원문자열 반환
abcde abcde abcde
```

다음 예제는 모듈 re의 sub() 함수를 사용해 전자 메일 문자열에서 @ 이후의 도메인 부분을 *****로 대체해 가리고 출력하는 코드이다. 다음 결과와 같이 이메일 주소 'hshong.py@gmail.com'에서 도메인 서버인 gmail 부분을 가려 hshong.py@*****.com의 결과를 얻고자 한다. 정규식 '@\w+'는 @ 이후의 마침표 이전까지의 단어를 표현하는 패턴이다. re.sub(r'@\w+', '@*****', email) 코드는 이메일 주소에서 @ 이후의 마침표 이전까지의 단어인 도메인을 찾아내 대체 문자열인 '@*****'로 대체한다. 실행 결과로는 도메인 부분이 *****로 가려진 이메일 주소가 출력된다.

**12-12 코딩** 12-12-subdomain.py | **전자 메일 주소에서 도메인 서버 이름을 *****로 대체** | 난이도 응용

```python
import re

def hide_domain(email):
    p = r'@\w+' # 정규식 패턴
    hidden_email = re.sub(p, '@*****', email)
    return hidden_email

# 사용자로부터 이메일 주소 입력받기
email_address = 'hshong.py@gmail.com'
# 도메인 부분 가리기
hidden_email = hide_domain(email_address)

# 원 이메일 출력
print(email_address)
# 가려진 이메일 출력
print(hidden_email)
```

**주의** p = r'@\w+'에서 r은 생략 가능

**결과**

```
hshong.py@gmail.com
hshong.py@*****.com
```

SECTION 03

PYTHON

# 정규 표현식 그룹과 선택 인자 플래그



## 3.1 다양한 메타 문자와 문자 클래스

### 정규식의 다양한 문자

지금까지 알아본 정규 표현식의 내용을 정리해 보자.

- 리터럴 문자(literal characters): 일반 리터럴 문자는 정규식에서 사용할 수 있는 기본적인 문자로, 실제 문자와 일치한다. 즉, 정규식 "r"을 그대로 문자 r로 나타낸다.
- 메타 문자(meta characters): 메타 문자는 정규식에서 특별한 의미를 갖는다. 마침표와 달러인 $처럼 단일 문자의 메타 문자도 있으며 \A와 \Z처럼 역슬래시를 사용하기도 한다.
- 문자 클래스(character class): 문자 클래스(또는 문자 세트)는 문자 목록 중 하나와 일치시키는 방법이다. 대괄호의 중간에 찾고 있는 문자와 함께 [A]처럼 표시한다.

### 다른 문자의 앞이나 뒤의 위치를 알려 주는 메타 문자 앵커

메타 문자 앵커(anchors)는 다른 문자나 문자열 전체의 앞(\A)이나 뒤(\Z)의 일치하는 위치 정보를 나타내며, 그 종류는 다음과 같다.

▼ **표 1** 문자열에서 특정 위치를 지정하거나 알려 주는 메타 문자

| 메타 문자 | 의미 | 예 | 일치 사례 | 불일치 사례 |
|---|---|---|---|---|
| ^ | 뒤 문자가 문자열(또는 줄)의 시작 일치 | ^r<br>문자 r로 문자열(또는 줄)의 시작 | rabbit<br>raccoon | parrot<br>ferret |
| $ | 앞 문자가 문자열(또는 줄) 끝 일치 | t$<br>문자 t로 문자열(또는 줄)의 종료 | rabbit<br>foot | trap<br>star |
| \A | 뒤 문자가 문자열 전체의 시작 일치 | \Ar<br>문자 r로 문자열 전체의 시작 | rabbit<br>raccoon | parrot<br>ferret |
| \Z | 앞 문자가 문자열 전체의 끝의 일치 | t\Z<br>문자 t로 문자열 전체의 종료 | rabbit<br>foot | trap<br>star |
| \b | 단어의 시작 또는 끝에 있는 문자 일치 | \bfox\b<br>단어 fox를 추출 | the red fox ran<br>the fox ate | foxtrot<br>foxskin scarf |
| \B | 공백이 아닌 다른 문자 중간에 있는 문자와 일치 | \Bee\B<br>단어의 중간에 위치한 ee를 추출 | trees<br>beef | bee<br>tree |

메타 문자 ^과 \A는 다음 문자가 줄의 첫 시작을 의미한다. 메타 문자 $과 \Z는 다음 문자가 줄의 첫 시작을 의미한다. 다음은 위 표의 사례에 해당하는 코드이다.

```
>>> import re
>>> print(re.findall('^r', 'rabbit raccoon parrot ferret'))
['r']
>>> print(re.findall('^r', 'raccoon parrot ferret'))
['r']
>>> print(re.findall('\Ar', 'rabbit raccoon parrot ferret'))
['r']
>>> print(re.findall('\Ar', 'raccoon parrot ferret'))
['r']
>>> print(re.findall('t$', 'rabbit'))
['t']
>>> print(re.findall('t\Z', 'rabbit'))
['t']
>>> print(re.findall('t$', 'trap'))
[]
>>> print(re.findall('t\Z', 'foot'))
['t']
>>> print(re.findall('t$', 'foot'))
['t']
>>> print(re.findall('t$', 'star'))
[]
```

메타 문자 \b는 단어의 앞과 뒤의 경계(boundry)를 나타내며 표현식 패턴 r'\bfox\b'는 fox가 단어인 부분과 일치한다. 문자열 'foxtrot'과 'foxskin scarf'은 패턴 r'\bfox\b'와 일치하는 부분이 없으므로 함수 findall()의 결과는 빈 리스트이다.

```
>>> print(re.findall(r'\bfox\b', 'the red fox ran'))
['fox']
>>> print(re.findall(r'\bfox\b', 'the fox ate'))
['fox']
>>> print(re.findall(r'\bfox\b', 'foxtrot'))
[]
>>> print(re.findall(r'\bfox\b', 'foxskin scarf'))
[]
```

### 여러 문자를 의미하는 메타 문자

다음은 특정한 하나의 문자가 아니라 알파벳, 숫자 등과 같은 여러 문자 집합 유형의 문자를 간단히 나타내는 메타 문자이다. 정규식에서 마침표는 단순히 마침표가 아니라 새로운 줄인 \n를 제외한 모든 문자 하나를 나타낸다. 따라서 마침표 자체를 문자로 표현하려면 역슬래시를 사용해 \.으로 표기해야 한다.

▼ **표 2** 여러 문자를 편리하게 표현하는 메타 문자

| 메타 문자 | 의미 | 예 | 일치 사례 | 불일치 사례 |
|---|---|---|---|---|
| . | 줄 바꿈 \n을 제외한 모든 문자 | c.e<br>문자 c와 다른 문자에 이어 문자 e | clean<br>cheap | acert<br>cent |
| \d | 숫자(digit) 하나 일치<br>[0-9] | \d<br>숫자 하나 하나를 각각 추출 | 6060-842<br>2b\|^2b | two<br>**___ |
| \D | 숫자(digit)가 아닌 하나 문자 일치 | \D<br>숫자가 아닌 문자 하나 하나를 각각 추출 | The 5 cats ate<br>12 Angry men | 52<br>10034 |
| \w | 단어 문자 일치<br>[가-힣a-zA-Z0-9] | \wee\w<br>단어 앞과 뒤에 단어 문자가 나타나고 사이에 ee가 있는 단어 | trees<br>bee4 | The bee<br>eels eat<br>meat |
| \W | 비단어(단어가 아닌 문자) 문자 일치 | \Wbat\W<br>단어 bat | At bat<br>the bat fast | wombat<br>bat53 |
| \s | 공백 문자 whitespae와 일치<br>[ \t\n\r\f\v] | \sfox\s<br>단어 fox | the fox ate<br>his fox ran | it's the fox.<br>foxfur |
| \S | 공백 문자가 아닌 문자와 일치 | \See\S<br>ee 앞과 뒤에 화이트 스페이스가 아닌 것이 있음. | trees<br>beef | the bee<br>stung<br>The tall tree |
| \mchar | 메타문자와 일치하도록 메타문자를 이스케이프 처리 | \.<br>마침표 . 문자 자체<br>\^<br>^ 문자 자체 | The cat ate.<br>2^3 | the cat ate<br>23 |

다음은 위 표의 메타 문자 마침표와 \d를 이해하기 위한 코드이다.

```
>>> import re
>>> print(re.findall('c.e', 'clean cheap acert ecent'))
['cle', 'che']
>>> print(re.findall(r'\d', '6060-842 two 2b|^2b **___'))
['6', '0', '6', '0', '8', '4', '2', '2', '2']
```

다음 코드에서 정규식이 숫자가 아닌 문자 패턴 '\D'이므로 결과는 각각의 알파벳과 공백 문자가 모두 포함된다.

```
>>> print(re.findall(r'\D', 'The 5 cats 52 100'))
['T', 'h', 'e', ' ', ' ', 'c', 'a', 't', 's', ' ', ' ']
```

다음 코드의 정규식 '\wee\w'은 단어 앞과 뒤에 단어 문자가 나타나고 그 사이에 ee가 있는 단어이므로 결과는 ['rees', 'bee4']이다.

```
>>> print(re.findall(r'\wee\w', 'trees bee4 The bee eels'))
['rees', 'bee4']
```

다음 코드는 단어가 아닌 문자 패턴 '\Wbat\W'이므로 bat 앞뒤의 공백도 결과 문자열에 포함된다.

```
>>> print(re.findall(r'\Wbat\W', 'At bat wombat bat53'))
[' bat ']
```

다음 코드도 공백 문자가 포함된 분리자(separator) [ \t\n\r\f\v]를 나타내는 \s이 포함된 정규식 패턴 '\sfox\s'이므로 fox 앞뒤의 공백도 결과 문자열에 포함된다.

```
>>> print(re.findall(r'\sfox\s', "the fox ate it's the fox foxfur"))
[' fox ', ' fox ']
```

다음 코드의 정규식 '\See\S'는 ee 앞과 뒤에 화이트 스페이스가 아닌 것이 있는 문자열과 일치하므로 결과는 ['rees', 'beef']이다.

```
>>> print(re.findall(r'\See\S', 'trees beef the bee stung The tall tree'))
['rees', 'beef']
```

정규식에서 ^는 줄 문자열 시작을 의미하고 마침표는 \n을 제외한 모든 문자를 의미하지만 이러한 메타 문자가 아닌 문자 자체의 ^와 마침표를 표기하려면 앞에 역슬래시 \를 붙여 \^과 \.으로 표기한다

```
>>> print(re.findall(r'\^', 'ate. 2^3'))
['^']
>>> print(re.findall(r'\.', 'ate. 2^3'))
['.']
```

### 문자 집합이나 범위를 표현하는 문자 클래스

대괄호의 내부에 표시하는 메타 문자인 문자 클래스(character classes)는 문자 집합 또는 범위를 나타낸다. 즉, [ab]는 문자 a 또는 b를 표현한다.

▼ **표 3** 문자 클래스(character classes)

| 메타 문자 | 의미 | 예 | 일치 사례 | 불일치 사례 |
|---|---|---|---|---|
| [xy] | 문자 x 또는 y와 일치 | gr[ea]y<br>문자 c와 다른 문자에 이어 문자 e | gray<br>grey | green<br>greek |
| [x–y] | 문자 x에서 y까지 모든 문자 일치 | [a–e]<br>a, b, c, d, e 중 하나<br>[0–9]:<br>숫자(digit) 하나 일치 | amber<br>brand | fox<br>join |
| [^xy] | x와 y가 아닌(negation) 모든 문자<br>^ 이후의 문자가 아닌 모든 문자 일치, 반드시 내부에 처음에 사용 | gr[^ea]y<br>문자 e와 a가 아닌 모든 문자 하나 | grby<br>grcy | gray<br>grey |
| [.^] | 문자 .와 ^ 자체 | 4[.^]3<br>4로 시작하고 이어 문자 . 또는 ^가 나오고 다시 3이 표시되는 문자열 | 4^3<br>4.2 | 44<br>23 |

다음은 문자 클래스에 대한 코드이다.

```
>>> import re
>>> print(re.findall('gr[ea]y', 'gray green grey greek'))
['gray', 'grey']
>>> print(re.findall('[a-e]', 'amber brand'))
['a', 'b', 'e', 'b', 'a', 'd']
>>> print(re.findall('gr[^ea]y', 'grby grcy grey greek'))
['grby', 'grcy']
```

정규식 패턴 [.]는 이스케이프를 이용한 [\.]와 같으며 [^]은 [\^]와 같다.

```
>>> print(re.findall('4[.^]\d', '4^3 4.2 44 23'))
['4^3', '4.2']
>>> print(re.findall('4[\^\.]\d', '4^3 4.2 44 23'))
['4^3', '4.2']
```

### 문자나 문자열의 반복 횟수를 지정하는 수량 지정자

다음은 앞 문자나 문자열의 반복을 표시하는 *과 +이다.

- *: 0 또는 1회 이상 반복
- +: 1회 이상 반복
- ?: 0 또는 1회 반복
- {n}: n회 반복, {n,}: n회 이상, {, n}: 0회에서 n회까지, {n, m}:n 회에서 m회까지 반복

즉, 정규식 'a*b'는 a가 0개 이상 반복되고 이어 b가 표시되는 문자열로 'b', 'ab', 'aaab' 등과 일치한다. 문자뿐만 아니라 괄호를 사용한 정규식 (ab)+은 문자열 ab가 한 번 이상 나타나는 문자열로, 'ab', 'abab', 'ababab' 등과 일치한다. 여기서 괄호는 단순한 문자가 아니라 '그룹'이라 명명하고 하나의 반복 단위를 표시하는 의미이다. 다음 메타 문자에서 중간에 공백이 들어가면 의미가 달라지거나 오류가 발생하므로 주의해야 한다. 다음은 앞 문자나 문자열의 반복을 표시하는 방법을 정리한 것이다.

▼ **표 4** 주요 반복 메타 문자

| 메타 문자 | 의미 | 예 | 일치 사례 | 불일치 사례 |
|---|---|---|---|---|
| x*<br>(xy)* | 앞 문자(또는 그룹)가 0회 이상 반복 | ar*o<br>a에 이어 r이 0에서 n번 반복되고 다음에 o | cacao<br>carrot | arugula<br>artichoke |
| x+<br>(xy)+ | 앞 문자(또는 그룹)가 1회 이상 반복 | re+<br>r에 이어 e가 1회 이상 반복 | green<br>tree | trap<br>ruined |
| x?<br>(xy)? | 앞 문자(또는 그룹)가 0회 또는 1회 발생 | ro?a<br>r에 이어 o가 0회나 1회 반복되고 이어 a | roast<br>rant | root<br>rear |
| x{n}<br>(xy){n} | 앞 문자(또는 그룹)가 n회 반복 | \we{2}\w<br>앞뒤에 단어 문자가 있으며 중간에 ee | deer<br>seer | red<br>enter |
| {n,}<br>(xy){n,} | 앞 문자(또는 그룹)가 n회 이상 반복 | 2{3,}4<br>2가 3회 이상 나오고 이어 4 | 6712–2224<br>2222224 | 224<br>123 |
| {,n}<br>(xy){,n} | 앞 문자(또는 그룹)가 0회 이상 n회 이하로 반복 | 2{,3}4<br>2가 0에서 3회 이상 나오고 이어 4 | 671–24<br>2224 | 35<br>136 |
| {n,m}<br>(xy){n,m} | 앞 문자(또는 그룹)가 n회 이상 m회 이하로 반복 | 12{1,3}3<br>1에 이어 2가 1에서 3회 이하로 나오고 이어 3 | 1234<br>1222384 | 15335<br>1222223 |

다음은 위 표의 사례에 대한 코드이다.

```
>>> import re
>>> print(re.findall('ar*o', 'cacao arugula carrot artichoke'))
['ao', 'arro']
>>> print(re.findall('re+', 'green trap tree ruined'))
['ree', 'ree']
>>> print(re.findall('ro?a', 'roast root rant rear'))
['roa', 'ra']
>>> print(re.findall('\we{2}\w', 'deer red seer enter'))
['deer', 'seer']
>>> print(re.findall('2{3,}4', '6712-2224 224 2222224 123'))
```

```
['2224', '2222224']
>>> print(re.findall('2{,3}4', '6712-24 2224 35 136'))
['24', '2224']
>>> print(re.findall('12{1,3}3', '1234 15335 1222384 1222223'))
['123', '12223']
```

다음도 반복 메타 문자를 포함한 정규식에 대한 사례 설명이다.

- "a+b" → "ab", "aaab": "a"가 1회 이상 반복되고 b가 있는 문자열과 일치
- "a?b" → "b", "ab": "a"가 0회 또는 1회 발생하고 b가 있는 문자열과 일치
- "a{3}b" → "aaab": "a"가 3회 반복되고 b가 있는 문자열과 일치
- "a{2,}b" → "aab", "aaab": "a"가 2회 이상 반복되고 b가 있는 문자열과 일치
- "a{1,3}b" → "ab", "aab", "aaab": "a"가 1회 이상 3회 이하로 반복되고 b가 있는 문자열과 일치

### 그룹으로 문자열의 반복 횟수를 지정하는 수량 지정자

다음은 문자열 ab가 두 번 연속하는 패턴을 검색하는 코드이다. 그러나 함수 findall()로는 abab가 아니라 ab로 세 번 추출된다. 정규식 '(ab){2}'에서 괄호로 묶은 (ab)를 '캡처 그룹(captured group)'이라 하는데, 함수 findall()에서 캡처 그룹이 포함된 경우, 반환 목록에는 전체 일치한 항목인 abab가 아니라 그룹 내용인 ab만 포함되기 때문이다. 이처럼 그룹에 대한 내용은 그룹에서 자세히 학습할 예정이다.

```
>>> import re
>>> print(re.findall('(ab){2}', 'abab ababababab'))
['ab', 'ab', 'ab']
```

다시 함수 search()로 호출하면 첫 번째 Match객체에 abab가 추출된 것을 확인할 수 있다.

```
>>> print(re.search('(ab){2}', 'abab ababababab'))
<re.Match object; span=(0, 4), match='abab'>
```

이제, 일치하는 모든 문자열을 직접 출력하기 위해 함수 searchall(p, s)를 구현해 보자. 함수의 내부에서 일치하는 모든 문자열을 찾기 위해 함수 re.finditer()를 사용한다. 즉, re.finditer(p, s)로 정규식 패턴 p와 문자열 s에서 반복적으로 매치를 찾는다. 반환되는 객체는 매치된 결과에 대한 반복자(iterator)이다.

- lst = [(m.group(), (m.start(), m.end())) for m in fi]: re.finditer()로부터 반환된 반복자를 순회하면서 각 매치 객체(m)의 group() 메서드를 사용하여 매치된 문자열을 가져오고 start()와 end() 메서드를 사용하여 매치된 문자열의 시작과 끝 위치를 가져와서 리스트(lst)에 저장하는 컴프리헨션을 사용하는데, 이렇게 저장된 결과는 (매치된 문자열, (시작 위치, 끝 위치))의 형태로 저장

결과에서 패턴 '(ab){2}'와 일치하는 abab 세 개와 그 위치도 알 수 있다.

```
>>> import re
>>> def searchall(p, s):
...     fi = re.finditer(p, s)
...     lst = [(m.group(), (m.start(), m.end())) for m in fi]
...     return lst
...
>>> print(searchall('(ab){2}', 'abab ababababab'))
[('abab', (0, 4)), ('abab', (5, 9)), ('abab', (9, 13))]
```

다음은 정규식 '(ab)+'로 문자열 ab가 1회 이상 반복되는 문자열 패턴을 찾아 출력하는 코드이다. 일치하는 문자열은 두 개인 것을 알 수 있다.

```
>>> print(searchall('(ab)+', 'abab ababababab'))
[('abab', (0, 4)), ('ababababab', (5, 15))]
```

### 반복에서 최대로 반복하거나 최소로 반복을 선택하는 greedy와 lazy

지금까지 살펴보았듯이 반복에 대한 수량자 메타 문자인 ?, *, +, {}는 가능한 한 가장 길게 일치되는 문자열을 찾는다. 이러한 수량자의 특징을 'greedy'라고 하는데, '최대한 길게'라고 이해하면 쉽다. 다음 정규식 'ab', 'ab*', 'ab+'를 이해하고 코드 결과도 살펴보자.

- 'ab': a에 이어 b가 하나
- 'ab?': a에 이어 b가 없거나 하나
- 'ab*': a에 이어 b가 없거나 있으면 계속되는 일련의 b 모두
- 'ab+': a에 이어 b가 하나 이상 계속되는 일련의 b 모두

```
>>> import re
>>> print(re.findall('ab', 'a ab abb'))
['ab', 'ab']
>>> print(re.findall('ab?', 'a ab abb'))
['a', 'ab', 'ab']
>>> print(re.findall('ab*', 'a ab abb'))
['a', 'ab', 'abb']
>>> print(re.findall('ab+', 'a ab abb'))
['ab', 'abb']
```

이와 반대로 '최대한 짧게' 일치시키려면 ??, *?, +?, {}?처럼 수량자 뒤에 ?를 붙인다. 이러한 방식을 'lazy방식'이라고 한다. 다음 코드처럼 정규식 'ab??'와 'ab*?'는 둘 다 모두 a만 일치한다. 또한 정규식 'ab+?'는 정규식 'ab'와 같다.

```
>>> import re
>>> print(re.findall('ab??', 'a ab abb'))
['a', 'a', 'a']
>>> print(re.findall('ab*?', 'a ab abb'))
['a', 'a', 'a']
>>> print(re.findall('ab+?', 'a ab abb'))
['ab', 'ab']
```

다음 코드에서 정규식 'a{2,4}'는 '최대한 길게(greedy)'이므로 a가 네 개인 문자열 하나와 일치하고 정규식 'a{2,4}?'는 '최대한 짧게(lazy)'이므로 a가 2개인 문자열 2개와 일치한다.

```
>>> import re
>>> print(re.findall('a{2,4}', 'aaaaa'))
['aaaa']
>>> print(re.findall('a{2,4}?', 'aaaaa'))
['aa', 'aa']
```

## 3.2 그룹 개요와 목적

### 그룹 개요

정규식에서 괄호 (…)로 묶은 단위를 '그룹(group)'이라고 한다. 열린 괄호(()가 그룹의 시작, 닫힌 괄호())가 그룹의 끝을 나타낸다. 그룹은 정규식을 하위 표현식 또는 그룹으로 나누는데, 다음 두 가지 용도로 사용된다.

- 그룹화(grouping): 그룹은 하나의 단일 정규식 구문을 나타내며 그룹을 하나의 단위로 메타 문자를 적용할 때 유용
- 캡처(capturing): 일부 그룹화 구문은 그룹의 하위 식과 일치하는 검색 문자열 부분도 캡처·저장하며, 여러 다른 기법을 통해 캡처된 일치 항목을 나중에 검색 가능

다음 코드는 정규식 패턴 p로 문자열을 검색해 패턴과 일치하는 모든 문자열과 첨자를 반환하는 함수이다.

```
>>> import re
>>> def searchall(p, s):
...     fi = re.finditer(p, s)
...     lst = [(m.group(), (m.start(), m.end())) for m in fi]
...     return lst
...
```

문자열 bar를 그룹화한 정규식 문자열 (bar)로 패턴과 일치하는 문자열은 bar이다. 그룹이 없는 정규

식 문자열 bar를 적용해 패턴과 일치하는 문자열도 bar와 같다.

```
>>> print(searchall('(bar)', 'foo bar baz'))
[('bar', (4, 7))]
>>> print(searchall('bar', 'foo bar baz'))
[('bar', (4, 7))]
```

### 하나의 단위로 처리하는 그룹

그룹 뒤에 오는 수량자 메타 문자는 그룹에 지정된 전체 하위 표현식에 대해 하나의 단위로 처리된다. 즉, 정규식 (bar)+는 하위 표현식 bar가 한 번 또는 그 이상 반복된다는 것을 의미한다.

```
>>> import re
>>> print(re.search('(bar)+', 'foo bar baz'))
<re.Match object; span=(4, 7), match='bar'>
>>> print(re.search('(bar)+', 'foo barbar baz'))
<re.Match object; span=(4, 10), match='barbar'>
>>> print(re.search('(bar)+', 'foo barbarbarbar baz'))
<re.Match object; span=(4, 16), match='barbarbarbar'>
```

그러나 괄호가 빠진 정규식 bar+는 ba에 이어 r만 한 번 또는 그 이상 반복된다는 것을 의미한다.

```
>>> import re
>>> print(re.findall('bar+', 'foo bar baz'))
['bar']
>>> print(re.findall('bar+', 'foo barbar baz'))
['bar', 'bar']
>>> print(re.findall('bar+', 'foo barbarbarbar barrrr baz'))
['bar', 'bar', 'bar', 'bar', 'barrrr']
```

정규식 (ba[rz]){2,4}(qux)?는 'bar' or 'baz'가 두 번에서 네 번 나오고 이어 qux가 없거나 한 번 나오는 문자열과 일치한다. 이 정규식에서는 그룹을 두 개 사용한 경우이다.

```
>>> import re
>>> print(re.search('(ba[rz]){2,4}(qux)?', 'bazbarbazqux'))
<re.Match object; span=(0, 12), match='bazbarbazqux'>
>>> print(re.search('(ba[rz]){2,4}(qux)?', 'barbar'))
<re.Match object; span=(0, 6), match='barbar'>
```

## 3.3 그룹 캡처

### 그룹 캡처와 Match의 메서드 groups()와 group()

일치 결과인 객체 re.Match에서 캡처된 일치 항목을 참조하려면 m.groups()를 사용해 캡처된 모든 일치 항목이 그룹화 순서로 포함된 튜플을 반환해야 한다.

- match.groups(default=None)
  - 매치에서 캡처된 모든 그룹의 항목을 튜플 형식으로 반환

다음 정규식에서 세 개의 (\w+)은 각각 연속되는 일련의 단어 문자를 의미하며, 전체 정규식 (\w+),(\w+),(\w+)은 검색 문자열을 3개의 콤마로 구분된 그룹으로 나눈다. 그룹화 괄호를 사용한 각각의 그룹 (\w+)은 일치하는 토큰이 저장·캡처된다. 즉, re.Match 객체의 메서드 groups()는 정규식의 그룹으로 검색된 문자열 항목으로 구성된 튜플을 반환한다. 콤마는 각각의 그룹에 빠져 있으므로 groups()의 결과는 ('foo', 'quux', 'baz')이다.

```
>>> import re
>>> m = re.search('(\w+),(\w+),(\w+)', 'foo,quux,baz')
>>> print(f'groups(): {m.groups()}')
groups(): ('foo', 'quux', 'baz')
```

인자가 없는 메서드 m.group()은 정규식에 일치하는 문자열을 반환한다. 인자가 없는 경우, 그 결과는 그룹과 상관없다.

- match.group([〈group1〉, 〈group2〉, …])
  - 매치에서 캡처된 모든 그룹의 항목을 튜플 형식으로 반환

그러나 하나의 정수 인자를 사용한 m.group(n)은 캡처된 단일 일치 항목을 반환한다. 인자는 1부터 시작하므로 첫 번째 캡처된 일치 항목은 m.group(1), 두 번째 일치 항목은 m.group(2)으로 참조할 수 있다. 인자 0를 사용한 m.group(0)은 전체 일치 항목을 반환하므로 인자가 없는 m.group()과 같다. 만일, 인자가 음수이거나 패턴에 정의된 그룹 수보다 큰 경우, 예외 IndexError가 발생하므로 주의하자.

```
>>> print(f'group(): {m.group()}')
group(): foo,quux,baz
 >>> print(f'group(0): {m.group(0)}')
group(0): foo,quux,baz
>>> print(f'group(1): {m.group(1)}')
group(1): foo
>>> print(f'group(2): {m.group(2)}')
```

```
group(2): quux
>>> print(f'group(3): {m.group(3)}')
group(3): baz
>>> print(f'group(3): {m.group(4)}')
Traceback (most recent call last):
  File "<stdin>", line 1, in <module>
IndexError: no such group
```

다음 코드 m.group(3, 2, 1)처럼 캡처된 일치 그룹의 정수 번호를 인자로 호출하면 추출된 해당 문자열을 항목으로 하는 튜플을 쉽게 반환받을 수 있다. 매칭 결과를 볼 수 있는 인자 0도 사용할 수 있다.

```
>>> print(m.group(2, 3))
('quux', 'baz')
>>> print(m.group(3, 2, 1))
('baz', 'quux', 'foo')
>>> print(m.group(0, 2, 3, 1))
('foo,quux,baz', 'quux', 'baz', 'foo')
>>> print((m.group(3), m.group(2), m.group(1)))
('baz', 'quux', 'foo')
```

### 캡처된 이전 그룹을 참조하는 역참조

'역참조(backreference)'라는 특수 메타 문자 시퀀스를 사용하면 동일한 정규식 내에서 이전에 캡처한 그룹을 쉽게 참조해 정규식을 만들 수 있다. 다음 \n이 대표적 역참조 메타 문자 시퀀스로, 정규식 문자열 내에서 역슬래시를 사용하므로 반드시 r'(\w+),\1'처럼 로 스트링으로 표기해야 한다.

- \n: 파이썬의 정규식 내에서 시퀀스 \n, 여기서 n은 1에서 99까지의 정수이며 캡처된 그룹 번호 n의 내용과 일치하는 문자열 의미

다음 코드의 정규식 r'(\w+),\1'은 그룹화 단어에 이어 콤마 그리고 다시 앞에서 캡처한 단어가 다시 나오는 문자열과 일치하는 패턴이다. 정규식에서 \1에 해당하는 문자열은 괄호가 없으므로 그룹은 아니다.

```
>>> import re
>>> regex = r'(\w+),\1'
>>> m = re.search(regex, 'python,python')
>>> print(m)
<re.Match object; span=(0, 13), match='python,python'>
>>> print(m.group())
python,python
>>> print(m.groups())
('python',)
```

정규식에서 \1에 해당하는 문자열은 괄호가 없어 그룹은 아니므로 결과가 앞부분의 그룹만 항목으로 표시되는 튜플

```
>>> print(m.group(1))
python
```

다음 코드처럼 정규식을 r'(\w+),(\1)'로 수정하면 m.groups()의 결과가 2개의 항목이 있는 튜플이다. 따라서 m.group(2)도 호출할 수 있다.

```
>>> regex = r'(\w+),(\1)'
>>> m = re.search(regex, 'python,python')
>>> print(m.groups())
('python', 'python')
>>> print(m.group(2))
python
```

다음 문자열 'kotlin,kotlin'에 대해 첫 번째 그룹인 kotlin이 콤마에 이어 나오므로 패턴과 일치한다. 그러나 문자열 'python,kotlin'에서는 첫 번째 그룹인 python이고 콤마에 이어 앞과 다른 kotlin이 나오므로 패턴과 일치하지 않는다.

```
>>> import re
>>> regex = r'(\w+),\1'
>>> print(re.search(regex, 'kotlin,kotlin'))
<re.Match object; span=(0, 13), match='kotlin,kotlin'>
>>> print(re.search(regex, 'python,kotlin'))
None
```

### 이름을 지정해 캡처하는 그룹

그룹에 이름을 지정하는 고도화된 방법을 알아보자. 다음처럼 괄호로 그룹을 만든 후 정규식 regex 앞에 ?P〈name〉을 붙여 name이라는 이름을 붙일 수 있다. 〈name〉은 반드시 꺾쇠 괄호를 붙인다. 정규식에서 그룹 이름인 name은 식별자 규칙을 준수해야 하며 이름이 구별되어야 한다.

- (?P〈name〉regex): 이름이 name인 그룹 생성

메서드 group()에서 이름이 명명된 그룹은 그룹 번호뿐만 아니라 m.group('pl1')처럼 그룹 이름으로도 참조할 수 있는 장점이 있다.

```
>>> import re
>>> m = re.search('(?P<pl1>\w+),(?P<pl2>\w+),(?P<pl3>\w+)', 'python,java,kotlin')
>>> print(m.groups())
('python', 'java', 'kotlin')
>>> print(m.group('pl1'))
python
```

지정된 이름인 'pl1'로 참조 가능

```
>>> print(m.group(1))
python
>>> print(m.group('pl2'))
java
>>> print(m.group(2))
java
>>> print(m.group('pl3'))
kotlin
>>> print(m.group(3))
Kotlin
```

메서드 group()에서 인자로 여러 그룹 번호도 가능하며 m.group('pl1', 'pl2', 'pl3')처럼 여러 그룹 이름으로도 가능하다.

```
>>> print(m.group(1, 2, 3))
('python', 'java', 'kotlin')
>>> print(m.group('pl1', 'pl2', 'pl3'))
('python', 'java', 'kotlin')
```

메서드 groupdict()로는 명명된 그룹을 딕셔너리 형식으로 반환받을 수 있다.

- match.groupdict()
  - 매치에서 캡처된 이름이 붙은 그룹을 딕셔너리 형식으로 반환

다음은 메서드 groupdict()로 반환받은 딕셔너리로 각각 그룹의 이름으로 일치한 문자열을 참조하는 코드이다.

```
>>> import re
>>> m = re.search('(?P<pl1>\w+),(?P<pl2>\w+),(?P<pl3>\w+)', 'python,java,kotlin')
>>> d = m.groupdict()
>>> print(d)
{'pl1': 'python', 'pl2': 'java', 'pl3': 'kotlin'}
>>> print(d['pl1'], d['pl2'], d['pl3'])
python java kotlin
```

이름을 붙인 그룹은 다음 그룹으로 다시 사용할 수 있다.

- (?P=name): 이전에 캡처한 명명된 그룹의 내용과 일치

다음 코드는 이름을 붙인 그룹 equal과 역참조 \1 대신 (?P=equal)을 사용하여 이전 그룹을 참조하는 기능을 수행한다. 이때 주의해야 할 점은 명명된 그룹을 만들 때는 꺾쇠 괄호(〈및〉)가 필요하지만, 나중에 역참조할 때는 필요 없다는 것이다.

- 정규식 r'(?P<equal>\w{2}\d{2})==(?P=equal)'
    - (?P<equal>\w{2}\d{2}): 이름이 equal인 그룹으로 단어 문자(\w)가 2개, 이어 숫자(\d)가 2개의 문자열과 일치
    - ==: 그대로 리터럴 문자
    - (?P=equal): 앞 그룹 equal과 같은 정규식

```
>>> import re
>>> m = re.search(r'(?P<equal>\w{2}\d{2})==(?P=equal)', 'ab12==ab12')
>>> print(m)
<re.Match object; span=(0, 10), match='ab12==ab12'>
>>> print(m.group('equal'))
ab12
```

다음은 이름을 붙인 그룹 equal도 \1로도 역참조가 가능하다는 것을 나타내는 코드이다.

```
>>> m = re.search(r'(?P<equal>\w{2}\d{2})==(\1)', 'ab12==ab12')
>>> print(m)
<re.Match object; span=(0, 10), match='ab12==ab12'>
>>> print(m.group('equal'), m.group(1), m.group(2))
ab12 ab12 ab12
```

### 캡처하지 않는 그룹

정규식에서 괄호로 하나의 단위로는 취급하지만 그룹 검색이나 역참조는 하고 싶지 않을 경우, 캡처하지 않은 그룹(non-capturing group, 간단히 비캡처 그룹이라고도 표현)을 표현하는 (?:regex)을 사용한다. 패턴 검색에서는 (?:regex)와 (regex)는 같은 기능을 수행한다. 다만, (?:regex)은 캡처되지 않기 때문에 이 그룹과 일치하는 내용을 따로 참조하거나 정규식에서 다시 사용할 수 없다. 캡처하지 않은 그룹은 정규식으로는 검색이 되지만 그룹으로는 검색되지 않는다.

- (?:regex): 그룹이기는 하지만 캡처는 하지 않는 그룹(non-capturing parentheses)

정규식 '(?P<pl1>\w+),(?:\w+),(\w+)'은 세 개의 그룹으로 구성된다.

- (?P<pl1>\w+): 이름이 pl1이며 단어 문자(\w)가 한 개 이상 반복되는 문자열로, 이름 pl1과 정수 1로 참조 가능
- (?:\w+): 하나의 단위로 취급되지만, 참조될 수 없는 그룹으로 단어 문자(\w)가 한 개 이상 반복되는 문자열
- (\w+): 이름이 없는 그룹으로 단어 문자(\w)가 한 개 이상 반복되는 문자열로, 캡처되기 때문에 정수 2로 참조 가능
- ,: 중간의 콤마는 모두 리터럴 문자

다음 코드에서 정규식과 일치하는 문자열은 python,java,kotlin으로, m.group()을 이용해 조회할 수 있다.

```
>>> import re
>>> m = re.search('(?P<pl1>\w+),(?:\w+),(\w+)', 'python,java,kotlin')
>>> print(m.group())
python,java,kotlin
```

그러나 캡처된 그룹 항목을 튜플로 반환하는 m.groups()에서는 비캡처 그룹과 일치하는 문자열인 java는 표시되지 않는다. 이와 마찬가지로 지정된 그룹 이름이나 정수를 인자로 하는 메서드 m.group(인자)에서도 java는 조회할 수 없다.

```
>>> print(m.groups())
('python', 'kotlin')
>>> print(m.group('pl1'))
python
>>> print(m.group(1))
python
>>> print(m.group(2))
kotlin
>>> print(m.group(1, 2))
('python', 'kotlin')
>>> print(m.group('pl1', 2))
('python', 'kotlin')
```

캡처된 그룹을 생성하기 위해서는 시간과 메모리가 필요하다. 따라서 그룹으로 검색할 필요가 없거나 나중에 필요하지 않은 그룹은 비캡처 그룹으로 활용할 수 있다.

## 3.4 주석과 또는(or) 메타 문자 |

### 주석

정규식에서 (?#comments)로 주석을 지정한다. 정규식에서 정규식 설명을 comments 부분에 정규식 문법과 관계없이 기술할 수 있다.

- (?#comments): comments 부분에 주석을 기술

다음 코드 정규식 'py(?# This is a comment) kot'에서 실제 검색에 사용되는 문자열은 괄호의 주석이 제거된 'py kot'이다.

```
>>> import re
```

```
>>> print(re.search('py(?# This is a comment) kot', 'foo py kot qux'))
<re.Match object; span=(4, 10), match='py kot'>
```



#### 또는(or)을 의미하는 메타 문자 |

정규식에서 |(vertical bar 또는 pipe)은 '또는'을 의미한다. 예를 들어 정규식 'bar|foo'은 foo 또는 bar를 의미한다.

```
>>> import re
>>> print(re.findall('bar|foo', 'foo bar baz'))
['foo', 'bar']
>>> print(re.findall('foo|bar', 'foofoobar'))
['foo', 'foo', 'bar']
```

그룹 내부에 |을 사용한 정규식을 살펴보자. 메서드 findall()로 검색하면 그룹 내용만 검색되므로 먼저 모든 검색 객체의 내용을 리스트로 반환하는 함수 searchall(p, s)를 구현한다.

```
>>> import re
>>> def searchall(p, s):
...     return [(m.group(), (m.start(), m.end())) for m in re.finditer(p, s)]
...
```

다음 코드에서 정규식 '(foo|bar)+'은 foo나 bar가 한 번 이상 반복되는 문자열과 일치하므로 '최대한 길게(greedy)' 일치하는 문자열을 찾는다.

```
>>> print(searchall('(foo|bar)+', 'foofoobar'))
[('foofoobar', (0, 9))]
```

위 함수 searchall(p, s)를 람다 함수 lfun으로 구현해 보자.

```
>>> import re
>>> lfun = lambda p, s: [(m.group(), (m.start(), m.end())) for m in re.finditer(p, s)]
```

다음 코드에서 정규식 '(foo|bar)+'은 주어진 문자열 'foofoo bar' 중간에 공백이 있으므로 foofoo와 bar를 각각 일치하는 문자열로 찾는다.

```
>>> print(lfun('(foo|bar)+', 'foofoo bar'))
[('foofoo', (0, 6)), ('bar', (7, 10))]
```

다음 예제는 여러 줄로 구성된 문장에서 주어진 텍스트에서 첫 번째 줄과 마지막 줄을 추출하는 코드이다. 다음은 첫 번째 줄과 마지막 줄을 추출하는 정규 표현식에 대한 설명이다.

▼ **표 5** 첫 번째 줄과 마지막 줄을 추출하는 정규 표현식

| 목적 | 정규식 사례 | 설명 |
|---|---|---|
| 첫 번째 줄 | r'^.+' 또는 '^.+'<br>(정규식에 역슬래시가 없으므로 맨 앞에 r이 없어도 상관없음) | ^은 문자열의 시작을 나타내며, 마침표 .은 새로운 줄인 \n을 제외한 모든 문자를 의미하므로 .+은 \n이 나오기 전까지의 모든 문자가 하나 이상 반복됨을 나타내므로 이 정규식은 첫 번째 줄의 모든 문자열과 일치 |
| | r'^[^\n]+'<br>(정규식에 이스케이프 문자인 \n가 있으므로 맨 앞에 r이 반드시 필요) | ^은 문자열의 시작을 나타내고 [^\n]은 새로운 줄인 \n을 제외한 모든 문자를 의미하며 [^\n]+은 \n이 나오기 전까지의 모든 문자를 의미하므로 이 정규식은 첫 번째 줄의 모든 문자열과 일치 |
| 마지막 줄 | r'.+$ 또는 '.+$<br>(정규식에 역슬래시가 없으므로 맨 앞에 r이 없어도 상관없음) | 마침표 .은 새로운 줄인 \n을 제외한 모든 문자를 의미하고 .+은 \n이 나오기 전까지의 모든 문자가 하나 이상 반복됨을 나타내며 $는 문자열의 끝을 나타내므로 이 정규식은 마지막 줄의 모든 문자열과 일치 |
| | r'[^\n]+$'<br>(정규식에 이스케이프 문자인 \n가 있으므로 맨 앞에 r이 반드시 필요) | [^\n]은 새로운 줄인 \n을 제외한 모든 문자를 의미하고 [^\n]+은 \n이 나오기 전까지의 모든 문자가 하나 이상 반복됨을 나타내며 $는 문자열의 끝을 나타내므로 이 정규식은 마지막 줄의 모든 문자열과 일치 |

**12-13 코딩** 12-13-firstlastline.py | **문장에서 첫 번째 줄과 마지막 줄을 출력** | 난이도 응용

```python
import re
text = '''The Zen of Python, by Tim Peters

Beautiful is better than ugly.
Explicit is better than implicit.'''

pFirst = re.compile(r'^.+')
# pFirst = re.compile(r'^[^\n]+')
print(pFirst.pattern)

pLast = re.compile(r'.+$')
# pLast = re.compile(r'[^\n]+$')
print(pLast.pattern)

print(f'첫 번째 줄: {pFirst.findall(text)}')
print(f'마지막 줄: {pLast.findall(text)}')
```

**결과**

```
^.+
.+$
첫 번째 줄: ['The Zen of Python, by Tim Peters']
마지막 줄: ['Explicit is better than implicit.']
```

## 3.5 모듈 re의 함수 옵션 인자 플래그

### 옵션 인자 flags 개요

정규 표현식 지원 모듈 re에서 다음처럼 정규식 pattern을 사용하는 모든 함수는 마지막 인자가 플래그(flags)이다. 인자 플래그는 기본값으로 0으로 이미 지정되어 있는 선택 인자이므로 사용하지 않을 수 있다.

- search(pattern, string, flags=0)
- match(pattern, string, flags=0)
- sub(pattern, repl, string, count=0, flags=0)
- split(pattern, string, maxsplit=0, flags=0)
- findall(pattern, string, flags=0)
- finditer(pattern, string, flags=0)
- compile(pattern, flags=0)

인자 플래그에 지정하는 종류는 다음과 같다. 대부분 정식 표현에서 사용되는 단어 첫 글자는 간략 표현(짧게 표현하는 방법)으로 사용될 수 있다. 즉, re.S와 re.X는 각각 re.DOTALL, re.VERBOSE의 간략한 표현이다.

▼ **표 6** 옵션 인자 flags

| 간략한 표현 | 정식 표현 | 효과 |
|---|---|---|
| re.I | re.IGNORECASE | 대소 문자를 구분하지 않고 알파벳 문자를 일치하도록 |
| re.M | re.MULTILINE | 문자열 시작 및 문자열 끝을 나타내는 앵커 ^와 $가 줄 바꿈마다 일치하도록 |
| re.S | re.DOTALL | 도트 메타 문자 .에 개행 문자 \n도 일치하도록 |
| re.X | re.VERBOSE | 정규 표현식 내에 공백 및 주석을 포함할 수 있도록 |
| 없음 | re.DEBUG | 정규 표현식 해석기가 디버깅 정보를 콘솔에 표시하도록 |
| re.A | re.ASCII | 문자 분류를 위해 ASCII 인코딩을 지정 |
| re.U | re.UNICODE | 문자 분류를 위해 Unicode 인코딩을 지정 |
| re.L | re.LOCALE | 현재 로케일을 기반으로 문자 분류를 위한 인코딩을 지정 |

### 대소 문자 구분하지 않도록 하는 re.I

정규식 [ab]+는 a나 b가 1번 이상 나타나는 문자열과 일치한다. 인자 플래그 없이 함수 re.findall('[ab]+', 'ababABAB') 호출의 결과는 ['abab']이다.

```
>>> import re
>>> print(re.findall('[ab]+', 'ababABAB'))
['abab']
```

위와 동일한 정규식 [ab]+이지만 대소 문자를 구분하고 싶지 않다면 인자 플래그를 re.I 또는 re.IGNORECASE를 지정해야 한다. 물론 정규식이 [Ab]+나 [aB]+, [AB]+로 동일하다.

```
>>> print(re.findall('[ab]+', 'ababABAB', re.I))
['ababABAB']
>>> print(re.findall('[Ab]+', 'ababABAB', re.IGNORECASE))
['ababABAB']
```

### 문자열 시작 ^와 끝 $를 행마다 적용하는 re.M

기본적으로 메타 문자 ^와 $ 앵커는 검색 문자열의 시작(start-of-string)과 끝(end-of-string)에서만 일치한다. 옵션 인자 플래그를 다음으로 지정하면 메타 문자 ^와 $ 앵커는 줄 바꿈이 포함된 문자열에서 줄마다 시작 및 끝에 일치하는 메타 문자를 의미한다.

- re.M
- re.MULTILINE

다음 코드에서 옵션 인자 플래그가 지정되지 않으면 줄 바꿈 문자 \n이 있더라도 전체 문자열의 시작과 끝에만 일치한다. 즉, 메타 문자 \A와 \Z와 같다.

```
>>> import re
>>> print(re.findall('^py', 'py\npy'))
['py']
>>> print(re.findall('on$', 'python\npython'))
['on']
>>> print(re.findall('\Apy', 'py\npy'))
['py']
>>> print(re.findall('on\Z', 'python\npython'))
['on']
```

다음 코드에서 옵션 인자 플래그를 re.M 또는 re.MULTILINE으로 지정하면 ^와 $ 앵커 메타 문자가 모든 행의 시작, 끝과 일치한다. 그러나 옵션 인자 플래그에 관계없이 메타 문자 \A와 \Z는 \n을 무시하고 하나의 전체 문자열에서 시작과 끝과 일치한다.

```
>>> print(re.findall('^py', 'py\npy', re.M))
['py', 'py']
>>> print(re.findall('on$', 'python\npython', re.MULTILINE))
```

```
['on', 'on']
>>> print(re.findall('\Apy', 'py\npy', re.M))
['py']
>>> print(re.findall('on\Z', 'python\npython', re.MULTILINE))
['on']
```

### 개행 문자 \n를 메타 문자 .에 추가

정규식에서 메타 문자 .는 기본적으로 개행 문자 \n을 제외한 모든 문자이다. 따라서 다음 코드에서 정규식 'py.kot'와 일치하는 부분이 없으므로 객체 Match가 반환되지 않고 None이 반환된다.

```
>>> import re
>>> # 모든 문자를 의미하는 메타 문자 .에는 \n은 포함되지 않으므로 None
>>> print(re.search('py.kot', 'py\nkot'))
None
```

다음 코드처럼 옵션 re.DOTALL이나 re.S(re.D가 아니라는 것에 주의)을 추가하면 모든 문자를 의미하는 메타 문자 .에 \n이 포함되어 일치하는 문자열이 보인다.

- re.DOTALL
- re.S

```
>>> # 모든 문자를 의미하는 메타 문자 .에 \n을 포함하는 옵션 re.DOTALL, re.S
>>> print(re.search('py.kot', 'py\nkot', re.DOTALL))
<re.Match object; span=(0, 6), match='py\nkot'>
>>> print(re.search('py.kot', 'py\nkot', re.S))
<re.Match object; span=(0, 6), match='py\nkot'>
```

### 정규식 내에 공백과 주석을 포함하도록 하는 re.X

옵션 인자 flags에 re.X 또는 re.VERBOSE를 지정하면 다음과 같은 기능을 수행한다.

- 정규식에서 문자 클래스 내에 있거나 역슬래시로 이스케이프되지 않는 한 모든 공백을 무시
- 정규식에서 # 이후의 모든 문자열을 주석으로 간주해 정규식 패턴에 포함하지 않음.

일반적으로 정규식 내부의 공백은 찾는 문자열에서 공백 문자와 일치해야 한다.

```
>>> import re
>>> print(re.findall('py kot', 'py kot'))
['py kot']
>>> print(re.findall('\d{3} \w{3}', '123 swi'))
['123 swi']
```

그러나 옵션 인자 플래그에 re.X 또는 re.VERBOSE를 지정하면 정규식 내부의 공백은 무시돼 정규식 'py kot'는 'pykot'와 같다.

```
>>> # 공백이 무시되므로 일치하는 것이 없음.
>>> print(re.search('py kot', 'py kot', re.X))
None
>>> print(re.search('\d{3} \w{3}', '123 swi', re.VERBOSE))
None
```

또한 옵션 인자 flags에 re.X 또는 re.VERBOSE를 지정하면 정규식 내부의 # 이후는 주석으로 취급되어 정규식 '\w{4} # 단어 문자 네 개와 일치'는 '\w{4}'와 일치한다.

```
>>> print(re.search('\w{4} # 단어 문자 네 개와 일치', 'java', re.X))
<re.Match object; span=(0, 4), match='java'>
>>> print(re.search('\w{4} # 단어 문자 4개와 일치', 'java # 단어 문자 네 개와 일치'))
<re.Match object; span=(0, 19), match='java # 단어 문자 네 개와 일치'>
```

다음 예제는 전화번호에 맞는 정규식을 인자 플래그에 re.X 또는 re.VERBOSE를 지정해 검사하는 코드이다. 코드에 사용하는 정규식의 구문을 알아보면 다음과 같다.

- ^: 문자열의 시작 메타 문자
- (\(\d{2,3}\))?: 괄호 리터럴 표시는 \(와 \)이며 괄호 사이에 숫자 \d가 2회에서 3회 반복하는 문자열이 없거나 하나이므로 (032), (02) 등과 일치
- \s*: 선택적 공백으로 빈 문자와 같은 구분자가 없거나 여러 개 반복
- \d{3,4}: 숫자 \d이 3~4회 반복
- [−\ ]: 문자 − 또는 빈 문자 '\ '
- \d{4}: 숫자 \d이 4회 반복
- $: 문자열 종료 메타 문자

다음 예제의 주석이 있는 정규식은 다음으로 간단히 표현할 수 있지만, 이해하기는 어렵다.

- r'^(\(\d{2,3}\))?\s*\d{3,4}[− ]\d{4}$'

따라서 다소 복잡한 정규식은 코드처럼 re.X 또는 re.VERBOSE를 지정해 주석을 달면 이해하기가 쉬워진다. 이때 주의해야 할 점은 공백이 사라지므로 리터럴 공백을 사용하려면 역슬래시를 사용해야 한다는 것이다.

다음 예제의 마지막 부분은 re.compile(regex, re.VERBOSE)로 먼저 정규식 패턴 객체를 생성해 pattern.search('3017−8972')를 호출하는 방법이다.

```
>>> pattern = re.compile(regex, re.VERBOSE)
>>> print(pattern.search('3017-8972')) # 정상적인 방법
<re.Match object; span=(0, 9), match='3017-8972'>
```

그러나 다음처럼 pattern.search()에서는 re.IGNORECASE와 같은 플래그를 직접 사용할 수 없다. re.compile() 함수를 사용하여 패턴을 컴파일할 때 플래그를 설정해야 한다.

```
>>> # 비정상적인 방법인 pattern으로는 옵션 flags 지정이 불가능
>>> print(pattern.search('3017-8972', re.VERBOSE))
None
```

**12-14 코딩** | 12-14-searchpnum.py | 전자 번호 (032) 1234-5678에 맞는 정규식을 주석과 함께 생성 | 난이도 심화

```
import re

# 주석이 있는 정규식
regex = r'''^                 # Start of string
            (\(\d{2,3}\))?    # Optional area code (032)
            \s*               # Optional whitespace
            \d{3,4}           # Three or four digit prefix
            [-\ ]             # Separator character, - or empty space
            \d{4}             # Four-digit line number
            $                 # Anchor at end of string
            '''

# 다음은 위 정규식과 일치
print(re.search(regex, '(02) 3017 8972', re.VERBOSE))
print(re.search(regex, '(032)260-3145', re.VERBOSE))
print(re.search(regex, '(001)2610-9918', re.X))
print(re.search(regex, '(018)  2670-1992', re.X))
# 다음은 정규식과 일치하지 않음
print(re.search(regex, '018-2670-1992', re.X))

# 다음으로도 가능
pattern = re.compile(regex, re.VERBOSE)
print(pattern.search('3017-8972'))

# 비정상적인 방법인 pattern으로는 옵션 flags 지정이 불가능
print(pattern.search('3017-8972', re.VERBOSE))
```

**주의** [-\ ]에서 역슬래시 이후 공백 문자를 반드시 삽입해야 한다.

결과

```
<re.Match object; span=(0, 14), match='(02) 3017 8972'>
<re.Match object; span=(0, 13), match='(032)260-3145'>
<re.Match object; span=(0, 14), match='(001)2610-9918'>
<re.Match object; span=(0, 16), match='(018)  2670-1992'>
None
<re.Match object; span=(0, 9), match='3017-8972'>
None
```

### 옵션 인자 플래그에 여러 개를 설정

모듈 re에서 정규식 패턴 관련 단일 함수 호출에서 OR 연산자 |를 사용해 여러 플래그를 결합해 지정할 수 있다.

- re.I | re.M

다음 코드 re.findall('^py', 'PY\npy\npY', re.I | re.M)처럼 re.IGNORECASE와 re.MULTILINE을 플래그에 함께 지정할 수 있다.

```
>>> import re
>>> print(re.findall('^py', 'PY\npy\npY', re.I | re.M))
['PY', 'py', 'pY']
```

### 정규식 내부에 옵션 인자 플래그 설정

대부분의 모듈 re 함수 호출에서 플래그 인자를 전달할 수 있을 뿐만 아니라 정규식 내에서 플래그 값을 수정할 수도 있다.

- (?〈flags〉): 정규식 전체의 플래그 값 플래그를 설정

정규식 내에서 메타 문자 시퀀스 (?〈flags〉)로 전체 정규식에 대해 지정된 플래그를 설정한다. 여기서 〈flags〉의 값은 a, i, L, m, s, u 및 x에서 하나 이상의 문자를 사용할 수 있다. 다음이 정규식 내에서 사용되는 플래그 문자이다.

▼ **표 7** 플래그 문자

| 정규식에서의 문자 | 플래그 |
|---|---|
| a | re.A　　re.ASCII |
| i | re.I　　re.IGNORECASE |

| L | re.L | re.LOCALE |
|---|---|---|
| m | re.M | re.MULTILINE |
| s | re.S | re.DOTALL |
| u | re.U | re.UNICODE |
| x | re.X | re.VERBOSE |

다음 코드와 같이 플래그 인자 're.I'는 정규식에 (?i)을 맨 앞에 놓으면 같은 기능을 수행한다.

```
>>> import re
>>> print(re.findall('bar', 'FOO\nBAR\nbaR', re.I))
['BAR', 'baR']
>>> print(re.findall('(?i)bar', 'FOO\nBAR\nbaR'))
['BAR', 'baR']
```

또한 다음 코드와 같이 결합된 플래그 인자 're.I | re.M'는 정규식에 (?im)을 맨 앞에 놓으면 같은 기능을 수행한다.

```
>>> import re
>>> print(re.findall('^bar', 'FOO\nBAR\nbaR', re.I | re.M))
['BAR', 'baR']
>>> print(re.findall('(?im)^bar', 'FOO\nBAR\nbaR'))
['BAR', 'baR']
```

다음 예제 코드는 여러 줄로 구성된 이름과 이메일 주소 목록이 주어진 텍스트에서 이메일 주소를 찾기 위해 정규식을 사용하는 방법을 보여 준다. 특히, 정규식에서 (?i)는 대소 문자를 무시하는 플래그로, re.IGNORECASE와 동일한 동작을 하는 정규식의 플래그를 나타낸다.

- pattern = r'(?i)[A-Z0-9._%+-]+@[A-Z0-9.-]+\.[A-Z]{2,4}'

주어진 정규식 패턴 pattern은 이메일 주소를 찾기 위해 사용된다. 다음은 각 구성 요소에 대한 자세한 설명이다.

- (?i): 정규식에서 대소 문자를 무시하는 플래그로, re.IGNORECASE와 동일한 동작을 한다.
- [A-Z0-9._%+-]+: 이 부분은 이메일 주소의 ID이며, [A-Z0-9._%+-]는 대문자 알파벳, 숫자, 마침표(.), 언더스코어(_), 백분율 기호(%), 덧셈 기호(+), 빼기 기호(-) 중 하나 이상의 문자가 1회 이상 나타날 수 있다는 것을 의미한다.
- @: 이메일 주소에서 자신의 ID와 도메인 서버를 구분하는 구분 기호이다.
- [A-Z0-9.-]+: 이메일 주소의 도메인 서버를 나타내며 [A-Z0-9.-]는 대문자 알파벳, 숫자, 마침표, 하이픈(-) 중 하나 이상의 문자가 1회 이상 나타날 수 있다는 것을 의미한다.

- \.: 이메일 주소에서 도메인 이름과 최상위 도메인을 구분하는 마침표로, 마침표는 정규식에서 특수 문자이기 때문에 역슬래시로 이스케이프 처리된다.
- [A-Z]{2,4}: 이 부분은 이메일 주소의 최상위 도메인을 나타내는데, [A-Z]는 대문자 알파벳이며 {2,4}는 이 알파벳이 2개 이상, 4개 이하로 반복될 수 있다는 것을 의미한다.

따라서 이 예제의 정규식 패턴은 대소 문자를 구분하지 않고 이메일 주소를 찾는 패턴이다. 이메일 주소는 로컬 파트와 도메인 파트로 구성되며, 로컬 파트는 대문자 알파벳, 숫자, 마침표, 언더스코어, 백분율 기호, 덧셈 기호, 빼기 기호 중 하나 이상의 문자로 이루어진다. 도메인 파트는 대문자 알파벳, 숫자, 마침표, 하이픈 중 한 개 이상의 문자로 이루어진다. 최상위 도메인은 대문자 알파벳으로 이루어진 두 글자 이상, 네 글자 이하의 문자이다. 이 정규식 패턴은 매치된 이메일 주소를 찾아내기 위해 사용되며 re.findall() 또는 re.search() 등과 함께 사용될 수 있다.

**12-15 코딩** | 12-15-findemail.py | **전자 메일 주소인 정규식에 플래그 (?i)로 설정해 패턴을 생성** | 난이도 심화

```python
import re

text = '''Dave dave@google.com
Steve steve@gmail.com
kang hs+-kang@gmail.com
robert Rob%rob@gmail.com
Ryan ryan@yahoo.com
'''

# 정규식 패턴 (?i): re.IGNORECASE
pattern = r'(?i)[A-Z0-9._%+-]+@[A-Z0-9.-]+\.[A-Z]{2,4}'

# 대소 문자 미구분 정규식 패턴 생성
# re.IGNORECASE makes the regex case-insensitive
# regex = re.compile(pattern, flags=re.IGNORECASE)
regex = re.compile(pattern)

# 패턴에 맞는 모든 항목 출력
print(regex.findall(text))
```

**주의** 검색 대상 문자열의 내부에서 공백을 줄이려면 첫줄부터 입력해야 한다.

**결과**

```
['dave@google.com', 'steve@gmail.com', 'hs+-kang@gmail.com', 'Rob%rob@gmail.com', 'ryan@yahoo.com']
```

## 학습 내용 점검

**01** : 다음 코드의 결과를 기술하시오.

① `print(''.join('java'))`
② `print(''.join(list('java')))`
③ `print('*'.join('java'))`
④ `print('-'.join(list('java')))`

**02** : 다음 코드 이후 각 문장의 결과를 기술하시오.

```
s = 'ABCDE'
```

①
```
key = 1
print(''.join([chr(ord(c) + key) for c in s]))
```
②
```
key = 2
print(''.join([chr(ord(c) + key) for c in s]))
```
③
```
key = 3
print(''.join([chr(ord(c) + key) for c in s]))
```
④
```
key = 4
print(''.join([chr(ord(c) + key) for c in s]))
```

**03** : 다음 각 문장의 결과를 기술하시오.

①
```
key = 1
print({i: (i + key) % 4 for i in range(10)})
```
②
```
key = 2
print({i: (i + key) % 4 for i in range(10)})
```
③
```
key = 3
print({i: (i + key) % 5 for i in range(10)})
```
④
```
key = 4
print({i: (i + key) % 5 for i in range(10)})
```

**04** : 다음 코드 이후 각 문장의 결과를 기술하시오.

```
s = 'VWXYZ'
key = 2
d = {i: chr(ord('A') + (ord(i)-ord('A') + key) % 26) for i in s}
```

① `print(d.get('A', 'None'))`
② `print(d.get('V', 'None'))`
③ `print(d.get('W', 'None'))`
④ `print(d.get('X', 'None'))`
⑤ `print(d.get('Y', 'None'))`
⑥ `print(d.get('Z', 'None'))`

**05** : 다음 코드 이후 각 문장의 결과를 기술하시오.

```
s = 'vscode pycharm jupyter'
```

① `print('code' in s)`
② `print('py' in s)`
③ `print('jupy' in s)`
④ `print('vs py' in s)`

**06** : 다음 코드 이후 각 문장의 결과(오류도 발생 가능)를 기술하시오.

```
s = 'kaggle ananconda codespace colab'
```

① `print(s.find('kag'))`
② `print(s.find('ana'))`
③ `print(s.find('gle'))`
④ `print(s.index('ana'))`
⑤ `print(s.index('code'))`
⑥ `print(s.index('codelab'))`

**07** : 다음 코드 이후 각 문장의 결과(오류도 발생 가능)를 기술하시오.

```
import re
m = re.search(r"\w+ \w+", "Isaac Newton, physicist")
```

① `print(m.group())`
② `print(m.groups())`
③ `print(m.group(0))`
④ `print(m.group(1))`

**08** : 다음 모듈 re 함수에 맞는 설명을 연결하시오.

① `re.match()`
② `re.search()`
③ `re.findall()`
④ `re.fullmatch()`
⑤ `re.sub()`
⑥ `re.split()`
⑦ `re.finditer()`

a. 문자열에서 정규식 일치를 검색
b. 문자열의 시작에서 정규식 일치 항목을 검색
c. 전체 문자열에서 정규식 일치 검색
d. 전체 문자열의 모든 정규식 일치 목록을 반환
e. 문자열에서 정규식 일치를 생성하는 반복자(이터레이터)를 반환
f. 전체 문자열에서 정규식 일치를 구분자로 분리 추출
g. 전체 문자열에서 정규식과 일치하는 부분을 대체

**09** : 다음 코드 이후 각 문장의 결과(오류도 발생 가능)를 기술하시오.

```
import re
    m = re.match(r"(\w+) (\w+)", "Isaac Newton, physicist")
```

① `print(m.group())`
② `print(m.groups())`
③ `print(m.group(0))`
④ `print(m.group(1))`
⑤ `print(m.group(2))`
⑥ `print(m.group(1, 2))`

**10** : 다음 정규 표현식을 이해하고 의미와 일치하는 문자열의 예시를 채우시오.

| 정규 표현식 | 의미 | 일치 문자열 예시 |
|---|---|---|
| \(\d{3}\) \d{3,4}-?\d{4} | 전화번호 | (032) 2610-1854 |
| \d?\d/\d?\d/\d{4} | 날짜 | 2/5/2024 |
| \d{6}-\d{7} | 주민번호 | 021217-2046115 |
| [A-Z]{3} | 대문자 3개 | MON SUN |
| [0-9]?[0-9]:[0-6][0-9] | 시간 | 9:34 |
| 1[0-2]/\d?\d/2015\|0?[1-9]/\d?\d/2016 | 날짜 구간 | 10/01/2015 ~ 9/31/2016 |

## 도전! 프로그래밍

**01** 기본 다음 조건을 참고하여 모듈 this에서 구현한 시저 암호화(caesar cipher) 방법을 전통적인 함수로 구현하는 프로그램을 작성하시오.

- 암호화 문장은 모듈 this의 첫 4줄을 사용
- 문자 이동 수는 동일하게 13

```
Shift :  13
암호문:
Gur Mra bs Clguba, ol Gvz Crgref

Ornhgvshy vf orggre guna htyl.
Rkcyvpvg vf orggre guna vzcyvpvg.

복호문:
The Zen of Python, by Tim Peters

Beautiful is better than ugly.
Explicit is better than implicit.
```

**02** 기본 다음 문자열 s에서 괄호로 묶인 단어를 찾는 프로그램을 작성하시오.

- s = '() (책) (word) note ( regex )'
- 정규식에서 괄호를 문자로 표현하려면 \로 표현
- 괄호 내부에 글자가 없는 것은 배제하고 괄호 앞과 뒤의 공백(whitespace)은 허용

```
re.findall() 결과:
['(책)', '(word)', '( regex )']
re.finditer() 결과:
<re.Match object; span=(3, 6), match='(책)'>
<re.Match object; span=(7, 13), match='(word)'>
<re.Match object; span=(19, 28), match='( regex )'>
```

**03** 다음 문자열에서 숫자를 모두 *로 대체하는 프로그램을 작성하시오.

기본

```
txt = "전화번호 010-3017-9942 생년월일 150829"
```

- 모듈 re.sub() 함수 활용

```
원문: 전화번호 010-3017-9942 생년월일 150829
결과: 전화번호 ***-****-**** 생년월일 ******
```

**04** 다음 조건을 참고하여 문자열 txt에서 숫자 점수만 추출하는 프로그램을 작성하시오.

기본

```
txt = "홍길동84.123 임민정 +101.89 이현지 24.35 김미현 70 고현동-25.34"
```

- 수 앞에 +나 –가 나올 수 있으며 정수와 실수 형태의 소수도 가능

```
원문: 홍길동84.123 임걱정 +101.89 이현지 24.35 김미현 70 고현동-25.34
결과: ['84.123', '+101.89', '24.35', '70', '-25.34']
```

**05** 위 04번 프로그램에서 추출한 점수에 다음과 같이 판정하는 기능을 추가해 딕셔너리 형식으로 출력하는 프로그램을 작성하시오.

응용

- 점수는 조건 0 <= 점수 <= 100이 아니면 invalid라고 출력
- 조건 0 <= 점수 < 60이면 fail 출력
- 조건 60 <= 점수 <= 100이면 pass 출력

```
원문: 홍길동84.123 임걱정 +101.89 이현지 24.35 김미현 70 고현동-25.34
점수 추출: ['84.123', '+101.89', '24.35', '70', '-25.34']
최종 판정:
{84.123: 'pass', 101.89: 'invalid', 24.35: 'fail', 70.0: 'pass', -25.34: 'invalid'}
```

**06** 응용 일반적으로 전화번호의 구성은 (국가 번호) (지역 또는 통신사 번호)-(앞 번호)-(뒷 번호)의 4개 부분으로 나눌 수 있다. 다음 주어진 문자열에서 하단의 조건을 만족하도록 전화번호를 추출해 출력하는 프로그램을 작성하시오.

- 국가 번호: +82, +1, +1671, +977 등 +표기하고 숫자 1–4자리
- 지역 번호: 숫자 2~3자리
- 앞 번호: 숫자 3~4자리
- 뒷 번호: 숫자 4자리
- 국가번호와 전화번호는 공백으로 분리하고 전화번호 3 부분의 사이는 공백과 . 그리고 –를 사용

```
검색된 모든 전화번호 목록:
[('+33 070-2345-7899', (5, 22)), ('+81 010 2345 7899', (28, 45)), ('+1 23 863-1256', (50,
64))]

검색된 첫 객체: <re.Match object; span=(5, 22), match='+33 070-2345-7899'>
검색된 첫 전화번호:  +33 070-2345-7899
```

**07** 실전 다음 조건을 만족하고 전화번호의 4개 그룹을 나누어 다음과 같이 출력할 수 있도록 프로그램을 작성하시오.

- 6번 프로그램을 수정 및 보완
- 정규식에서 각 그룹을 캡처해 번호로 참조

```
검색된 모든 전화번호 목록:
[('+33 070-2345-7899', (5, 22)), ('+81 010 2345 7899', (28, 45)), ('+1 23 863-1256', (50,
64))]

전화번호 전체:  +33 070-2345-7899
각 그룹의 튜플: ('+33', '070', '2345', '7899')
그룹별 이름으로 검색 출력: +33 070 2345 7899

전화번호 전체:  +81 010 2345 7899
각 그룹의 튜플: ('+81', '010', '2345', '7899')
그룹별 이름으로 검색 출력: +81 010 2345 7899

전화번호 전체:  +1 23 863-1256
각 그룹의 튜플: ('+1', '23', '863', '1256')
그룹별 번호로 검색 출력: +1 23 863 1256
```

**08** : 다음 조건을 만족하고 전화번호를 네 개 그룹으로 나누어 다음과 같이 출력할 수 있도록 프로그램을 작성하시오.
실전

- 6번 프로그램을 수정 및 보완
- 정규식에서 각 그룹을 캡처해 그룹의 이름으로 참조

```
검색된 모든 전화번호 목록:
[('+33 070-2345-7899', (5, 22)), ('+81 010 2345 7899', (28, 45)), ('+1 23 863-1256', (50, 64))]

전화번호 전체:  +33 070-2345-7899
각 그룹의 튜플: ('+33', '070', '2345', '7899')
그룹별 이름으로 검색 출력: +33 070 2345 7899

전화번호 전체:  +81 010 2345 7899
각 그룹의 튜플: ('+81', '010', '2345', '7899')
그룹별 이름으로 검색 출력: +81 010 2345 7899

전화번호 전체:  +1 23 863-1256
각 그룹의 튜플: ('+1', '23', '863', '1256')
그룹별 이름으로 검색 출력: +1 23 863 1256
```